KB086834
에듀윌
합격자 모임
에듀윌과 함께하면 꿈은 현실이 됩니다
기적에서 전설로

6년간 아무도 깨지 못한 기록
합격자 수 1위 에듀윌

업계최초, 업계유일!
KRI 한국기록원 공식 인증

* 2022 대한민국 브랜드만족도 공인중개사 교육 1위 (한경비즈니스)
* 공인중개사 최다 합격자 배출 공식 인증 (KRI 한국기록원 / 2016, 2017, 2019년 인증, 2022년 현재까지 업계 최고 기록)

12년간*
베스트셀러 1위

베스트셀러 1위 교재로
따라만 하면 합격하는 커리큘럼

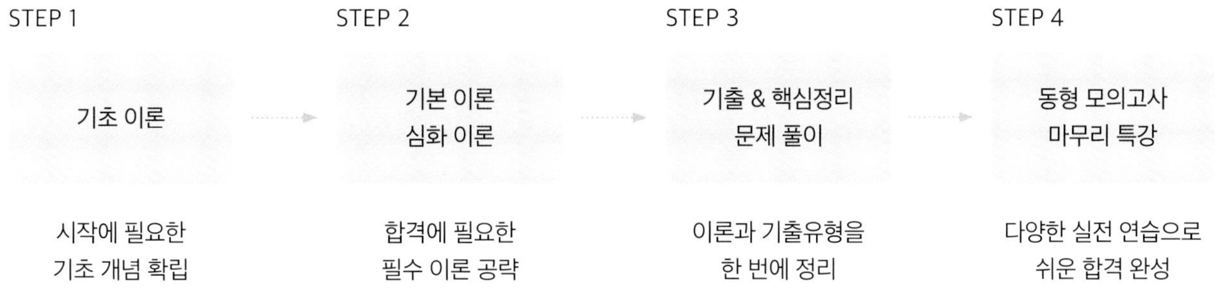

* YES24 수험서 자격증 공인중개사 베스트셀러 1위 (2011년 12월, 2012년 1월, 12월, 2013년 1월~5월, 8월~12월, 2014년 1월~5월, 7월~8월, 12월, 2015년 2월~4월, 2016년 2월, 4월, 6월, 12월, 2017년 1월~12월, 2018년 1월~12월, 2019년 1월~12월, 2020년 1월~12월, 2021년 1월~12월, 2022년 1월~3월 월별 베스트, 매월 1위 교재는 다름)

* YES24 국내도서 해당분야 월별, 주별 베스트 기준

합격 후 성공까지! 최대 규모의 동문회

그 해 합격자로 가득 찬 인맥북을
매년 발행합니다!

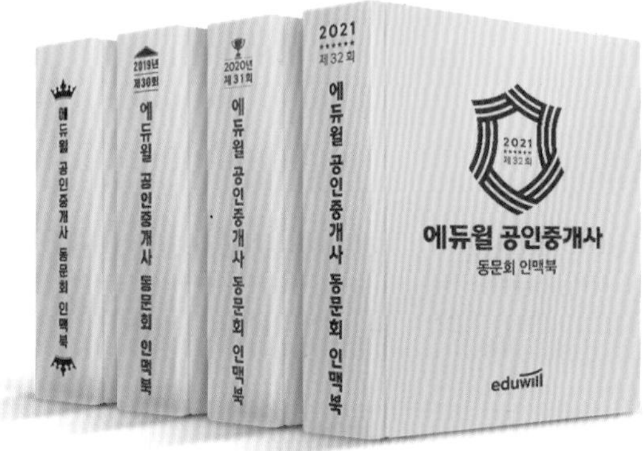

전담 부서가 1만 8천* 명 규모의
동문회를 운영합니다!

* 2022 대한민국 브랜드만족도 공인중개사 교육 1위 (한경비즈니스)
* 에듀윌 인맥북 2011년(22회) ~ 2021년(32회) 누적 등재 인원 수

합격자 수 1위 에듀윌 4만* 건이 넘는 후기

부알못, 육아맘도 딱 1년 만에 합격했어요.

고○희 합격생

저는 부동산에 관심이 전혀 없는 '부알못'이었는데, 부동산에 관심이 많은 남편의 권유로 공부를 시작했습니다. 남편 지인들이 에듀윌을 통해 많이 합격했고, '합격자 수 1위'라는 광고가 좋아 에듀윌을 선택하게 되었습니다. 교수님들이 커리큘럼대로만 하면 된다고 해서 믿고 따라갔는데 정말 반복 학습이 되더라고요. 아이 둘을 키우다 보니 낮에는 시간을 낼 수 없어서 밤에만 공부하는 게 쉽지 않아 포기하고 싶을 때도 있었지만 '에듀윌 지식인'을 통해 합격하신 선배님들과 함께 공부하는 동기들의 위로가 큰 힘이 되었습니다.

유튜브 보듯 강의 보고 직장 생활하며 합격했어요.

박○훈 합격생

공부를 시작하려고 서점에 가서 공인중개사 섹션을 둘러보니 온통 에듀윌의 노란색 책이었습니다. 이렇게 에듀윌 책이 많이 놓여 있는 이유는 베스트셀러가 많기 때문일 거고, 그렇다면 믿을 수 있겠다 싶어 에듀윌을 선택하게 되었습니다. 저는 직장 생활로 바빠서 틈나는 대로 공부하였습니다. 교수님들이 워낙 재미있게 수업 하셔서 설거지할 때, 청소할 때, 점심시간에 유튜브를 보듯이 공부해서 지루하지 않았습니다.

5개월 만에 동차 합격, 낸 돈 그대로 돌려받았죠!

안○원 합격생

저는 야쿠르트 프레시매니저를 하다 60세에 도전하여 합격했습니다. 심화 과정부터 시작하다 보니 기본이 부족했는데, 교수님들이 하라는 대로 기본 과정과 책을 더 보면서 정리하며 따라갔던 게 주효했던 것 같습니다. 합격 후 100만 원 가까이 되는 큰 돈을 환급받아 남편이 주택관리사 공부를 한다고 해서 뒷받침해 줄 생각입니다. 저는 소공(소속 공인중개사)으로 활동을 하고 싶은 포부가 있어 최대 규모의 에듀윌 동문회 활동도 기대가 됩니다.

다음 합격의 주인공은 당신입니다!

더 많은 합격 비법

* 에듀윌 홈페이지 게시 건수 기준 (2022년 2월 기준)

회원 가입하고 100% 무료 혜택 받기

가입 즉시, 공인중개사 공부에 필요한 모든 걸 드립니다!

무료 혜택 1

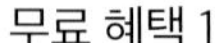

공인중개사
초보 수험가이드

시험개요, 과목별 학습 포인트 등 합격생들의 진짜 공부 노하우

무료 혜택 2

공인중개사
초보 필독서

지금 나에게 꼭 필요한 필수교재 선착순 100% 무료

무료 혜택 3

전과목
기초강의 0원

2022년 시험대비 전과목 기초강의 무료 수강(7일)

무료 혜택 4

테마별
핵심특강

출제위원급 교수진의 합격에 꼭 필요한 필수 테마 무료 특강

무료 혜택 5

파이널
학습자료

시험 직전, 점수를 올려줄 핵심요약 자료와 파이널 모의고사 무료

* 조기 소진 시 다른 자료로 대체 제공될 수 있습니다. * 서비스 개선을 위해 제공되는 자료의 세부 내용은 변경될 수 있습니다.

신규 회원 가입하면 5,000원 쿠폰 바로 지급

* 해당 이벤트는 예고 없이 변경되거나 종료될 수 있습니다.

무료 회원
가입

더 많은 혜택이 궁금하다면 1600-6700

2022 대한민국 브랜드만족도 공인중개사 교육 1위 (한경비즈니스)

에듀윌 직영학원에서 합격을 수강하세요

서울 강남	02)6338-0600	강남역 1번 출구
서울 노량진	02)815-0600	대방역 2번 출구
서울 노원	02)3391-5600	노원역 9번 출구
서울 종로	02)6367-0600	동묘앞역 7번 출구
서울 천호	02)6314-0600	천호역 6번 출구
서울 신림	02)6269-0600	신림역 7번 출구
서울 홍대	02)6749-0600	홍대입구역 4번 출구
서울 발산	02)6091-0600	발산역 4번 출구
인천 부평	032)523-0500	부평역 지하상가 31번 출구
경기 부천	032)326-0100	상동역 3번 출구
경기 수원	031)813-0600	수원역 지하상가 13번 출구
경기 성남	031)602-0300	모란역 2번 출구
경기 평촌	031)346-0600	범계역 3번 출구
경기 일산	031)817-0600	마두역 1번 출구
경기 안산	031)505-0200	한대앞역 2번 출구
경기 김포LIVE	031)991-0600	사우역(골드라인) 3번 출구
대전	042)331-0700	서대전네거리역 4번 출구
광주	062)453-0600	상무역 5번 출구
대구	053)216-0600	반월당역 12번 출구
부산 서면	051)923-0600	전포역 7번 출구
부산 해운대	051)925-0600	장산역 4번 출구

에듀윌의 상징 노란색의 환한 학원 입구

언제나 전문 학습 매니저와 상담이 가능한 안내데스크

고품질 영상 및 음향 장비를 갖춘 최고의 강의실

재충전을 위한 카페 분위기의 아늑한 휴게실

넉넉한 수납 공간의 개인사물함

2022 대한민국 브랜드만족도 공인중개사 교육 1위 (한경비즈니스)

PART 1 민법총칙

1 법률행위

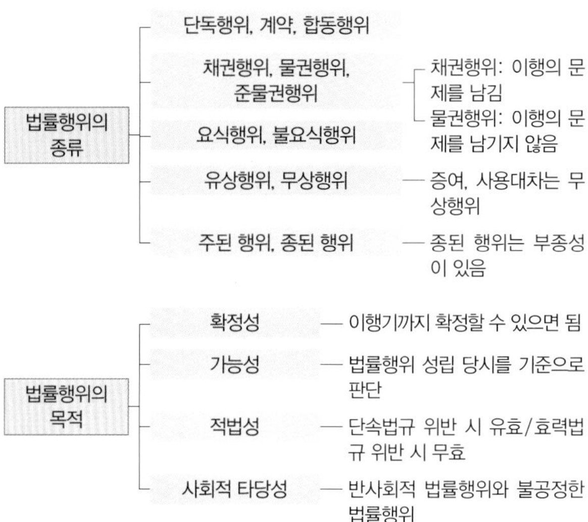

2 의사표시

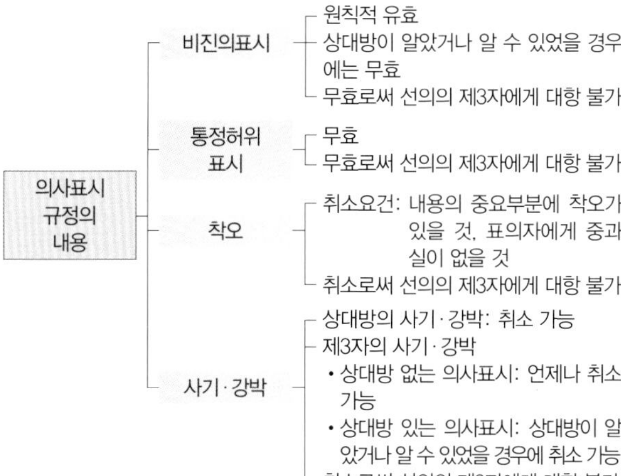

3 대리

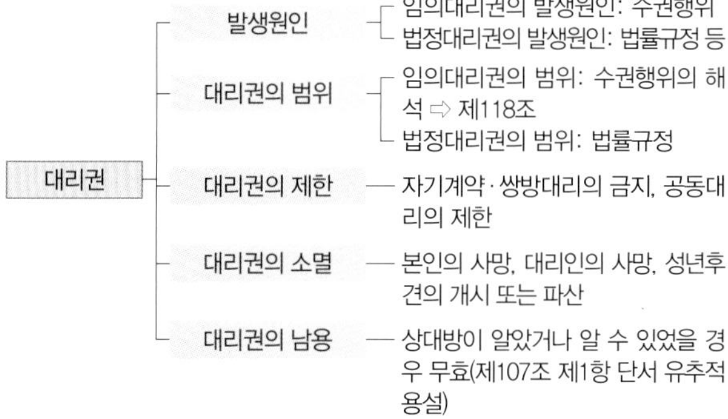

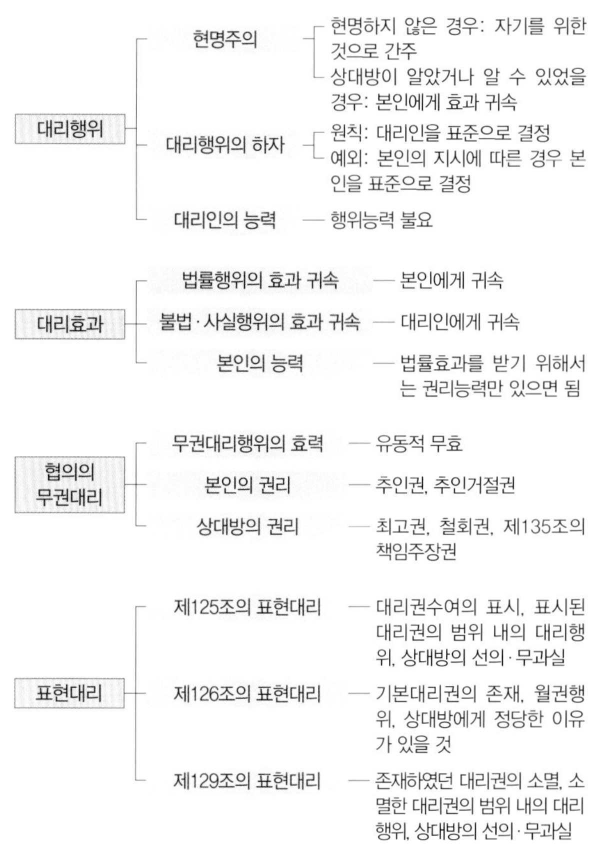

4 무효와 취소

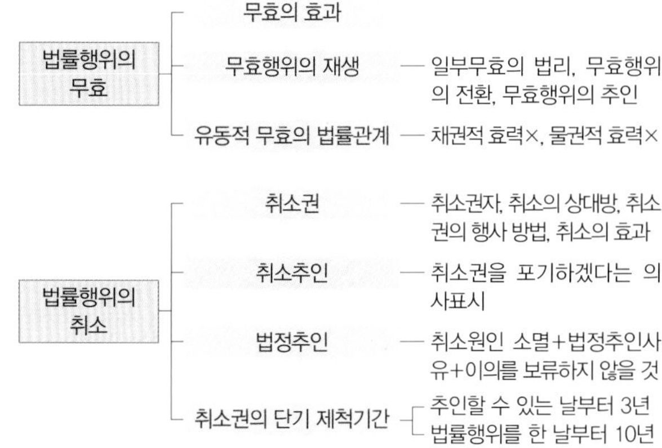

1 주택임대차보호법과 상가건물 임대차보호법

구분	주택임대차보호법	상가건물 임대차보호법
적용범위	① 주택(주거용 건물)의 전부 또는 일부에 대한 임대차: ○ ② 주거용 건물의 일부가 주거 외의 목적으로 사용: ○ ③ 비주거용 건물의 일부가 주거의 목적으로 사용: × ④ 등기하지 아니한 전세계약: ○ ⑤ 일시사용을 위한 임대차: × ⑥ 자연인: ○ ⑦ 법인: ×(한국토지주택공사, 지방공사, 중소기업: ○) ⑧ 법의 적용을 받기 위한 보증금의 제한: ×	① 상가건물의 임대차: ○ ② 임대차 목적물의 주된 부분을 영업용으로 사용: ○ ③ 등기하지 아니한 전세계약: ○ ④ 일시사용을 위한 임대차: × ⑤ 자연인: ○ ⑥ 법인: ○ ⑦ 법의 적용을 받기 위한 보증금의 제한: ○ 서울: 9억원 이하 과밀억제권: 6억 9천만원 이하 광역시: 5억 4천만원 이하 기타: 3억 7천만원 이하
대항력	주택의 인도+주민등록(전입신고) ⇨ 다음 날 오전 0시	건물의 인도+사업자등록 신청 ⇨ 다음 날 오전 0시(초과 시 인정○)
우선변제권	① 대항요건+확정일자 ⇨ 후순위권리자보다 보증금을 우선변제○ ② 일정한 금융기관의 우선변제권 승계: ○	① 대항요건+확정일자 ⇨ 후순위권리자보다 보증금을 우선변제○ ② 일정한 금융기관의 우선변제권의 승계: ○
최우선변제권	① 대항요건(경매신청의 등기 전) ⇨ 다른 담보물권자보다 보증금 중 일정액을 우선변제○ ② 주택가액의 2분의 1 초과 금지	① 대항요건(경매신청의 등기 전) ⇨ 다른 담보물권자보다 보증금 중 일정액을 우선변제○ ② 건물가액의 2분의 1 초과
존속기간	① 최단존속기간 제한규정: ○(2년) ② 임차인은 2년 미만으로 정한 기간이 유효함을 주장할 수 있음	① 최단존속기간 제한규정: ○(1년) ② 임차인은 1년 미만으로 정한 기간이 유효함을 주장할 수 있음
계약갱신 요구권	① 임대차기간이 만료되기 6개월 전부터 2개월 전까지 요구 ② 1회에 한하여 갱신요구를 할 수 있고, 존속기간은 2년으로 봄 ③ 임차인은 언제든지 해지통고○(3개월 경과 시 임대차 소멸)	① 임대차기간이 만료되기 6개월 전부터 1개월 전까지 요구 ② 전 임대차와 동일한 조건으로 다시 임대차한 것으로 봄 ③ 최초 임대차기간을 포함한 전체 임대차기간이 10년을 초과하지 않는 범위 내에서만 행사 가능
법정갱신	① 임대인: 임대차기간이 끝나기 6개월 전부터 2개월 전까지 ② 임차인: 임대차기간이 끝나기 2개월 전까지 ③ 존속기간: 2년으로 봄 ④ 임차인만 해지통고○ ⑤ 임대인이 통고를 받은 날로부터 3개월 경과 시 임대차 소멸	① 임대인: 임대차기간이 끝나기 6개월 전부터 1개월 전까지 ② 임차인: 임대차기간이 끝나기 1개월 전까지× ③ 존속기간: 1년으로 봄 ④ 임차인만 해지통고○ ⑤ 임대인이 통고를 받은 날로부터 3개월 경과 시 임대차 소멸
증액청구 시의 제한	약정한 차임 또는 보증금의 20분의 1(5%) 초과금지	청구 당시의 차임 또는 보증금의 100분의 5(5%) 초과금지
차임연체와 해지	2기의 차임연체 시 해지	3기의 차임연체 시 해지

2 집합건물의 소유 및 관리에 관한 법률

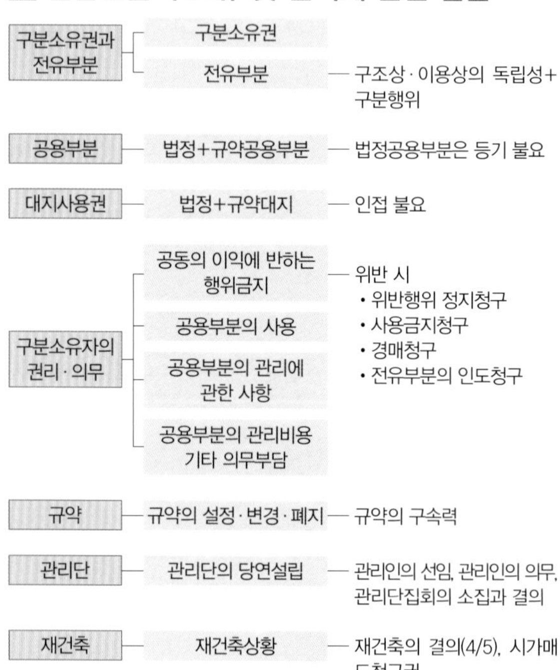

3 가등기담보 등에 관한 법률

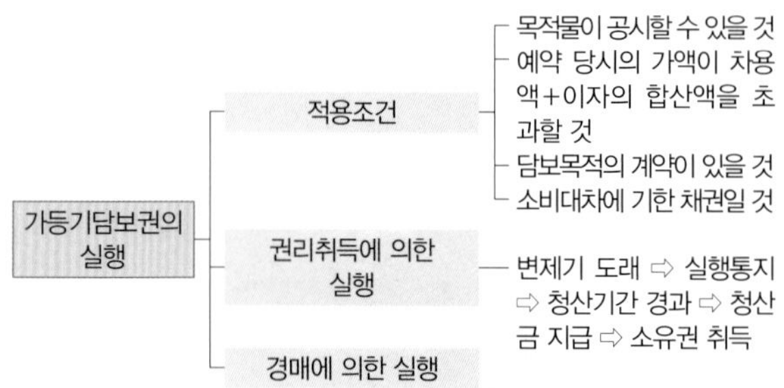

4 부동산 실권리자명의 등기에 관한 법률

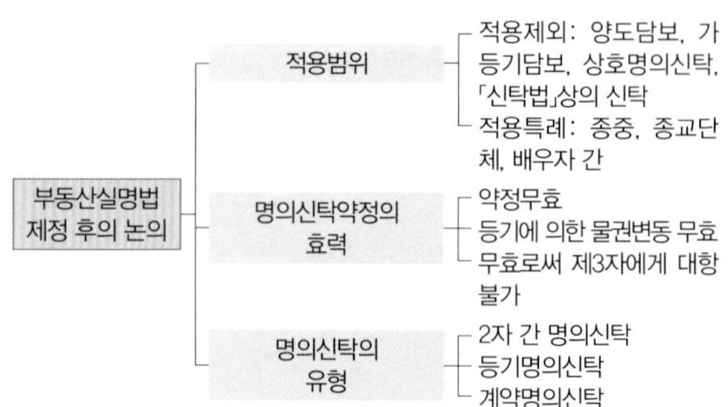

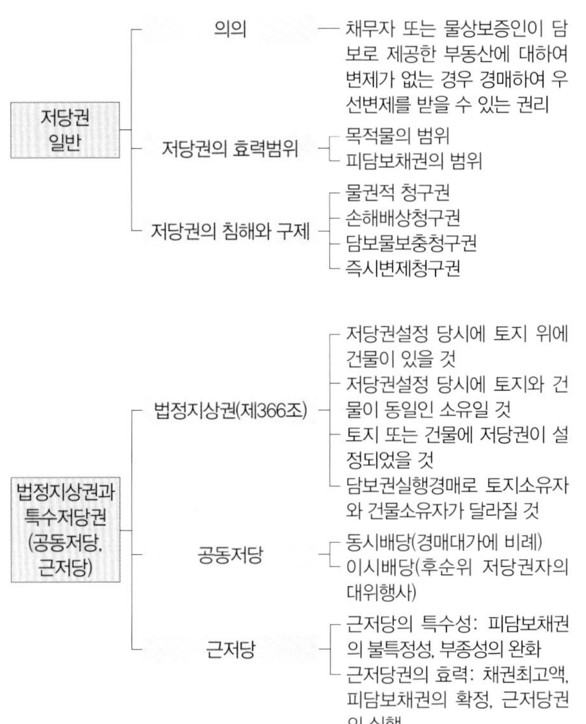

PART 3 계약법

1 계약법 총론

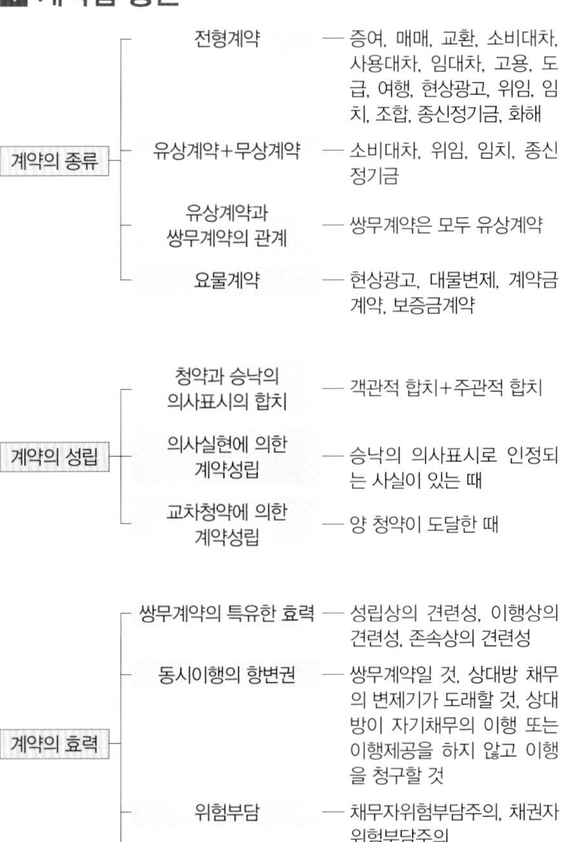

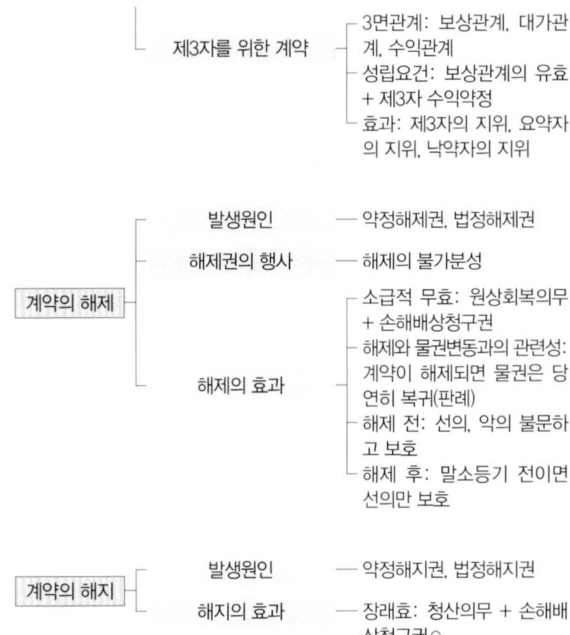

2 매매

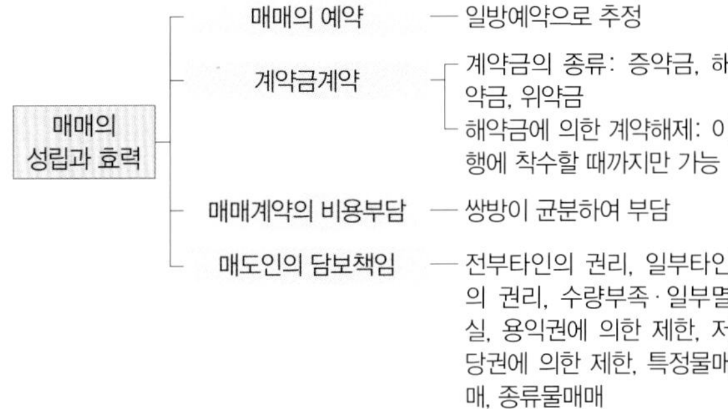

3 임대차

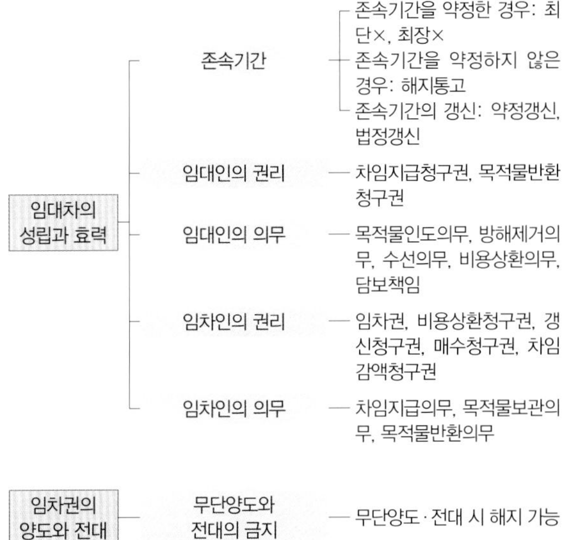

PART 2 물권법

1 물권의 변동

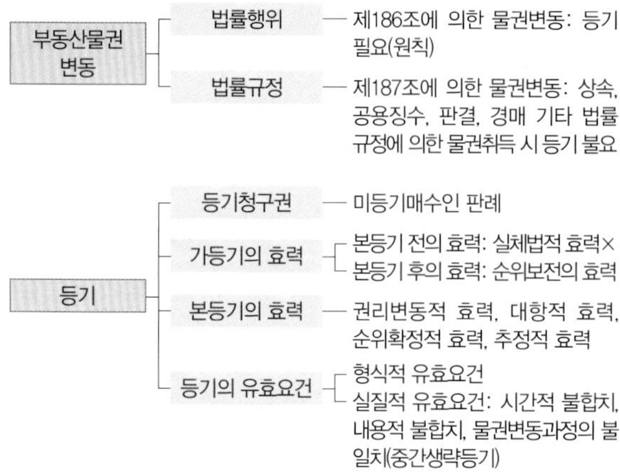

2 점유권

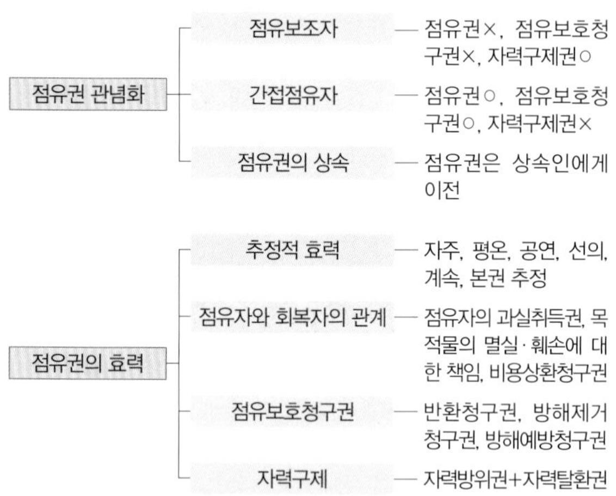

3 소유권

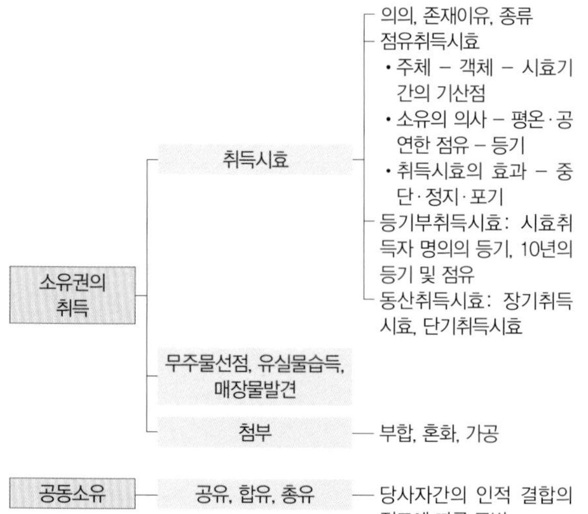

4 용익물권

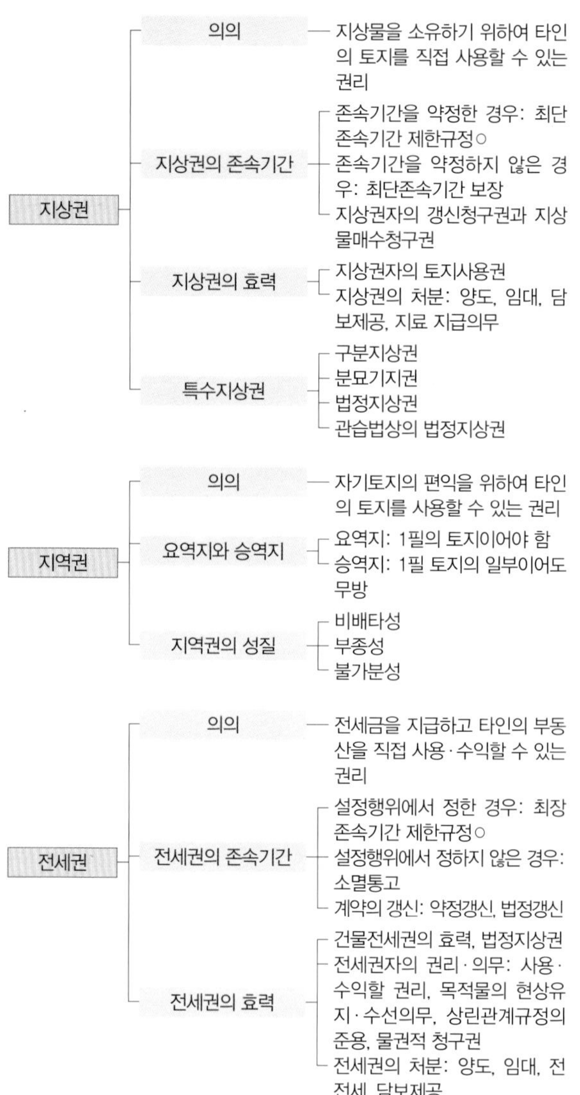

5 담보물권

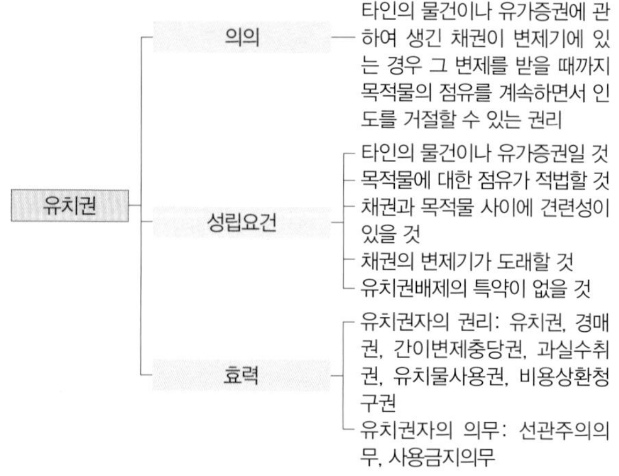

시작하는 방법은

말을 멈추고

즉시 행동하는 것이다.

– 월트 디즈니(Walt Disney)

2022

에듀윌 공인중개사

우선끝장 민 개 공

민법 및 민사특별법

NEWS

공인중개사 1, 2차 시험 동시 접수자 약 47%*
점점 증가하는 동차 준비생!

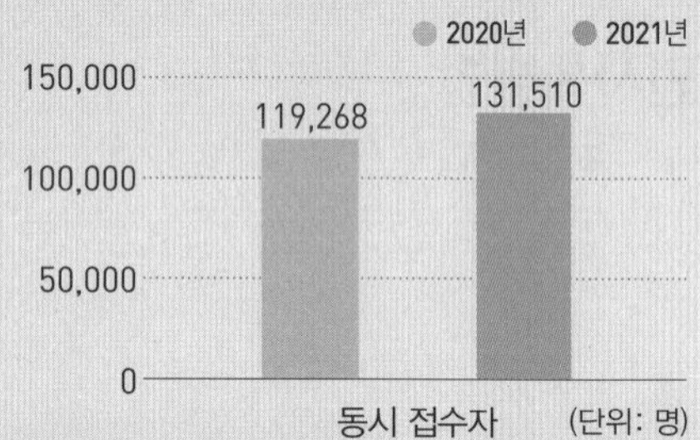

(단위: 명)

구분	2020년	2021년	증감
1, 2차 시험 동시 접수자	119,268	131,510	▲12,242

* 제32회 시험(2021년) 기준 실제 접수인원 276,982명 중 1, 2차 동시 접수자 131,510명(약 47%)

그러나 동차합격에 대한 수험생의 고민은?

"민개공이 자꾸 발목을 잡아요."
"민개공 학습량이 너무 많아서, 많은 시간을 투자해야 점수가 나와요."
"민개공, 도대체 어떻게 공부해야 하나요?"
"민개공 때문에 동차합격이 어려워요."

동차합격,
한 번에 가능할까요?

6년간 합격자 수 1위
에듀윌이 만들었습니다!

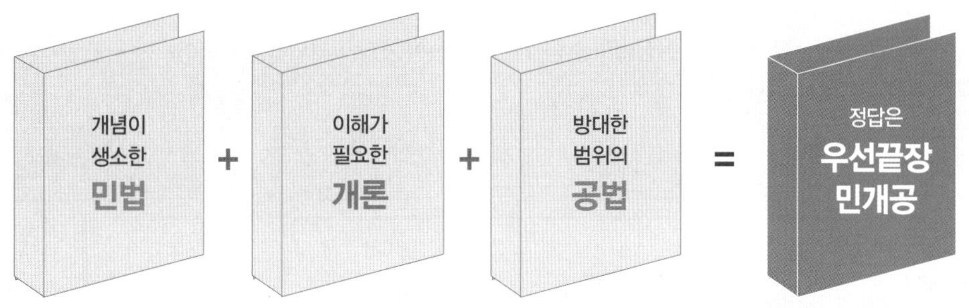

민개공 먼저 끝내면
가능합니다!

왜 우선순위 과목 민개공부터 완성해야 할까요?

Q '민개공'이 뭔가요?

민법 및 민사특별법, 부동산학개론, 부동산공법의 줄임말로, 수험생이 가장 어려워하는 과목이지만 시험 합격을 위해서는 가장 중요한 핵심 과목입니다.

구분	시험과목	만점	합격전략점수	평균점수
1차	부동산학개론	100	60	60
	민법 및 민사특별법	100	60	
2차	부동산공법	100	50	
	공인중개사법령 및 중개실무	100	70	
	부동산공시법	60	35	
	부동산세법	40	25	

공인중개사 시험은 평균 60점만 받으면 합격할 수 있는 시험으로, 1차 2과목 + 2차에서 가장 학습기간이 긴 공법을 먼저 학습해야 동차합격이 가능합니다.

Q 우선끝장 민개공, 누가 보면 좋나요?

동차합격을
노리는 수험생

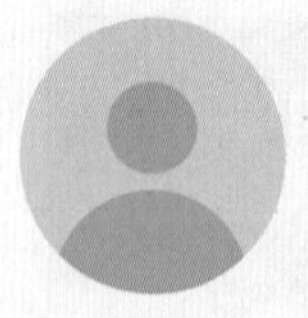

민개공의 방대한
학습량이 힘든 수험생

단기에 한권으로 학습을
끝내려는 수험생

합격점 달성을 위해
전략적으로 학습하려는
수험생

Q 왜 '민개공' 우선 학습이 필요한가요?

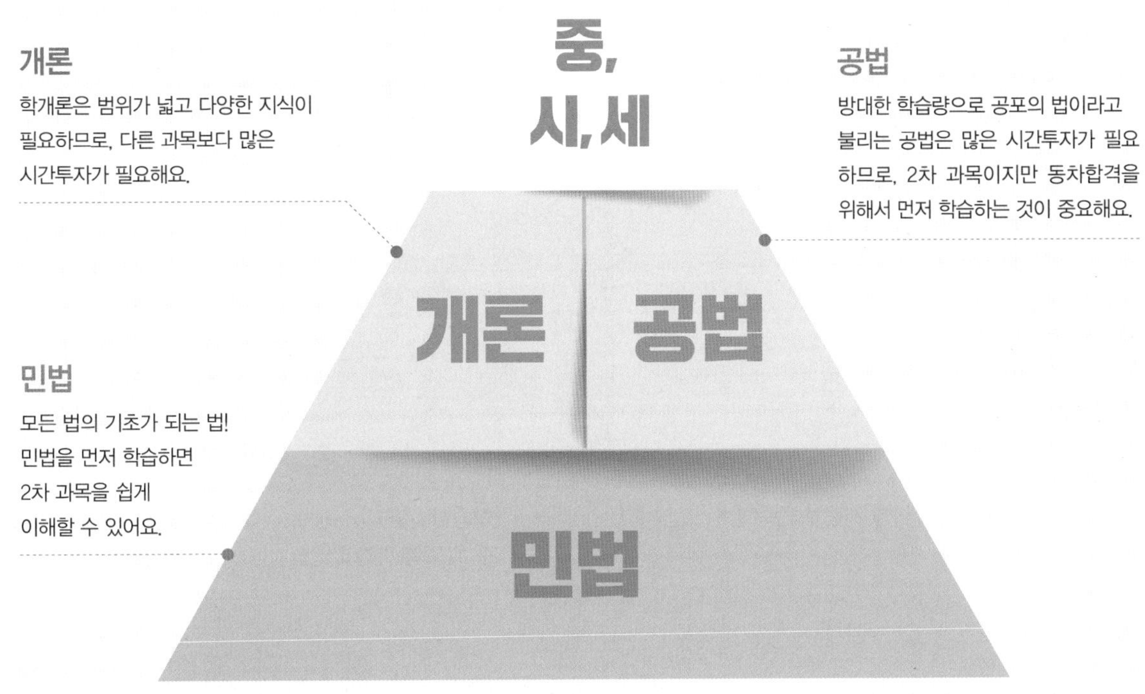

결국, 민개공을 잡으면
합격할 수 있습니다.

교재 구성

1단계 | 핵심 기출테마

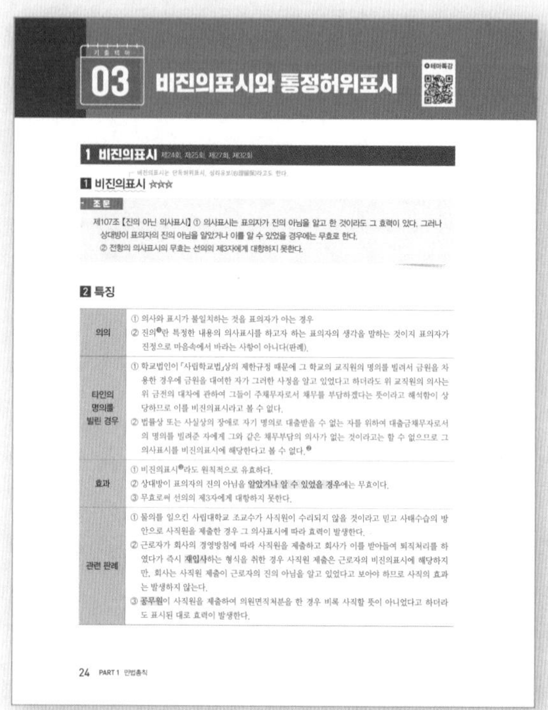

기출테마 03 비진의표시와 통정허위표시

테마특강

1 비진의표시 제24회, 제25회, 제27회, 제32회

1 비진의표시 ☆☆☆

조문

제107조【진의 아닌 의사표시】① 의사표시는 표의자가 진의 아님을 알고 한 것이라도 그 효력이 있다. 그러나 상대방이 표의자의 진의 아님을 알았거나 이를 알 수 있었을 경우에는 무효로 한다.
② 전항의 의사표시의 무효는 선의의 제3자에게 대항하지 못한다.

2 특징

의의	① 의사와 표시가 불일치하는 것을 표의자가 아는 경우 ② 진의❶란 특정한 내용의 의사표시를 하고자 하는 표의자의 생각을 말하는 것이지 표의자가 진정으로 마음속에서 바라는 사항이 아니다(판례).
타인의 명의를 빌린 경우	① 학교법인이 「사립학교법」상의 제한규정 때문에 그 학교의 교직원의 명의를 빌려서 금원을 차용한 경우에 금원을 대여한 자가 그러한 사정을 알고 있었다고 하더라도 위 교직원의 의사는 위 금전의 대차에 관하여 그들이 주채무자로서 채무를 부담하겠다는 뜻이라고 해석함이 상당하므로 이를 비진의표시라고 볼 수 없다. ② 법률상 또는 사실상의 장애로 자기 명의로 대출받을 수 없는 자를 위하여 대출금채무자로서의 명의를 빌려준 자에게 그와 같은 채무부담의 의사가 없는 것이라고는 할 수 없으므로 그 의사표시를 비진의표시에 해당한다고 볼 수 없다.❷
효과	① 비진의표시❸라도 원칙적으로 유효하다. ② 상대방이 표의자의 진의 아님을 알았거나 알 수 있었을 경우에는 무효이다. ③ 무효로써 선의의 제3자에게 대항하지 못한다.
관련 판례	① 물의를 일으킨 사립대학교 조교수가 사직원이 수리되지 않을 것이라고 믿고 사태수습의 방안으로 사직원을 제출한 경우 그 의사표시에 따라 효력이 발생한다. ② 근로자가 회사의 경영방침에 따라 사직원을 제출하고 회사가 이를 받아들여 퇴직처리를 하였다가 즉시 재입사하는 형식을 취한 경우 사직원 제출은 근로자의 비진의표시에 해당하지만, 회사는 사직원 제출이 근로자의 진의 아님을 알고 있었다고 보아야 하므로 사직의 효과는 발생하지 않는다. ③ 공무원이 사직원을 제출하여 의원면직처분을 한 경우 비록 사직할 뜻이 아니었다고 하더라도 표시된 대로 효력이 발생한다.

24 PART 1 민법총칙

핵심만 뽑은 기출테마로 학습 시간을 단축할 수 있습니다.

2단계 | 기출지문 끝장

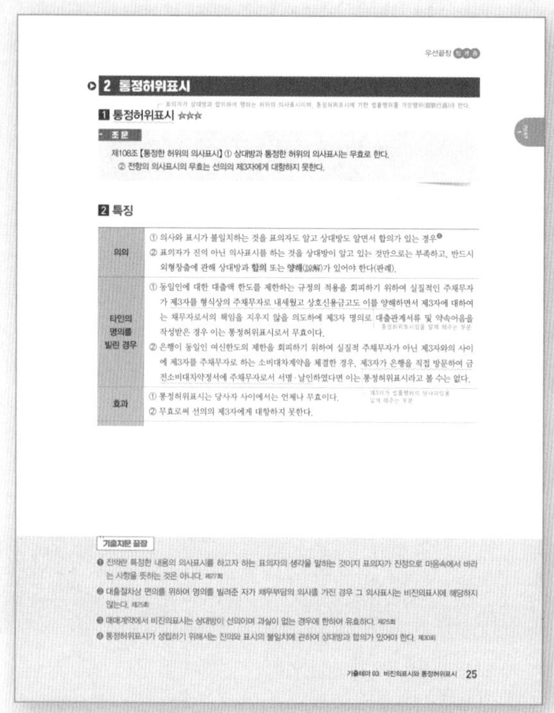

우선끝장 민개공

2 통정허위표시

표의자가 상대방과 합의하여 행하는 허위의 의사표시이며, 통정허위표시에 기한 법률행위를 가장행위(假裝行爲)라 한다.

1 통정허위표시 ☆☆☆

조문

제108조【통정한 허위의 의사표시】① 상대방과 통정한 허위의 의사표시는 무효로 한다.
② 전항의 의사표시의 무효는 선의의 제3자에게 대항하지 못한다.

2 특징

의의	① 의사와 표시가 불일치하는 것을 표의자도 알고 상대방도 알면서 합의가 있는 경우❹ ② 표의자가 진의 아닌 의사표시를 하는 것을 상대방이 알고 있는 것만으로는 부족하고, 반드시 외형창출에 관해 상대방과 합의 또는 양해(諒解)가 있어야 한다(판례).
타인의 명의를 빌린 경우	① 동일인에 대한 대출액 한도를 제한하는 규정의 적용을 회피하기 위하여 실질적인 주채무자가 제3자를 형식상의 주채무자로 내세웠고 상호신용금고도 이를 양해하면서 제3자에 대하여는 채무자로서의 책임을 지우지 않을 의도하에 제3자 명의로 대출관계서류 및 약속어음을 작성받은 경우 이는 통정허위표시로서 무효이다. ② 은행이 동일인 여신한도의 제한을 회피하기 위하여 실질적 주채무자가 아닌 제3자와의 사이에 제3자를 주채무자로 하는 소비대차계약을 체결한 경우, 제3자가 은행을 직접 방문하여 금전소비대차약정서에 주채무자로서 서명·날인하였다면 이는 통정허위표시라고 볼 수는 없다.
효과	① 통정허위표시는 당사자 사이에서는 언제나 무효이다. ② 무효로써 선의의 제3자에게 대항하지 못한다.

기출지문 끝장

❶ 진의란 특정한 내용의 의사표시를 하고자 하는 표의자의 생각을 말하는 것이지 표의자가 진정으로 마음속에서 바라는 사항을 뜻하는 것은 아니다. 제27회
❷ 대출절차상 편의를 위하여 명의를 빌려준 자가 채무부담의 의사를 가진 경우 그 의사표시는 비진의표시에 해당하지 않는다. 제25회
❸ 매매계약에서 비진의표시는 상대방이 선의이며 과실이 없는 경우에 한하여 유효하다. 제25회
❹ 통정허위표시가 성립하기 위해서는 진의와 표시의 불일치에 관하여 상대방과 합의가 있어야 한다. 제30회

기출테마 03 비진의표시와 통정허위표시 25

학습한 이론이 실제로 어떻게 출제되는지 바로 확인할 수 있도록 매칭하였습니다.

⊕ 민개공 부가서비스

에듀윌 대표저자 직강, 기출테마 무료특강

보충학습에 필요한 부분에 대한 강의를 무료로 들을 수 있습니다.
유튜브에서 민개공 기출테마 무료특강을 검색해 보세요.

#에듀윌 #우선끝장민개공 #기출테마무료특강

3단계 | 기출문제 끝장

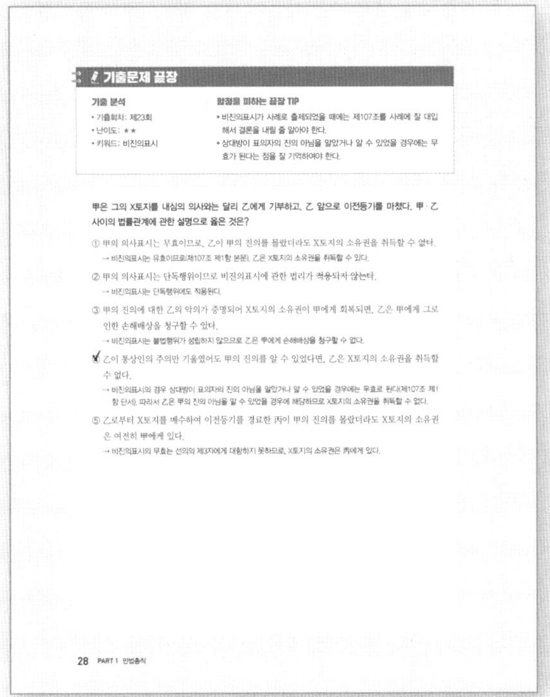

기출문제 끝장

기출 분석
- 기출회차: 제23회
- 난이도: ★★
- 키워드: 비진의표시

함정을 피하는 끝장 TIP
- 비진의표시가 사례로 출제되었을 때에는 제107조를 사례에 잘 대입해서 결론을 내릴 줄 알아야 한다.
- 상대방이 표의자의 진의 아님을 알았거나 알 수 있었을 경우에는 무효가 된다는 점을 잘 기억하여야 한다.

甲은 그의 X토지를 내심의 의사와는 달리 乙에게 기부하고, 乙 앞으로 이전등기를 마쳤다. 甲·乙 사이의 법률관계에 관한 설명으로 옳은 것은?

① 甲의 의사표시는 무효이므로, 乙이 甲의 진의를 몰랐더라도 X토지의 소유권을 취득할 수 없다.
→ 비진의표시는 유효이므로(제107조 제1항 본문), 乙은 X토지의 소유권을 취득할 수 있다.

② 甲의 의사표시는 단독행위이므로 비진의표시에 관한 법리가 적용되지 않는다.
→ 비진의표시는 단독행위에도 적용된다.

③ 甲의 진의에 대한 乙의 악의가 증명되어 X토지의 소유권이 甲에게 회복되면, 乙은 甲에게 그로 인한 손해배상을 청구할 수 있다.
→ 비진의표시는 불법행위가 성립하지 않으므로 乙은 甲에게 손해배상을 청구할 수 없다.

④ 乙이 통상인의 주의만 기울였어도 甲의 진의를 알 수 있었다면, 乙은 X토지의 소유권을 취득할 수 없다.
→ 비진의표시의 경우 상대방이 표의자의 진의 아님을 알았거나 알 수 있었을 경우에는 무효로 된다(제107조 제1항 단서). 따라서 乙은 甲의 진의 아님을 알 수 있었을 경우에 해당하므로 X토지의 소유권을 취득할 수 없다.

⑤ 乙로부터 X토지를 매수하여 이전등기를 경료한 丙이 甲의 진의를 몰랐더라도 X토지의 소유권은 여전히 甲에게 있다.
→ 비진의표시의 무효는 선의의 제3자에게 대항하지 못하므로, X토지의 소유권은 丙에게 있다.

28 PART 1 민법총칙

정확한 기출분석과 친절한 첨삭해설을 넣은 대표기출문제를 수록하였습니다.

+ 특별부록

❶ 민법 브로마이드_필수개념+체계도

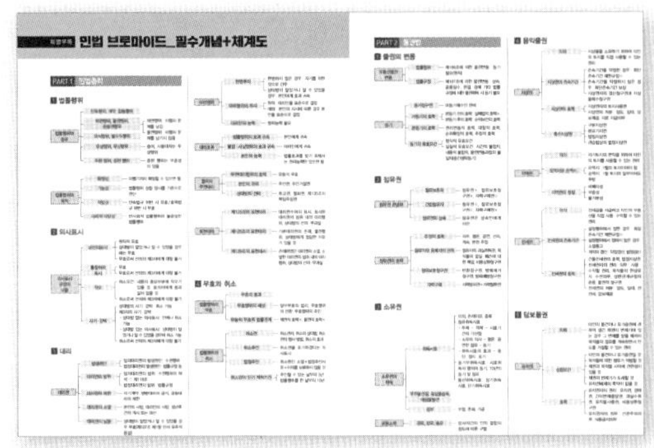

❷ 합격플래너(2종)

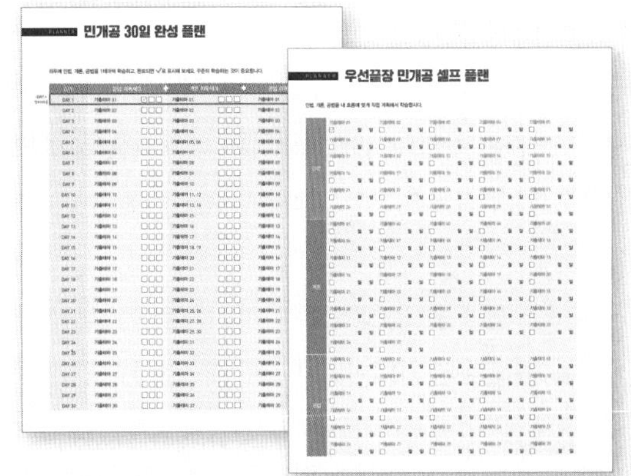

예상문제 끝장 (PDF 제공)

기출문제 학습 후 스스로 연습해 볼 수 있는 출제 예상문제를 제공합니다.

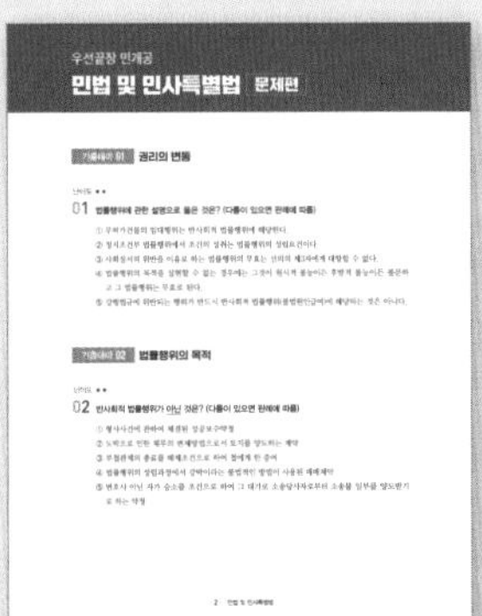

민개공 모의고사 1회분 (PDF 제공)

엄선한 모의고사 문제를 통해 민, 개, 공 학습을 완벽하게 마무리할 수 있습니다.

PDF 다운로드 경로 | 에듀윌 도서몰(http://book.eduwill.net/) → 도서자료실 → 부가학습자료

PREFACE

머리말

우선 민개공을 잡아야 합격이 쉬워집니다.

〈2022 에듀윌 공인중개사 우선끝장 민개공〉은 공인중개사 시험을 준비하는 분들이 가장 어려워하는 '민개공' 과목을 '만점이 아닌 합격점수를 넘기는 것'을 목표로 전략적 학습이 가능하도록 만들었습니다. 공인중개사 시험 과목 중 민법을 가장 힘들어 하는 분들이 많습니다. 범위가 매우 넓고 익숙하지 않은 법률용어와 법조문도 외워야 하며, 다양한 판례와 사례까지 학습해야 하기 때문입니다. 그러나 민법은 모든 법의 기초이자 암기가 아닌 이해가 필요한 과목입니다.

이에, 〈2022 에듀윌 공인중개사 우선끝장 민개공 민법 및 민사특별법〉은 이렇게 구성하였습니다.
첫째, 기출문제를 철저하게 분석하여 도출한 기출테마 30개를 선정하여, 시험에 나오는 이론만을 학습할 수 있도록 하였습니다.
둘째, 본문과 연계되는 기출지문을 수록하여 학습한 이론이 어떻게 지문으로 변형되어 출제되는지 확인할 수 있도록 하였습니다.
셋째, 기출테마에 해당하는 대표기출문제를 수록하여 동일한 유형의 문제를 반복 학습할 수 있도록 하였습니다.

합격을 위해 최적화된 이 교재로 공부하신 수험생 여러분들의 값진 노력이 합격의 기쁨으로 이어지길 진심으로 기원합니다.

2022년 3월 저자 심정욱

약력

- 現 에듀윌 민법 및 민사특별법 전임 교수
- 前 EBS 민법 및 민사특별법 강사
- 前 주요 공인중개사 학원 민법 및 민사특별법 강사

저서

에듀윌 공인중개사 민법 및 민사특별법 기초서, 기본서,
단원별/회차별 기출문제집,
핵심요약집, 출제예상문제집+필수기출,
실전모의고사, 민법판례집,
한손끝장 민법 및 민사특별법,
우선끝장 민개공 집필

CONTENTS

차 례

※ ▶ 기출테마 무료특강이 제공되는 테마입니다.

PART 01 민법총칙

PART 02 물권법

PART 03 계약법

PART 04 민사특별법

부가서비스

+ 예상문제 끝장(PDF)
+ 민개공 모의고사(PDF)

PDF 다운로드 경로 에듀윌 도서몰(http://book.eduwill.net/) → 도서자료실 → 부가학습자료

우선끝장 민개공

민법 및 민사특별법

민법총칙

기 출 테 마

01 권리의 변동

1 권리변동의 원인

법률요건을 이루는 개개의 사실을 법률사실이라 하고, 권리변동의 원인을 법률요건이라 하며, 권리변동의 결과를 법률효과라 한다.

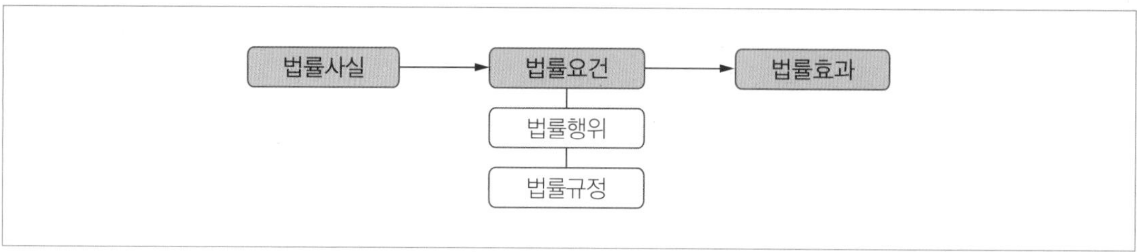

2 권리의 변동 ☆ 제28회

법률관계의 변동을 권리를 중심으로 살펴보면 결국 권리가 '발생 → 변경 → 소멸'하는 모습으로 나타난다. 즉, 변동은 발생, 변경, 소멸을 총칭하는 말이다.

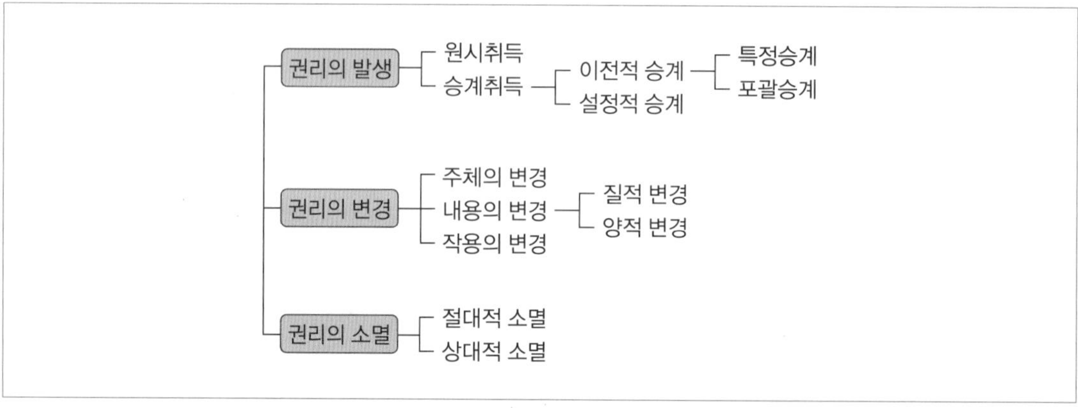

(1) 권리의 발생

원시취득 전주의 하자나 부담이 소멸 ○	① 종전에 없던 권리가 처음으로 생기는 것이다. ② 대표적 예 ㉠ 신축건물의 소유권취득 ㉡ 취득시효 ㉢ 선의취득 ㉣ 무주물선점❶ · 유실물습득 · 매장물발견 ㉤ 첨부(부합 · 혼화 · 가공) ㉥ 매매로 인한 채권취득
승계취득 전주의 하자나 부담이 소멸 ×	① **이전적 승계**: 전주(前主)가 가지고 있던 권리를 그대로 취득하는 것이다. ㉠ **특정승계**: 매매, 증여, 사인증여, 교환 등에 의한 소유권취득 ㉡ **포괄승계**: 상속, 포괄유증, 회사합병 등에 의한 소유권취득 ② **설정적 승계**: 지상권, 전세권, **저당권**❷과 같은 제한물권의 설정을 말한다.

(2) 권리의 변경

주체의 변경	이전적 승계를 권리주체의 변경이라는 관점에서 본 것이다.
내용의 변경	① **질적 변경**: 목적물반환청구권이 이행불능으로 손해배상청구권으로 변하는 것, 물상대위, 대물변제 등 ② **양적 변경**: 제한물권의 설정이나 소멸로 인한 소유권의 증감, 첨부 등
작용의 변경❸	① 저당권의 순위승진 ② 등기된 임차권의 대항력 등

(3) 권리의 소멸

절대적 소멸	① 목적물의 멸실로 인한 소유권의 소멸 ② 포락으로 인한 소유권의 소멸 ③ 변제로 인한 채권의 소멸 등
상대적 소멸	① 이전적 승계를 전주(前主)의 입장에서 본 것이다. ② 이전적 승계=주체의 변경=상대적 소멸

기출지문 끝장

❶ 무주물의 선점은 원시취득이다. 제28회

❷ 저당권의 설정은 설정적 승계에 해당한다. 제28회

❸ 1순위 저당권이 소멸되어 2순위 저당권이 순위승진을 한 경우, 이는 권리의 변경 중 작용의 변경이다. 제18회

3 법률행위의 종류 ☆☆ 제23회, 제24회, 제32회

(1) 단독행위, 계약, 합동행위

단독행위	① 상대방 없는 단독행위: 유언(유증), 재단법인설립행위(재산의 집합), 소유권과 점유권의 포기❶ ② 상대방 있는 단독행위: 동의, 철회, 상계, 추인, 취소, 해제❷, 해지, 채권포기(채무면제), 제한물권의 포기, 공유지분의 포기, 취득시효 이익의 포기❸, 수권행위
계약	① 채권계약: 매매, 교환, 임대차 ② 물권계약: 소유권이전의 합의❹, 지상권설정계약❺, 전세권설정계약, 저당권설정계약 ③ 준물권계약: 채권양도
합동행위	① 사단법인 설립행위(사람의 단체) ② 공유자 전원에 의한 공유물의 포기

(2) 채권행위, 물권행위, 준물권행위

채권행위	① 채권발생을 목적으로 하는 법률행위(법적인 의무를 부담하기로 하는 약속) ⇨ 의무부담행위 ② 채권행위는 이행의 문제를 남긴다.
물권행위	① 물권변동을 목적으로 하는 법률행위(사용·교환가치를 이전하기로 하는 합의) ⇨ 처분행위 ② 물권행위는 이행의 문제를 남기지 않는다.
준물권행위	① 물권 이외의 권리의 변동을 목적으로 하는 법률행위 ⇨ 처분행위 ② 대표적 예: 채권양도, 채무면제, 지식재산권의 양도

(3) 기타 사항

요식행위	① 법인설립행위 ② 유언 ③ 혼인, 이혼, 인지, 입양 ④ 어음·수표행위 ⑤ 등기신청 등
유상행위와 무상행위	① 무상계약: 증여, 사용대차 ② 유상+무상: 소비대차, 위임, 임치, 종신정기금 ③ 쌍무계약은 모두 유상계약에 해당한다. ④ 유상계약이 모두 쌍무계약에 해당하는 것은 아니다.
종된 행위	① 대표적 예: 저당권설정계약, 계약금계약 ② 종된 행위는 주된 행위에 대해 부종성이 있다. ③ 종된 행위는 주된 행위와 동시에 할 필요는 없다.(단, 환매특약은 매매계약과 동시에 하여야 한다.)

4 법률행위의 요건 ☆☆ 제24회

성립요건	일반적 성립요건	① 당사자 ② 법률행위의 목적(내용) ③ 의사표시
	특별 성립요건	① 법인설립행위에 있어서의 설립등기 ② 유언에 있어서의 일정한 방식 ③ 형성적 신분행위에 있어서의 신고 ─ 혼인, 이혼, 인지, 입양 등 ④ 요물계약에 있어서의 물건의 인도와 지정행위의 완료 ⑤ 계약에 있어서 청약과 승낙의 의사표시의 합치
효력요건 (유효요건)	일반적 효력요건	① 당사자가 권리능력, 행위능력, 의사능력을 가져야 한다. ② 법률행위의 목적이 확정성, 가능성, 적법성, 사회적 타당성이 있어야 한다. ③ 의사표시에 있어서 의사와 표시가 일치하고 하자가 없어야 한다.
	특별 효력요건	① 대리에 있어서의 대리권의 존재 ② 조건부·기한부 법률행위에 있어서의 조건의 성취❻·기한의 도래 ③ 유언에 있어서의 유언자의 사망 ④「부동산 거래신고 등에 관한 법률」상 토지거래허가구역 내의 토지거래계약에 있어서 관할관청의 허가❼ ⑤ 학교법인의 기본재산 처분 시 관할관청의 허가 Q 농지취득자격증명은 효력발생요건이 아니다.❽

판 례

「농지법」상 농지취득자격증명은 농지취득의 원인이 되는 법률행위의 효력발생요건이 아니다. 따라서 농지에 관한 소유권이전등기청구소송에서 농지취득자격증명이 없다는 이유로 그 청구를 거부할 수 없다(대판 2006.1.27, 2005다59871).

기출지문 끝장

❶ **소유권의 포기**는 상대방 없는 단독행위이다. 제28회
❷ **해제**는 상대방 있는 단독행위이다. 제24회
❸ **공유지분의 포기와 취득시효 이익의 포기**는 상대방 있는 단독행위에 해당한다. 제32회
❹ **합의해제(해제계약)**는 계약에 해당한다. 제22회
❺ **지상권설정행위**는 처분행위이다. 제24회
❻ 정지조건부 법률행위에서 **조건의 성취**는 법률행위의 효력발생요건이다. 제20회
❼ 토지거래허가구역 내의 토지거래계약에 관한 **관할관청의 허가**는 토지매매계약의 효력발생요건이다. 제24회
❽ **농지취득자격증명**은 농지를 취득하는 자에게 농지취득의 자격이 있다는 것을 증명한 것일 뿐 효력발생요건이 아니다. 제24회

기출문제 끝장

기출 분석

- 기출회차: 제32회
- 난이도: ★★
- 키워드: 법률행위의 종류

함정을 피하는 끝장 TIP

- 법률행위 중 단독행위와 계약 및 합동행위의 예를 잘 정리해 두어야 한다.
- 특히 단독행위와 계약에 해당하는 예와 그 차이점을 잘 기억해 두어야 한다.

상대방 있는 단독행위에 해당하지 않는 것은? (다툼이 있으면 판례에 따름)

① 공유지분의 포기

⋯→ 공유지분의 포기는 상대방 있는 단독행위에 해당한다(대판 2016.10.27, 2015다52978).

② 무권대리행위의 추인

⋯→ 추인은 상대방 있는 단독행위에 해당한다.

③ 상계의 의사표시

⋯→ 상계는 상대방 있는 단독행위에 해당한다.

④ 취득시효 이익의 포기

⋯→ 취득시효 이익의 포기는 상대방 있는 단독행위에 해당한다(대판 2011.7.14, 2011다23200).

⑤ ~~재단법인의 설립행위~~

⋯→ 재단법인의 설립행위는 상대방 없는 단독행위에 해당한다.

법률행위의 목적

1 법률행위의 목적-확정성과 가능성

(1) 판단시점

① 확정성: 법률행위의 목적은 법률행위 내용을 실현할 당시, 즉 이행기까지(법률행위 성립 당시×) 확정할 수 있으면 된다.

② 불능 여부: 법률행위 성립 당시를 기준으로 판단한다.

(2) 불능에 관한 쟁점

① 원시적 불능을 목적으로 한 법률행위는 무효이나, 계약체결상의 과실책임(제535조)이 문제될 수 있다.

② 타인권리의 매매도 채권행위로서는 유효하다.

③ 채무자의 귀책사유 있는 후발적 불능의 경우에는 채무불이행이 문제된다.

④ 채무자의 귀책사유 없는 후발적 불능의 경우에는 위험부담이 문제된다.

2 법률행위의 목적-적법성 제32회

강행법규(선량한 풍속 기타 사회질서와 관계있는 규정)에 위반되지 않을 것

(1) 단속법규

① 무허가·무신고·무검사 영업을 금지하는 규정

② 중간생략등기를 금지하는 「부동산등기 특별조치법」 관련 규정(대판 1993.1.26, 92다39112)❶

③ 투자일임매매를 제한하는 「자본시장과 금융투자업에 관한 법률」 관련 규정(대판 2002.3.29, 2001다49128)

④ 「주택법」상의 전매금지규정(대판 1991.9.10, 91다21992)❷

⑤ 「공인중개사법」상 개업공인중개사가 중개의뢰인과 직접 거래를 하는 행위를 금지하는 규정(대판 2017.2.3, 2016다259677)❸

(2) 효력법규

① 광업권자의 명의대여를 금지하는 규정

② 의료인이나 의료법인 등이 아닌 자가 의료기관을 개설하여 운영하는 것을 금지하는 「의료법」 관련 규정(대판 2003.4.22, 2003다2390)

기출지문 끝장

❶ 「부동산등기 특별조치법」상 중간생략등기를 금지하는 규정은 단속법규에 해당한다. 제21회

❷ 「주택법」상의 전매금지규정은 단속법규에 해당하나, 이에 위반한 국민주택 전매계약의 사법상 효력은 유효하다. 제28회

❸ 「공인중개사법」상 개업공인중개사가 중개의뢰인과 직접 거래를 하는 행위를 금지하는 규정은 단속법규에 해당한다. 제32회

③ 투기를 방지하기 위하여 중간생략등기를 금지하는 「부동산 거래신고 등에 관한 법률」상의 토지거래 허가 규정(대판 1996.6.28, 96다3982)❶

④ 증권회사 또는 그 임·직원의 부당권유행위를 금지하는 「자본시장과 금융투자업에 관한 법률」 관련 규정(대판 1996.8.23, 94다38199)

⑤ 부동산중개보수의 상한을 제한하는 규정(대판 2002.9.4, 2000다54406)

3 법률행위의 목적－사회적 타당성(반사회적 법률행위의 유형) ☆☆☆

(1) 정의관념에 반하는 행위

① 밀수자금에 사용될 줄 알면서 금원을 대출하는 행위는 무효이다.

② 제2매수인이 매도인의 배임행위에 적극가담한 이중매매는 무효이다.

③ 부첩관계의 종료를 해제조건으로 하는 증여계약은 무효이다.

④ 국가기관이 헌법상 보장된 국민의 기본권을 침해하는 위헌적인 공권력을 행사한 결과 국민이 그 공권력의 행사에 의해 외포(畏怖)되어 자유롭지 못한 상태에서 의사표시를 하였더라도 그 의사표시의 효력은 의사표시의 하자에 관한 민법의 일반원리에 의하여 판단되어야 하고 그 강박에 의한 의사표시가 항상 반사회성을 띠게 되어 무효로 된다고는 볼 수 없다.

(2) 인륜에 반하는 행위

① 첩계약은 무효(처의 동의 있어도 무효)이다.

② 부첩계약을 맺음에 있어서 처의 사망 또는 이혼이 있을 경우 첩과 혼인신고를 하여 입적하게 한다는 부수적 약정도 무효이다.

③ 불륜관계를 단절하면서 첩의 생활비, 자녀의 양육비를 지급하겠다는 계약은 유효하다.

④ 부정행위를 용서받는 대가로 손해배상을 함과 아울러 가정에 충실하겠다는 서약의 취지에서 처에게 부동산을 양도하되, 부부관계가 유지되는 동안에 처가 임의로 처분할 수 없다는 제한을 붙인 약정은 유효하다.

(3) 개인의 자유를 심히 제한하는 행위

① 일생 동안 혼인 또는 이혼하지 않겠다는 계약은 무효이다.

② 근무기간 중 혼인하지 않겠다는 계약(결혼퇴직조항)은 무효이다.

③ 해외연수 후 일정기간 회사에 근무하지 않으면 해외파견 소요경비를 배상한다는 약정은 유효하다.

(4) 생존의 기초가 되는 재산의 처분행위

① 장차 취득하게 될 전(全) 재산을 양도한다는 계약은 무효이다.

② 사찰이 그 존립에 필요불가결한 재산인 임야를 증여하는 행위는 무효이다.

(5) 지나치게 사행적인 행위

① 도박자금을 대여하는 계약은 무효(동기가 표시된 사안)이다.

② 도박채무를 변제하기 위해 채무자로부터 부동산의 처분을 위임받은 채권자가 그 부동산을 제3자에게 매도한 경우에 도박채무부담행위와 그 변제의 약정 및 변제약정의 이행행위(부동산처분대금으로 도박채무의 변제에 충당)는 무효이다. 그러나 부동산처분에 관한 대리권을 도박채권자에게 수여한 행위는 유효하다. 따라서 도박채권자로부터 부동산을 매수한 제3자는 유효하게 소유권을 취득한다.

(6) 기타 행위

① 소송사건에서 증언의 대가로 금전을 지급하기로 약정한 경우 그것이 통상적으로 용인될 수 있는 수준(여비, 일실손해 등)을 초과하는 경우에는 무효이다.❷

② 양도소득세를 회피할 목적으로 한 명의신탁이나, 상속세를 면탈할 목적으로 피상속인의 명의에서 타인 명의로 직접 소유권이전등기를 한 경우라 하더라도 반사회적 법률행위로서 무효라고 할 수는 없다.

③ 양도소득세의 일부를 회피할 목적으로 매매계약서에 실제로 거래한 가액보다 낮은 금액을 매매대금으로 기재한 경우라 하더라도 반사회적 법률행위로서 무효라고 할 수는 없다.❸

④ 단지 법률행위의 성립과정에서 강박이라는 불법적인 방법이 사용된 데 불과한 경우에는 강박에 의한 의사표시의 하자나 의사의 흠결을 이유로 효력을 논할 수는 있을지언정 반사회적 법률행위로서 무효라고 할 수는 없다.

⑤ 전통사찰의 주지직을 거액의 금품을 대가로 양도·양수하기로 하는 약정이 있음을 알고도 이를 묵인 또는 방조한 상태에서 한 종교법인의 주지임명행위는 반사회적 법률행위에 해당되지 않는다.

⑥ 강제집행을 면할 목적으로 부동산에 허위의 근저당권설정등기를 경료하는 행위는 반사회적 법률행위로 볼 수 없다.❹

4 이중매매의 법률관계 ☆☆☆ 제32회

유효성 인정	이중매매는 계약자유의 원칙상 원칙적으로 유효하다.
무효인 경우	제2매수인이 매도인의 배임행위에 적극가담한 경우에는 반사회적 법률행위(제103조)에 해당하므로 무효가 된다.❺

기출지문 끝장

❶ 「부동산 거래신고 등에 관한 법률」상 일정한 구역 내의 **토지매매에 대하여 허가**를 요하는 규정은 효력법규에 해당한다. 제21회

❷ **소송에서의 증언을 조건**으로 통상 용인되는 수준을 넘는 대가를 받기로 한 약정은 반사회적 법률행위에 해당한다. 제25회

❸ **양도소득세를 회피할 목적**으로 실제 거래대금보다 낮은 금액으로 계약서를 작성하여 매매계약을 체결한 행위는 **반사회적 법률행위에 해당하지 않는다.** 제22회

❹ 부동산에 대한 **강제집행을 면할 목적**으로 그 부동산에 허위의 근저당권을 설정하는 행위는 **반사회적 법률행위에 해당하지 않는다**는 것이 판례의 태도이다. 제19회, 제25회

❺ 이미 매도된 부동산임을 알면서도 매도인의 **배임행위에 적극가담**하여 이루어진 저당권설정행위는 반사회적 법률행위에 해당한다. 제27회

적극가담의 정도	제2매수인이 매도사실을 아는 것만으로는 부족하고 매도사실을 알고 적극적으로 매도를 요청하거나 유도하여 계약에 이르는 정도가 되어야 한다.
제3자의 소유권취득 여부	이중매매가 반사회적 법률행위에 해당되어 무효가 되는 경우 위 부동산을 제2매수인으로부터 다시 취득한 제3자는 설사 선의이더라도 부동산의 소유권을 취득하지 못한다.❶
제1매수인의 소유권회복방법	제1매수인은 제2매수인에 대해 직접 그 명의의 소유권이전등기의 말소를 청구할 수는 없고, 매도인을 대위(代位)하여 제2매수인에 대해 그 명의의 소유권이전등기의 말소를 청구할 수 있다(채권자취소권 행사는 불가).

5 불공정한 법률행위 ☆☆☆

객관적 요건 — 급부와 반대급부 사이에 현저한 불균형이 있을 것

주관적 요건
- 피해자에게 궁박, 경솔 또는 무경험한 사정이 있을 것
- 폭리자에게 이용의사(악의)가 있을 것

폭리자의 이용의사	판례는 폭리자의 이용의사(악의)를 요구하는 입장이다.
판단시점	주관적 요건과 객관적 요건 모두 법률행위 성립 당시를 기준으로 판단한다.
요건의 동시충족 여부	궁박, 경솔 또는 무경험은 모두 구비해야 하는 것은 아니고 세 가지 중 어느 하나만 갖추면 된다. (궁박: 급박한 곤궁)
궁박의 의미	① 경제적 궁박＋정신적 궁박 ② 일시적 궁박＋계속적 궁박
무경험❷의 의미	일반 사회생활상의 경험부족의 의미이다(특정영역에 있어서의 경험 부족 ×).
대리의 경우	대리인을 통해 법률행위를 한 경우에는, 궁박은 본인을 표준으로 판단하고, 경솔·무경험은 대리인을 표준으로 판단한다. ⇨ 대리인이 법률행위를 하는 자이므로
추정 여부	급부와 반대급부 사이의 현저한 불균형을 입증하였다고 하여 피해자의 궁박·경솔·무경험한 사실이 존재하는 것으로 추정되지 않는다.❸
제104조의 적용범위	① 유상행위, 단독행위(채권포기), 합동행위(어촌계 총회의 결의): 적용 ○ ② 무상행위, 경매: 적용 ×❹ (무상행위: 증여, 기부행위)

기출지문 끝장

❶ 반사회적 법률행위에 해당하는 제2매매계약에 기초하여 제2매수인으로부터 그 부동산을 매수하여 등기한 선의의 제3자는 제2매매계약의 유효를 주장할 수 없다. 제32회

❷ 무경험이란 일반 사회생활상의 경험부족을 의미하는 것이지, 특정 거래영역에서의 경험부족을 말하는 것이 아니다. 제24회

❸ 법률행위가 현저하게 공정을 잃었다고 하여 곧 그것이 궁박, 경솔 또는 무경험으로 이루어진 것으로 추정되지 않는다. 제24회

❹ 경매절차에서 매각대금이 시가보다 현저히 저렴하더라도 불공정한 법률행위를 이유로 그 무효를 주장할 수 없다. 제25회

기출문제 끝장

기출 분석

- 기출회차: 제32회
- 난이도: ★★
- 키워드: 법률행위의 목적의 적법성

함정을 피하는 끝장 TIP

- 단속법규 위반과 효력법규 위반의 사법상 행위의 효력 유무를 잘 정리해 두어야 한다.
- 단속법규 위반인지 효력법규 위반인지 문제되는 경우를 판례를 중심으로 비교 정리해 두어야 한다.

PART 1

효력규정이 <u>아닌</u> 것을 모두 고른 것은? (다툼이 있으면 판례에 따름)

㉠ ~~「부동산등기 특별조치법」상 중간생략등기를 금지하는 규정~~
→ 「부동산등기 특별조치법」상 중간생략등기를 금지하는 규정은 단속법규에 해당한다(대판 1993.1.26, 92다39112).

㉡ ~~「공인중개사법」상 개업공인중개사가 중개의뢰인과 직접 거래를 하는 행위를 금지하는 규정~~
→ 「공인중개사법」상 개업공인중개사가 중개의뢰인과 직접 거래를 하는 행위를 금지하는 규정은 단속법규에 해당한다(대판 2017.2.3, 2016다259677).

㉢ 「공인중개사법」상 개업공인중개사가 법령에 규정된 중개보수 등을 초과하여 금품을 받는 행위를 금지하는 규정
→ 「공인중개사법」상 개업공인중개사가 법령에 규정된 중개보수 등을 초과하여 금품을 받는 행위를 금지하는 규정은 효력법규에 해당한다(대판 2002.9.4, 2000다54406).

① ㉠
② ㉡
③ ㉢

④ ㉠, ㉡
⑤ ㉡, ㉢

03 비진의표시와 통정허위표시

1 비진의표시 제24회, 제25회, 제27회, 제32회

비진의표시는 단독허위표시, 심리유보(心理留保)라고도 한다.

1 비진의표시 ☆☆☆

조문

제107조【진의 아닌 의사표시】① 의사표시는 표의자가 진의 아님을 알고 한 것이라도 그 효력이 있다. 그러나 상대방이 표의자의 진의 아님을 알았거나 이를 알 수 있었을 경우에는 무효로 한다.
② 전항의 의사표시의 무효는 선의의 제3자에게 대항하지 못한다.

2 특징

의의	① 의사와 표시가 불일치하는 것을 표의자가 아는 경우 ② 진의[1]란 특정한 내용의 의사표시를 하고자 하는 표의자의 생각을 말하는 것이지 표의자가 진정으로 마음속에서 바라는 사항이 아니다(판례).
타인의 명의를 빌린 경우	① 학교법인이 「사립학교법」상의 제한규정 때문에 그 학교의 교직원의 명의를 빌려서 금원을 차용한 경우에 금원을 대여한 자가 그러한 사정을 알고 있었다고 하더라도 위 교직원의 의사는 위 금전의 대차에 관하여 그들이 주채무자로서 채무를 부담하겠다는 뜻이라고 해석함이 상당하므로 이를 비진의표시라고 볼 수 없다. ② 법률상 또는 사실상의 장애로 자기 명의로 대출받을 수 없는 자를 위하여 대출금채무자로서의 명의를 빌려준 자에게 그와 같은 채무부담의 의사가 없는 것이라고는 할 수 없으므로 그 의사표시를 비진의표시에 해당한다고 볼 수 없다.[2]
효과	① 비진의표시[3]라도 원칙적으로 유효하다. ② 상대방이 표의자의 진의 아님을 알았거나 알 수 있었을 경우에는 무효이다. ③ 무효로써 선의의 제3자에게 대항하지 못한다.
관련 판례	① 물의를 일으킨 사립대학교 조교수가 사직원이 수리되지 않을 것이라고 믿고 사태수습의 방안으로 사직원을 제출한 경우 그 의사표시에 따라 효력이 발생한다. ② 근로자가 회사의 경영방침에 따라 사직원을 제출하고 회사가 이를 받아들여 퇴직처리를 하였다가 즉시 재입사하는 형식을 취한 경우 사직원 제출은 근로자의 비진의표시에 해당하지만, 회사는 사직원 제출이 근로자의 진의 아님을 알고 있었다고 보아야 하므로 사직의 효과는 발생하지 않는다. ③ 공무원이 사직원을 제출하여 의원면직처분을 한 경우 비록 사직할 뜻이 아니었다고 하더라도 표시된 대로 효력이 발생한다.

2 통정허위표시

표의자가 상대방과 합의하여 행하는 허위의 의사표시이며, 통정허위표시에 기한 법률행위를 가장행위(假裝行爲)라 한다.

1 통정허위표시 ☆☆☆

조문

제108조【통정한 허위의 의사표시】① 상대방과 통정한 허위의 의사표시는 무효로 한다.
② 전항의 의사표시의 무효는 선의의 제3자에게 대항하지 못한다.

2 특징

의의	① 의사와 표시가 불일치하는 것을 표의자도 알고 상대방도 알면서 합의가 있는 경우❹ ② 표의자가 진의 아닌 의사표시를 하는 것을 상대방이 알고 있는 것만으로는 부족하고, 반드시 외형창출에 관해 상대방과 합의 또는 양해(諒解)가 있어야 한다(판례).
타인의 명의를 빌린 경우	① 동일인에 대한 대출액 한도를 제한하는 규정의 적용을 회피하기 위하여 실질적인 주채무자가 제3자를 형식상의 주채무자로 내세웠고 상호신용금고도 이를 양해하면서 제3자에 대하여는 채무자로서의 책임을 지우지 않을 의도하에 제3자 명의로 대출관계서류 및 약속어음을 작성받은 경우 이는 통정허위표시로서 무효이다. (통정허위표시임을 알게 해주는 부분) ② 은행이 동일인 여신한도의 제한을 회피하기 위하여 실질적 주채무자가 아닌 제3자와의 사이에 제3자를 주채무자로 하는 소비대차계약을 체결한 경우, 제3자가 은행을 직접 방문하여 금전소비대차약정서에 주채무자로서 서명·날인하였다면 이는 통정허위표시라고 볼 수는 없다. (제3자가 법률행위의 당사자임을 알게 해주는 부분)
효과	① 통정허위표시는 당사자 사이에서는 언제나 무효이다. ② 무효로써 선의의 제3자에게 대항하지 못한다.

기출지문 끝장

❶ 진의란 특정한 내용의 의사표시를 하고자 하는 표의자의 생각을 말하는 것이지 표의자가 진정으로 마음속에서 바라는 사항을 뜻하는 것은 아니다. 제27회

❷ 대출절차상 편의를 위하여 명의를 빌려준 자가 **채무부담의 의사를 가진 경우** 그 의사표시는 비진의표시에 해당하지 않는다. 제25회

❸ 매매계약에서 **비진의표시**는 상대방이 선의이며 과실이 없는 경우에 한하여 유효하다. 제25회

❹ **통정허위표시가 성립**하기 위해서는 진의와 표시의 불일치에 관하여 **상대방과 합의**가 있어야 한다. 제30회

관련 판례	① 허위표시 자체가 불법원인급여(제746조)의 '불법'은 아니므로 허위표시를 한 자는 상대방에 대해 부당이득반환청구를 할 수 있다. ② 허위표시가 채권자취소권(제406조)의 요건을 갖춘 경우 통정허위표시를 한 채무자의 채권자는 채권자취소권을 행사할 수 있다. ③ 제3자가 선의인 경우 허위표시의 당사자뿐만 아니라 그 누구도 허위표시의 무효를 가지고 선의의 제3자에게 대항하지 못한다. 한편 선의의 제3자 스스로 무효를 주장하는 것은 무방하다. ④ 제3자로서 보호받기 위해서는 선의이면 족하고 무과실까지 요구되지는 않는다. ⑤ 선의의 입증책임에 대해서는 제3자의 선의는 추정❶되므로 제3자의 악의를 주장하는 자가 이를 입증하여야 한다. ⑥ 제3자가 선의인 경우 제3자로부터 권리를 취득한 전득자는 악의일지라도 유효하게 권리를 취득한다(엄폐물의 법칙).

3 가장행위와 은닉행위 제29회

개념 구별	① 가장행위: 통정허위표시에 기한 법률행위 ② 은닉행위: 가장행위 속에 감추어진 행위
효력 여부	① 가장행위는 무효이지만, 은닉행위는 은닉행위로서의 요건을 갖추는 한 유효하다. ② 증여세를 면탈할 목적으로 매매를 가장한 경우 매매는 가장행위로서 무효이지만, 증여는 은닉행위로서 증여의 요건을 갖추는 한 유효하다.❷

4 제108조 제2항의 '제3자'

(1) '제3자'의 의미

'제3자'란 당사자 및 그 포괄승계인을 제외하고 허위표시를 기초로 실질적으로 새로운 법률상 이해관계를 맺은 자를 말한다.

(2) 제108조 제2항의 '제3자'에 해당하는지의 여부

제3자에 해당하는 자	① 가장매매의 매수인으로부터 목적부동산의 소유권을 취득한 자❸ ② 가장매매의 매수인으로부터 저당권을 설정받은 자❹ ③ 가장전세권에 대하여 저당권을 취득한 자❺ ④ 가장저당권설정행위에 기한 저당권실행에 의해 목적부동산을 경락받은 자 ⑤ 가장매매의 매수인으로부터 매매계약에 기한 소유권이전등기청구권을 보전하기 위하여 가등기를 경료한 자 ⑥ 가장매매에 기한 대금채권의 양수인 ⑦ 가장소비대차에 기한 대여금채권의 양수인 ⑧ 가장매매의 매수인에 대한 압류채권자 또는 전부채권자 ⑨ 가장근저당권설정계약이 유효하다고 믿고 그 피담보채권에 대해 가압류한 자❻ ⑩ 파산자가 상대방과 통정한 허위의 의사표시에 의해 성립된 가장채권을 보유하고 있다가 파산선고가 된 경우의 파산관재인

파산재단의 재산을 관리하는 자

제3자에 해당하지 않는 자	① 당사자의 상속인 또는 회사합병의 경우의 회사 ② 가장매매에 의한 손해배상청구권의 양수인 ③ 채권의 가장양도에 있어서의 채무자 또는 주식이 가장양도된 경우의 회사 ④ 가장의 '제3자를 위한 계약'에 있어서의 제3자❼ ⑤ 대리인이 상대방과 허위표시를 한 경우의 본인 또는 대표기관이 상대방과 허위표시를 한 경우의 법인 ⑥ 저당권 등 제한물권이 가장포기된 경우의 기존의 후순위 제한물권자 ⑦ 가장양수인의 일반채권자 ⑧ 채권의 가장양수인으로부터 추심을 위하여 채권을 양수한 자 ⑨ 자기의 채권을 보전하기 위하여 재산권을 가장양도한 채무자의 권리를 대위행사하는 채권자 ⑩ 甲이 乙로부터 금전을 차용하고 그 담보로 자기 소유의 부동산에 가등기를 하기로 약정한 후, 채권자들의 강제집행을 회피하기 위하여 위 부동산을 丙에게 가장양도한 경우에 丙으로부터 가등기를 경료받은 乙

기출지문 끝장

❶ 통정허위표시의 경우 제3자는 특별한 사정이 없는 한 선의로 **추정**되므로 **제3자가 악의라는 사실에 관한 주장·입증책임은 그 허위표시의 무효를 주장하는 자에게 있다.** 제27회

❷ 당사자가 통정하여 증여를 매매로 가장한 경우, **매매는 가장행위로서 무효**이지만 **증여는 은닉행위로서 유효**하다. 제30회

❸ 甲은 자신의 X토지를 乙에게 증여하고, 세금을 아끼기 위해 이를 **매매로 가장**하여 乙 명의로 소유권이전등기를 마쳤고, 乙은 X토지를 丙에게 매도하고 소유권이전등기를 마쳤다. 이 경우 甲은 丙에게 X토지의 **소유권이전등기말소를 청구할 수 없다.** 제29회

❹ 甲은 강제집행을 면하기 위하여 乙과 통모하여 그의 부동산을 매매의 형식을 빌려 乙 명의로 소유권이전등기를 마쳤고, 乙은 과실로 가장매매사실을 모른 丙에게 저당권을 설정해 준 경우 **丙의 저당권은 보호**된다. 제22회

❺ 통정허위표시에 의해 설정된 전세권에 대해 **저당권을 설정받은 자**는 제108조 제2항의 제3자에 해당한다. 제26회

❻ 통정허위표시에 의한 **채권을 가압류한 자**는 제108조 제2항의 제3자에 해당한다. 제26회

❼ **허위로 체결된 제3자를 위한 계약의 수익자**는 허위표시의 무효로 대항할 수 없는 선의의 **제3자에 해당되지 않는다.** 제23회

기출문제 끝장

기출 분석

- 기출회차: 제23회
- 난이도: ★★
- 키워드: 비진의표시

함정을 피하는 끝장 TIP

- 비진의표시가 사례로 출제되었을 때에는 제107조를 사례에 잘 대입해서 결론을 내릴 줄 알아야 한다.
- 상대방이 표의자의 진의 아님을 알았거나 알 수 있었을 경우에는 무효가 된다는 점을 잘 기억하여야 한다.

甲은 그의 X토지를 내심의 의사와는 달리 乙에게 기부하고, 乙 앞으로 이전등기를 마쳤다. 甲·乙 사이의 법률관계에 관한 설명으로 옳은 것은?

① 甲의 의사표시는 무효이므로, 乙이 甲의 진의를 몰랐더라도 X토지의 소유권을 취득할 수 없다.

⋯› 비진의표시는 유효이므로(제107조 제1항 본문), 乙은 X토지의 소유권을 취득할 수 있다.

② 甲의 의사표시는 단독행위이므로 비진의표시에 관한 법리가 ~~적용되지 않는다~~.

⋯› 비진의표시는 단독행위에도 적용된다.

③ 甲의 진의에 대한 乙의 악의가 증명되어 X토지의 소유권이 甲에게 회복되면, 乙은 甲에게 그로 인한 손해배상을 청구할 수 있다.

⋯› 비진의표시는 불법행위가 성립하지 않으므로 乙은 甲에게 손해배상을 청구할 수 없다.

✔④ 乙이 통상인의 주의만 기울였어도 甲의 진의를 알 수 있었다면, 乙은 X토지의 소유권을 취득할 수 없다.

⋯› 비진의표시의 경우 상대방이 표의자의 진의 아님을 알았거나 알 수 있었을 경우에는 무효로 된다(제107조 제1항 단서). 따라서 乙은 甲의 진의 아님을 알 수 있었을 경우에 해당하므로 X토지의 소유권을 취득할 수 없다.

⑤ 乙로부터 X토지를 매수하여 이전등기를 경료한 丙이 甲의 진의를 몰랐더라도 X토지의 소유권은 여전히 ~~甲에게~~ 있다.

⋯› 비진의표시의 무효는 선의의 제3자에게 대항하지 못하므로, X토지의 소유권은 丙에게 있다.

기출테마

04 착오와 사기·강박에 의한 의사표시

1 착오에 의한 의사표시

1 착오에 의한 의사표시 ☆☆☆

조문

제109조【착오로 인한 의사표시】① 의사표시는 법률행위의 내용의 중요부분에 착오가 있는 때에는 취소할 수 있다. 그러나 그 착오가 표의자의 중대한 과실로 인한 때에는 취소하지 못한다.
② 전항의 의사표시의 취소는 선의의 제3자에게 대항하지 못한다.

(1) 취소요건 제25회, 제28회

요건	입증
법률행위 내용의 중요부분에 착오가 있을 것	표의자가 입증
표의자에게 중과실이 없을 것	상대방이 입증

착오에 대한 상대방의 인식가능성은 요건이 아니다.

(2) 중요부분의 착오에 해당하는지의 여부

중요부분 ○	① 사람의 동일성에 관한 착오 ㉠ '상대방이 누구냐'가 중요한 법률행위에서는 중요부분의 착오에 해당한다. ㉡ 현실매매와 같이 '상대방이 누구냐'가 중요하지 않은 경우에는 중요부분의 착오가 아니다. ② 목적물의 동일성에 관한 착오 ③ 토지의 현황·경계에 관한 착오 ④ 법률행위의 성질에 관한 착오 ⑤ 부동산매매에서 양도소득세가 부과되지 않을 것이라는 매수인의 설명을 믿고 한 매도인의 착오 ⑥ 매매에 따른 양도소득세를 매수인이 부담하기로 하고 그 세액을 매수인이 계산하여 이를 따로 지급하였는데 후에 양도소득세가 더 부과된 경우(대판 1994.6.10, 93다24810) ⑦ 금융기관이 신용보증기금에 연체가 발생하여 신용보증 제한대상이 되는 기업에 대한 거래상황확인서를 발급함에 있어서 아무런 연체가 없는 것처럼 기재함으로써 신용보증기금이 신용보증을 하게 된 경우

중요부분 ×	① 사람의 신분, 경력, 직업, 재산상태에 관한 착오 ② 목적물의 소유권, 성질, 상태, 시가, 수량에 관한 착오 ③ 토지의 지적부족에 관한 착오 ④ 매수인이 대출을 받아 잔금을 지급하기로 한 잔금지급계획 ⑤ 계약금으로 지급받은 수표가 부도가 난 경우 ⑥ 공(空)리스에 있어서 리스물건의 존재 여부에 대한 보증인의 착오 ⑦ 착오로 인하여 표의자가 경제적 불이익을 입지 아니한 경우

(3) 관련 문제

① 중요부분에 대한 입증책임은 표의자가 부담하고, 표의자의 중과실에 대한 입증책임은 상대방이 부담한다.

② 표의자에게 중대한 과실이 있더라도 상대방이 표의자의 착오를 알고 이용하려고 한 경우에는 착오를 이유로 의사표시를 취소할 수 있다.[❶]

③ 표의자에게 경과실이 있는 경우에도 착오를 이유로 의사표시를 취소할 수 있다. 이 경우 상대방은 표의자에게 불법행위를 이유로 손해배상을 청구할 수 없다[❷](대판 1997.8.22, 97다13023).

④ 매매계약 내용의 중요부분에 착오가 있는 경우, 매수인은 매도인의 하자담보책임이 성립하는지와 상관없이 착오를 이유로 매매계약을 취소할 수 있다[❸](대판 2018.9.13, 2015다78703).

의사표시를 하게 된 연유

2 동기의 착오

법적 취급	① 동기는 의사표시의 '내용'이 아니므로 원칙적으로 동기의 착오를 이유로 의사표시를 취소할 수 없다. ② 동기가 표시되고 제109조의 요건을 갖추는 경우에는 취소할 수 있다. ③ 동기가 표시되면 족하고 의사표시의 내용으로 삼기로 하는 합의까지 이루어질 필요는 없다.
취소가 부정된 경우	① 우사(牛舍)를 짓기 위해 토지를 매수하였으나 우사를 지을 수 없는 경우 ② 공장에 쓰려고 매수하였으나 그린벨트지역인 경우
상대방으로부터 유발된 경우	① 표시 여부를 불문하고 제109조의 요건을 갖추는 경우에는 취소할 수 있다.[❹] ② 대표적 판례 ㉠ 귀속재산이 아닌데도 공무원이 귀속재산이라고 하여 토지를 국가에 증여한 경우 ㉡ 공무원의 법령 오해에 터잡아 토지를 국가에 증여한 경우[❺] ㉢ 매매대상에 포함되었다는 시공무원의 말을 믿고 매매계약을 체결한 경우

2 사기 · 강박에 의한 의사표시 ☆☆☆

1 조문

조 문

제110조【사기·강박에 의한 의사표시】① 사기나 강박에 의한 의사표시는 취소할 수 있다.

② 상대방 있는 의사표시에 관하여 제3자가 사기나 강박을 행한 경우에는 상대방이 그 사실을 알았거나 알 수 있었을 경우에 한하여 그 의사표시를 취소할 수 있다.

③ 전2항의 의사표시의 취소는 선의의 제3자에게 대항하지 못한다.

2 요건 제25회, 제27회

사기에 의한 의사표시	① 사기자의 고의: 2단계 고의(과실에 의한 경우에는 사기가 성립 ×) ② 기망행위: 침묵도 경우에 따라서는 기망행위가 된다.❻ ③ 기망행위의 위법성: 대형 백화점의 변칙세일행위는 위법성이 있다(판례). ④ 인과관계: 2단계 인과관계 ┌ 표의자의 주관적인 것이라도 무방
강박에 의한 의사표시	① 강박자의 고의: 2단계 고의 ② 강박행위: 강박의 정도가 극심하면 무효❼이다. ③ 강박행위의 위법성 ④ 인과관계: 2단계 인과관계 ┌ 표의자의 주관적인 것이라도 무방

기출지문 끝장

❶ 상대방이 표의자의 **착오를 알고 이용한 경우**에는 의사표시에 중대한 과실이 있는 표의자는 착오에 의한 의사표시를 취소할 수 있다. 제28회

❷ 경과실로 인해 착오에 빠진 표의자가 **착오를 이유로 의사표시를 취소**하더라도, 상대방에 대하여 불법행위로 인한 손해배상책임을 **지지 않는다**. 제31회

❸ 매도인의 **하자담보책임이 성립**하더라도 착오를 이유로 한 매수인의 **취소권은 배제되지 않는다**. 제31회

❹ 상대방에 의해 유발된 동기의 착오는 동기가 **표시되지 않았더라도 중요부분의 착오**가 될 수 있다. 제28회

❺ 토지소유자가 **공무원의 법령 오해**에 따른 설명으로 착오에 빠져 토지를 국가에 증여한 경우, 이를 취소할 수 있다. 제25회

❻ 아파트분양자가 아파트단지 인근에 공동묘지가 조성되어 있다는 사실을 분양계약자에게 **고지하지 않은 경우에는 기망행위**에 해당한다. 제27회

❼ 강박으로 의사결정의 자유가 완전히 박탈되어 법률행위의 외형만 갖춘 의사표시는 **무효**이다. 제25회

관련 문제	① 상대방의 사기·강박의 경우: 위의 요건을 갖추는 경우 취소할 수 있다. ② 제3자의 사기·강박의 경우 ㉠ 상대방 없는 의사표시에 있어서 제3자가 표의자에게 사기·강박을 한 경우에는 표의자는 언제나 그 의사표시를 취소할 수 있다. ㉡ 상대방 있는 의사표시에 있어서 제3자가 표의자에게 사기·강박을 한 경우에는 표의자는 상대방이 그 사실을 알았거나 알 수 있었을 경우에 한하여 그 의사표시를 취소할 수 있다.❶ ㉢ 제110조 제2항의 제3자: 상대방의 대리인은 제3자에 해당하지 않으나, 상대방의 피용자는 제3자에 해당한다.

핵심 끝장 제도의 경합 여부[각각 그 요건을 입증하여 주장 가능(판례)]

담보책임 vs 착오	매매목적물에 하자가 있음을 모르고 매매계약을 체결한 경우에 담보책임규정과 착오규정 중 어떤 규정이 적용되는가에 대해 다수설은 담보책임규정이 착오규정에 대한 특별규정이므로 담보책임규정만 적용된다고 한다. 그러나 판례는 매매계약 내용의 중요부분에 착오가 있는 경우, 매수인은 매도인의 하자담보책임이 성립하는지와 상관없이 착오를 이유로 매매계약을 취소할 수 있다고 하고 있다(대판 2018.9.13, 2015다78703).
담보책임 vs 사기	매매목적물에 하자가 있음에도 불구하고 매도인이 이를 속이고 매매계약을 체결한 경우 매수인(피기망자)은 각각 그 요건을 입증하여 주장할 수 있다.
착오 vs 사기	착오가 타인의 기망행위에 의해 발생한 경우 표의자는 각각 그 요건을 입증하여 주장할 수 있다(대판 1969.6.24, 68다1749).
착오 vs 해제	매도인이 매매계약을 적법하게 해제한 후라도 매수인은 손해배상책임을 지거나 매매계약에 따른 계약금의 반환을 받을 수 없는 불이익을 면하기 위하여 착오를 이유로 매매계약을 취소할 수 있다❷(대판 1991.8.27, 91다11308).
사기·강박 vs 불법행위	① 사기·강박행위가 동시에 불법행위에 해당하는 경우에는 표의자는 각각 그 요건을 입증하여 주장할 수 있다. ② 제3자에 의한 사기행위로 계약을 체결한 경우, 표의자는 그 계약을 취소하지 않고도 제3자에 대하여 불법행위로 인한 손해배상청구를 할 수 있다❸(대판 1998.3.10, 97다55829).

기출지문 끝장

❶ 제3자의 강박에 의해 상대방 있는 의사표시를 한 경우, **상대방이 그 사실을 알았다면** 표의자는 자신의 의사표시를 **취소할 수 있다.** 제23회

❷ 매도인이 계약을 적법하게 해제한 후에도 매수인은 계약해제에 따른 불이익을 면하기 위하여 **중요부분의 착오**를 이유로 취소권을 행사하여 **계약 전체를 무효**로 할 수 있다. 제26회

❸ 제3자의 **사기**로 계약을 체결한 경우, 피해자는 그 계약을 취소하지 않고 그 제3자에게 **불법행위책임**을 물을 수 있다. 제25회

기출문제 끝장

기출 분석

- 기출회차: 제31회
- 난이도: ★★★
- 키워드: 착오로 인한 의사표시

함정을 피하는 끝장 TIP

- 착오는 먼저 제109조 조문을 정리한 후 착오와 관련된 판례의 결론을 기억해 두어야 한다.
- 착오는 여러 제도와 관련되는 경우가 많은데, 특히 담보책임과 사기와의 경합 여부를 잘 정리해 두어야 한다.

PART 1

착오에 관한 설명으로 옳은 것을 모두 고른 것은? (다툼이 있으면 판례에 따름)

㉠ 매도인의 하자담보책임이 성립하더라도 착오를 이유로 한 매수인의 취소권은 배제되지 않는다.
→ 대판 2018.9.13, 2015다78703

㉡ 경과실로 인해 착오에 빠진 표의자가 착오를 이유로 의사표시를 취소한 경우, 상대방에 대하여 불법행위로 인한 손해배상책임을 진다.
→ 경과실로 인해 착오에 빠진 표의자가 착오를 이유로 의사표시를 취소하더라도, 상대방에 대하여 불법행위로 인한 손해배상책임을 지지 않는다(대판 1997.8.22, 97다13023).

㉢ 상대방이 표의자의 착오를 알고 이용한 경우, 표의자는 착오가 중대한 과실로 인한 것이더라도 의사표시를 취소할 수 있다.
→ 대판 2014.11.27, 2013다49794

㉣ 매도인이 매수인의 채무불이행을 이유로 계약을 적법하게 해제한 후에는 매수인은 착오를 이유로 취소권을 행사할 수 없다.
→ 매도인이 매매계약을 적법하게 해제한 후라도 매수인은 손해배상책임을 지거나 매매계약에 따른 계약금의 반환을 받을 수 없는 불이익을 면하기 위하여 착오를 이유로 매매계약을 취소할 수 있다(대판 1996.12.6, 95다24982·24999).

① ㉠, ㉡
② ㉠, ㉢
③ ㉠, ㉣
④ ㉡, ㉢
⑤ ㉡, ㉣

기출테마

05 대리의 3면관계

1 서설 – 대리의 3면관계

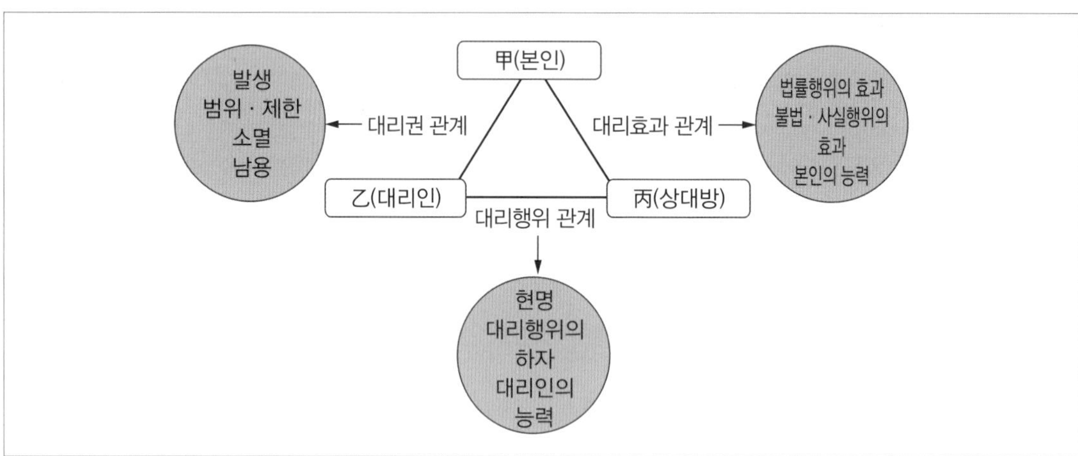

2 대리권의 발생 제30회

발생원인	① 임의대리권의 발생원인: 수권행위 ② 법정대리권의 발생원인: 법률규정 등
수권행위의 법적 성질	① 수권행위는 상대방 있는 단독행위(∴ 대리인이 될 자의 승낙 불요) ② 수권행위는 불요식행위(∴ 구두+서면/명시적+묵시적)❶

3 대리권의 범위 ☆☆☆ 제27회, 제30회, 제31회

법정대리권	법정대리권의 범위는 법률규정에 의해 결정된다.
임의대리권	임의대리권의 범위는 원칙적으로 수권행위의 해석에 의해 결정되나, 수권행위의 해석에 의해서도 대리권의 범위가 불분명한 경우에는 제118조가 보충적으로 적용된다.
수권행위의 해석	① 토지매각의 대리권은 중도금, 잔금을 수령하고 소유권이전등기를 할 권한을 포함한다.❷❸ ② 부동산관리인에게 인감을 보관시킨 것은 처분권 부여행위가 아니다. ③ 대여금의 영수권한에는 대여금채무의 면제에 관한 권한은 포함되지 않으므로, 대여금채무의 일부를 면제하기 위해서는 본인의 특별수권이 필요하다. ④ 매매계약 체결의 대리권에는 계약해제권 등의 처분권을 포함한다고 볼 수 없다. ⑤ 통상 사채알선업자가 전주(錢主)를 위하여 금전소비대차계약과 그 담보를 위한 담보권설정계약을 체결할 대리권을 수여받은 것으로 인정되는 경우라 하더라도 특별한 사정이 없는 한 일단 금전소비대차계약과 그 담보를 위한 담보권설정계약이 체결된 후에 이를 해제할 권한까지 당연히 가지고 있다고 볼 수는 없다.

<table>
<tr><td rowspan="4">제118조</td><td colspan="2">

조문

제118조【대리권의 범위】 권한을 정하지 아니한 대리인은 다음 각 호의 행위만을 할 수 있다.
1. 보존행위
2. 대리의 목적인 물건이나 권리의 성질을 변하지 아니하는 범위에서 그 이용 또는 개량하는 행위

</td></tr>
<tr><td>보존행위</td><td>가옥의 수선, 부패하기 쉬운 물건의 매각, 미등기부동산의 등기, 시효중단을 위한 소제기, 기한이 도래한 채권의 추심, 기한이 도래한 채무의 변제❹ 등이 있다.</td></tr>
<tr><td>이용행위</td><td>물건을 임대하는 것과 금전을 이자부로 대여하는 것은 허용되나, 예금을 주식으로 전환하는 것은 허용되지 않는다.</td></tr>
<tr><td>개량행위</td><td>가옥에 부가시설을 설치하거나 무이자소비대차를 이자부로 전환하는 것은 허용되나, 농지를 대지로 용도 변경하는 것은 허용되지 않는다.</td></tr>
</table>

4 대리권의 제한

자기계약 쌍방대리	① 원칙적 금지: 본인의 이익을 해할 가능성 때문이다. ② 예외적 허용: 본인의 허락 또는 채무의 이행❺ ─ 부득이한 사유는 예외적 허용사유×
공동대리	① 각자대리의 원칙: 대리인이 수인인 경우 각자가 본인을 대리한다.❻ ② 공동대리의 제한: 법률 또는 수권행위에서 공동(共同)으로만 대리하게 한 경우 ㉠ 공동의 의미: '의사결정의 공동' ─ 의사만 함께 결정하고 행위는 어느 1인이 해도 무방함 ㉡ 수동대리의 경우: 각자 수령의 원칙
관련 문제	① 사채알선업자가 채권자와 채무자 양쪽을 대리하는 경우에는 자기계약·쌍방대리가 허용된다. ② 소유권이전등기신청, 상계, 주식의 명의개서 등에 대해서는 자기계약·쌍방대리가 허용된다. ③ 대물변제, 경개, 다툼이 있는 채무의 이행, 기한미도래의 채무의 변제에 대해서는 자기계약·쌍방대리가 허용되지 않는다. ④ 자기계약·쌍방대리 금지규정에 위반한 대리행위는 무권대리행위(무효×)로 된다. ⑤ 공동대리 제한규정에 위반한 대리행위는 무권대리행위(무효×)로 된다.

기출지문 끝장

❶ 수권행위는 불요식행위로서 묵시적인 방법에 의해서도 가능하다. 제30회

❷ 매매계약체결의 대리권을 수여받은 대리인은 특별한 사정이 없는 한 **중도금과 잔금을 수령할 권한**이 있다. 제27회

❸ 甲은 자신의 X부동산의 매매계약체결에 관한 대리권을 乙에게 수여하였고, 乙은 甲을 대리하여 丙과 매매계약을 체결하였다. 이 경우 乙이 丙으로부터 대금 전부를 지급받고 아직 甲에게 전달하지 않았더라도 특별한 사정이 없는 한 丙의 **대금지급의무는 변제로 소멸**한다. 제31회

❹ 대리권의 범위가 명확하지 않은 임의대리인은 **미등기부동산을 등기하는 행위, 부패하기 쉬운 물건의 매각행위 및 소의 제기로 소멸시효를 중단시키는 행위**를 할 수 있다. 제22회

❺ 대리인에 대한 본인의 금전채무가 기한이 도래한 경우 대리인은 본인의 허락이 없더라도 그 **채무를 변제**할 수 있다. 제27회

❻ 대리인이 수인인 때에는 **각자가 본인을 대리**하지만, 법률 또는 수권행위에서 달리 정할 수 있다. 제27회

5 대리권의 소멸 제25회, 제30회

공통 소멸원인	① 본인의 사망 ② 대리인의 사망, 성년후견의 개시[1], 파산
임의대리권의 소멸원인	① 원인된 법률관계의 종료 ② 수권행위의 철회[2] ③ 수권행위의 취소

6 현명주의

현명의 의미	① 현명이란 대리인이 대리행위를 할 때 그 행위가 '본인을 위한 것임을 표시'하는 것을 말한다. ② '본인을 위한 것임을 표시'한다는 의미는 본인에게 법률행위의 효과를 귀속시키려는 것을 말하는 것이지 본인의 이익을 위해서라는 뜻은 아니다. ③ 수동대리에서는 상대방이 본인에 대한 의사표시임을 표시하여야 한다. ④ 상행위에 있어서는 현명주의가 적용되지 않는다.
현명의 방식	① 현명의 방식에는 제한이 없다. ② 대리인이 본인의 명의로 법률행위를 하였더라도 대리인에게 대리의사가 있는 것으로 인정되는 한 유효한 대리행위가 된다.
현명한 경우	본인에게 법률효과가 귀속한다.
현명하지 않은 경우	① 대리인이 본인을 위한 것임을 표시하지 아니한 때에는 그 의사표시는 자기를 위한 것으로 본다.[3] ② 상대방이 대리인으로서 한 것임을 알았거나 알 수 있었을 때에는 대리행위의 효과는 본인에게 귀속한다.

7 대리행위의 하자 ☆☆☆ 제26회

원칙	의사표시의 효력이 의사의 흠결, 사기, 강박 또는 어느 사정을 알았거나 과실로 알지 못한 것으로 인하여 영향을 받을 경우에 그 사실의 유무는 대리인을 표준으로 결정한다.[4]
예외	특정한 법률행위를 위임한 경우에 대리인이 본인의 지시에 좇아 그 행위를 한 때에는 본인은 자기가 안 사정 또는 과실로 인하여 알지 못하는 사정에 관하여 대리인의 부지를 주장하지 못한다.

8 대리인의 능력 ☆☆☆ 제24회, 제31회

조문

제117조【대리인의 행위능력】 대리인은 행위능력자임을 요하지 아니한다.

권리능력	필요(∵ 법률행위를 하는 자이므로)
의사능력	필요(∵ 법률행위를 하는 자이므로)
행위능력	불요(∵ 법률효과를 받는 자가 아니므로)❺

9 대리효과 제29회, 제31회

법률행위의 효과	모두 직접 본인에게 귀속한다.❻❼
불법·사실행위의 효과	대리인 자신에게 귀속한다.
본인의 능력	오직 권리능력만 있으면 된다.

기출지문 끝장

❶ 甲은 자신의 X토지를 매도하기 위하여 乙에게 대리권을 수여한 후 乙이 **한정후견개시의 심판**을 받은 경우, 특별한 사정이 없는 한 乙의 **대리권은 소멸하지 않는다.** 제30회

❷ 대리권의 원인이 된 법률관계가 종료되기 전이라도 본인이 **수권행위를 철회(撤回)**하면 임의대리권은 소멸한다. 제30회

❸ 甲의 대리인 乙은 甲 소유의 부동산을 丙에게 매도하기로 약정하였다. 乙이 매매계약을 체결하면서 甲을 위한 것임을 표시하지 않은 경우, 특별한 사정이 없으면 그 의사표시는 **자기를 위한 것**으로 본다. 제24회

❹ 甲은 자신의 X토지를 乙에게 매도하고 중도금을 수령한 후, 다시 丙에게 매도하고 소유권이전등기까지 경료해 주었다. 만약 丙의 **대리인** 戊가 丙을 대리하여 X토지를 매수하면서 甲의 **배임행위에 적극가담**한 경우에는, 그러한 사정을 모르는 丙은 그 소유권을 취득하지 못한다. 제26회

❺ 甲의 대리인 乙은 甲 소유의 부동산을 丙에게 매도하기로 약정하였다. 만일 乙이 미성년자인 경우에도, 甲은 乙이 **제한능력자임을 이유로 매매계약을 취소할 수 없다.** 제24회

❻ 甲은 자신의 X토지를 매도하기 위해 乙에게 대리권을 수여하였고, 乙은 甲을 위한 것임을 표시하고 X토지에 대하여 丙과 매매계약을 체결하였다. 丙이 매매계약을 적법하게 해제한 경우, 그 해제로 인한 **원상회복의무는 甲과 丙**이 부담한다. 제29회

❼ 위의 경우 丙이 매매계약을 적법하게 해제한 경우, **丙은 乙에게 손해배상을 청구할 수 없다.** 제29회

기출문제 끝장

기출 분석

- 기출회차: 제31회
- 난이도: ★★
- 키워드: 대리권

함정을 피하는 끝장 TIP

- 대리권의 범위에서는 수권행위의 해석에 관한 판례를 잘 정리해 두어야 한다.
- 대리행위에서는 현명, 대리행위의 하자 및 대리인의 능력에 대해 정확히 이해해 두어야 한다.

甲은 자신의 X부동산의 매매계약체결에 관한 대리권을 乙에게 수여하였고, 乙은 甲을 대리하여 丙과 매매계약을 체결하였다. 이에 관한 설명으로 옳은 것은? (다툼이 있으면 판례에 따름)

① 계약이 불공정한 법률행위인지가 문제된 경우, 매도인의 경솔, 무경험 및 궁박상태의 여부는 乙을 기준으로 판단한다.

→ 매도인의 대리인이 매매한 경우에 있어서 그 매매가 불공정한 법률행위인가를 판단함에는 매도인의 경솔, 무경험은 그 대리인을 기준으로 하여 판단하여야 하고, 궁박상태에 있었는지의 여부는 매도인 본인의 입장에서 판단되어야 한다(대판 1972.4.25, 71다2255).

② 乙은 甲의 승낙이나 부득이한 사유가 없더라도 복대리인을 선임할 수 있다.

→ 임의대리인은 본인의 승낙이 있거나 부득이한 사유가 있는 때가 아니면 복대리인을 선임하지 못한다(제120조).

③ 乙이 丙으로부터 대금 전부를 지급받고 아직 甲에게 전달하지 않았더라도 특별한 사정이 없는 한 丙의 대금지급의무는 변제로 소멸한다.

→ 부동산의 소유자로부터 매매계약을 체결할 대리권을 수여받은 대리인은 특별한 사정이 없는 한 그 매매계약에서 약정한 바에 따라 대금을 수령할 권한도 있다고 보아야 한다(대판 1994.2.8, 93다39379). 따라서 乙이 丙으로부터 대금 전부를 지급받고 아직 甲에게 전달하지 않았더라도 특별한 사정이 없는 한 丙의 대금지급의무는 변제로 소멸한다.

④ 乙의 대리권은 특별한 사정이 없는 한 丙과의 계약을 해제할 권한을 포함한다.

→ 매매계약체결의 대리권에는 계약해제권 등의 처분권을 포함한다고 볼 수 없다(대판 1987.4.28, 85다카971).

⑤ 乙이 미성년자인 경우, 甲은 乙이 제한능력자임을 이유로 계약을 취소할 수 있다.

→ 대리인은 행위능력자임을 요하지 아니한다(제117조). 따라서 乙이 미성년자이더라도 甲은 乙이 제한능력자임을 이유로 계약을 취소할 수 없다.

무권대리

1 협의의 무권대리 - 계약의 무권대리 ☆☆☆ 제24회, 제25회, 제26회, 제28회, 제30회, 제31회, 제32회

조문

제130조【무권대리】 대리권 없는 자가 타인의 대리인으로 한 계약은 본인이 이를 추인하지 아니하면 본인에 대하여 효력이 없다.

제132조【추인, 거절의 상대방】 추인 또는 거절의 의사표시는 상대방에 대하여 하지 아니하면 그 상대방에 대항하지 못한다. 그러나 상대방이 그 사실을 안 때에는 그러하지 아니하다.

제133조【추인의 효력】 추인은 다른 의사표시가 없는 때에는 계약 시에 소급하여 그 효력이 생긴다. 그러나 제3자의 권리를 해하지 못한다.

(1) 본인의 권리

① 본인의 추인권

추인의 의의	㉠ 무권대리행위가 있음을 알고 그 행위의 효과를 본인에게 직접 발생하게 하는 것을 목적으로 하는 의사표시이다. ㉡ 추인은 사후 대리권의 수여가 아니다.
추인의 상대방	㉠ 무권대리인, 상대방 및 상대방의 승계인 ㉡ 무권대리인에 대해 추인을 한 경우 상대방이 추인의 사실을 알 때까지는 상대방에게 대항하지 못한다. 따라서 상대방은 추인의 사실을 알 때까지 철회할 수 있다.
추인의 방법	㉠ 서면+구두/명시적+묵시적/재판상+재판 외 ㉡ 일부에 대한 추인이나 조건·변경을 가한 추인은 상대방의 동의가 없는 한 무효이다.
추인의 효과	㉠ 계약 시에 소급하여 유효로 된다. ㉡ 추인의 소급효는 제3자의 권리를 해하지 못한다.
묵시적 추인 관련 판례	㉠ 본인이 무권대리인 행위를 알고 상대방으로부터 매매대금의 전부 또는 일부를 수령한 것은 무권대리행위를 묵시적으로 추인한 것으로 볼 수 있다. ㉡ 무권대리인이 차용한 금원의 변제기일에 채권자가 본인에게 그 변제를 독촉하자 본인이 변제기간의 유예를 요청한 것은 무권대리행위를 묵시적으로 추인한 것으로 볼 수 있다. ㉢ 본인이 자신의 장남이 서류를 위조하여 매도한 부동산을 상대방에게 인도하고 10여 년간 아무런 이의를 제기하지 않았다면 장남의 무권대리행위를 묵시적으로 추인한 것으로 볼 수 있다. ㉣ 본인이 무권대리행위 사실을 알고 있으면서 이의를 제기하지 않았거나 장시간 방치하였다는 것만으로는 묵시적 추인으로 볼 수 없다.

② 본인의 추인거절권

㉠ 추인거절권이란 본인이 추인의 의사가 없음을 적극적으로 표시하는 것으로서 추인을 거절한 경우 무권대리행위는 확정적으로 무효가 된다.❶

㉡ 추인거절은 의사의 통지에 해당하고, 추인거절권은 형성권이다.

(2) 상대방의 권리

① 상대방의 최고권

㉠ 선의·악의 불문하고 최고권을 행사할 수 있다.❷

㉡ 상대방은 상당한 기간을 정하여 본인에게 추인 여부의 확답을 최고할 수 있는바, 본인이 상당한 기간 내에 확답을 발하지 않는 경우에는 추인을 거절한 것으로 본다.❸

└ 발신주의

② 상대방의 철회권

㉠ 철회권은 본인의 추인이 있기 전까지 행사할 수 있다.

㉡ 선의자만 철회권을 행사할 수 있다.

(3) 무권대리인의 상대방에 대한 책임

조문

제135조【상대방에 대한 무권대리인의 책임】① 다른 자의 대리인으로서 계약을 맺은 자가 그 대리권을 증명하지 못하고 또 본인의 추인을 받지 못한 경우에는 그는 상대방의 선택에 따라 계약을 이행할 책임 또는 손해를 배상할 책임이 있다.
② 대리인으로서 계약을 맺은 자에게 대리권이 없다는 사실을 상대방이 알았거나 알 수 있었을 때 또는 대리인으로서 계약을 맺은 사람이 제한능력자일 때에는 제1항을 적용하지 아니한다.

책임의 요건	① 무권대리인이 대리권을 증명하지 못할 것 ② 무권대리인이 본인의 추인을 받지 못할 것 ③ 상대방이 선의·무과실일 것 ④ 상대방이 계약을 철회하지 않을 것 ⑤ 무권대리인이 행위능력자일 것
책임의 성질	법정무과실책임 ⇨ 무권대리인은 대리권 없음에 대해 고의과실이 없어도 책임을 진다.
책임의 내용	무권대리인은 상대방의 선택에 따라 계약의 이행 또는 손해배상책임을 부담한다.

2 표현대리

1 표현대리 일반론

의의	대리권이 있는 것 같은 외관이 존재하고 외관발생에 대해 본인이 어느 정도 원인을 제공하여 상대방이 정당한 대리권이 있는 것으로 신뢰한 경우 무권대리행위에 의한 법률효과에 대해 본인이 책임을 지는 것
취지	상대방 보호가 취지이므로, 상대방만 표현대리를 주장할 수 있을 뿐 본인이나 무권대리인이 표현대리를 주장할 수는 없다.
성질	법정무과실책임 ⇨ 본인의 귀책사유는 요건이 아님
적용 범위	① 표현대리규정은 공법행위, 소송행위에는 적용되지 않는다. ② 표현대리규정은 어음행위와 상행위에는 적용된다. ③ 제125조는 임의대리에만 적용되고 법정대리에는 적용되지 않는다. ④ 제126조와 제129조는 임의대리, 법정대리 모두에 적용된다. ⑤ 복대리에도 제125조, 제126조, 제129조 모두 적용된다.
관련 문제	① 표현대리의 성립은 표현대리행위의 직접 상대방에 한한다. ② 표현대리는 무권대리의 일종이므로 유권대리에 관한 주장 속에 무권대리에 속하는 표현대리에 관한 주장이 포함되어 있다고 볼 수 없다(판례).❹ ③ 표현대리가 성립하는 경우에는 상대방에게 과실이 있다고 하더라도 과실상계의 법리를 유추적용하여 본인의 책임을 경감할 수 없다. ④ 대리행위가 강행법규에 위반한 경우 표현대리가 적용될 여지가 없다.❺

기출지문 끝장

❶ 대리권 없는 자가 타인의 대리인으로 계약을 한 경우, 본인이 이를 **추인하지 아니하면** 본인에 대하여 **효력이 없다.** 제27회

❷ 대리권 없는 乙이 甲을 대리하여 甲의 토지에 대한 임대차계약을 丙과 체결하였다. 丙이 계약 당시에 乙에게 **대리권 없음을 알았던 경우에도** 丙의 甲에 대한 **최고권은 인정**된다. 제30회

❸ 무권대리인 乙이 甲을 대리하여 甲 소유의 X부동산을 丙에게 매도하는 계약을 체결하였다. 丙이 상당한 기간을 정하여 甲에게 추인 여부의 확답을 최고한 경우, 甲이 그 **기간 내에 확답을 발하지 않은 때에는 추인을 거절한 것으로** 본다. 제31회

❹ 상대방의 **유권대리 주장**에는 표현대리의 주장이 포함되지 않는다. 제26회

❺ 대리행위가 **강행법규에 위반하여 무효**인 경우에는 표현대리의 법리가 적용되지 아니한다. 제28회

2 제125조의 표현대리(대리권수여의 표시에 의한 표현대리, 표시대리)

조문

제125조【대리권수여의 표시에 의한 표현대리】제3자에 대하여 타인에게 대리권을 수여함을 표시한 자는 그 대리권의 범위 내에서 행한 그 타인과 그 제3자 간의 법률행위에 대하여 책임이 있다. 그러나 제3자가 대리권 없음을 알았거나 알 수 있었을 때에는 그러하지 아니하다.

요건	① 대리권수여의 표시: 본인과 표현대리인 사이에 유효한 법률관계는 불요[1] ② 표시된 대리권의 범위 내에서의 대리행위 ③ 상대방의 선의·무과실
대리권 수여의 표시	① 대리권수여의 표시는 관념의 통지 (의사표시×, 수권행위×) ② 대리권수여의 표시의 방법은 불문한다. ㉠ 서면(위임장)+구두 ㉡ 명시적+묵시적 ㉢ 특정인+불특정인(광고) ㉣ 본인이 직접+대리인을 통해서
관련 문제	① 반드시 대리권 또는 대리인이라는 말을 사용하여야 하는 것이 아니라[2] 사회통념상 대리권을 추단할 수 있는 직함이나 명칭 등의 사용을 승낙·묵인한 경우에도 대리권수여의 표시에 해당한다. ② 표시된 대리권의 범위를 넘는 대리행위를 한 경우는 제126조가 적용된다.

3 제126조의 표현대리(권한을 넘은 표현대리, 월권대리) ☆☆☆ 제22회, 제26회, 제29회, 제31회

조문

제126조【권한을 넘은 표현대리】대리인이 그 권한 외의 법률행위를 한 경우에 제3자가 그 권한이 있다고 믿을 만한 정당한 이유가 있는 때에는 본인은 그 행위에 대하여 책임이 있다.

요건	① 기본대리권의 존재 ② 월권행위: 기본대리권과 동종·유사할 필요 없다.[3] (이종행위라도 무방) ③ 상대방의 정당한 이유: 상대방의 선의·무과실을 의미한다.
관련 문제	① 기본대리권에는 임의대리권, 법정대리권, 제125조와 제129조의 표현대리권, 부부간의 일상가사대리권, 사자권, 복대리권[4], 사인의 공법행위를 할 권한 등이 포함된다. ② 등기신청권을 수여받은 자가 그 부동산을 대물변제로 제공한 경우에도 제126조 표현대리가 성립할 수 있다.[5] ③ 서류를 위조한 경우에는 기본대리권이 인정되지 않는다. ④ 대리인이 사술을 써서 대리행위의 표시를 하지 아니하고 단지 본인의 성명을 모용하여 자기가 마치 본인인 것처럼 기망하여 본인 명의로 직접 법률행위를 한 경우에는 특별한 사정이 없는 한 제126조의 표현대리는 성립할 수 없다.

4 제129조의 표현대리(대리권소멸 후의 표현대리, 멸권대리)

조문

제129조【대리권소멸 후의 표현대리】 대리권의 소멸은 선의의 제3자에게 대항하지 못한다. 그러나 제3자가 과실로 인하여 그 사실을 알지 못한 때에는 그러하지 아니하다.

요건	① 존재하였던 대리권이 소멸 ② 소멸된 대리권의 범위 내의 대리행위 ③ 상대방의 선의·무과실
관련 문제	① 처음부터 대리권이 없는 경우에는 제129조가 적용되지 않는다. ② 대리인이 대리권소멸 후 직접 상대방과의 사이에 대리행위를 하는 경우는 물론 대리인이 대리권소멸 후 복대리인을 선임하여 복대리인으로 하여금 상대방과의 사이에 대리행위를 하도록 한 경우에도 제129조의 표현대리가 성립할 수 있다.❻ ③ 소멸한 대리권의 범위를 넘는 대리행위를 한 경우에는 제126조가 적용된다.

판례

표현대리법리는 거래안전을 위하여 어떠한 외관적 사실을 야기한 데에 원인을 준 자는 그 외관적 사실을 믿음에 정당한 사유가 있다고 인정되는 자에 대하여 책임이 있다는 일반적인 권리외관이론에 그 기초를 두고 있으므로, 대리인이 대리권소멸 후 직접 상대방과 사이에 대리행위를 하는 경우는 물론 대리인이 대리권소멸 후 복대리인을 선임하여 복대리인으로 하여금 상대방과 사이에 대리행위를 하도록 한 경우에도, 상대방이 대리권소멸 사실을 알지 못하여 복대리인에게 적법한 대리권이 있는 것으로 믿었고 그와 같이 믿은 데에 과실이 없다면 제129조에 의한 표현대리가 성립할 수 있다(대판 1998.5.29, 97다55317).

기출지문 끝장

❶ 대리권수여 표시에 의한 표현대리가 성립하기 위해서는 본인과 표현대리인 사이에 **유효한 기본적 법률관계가 있어야 하는 것은 아니다.** 제23회

❷ 대리권수여 표시에 의한 표현대리에서 대리권수여 표시는 **대리권 또는 대리인이라는 표현을 사용한 경우에 한정되지 않는다.** 제26회

❸ 기본대리권의 내용과 대리행위가 **동종이 아니더라도** 상대방이 그 권한이 있다고 믿을 만한 정당한 이유가 있으면 표현대리가 성립할 수 있다. 제22회

❹ 권한을 넘은 표현대리의 기본대리권에는 대리인에 의하여 선임된 **복대리인의 권한**도 포함된다. 제26회

❺ 공법상의 행위 중 **등기신청에 관한 대리권**도 기본대리권이 될 수 있다. 제22회

❻ 대리인이 **대리권소멸 후 복대리인을 선임**하여 그로 하여금 대리행위를 하도록 한 경우, 대리권소멸 후의 표현대리가 성립할 수 있다. 제23회

기출문제 끝장

기출 분석
- 기출회차: 제31회
- 난이도: ★★
- 키워드: 무권대리

함정을 피하는 끝장 TIP
- 무권대리에서는 먼저 각 당사자에게 부여된 권리를 잘 확정해야 한다.
- 추인의 경우에는 소급효가 있고, 최고의 경우에는 확답이 없는 경우 추인을 거절한 것으로 보며, 철회는 선의자만 할 수 있다는 점을 잘 기억하여야 한다.

무권대리인 乙이 甲을 대리하여 甲 소유의 X부동산을 丙에게 매도하는 계약을 체결하였다. 이에 관한 설명으로 옳은 것을 모두 고른 것은? (다툼이 있으면 판례에 따름)

㉠ 乙이 甲을 단독상속한 경우, 본인 甲의 지위에서 추인을 거절하는 것은 신의성실의 원칙에 반한다.
⋯ 대판 1994.9.27, 94다20617

㉡ 丙이 상당한 기간을 정하여 甲에게 추인 여부의 확답을 최고한 경우, 甲이 그 기간 내에 확답을 발하지 않은 때에는 추인을 거절한 것으로 본다.
⋯ 제131조

㉢ 丙이 甲을 상대로 제기한 매매계약의 이행청구 소송에서 丙이 乙의 유권대리를 주장한 경우, 그 주장 속에는 표현대리의 주장도 ~~포함된다~~.
⋯ 유권대리에 관한 주장 속에 무권대리에 속하는 표현대리의 주장이 포함되어 있다고 볼 수 없다(대판 전합체 1983.12.13, 83다카1489).

㉣ 매매계약을 원인으로 丙 명의로 소유권이전등기가 된 경우, 甲이 무권대리를 이유로 그 등기의 말소를 청구하는 때에는 ~~丙은 乙의 대리권의 존재를 증명할 책임이~~ 있다.
⋯ 소유권이전등기가 전 등기명의인의 직접적인 처분행위에 의한 것이 아니라 제3자가 그 처분행위에 개입된 경우에도 현 등기명의인의 등기는 적법하게 이루어진 것으로 추정된다. 따라서 그 등기가 원인무효임을 이유로 말소를 청구하는 전 소유명의인은 그 제3자에게 전 소유명의인을 대리할 권한이 없었다든가 또는 제3자가 전 소유명의인의 등기서류를 위조하였다는 사실을 입증하여야 한다(대판 2009.9.24, 2009다37831).

① ㉠, ㉡
② ㉠, ㉢
③ ㉢, ㉣
④ ㉠, ㉡, ㉣
⑤ ㉡, ㉢, ㉣

07 무효와 취소

1 무효

1 무효와 취소의 차이점 ☆☆☆ 제24회, 제25회, 제31회

구분	무효	취소
의의	처음부터 당연히 아무런 효력이 발생하지 않는 것	일응 유효한 법률행위를 소급적으로 소멸시키는 것
주장권자	누구든지 주장할 수 있다.	취소권자만 주장할 수 있다.
주장기간	제한이 없다.	단기제척기간이 있다(3년, 10년).
기본적 효과	절대적 무효가 원칙이다.	상대적 취소가 원칙이다.
방치한 경우	무효원인이 치유되지 않는다.	제척기간 도과 시 취소원인이 치유된다.
추인	무효임을 알고 추인한 경우 새로운 법률행위로 간주된다.	추인을 한 경우 확정적으로 유효가 된다(취소추인, 법정추인).
전환	일정한 경우 전환이 인정된다.	전환제도가 없다.
각각의 사유	① 권리능력 흠결 ② 의사무능력 ③ 법률행위의 목적을 확정할 수 없는 경우 ④ 원시적·객관적·전부불능 ⑤ 강행규정(효력법규) 위반 ⑥ 반사회적 법률행위(제103조)❶ ⑦ 불공정한 법률행위(제104조) ⑧ 상대방이 표의자의 진의 아님을 알았거나 알 수 있었을 경우(제107조 제1항 단서) ⑨ 통정허위표시(제108조 제1항) ⑩ 불법조건부 법률행위(제151조 제1항)❷	① 제한능력(제5조 제2항, 제10조, 제13조)❸ ② 착오(제109조 제1항)❹ ③ 사기·강박(제110조 제1항)

기출지문 끝장

❶ 이미 매도된 부동산에 관하여, 매도인의 채권자가 매도인의 배임행위에 적극가담하여 설정된 저당권은 무효이다. 제29회

❷ 사회질서에 위반한 조건이 붙은 법률행위는 무효이다. 제29회

❸ 미성년자가 법정대리인의 동의나 허락 없이 자신의 부동산을 매도하는 계약은 취소할 수 있다. 제31회

❹ 상대방이 유발한 착오에 의한 임대차계약은 취소할 수 있다. 제29회

	⑪ 기성조건이 해제조건인 법률행위(제151조 제2항 후단) ⑫ 불능조건이 정지조건인 법률행위(제151조 제3항 후단)

2 일부무효의 법리

조문

제137조【법률행위의 일부무효】법률행위의 일부분이 무효인 때에는 그 전부를 무효로 한다.❶ 그러나 그 무효부분이 없더라도 법률행위를 하였을 것이라고 인정될 때에는 나머지 부분은 무효가 되지 아니한다.

일부유효의 요건	① 나머지 부분이 유효로 되기 위해서는 법률행위의 일체성과 분할가능성이 있어야 하며, 당사자의 의사가 있어야 한다. ② 이때 당사자의 의사는 가상적 의사이다. ─ 실재적 의사×
일부취소	법률행위의 일부분에 취소사유가 있는 경우 그 법률행위가 가분적이거나 목적물의 일부가 특정될 수 있고, 나머지 부분만이라도 이를 유지하려는 당사자의 가상적 의사가 인정되는 경우에는 일부만의 취소도 가능하다.

3 무효행위의 전환

조문

제138조【무효행위의 전환】무효인 법률행위가 다른 법률행위의 요건을 구비하고 당사자가 그 무효를 알았더라면 다른 법률행위를 하는 것을 의욕하였으리라고 인정될 때에는 다른 법률행위로서 효력을 가진다.

전환의 요건	① 다른 법률행위로서의 요건을 구비할 것 ② 다른 법률행위를 의욕하였으리라는 당사자의 의사가 인정될 것❷ ─ 실재적 의사×
전환에 있어서의 요식성 여부	① 불요식행위를 불요식행위로 전환하는 것은 가능하다. ② 불요식행위를 요식행위로 전환하는 것은 불가능하다. ③ 요식행위를 불요식행위로 전환하는 것은 가능하다. ④ 요식행위를 요식행위로 전환하는 것은 예외적으로만 가능하다.
관련 문제	① 불성립의 경우에는 전환의 문제가 발생하지 않는다.❸ ② 타인의 자를 자기의 자로서 출생신고를 한 경우 입양의 요건을 갖추는 한 입양으로서의 효력이 있다. ③ 혼인 외의 출생자를 혼인 중의 출생자로 출생신고를 한 경우 인지의 요건을 갖추는 한 인지로서의 효력이 있다. (인지: 혼인 외의 출생자와 그 생부 또는 생모 사이에 법률상 친자관계를 형성하는 것)

4 무효행위의 추인 제24회, 제28회, 제29회, 제31회

조문

제139조【무효행위의 추인】 무효인 법률행위는 추인하여도 그 효력이 생기지 아니한다. 그러나 당사자가 그 무효임을 알고 추인한 때에는 (추인한 때로부터) 새로운 법률행위로 본다.❹

추인의 요건	① 추인 시에 새로운 법률행위의 유효요건이 존재할 것 ② 당사자가 무효임을 알고 추인할 것(명시적 추인+묵시적 추인)
추인의 효과	① 추인한 때로부터 새로운 법률행위로 본다.❺ ② 제139조는 임의규정이므로 당사자의 약정에 의한 소급적 추인은 가능하다.❻ ③ 상대적 무효의 경우에만 추인에 의하여 유효한 법률행위로 될 수 있다.❼

판례 묵시적 추인

- 15세로 된 후 망인과 자신 사이에 친생자관계가 없는 등의 사유로 입양이 무효임을 알면서도 망인이 사망할 때까지 아무런 이의를 제기하지 않은 경우는 묵시적으로 입양을 추인한 것으로 볼 수 있다(대판 1990.3.9, 89므389).
- 무효등기의 유용에 관한 합의 내지 추인은 묵시적으로도 이루어질 수 있으나, 위와 같은 묵시적 합의 내지 추인을 인정하려면 무효등기 사실을 알면서 장기간 이의를 제기하지 아니하고 방치한 것만으로는 부족하고 그 등기가 무효임을 알면서도 유효함을 전제로 기대되는 행위를 하거나 용태를 보이는 등 무효등기를 유용할 의사에서 비롯되어 장기간 방치된 것이라고 볼 수 있는 특별한 사정이 있어야 한다(대판 2007.1.11, 2006다50055).

기출지문 끝장

❶ 법률행위의 **일부분이 무효**인 때에는 원칙적으로 그 **전부를 무효**로 한다. 제21회

❷ 무효인 법률행위가 다른 법률행위의 요건을 구비하고 당사자가 그 무효를 알았더라면 다른 법률행위를 하는 것을 의욕하였으리라고 인정될 때에 다른 법률행위로서 효력을 가진다. 제21회

❸ 계약이 불성립하였다면, 무효행위의 전환이나 무효행위의 추인 규정이 적용되지 않는다. 제19회

❹ 무효인 법률행위는 무효임을 안 날로부터 3년이 지나더라도 **추인할 수 있다.** 제32회

❺ 무효인 법률행위를 사후에 적법하게 **추인한** 때에는 다른 정함이 없으면 **새로운 법률행위**를 한 것으로 보아야 한다. 제28회

❻ 매도인이 통정한 허위의 매매를 추인한 경우, **다른 약정이 없으면 추인한** 때로부터 유효로 된다. 제29회

❼ 사회질서의 위반으로 **무효인 법률행위는 추인의 대상이 되지 않는다.** 제24회

'불확정적 무효'라고도 함

5 유동적 무효의 법률관계 ☆☆☆

의의	① 유동적 무효란 현재로서는 법률행위의 효력이 발생하지 않지만 추후에 허가·인가·추인 등에 의해 유효로 확정될 수 있는 법적 상태를 말한다. ②「부동산 거래신고 등에 관한 법률」상 토지거래허가구역 내의 토지에 대해 허가를 전제로 체결한 계약이 관할관청의 허가를 받으면 소급해서 유효가 되므로 허가 후에 새로이 거래계약을 체결할 필요가 없다(판례).
유동적 무효의 예	① 무권대리행위 ② 무권한자의 처분행위 ③「부동산 거래신고 등에 관한 법률」상의 토지거래허가구역 내의 토지에 대해 허가를 받을 것을 전제로 체결된 매매계약 ④ (정지)조건부·기한부 법률행위 등
확정적 무효로 되는 경우	① 처음부터 허가를 배제하거나 잠탈을 기도한 경우 ② 관할관청의 불허가처분이 확정된 경우 ③ 당사자 쌍방이 허가신청협력의무 거절의사를 명백히 표시한 경우[1] ④ 허가 전의 토지거래계약이 정지조건부 계약인 경우 그 조건이 토지거래허가를 받기 전에 이미 불성취로 확정된 경우
유동적 무효상태에서의 법적 쟁점 제26회, 제30회	① 유동적 무효인 상태[2]에서는 채권적 효력이 없으므로 계약의 이행청구, 계약금 등의 부당이득반환청구, 강제이행, 채무불이행으로 인한 계약해제 및 손해배상청구 모두 불가능하다. 다만, 해약금에 의한 계약해제는 가능하다. ② 유동적 무효인 상태에서 계약당사자 사이에 허가신청에 협력할 의무는 인정된다. 이러한 협력의무는 소구(訴求)할 수 있으며, 협력의무를 위반한 경우에는 손해배상을 청구할 수 있다. 따라서 손해배상액의 예정계약은 유효하다. 그러나 협력의무 위반을 이유로 계약해제는 할 수 없다. ③ 중간생략등기를 금지하는「부동산 거래신고 등에 관한 법률」규정은 효력법규이므로 이에 위반한 중간생략등기의 효력은 무효이다. ④ 유동적 무효상태에서도 무효·취소(제107조 내지 제110조) 주장은 가능하다. ⑤ 토지거래허가구역의 지정해제 또는 지정기간 만료 후 재지정하지 않은 경우에는 확정적으로 유효로 된다.[3] (더 이상 투기 우려가 없으므로) ⑥ 토지거래허가구역 내의 토지와 지상건물을 일괄하여 매매한 경우 건물만의 소유권이전등기청구는 인정되지 않는다. ⑦「부동산 거래신고 등에 관한 법률」상의 토지거래허가규정에 위반한 자 스스로 무효를 주장하더라도 신의칙에 반하는 것은 아니다. ⑧ 토지의 이용목적이 거래계약의 내용으로 되어 있음에도 그 계약내용과 다른 이용목적이 기재된 토지거래허가신청서가 제출되어 불허가처분된 경우에도 당해 거래계약은 여전히 유동적 무효이다.

2 법률행위의 취소

1 취소권 ☆☆☆ 제26회, 제29회, 제32회

조문

제141조【취소의 효과】 취소된 법률행위는 처음부터 무효인 것으로 본다. 다만, 제한능력자는 그 행위로 인하여 받은 이익이 현존하는 한도에서 상환(償還)할 책임이 있다.

제142조【취소의 상대방】 취소할 수 있는 법률행위의 상대방이 확정한 경우에는 그 취소는 그 상대방에 대한 의사표시로 하여야 한다.

제146조【취소권의 소멸】 취소권은 추인할 수 있는 날로부터 3년 내에 법률행위를 한 날로부터 10년 내에 행사하여야 한다.

취소권자	① 제한능력자 ② 착오에 의한 의사표시를 한 자 ③ 사기나 강박에 의한 의사표시를 한 자 ④ 대리인 ⑤ 승계인
취소의 상대방	당해 취소할 수 있는 법률행위의 직접 상대방
취소의 방식	① 서면+구두 ② 재판상+재판 외 ③ 명시적+묵시적 ④ 주장기간에 ○
취소의 효과	① 법률행위 성립 당시에 소급하여 무효로 된다. ② 취소된 법률행위에 기하여 급부를 이행한 것은 부당이득으로서 서로 반환하여야 한다.
반환범위	① 원칙 ㉠ 원물반환의 경우: 제201조 내지 제203조가 적용 ㉡ 가액반환의 경우: 제748조가 적용 ⓐ 선의: 현존이익 한도에서 반환 ⓑ 악의: 전 손해의 반환 ─ 받은 것+이자+손해배상 ② 제한능력자의 반환범위의 특칙 ㉠ 선의·악의 불문하고 현존이익 한도에서 반환하면 된다. ㉡ 금전의 경우에는 이익의 현존을 추정하므로, 제한능력자 측에서 현존이익이 없음을 입증하여야 한다(판례).❹

기출지문 끝장

❶ **당사자 쌍방**이 허가신청협력의무의 **이행거절 의사**를 명백히 표시한 경우 토지거래허가구역 내의 토지에 대한 거래계약은 **확정적 무효**로 된다. 제20회

❷ 甲은 토지거래허가구역 내에 있는 그 소유 X토지에 관하여 乙과 매매계약을 체결하였다. 비록 이 계약이 토지거래허가를 받지는 않았으나 **확정적으로 무효가 아닌 경우**, 乙이 계약내용에 따른 채무를 이행하지 않더라도 甲은 이를 이유로 위 **계약을 해제할 수 없다**. 제30회

❸ 토지거래허가구역 지정기간이 만료되었으나 **재지정이 없는 경우, 토지거래계약은 확정적으로 유효로 된다**. 제30회

❹ **미성년자** 甲은 법정대리인 丙의 동의 없이 자신의 토지를 甲이 미성년자임을 안 乙에게 매도하고 대금수령과 동시에 소유권이전등기를 해 주었는데, 丙이 甲의 미성년을 이유로 계약을 적법하게 취소하였다. 甲이 **대금을 모두 생활비로 사용한 경우 대금 전액을 반환**하여야 한다. 제26회

제척기간 (제146조)	① 추인할 수 있는 날부터 3년 내에, 법률행위를 한 날부터 10년 내❶ ② 추인할 수 있는 날이란 취소의 원인이 소멸된 때를 의미한다.

2 취소추인과 법정추인

조문

제143조【추인의 방법, 효과】① 취소할 수 있는 법률행위는 제140조에 규정한 자가 추인할 수 있고 추인 후에는 취소하지 못한다.

② 전조의 규정은 전항의 경우에 준용한다.

제144조【추인의 요건】① 추인은 취소의 원인이 소멸된 후에 하여야만 효력이 있다.

② 제1항은 법정대리인 또는 후견인이 추인하는 경우에는 적용하지 아니한다.❷

취소추인의 요건	① 추인권자는 취소권자에 한정된다. ② 취소의 원인이 종료하여야 한다. ③ 취소할 수 있는 법률행위임을 알고 추인하여야 한다.
법정추인의 요건	① 시점: 취소의 원인이 종료된 후 ② 사유: 이행청구와 양도는 취소권자가 한 경우에만 법정추인에 해당한다.❸❹ ㉠ 전부나 일부의 이행 ㉡ 이행청구 ㉢ 경개 ㉣ 담보제공 ㉤ 취소할 수 있는 행위로 취득한 권리의 전부나 일부의 양도 ㉥ 강제집행 ③ 이의를 보류하지 아니할 것❺
관련 판례	① 취소의 원인이 종료하기 전에 한 추인은 추인으로서 효력이 없다. ② 추인은 취소권을 가지는 자가 취소의 원인이 종료한 후에 취소할 수 있는 행위임을 알고서 추인의 의사표시를 하거나 법정추인사유에 해당하는 행위를 행할 때에만 법률행위의 효력을 유효로 확정시키는 효력이 발생한다. ③ 취소할 수 있는 법률행위가 일단 취소된 이상 그 후에는 취소할 수 있는 법률행위의 추인에 의하여 다시 확정적으로 유효하게 할 수는 없고, 무효행위의 추인의 요건과 효력으로서 추인할 수는 있다.

기출지문 끝장

❶ 취소권은 법률행위를 한 날부터 10년 내에, 추인할 수 있는 날부터 3년 내에 행사하여야 한다. 제29회

❷ 법정대리인은 취소의 원인이 소멸하기 전에도 취소할 수 있는 법률행위를 추인할 수 있다. 제27회

❸ 취소할 수 있는 법률행위에 관하여 법정추인이 되기 위해서 취소권자가 취소권의 존재를 인식할 필요는 없다. 제32회

❹ 상대방이 취소권자에게 이행을 청구한 경우는 법정추인사유에 해당하지 않는다. 제30회

❺ 취소할 수 있는 법률행위는 추인할 수 있는 후에 취소권자의 이행청구가 있으면 이의를 보류하지 않는 한 추인한 것으로 본다. 제27회

기출문제 끝장

기출 분석

- 기출회차: 제28회
- 난이도: ★★
- 키워드: 무효와 취소

함정을 피하는 끝장 TIP

- 무효에서는 무효의 재생제도 특히 무효행위의 추인을 잘 정리해 두어야 한다.
- 취소에서는 취소권자와 취소의 효과에 관해 정리하여야 하며, 특히 제한능력자는 현존이익 한도에서 반환하면 된다는 점을 잘 기억하여야 한다.

무효와 취소에 관한 설명으로 틀린 것은? (다툼이 있으면 판례에 따름)

✔ 무효인 가등기를 유효한 등기로 전용하기로 약정하면 그 가등기는 ~~소급하여 유효한 등기가 된다~~.

⋯ 무효인 가등기를 유효한 등기로 전용키로 한 약정은 그때부터 유효하고 이로써 위 가등기가 소급하여 유효한 등기로 전환될 수 없다(대판 1992.5.12, 91다26546).

② 취소권은 추인할 수 있는 날로부터 3년 내에, 법률행위를 한 날로부터 10년 내에 행사하여야 한다.

⋯ 제146조

③ 무효인 법률행위를 사후에 적법하게 추인한 때에는 다른 정함이 없으면 새로운 법률행위를 한 것으로 보아야 한다.

⋯ 제139조

④ 무권리자가 甲의 권리를 자기의 이름으로 처분한 경우, 甲이 그 처분을 추인하면 처분행위의 효력이 甲에게 미친다.

⋯ 대판 1988.10.11, 87다카2238

⑤ 무효행위의 추인은 그 무효원인이 소멸한 후에 하여야 그 효력이 있다.

⋯ 대판 1997.12.12, 95다38240

기출테마

08 조건과 기한

1 조건

1 조건부 법률행위 ☆☆☆ 제32회

조건의 의의	법률행위의 효력의 발생 또는 소멸을 장래의 불확실한 사실에 의존케 하는 법률행위의 부관❶
조건을 붙일 수 있는지의 여부	① 단독행위에 예외적으로 조건을 붙일 수 있는 경우 ㉠ 상대방의 동의가 있는 경우 ㉡ 상대방에게 이익만 주는 경우(채무면제, 유증) ㉢ 상대방이 결정할 수 있는 사실을 조건으로 하는 경우 ② 가족법상의 행위에는 원칙적으로 조건을 붙일 수 없다(약혼, 유언은 가능). ③ 물권행위에도 조건을 붙일 수 있다. ④ 어음·수표행위에는 원칙적으로 조건을 붙일 수 없으나 어음보증에는 조건을 붙일 수 있다는 것이 판례의 태도이다.
관련 문제	① 장래 불하받을 것을 조건으로 하는 귀속재산의 매매는 정지조건부 매매이다. ② 약혼예물의 수수는 혼인불성립을 해제조건으로 하는 증여계약이다. ③ 기성조건이 해제조건이면 그 법률행위는 무효이고❷, 기성조건이 정지조건이면 조건 없는 법률행위로 된다. ④ 불능조건이 정지조건이면 그 법률행위는 무효이고❸, 불능조건이 해제조건이면 조건 없는 법률행위로 된다. ⑤ 불법조건이 붙은 법률행위는 조건뿐만 아니라 법률행위 전체가 무효이다.
반신의 금지	① 조건성취로 인하여 불이익을 받을 당사자가 신의성실에 반하여 조건의 성취를 방해한 경우 상대방은 조건이 성취한 것으로 주장할 수 있다. ② 조건성취로 인하여 이익을 받을 당사자가 신의성실에 반하여 조건을 성취시킨 경우 상대방은 조건이 성취하지 아니한 것으로 주장할 수 있다.
조건성취 전의 효력	① 조건부 권리의 침해금지: 조건성취를 전제로 손해배상청구를 할 수 있다. ② 조건부 권리의 실현: 처분, 상속, 보존, 담보로 할 수 있다.❹
조건성취 후의 효력	① 정지조건부 법률행위는 조건이 성취되면 법률행위의 효력이 발생하고, 조건이 불성취로 되면 무효로 확정된다. ② 해제조건부 법률행위는 조건이 성취되면 법률행위의 효력이 소멸하고, 조건이 불성취되면 유효로 확정된다. ③ 조건부 법률행위는 조건이 성취한 때로부터 법률행위의 효력이 발생 또는 소멸한다(장래효가 원칙).❺ ④ 당사자의 약정에 의해 조건성취의 효력을 조건성취 전으로 소급하게 할 수 있다.

2 조건의 종류 제25회, 제28회, 제30회, 제31회

정지조건과 해제조건	① 정지조건: 법률행위의 효력의 발생을 장래의 불확실한 사실에 의존하게 하는 조건으로서 효력발생조건이라고도 한다. 예 네가 시험에 합격하면 이 아파트를 주겠다는 계약 ② 해제조건: 법률행위의 효력의 소멸을 장래의 불확실한 사실에 의존하게 하는 조건으로서 효력소멸조건이라고도 한다. 예 네가 시험에 합격할 때까지 생활비를 대주겠다는 계약
적극조건과 소극조건	① 적극조건: 장래의 불확실한 사실이 현재의 상태를 변경하는 것을 내용으로 하는 경우를 말한다. 예 '시험에 합격하면', '내일 비가 오면' 등 ② 소극조건: 장래의 불확실한 사실이 현재의 상태를 변경하지 않는 것을 내용으로 하는 경우를 말한다. 예 '시험에 합격하지 않으면', '내일 비가 오지 않으면'
수의조건과 비수의조건	① 수의조건: 조건성취 여부가 당사자의 일방적 의사결정에 의존하는 경우로 수의조건은 순수수의조건과 단순수의조건으로 나뉜다. ② 비수의조건: 조건성취 여부가 당사자의 일방적 의사결정에 의존하지 않는 경우로, 비수의조건은 우성조건과 혼성조건으로 나뉜다.
가장조건 제30회, 제31회	① 불법조건: 선량한 풍속 기타 사회질서를 위반하는 조건을 말한다. ② 불능조건: 법률행위를 할 당시에 이미 성취될 수 없는 조건을 말한다. ③ 기성조건: 법률행위를 할 당시에 이미 성취된 조건을 말한다. ④ 법정조건: 법률에 의해 요구되는 여러 가지 요건을 말한다.

기출지문 끝장

❶ 과거의 사실은 법률행위의 부관으로서의 **조건으로 되지 못한다.** 제32회

❷ 조건부 법률행위에서 **기성조건이 해제조건**이면 그 법률행위는 **무효**이다. 제30회

❸ 조건부 법률행위에서 **불능조건이 정지조건**이면 그 법률행위는 **무효**이다. 제30회

❹ **조건성취가 미정인 권리**는 일반규정에 의하여 **처분**할 수 있다. 제25회

❺ 정지조건부 법률행위는 조건이 성취되면 **조건이 성취된 때**로부터 법률행위의 **효력이 발생**하는 것이 원칙이다. 제22회

2 기한 – 기한부 법률행위

기한의 의의	법률행위의 효력 발생 또는 소멸을 장래의 확실한 사실에 의존케 하는 법률행위의 부관
기한의 종류	① 시기와 종기 ㉠ 시기: 법률행위의 효력의 발생을 장래의 확실한 사실에 의존하게 하는 기한 예 '내년 1월 1일이 오면' 임대해 주겠다는 내용의 계약 ㉡ 종기: 법률행위의 효력의 소멸을 장래의 확실한 사실에 의존하게 하는 기한 예 '금년 12월 31일까지만' 임대해 주겠다는 내용의 계약 ② 확정기한과 불확정기한 ㉠ 확정기한: 기한도래시기가 확정되어 있는 경우 예 임대기간을 '내년 1월 1일부터 12월 31일까지'로 한다는 내용의 계약 ㉡ 불확정기한: 기한도래시기가 확정되어 있지 않은 경우 예 甲이 乙에게 '丙이 사망하면' 아파트를 주겠다는 내용의 계약
기한도래 전의 효력	① 기한부 권리의 침해금지: 손해배상청구 가능 ② 기한부 권리의 실현: 처분, 상속, 보존, 담보로 할 수 있다.❶
기한도래 후의 효력	① 시기부 법률행위는 기한이 도래하면 법률행위의 효력이 발생한다. ② 종기부 법률행위는 기한이 도래하면 법률행위의 효력이 소멸한다.❷ ③ 기한부 법률행위는 기한이 도래한 때로부터 법률행위의 효력이 발생 또는 소멸한다(장래효가 원칙). ④ 당사자의 약정에 의해 기한도래의 효력을 기한도래 전으로 소급하게 할 수 없다. └ 조건과 기한의 결정적 차이점
기한의 이익	① 채권자만이 기한의 이익을 가지는 경우: 무상임치 ② 채무자만이 기한의 이익을 가지는 경우: 무이자 소비대차, 사용대차 ③ 쌍방이 기한의 이익을 가지는 경우: 이자부 소비대차, 임대차 ④ 기한의 이익이 누구에게 있는지 불분명한 경우 기한은 채무자의 이익을 위한 것으로 추정한다.❸ ⑤ 기한의 이익은 포기할 수 있으나❸, 상대방의 이익을 해하지 못한다.
기한이익의 상실사유	① 채무자가 담보를 손상, 감소, 멸실하게 한 때 ② 채무자가 담보제공의무를 이행하지 아니한 때 ③ 채무자가 파산한 때

기출지문 끌장

❶ 기한의 도래가 미정한 권리의무는 일반규정에 의하여 처분하거나 담보로 할 수 있다. 제29회

❷ 종기(終期) 있는 법률행위는 기한이 도래한 때로부터 그 효력을 잃는다. 제31회

❸ 기한은 채무자의 이익을 위한 것으로 추정하며, 기한의 이익은 포기할 수 있다. 제29회

기출문제 끝장

기출 분석

- 기출회차: 제32회
- 난이도: ★★
- 키워드: 조건과 기한

함정을 피하는 끝장 TIP

- 조건에서는 불능조건이 정지조건인 경우 무효가 된다는 것뿐만 아니라 기성조건이 해제조건인 경우에도 무효가 된다는 점을 잘 기억하여야 한다.
- 기한에서는 조건과의 차이점을 비교 정리하여야 한다.

PART 1

법률행위의 조건과 기한에 관한 설명으로 틀린 것은?

① 법정조건은 법률행위의 부관으로서의 조건이 아니다.

⋯ 조건은 법률행위의 내용이므로 당사자가 임의로 정한 것이어야 한다. 따라서 법정조건은 법률행위의 부관으로서의 조건이 아니다.

② 조건이 선량한 풍속 기타 사회질서에 위반한 것이면 그 법률행위는 무효이다.

⋯ 조건이 선량한 풍속 기타 사회질서에 위반한 것이면 그 법률행위는 무효이다(제151조 제1항).

③ 조건부 법률행위는 조건이 성취되었을 때에 ~~비로소 그 법률행위가 성립한다~~.

⋯ 조건은 이미 법률행위로서 성립은 하였고 그 효력의 발생 또는 소멸을 장래의 불확실한 사실에 맡기는 것이다. 따라서 조건부 법률행위는 조건이 성취되었을 때에 법률행위의 '효력'이 발생하거나 소멸한다.

④ 조건부 법률행위에서 불능조건이 정지조건이면 그 법률행위는 무효이다.

⋯ 조건부 법률행위에서 불능조건이 정지조건이면 그 법률행위는 무효이다(제151조 제3항).

⑤ 과거의 사실은 법률행위의 부관으로서의 조건으로 되지 못한다.

⋯ 조건은 법률행위의 효력의 발생 또는 소멸을 장래의 불확실한 사실에 맡기는 것이므로, 과거의 사실은 법률행위의 부관으로서의 조건으로 되지 못한다.

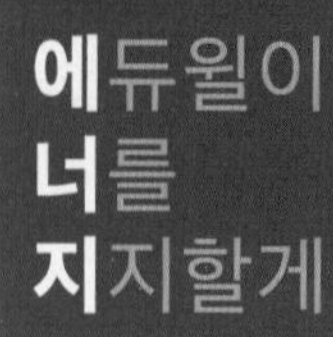

ENERGY

인생은 곱셈이다.

어떤 찬스가 와도 내가 제로라면
아무런 의미가 없다.

– 나카무라 미츠루

우선끝장 민개공

민법 및 민사특별법

물권법

기출테마

09 물권의 의의와 효력

1 물권의 의의

1 물권과 채권의 차이점

물권	채권
사람 vs 물건	사람 vs 사람
사람이 물건을 직접 지배하는 권리	특정인이 다른 특정인에게 일정한 행위를 요구하는 권리
모든 사람에게 주장할 수 있음(절대권)	특정한 상대방에게만 주장할 수 있음(상대권)

2 물권법정주의 제26회

조문

제185조【물권의 종류】물권은 법률 또는 관습법에 의하는 외에는 임의로 창설하지 못한다.

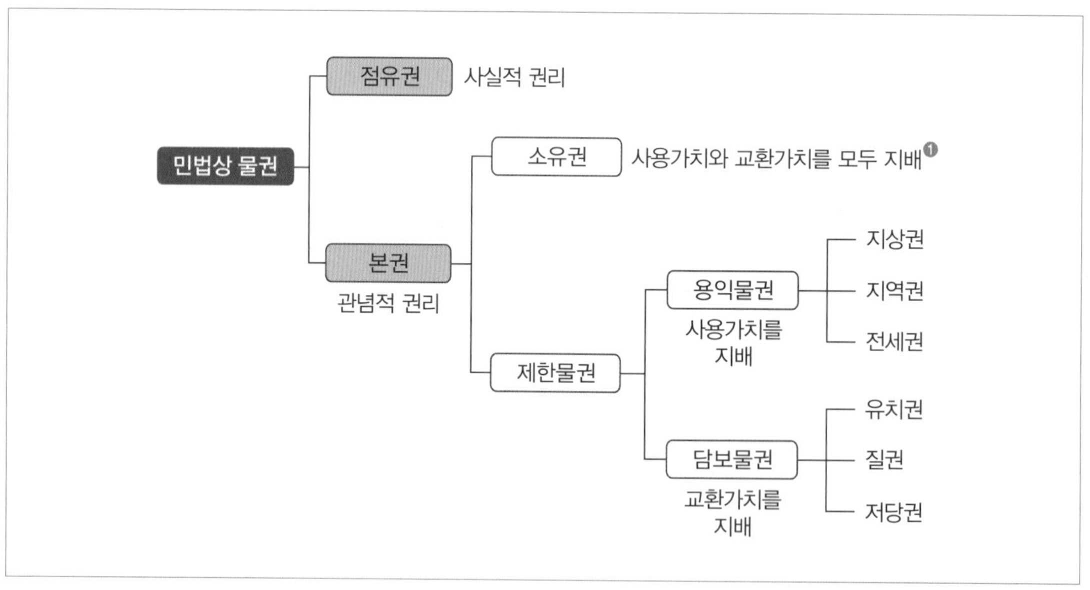

(1) 의의

인정 이유	① 물권거래의 안전과 공시의 원칙을 관철하기 위해서 인정된다. ② 계약자유의 원칙과는 무관하다.

해석론	① 이때의 법률은 형식적 의미의 법률을 의미한다.❷ ② 관습법은 법률의 규정이 없는 경우에 한해 보충적으로 적용된다. ③ '임의로 창설하지 못한다'의 의미: 종류강제+내용강제
위반 시 효력	① 제185조는 강행규정이므로 이에 위반한 경우에는 무효이다. ② 종류강제를 위반한 경우에는 전부무효로 다루어지고, 내용강제를 위반한 경우에는 일부무효의 법리에 의한다.

└ 선량한 풍속 기타 사회질서에 관계있는 규정

(2) 관습법상의 물권

관습법상의 물권인 경우	관습법상의 물권이 아닌 경우
① 분묘기지권 ② 관습법상의 법정지상권 ③ 동산의 양도담보	① 온천권❸ ② 사도통행권❹ ③ 근린공원이용권❺ ④ 미등기 매수인의 법적 지위❻

3 물권의 객체 ☆☆☆ 제27회, 제32회,

┌ 물권의 객체는 물건에 한한다(×).

물권의 객체	① 물건+권리 ② 권리에 대해 물권이 성립하는 경우: 지상권과 전세권을 목적으로 하는 저당권
물건의 성질	① 물권의 객체로 되는 물건은 현존하는 특정의 독립한 물건이어야 한다. ② 성장을 계속하는 어류일지라도 그 종류, 장소 또는 수량지정 등의 방법에 의하여 특정되어 있으면 그 전부를 하나의 물건으로 보아 이에 대한 양도담보계약은 유효하다(판례).
일물일권주의의 의의	① 하나의 물건 위에 하나의 물권이 성립한다는 원칙이다. ② 구체적 내용 ㉠ 하나의 물건 위에 양립할 수 없는 물권이 동시에 성립할 수 없다. ㉡ 하나의 물건의 일부 또는 구성부분에 대해서는 하나의 물권이 성립할 수 없다. ㉢ 수개의 물건 전체 위에 하나의 물권이 성립할 수 없다.

기출지문 끝장

❶ 처분권능이 없는 소유권은 인정되지 않는다. 제32회

❷ 민법 제185조에서의 '법률'은 국회가 제정한 형식적 의미의 법률을 의미한다. 제32회

❸ 온천에 관한 권리는 관습법상의 물권이 아니다. 제26회

❹ 타인의 토지에 대한 관습법상 물권으로서 통행권이 인정되지 않는다. 제26회

❺ 근린공원을 자유롭게 이용한 사정만으로 공원이용권이라는 배타적 권리를 취득하였다고 볼 수는 없다. 제26회

❻ 미등기 무허가건물의 양수인은 소유권이전등기를 경료받지 않은 경우 소유권에 준하는 관습법상의 물권을 취득할 수 없다. 제26회

일물일권주의의 예외	① 1필 토지의 일부: 용익물권 가능 ② 1동 건물의 일부[1]: 구분소유권, 전세권 가능 ③ 명인방법을 갖춘 수목의 집단·미분리과실: 소유권의 객체만 가능[2] ④ 권원 없이 타인의 토지에 심어 수확기에 이른 농작물: 경작자의 소유[3] ⑤ 입목: 소유권과 저당권의 객체 가능

명인방법: 지상물을 토지로부터 물리적으로 분리하지 않은 채로 토지의 소유권과 독립해서 그 자체만을 거래하는 데 이용되는 공시방법

2 물권의 효력 – 물권적 청구권 ☆☆☆ 제26회, 제30회, 제31회, 제32회

의의	물권의 내용이 침해당하거나 침해당할 염려가 있는 경우에 물권자가 침해자에 대해 물건의 반환, 방해제거, 방해예방을 청구할 수 있는 권리
인정 이유	물권의 실효성 확보
요건	① 침해 또는 침해의 염려가 있어야 한다(침해자의 고의·과실은 불요).[4] ② 권리자는 침해된 물권의 정당한 소지자여야 한다. ③ 상대방은 현재 방해상태를 지배하는 자이다. → 직접점유, 간접점유 불문
성질	① 물권적 청구권은 부종성이 있다. ② 물권적 청구권만의 양도는 허용되지 않는다. ③ 소유권을 상실한 전 소유자는 소유권에 기한 물권적 청구권을 행사하지 못한다.[5][6] ④ 소유권에 기한 물권적 청구권은 소멸시효에 걸리지 않는다.
내용	① 반환청구, 방해제거청구[7], 방해예방청구[7] ② 지역권과 저당권은 반환청구권이 없다. ③ 유치권은 점유권에 기한 물권적 청구권만 인정되고 유치권 자체에 기한 물권적 청구권은 인정되지 않는다.[8]

기출지문 끝장

❶ 1동 건물의 일부도 구조상·이용상 독립성이 있으면 구분행위에 의하여 독립된 부동산이 될 수 있다. 제27회

❷ 미분리의 과실은 명인방법을 갖추면 독립된 소유권의 객체로 된다. 제27회

❸ 농지소유자의 승낙 없이 경작한 농작물은 명인방법을 갖추지 않더라도 토지와 별도로 독립된 소유권의 객체로 된다. 제27회

❹ 상대방의 귀책사유는 물권적 청구권의 행사요건이 아니다. 제30회

❺ 소유권에 기한 물권적 청구권이 발생한 후에는 소유자가 소유권을 상실한 경우에는 그 청구권을 행사할 수 없다. 제29회

❻ 소유권을 양도한 전 소유자가 물권적 청구권만을 분리, 유보하여 불법점유자에 대해 그 물권적 청구권에 의한 방해배제를 할 수 없다. 제32회

❼ 소유자는 물권적 청구권에 의하여 방해제거비용 또는 방해예방비용을 청구할 수 없다. 제29회

❽ 유치권자는 점유권에 기한 물권적 청구권을 행사할 수 있다. 제30회

기출문제 끝장

기출 분석
- 기출회차: 제32회
- 난이도: ★★★
- 키워드: 물권적 청구권

함정을 피하는 끝장 TIP
- 물권적 청구권은 침해된 물권의 정당한 소지자가 현재 방해상태를 지배한 자에게 행사한다는 점을 기억하여야 한다.
- 물권적 청구권의 내용으로 손해배상을 청구하는 것은 허용되지 않는다는 점을 기억하여야 한다.

PART 2

물권적 청구권에 관한 설명으로 옳은 것은? (다툼이 있으면 판례에 따름)

① 소유권을 양도한 전 소유자가 물권적 청구권만을 분리, 유보하여 불법점유자에 대해 그 물권적 청구권에 의한 방해배제를 할 수 있다.

→ 소유권에 기한 물권적 청구권은 소유권과 분리하여 양도할 수 없다(대판 전합체 1969.5.27, 68다725).

② 물권적 청구권을 행사하기 위해서는 그 상대방에게 귀책사유가 있어야 한다.

→ 물권적 청구권이 성립하기 위해서는 물권에 대한 침해 또는 침해의 염려만 있으면 되고, 침해자의 고의·과실은 필요 없다.

③ 소유권에 기한 방해배제청구권에 있어서 방해에는 과거에 이미 종결된 손해가 포함된다.

→ 소유권에 기한 방해제거청구권은 현재 계속되고 있는 방해의 원인을 제거하는 것만을 내용으로 한다(대판 2003.3.28, 2003다5917).

④ 소유권에 기한 물권적 청구권은 그 소유권과 분리하여 별도의 소멸시효의 대상이 된다.

→ 소유권에 기한 물권적 청구권은 소멸시효에 걸리지 않는다(대판 1982.7.27, 80다2968).

⑤ 소유권에 기한 물권적 청구권은 그 소유자가 소유권을 상실하면 더 이상 인정되지 않는다.

→ 물권적 청구권은 물권에 부종하는 권리이므로 소유권을 상실한 전 소유자는 소유권에 기한 물권적 청구권을 행사하지 못한다(대판 전합체 1969.5.27, 68다725).

기출테마

10 물권의 변동

1 물권변동 일반

1 물권변동의 원인 ☆☆☆

(1) 부동산물권변동

<table>
<tr><td>물권변동의 원인</td><td>① 법률행위에 의한 부동산물권변동

조문

제186조【부동산물권변동의 효력】 부동산에 관한 법률행위로 인한 물권의 득실변경은 등기하여야 그 효력이 생긴다.

② 법률규정에 의한 부동산물권변동

조문

제187조【등기를 요하지 아니하는 부동산물권취득】 상속, 공용징수, 판결, 경매 기타 법률의 규정에 의한 부동산에 관한 물권의 취득은 등기를 요하지 아니한다.[1] 그러나 등기를 하지 아니하면 이를 처분하지 못한다.[2]</td></tr>
<tr><td>제187조의 해석론</td><td>① 적용범위
㉠ 상속: 피상속인이 사망한 때에 물권변동의 효력이 발생한다.
㉡ 공용징수: 협의수용의 경우에는 협의에서 정한 시기에, 재결수용의 경우에는 수용개시일에 물권변동의 효력이 발생한다.
㉢ 판결: 형성판결[3]만을 말하고, 판결확정 시에 물권변동의 효력이 발생한다.
㉣ 경매: 공경매만을 말하고, 매수인이 매각대금을 다 낸 때(경락인이 경락대금을 완납한 때)에 물권변동의 효력이 발생한다.
㉤ 기타 법률규정
② 제187조의 예외: 점유취득시효
③ 이행판결의 등기 요부: 부동산소유권이전등기청구소송에서 승소판결이 확정된 경우에는 등기하여야 소유권을 취득한다.</td></tr>
</table>

(2) 동산물권변동

물권변동의 원인	① 법률행위에 의한 동산물권변동: 물권행위+인도 ② 법률규정에 의한 동산물권변동: 소유권 부분에서 별도로 규정하고 있다.

인도방법	① 현실의 인도 ② 간이인도 ③ 점유개정 ④ 목적물반환청구권의 양도에 의한 인도

2 공시의 원칙

의의	물권변동에는 공시방법을 갖추어야 한다는 원칙이다.
실현방법	① 성립요건주의('형식주의'라고도 한다.): 당사자의 의사표시 이외에 공시방법을 갖추어야 물권변동의 효력발생을 인정하는 방법이다. ② 대항요건주의('의사주의'라고도 한다.): 당사자의 의사표시만으로 물권변동의 효력이 발생하나 공시방법을 갖추어야 제3자에게 대항할 수 있도록 하는 방법이다. ③ 각각의 장점: 성립요건주의는 물권변동의 시기가 명료한 장점이 있고, 대항요건주의는 계약자유의 원칙에 부합하는 장점이 있다.
우리 민법의 태도	성립요건주의를 취하고, 동산·부동산 모두에 공시의 원칙을 인정한다.
공시방법	① 부동산물권변동: 등기 ② 동산물권변동: 인도(점유의 이전) ③ 입목에 관한 물권변동: 등기 ④ 수목의 집단·미분리과실: 명인방법

3 물권행위

의의	① 직접 물권변동을 목적으로 하는 법률행위이다. ② 물권행위는 불요식행위이다(다수설). ③ 물권행위에도 조건·기한을 붙일 수 있다. ④ 우리 민법은 물권행위의 독자성과 무인성을 부정한다.
종류	① 물권적 단독행위 ② 물권계약 ③ 물권적 합동행위

기출지문 끝장

❶ 건물을 신축한 자는 **등기를 하지 않아도 소유권을 취득**한다. 제22회

❷ 강제경매로 인해 성립한 관습법상 법정지상권을 법률행위에 의해 **양도하기 위해서는 등기가 필요**하다. 제30회

❸ 등기를 요하지 않는 물권취득의 원인인 판결이란 **형성판결**을 의미한다. 제30회

2 등기

1 등기의 분류

기능에 따른 분류	사실의 등기	표제부의 등기로서 부동산의 현황을 기재하는 것
	권리의 등기	甲구·乙구의 등기로서 부동산의 권리관계를 기재하는 것
내용에 따른 분류	기입등기	새로운 등기원인에 의해 새로 기입하는 등기
	경정등기	등기관의 착오나 탈루로 인한 원시적 불일치를 시정하는 등기
	변경등기	등기와 실체적 권리관계 사이의 후발적 불일치를 시정하는 등기
	말소등기	기존등기를 전부 말소하는 등기
	말소회복등기	① 등기사항이 불법하게 말소된 경우에 행해지는 등기 ② 말소회복등기청구의 상대방은 말소 당시의 소유자이다.
	멸실등기	부동산이 전부 멸실한 경우에 행해지는 등기
방식에 따른 분류	주등기	표시번호란 또는 순위번호란에 독립된 번호를 붙여서 하는 등기
	부기등기	독립된 번호 없이 주등기의 번호에 따라서 행해지는 등기
효력에 따른 분류	본등기	물권변동의 효력이 직접 발생하는 등기(종국등기라고도 함)
	가등기	청구권보전의 가등기+담보가등기

2 등기청구권

의의	① 등기권리자가 등기의무자에 대해 등기에 협력할 것을 청구할 수 있는 실체법상의 권리 ② 등기신청에 있어서 공동신청의 경우에만 등기청구권의 문제가 발생한다.
물권적 청구권인 경우	① 실체적 권리관계와 등기가 일치하지 않는 경우(위조 등) ② 법정지상권자의 법정지상권설정등기청구권 ③ 매매계약이 해제·취소된 경우 물권적 효과설에 따른 등기청구권❶
채권적 청구권인 경우	① 법률행위에 의한 등기청구권❷ ② 취득시효완성으로 인한 등기청구권❸ ③ 부동산임차인의 등기청구권 ④ 환매에 있어서의 등기청구권

미등기 매수인 판례	① 이때의 등기청구권은 채권행위로부터 발생하는 채권적 청구권이다. ② 부동산의 매수인이 부동산을 인도받아 사용·수익하고 있는 한 매수인의 등기청구권은 소멸시효에 걸리지 않는다.❹ ③ 부동산의 매수인이 부동산을 인도받아 사용·수익하다가 그 부동산에 대한 보다 적극적인 권리행사의 일환으로 제3자에게 그 부동산을 처분하고 점유를 승계하여 준 경우에도 소유권이전등기청구권의 소멸시효는 진행하지 않는다.

3 청구권보전의 가등기의 효력 ☆☆☆ 제32회

본등기 전의 효력	① 가등기인 채로는 아무런 실체법적 효력이 없다. ② 가등기가 되어 있더라도 권리추정력이 없으므로 청구권 존재의 추정력도 없다.❺ ③ 본등기가 없는 한 가등기의무자는 여전히 자신의 권리를 처분할 수 있다. ④ 가등기권리자는 가등기만으로는 가등기 후의 본등기를 취득한 제3자에게 대항할 수 없다.
본등기 후의 효력	① 물권변동의 효력은 본등기를 한 때 발생한다. ② 본등기의 순위는 가등기의 순위에 의한다(순위보전의 효력).❻ ③ 가등기권리자는 현재의 등기명의인이 아니라 가등기의무자인 전 소유자를 상대로 본등기를 청구하여야 한다. ④ 본등기가 되면 가등기 이후에 있었던 제3자의 본등기는 직권말소된다.❼ ⑤ 제3자는 전 소유자를 상대로 제576조에 의한 담보책임을 물을 수 있다(판례). ⑥ 가등기에 기한 본등기 절차에 의하지 않고 별도의 본등기를 경료받은 경우, 제3자 명의로 중간처분의 등기가 있어도 가등기에 의한 본등기 절차의 이행을 구할 수 있다.

기출지문 끝장

❶ **매매계약의 취소로 인한 매도인의 매수인에 대한 등기청구권**은 물권적 청구권에 해당한다. 제22회

❷ **매수인의 매도인에 대한 등기청구권**은 채권적 청구권에 해당한다. 제22회

❸ **점유취득시효의 완성**으로 점유자가 소유자에 대해 갖는 **소유권이전등기청구권**은 통상의 채권양도 법리에 따라 **양도될 수 있다.** 제32회

❹ 부동산을 매수하여 인도받아 사용·수익하는 자의 매도인에 대한 **소유권이전등기청구권은 소멸시효에 걸리지 않는다.** 제30회

❺ 소유권이전청구권 보전을 위한 **가등기가 있다 하더라도** 소유권이전등기를 청구할 어떠한 **법률관계가 있다고 추정되지 않는다.** 제25회

❻ 甲 명의의 저당권설정의 가등기가 있은 후에 乙 명의의 저당권설정등기가 되었고, 그 후 甲의 **가등기에 기해 본등기**가 되었다면, 甲의 저당권이 乙의 저당권에 우선한다. 제22회

❼ 가등기 이후에 가압류등기가 마쳐지고 가등기에 기한 본등기가 된 경우, 등기관은 그 가압류등기를 **직권으로 말소**할 수 있다. 제22회

4 본등기의 효력

본등기의 효력	① 권리변동적 효력(창설적 효력) ② 대항적 효력 ③ 순위확정적 효력 ④ 추정적 효력
공신력 인정 여부	우리 민법은 등기의 공신력을 인정하지 않는다.

5 추정적 효력 ☆☆☆ 제25회, 제30회, 제31회

의의	등기가 형식적으로 존재하면 무효인 등기라도 그에 상응하는 실체적 권리가 존재하는 것으로 추정하는 힘을 말한다.
물적 범위	절차의 적법추정+기재사항의 적법추정
인적 범위	① 등기명의인뿐만 아니라 제3자도 원용할 수 있다. ⇨ 소송상의 주장을 말한다. ② 등기명의인의 이익뿐만 아니라 불이익을 위해서도 추정된다.
효과	① 입증책임이 상대방에게 전환된다. ② 등기를 신뢰하고 거래한 제3자는 선의·무과실로 추정된다.
관련 판례	① 등기된 권리가 등기명의인에게 있는 것으로 추정된다. ② 근저당권설정등기의 경우 피담보채권의 존재도 추정된다. 그러나 기본계약의 존재는 추정되지 않는다.❶ ③ 등기원인도 적법한 것으로 추정된다.❷ ④ 대리인을 통하여 매수한 경우 대리권의 존재도 추정된다.❸ ⑤ 등기의 추정력은 물권변동의 당사자 사이에서도 미친다. ⑥ 소유권보존등기의 추정력은 약하다.❹ ─ 소유권이 진실하게 보존되어 있다는 사실만 추정된다. ⑦ 「부동산등기 특별조치법」에 의한 소유권보존등기의 추정력은 강하다. ─ 위조사실까지 입증하여야 추정이 번복된다.

기출지문 끝장

❶ 근저당권등기가 행해지면 **피담보채권의 존재는 추정**되나, 그 피담보채권을 성립시키는 **기본계약의 존재는 추정되지 않는다.** 제30회

❷ 소유권이전등기가 된 경우, 등기명의인은 전 소유자에 대하여 **적법한 등기원인**에 기한 소유권을 취득한 것으로 추정된다. 제25회

❸ 대리에 의한 매매계약을 원인으로 소유권이전등기가 이루어진 경우, **대리권의 존재는 추정**된다. 제30회

❹ 건물 **소유권보존등기**의 명의자가 이를 신축한 것이 아니라는 사실이 밝혀지면 **추정력이 깨진다.** 제23회

기출문제 끝장

기출 분석

- 기출회차: 제21회
- 난이도: ★★★
- 키워드: 물권변동의 원인

함정을 피하는 끝장 TIP

- 법률행위에 의한 부동산물권변동과 법률규정에 의한 부동산물권변동의 차이점을 잘 이해하여야 한다.
- 법률규정에 의한 부동산물권변동의 경우에는 취득 시에는 등기기 필요 없으나, 처분 시에는 등기가 필요하다는 점을 기억하여야 한다.

PART 2

등기를 해야 물권변동이 일어나는 경우를 모두 고른 것은?

㉠ ~~혼동에 의한 저당권의 소멸~~
···› 법률규정에 의한 부동산물권변동에 해당하므로 등기할 필요가 없다(제187조).

㉡ 교환에 의한 부동산소유권 취득
···› 법률행위에 의한 부동산물권변동에 해당하므로 등기하여야 한다(제186조).

㉢ ~~존속기간 만료에 의한 지상권의 소멸~~
···› 법률규정에 의한 부동산물권변동에 해당하므로 등기할 필요가 없다(제187조).

㉣ 매매예약완결권 행사에 의한 부동산소유권 취득
···› 법률행위에 의한 부동산물권변동에 해당하므로 등기하여야 한다(제186조).

㉤ ~~집합건물의 구분소유권을 취득하는 자의 공용부분에 대한 지분 취득~~
···› 공용부분에 대한 물권의 득실변경은 등기를 요하지 않는다(집합건물의 소유 및 관리에 관한 법률 제13조 제3항).

① ㉠, ㉡
② ㉡, ㉣ ✓
③ ㉢, ㉤
④ ㉣, ㉤
⑤ ㉠, ㉢

등기의 유효요건과 물권의 소멸

1 등기의 유효요건

1 권리의 변동

형식적 유효요건	① 등기가 존재할 것 ② 관할 등기소에서 행해지고 등기사항일 것 ③ 물권변동의 대상인 부동산에 대한 등기일 것 ④ 1부동산 1등기기록의 원칙에 따라 편성될 것 ⑤「부동산등기법」이 정하는 절차에 따를 것
물권의 존부 문제	① 등기신청이 있더라도 등기부에 기록되지 않으면 물권변동의 효력은 발생하지 않는다. ② 관할위반의 등기는 무효이다. ③ 등기의 불법말소, 등기부의 멸실, 등기의 후발적 탈루의 경우 모두 물권은 그대로 존속한다.❶❷ ④ 저당권설정등기가 불법말소된 후 그 부동산이 경매절차에서 경락된 경우 저당권은 소멸한다.
이중으로 경료된 소유권 보존등기의 효력	① 표시란의 이중등기: 부동산의 실제상황과 일치하는 보존등기만 유효하다. ② 사항란의 이중등기 ㉠ 등기명의인이 동일인인 경우: 절차적으로 먼저 이루어진 보존등기만 유효하다. ㉡ 등기명의인이 동일인이 아닌 경우: 먼저 이루어진 보존등기가 원인무효로 되지 않는 한 후에 이루어진 등기는 1부동산 1등기기록의 원칙에 위반되므로 무효이다.

2 등기의 실질적 유효요건 ☆☆☆ 제26회, 제31회

시간적 불합치	① 당사자가 사망한 경우: 물권행위는 유효하고 상속인이 등기를 하여야 한다. ② 당사자가 제한능력자가 된 경우: 법정대리인이 등기신청을 하여야 한다. ③ 당사자가 교체된 경우: 새 권리자와 다시 물권행위를 하고 등기신청을 하여야 한다. ④ 등기가 먼저 경료된 경우: 물권행위가 효력을 발생하는 때에 물권변동의 효력이 생긴다.
내용적 불합치	① 양적 불일치 ㉠ 등기의 양 > 물권행위의 양: 물권행위의 한도 내에서 유효하다. ㉡ 등기의 양 < 물권행위의 양: 일부무효의 법리에 따라 해결한다. ② 객체의 불일치: 무효 ③ 등기원인의 불일치: 실체적 권리관계와 부합하면 유효하다. ④ 물권행위 또는 등기원인의 부존재: 무효

무효등기의 유용	(유용: 기존의 무효인 등기를 그대로 이용하는 것) ① 유용하기로 하는 합의가 이루어지기 전에 등기부상 새로운 이해관계를 맺은 제3자가 없는 경우에만 허용된다. ② 유용하기로 한 때로부터 유효로 된다. ③ 표제부의 등기유용은 절대 불가하다.

3 중간생략등기 제31회

의의	최초양도인(甲)과 중간자(乙)가 물권행위를 하고 이전등기를 하지 않은 상태에서 중간자(乙)와 최종양수인(丙)이 물권행위를 한 경우 중간자(乙)의 등기를 생략하고 최초양도인(甲)에게서 최종양수인(丙)에게로 행해지는 등기이다. (甲 —매매— 乙, 乙 —전매— 丙, 甲 —등기→ 丙)
유효성 여부	① 이미 최종양수인 앞으로 중간생략등기가 경료된 경우 그 등기는 유효하다. ② 다만, 「부동산 거래신고 등에 관한 법률」상의 토지거래허가규정을 위반하여 이루어진 중간생략등기는 무효이다.
직접청구의 문제	① 아직 최종양수인 앞으로 중간생략등기가 경료되지 않은 경우 ㉠ 중간생략등기의 합의가 있는 경우: 최종양수인이 최초양도인에게 직접 자기명의로의 등기청구 가능❸ ㉡ 중간생략등기의 합의가 없는 경우: 최종양수인은 중간자를 대위(代位)하여 등기청구 가능❹ ② 판례는 채권양도의 법리에 의한 중간생략등기청구권을 명시적으로 부정한다.

기출지문 끝장

❶ 등기가 **불법으로 말소되더라도 물권은 그대로 존속**한다. 따라서 원인 없이 부적법 말소된 등기의 경우에도 등기명의인에게 등기된 권리가 존재하는 것으로 추정된다. 제23회

❷ 소유권이전등기가 **불법말소**된 경우, 말소된 등기의 최종명의인은 그 회복등기가 경료되기 전이라도 **적법한 권리자로 추정**된다. 제25회

❸ X토지는 甲 ⇨ 乙 ⇨ 丙으로 순차 매도되고, 3자 간에 **중간생략등기의 합의**를 하였다. 이 경우 丙은 甲에게 직접 소유권이전등기를 청구할 수 있다. 제31회

❹ X토지는 甲 ⇨ 乙 ⇨ 丙으로 순차 매도되고, **중간생략등기의 합의가 없는 경우**에는 丙은 甲의 동의나 승낙이 없이는 乙의 소유권이전등기청구권을 양도받아 甲에게 소유권이전등기를 청구할 수 없다. 제31회

2 물권의 소멸

1 물권의 소멸원인

공통 소멸원인	① 목적물의 멸실 ② 소멸시효 ③ 포기❶ ④ 혼동 ⑤ 공용징수 ⑥ 몰수 등
관련 문제	① 목적물이 멸실하더라도 가치적 변형물이 남는 경우 저당권은 그 가치적 변형물에 존속한다(이를 물상대위라 함). ② 포락(浦落)으로 인한 토지소유권의 소멸은 절대적 소멸이므로 포락 후 토지가 성토화된 경우에도 소멸된 소유권은 다시 부활하지 않는다. ③ 소유권은 소멸시효에 걸리지 않는다.❷ ④ 점유권도 소멸시효에 걸리지 않는다. ⑤ 담보물권도 피담보채권과 독립하여 소멸시효에 걸리는 일이 없다. ⑥ 민법상의 물권 중 소멸시효에 걸리는 것은 지상권, 지역권, 전세권뿐이다. ⑦ 부동산물권의 포기의 경우 등기하여야 포기에 따른 물권변동의 효력이 생긴다(판례). ⑧ 물건에 대한 배타적인 사용·수익권은 소유권의 핵심적 권능이므로 소유자가 제3자와의 채권관계에서 소유물에 대한 사용·수익의 권능을 포기하거나 사용·수익권의 행사에 제한을 설정하는 것을 넘어 이를 대세적, 영구적으로 포기하는 것은 법률에 의하지 않고 새로운 물권을 창설하는 것과 다를 바 없어 허용되지 않는다(대판 2013.8.22, 2012다54133).

2 혼동

조문

제191조【혼동으로 인한 물권의 소멸】① 동일한 물건에 대한 소유권과 다른 물권이 동일한 사람에게 귀속한 때에는 다른 물권은 소멸한다. 그러나 그 물권이 제3자의 권리의 목적이 된 때에는 소멸하지 아니한다.

② 전항의 규정은 소유권 이외의 물권과 그를 목적으로 하는 다른 권리가 동일한 사람에게 귀속한 경우에 준용한다.

③ 점유권에 관하여는 전2항의 규정을 적용하지 아니한다.

의의	서로 대립하는 두 개의 법률상 지위 또는 자격이 동일인에게 귀속되는 것
원칙	① **소유권과 제한물권의 혼동**: 제한물권이 소멸하는 것이 원칙이다. ② **제한물권과 그 제한물권을 목적으로 하는 다른 제한물권의 혼동**: 다른 제한물권이 소멸하는 것이 원칙이다.
구체적인 예	① 지상권자가 토지소유권을 매매나 상속을 원인으로 취득한 경우 지상권은 소멸한다. ② 어느 부동산에 1번 저당권과 2번 저당권이 있는 경우에 2번 저당권자가 소유권을 매매나 상속을 원인으로 취득한 때에는 2번 저당권은 소멸한다. ③ 위 ②의 경우 1번 저당권자가 저당물에 대한 소유권을 매매, 증여 또는 교환을 원인으로 취득한 경우 1번 저당권은 소멸하지 않는다.❸ ④ 1번 저당권자가 상속을 원인으로 저당물에 대한 소유권을 취득한 경우에는 채권·채무가 혼동되어 피담보채권이 소멸하므로 담보물권도 소멸하는 결과 이때는 1번 저당권도 소멸한다. ⑤ 지상권이 저당권의 목적이 된 때에는 지상권자가 토지소유권을 취득하더라도 지상권은 소멸하지 않는다.❹
효과	① 혼동으로 인한 물권의 소멸은 절대적이다. ② 혼동을 생기게 한 원인이 부존재하거나 원인행위가 무효, 취소, 해제된 경우에는 소멸한 물권은 부활한다. ③ 점유권과 광업권은 혼동으로 소멸하지 않는다.❺

기출지문 끝장

❶ 물권의 포기는 물권의 소멸을 목적으로 하는 단독행위이다. 제24회

❷ 소유권과 저당권은 **소멸시효에 걸리지 않는다**. 제24회

❸ 甲의 토지 위에 乙이 1번 저당권, 丙이 2번 저당권을 가지고 있다가 乙이 **증여**를 받아 토지소유권을 취득하면 **1번 저당권은 소멸하지 않는다**. 제22회

❹ 乙이 甲의 토지 위에 지상권을 설정받고, 丙이 그 **지상권 위에 저당권**을 취득한 후 乙이 甲으로부터 그 토지를 매수한 경우, 乙의 **지상권은 소멸하지 않는다**. 제22회

❺ 甲의 토지를 乙이 점유하다가 乙이 이 토지의 소유권을 취득하더라도 乙의 **점유권은 소멸하지 않는다**. 제22회

기출문제 끝장

기출 분석

- 기출회차: 제31회
- 난이도: ★★
- 키워드: 중간생략등기의 효력

함정을 피하는 끝장 TIP

- 먼저 이미 중간생략등기가 경료된 경우에는 합의가 없더라도 그 등기는 원칙적으로 유효하다는 점을 기억하여야 한다.
- 중간생략등기의 합의가 없는 경우에는 최종양수인은 채권자대위권을 행사하여 등기청구를 하는 것은 허용되나, 채권양도의 법리에 의해서는 등기청구를 할 수 없다는 점을 잘 외우고 있어야 한다.

X토지는 甲 → 乙 → 丙으로 순차 매도되고, 3자 간에 중간생략등기의 합의를 하였다. 이에 대한 설명으로 틀린 것은? (다툼이 있으면 판례에 따름)

① 丙은 甲에게 직접 소유권이전등기를 청구할 수 있다.

⋯ 중간생략등기의 합의가 있는 경우에는 丙은 甲에게 직접 소유권이전등기를 청구할 수 있다(대판 1967.5.30, 67다588).

② 乙의 甲에 대한 소유권이전등기청구권은 소멸하지 않는다.

⋯ 중간생략등기에 관한 합의가 있었다 하더라도 乙의 甲에 대한 소유권이전등기청구권은 소멸하지는 않는다(대판 1991.12.13, 91다18316).

③ 甲의 乙에 대한 매매대금채권의 행사는 제한받지 않는다.

⋯ 중간생략등기에 관한 합의가 있었다 하더라도 甲의 乙에 대한 매매대금채권의 행사는 제한되지 않는다(대판 2005.4.29, 2003다66431).

④ 만약 X토지가 토지거래허가구역에 소재한다면, 丙은 직접 甲에게 허가신청절차의 협력을 구할 수 없다.

⋯ X토지가 토지거래허가구역 내의 토지인 경우에는 甲·乙·丙 사이에 중간생략등기에 관한 합의가 있었다 하더라도 丙은 직접 甲에게 허가신청절차의 협력을 청구할 수 없고, 乙의 甲에 대한 허가신청협력의무 이행청구권을 대위행사할 수 있을 뿐이다(대판 1995.9.5, 95다22917).

⑤ 만약 중간생략등기의 합의가 없다면, 丙은 甲의 동의나 승낙 없이 乙의 소유권이전등기청구권을 양도받아 甲에게 소유권이전등기를 청구할 수 있다.

⋯ 중간생략등기의 합의가 없는 경우 최종양수인이 중간자로부터 소유권이전등기청구권을 양도받았다고 하더라도 최초양도인이 그 양도에 대하여 동의하지 않고 있다면 최종양수인은 최초양도인에 대하여 채권양도를 원인으로 하여 소유권이전등기절차이행을 청구할 수 없다(대판 1995.8.22, 95다15575).

기출테마

12 점유권

조문

제192조【점유권의 취득과 소멸】① 물건을 사실상 지배하는 자는 점유권이 있다.❶

1 간접점유자와 점유보조자

조문

제194조【간접점유】지상권, 전세권, 질권, 사용대차, 임대차, 임치 기타의 관계로 타인으로 하여금 물건을 점유하게 한 자는 간접으로 점유권이 있다.
└ 점유매개관계

제195조【점유보조자】가사상, 영업상 기타 유사한 관계에 의하여 타인의 지시를 받아 물건에 대한 사실상의 지배를 하는 때에는 그 타인만을 점유자로 한다.
└ 점유보조관계

간접점유자 제29회, 제30회	점유보조자
점유권 ○, 점유보호청구권 ○❷, 자력구제권 ×	점유권 ×, 점유보호청구권 ×, 자력구제권 ○
점유매개관계는 사회적 종속관계가 요건 ×	점유보조관계는 사회적 종속관계가 요건 ○
점유매개관계는 반드시 유효할 필요 ×❸	점유보조관계는 반드시 유효할 필요 ×
점유가 중첩적으로 성립 ○❹	점유가 중첩적으로 성립 ×

2 점유의 태양 ☆☆☆

점유의 종류	
	① 자주점유와 타주점유: 소유의 의사의 유무에 따른 구별 ② 선의점유와 악의점유: 본권이 있다고 오신하였는지에 따른 구별 ③ 과실 있는 점유와 과실 없는 점유: 오신에 과실이 있는지에 따른 구별 ④ 평온점유와 폭력점유: 강폭행위를 썼는지에 따른 구별 ⑤ 공연점유와 은비점유: 남몰래 점유하였는지에 따른 구별 ⑥ 계속점유와 불계속점유: 점유가 계속되었는지에 따른 구별

기출지문 끝장

❶ 특별한 사정이 없는 한, 건물의 부지가 된 토지는 그 건물의 **소유자가 점유**하는 것으로 보아야 한다. 제32회

❷ 간접점유자에게도 **점유보호청구권**이 인정된다. 제30회

❸ **점유매개관계를 발생시키는 법률행위가 무효**라 하더라도 간접점유는 인정될 수 있다. 제30회

❹ 甲이 乙로부터 임차한 건물을 乙의 동의 없이 丙에게 전대한 경우, **乙과 甲이 간접점유자**에 해당한다. 제29회

추정 여부	① 점유자는 소유의 의사로 선의, 평온 및 공연하게 점유한 것으로 추정한다❶(제197조 제1항). ② 전후 양시에 점유한 사실이 있는 때에는 그 점유는 계속한 것으로 추정한다❷(제198조).

3 자주점유와 타주점유 ☆☆☆

<table>
<tr><td>의의</td><td>① 소유의 의사가 있는 점유를 자주점유라 하고, 소유의 의사가 없는 점유를 타주점유라 한다.
② 소유의 의사란 소유권이 있다고 믿고서 하는 점유가 아니다. ┌ 타인의 소유권을 배척하고 자기가 소유자로서 사실상 점유하려는 의사</td></tr>
<tr><td>구별 기준</td><td>점유취득의 원인이 된 권원의 성질에 의해 객관적으로 결정한다.❸</td></tr>
<tr><td>자주점유의 추정</td><td>① 추정규정의 보충성
<table><tr><td colspan="2">권원이 없음이 밝혀진 경우</td><td rowspan="2">자주점유의 추정은 깨진다.</td></tr><tr><td rowspan="2">권원이 있음이 밝혀진 경우</td><td>권원의 성질이 분명한 경우</td></tr><tr><td>권원의 성질이 불분명한 경우</td><td rowspan="2">자주점유로 추정된다.</td></tr><tr><td colspan="2">권원의 존부가 불분명한 경우</td></tr></table>② 입증책임: 자주점유로 추정되는 경우 상대방이 점유자의 점유가 타주점유임을 입증하여야 한다.
③ 추정의 번복: 악의의 무단점유가 입증된 경우 자주점유의 추정이 번복된다(판례).</td></tr>
<tr><td>양자의 전환</td><td>① 타주점유에서 자주점유로의 전환: 새로운 권원에 의하여 다시 소유의 의사로 점유하거나 점유를 시킨 자에게 소유의 의사가 있음을 표시하여야 한다.
② 자주점유에서 타주점유로의 전환: 새로운 권원에 기하여 타인을 위하는 의사를 가지고 점유를 시작하거나, 점유를 시킨 자에게 타주점유의사를 표시하여야 한다.</td></tr>
<tr><td>관련 판례</td><td>① 타인의 토지 위에 분묘를 설치·소유하는 자의 점유는 타주점유이다.
② 명의신탁에 있어서 수탁자의 점유는 타주점유이다.❹
③ 공유자 1인의 공유토지 전부의 점유도 다른 공유자의 지분비율 범위 내에서는 타주점유이다.
④ 착오로 인접토지의 일부를 자기가 매수·취득한 토지에 속하는 것으로 믿고 점유한 매수인의 점유는 자주점유이다.
⑤ 귀속재산의 점유자의 점유는 타주점유이다.
⑥ 상속 그 자체는 타주점유가 자주점유로 전환되기 위한 새로운 권원에 해당하지 않는다.
⑦ 매매대상 건물 부지의 면적이 등기부상 면적을 상당히 초과하는 경우 특별한 사정이 없는 한 그 초과부분의 점유는 권원의 성질상 타주점유이다.❺</td></tr>
</table>

4 점유의 권리적법 추정력

의의	점유자가 점유물에 대하여 행사하는 권리는 적법하게 보유한 것으로 추정❻하는 힘이다.
적용범위	제200조는 동산에만 적용되고 부동산에는 적용되지 않는다.

추정의 범위와 효과	① 점유물에 대하여 행사하는 권리가 존재하는 것으로 추정된다. (소유권, 지상권, 임차권 등) ② 점유자의 이익뿐만 아니라 불이익을 위해서도 추정된다. ③ 점유의 권리적법 추정력은 점유자뿐만 아니라 제3자도 원용할 수 있다. ④ 입증책임이 상대방에게 전환된다.

5 점유자와 회복자의 관계 ☆☆☆

(1) 법조문

① 점유자의 과실취득권

조문

제201조【점유자와 과실】① 선의의 점유자는 점유물의 과실을 취득한다.
② 악의의 점유자는 수취한 과실을 반환하여야 하며 소비하였거나 과실로 인하여 훼손 또는 수취하지 못한 경우에는 그 과실의 대가를 보상하여야 한다.
③ 전항의 규정은 폭력 또는 은비에 의한 점유자에 준용한다.

② 목적물의 멸실 · 훼손에 대한 책임

조문

제202조【점유자의 회복자에 대한 책임】점유물이 점유자의 책임 있는 사유로 인하여 멸실 또는 훼손한 때에는 악의의 점유자는 그 손해의 전부를 배상하여야 하며❼ 선의의 점유자는 이익이 현존하는 한도에서 배상하여야 한다. 소유의 의사가 없는 점유자는 선의인 경우에도 손해의 전부를 배상하여야 한다.
(받은 것 + 이자 + 손해배상)

기출지문 끝장

❶ 점유자는 소유의 의사로 **선의, 평온 및 공연하게 점유한 것으로 추정**한다. 제29회

❷ **전후 양시에 점유한 사실이 있는 때에는 그 점유는 계속한 것으로 추정**한다. 제28회

❸ 점유자의 점유가 자주점유인지 타주점유인지의 여부는 점유취득의 원인이 되는 **권원의 성질에 의하여 객관적으로 결정**한다. 제26회

❹ 甲이 乙과의 **명의신탁약정**에 따라 자신의 부동산 소유권을 乙 명의로 등기한 경우, 乙의 점유는 **타주점유**이다. 제29회

❺ 실제 면적이 등기된 면적을 상당히 초과하는 토지를 매수하여 인도받은 때에는 특별한 사정이 없으면 **초과부분의 점유는 타주점유**이다. 제29회

❻ 점유자가 점유물에 대하여 행사하는 권리는 **적법하게 보유한 것으로 추정**한다. 제28회

❼ 점유물이 **점유자의 책임 있는 사유**로 인하여 멸실 또는 훼손한 때에는 **악의의 점유자는 그 손해의 전부를 배상**하여야 한다. 제31회

③ 점유자의 비용상환청구권

조문

제203조【점유자의 상환청구권】① 점유자가 점유물을 반환할 때에는 회복자에 대하여 점유물을 보존하기 위하여 지출한 금액 기타 필요비의 상환을 청구할 수 있다. 그러나 점유자가 과실을 취득한 경우에는 통상의 필요비는 청구하지 못한다.❶
② 점유자가 점유물을 개량하기 위하여 지출한 금액 기타 유익비에 관하여는 그 가액의 증가가 현존한 경우에 한하여 회복자의 선택에 좇아 그 지출금액이나 증가액의 상환을 청구할 수 있다.❷
③ 전항의 경우에 법원은 회복자의 청구에 의하여 상당한 상환기간을 허여할 수 있다.

(2) 핵심 쟁점

① 선의점유자가 점유물의 과실을 취득하기 위해서는 과실취득권이 있는 본권에 관하여 오신을 하여야 한다.
㉠ 소유권, 지상권, 전세권, 임차권 등이 없음에도 불구하고 있다고 오신한 경우에는 과실을 취득할 수 있다.
㉡ 유치권, 질권 등에 관해 오신을 한 경우에는 과실을 취득할 수 없다.
② 과실취득권이 있는 본권을 가지고 있다고 오신한 데에 대한 정당한 근거가 있어야 과실을 취득할 수 있다(판례).
③ 선의점유자가 점유물의 과실을 취득할 수 있는 범위 내에서 부당이득은 성립하지 않는다. 그러나 선의점유자에게 과실취득권이 인정되더라도 점유를 취득함에 있어 과실(過失)이 있는 경우에는 회복자에 대하여 불법행위로 인한 손해배상책임을 진다.
④ 점유자의 책임 있는 사유로 목적물이 멸실·훼손된 경우 선의이면서 자주점유자만 현존이익 한도에서 배상책임을 진다.
⑤ 비용상환청구권은 선의·악의를 불문하고 행사할 수 있다.❸
⑥ 비용상환청구권은 점유자가 회복자로부터 반환청구를 받거나 회복자에게 점유물을 반환한 때에 발생한다.

6 점유보호청구권 ☆☆☆

(1) 법조문

① 점유물반환청구권

조문

제204조【점유의 회수】① 점유자가 점유의 침탈을 당한 때에는 그 물건의 반환 및 손해의 배상을 청구할 수 있다.
(침탈: 점유자의 의사에 반하여 가져가는 것)
② 전항의 청구권은 침탈자의 특별승계인에 대하여는 행사하지 못한다. 그러나 승계인이 악의인 때에는 그러하지 아니하다.
③ 제1항의 청구권은 침탈을 당한 날로부터 1년 내에 행사하여야 한다.❹
(1년: 제척기간)

② 점유물 방해제거청구권

조문

제205조【점유의 보유】① 점유자가 점유의 방해를 받은 때에는 그 방해의 제거 및 손해의 배상을 청구할 수 있다.

② 전항의 청구권은 방해가 종료한 날로부터 1년(제척기간) 내에 행사하여야 한다.

③ 공사로 인하여 점유의 방해를 받은 경우에는 공사착수 후 1년을 경과하거나 그 공사가 완성한 때에는 방해의 제거를 청구하지 못한다.

③ 점유물 방해예방청구권

조문

제206조【점유의 보전】① 점유자가 점유의 방해를 받을 염려가 있는 때에는 그 방해의 예방 또는 손해배상의 담보를 청구할 수 있다.❺

② 공사로 인하여 점유의 방해를 받을 염려가 있는 경우에는 전조 제3항의 규정을 준용한다.

(2) 핵심 쟁점

① 절취와 강취는 점유의 침탈에 해당하나, 사기는 점유의 침탈에 해당하지 않는다.

② 점유물반환청구권은 침탈자와 악의의 특별승계인에게만 가능하다. (선의의 특별승계인에 대해서는 불가)

③ 제204조 제3항(점유물반환청구권 및 손해배상청구권)과 제205조 제2항(손해배상청구권)의 경우에는 1년 내에 소를 제기하여야 한다(판례).

기출지문 끝장

❶ 선의의 점유자는 **과실을 취득한 경우 통상의 필요비의 상환을 청구할 수 없다.** 제31회

❷ 甲은 그의 X건물을 乙에게 매도하여 점유를 이전하였고, 乙은 X건물을 사용·수익하면서 X건물의 보존·개량을 위하여 비용을 지출하였다. 甲과 乙 사이의 계약이 무효인 경우 **가액의 증가가 현존**하는 때에는 乙은 甲에 대하여 **유익비의 상환**을 청구할 수 있다. 제25회

❸ 점유자의 **비용상환청구권은 선의·악의를 불문**하고 인정된다. 제22회

❹ 점유자가 점유물반환청구권을 행사하는 경우, 그 침탈된 날로부터 **1년 내**에 행사하여야 한다. 제28회

❺ 점유자가 점유의 방해를 받을 염려가 있는 때에는 그 **방해의 예방 또는 손해배상의 담보를 청구할 수 있다.** 제28회

기출문제 끝장

기출 분석

- 기출회차: 제31회
- 난이도: ★★
- 키워드: 점유권

함정을 피하는 끝장 TIP

- 과실취득권에서는 선의점유자만 과실을 취득할 수 있고, 이 경우 통상의 필요비는 청구할 수 없다는 점을 기억하여야 한다.
- 점유자의 비용상환청구권은 점유물을 반환할 때에 발생하며, 점유회복 당시의 소유자에게 청구한다는 점을 꼭 외우고 있어야 한다.

점유자와 회복자의 관계에 관한 설명으로 옳은 것은? (다툼이 있으면 판례에 따름)

① 선의의 점유자는 과실을 취득하더라도 통상의 필요비의 상환을 청구할 수 있다.

→ 선의의 점유자는 과실을 취득한 경우에는 통상의 필요비의 상환을 청구할 수 없다(제203조 제1항 단서).

② 이행지체로 인해 매매계약이 해제된 경우, 선의의 점유자인 매수인에게 과실취득권이 인정된다.

→ 계약해제로 인한 원상회복의무는 부당이득반환의무의 특칙에 해당하므로, 해제로 인한 원상회복의 범위는 이익의 현존 여부나 선의·악의에 불문하고 특단의 사유가 없는 한 받은 이익의 전부이다(대판 1998.12.23, 98다43175). 따라서 이행지체로 인해 매매계약이 해제된 경우, 선의의 점유자인 매수인은 과실을 반환하여야 한다(대판 2000.2.25, 97다30066).

③ 악의의 점유자가 책임 있는 사유로 점유물을 훼손한 경우, 이익이 현존하는 한도에서 배상해야 한다.

→ 점유물이 점유자의 책임 있는 사유로 인하여 멸실 또는 훼손한 때에는 악의의 점유자는 그 손해의 전부를 배상하여야 한다(제202조 제1문 전단).

④ 점유자가 유익비를 지출한 경우, 점유자의 선택에 좇아 그 지출금액이나 증가액의 상환을 청구할 수 있다.

→ 점유자가 점유물을 개량하기 위하여 지출한 금액 기타 유익비에 관하여는 그 가액의 증가가 현존한 경우에 한하여 회복자의 선택에 좇아 그 지출금액이나 증가액의 상환을 청구할 수 있다(제203조 제2항).

✔⑤ 무효인 매매계약의 매수인이 점유목적물에 필요비 등을 지출한 후 매도인이 그 목적물을 제3자에게 양도한 경우, 점유자인 매수인은 양수인에게 비용상환을 청구할 수 있다.

→ 점유자의 비용상환청구권은 비용을 지출할 당시의 소유자가 누구이었는지 관계없이 점유회복 당시의 소유자에게 행사할 수 있다(대판 2003.7.25, 2001다64752). 따라서 위의 경우에는 점유자인 매수인은 현재의 소유자인 양수인에게 비용상환을 청구할 수 있다.

기출테마

13 소유권 일반

1 소유권의 의의 제29회

의의	① 법률의 범위 내에서 그 소유물을 사용·수익·처분할 수 있는 권리이다. ② 소유권의 객체는 물건에 한한다.
토지소유권의 범위	① 정당한 이익이 있는 범위 내에서 토지의 상하에 미친다. ② 토사, 토석, 지하수: 토지의 구성부분 ③ 입목과 명인방법을 갖춘 수목의 집단: 토지와 별개의 독립한 부동산 ④ 임야 내의 자연석을 조각하여 제작한 석불: 임야와는 독립한 소유권 객체 ⑤ 성숙한 농작물: 경작자의 소유(판례) ⑥ 미채굴의 광물: 국유(다수설)

2 상린관계 일반 ☆☆☆ 제24회, 제25회, 제26회, 제28회

(1) 개념 정리

① 의의: 인접한 부동산소유자 상호간의 이용을 조절하기 위한 제도

② 지역권과의 비교

구분	상린관계	지역권
발생원인	법률규정에 의해 발생(등기 불요)	계약에 의해 발생(등기 필요)
성질	소유권의 내용 그 자체	독립한 물권
내용	소유권에 대한 최소한의 확장·제한	탄력적인 이용조절
	양자 모두 토지의 이용관계를 내용으로 하므로 병존이 가능하다.	
인접성	인접성을 요구한다.	요역지와 승역지가 인접할 필요 없다.
대상	부동산+물의 이용관계	토지만의 이용관계
소멸시효	소멸시효에 걸리지 않는다.	소멸시효에 걸린다.

(2) 주요 제도 제25회, 제26회

인지사용 청구권	토지소유자는 경계나 그 근방에서 담 또는 건물을 축조하거나 수선하기 위하여 필요한 범위 내에서 이웃 토지의 사용을 청구할 수 있다(이웃 사람의 승낙이 없으면 주거에 들어가지 못함).
생활방해 금지	토지소유자는 매연·열기체·액체·음향·진동 기타 이에 유사한 것으로 이웃 토지의 사용을 방해하거나 이웃 거주자의 생활에 고통을 주지 아니하도록 적당한 조처를 할 의무가 있다(수인한도 초과 시 적당한 조처청구 가능).
공유하천 용수권	종래 관습법상의 물권으로 인정되어 오던 것을 명문화한 것이다.
경계표·담의 설치권	① 인접한 토지소유자는 통상의 경계표나 담을 설치할 수 있다. ② 경계표·담의 설치비용은 쌍방이 절반하여 부담하나, 측량비용은 토지의 면적에 비례한다.
수지·목근의 제거권	① 가지가 경계를 넘으면 가지의 소유자에게 제거를 청구하고 불응하면 청구자가 제거할 수 있다. ② 수목뿌리가 경계를 넘으면 청구 없이 임의로 제거할 수 있다.❶
지하시설의 제한	우물을 파거나 용수, 하수 또는 오물 등을 저치할 지하시설을 하는 때에는 경계로부터 2m 이상의 거리를 두어야 하며, 저수지·구거 또는 지하실 공사에는 경계로부터 그 깊이의 반 이상의 거리를 두어야 한다.
경계선 부근의 건축제한	건물을 축조함에는 특별한 관습이 없으면 경계로부터 반미터 이상의 거리를 두어야 한다❷(건축착수 후 1년 경과 또는 완성 시에는 손해배상청구만 가능).
차면시설 의무	경계로부터 2m 이내의 거리에서 이웃 주택의 내부를 관망할 수 있는 창이나 마루를 설치하는 경우에는 적당한 차면시설을 설치하여야 한다.

(3) 비용 정리

① 수도시설변경비용: 토지소유자

② 소통공사비용: 자비

③ 유수용 공작물의 설치와 보존비용: 이익을 받는 비율

④ 언의 설치와 보존비용: 이익을 받는 비율

⑤ 경계표·담의 설치비용: 쌍방이 절반하여 부담❸

⑥ 측량비용: 토지의 면적에 비례❸

⑦ 담의 특수시설비용: 자비❹

3 주위토지통행권 ☆☆☆ 제24회, 제32회

(1) 원칙(유상)

조문

제219조【주위토지통행권】① 어느 토지와 공로 사이에 그 토지의 용도에 필요한 통로가 없는 경우에 그 토지소유자는 주위의 토지를 통행 또는 통로로 하지 아니하면 공로에 출입할 수 없거나 과다한 비용을 요하는 때에는 그 주위의 토지를 통행할 수 있고 필요한 경우에는 통로를 개설할 수 있다. 그러나 이로 인한 손해가 가장 적은 장소와 방법을 선택하여야 한다.

② 전항의 통행권자는 통행지 소유자의 손해를 보상하여야 한다.

(2) 예외(무상)

조문

제220조【분할, 일부양도와 주위통행권】① 분할로 인하여 공로에 통하지 못하는 토지가 있는 때에는 그 토지소유자는 공로에 출입하기 위하여 다른 분할자의 토지를 통행할 수 있다. 이 경우에는 보상의 의무가 없다.❺

② 전항의 규정은 토지소유자가 그 토지의 일부를 양도한 경우에 준용한다.

(3) 관련 판례

① 이미 통로가 있는 경우에는 다른 장소로의 통행권이 인정되지 않는다.❻

② 통로가 있더라도 통로로서의 충분한 기능을 하지 못하는 경우에는 주위토지통행권이 인정된다.

③ 나중에 그 토지에 접하는 공로가 개설된 경우에는 주위토지통행권은 소멸한다.

④ 통행권의 범위는 현재의 토지의 용법에 따른 이용의 범위에서 인정할 수 있을 뿐, 장래의 이용상황까지 미리 대비하여 통행로를 정할 것은 아니다.

⑤ 무상의 주위토지통행권은 토지의 직접 분할자 또는 일부양도의 당사자 사이에만 적용된다.❼

기출지문 끝장

❶ 인접지의 **수목뿌리가 경계를 넘은 때에는 임의로 제거**할 수 있다. 제29회

❷ **건물을 축조**함에는 특별한 관습이 없으면, 경계로부터 그 건물의 가장 돌출된 부분까지 **반미터 이상**의 거리를 두어야 한다. 제25회

❸ 서로 인접한 토지에 통상의 경계표를 설치하는 경우, **설치비용**은 다른 관습이 없으면 **쌍방이 절반**하여 부담하며, **측량비용**은 토지의 **면적에 비례**하여 부담한다. 제26회

❹ 인지소유자는 **자기의 비용**으로 **담의 높이**를 통상보다 높게 할 수 있다. 제26회

❺ 甲과 乙이 공유하는 토지가 甲의 토지와 乙의 토지로 분할됨으로 인하여 甲의 토지가 공로에 통하지 못하게 된 경우, 甲은 공로에 출입하기 위하여 乙의 토지를 **통행할 수 있으나**, 乙에게 **보상할 의무는 없다**. 제26회

❻ 토지의 용도에 필요한 **통로가 이미 있는 경우**에는 그 통로를 사용하는 것보다 더 편리하다는 이유만으로는 다른 장소로 **통행할 권리가 인정되지 않는다**. 제24회

❼ 토지분할로 무상주위토지통행권을 취득한 분할토지의 소유자가 그 토지를 양도한 경우, **양수인에게는 무상주위토지통행권이 인정되지 않는다**. 제24회

4 무주물선점 · 유실물습득 · 매장물발견

무주물선점	① 무주의 동산을 소유의 의사로 점유한 자는 즉시 소유권을 취득한다.❶ ② 무주의 부동산은 국유로 한다.❷ ③ 야생동물은 무주물로 하고 사양하는 야생동물이 다시 야생상태로 돌아가면 무주물로 한다.
유실물습득	① 유실물은 법률(유실물법)에 의하여 공고한 후 6개월 내에 그 소유자가 권리를 주장하지 아니하면 습득자가 그 소유권을 취득한다. ② 유실물은 동산이어야 한다. ③ 「유실물법」상의 보상청구권의 범위는 유실물의 가액의 100분의 5 이상 100분의 20 이하이다. ④ 유가증권의 경우에는 액면가가 아니라 유실자가 받는 실제 불이익을 기준으로 보상금을 정하여야 한다(판례).
매장물발견	① 매장물은 법률(유실물법)에 의하여 공고한 후 1년 내에 그 소유자가 권리를 주장하지 아니하면 발견자가 그 소유권을 취득한다. ② 매장물은 동산뿐만 아니라 부동산도 포함된다. ③ 타인의 토지에서 발견한 매장물은 토지소유자와 발견자가 절반하여 취득한다.

공유로 추정×

5 첨부 ☆☆☆

(1) 개념 정리

① 의의: 어떤 물건에 타인의 물건이 결합하거나 타인의 노력이 가하여지는 것을 말한다.

② 중심적 효과

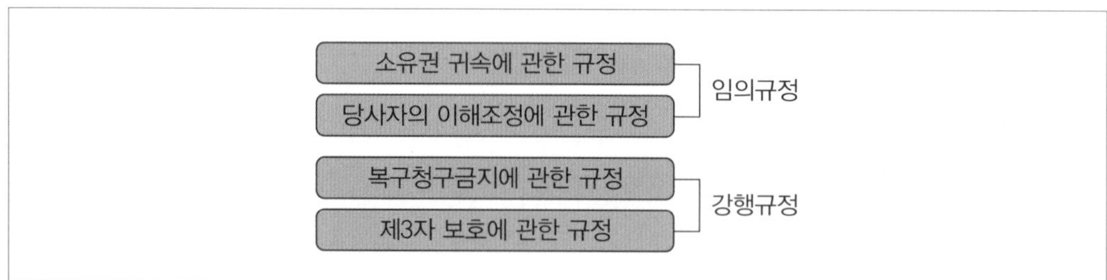

(2) 부합 · 혼화 · 가공

① 부합 제28회, 제29회, 제30회

조문

제256조【부동산에의 부합】부동산의 소유자는 그 부동산에 부합한 물건의 소유권을 취득한다. 그러나 타인의 권원에 의하여 부속된 것은 그러하지 아니하다.❸❹❺

제257조【동산 간의 부합】동산과 동산이 부합하여 훼손하지 아니하면 분리할 수 없거나 그 분리에 과다한 비용을 요할 경우에는 그 합성물의 소유권은 주된 동산의 소유자에게 속한다. 부합한 동산의 주종을 구별할 수 없는 때에는 동산의 소유자는 부합 당시의 가액의 비율로 합성물을 공유한다.

② 혼화

조문

제258조【혼화】 전조의 규정은 동산과 동산이 혼화하여 식별할 수 없는 경우에 준용한다.

③ 가공

조문

제259조【가공】 ① 타인의 동산에 가공한 때에는 그 물건의 소유권은 원재료의 소유자에게 속한다. 그러나 가공으로 인한 가액의 증가가 원재료의 가액보다 현저히 다액인 때에는 가공자의 소유로 한다. └ 재료주의 └ 가공주의
② 가공자가 재료의 일부를 제공하였을 때에는 그 가액은 전항의 증가액에 가산한다.

기출지문 끝장

❶ **자주점유**는 무주물선점에 의한 **소유권취득의 요건**이다. 제19회

❷ **무주의 토지는 국유**이므로, 선점의 대상이 되지 않는다. 제18회

❸ 시가 1억원 상당의 부동산에 시가 2억원 상당의 동산이 **부합**하면, 특약이 없는 한 부동산의 소유자가 그 동산의 소유권을 취득한다. 제23회

❹ 지상권자가 지상권에 기하여 **토지에 부속시킨 물건**은 **지상권자의 소유**로 된다. 제28회

❺ 건물임차인이 권원에 기하여 증축한 부분에 **구조상·이용상 독립성이 없는 경우**에는 임차인은 증축부분의 **소유권을 주장할 수 없다.** 제23회

기출문제 끝장

기출 분석

- 기출회차: 제24회
- 난이도: ★★★
- 키워드: 주위토지통행권

함정을 피하는 끝장 TIP

- 주위토지통행권은 어느 토지와 공로와의 사이에 통로가 없는 경우에 인정된다는 점을 꼭 기억하여야 한다.
- 주위토지통행권은 유상이나 분할과 일부양도의 경우에는 무상의 통행권이 인정된다는 점을 이해하여야 한다.

주위토지통행권에 관한 설명으로 옳은 것은? (다툼이 있으면 판례에 따름)

① 주위토지통행권자는 담장과 같은 축조물이 통행에 방해가 되더라도 그 철거를 청구할 수 없다.

⋯› 통행지 소유자가 주위토지통행권에 기한 통행에 방해가 되는 담장 등 축조물을 설치한 경우에는 주위토지통행권의 본래적 기능발휘를 위하여 통행지 소유자가 그 철거의무를 부담한다(대판 2006.10.26, 2005다30993).

✔② 토지분할로 무상주위토지통행권을 취득한 분할토지의 소유자가 그 토지를 양도한 경우, 양수인에게는 무상주위토지통행권이 인정되지 않는다.

⋯› 무상의 통행권은 분할의 직접 당사자 사이에서만 인정된다는 것이 판례의 태도이다. 따라서 토지분할로 무상주위토지통행권을 취득한 분할토지의 소유자가 그 토지를 양도한 경우, 양수인에게는 무상주위토지통행권이 인정되지 않는다(대판 1991.7.23, 90다12670).

③ 토지의 용도에 필요한 통로가 이미 있더라도 그 통로를 사용하는 것보다 더 편리하다면 다른 장소로 통행할 권리가 인정된다.

⋯› 주위토지통행권은 그 소유 토지와 공로 사이에 그 토지의 용도에 필요한 통로가 없는 경우에 한하여 인정되는 것이므로, 이미 그 소유 토지의 용도에 필요한 통로가 있는 경우에는 그 통로를 사용하는 것보다 더 편리하다는 이유만으로 다른 장소로 통행할 권리를 인정할 수 없다(대판 1995.6.13, 95다1088).

④ 기존의 통로가 있으면, 그것이 당해 토지의 이용에 부적합하여 실제로 통로로서의 충분한 기능을 하지 못할 때에도 주위토지통행권은 인정되지 않는다.

⋯› 주위토지통행권은 어느 토지가 타인 소유의 토지에 둘러싸여 공로에 통할 수 없는 경우뿐만 아니라, 이미 기존의 통로가 있더라도 그것이 당해 토지의 이용에 부적합하여 실제로 통로로서의 충분한 기능을 하지 못하고 있는 경우에도 인정된다(대판 2003.8.19, 2002다53469).

⑤ 주위토지통행권은 일단 발생하면 나중에 그 토지에 접하는 공로가 개설되어 그 통행권을 인정할 필요가 없어지더라도 소멸하지 않는다.

⋯› 일단 주위토지통행권이 발생하였다고 하더라도 나중에 그 토지에 접하는 공로가 개설됨으로써 주위토지통행권을 인정할 필요성이 없어진 때에는 그 통행권은 소멸한다(대판 1998.3.10, 97다47118).

기출테마

14 취득시효

1 취득시효 일반 제32회

의의	물건 또는 권리를 점유하는 사실상태가 일정기간 동안 계속된 경우에 그 상태가 진실한 권리관계와 일치하는가의 여부를 묻지 않고 권리취득의 효과가 생기는 것으로 하는 제도이다.	
시효취득의 대상	시효취득의 대상 ○	① 소유권 ② 지상권 ③ 지역권(계속 및 표현) ④ 전세권 ⑤ 질권
	시효취득의 대상 ×	① 점유권 ② 유치권 ③ 가족법상의 권리 ④ 저당권❶ ⑤ 형성권
종류	점유취득시효	20년간 소유의 의사로 평온·공연하게 부동산을 점유하여 등기함으로써 소유권을 취득하는 제도이다.
	등기부취득시효	부동산소유자로 등기한 자가 10년간 소유의 의사로 평온·공연·선의·무과실로 부동산을 점유하면 소유권을 취득하는 제도이다.
	장기취득시효	10년간 소유의 의사로 평온·공연하게 동산을 점유하면 소유권을 취득하는 제도이다.
	단기취득시효	5년간 소유의 의사로 평온·공연·선의·무과실로 동산을 점유하면 소유권을 취득하는 제도이다.❷
주체	① 자연인 ② 법인 ③ 권리능력 없는 사단 ④ 권리능력 없는 재단 ⑤ 국가·지방자치단체	

기출지문 끝장

❶ 저당권은 시효취득할 수 없는 권리이다. 제26회

❷ 5년간 소유의 의사로 평온·공연하게 동산을 점유한 자는 그 점유개시 당시에 과실이 있는 경우에는 소유권을 취득할 수 없다. 제22회

객체	① 자기의 부동산: ○ ② 1필 토지의 일부[1]: ○(분필절차를 밟지 않는 한 등기부취득시효는 불가) ③ 공유지분: ○(공유물 전체를 점유할 것) ④ 국유재산 중 일반재산[2]: ○(행정재산은 불가)
기산점	점유개시 시가 원칙
효과	① 취득시효는 원시취득이다. ② 취득시효에 의한 소유권취득의 효력은 점유를 개시한 때에 소급한다. ③ 취득시효에도 중단, 정지, 포기 모두 있다.

2 점유취득시효 ☆☆☆ 제24회, 제26회, 제30회, 제31회

조문

제245조【점유로 인한 부동산소유권의 취득기간】① 20년간 소유의 의사로 평온, 공연하게 부동산을 점유하는 자는 등기함으로써 그 소유권을 취득한다.

요건	① 20년 ② 소유의 의사: 자주점유로 추정[3] ③ 평온·공연 ④ 점유 ⑤ 등기
기산점	① 원칙: 점유개시 시가 기준(임의선택 불가, 역산 불가) ② 시효기간 중 계속해서 등기명의인이 동일하고 소유자의 변동이 없는 경우: 임의선택 가능, 역산도 가능 ③ 시효기간 중 소유의 변동이 있는 경우: 점유개시 시가 기준 ④ 취득시효 완성 후 소유자가 변동된 시점을 새로운 기산점으로 삼아도 다시 취득시효가 완성되는 경우(재취득시효): 소유권변동시점을 새로운 기산점으로 주장 가능 ⑤ 전 점유자의 점유를 아울러 주장하는 경우: 위 ①에서 ④의 내용이 동일하게 적용된다.
소유의 의사	① 소유의 의사는 점유개시 시에 있으면 족하다. ② 소유자가 점유자를 상대로 소를 제기하여 점유자가 패소한 경우 점유자는 패소판결확정 시부터 타주점유로 전환된다. ③ 점유자가 소유자를 상대로 소를 제기하여 패소한 경우에는 여전히 자주점유로 추정된다.[4]
점유	직접점유+간접점유
등기	보존등기를 하여야 하나, 실무상 이전등기를 한다.

3 취득시효 완성 후 등기 전의 법률관계 ☆☆☆

20년간 소유의 의사로 평온, 공연하게 부동산을 점유하는 자는 등기함으로써 그 소유권을 취득한다(법 제245조 제1항).

취득시효 완성으로 인한 등기청구권	① 취득시효 완성으로 인한 등기청구권❺: 법률규정에 의해 발생하는 채권적 청구권 ② 등기청구권의 상대방: 취득시효 완성 당시의 소유자 ③ 시효취득자가 목적물을 계속 점유하고 있는 한 등기청구권은 소멸시효에 걸리지 않는다.❻ ④ 시효완성 후 점유자가 부동산을 매도한 경우 점유상실 시부터 소멸시효가 진행한다. ⑤ 시효완성자로부터 점유를 승계한 자는 소유자를 상대로 직접 소유권이전등기를 청구할 수는 없고, 시효완성자의 소유권이전등기청구권을 대위행사할 수 있다. ⑥ 시효완성자로부터 점유를 승계한 자는 취득시효 완성으로 인한 효과까지 승계하는 것은 아니다. (등기청구권)
취득시효 완성자의 법적 지위	① 소유자가 취득시효 완성 전에 제3자에게 부동산을 양도한 경우: 시효취득자는 제3자에 대해 소유권취득을 주장할 수 있다.❼ ② 소유자가 취득시효 완성 후에 제3자에게 부동산을 양도한 경우 ㉠ 시효취득자와 제3자의 법률관계: 시효취득자는 제3자에 대해 소유권취득을 주장할 수 없다(다만, 재취득시효는 가능). ㉡ 시효취득자와 종전의 소유자의 법률관계: 소유자는 시효취득자가 시효취득사실을 주장하지 않는 한 그 사실을 모르기 때문에 목적부동산을 제3자에게 처분하더라도 원칙적으로 채무불이행이나 불법행위를 구성하지 않는다. 다만, 시효취득자가 취득시효를 주장하면서 소유권이전등기청구소송을 제기하여 입증까지 마친 경우 부동산소유자는 시효취득사실을 알 수 있으므로 제3자에게 부동산을 처분한 경우 불법행위를 구성한다. 나아가 제3자가 부동산소유자의 불법행위에 적극가담한 경우에는 반사회적 법률행위로서 무효가 된다. (채무불이행이 아님)
대상청구권	이행불능(토지수용) 전에 취득시효가 완성되었음을 이유로 취득시효를 주장하거나 등기청구권을 행사하였어야 대상청구권을 행사할 수 있다(판례).

기출지문 끝장

❶ 1필의 **토지 일부**에 대한 점유취득시효도 인정된다. 제30회

❷ **국유재산도 취득시효기간 동안 계속하여 일반재산**인 경우 취득시효의 대상이 된다. 제32회

❸ 시효취득을 주장하는 점유자는 **자주점유**를 증명할 책임이 없다. 제22회

❹ 점유자가 자주점유의 권원을 주장하였으나 이것이 인정되지 않더라도 **자주점유의 추정은 번복되지 않는다.** 제32회

❺ 시효취득자는 취득시효의 완성으로 바로 소유권을 취득할 수 없고, 이를 원인으로 **소유권이전등기청구권**이 발생할 뿐이다. 제24회

❻ 시효취득자의 **점유가 계속**되는 동안 이미 발생한 소유권이전등기청구권은 **시효로 소멸하지 않는다.** 제24회

❼ 시효진행 중에 목적부동산이 전전양도된 후 시효가 완성된 경우, 시효완성자는 **최종등기명의자에 대해 이전등기를 청구할 수 있다.** 제23회

4 등기부취득시효 제31회

조문

제245조【점유로 인한 부동산소유권의 취득기간】② 부동산의 소유자로 등기한 자가 10년간 소유의 의사로 평온, 공연하게 선의이며 과실 없이 그 부동산을 점유한 때에는 소유권을 취득한다.❶

요건	① 10년의 등기 및 점유: 무효인 등기라도 무방(원칙) ② 자주, 평온·공연, 선의·무과실의 점유: 선의·무과실은 점유에 관한 것
관련 판례	① 이중으로 경료된 소유권보존등기에 있어서 무효로 된 후등기나 이에 터잡은 소유권이전등기를 근거로 하여서는 등기부취득시효의 완성을 주장할 수 없다.❷ ② 시효취득자 명의로 10년간 등기되어 있어야 하는 것은 아니고, 전주명의의 등기기간까지 합쳐서 10년간 소유자로 등기되어 있으면 충분하다. └ 소유자로 등기된 기간과 점유기간이 '때를 같이하여 다같이' 10년일 필요 없음

판례

- 등기부취득시효가 완성된 후 점유자 명의의 등기가 말소되거나 적법한 원인 없이 다른 사람 앞으로 소유권이전등기가 경료되더라도 점유자는 취득한 소유권을 상실하지 않는다(대판 2001.1.16, 98다20110).
- 명의신탁된 부동산에 대한 점유취득시효완성 후 그 소유권이전등기가 경료되기 전에 명의신탁이 해지되어 등기명의가 명의신탁자에게 이전된 경우, 그에 대하여 시효취득을 주장할 수 없다(대판 2001.10.26, 2000다8861).❸

기출지문 끝장

❶ 甲의 토지를 무단으로 점유하던 乙이 문서를 위조하여 자기 앞으로 등기를 이전한 다음, 丙에게 매도하여 丙이 소유자로 등기되어 있다. 丙 명의의 등기 후, 선의·무과실로 토지를 **10년간 점유**하면 丙은 그 토지를 시효취득할 수 있다. 제22회

❷ **중복등기**로 인해 무효인 소유권보존등기에 기한 **등기부취득시효는 부정**된다. 제31회

❸ 시효기간 만료 후 명의수탁자로부터 적법하게 이전등기받은 **명의신탁자는 시효완성자에게 대항**할 수 있다. 제23회

기출문제 끝장

기출 분석

- 기출회차: 제32회
- 난이도: ★★★
- 키워드: 취득시효의 법률관계

함정을 피하는 끝장 TIP

- 취득시효의 주체와 객체에 대한 판례의 결론을 정리해 두어야 한다.
- 취득시효의 기산점에 관한 판례이론과 취득시효가 완성된 경우 부동산소유자와 시효완성자 사이의 법률관계 내용을 꼭 정리해 두어야 한다.

PART 2

부동산의 점유취득시효에 관한 설명으로 틀린 것은? (다툼이 있으면 판례에 따름)

① 성명불상자(姓名不詳子)의 소유물에 대하여 시효취득을 인정할 수 있다.

⋯ 취득시효는 시효취득의 대상이 반드시 타인의 소유물이어야 하거나 그 타인이 특정되어 있어야만 하는 것은 아니므로, 성명불상자의 소유물에 대하여 시효취득을 인정할 수 있다(대판 1992.2.25, 91다9312).

② 국유재산도 취득시효기간 동안 계속하여 일반재산인 경우 취득시효의 대상이 된다.

⋯ 국유재산 중 취득시효기간 동안 계속하여 일반재산인 경우 취득시효의 대상이 된다(대판 2010.11.25, 2010다58957).

✔③ 점유자가 자주점유의 권원을 주장하였으나 이것이 인정되지 않는 경우, 특별한 사정이 없는 한 자주점유의 추정은 번복된다.

⋯ 점유자가 스스로 매매 또는 증여와 같은 자주점유의 권원을 주장하였으나 이것이 인정되지 않는 경우에도 원래 이와 같은 자주점유의 권원에 관한 입증책임이 점유자에게 있지 아니한 이상 그 점유권원이 인정되지 않는다는 사유만으로 자주점유의 추정이 번복된다거나 또는 점유권원의 성질상 타주점유라고는 볼 수 없다(대판 전합체 1983.7.12, 82다708).

④ 점유의 승계가 있는 경우 시효이익을 받으려는 자는 자기 또는 전(前) 점유자의 점유개시일 중 임의로 점유기산점을 선택할 수 있다.

⋯ 점유의 승계가 있는 경우 시효이익을 받으려는 자는 점유기산점으로 자기의 점유개시일이나 전 점유자의 점유개시일을 임의로 선택할 수 있다(대판 1981.3.24, 80다2226).

⑤ 취득시효 완성 후 소유권이전등기를 마치지 않은 시효완성자는 소유자에 대하여 취득시효 기간 중의 점유로 발생한 부당이득의 반환의무가 없다.

⋯ 부동산에 대한 점유취득시효가 완성하였으나 아직 소유권이전등기를 경료하지 아니한 점유자에 대하여 소유명의자는 점유로 인한 부당이득반환청구를 할 수 없다(대판 1993.5.25, 92다51280).

기출테마

15 공동소유

1 공동소유 일반 ☆☆☆

공동소유란 하나의 물건을 수인이 공동으로 소유하는 것을 말한다. 공동소유의 유형으로 민법은 당사자간의 인적 결합관계의 정도에 따라 공유, 합유, 총유의 3가지를 인정하고 있다.

핵심 끌장

구분	공유	합유	총유
지분	공유지분	합유지분	지분이 없음
지분처분	자유 (지분처분금지특약 가능)	전원의 동의	없음
분할청구	자유	조합이 존속하는 동안은 불가	불가
보존행위	각자가 단독으로	각자가 단독으로	총회의 결의를 거쳐 사단 자신의 명의로 하거나 구성원 전원의 이름으로
관리행위	지분의 과반수	조합계약 ⇨ 조합원의 과반수	사원총회의 결의
처분·변경행위	전원의 동의❶❷	전원의 동의	사원총회의 결의
사용·수익	지분의 비율로 전부	지분비율, 조합계약	정관 기타 규약

2 공유

└ 1개의 소유권이 분량적으로 분할되어 수인에게 귀속하는 공동소유 형태

(1) 공유의 주장에 대한 판례의 태도 ☆☆☆ 제24회, 제25회, 제26회, 제28회, 제30회, 제31회, 제32회

① 공유자의 1인은 공유물에 관한 보존행위로서 제3자에 대하여 등기 전부의 말소를 청구할 수 있다❸ (대판 1993.5.11, 92다52870).

② 공유자 중의 1인이 부정한 방법으로 공유물 전부에 관한 소유권이전등기를 그 단독명의로 경료한 경우 다른 공유자는 공유물의 보존행위로서 단독명의로 등기를 경료하고 있는 공유자에 대하여 그 공유자의 공유지분을 제외한 나머지 공유지분 전부에 관하여 소유권이전등기 말소등기절차의 이행을 청구할 수 있다(대판 1988.2.23, 87다카961).

③ 과반수지분권자는 공유물의 관리에 관한 사항을 단독으로 결정할 수 있으므로 공유물의 특정부분을 배타적으로 사용·수익할 것을 정할 수 있다. 다만, 이 경우에도 공유물을 전혀 사용·수익하지 않고 있는 다른 공유자에 대하여 그 지분에 상응하는 부당이득반환의무는 있다(대판 1991.9.24, 88다카33855).

④ 공유물의 소수지분권자가 다른 공유자와의 협의 없이 공유물을 배타적으로 점유하는 경우 다른 소수지분권자는 공유물의 인도를 청구할 수는 **없고**❹, 공유물에 대한 공동점유·사용을 방해하는 소수지분권자의 행위에 대한 방해금지나 소수지분권자가 설치한 지상물의 제거 등 방해제거만을 청구할 수 있다(대판 전합체 2020.5.21, 2018다287522).

⑤ 일부 공유자가 공유물의 전부를 배타적으로 사용·수익하든 자신의 지분비율에 상응하는 부분을 배타적으로 사용·수익하든 공유물을 전혀 사용·수익하지 않고 있는 다른 공유자에 대하여 그 지분에 상응하는 부당이득반환의무가 **있다**❺(대판 2002.10.11, 2000다17803, 대판 2001.12.11, 2000다13948).

⑥ 과반수지분의 공유자로부터 사용·수익을 허락받은 점유자에 대하여 소수지분의 공유자는 건물의 철거나 퇴거 등 점유배제를 청구할 수 **없다**(대판 2002.5.14, 2002다9738).

⑦ 과반수지분의 공유자로부터 공유물의 특정부분의 사용·수익을 허락받은 점유자는 소수지분권자에 대하여 부당이득을 얻었다고 할 수 **없다**(대판 2002.5.14, 2002다9738).

PART 2

기출지문 끝장

❶ 甲, 乙, 丙은 각 1/3 지분으로 나대지인 X토지를 공유하고 있다. 이 경우 甲과 乙이 X토지에 건물을 신축하기로 한 것은 **공유물 관리방법**으로 부적법하다. 제31회

❷ 공유자는 다른 공유자의 **동의 없이 공유물을 처분하지 못한다.** 제27회

❸ 甲과 乙은 X토지를 각 1/2의 지분을 가지고 공유하고 있고, 제3자가 권원 없이 자기 명의로 X토지의 소유권이전등기를 한 경우, 甲은 **공유물의 보존행위로 원인무효의 등기 전부의 말소**를 청구할 수 있다. 제24회

❹ 甲, 乙, 丙은 각 1/3 지분으로 나대지인 X토지를 공유하고 있는 경우 甲은 특별한 사정이 없는 한 X토지를 배타적으로 점유하는 丙에게 **보존행위로서** X토지의 **인도를 청구할 수 없다.** 제31회

❺ 甲, 乙, 丙은 각 1/3 지분으로 나대지인 X토지를 공유하고 있다. 이 때 甲이 단독으로 丁에게 X토지를 임대한 경우, 乙은 丁에게 **부당이득반환을 청구할 수 있다.** 제31회

(2) 공유물의 분할 제29회

분할의 자유	공유자는 언제든지 공유물의 분할을 청구할 수 있다.❶
불분할의 특약	① 공유자는 5년 내의 기간으로 분할하지 아니할 것을 약정할 수 있다(갱신도 가능).❷ ② 불분할의 특약은 등기하여야 지분의 양수인에게 대항할 수 있다.
공유물 분할청구권	① 공유물분할청구권은 형성권이다. ② 공유물분할청구권을 행사하면 각 공유자 사이에는 공유물의 분할을 실현할 법률관계가 발생한다.
분할의 방법	① 협의에 의한 분할 ㉠ **현물분할(원칙)**: 공유물을 그대로 양적으로 분할하는 방법 ㉡ **대금분할**: 공유물을 매각하여 그 대금을 분할하는 방법 ㉢ **가격배상**: 공유자의 한 사람이 단독소유권을 취득하고 다른 공유자에게 지분의 가격을 지급하는 방법 ㉣ 공유자 사이에 이미 분할에 관한 협의가 성립된 경우 공유물분할의 소를 제기하거나 이미 제기한 공유물분할의 소를 유지하는 것은 허용되지 않는다. ② **재판에 의한 분할**: 공유자 전원이 재판절차에 참가하여야 한다(필수적 공동소송).❸ ㉠ **현물분할(원칙)**: 공유물을 공유자 중의 1인의 단독소유 또는 수인의 공유로 하고 다른 공유자에게 가격배상을 시키는 방법의 공유물분할도 가능하다. ㉡ **물건의 경매**: 현물분할이 불가능하거나 현저한 가액감소가 염려될 경우
분할의 효과	① 각 공유자는 지분의 비율로 매도인과 동일한 담보책임을 진다. └ 지분의 교환 또는 매매의 성질을 가지기 때문에 ② 분할의 효과는 소급하지 않는다.

3 합유 제27회

└ 계약 또는 법률규정에 의하여 수인이 조합체로서 물건을 소유하는 경우

① 수인이 조합체(組合體)로서 물건을 소유하는 경우

② 합유자의 권리(합유지분)는 합유물 전부에 미친다.

③ 합유자는 전원의 동의 없이 합유물에 대한 지분을 처분할 수 없다.❹

④ 부동산의 합유자 중 일부가 사망한 경우, 합유자 사이에 특별한 약정이 없는 한 사망한 합유자의 상속인은 합유자로서의 지위를 승계하지 않는다❺(잔존 합유자가 2인 이상일 때에는 잔존 합유자의 합유로 귀속되고, 잔존 합유자가 1인인 때에는 잔존 합유자의 단독소유로 됨).

⑤ 합유물을 처분 또는 변경함에는 합유자 전원의 동의가 있어야 한다(제272조 본문).

⑥ 합유물의 보존행위는 각자가 단독으로 할 수 있다.

⑦ 조합체가 존속하는 한 원칙적으로 합유자는 합유물의 분할을 청구할 수 없다.

⑧ 부득이한 사유가 있는 경우 각 조합원은 조합체의 해산을 청구할 수 있고, 조합체의 해산에 따른 합유물의 분할에 관하여는 공유물의 분할에 관한 규정을 준용한다.

⑨ 합유지분 포기 시에는 등기를 필요로 한다.❻

4 총유

법인 아닌 사단의 사원이 집합체로서 물건을 소유하는 경우

① 권리능력 없는 사단(법인 아닌 사단, 비법인사단)의 사원이 집합체로서 물건을 소유하는 경우

② 총유물의 관리 및 처분은 사원총회의 결의에 따른다.

③ 총유재산의 보존행위는 사원총회의 결의를 얻어 사단 자신의 명의로 하거나 구성원 전원의 이름으로 하여야 한다.

④ 각 사원은 정관이나 기타 규약에 따라 총유물을 사용하고 수익할 수 있다.

기출지문 끝장

❶ 각 공유자는 자유로이 **공유물의 분할을 청구**할 수 있다. 제20회

❷ 공유물분할금지의 **약정은 갱신할 수 있다.** 제29회

❸ **공유자 전원**이 분할절차에 참가하지 않은 공유물분할은 무효이다. 제20회

❹ 합유자는 다른 합유자의 **동의 없이 합유지분을 처분할 수 없다.** 제29회

❺ 합유자가 **사망한 경우** 특별한 약정이 없는 한 그 상속인이 **합유지분을 상속하지 않는다.** 제18회

❻ **합유지분 포기**에 따른 물권변동의 효력은 **등기**하여야 발생한다. 제22회

기출문제 끝장

기출 분석

- 기출회차: 제32회
- 난이도: ★★
- 키워드: 공유의 법률관계

함정을 피하는 끝장 TIP

- 공유물의 소수지분권자가 다른 공유자와의 협의 없이 공유물을 배타적으로 점유하는 경우 다른 소수지분권자는 공유물의 인도를 청구할 수는 없다는 점을 외우고 있어야 한다.
- 과반수지분권자는 공유물의 특정부분을 배타적으로 사용·수익할 것을 정할 수 있다는 점을 이해하여야 한다.

甲, 乙, 丙은 X토지를 각 1/2, 1/4, 1/4의 지분으로 공유하고 있다. 이에 관한 설명으로 옳은 것은? (단, 구분소유적 공유관계는 아니며, 다툼이 있으면 판례에 따름)

① 乙이 X토지에 대한 자신의 지분을 포기한 경우, 乙의 지분은 甲, 丙에게 균등한 비율로 귀속된다.

⋯▸ 공유자가 그 지분을 포기하거나 상속인 없이 사망한 때에는 그 지분은 다른 공유자에게 '각 지분의 비율'로 귀속한다(제267조).

② 당사자간의 특약이 없는 경우, 甲은 단독으로 X토지를 제3자에게 임대할 수 있다.

⋯▸ 임대차계약을 체결하는 것은 공유물의 관리행위에 해당하고, 공유물의 관리행위는 공유자 지분의 과반수로써 결정한다(제265조 본문). 따라서 소수지분권자인 甲은 단독으로 X토지를 제3자에게 임대할 수 없다.

③ 甲, 乙은 X토지에 대한 관리방법으로 X토지에 건물을 신축할 수 있다.

⋯▸ 공유물의 관리에 관한 사항은 공유자 지분의 과반수로써 결정하므로, 과반수지분을 가진 공유자는 공유물의 관리방법으로서 공유물의 특정부분을 배타적으로 사용할 수 있다. 그러나 관리란 공유물의 이용·개량을 말하므로, 나대지에 건물을 건축하는 것은 관리의 범위를 넘는 것이므로 허용되지 않는다(대판 2001.11.27, 2000다33638).

✔④ 甲, 乙, 丙이 X토지의 관리에 관한 특약을 한 경우, 그 특약은 특별한 사정이 없는 한 그들의 특정승계인에게도 효력이 미친다.

⋯▸ 공유자 간의 공유물에 대한 사용·수익·관리에 관한 특약은 원칙적으로 공유자의 특정승계인에 대하여도 당연히 승계된다(대판 2009.12.10, 2009다54294).

⑤ 丙이 甲, 乙과의 협의없이 X토지를 배타적·독점적으로 점유하고 있는 경우, 乙은 공유물에 대한 보존행위로 X토지의 인도를 청구할 수 있다.

⋯▸ 공유물의 소수지분권자가 다른 공유자와의 협의 없이 공유물을 배타적으로 점유하는 경우 다른 소수지분권자는 공유물의 인도를 청구할 수는 없다(대판 전합체 2020.5.21, 2018다287522).

기 출 테 마

16 지상권

1 지상권의 성립과 존속기간 ☆☆☆

조문

제279조【지상권의 내용】 지상권자는 타인의 토지에 건물 기타 공작물이나 수목을 소유하기 위하여 그 토지를 사용하는 권리가 있다.

제280조【존속기간을 약정한 지상권】 ① 계약으로 지상권의 존속기간을 정하는 경우에는 그 기간은 다음 연한보다 단축하지 못한다.

1. 석조, 석회조, 연와조 또는 이와 유사한 견고한 건물이나 수목의 소유를 목적으로 하는 때에는 30년
2. 전호 이외의 건물의 소유를 목적으로 하는 때에는 15년
3. 건물 이외의 공작물의 소유를 목적으로 하는 때에는 5년

② 전항의 기간보다 단축한 기간을 정한 때에는 전항의 기간까지 연장한다.

제281조【존속기간을 약정하지 아니한 지상권】 ① 계약으로 지상권의 존속기간을 정하지 아니한 때에는 그 기간은 전조의 최단존속기간으로 한다.

② 지상권설정 당시에 공작물의 종류와 구조를 정하지 아니한 때에는 지상권은 전조 제2호의 건물의 소유를 목적으로 한 것으로 본다.

의의	타인의 토지에 건물 기타 공작물 또는 수목을 소유하기 위하여 그 토지를 사용할 수 있는 물권 (지상물)
특징 제23회, 제26회, 제31회	① 지상권은 타인의 토지에 대한 권리이다. ② 지상권은 1필 토지의 일부에 대해서도 성립할 수 있다. ③ 지상권에는 부종성이 없다. 따라서 현재 건물 기타 공작물이나 수목이 없더라도 지상권은 성립할 수 있고, 기존의 건물 기타 공작물이나 수목이 멸실하더라도 지상권은 존속한다.❶ ④ 지료의 지급은 지상권의 성립요건이 아니다.❷ ⑤ 영구무한의 지상권설정도 가능하다(판례). (지역권도 영구무한 가능) ⑥ 최단존속기간보다 짧은 기간을 정한 때에는 최단존속기간까지 연장된다. ⑦ 수목의 소유를 목적으로 하는 지상권의 존속기간은 언제나 최소한 30년간은 보장된다. ⑧ 계약기간의 만료로 지상권이 소멸한 경우에 건물, 공작물, 수목이 현존한 때에는 지상권자는 계약의 갱신을 청구할 수 있다.❸

기출지문 끝장

❶ 지상권설정의 목적이 된 건물이 전부 **멸실하더라도 지상권은 소멸하지 않는다.** 제23회

❷ **지료의 지급은 지상권의 성립요소가 아니다.** 제31회

❸ 甲의 X토지에 건물을 소유하기 위하여 지상권을 설정받은 乙은 **존속기간의 만료**로 지상권이 소멸한 경우, 건물이 현존한 때에는 **계약의 갱신을 청구**할 수 있다. 제26회

2 지상권의 효력 ☆☆☆ 제25회, 제26회, 제28회, 제29회, 제31회, 제32회

토지사용권	① **토지사용권의 내용:** 설정행위로 정한 목적범위 내 ② 상린관계 규정의 준용 ③ 물권적 청구권
지상권의 처분 ☆☆☆	① 지상권자는 지상권설정자의 동의 없이 지상권을 양도·임대·담보로 제공할 수 있다.❶ (저당권뿐임) ② 설정행위로써 지상권의 처분성을 금지할 수 없다. ③ 지상권의 양도·임대·담보제공금지특약은 모두 무효이다.
지료 지급의무	① **지료청구권:** 지료지급을 약정한 경우 지상권자는 지료지급의무를 부담한다(지료는 금전에 한하지 않음). ② **지료증감청구권:** 조세 기타 부담의 증감이나 지가의 변동으로 인하여 상당하지 아니하게 된 때에는 각 당사자는 지료의 증감을 청구할 수 있다. (형성권) ③ **지료체납의 효과:** 2년 이상 지료체납 시 지상권설정자는 지상권의 소멸을 청구할 수 있다. (형성권) ㉠ '2년'이란 연속된 2년간의 지료체납을 의미하는 것이 아니라 체납한 지료의 합산액이 2년분에 이르면 된다는 의미이다. ㉡ 지상권자의 지료체납이 토지소유권의 양도 전후에 걸쳐 이루어진 경우 토지양수인에 대한 연체기간이 2년이 되지 않는다면 양수인은 지상권소멸청구를 할 수 없다❷(판례).

3 구분지상권

의의	① 지하 또는 지상의 공간에 상하의 범위를 정하여 건물 기타 공작물을 소유하기 위한 지상권❸이다. ② 수목을 소유하기 위한 구분지상권은 설정할 수 없다.
성질	① 객체가 토지의 상하의 어느 층에 한정된다(지상권과 양적인 차이가 있음에 불과). ② 구분지상권에는 지상권의 정의규정을 제외한 모든 규정이 준용된다. (수목의 소유를 위한 구분지상권은 불가능하므로)
성립	① 구분지상권설정계약+등기 ② 등기 시에 반드시 토지의 상하의 범위를 정하여야 한다.
효력	① **토지사용권:** 설정행위에서 정해진 구분층에 한정되고, 기존의 이용권이 존재하는 경우 구분지상권설정에 대해 이용권자 전원의 승낙을 얻어야 한다. ② **토지사용권의 제한:** 설정행위로 토지소유자의 사용권을 제한할 수 있고, 기존 이용권자는 구분지상권의 행사를 방해해서는 안 된다.

4 분묘기지권 제26회

의의	타인의 토지 위에 분묘를 소유하기 위한 지상권 유사의 물권이다.
성질	판례에 의해 인정된 관습법상의 물권이다.
성립	① 세 가지 취득원인 ㉠ 토지소유자의 승낙을 얻어 분묘를 설치한 경우 ㉡ 자기 소유 토지에 분묘를 설치하고 그 토지를 타인에게 양도한 경우 ㉢ 분묘기지권을 시효취득한 경우 ② 공시방법: 분묘 자체가 공시방법
효력	① 분묘기지권의 보호: 분묘기지권이 침해된 경우 분묘소유자는 침해배제청구를 할 수 있다. ② 효력범위: 분묘가 설치된 기지뿐만 아니라 분묘의 수호 및 제사의 봉행에 필요한 주위의 빈 땅에도 효력이 미친다.
관련 판례	① 평장되거나 암장된 경우에는 분묘기지권을 취득할 수 없다. ② 기존의 분묘기지권의 효력이 미치는 범위 내에서 부부합장을 위한 쌍분형태의 분묘를 새로이 설치할 수 없고, 단분형태의 분묘도 설치할 수 없다.❹ ③ 분묘기지권의 존속기간을 약정하지 않은 경우에는 지상권에 관한 규정이 유추적용되는 것이 아니라 권리자가 분묘의 수호와 봉사를 계속하는 동안 분묘기지권은 존속한다. ④ 분묘기지권을 시효취득한 자는 토지소유자가 지료를 청구한 날부터의 지료를 지급할 의무가 있다.

기출지문 끝장

❶ 乙은 甲의 X토지에 건물을 소유하기 위하여 지상권을 설정받았다. 乙은 甲의 의사에 반하여 제3자에게 지상권을 **양도**할 수 있다. 제26회

❷ 지료체납 중 토지소유권이 양도된 경우, **양도 전·후를 통산하여 2년**에 이른 때에는 지상권소멸청구를 할 수 없다. 제31회

❸ **지상의 공간은 상하의 범위**를 정하여 공작물을 소유하기 위한 지상권의 목적으로 할 수 있다. 제28회

❹ 제사주재자인 장남 甲은 1985년 乙의 토지에 허락 없이 부친의 묘를 봉분 형태로 설치한 이래 2021년까지 평온·공연하게 분묘의 기지(基地)를 점유하여 분묘의 수호와 봉사를 계속하고 있다. 이 경우 甲은 부친의 묘에 모친의 시신을 **단분(單墳) 형태로 합장할 수 없다.** 제26회

5 법정지상권

종류	① 제305조 제1항: 토지와 건물이 동일인의 소유에 속한 경우에 건물에 대해서만 전세권이 설정된 후 토지소유자가 변경된 경우 그 토지소유권의 특별승계인은 전세권설정자(건물소유자)에 대하여 지상권을 설정한 것으로 본다. ② 제366조: 토지와 건물이 동일인의 소유에 속한 경우에 토지 또는 건물에 저당권이 설정된 후 저당물의 경매로 토지와 건물의 소유자가 다르게 된 경우 토지소유자는 건물소유자에 대하여 지상권을 설정한 것으로 본다. ③ 「가등기담보 등에 관한 법률」 제10조: 토지와 그 지상건물이 동일인의 소유에 속한 경우에 토지 또는 건물에 가등기담보권, 양도담보권, 매도담보권이 설정된 후 그 담보권의 실행으로 토지와 건물의 소유자가 다르게 된 경우 토지소유자는 건물소유자에 대하여 지상권을 설정한 것으로 본다. ④ 「입목에 관한 법률」 제6조: 토지와 입목이 동일인의 소유에 속한 경우 경매 기타의 사유로 토지와 입목의 소유자가 다르게 된 경우 토지소유자는 입목소유자에 대하여 지상권을 설정한 것으로 본다.
성질	법정지상권에 관한 규정은 강행규정이다.❶

└ 당사자의 특약으로 배제 불가

6 관습법상의 법정지상권 ☆☆☆ 제24회, 제28회

의의	토지와 건물이 동일인의 소유에 속하였다가 토지와 건물 중 어느 하나가 매매 기타 사유로 토지소유자와 건물소유자가 다르게 된 경우에 건물을 철거한다는 특약이 없는 한 건물소유자가 당연히 취득하게 되는 지상권을 말한다.
성질	① 관습법상의 법정지상권은 판례에 의해 인정된 관습법의 물권이다. ② 관습법상의 법정지상권에 관한 규정은 임의규정이다. └ 당사자의 특약으로 배제 가능
성립요건	① 토지와 건물이 동일인의 소유에 속할 것 ② 토지와 건물 중 어느 하나가 매매 기타 사유로 소유자가 달라질 것 ③ 당사자 사이에 건물을 철거한다는 특약이 없을 것
효력	① 관습법상의 법정지상권은 법률규정에 의한 물권변동이므로 등기 없이 취득한다.❷ 다만, 관습법상의 법정지상권을 처분하는 경우에는 등기하여야 한다.❸ ② 관습법상의 법정지상권의 효력에 관해서는 지상권에 관한 규정이 유추적용된다.

관련 판례	① 원칙적으로 토지와 건물이 동일인의 소유로 등기되어 있어야 하나, 미등기건물·무허가건물의 경우에도 관습법상의 법정지상권이 성립한다. ② 토지와 건물이 처분 당시에 동일인의 소유에 속하면 족하고 원시적으로 동일인의 소유에 속할 필요는 없다. ③ 대지와 건물을 함께 매도하면서 매수인에게 대지에 관하여만 소유권이전등기를 경료해 주고 건물에 관하여는 등기가 경료되지 아니하여 형식적으로 대지소유자와 건물소유자가 다르게 된 경우에는 매도인에게 관습법상의 법정지상권이 인정되지 않는다. ④ 매매 기타 사유에는 매매, 증여, 공유물분할, 귀속재산의 불하, 통상의 강제집행(강제경매), 「국세징수법」에 의한 공매 등이 포함된다. ⑤ 당사자 사이에 건물철거의 합의가 있는 경우에는 관습법상의 법정지상권은 성립하지 않는다.❹

기출지문 끝장

❶ 저당목적물인 토지에 대하여 **법정지상권을 배제**하는 저당권설정 당사자 사이의 약정은 **효력이 없다.** 제29회

❷ 甲은 자신의 토지와 그 지상건물 중 건물만을 乙에게 매도하고 건물 철거 등의 약정 없이 건물의 소유권이전등기를 해 주었다. 이 경우 乙은 관습법상의 법정지상권을 **등기 없이 취득**한다. 제28회

❸ 관습법상의 법정지상권을 **양도**하기 위해서는 **등기하여야 한다.** 제24회

❹ 동일인 소유의 건물과 토지가 매매로 인하여 서로 소유자가 다르게 되었으나, 당사자가 그 건물을 **철거하기로 합의**한 때에는 관습법상의 **법정지상권이 성립하지 않는다.** 제24회

기출문제 끝장

기출 분석

- 기출회차: 제26회
- 난이도: ★★
- 키워드: 지상권

함정을 피하는 끝장 TIP

- 지상권자는 지상권설정자의 동의가 없더라도 지상권을 처분할 수 있다는 점을 이해하여야 한다.
- 지상권에서는 지상권자 보호를 위하여 갱신청구권과 지상물매수청구권을 인정하고 있다는 점을 꼭 기억하여야 한다.

乙은 甲의 X토지에 건물을 소유하기 위하여 지상권을 설정받았다. 다음 설명 중 옳은 것은? (다툼이 있으면 판례에 따름)

① 乙은 甲의 의사에 반하여 제3자에게 지상권을 양도할 수 없다.

⋯→ 乙은 甲의 의사에 반하여 제3자에게 지상권을 양도할 수 있다(제282조).

② X토지를 양수한 자는 지상권의 존속 중에 乙에게 그 토지의 인도를 청구할 수 없다.

③ 乙이 약정한 지료의 1년 6개월분을 연체한 경우, 甲은 지상권의 소멸을 청구할 수 있다.

⋯→ 乙이 약정한 지료의 2년분을 연체하여야 甲은 지상권의 소멸을 청구할 수 있다(제287조).

④ 존속기간의 만료로 지상권이 소멸한 경우, 건물이 현존하더라도 乙은 계약의 갱신을 청구할 수 없다.

⋯→ 존속기간의 만료로 지상권이 소멸한 경우, 건물이 현존하면 乙은 계약의 갱신을 청구할 수 있다(제283조 제1항).

⑤ 지상권의 존속기간을 정하지 않은 경우, 甲은 언제든지 지상권의 소멸을 청구할 수 있다.

⋯→ 지상권의 존속기간을 정하지 않은 경우 최단존속기간을 존속기간으로 한다. 또한 지상권설정계약 당시 공작물의 종류와 구조를 정하지 않은 경우에는 존속기간은 15년으로 된다(제281조).

기출테마

17 지역권과 전세권

1 지역권 ☆☆☆ 제24회, 제25회, 제26회, 제28회, 제29회, 제30회, 제31회, 제32회

조문

제291조【지역권의 내용】 지역권자는 일정한 목적을 위하여 타인의 토지를 자기 토지의 편익에 이용하는 권리가 있다.

└ 편익의 종류에는 제한 없음

1 지역권의 의의

① 자기토지의 편익을 위하여 타인의 토지를 이용할 수 있는 권리이다.

② 지역권에서 편익을 받는 것은 토지이지 사람이 아니다. ⇨ 사람이 편익을 받을 때에는 '인역권'이라 한다.

③ 지역권은 승역지소유자에게 적극적 행위의무를 부담하게 할 수 있다.

④ 요역지와 승역지의 두 개의 토지 사이의 관계

㉠ 지역권자로 될 수 있는 자는 토지소유자뿐만 아니라 지상권자, 전세권자, 임차인도 포함된다.

㉡ 요역지는 반드시 1필의 토지이어야 한다(1필 토지의 일부를 위한 지역권 설정은 불가능).

㉢ 승역지는 1필 토지의 일부이어도 무방하다(1필 토지의 일부에 대한 지역권 설정은 가능).❶

㉣ 요역지와 승역지는 반드시 인접할 필요가 없다.

└ 승역지: 지역권에 있어서 편익(서비스)을 주는 타인의 토지

└ 요역지: 지역권에 있어서 편익(서비스)을 받는 자기의 토지

기출지문 끝장

❶ 1필의 토지 일부를 승역지로 하여 지역권을 설정할 수 있다. 제26회

2 지역권의 내용 제32회

성질	① 비배타성: 하나의 승역지에 여러 개의 지역권이 설정될 수 있다. ② 부종성 ㉠ 지역권은 요역지소유권에 부종하여 이전하며 또는 요역지에 대한 소유권 이외의 권리의 목적이 된다(다른 약정이 있는 때에는 그 약정에 의함). ㉡ 지역권은 요역지와 분리하여 지역권을 양도하거나 다른 권리의 목적으로 할 수 없다.❶ ③ 불가분성 ㉠ 토지의 공유자 중 1인은 자기의 지분에 관하여 그 토지를 위한 지역권이나 그 토지가 부담한 지역권을 소멸시킬 수 없다(제293조 제1항). ㉡ 토지가 분할되거나 토지의 일부가 양도된 경우에는 지역권은 요역지의 각 부분을 위하여 존속하거나 편익을 위하여 제공되는 토지의 각 부분에 존속한다. ㉢ 토지의 공유자 중 1인이 지역권을 취득한 경우에는 다른 공유자도 지역권을 취득한다(제295조 제1항).❷ ㉣ 지역권 취득시효의 중단은 지역권을 행사하는 모든 공유자에게 해당하는 사유가 아니면 효력이 없다(제295조 제2항).❸ ㉤ 요역지가 공유인 경우에 공유자 1인에 의한 지역권 소멸시효의 중단이나 정지는 다른 공유자를 위하여 효력이 있다(제296조).
취득	① 법률행위에 의한 취득: 지역권설정계약+등기 ② 법률규정에 의한 취득: 상속, 취득시효 ㉠ 지역권은 계속되고 표현된 지역권에 한해 시효취득이 가능하다.❹ ㉡ 통행지역권의 경우 요역지소유자가 승역지상의 통로를 개설하여 승역지를 항시 사용하고 있다는 객관적 상태가 제245조에 규정된 기간 동안 계속된 사실이 있어야 시효취득할 수 있다(판례).
존속기간	① 존속기간에 관한 규정은 없다. ② 영구무한의 지역권설정도 가능하다.
효력	① 지역권자의 권리 ㉠ 승역지이용권 ㉡ 지역권에 기한 물권적 청구권: 반환청구권은 없다.❺ ② 승역지소유자의 의무 ㉠ 부작위의무 부담 ㉡ 공작물의 설치 또는 수선의무: 위기하여 부담을 면할 수 있다.

위기: 승역지 소유권을 포기하는 것

2 전세권

1 전세권의 성립과 존속기간 ☆☆☆ 제31회, 제32회

(1) 전세권의 의의

전세금을 지급하고 타인의 부동산을 점유하여 그 부동산의 용도에 좇아 사용·수익하는 용익물권으로서, 전세권이 소멸하면 목적부동산으로부터 전세금의 우선변제를 받을 수 있는 권리이다.

(2) 전세권의 내용

성질	① 전세권은 타인의 부동산에 대한 권리이다. ② 1필 토지의 일부, 1동 건물의 일부에 대해서도 전세권이 성립할 수 있다. ③ 농경지는 전세권의 목적으로 할 수 없다. ④ 지상권과 동일한 목적을 위하여 전세권을 설정하는 것도 가능하다. ⑤ 전세금의 지급은 전세권의 성립요소이다. ⑥ 전세금이 현실적으로 수수되어야 하는 것은 아니고 기존 채권으로 전세금의 지급에 갈음하는 것도 가능하다(판례).❻ ┌ 대신하는 것
존속기간	**조문** 제312조【전세권의 존속기간】① 전세권의 존속기간은 10년을 넘지 못한다. 당사자의 약정기간이 10년을 넘는 때에는 이를 10년으로 단축한다.❼ ② 건물에 대한 전세권의 존속기간을 1년 미만으로 정한 때에는 이를 1년으로 한다. ③ 전세권의 설정은 이를 갱신할 수 있다. 그 기간은 갱신한 날로부터 10년을 넘지 못한다. 제313조【전세권의 소멸통고】전세권의 존속기간을 약정하지 아니한 때에는 각 당사자는 언제든지 상대방에 대하여 전세권의 소멸을 통고할 수 있고 상대방이 이 통고를 받은 날로부터 6월이 경과하면 전세권은 소멸한다.

기출지문 끝장

❶ 지역권은 요역지와 **분리하여 양도하거나 처분하지 못한다.** 제29회

❷ **공유자의 1인이 지역권**을 취득한 때에는 **다른 공유자도 이를 취득**한다. 제31회

❸ 점유로 인한 **지역권 취득기간의 중단**은 지역권을 행사하는 **모든 공유자에 대한 사유**가 아니면 그 효력이 없다. 제31회

❹ **계속되고 표현된 지역권**은 **시효취득의 대상**이 될 수 있다. 제32회

❺ **지역권**에 기한 **승역지 반환청구권**은 인정되지 않는다. 제32회

❻ 전세금의 지급은 반드시 현실적으로 수수될 필요는 없고, **기존의 채권으로 갈음**할 수 있다. 제27회

❼ 甲은 자신의 X건물에 관하여 乙과 전세금 1억원으로 하는 전세권설정계약을 체결하고 乙 명의로 전세권설정등기를 마쳐주었다. 이 경우 전세권 존속기간을 15년으로 정하더라도 그 기간은 **10년으로 단축**된다. 제31회

계약의 갱신	① 약정갱신 ㉠ 갱신한 날로부터 10년을 넘지 못한다. ㉡ 전세권자에게는 갱신청구권이 인정되지 않는다. ② 법정갱신: 건물의 전세권설정자가 전세권의 존속기간 만료 전 6월부터 1월까지 사이에 전세권자에 대하여 갱신거절의 통지 또는 조건을 변경하지 아니하면 갱신하지 아니한다는 뜻의 통지를 하지 아니한 경우에는 그 기간이 만료된 때에 전전세권과 동일한 조건으로 다시 전세권을 설정한 것으로 본다. 이 경우 전세권의 존속기간은 그 정함이 없는 것으로 본다.❶
관련 문제	① 건물전세권에만 법정갱신이 있다. ② 법정갱신은 법률규정에 의한 전세권의 존속기간의 변경이므로 등기할 필요 없다.

2 전세권의 효력 ☆☆☆ 제23회, 제24회, 제26회, 제28회

조문

제306조【전세권의 양도, 임대 등】 전세권자는 전세권을 타인에게 양도 또는 담보로 제공할 수 있고 그 존속기간 내에서 그 목적물을 타인에게 전전세 또는 임대할 수 있다. 그러나 설정행위로 이를 금지한 때에는 그러하지 아니하다.

전세권의 효력범위	① 건물전세권의 효력범위: 타인의 토지에 있는 건물에 전세권을 설정한 때에는 전세권의 효력은 그 건물의 소유를 목적으로 한 지상권 또는 임차권에 미친다. ② 법정지상권: 대지와 건물이 동일한 소유자에 속한 경우에 건물에 전세권을 설정한 때에는 그 대지소유권의 특별승계인은 '전세권설정자'에 대하여 지상권을 설정한 것으로 본다. (전세권자×)
전세권자의 권리·의무	① 사용·수익할 권리: 사용목적 위반 시 소멸청구 가능하다. (의무위반 시에는 소멸청구) ② 현상유지·수선의무: 전세권자는 필요비상환청구권이 없다. ③ 상린관계규정의 준용: 전세권자와 인지소유자(지상권자, 전세권자, 임차인 포함) 사이에는 상린관계에 관한 규정이 준용된다(제319조, 제216조 내지 제244조). ④ 물권적 청구권: 전세권에 대한 침해가 있는 경우 전세권자는 전세권에 기한 물권적 청구권뿐만 아니라 점유권에 기한 물권적 청구권을 행사할 수 있다.❷
전세권의 처분	① 처분방법 ㉠ 양도❸ ㉡ 임대: 책임 가중 있다. ㉢ 전전세: 책임 가중 있다. ㉣ 담보제공 ② 전세권처분 시 전세권설정자의 동의는 필요 없다. ③ 설정행위로써 전세권의 처분을 금지할 수 있다. (등기한 때에는 대항력 ○)

핵심 끝장 **전전세의 법률관계**

의의	전세권자의 전세권은 그대로 유지하면서 그 전세권을 목적으로 하는 전세권을 다시 설정하는 것[4]을 말한다.
요건	① 전전세가 성립하기 위해서는 전전세권설정계약과 등기가 있어야 한다. ② 계약의 당사자는 전전세권설정자(원전세권자)와 전전세권자이다. ③ 전전세금의 지급은 전전세권의 성립요소이다. ④ 전전세권은 원전세권에 종속한다.
효과	① 전전세권자는 전세권자로서의 모든 권리를 가지나, 원전세권설정자에 대해서는 아무런 권리의무를 가지지 않는다. ② 전세권자는 전전세하지 아니하였으면 면할 수 있는 불가항력으로 인한 손해에 대하여 그 책임을 부담한다. ③ 전전세권자도 경매권과 우선변제권을 가지나, 전전세권의 존속기간이 만료한 경우 전전세권자는 즉시 경매를 청구할 수 있는 것은 아니다.[5]

3 전세권의 소멸 제25회, 제30회

(1) 소멸원인

① 일반적 소멸원인: 목적물의 멸실, 공용징수, 혼동, 소멸시효, 존속기간의 만료, 약정소멸사유의 발생, 전세권에 우선하는 저당권의 실행에 의한 경매

② 특유한 소멸원인: 전세권설정자의 소멸청구(의무위반의 경우), 각 당사자의 소멸통고(기간을 정하지 않은 경우), 전세권의 포기, 목적물의 멸실

기출지문 끝장

❶ 甲은 그 소유 X건물의 일부에 관하여 乙 명의의 전세권을 설정하였다. 乙의 전세권이 **법정갱신**되는 경우, 그 **존속기간은 정하지 않은 것으로 본다.** 제30회

❷ 제3자가 불법점유하는 건물에 대해 **용익목적**으로 전세권을 취득한 자는 제3자를 상대로 건물의 **인도를 청구**할 수 있다. 제26회

❸ 甲은 乙 소유 단독주택의 일부인 X부분에 대해 전세권을 취득하였다. 이 경우 甲은 설정행위로 금지되지 않는 한 전세권을 제3자에게 **양도**할 수 있다. 제25회

❹ 원전세권자가 소유자의 동의 없이 전전세를 하더라도 **원전세권은 소멸하지 않는다.** 제26회

❺ 전전세권자는 원전세권이 소멸하지 않은 경우에는 전전세권의 목적부동산에 대해 **경매를 신청할 수 없다.** 제26회

(2) 소멸효과

① **동시이행관계**: 전세권이 소멸한 때에는 전세권설정자는 전세권자로부터 그 목적물의 인도 및 전세권설정등기의 말소등기에 필요한 서류의 교부를 받는 동시에 전세금을 반환하여야 한다(제317조).

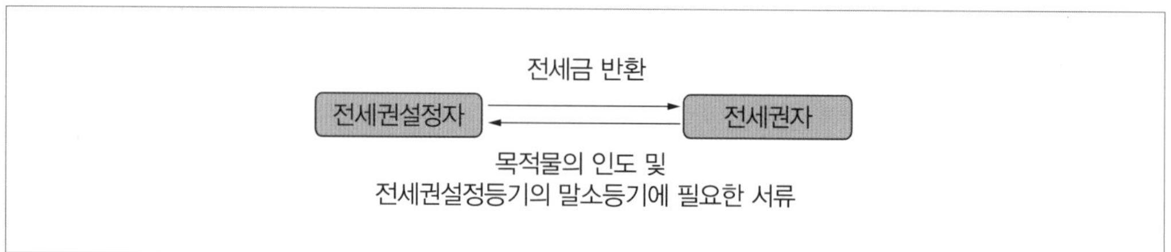

② **우선변제권**: 부동산의 일부에 대하여 전세권이 설정되어 있는 경우 전세권자는 전세권의 목적물이 아닌 나머지 부분에 대하여는 우선변제권은 별론으로 하고 경매신청권은 없다(판례).❶❷

③ **부속물 매수청구권**

㉠ 전세권이 존속기간의 만료로 인하여 소멸한 때에는 전세권설정자가 그 부속물의 매수를 청구한 때에는 전세권자는 정당한 이유 없이 거절하지 못한다.

㉡ 전세권이 존속기간의 만료로 인하여 소멸한 때에 전세권자는 그 부속물이 전세권설정자의 동의를 얻어 부속시키거나 전세권설정자로부터 매수한 때에 한하여 전세권설정자에 대하여 부속물의 매수를 청구할 수 있다.
└ 형성권

기출지문 끝장

❶ 건물의 일부에 전세권이 설정된 경우, 전세권자는 건물 전부에 대하여 전세권에 기한 **경매를 청구할 수 없다.** 제22회

❷ 乙 소유 단독주택의 일부인 X부분에 대해 전세권을 취득한 甲은 주택 전부에 대하여 후순위권리자보다 전세금의 우선변제를 받을 권리가 있다. 제25회

기출문제 끝장

기출 분석

- 기출회차: 제32회
- 난이도: ★★
- 키워드: 지역권

함정을 피하는 끝장 TIP

- 지역권에서는 요역지와 승역지의 특징을 잘 정리해 두어야 한다.
- 지역권에는 물권적 청구권의 내용 중 반환청구권이 없다는 점을 꼭 암기해 두어야 한다.

PART 2

지역권에 관한 설명으로 틀린 것은?

① 지역권은 요역지와 분리하여 따로 양도하거나 다른 권리의 목적으로 하지 못한다.

…→ 지역권은 요역지와 분리하여 양도하거나 다른 권리의 목적으로 하지 못한다(제292조 제2항).

② 1필의 토지의 일부에는 지역권을 설정할 수 없다.

…→ 승역지는 1필 토지의 일부이어도 무방하다. 따라서 1필 토지의 일부에 대해서도 지역권을 설정할 수 있다.

③ 요역지의 공유자 중 1인이 지역권을 취득한 경우, 요역지의 다른 공유자도 지역권을 취득한다.

…→ 공유자의 1인이 지역권을 취득한 때에는 다른 공유자도 이를 취득한다(제295조).

④ 지역권에 기한 승역지 반환청구권은 인정되지 않는다.

…→ 지역권자에게는 승역지를 점유할 권능이 없으므로 승역지에 대한 반환청구권은 인정되지 않고, 방해제거 및 방해예방청구권만이 인정된다(제301조).

⑤ 계속되고 표현된 지역권은 시효취득의 대상이 될 수 있다.

…→ 지역권은 계속되고 표현된 것에 한해 취득시효가 인정된다(제294조).

기출테마

18 유치권

조문

제320조【유치권의 내용】① 타인의 물건 또는 유가증권을 점유한 자는 그 물건이나 유가증권에 관하여 생긴 채권이 변제기에 있는 경우에는 변제를 받을 때까지 그 물건 또는 유가증권을 유치할 권리가 있다.
② 전항의 규정은 그 점유가 불법행위로 인한 경우에 적용하지 아니한다.

1 유치권의 성립 ☆☆☆ 제25회, 제26회, 제27회, 제30회, 제31회, 제32회

의의	타인의 물건 또는 유가증권을 점유한 자가 그 물건이나 유가증권에 관하여 생긴 채권이 변제기에 있는 경우에 그 채권의 전부를 변제받을 때까지 그 물건 또는 유가증권을 유치할 수 있는 권리이다.
성질	① 법정담보물권 ② 유치권규정은 임의규정이므로 당사자의 특약으로 배제할 수 있다. ③ 채권자가 유치권을 행사하더라도 피담보채권의 소멸시효는 그와 관계없이 진행한다(유치권행사는 피담보채권의 시효중단사유가 아님).
성립요건	① 타인의 물건 또는 유가증권일 것 ┌ 동산+부동산 ② 목적물에 대한 점유가 적법할 것(직접점유+간접점유)❶ ③ 채권과 목적물 사이에 견련성이 있을 것 ④ 채권의 변제기가 도래할 것❷ ⑤ 유치권배제의 특약이 없을 것
관련 문제	① 부동산에 대해서도 유치권이 성립할 수 있다(등기는 불요). ② 점유는 유치권의 존속요건이므로 점유를 상실하면 유치권은 소멸한다. ③ 점유를 침탈당한 후 1년 내에 점유를 회수한 경우 처음부터 점유를 상실하지 않은 것으로 되므로 유치권도 소멸하지 않은 것으로 된다. ④ 불법행위에 의해 점유를 개시한 경우에는 유치권은 성립하지 않는다.❸ ⑤ 임차인이 임대차계약이 해지된 후에도 계속 목적물을 점유하고 그 기간 동안에 필요비나 유익비를 지출하더라도 그 상환청구권에 관해서는 유치권이 성립하지 않는다. ⑥ 유익비상환청구권에 대해 법원이 상당한 상환기간을 허여한 경우에는 유치권은 성립하지 않는다.

핵심 끝장 **채권과 목적물과의 견련성('관하여 생긴'의 의미)** ☆☆☆

1. '관하여 생긴'의 의미

① 채권이 목적물 자체로부터 발생한 경우

② 채권이 목적물반환청구권과 동일한 법률관계 또는 사실관계로부터 발생한 경우

2. 점유와의 견련성 요부

채권이 목적물의 점유 중 또는 점유와 동시에 발생할 필요는 없고, 목적물을 점유하기 전에 채권이 발생하였고 후에 점유를 취득한 경우에도 유치권은 성립한다.

3. 견련성 인정

인정 ○	인정 ×
① 수리대금채권 ② 목적물에 지출한 비용상환청구권 ③ 목적물로부터 받은 손해에 대한 손해배상청구권 ④ 도급인 소유의 완성물에 대한 수급인의 공사대금채권 ⑤ 매매계약이 무효·취소된 경우 ⑥ 우연히 물건을 서로 바꾸어 간 경우	① 보증금반환채권❹ ② 권리금반환채권❺ ③ 부속물매수청구권의 행사로 취득한 매매대금채권 ④ 사람의 배신행위에 기한 손해배상청구권을 담보하기 위한 경우

2 유치권의 효력 ☆☆☆ 제26회, 제29회, 제31회

효력	① 목적물의 유치권 (점유 + 인도거절) ② 경매권❻ ③ 간이변제충당권(법원에 청구) ④ 우선변제권의 여부(법률상 우선변제권 없음) ⑤ 과실수취권 – 유치권자가 유치물에서 생긴 과실을 거두어들여 다른 채권보다 먼저 자기채권을 변제하는 데 충당할 수 있는 권리 ⑥ 유치물사용권(승낙에 의한 사용권+보존에 필요한 사용권) ⑦ 비용상환청구권(필요비+유익비) ⑧ 선관주의의무 – 평균적·추상적 채무자가 마땅히 기울여야 할 일반적·객관적 주의의무 ⑨ 사용금지의무

기출지문 끝장

❶ 유치권이 인정되기 위한 유치권자의 점유는 **직접점유이든 간접점유**이든 관계없다. 제31회

❷ 목적물에 관하여 생긴 **채권의 변제기가 도래**하였는지 여부는 유치권의 성립에 영향을 미친다. 제30회

❸ 목적물에 대한 점유가 **불법행위**에 의한 것인지 여부는 **유치권의 성립에 영향을 미친다**. 제30회

❹ **보증금반환청구권**은 채권과 목적물 사이의 견련성이 인정되지 않으므로 유치권이 성립할 수 없다. 제27회

❺ 임차인은 임대인과의 약정에 의한 **권리금반환채권**으로 임차건물에 유치권을 행사할 수 없다. 제31회

❻ 유치권자는 채권의 변제를 받기 위하여 유치물을 **경매**할 수 있다. 제31회

핵심 쟁점	① 부동산임차인은 비용상환청구권에 관한 유치권을 행사하기 위해 종전대로 그 부동산을 사용할 수 있으나, 그 동안의 사용이익은 부당이득으로 채무자에게 반환하여야 한다. ② 원고의 목적물인도청구의 소에 대해 피고가 유치권을 주장하는 경우 법원은 상환이행판결을 하여야 한다. ③ 경매개시결정의 등기(압류의 효력이 발생) 전에 성립한 유치권의 경우에는 경매절차의 매수인에게 유치권을 주장할 수 있다(판례). ④ 경매개시결정의 등기(압류의 효력이 발생) 후에 성립한 유치권의 경우에는 경매절차의 매수인에게 유치권을 주장할 수 없다(판례). ⑤ 유치권자는 채무자의 승낙이 있는 때에는 유치물을 사용, 대여, 담보로 제공할 수 있다. 그러나 보존에 필요한 사용은 승낙이 없더라도 가능하다.❶ ⑥ 유치권자가 선관주의의무나 사용금지의무를 위반한 경우 채무자는 유치권소멸청구를 할 수 있다❷(이때의 유치권소멸청구권은 형성권임). ⑦ 채무자는 상당한 담보를 제공하고 유치권의 소멸을 청구할 수 있다❸(이때의 유치권소멸청구권은 청구권임).

3 유치권의 소멸

소멸원인	① **일반적 소멸원인**: 목적물의 멸실, 공용징수, 혼동, 몰수, 포기, 피담보채권의 소멸 ② **특유한 소멸원인** ㉠ **유치권소멸청구**: 의무위반+다른 담보제공 ㉡ 점유의 상실
핵심 쟁점	① 유치권은 유치권자가 점유하는 동안은 시효로 소멸하지 않는다. ② 채권자가 유치권을 행사하더라도 피담보채권의 소멸시효는 그와 관계없이 진행한다(유치권행사는 피담보채권의 시효중단사유가 아님). ③ 유치권자가 선관주의의무나 사용금지의무를 위반한 경우 채무자는 유치권소멸청구(형성권)를 할 수 있다. ④ 채무자는 상당한 담보를 제공하고 유치권소멸청구(청구권)를 할 수 있다.

기출지문 끝장

❶ 유치권자는 유치물의 보존에 필요한 경우 채무자의 **승낙 없이 유치물을 사용**할 수 있다. 제26회

❷ 甲은 자신이 점유하고 있는 건물에 관하여 乙을 상대로 유치권을 주장하고 있다. 甲이 건물의 점유에 관하여 **선관주의의무를 위반**하면, 채무자 乙은 유치권의 소멸을 청구할 수 있다. 제27회

❸ 채무자는 **상당한 담보를 제공**하고 **유치권의 소멸을 청구할 수 있다.** 제31회

기출문제 끝장

기출 분석

- 기출회차: 제32회
- 난이도: ★★
- 키워드: 유치권의 성립요건

함정을 피하는 끝장 TIP

- 유치권이 성립하기 위해서는 채권과 목적물 사이에 견련성이 인정되어야 한다는 점이 중요하다.
- 보증금반환청구권, 권리금반환청구권, 매매대금채권의 경우에는 유치권이 성립하지 않는다는 점을 잘 정리해 두어야 한다.

PART 2

유치권 성립을 위한 견련관계가 인정되는 경우를 모두 고른 것은? (다툼이 있으면 판례에 따름)

㉠ ~~임대인과 임차인 사이에 건물명도 시 권리금을 반환하기로 약정을 한 때, 권리금반환청구권을 가지고 건물에 대한 유치권을 주장하는 경우~~

→ 임대인과 임차인 사이에 건물명도 시 권리금을 반환하기로 하는 약정이 있었다 하더라도 그와 같은 권리금반환청구권은 건물에 관하여 생긴 채권이라 할 수 없으므로, 그와 같은 채권을 가지고 건물에 대한 유치권을 행사할 수 없다(대판 1994.10.14, 93다62119).

㉡ ~~건물의 임대차에서 임차인의 임차보증금반환청구권으로써 임차인이 그 건물에 유치권을 주장하는 경우~~

→ 임대차에서 보증금반환청구권은 채권과 목적물 사이의 견련성이 인정되지 않으므로 유치권이 성립할 수 없다(대판 1976.5.11, 75다1305).

㉢ 가축이 타인의 농작물을 먹어 발생한 손해에 관한 배상청구권에 기해 그 타인이 그 가축에 대한 유치권을 주장하는 경우

→ 甲의 말 2필이 乙의 밭에 들어가 농작물을 먹어치운 경우 乙은 손해배상청구권을 담보하기 위하여 말을 유치할 수 있다(대판 1969.11.25, 69다1592).

① ㉠ ② ㉡
③ ㉢ ④ ㉠, ㉢
⑤ ㉡, ㉢

기출테마

19 저당권 일반

1 저당권의 성립

약정저당권	저당권설정계약+등기
법정저당권	**조문** 제649조【임차지상의 건물에 대한 법정저당권】 토지임대인이 변제기를 경과한 최후 2년의 차임채권에 의하여 그 지상에 있는 임차인소유의 건물을 압류한 때에는 저당권과 동일한 효력이 있다. 제666조【수급인의 목적부동산에 대한 저당권설정청구권】 부동산공사의 수급인은 전조의 보수에 관한 채권을 담보하기 위하여 그 부동산을 목적으로 한 저당권의 설정을 청구할 수 있다.
저당권 설정계약과 등기	① 불요식행위/조건·기한 ○/종된 계약 ② 저당권설정자는 채무자뿐만 아니라 물상보증인(채무는 없으면서 자신의 재산으로 책임만 지는 자)도 포함된다. ③ 저당권자는 피담보채권의 채권자에 한하는 것이 원칙이다(판례는 채무자와 채권자 및 제3자 사이에 합의가 있으면 제3자도 저당권자가 될 수 있다고 봄).❶
저당권의 객체	① 민법상 저당권의 객체❷ ─ 토지, 건물 / 지상권, 전세권 ② 특별법상 저당권의 객체❸ ─ 선박·자동차·항공기·건설기계 / 입목 / 광업권·어업권 / 각종 재단저당
피담보채권	① 피담보채권은 반드시 금전채권이어야 하는 것은 아니다. ② 장래의 특정(일반저당)·불특정채권(근저당)을 위해서도 저당권을 설정할 수 있다.❹

2 저당권의 효력범위 ☆☆☆

목적물의 범위	① 부합물과 종물 ㉠ 원칙적으로 저당권설정 전후를 불문하고 저당권의 효력이 미친다. ㉡ 법률에 특별규정이 있거나 설정행위에서 다른 약정을 한 경우는 미치지 않는다. (특별규정: 부동산의 소유자는 그 부동산에 부합한 물건의 소유권을 취득한다. 그러나 타인의 권원에 의하여 부속된 것은 그러하지 아니하다(법 제256조).) ② 과실 ㉠ 원칙적으로 과실에 저당권의 효력이 미치지 않는다. ㉡ 예외적으로 저당부동산에 대한 압류가 있은 후에는 저당권의 효력이 미친다.❺

피담보채권의 범위	① 담보되는 범위 ㉠ 원본, 이자, 위약금: 등기하여야 담보된다. ㉡ 채무불이행으로 인한 손해배상청구권 ┐ 등기하지 않아도 담보된다. ㉢ 저당권실행비용 ┘ ② 지연배상(지연이자)은 1년분에 한하나, 이자는 무제한 담보된다. ③ 저당물의 보존비용과 저당물의 하자로 인한 손해배상청구권은 피담보채권의 범위에 속하지 않는다.❻
물상대위	① 담보물권의 목적물이 멸실, 훼손, 공용징수로 인하여 그 목적물에 갈음하는 금전 기타 물건으로 변하여 소유자에게 귀속하는 경우 담보물권은 그 가치적 변형물에도 효력이 미치는 것을 말한다(유치권에는 인정되지 않고 질권과 저당권에만 인정됨). ② 물상대위는 추급력이 끝나는 곳에서 시작된다. 따라서 목적물의 매매로 인한 매매대금에 대해서는 물상대위를 할 수 없다.❼ ③ 물상대위를 행사하기 위해서는 목적물에 갈음하는 금전 기타 물건의 지급 또는 인도받기 전에 압류하여야 한다.❽ ④ 압류는 특정성을 보존하기 위한 것이므로 제3자에 의해 이루어져도 무방하다.❾
관련 판례	① 저당건물이 증축된 경우 종전 건물과 동일성을 유지하면 저당권의 효력이 미친다. ② 건물에 대한 저당권의 효력은 그 건물의 소유를 목적으로 하는 지상권, 전세권, 임차권에도 미친다. ③ 토지저당권의 효력은 저당토지 위의 건물, 입목, 명인방법을 갖춘 수목의 집단, 지상권자가 심은 수목에는 미치지 않는다. ④ 제360조에서 피담보채권의 범위를 한정하는 이유는 후순위담보물권자나 저당부동산의 제3취득자를 보호하기 위한 것이므로, 이들이 없는 경우에는 피담보채권의 범위는 전액이다. ⑤ 채무자나 저당권설정자는 저당권자에 대하여 지연배상은 원본의 이행기일을 경과한 후의 1년분에 한한다는 주장을 할 수 없다.

기출지문 끝장

❶ 채무자 이외의 **제3자**도 저당권설정자가 될 수 있다. 제18회

❷ 지역권은 **저당권의 객체**가 될 수 없다. 제22회

❸ 등기된 **입목**이나 등록된 **건설기계**는 저당권의 객체가 된다. 제18회

❹ **장래의 특정한 채권**은 저당권의 피담보채권이 될 수 있다. 제23회

❺ **저당부동산에 대한 압류 이후**의 저당권설정자의 저당부동산에 관한 차임채권에도 저당권의 효력이 미친다. 제32회

❻ 저당목적물의 하자로 인한 **손해배상금**은 저당권의 피담보채권의 범위에 속하지 않는다. 제29회

❼ 저당권이 설정된 토지가 「공익사업을 위한 토지 등의 취득 및 보상에 관한 법률」에 따라 협의취득된 경우, 저당권자는 그 보상금에 대하여 **물상대위권**을 행사할 수 없다. 제27회

❽ 저당권설정자에게 대위할 물건이 **인도된 후**에 저당권자가 그 물건을 압류한 경우 **물상대위권을 행사할 수 없다.** 제27회

❾ 대위할 물건이 **제3자**에 의하여 압류된 경우에도 **물상대위성이 인정**된다. 제27회

3 제3취득자의 지위 제29회, 제32회

의의	저당권이 설정된 후에 저당목적물을 양도받은 양수인 또는 저당부동산 위에 지상권이나 전세권을 취득한 자❶❷❸
보호 방법	① 경매인(경매절차에서의 매수인)이 될 수 있는 권리❹ ② 변제권(지연배상은 1년분만 변제하면 됨) ③ 비용상환청구권(필요비+유익비)❺❻ ④ 담보책임(제576조 적용)

4 저당권의 침해와 구제

침해의 특수성	침해로 인해 목적물의 가치가 피담보채권액 이하로 내려가야 저당권자에게 손해가 발생한다.
구제 방법	① **물권적 청구권**: 반환청구권은 없다.❼❽ ② **불법행위로 인한 손해배상청구권**: 피담보채권의 완전한 만족을 얻을 수 없을 때에만 발생한다. ③ **담보물보충청구권**: 저당권설정자의 책임 있는 사유로 인하여 저당물의 가액이 현저히 감소된 때에는 원상회복 또는 상당한 담보제공을 청구할 수 있다.❾ ④ 기한이익상실로 인한 즉시변제청구권
상호간의 관계	물권적 청구권 병존 — 손해배상청구권 / 담보물보충청구권 / 즉시변제청구권 손해배상청구권·담보물보충청구권 — 선택적 관계 담보물보충청구권·즉시변제청구권 — 선택적 관계

5 저당권과 용익권의 관계

비교기준	저당권의 등기 vs 용익권의 등기 또는 대항력의 선후로 결정
핵심 쟁점	① 용익권이 저당권실행에 의해 소멸하는지의 여부는 최고 순위의 저당권과 비교해 결정한다.❿ ② 甲이 주택소유자, 乙이 1번 저당권자, 丙이 대항력 있는 주택임차인, 丁이 2번 저당권자인 경우, 丁이 저당권을 실행하여 A에게 경락된 경우 丙은 A에 대해 자신의 주택임차권을 주장할 수 없다.

6 저당권의 처분과 소멸 제25회, 제28회

처분	① 저당권처분의 자유의 제한: 저당권은 피담보채권과 분리하여 타인에게 양도하거나 다른 채권의 담보로 할 수 없다. ② 저당권부 채권의 양도: 저당권과 피담보채권은 일체로서 처분되는 것이 원칙이므로 채권양도에 관해서는 채권양도에 관한 규정이 적용되고(제449조 내지 제452조), 저당권의 양도에 관해서는 등기를 하여야 효력이 생긴다(제186조).
소멸	① 일반적 소멸원인: 저당권의 일반적 소멸원인에는 물권에 공통한 소멸원인과 담보물권에 공통한 소멸원인이 있다. ② 특유한 소멸원인: 저당권은 경매, 제3취득자의 변제로 소멸한다. 그리고 피담보채권이 시효의 완성 기타 사유로 인하여 소멸한 때에는 저당권도 소멸한다.

판 례

후순위저당권의 실행으로 목적 부동산이 경락된 경우에는 선순위저당권까지도 당연히 소멸⑪하는 것이므로 소멸된 선순위저당권보다 뒤에 등기되었거나 대항력을 갖춘 임차권은 함께 소멸한다. 따라서 그 경락인은 「주택임대차보호법」 제3조에서 말하는 임차주택의 양수인 중에 포함된다고 할 수 없을 것이므로 임차인은 경락인에 대하여 그 임차권의 효력을 주장할 수 없다(대판 2000.2.11, 99다59306).

기출지문 끝장

❶ 저당부동산에 대하여 **전세권을 취득한 자**는 저당권자에게 그 부동산으로 담보된 채권을 변제하고 저당권의 소멸을 청구할 수 있다. 제22회

❷ 피담보채권을 변제하고 저당권의 소멸을 청구할 수 있는 제3취득자에는 **경매신청 후에 소유권, 지상권 또는 전세권을 취득한 자**도 포함된다. 제32회

❸ **저당부동산에 대한 후순위저당권자**는 저당부동산의 피담보채권을 변제하고 그 저당권의 소멸을 청구할 수 있는 제3취득자에 해당하지 않는다. 제32회

❹ 저당물의 소유권을 취득한 제3자는 그 저당물의 경매에서 **경매인**이 될 수 있다. 제29회

❺ 저당물의 제3취득자가 그 부동산에 **유익비**를 지출한 경우, 저당물의 경매대가에서 우선상환을 받을 수 있다. 제28회

❻ 저당부동산의 제3취득자는 부동산의 **보존·개량을 위해 지출한 비용**을 그 부동산의 경매대가에서 우선변제받을 수 있다. 제29회

❼ 저당권자는 **목적물반환청구권**을 갖지 않는다. 제26회

❽ 건물의 저당권자는 저당권의 침해를 이유로 자신에게 건물을 **반환할 것을 청구할 수 없다.** 제19회

❾ 저당권이 설정된 토지의 소유자가 그 위에 건물을 신축하는 경우, 저당권자는 교환가치의 실현이 방해될 염려가 있으면 **공사의 중지를 청구**할 수 있다. 제22회

❿ **저당권 설정 전**에 지상권이 설정된 토지가 그 저당권실행으로 매각된 경우, 그 **지상권은 소멸하지 않는다.** 제21회

⓫ 후순위저당권의 실행으로 저당물이 매각된 경우, 선순위저당권도 함께 **소멸**하는 것이 원칙이다. 제20회

기출문제 끝장

기출 분석

- 기출회차: 제27회
- 난이도: ★★
- 키워드: 저당권의 효력

함정을 피하는 끝장 TIP

- 부합물과 종물에 대해서는 설정 전후를 불문하고 저당권의 효력이 미치는 것이 원칙이라는 점을 반드시 정리하고 있어야 한다.
- 타인의 토지에 있는 건물에 대해 저당권을 설정한 경우 건물저당권의 효력은 그 건물의 소유를 위한 지상권과 전세권 및 임차권에 효력이 미친다는 점을 잘 이해하고 있어야 한다.

법률이나 규약에 특별한 규정 또는 별도의 약정이 없는 경우, 저당권의 효력이 미치는 것을 모두 고른 것은? (다툼이 있으면 판례에 따름)

㉠ 저당권의 목적인 건물에 증축되어 독립적 효용이 없는 부분
→ 증축부분이 독립성이 없으므로 저당권의 효력이 미친다.

㉡ 건물의 소유를 목적으로 한 토지임차인이 건물에 저당권을 설정한 경우의 토지임차권
→ 건물에 대한 저당권의 효력은 그 건물의 소유를 목적으로 하는 지상권, 전세권, 임차권에도 미친다.

㉢ 구분건물의 전유부분에 관하여 저당권이 설정된 후, 전유부분의 소유자가 취득하여 전유부분과 일체가 된 대지사용권
→ 구분건물의 전유부분에 관하여 저당권이 설정된 후, 전유부분의 소유자가 취득하여 전유부분과 일체가 된 대지사용권에는 저당권의 효력이 미친다.

① ㉠
② ㉢
③ ㉠, ㉡
④ ㉡, ㉢
⑤ ㉠, ㉡, ㉢

법정지상권과 특수저당

1 법정지상권

조문

제366조【법정지상권】저당물의 경매로 인하여 토지와 그 지상건물이 다른 소유자에 속한 경우에는 토지소유자는 건물소유자에 대하여 지상권을 설정한 것으로 본다. 그러나 지료는 당사자의 청구에 의하여 법원이 이를 정한다.

1 제366조의 법정지상권 ☆☆☆ 제22회, 제24회, 제25회, 제27회, 제29회

의의	토지와 건물이 동일인의 소유에 속한 경우에 토지 또는 건물에 저당권이 설정된 후 토지와 건물의 소유자가 다르게 된 경우 건물소유자가 당연히 취득하게 되는 지상권이다.
성질	① 저당권설정 당시에 토지 위에 건물이 있을 것 ② 저당권설정 당시에 토지와 건물이 동일인 소유일 것 ③ 토지 또는 건물에 저당권이 설정되었을 것 ④ 담보권실행경매로 토지소유자와 건물소유자가 달라질 것
성립시기와 등기	① 매수인이 매각대금을 다 낸 때에 법정지상권이 성립한다. ② 법정지상권의 취득 시에는 등기가 필요 없으나, 이를 처분하는 경우에는 등기가 필요하다.
효력	① 법정지상권의 범위는 반드시 그 건물의 대지에 한정되는 것은 아니며, 건물 이용에 필요한 한도 내에서 대지 이외의 부분까지 미친다. ② 법정지상권의 존속기간에 대해서는 지상권에 관한 규정이 유추적용된다. ③ 지료는 당사자의 협의로 이를 정하나, 협의가 이루어지지 않은 때에는 당사자의 청구에 의하여 법원이 이를 정한다.

관련 판례	① 건물이 없는 토지에 저당권을 설정한 후에 건물을 지은 경우 법정지상권이 성립하지 않는다.❶ ② 건물이 존재하면 되므로 미등기건물, 무허가건물이더라도 법정지상권은 성립한다. ③ 건물을 증축, 개축, 신축, 재축, 건축 중인 경우에도 법정지상권은 성립한다. 다만, 법정지상권의 범위는 구건물을 기준으로 결정한다. ④ 동일인 소유에 속하는 토지와 건물에 대하여 공동저당권이 설정된 후 그 건물이 철거되고 신축된 경우에는 특별한 사정이 없는 한 저당물의 경매로 인하여 토지소유자와 그 신축건물의 소유자가 다르게 되더라도 그 신축건물을 위한 법정지상권이 성립하지 않는다.❷ ⑤ 미등기건물을 그 대지와 함께 매수한 사람이 그 대지에 관하여만 소유권이전등기를 넘겨받고 건물에 대하여는 그 등기를 이전받지 못하고 있다가, 대지에 대하여 저당권을 설정하고 그 저당권의 실행으로 대지가 경매되어 다른 사람의 소유로 된 경우에는 법정지상권이 성립될 여지가 없다. ⑥ 저당권설정 후에 토지 또는 건물이 제3자에게 양도된 경우에도 법정지상권이 성립한다.❸

2 법정지상권 성립 후의 법률관계

토지가 양도된 경우	건물소유자는 법정지상권을 취득할 당시의 토지소유자로부터 토지소유권을 전득한 제3자에 대하여도 등기 없이 법정지상권을 주장할 수 있다.❹
건물이 양도된 경우	① 법정지상권을 처분하려면 등기하여야 한다. ② 법정지상권설정등기를 경료하지 않고 건물만 양도한 경우 ㉠ 건물소유권이전의 합의에는 지상권이전의 합의는 당연히 포함된다. ㉡ 건물양수인은 등기하여야 지상권을 취득한다.❺ ㉢ 건물양수인은 양도인을 대위하여 토지소유자에게 지상권설정등기를 청구할 수 있다(직접 청구 불가). ㉣ 이때 토지소유자는 법정지상권부 건물양수인에 대해 건물철거를 청구하는 것은 신의칙에 반한다(부당이득반환청구는 가능).

3 제365조의 일괄경매청구권 ☆☆☆ 제30회, 제31회

조문

제365조【저당지상의 건물에 대한 경매청구권】토지를 목적으로 저당권을 설정한 후 그 설정자가 그 토지에 건물을 축조한 때에는 저당권자는 토지와 함께 그 건물에 대하여도 경매를 청구할 수 있다. 그러나 그 건물의 경매대가에 대하여는 우선변제를 받을 권리가 없다.

의의	토지를 목적으로 하는 저당권을 설정한 후 설정자가 그 토지에 건물을 축조한 경우 저당권자가 토지와 함께 그 건물에 대해서도 경매를 청구할 수 있는 권리이다.
법적 성격	① 일괄경매청구권은 권리이지 의무는 아니다. ⌐ 일괄경매청구 여부는 저당권자의 자유 ② 토지만을 경매하여 그 대금으로부터 충분히 피담보채권의 변제를 받을 수 있는 경우에도 일괄경매청구권은 인정된다. ⇨ 과잉경매가 아님
성립요건	① 저당권설정 당시에 토지 위에 건물이 없을 것 ② 저당권설정자가 건물을 축조하여 소유하고 있을 것
효과	건물의 매각대금에 대해서는 우선변제권이 없다.❻
관련 판례	① 저당권설정 당시 토지 위에 건물이 있는 경우는 제366조의 법정지상권 문제이고, 저당권설정 당시 토지 위에 건물이 없는 경우는 제365조의 일괄경매청구권 문제이다. ② 저당권설정자 이외의 제3자가 건물을 축조한 경우에는 일괄경매청구권은 인정되지 않는다. ③ 저당권설정자가 건물을 축조한 후 이를 제3자에게 양도한 경우에는 일괄경매청구권이 인정되지 않는다.❼ ④ 저당권설정자로부터 저당토지에 용익권을 설정받은 자가 그 토지에 건물을 축조한 경우라도 그 후 저당권설정자가 그 건물의 소유권을 취득한 경우에는 일괄경매청구권이 인정된다.

PART 2

기출지문 끝장

❶ 저당권이 설정된 **토지 위에 건물이 축조된 후**, 토지의 경매로 인하여 토지와 그 건물이 다른 소유자에게 속하게 된 경우에는 **법정지상권이 인정되지 않는다**. 제22회

❷ 동일인 소유의 토지와 건물에 관하여 공동저당권이 설정된 후 그 건물이 철거되고 제3자 소유의 건물이 새로이 축조된 다음, 토지에 관한 저당권의 실행으로 **토지와 건물의 소유자가 달라진 경우에는 법정지상권이 인정되지 않는다**. 제22회

❸ 토지에 저당권이 설정될 당시 지상에 건물이 존재하고 있었고 그 양자가 동일 소유자에게 속하였다가 그 후 저당권의 실행으로 **토지가 매각되기 전에 건물이 제3자에게 양도된 경우에는 법정지상권이 인정된다**. 제22회

❹ 법정지상권자는 그 지상권을 **등기하지 않아도** 지상권을 취득할 당시의 토지소유자로부터 토지를 양수한 제3자에게 **대항할 수 있다**. 제24회

❺ 법정지상권자가 지상건물을 제3자에게 양도한 경우, 제3자는 법정지상권에 관한 **등기를 하여야 이를 취득한다**. 제29회

❻ 저당권이 설정된 나대지에 건물이 축조된 경우, 토지와 건물이 일괄경매되더라도 저당권자는 그 건물의 **매수대금으로부터 우선변제받을 수 없다**. 제23회

❼ 저당권설정자가 저당권설정 후 건물을 축조하였으나 경매 당시 제3자가 그 건물을 소유하는 때에는 **일괄경매청구권이 인정되지 않는다**. 제24회

2 특수저당권

1 공동저당 ☆☆☆ 제25회, 제29회

조문

제368조【공동저당과 대가의 배당, 차순위자의 대위】 ① 동일한 채권의 담보로 수개의 부동산에 저당권을 설정한 경우에 그 부동산의 경매대가를 동시에 배당하는 때에는 각 부동산의 경매대가에 비례하여 그 채권의 분담을 정한다.

② 전항의 저당부동산 중 일부의 경매대가를 먼저 배당하는 경우에는 그 대가에서 그 채권 전부의 변제를 받을 수 있다. 이 경우에 그 경매한 부동산의 차순위저당권자는 선순위저당권자가 전항의 규정에 의하여 다른 부동산의 경매대가에서 변제를 받을 수 있는 금액의 한도에서 선순위자를 대위하여 저당권을 행사할 수 있다.

의의	① 동일한 채권을 담보하기 위하여 수개의 부동산에 저당권을 설정한 경우를 말한다. ② 공동저당은 목적물의 수만큼 저당권이 존재한다.
성립	① 공동저당권설정계약+등기 ② 공동저당은 때를 달리하여 설정되는 경우도 있고, 수개의 목적물의 소유자 내지 수개의 저당권의 순위를 달리하여 설정되는 경우도 있다. ③ 각 부동산에 관하여 저당권설정등기를 하여야 하며, 각 부동산이 하나의 채권의 공동담보로 되어 있다는 것을 아울러 기재하여야 한다.
효력	① 동시배당의 경우: 동일한 채권의 담보로 수개의 부동산에 저당권을 설정한 경우에 그 부동산의 경매대가를 동시에 배당하는 때에는 각 부동산의 경매대가에 비례하여 그 채권의 분담을 정한다. ② 이시배당의 경우: 공동저당부동산 중 일부의 경매대가를 먼저 배당하는 경우에는 그 대가에서 그 채권 전액의 변제를 받을 수 있다. 이 경우에 그 경매한 부동산의 차순위저당권자는 선순위저당권자가 동시에 경매하여 배당하였더라면 다른 부동산의 경매대가에서 변제를 받을 수 있는 금액의 한도에서 선순위자를 대위하여 저당권을 행사할 수 있다.
관련 판례	① 후순위저당권자의 대위는 채무자 소유의 수개의 부동산에 저당권이 설정된 경우에 한하여 적용된다. ② 채무자 소유라도 동일한 채권의 담보로 부동산과 선박에 대하여 저당권이 설정된 경우에는 후순위저당권자의 대위규정이 적용되지 않는다(판례). ③ 물상보증인과 채무자 소유의 부동산에 대한 후순위저당권자의 이익충돌 시 항상 물상보증인이 우선한다(판례). ㉠ 채무자와 물상보증인 소유의 부동산에 대해 각각 1번 저당권을 가진 자가 채무자 소유의 부동산에 대해 경매를 실행한 경우 채무자 소유의 부동산에 대한 후순위저당권자는 물상보증인 소유의 부동산에 대해 대위권을 행사할 수 없다.❶ ㉡ 채무자와 물상보증인 소유의 부동산에 대해 각각 1번 저당권을 가진 자가 물상보증인 소유의 부동산에 대해 경매를 실행한 경우 물상보증인이 공동저당권자를 대위한다.

2 근저당 ☆☆☆ 제23회, 제24회, 제26회, 제28회, 제31회

의의	① 계속적 거래관계로부터 발생하는 장래의 불특정채권을 일정한 한도액까지 담보하는 저당권을 말한다. (채권최고액) ② 채권최고액은 담보목적물로부터 우선변제를 받을 수 있는 한도액을 의미한다.❷
특수성	① 피담보채권의 불특정성 ② 소멸상의 부종성 불요 ─ 채무액이 일시적으로 존재하지 않더라도 근저당은 소멸×
성립	① 근저당권설정계약+등기 ② 근저당이라는 취지와 채권최고액은 반드시 등기하여야 한다(결산기 또는 존속기간은 임의적 등기사항). ③ 원본, 이자❸, 위약금 모두 채권최고액에 포함되며, 지연배상도 1년분에 한하지 않는다. ④ 근저당권실행비용은 채권최고액에 포함되지 않는다.
실행	피담보채권이 확정되면 근저당은 보통 저당권으로 전환되어 실행할 수 있게 된다.
근저당권 말소청구	① 확정된 피담보채권액이 채권최고액을 초과하는 경우 채무자 겸 근저당권설정자는 확정된 피담보채권 전액을 변제하여야 근저당권설정등기의 말소를 청구할 수 있다. ② 물상보증인과 제3취득자는 채권최고액까지만 변제하고 근저당권설정등기의 말소를 청구할 수 있다.❹
피담보채권이 확정되는 경우	① 존속기간의 만료 ② 결산기의 도래 ③ 기본계약 또는 근저당권설정계약의 해제·해지 ④ 채무자 또는 물상보증인의 파산선고 ⑤ 근저당권자가 경매를 신청하는 경우: 경매신청 시에 확정❺ ⑥ 후순위근저당권자가 경매를 신청하는 경우: 선순위근저당권자의 피담보채권은 매수인이 매각대금을 다 낸 때(경락인이 경락대금을 완납한 때)에 확정

기출지문 끝장

❶ 甲은 채무자 乙의 X토지와 제3자 丙의 Y토지에 대하여 피담보채권 5천만원의 1번 공동저당권을, 丁은 X토지에 乙에 대한 피담보채권 2천만원의 2번 저당권을, 戊는 Y토지에 丙에 대한 피담보채권 3천만원의 2번 저당권을 취득하였다. Y토지가 경매되어 배당금액 5천만원 전액이 甲에게 배당된 후 X토지 매각대금 중 4천만원이 배당되는 경우, 戊가 X토지 매각대금에서 배당받을 수 있는 금액은 3천만원이다. 제25회

❷ 채권최고액은 저당목적물로부터 우선변제를 받을 수 있는 한도액을 의미한다. 제24회

❸ 근저당권에 의해 담보될 채권최고액에 채무의 이자도 포함된다. 제31회

❹ 확정된 피담보채권액이 채권최고액을 초과하는 경우, 물상보증인은 채권최고액의 변제만으로 근저당권설정등기의 말소를 청구할 수 있다. 제23회

❺ 근저당권자가 피담보채무의 불이행을 이유로 경매신청을 한 경우에는 경매신청 시에 피담보채권액이 확정된다. 제31회

기출문제 끝장

기출 분석

- 기출회차: 제26회
- 난이도: ★★★
- 키워드: 법정지상권과 일괄경매 청구권

함정을 피하는 끝장 TIP

- 법정지상권이 성립하기 위해서는 저당권설정 당시에 토지와 건물이 동일인의 소유이어야 한다는 점을 꼭 기억하여야 한다.
- 토지에 대한 저당권설정 당시에 토지 위에 건물이 없는 경우에는 일괄경매청구의 요건을 갖출 수 있는 지를 꼭 검토하여야 한다.

甲은 그 소유 나대지(X토지)에 乙에게 저당권을 설정한 뒤 건물을 신축하였다. 다음 중 옳은 것을 모두 고른 것은? (다툼이 있으면 판례에 따름)

㉠ X토지에 대한 저당권 실행을 위한 경매개시결정 전에 甲이 A에게 건물소유권을 이전한 경우, 乙은 X토지와 건물에 대해 일괄경매를 청구할 수 있다.

→ 일괄경매청구권을 행사하기 위해서는 저당권설정자가 건물을 축조하고 소유하고 있어야 한다. 따라서 X토지에 대한 저당권 실행을 위한 경매개시결정 전에 甲이 A에게 건물소유권을 이전한 경우, 乙은 X토지와 건물에 대해 일괄경매를 청구할 수 없다.

㉡ 乙의 저당권이 실행되어 B가 X토지를 매수하고 매각대금을 다 낸 경우, 甲은 법정지상권을 취득한다.

→ 제366조의 법정지상권이 성립하기 위해서는 저당권설정 당시에 토지 위에 건물이 있어야 한다. 따라서 위 사안의 경우에는 저당권설정 당시에 토지 위에 건물이 없으므로 乙의 저당권이 실행되어 B가 X토지를 경락받은 경우라도 甲은 법정지상권을 취득할 수 없다.

㉢ 저당권설정 뒤 X토지에 대해 통상의 강제경매가 실시되어 C가 그 토지를 취득한 경우, 甲은 관습법상 법정지상권을 취득하지 못한다.

→ 강제경매의 목적이 된 토지 또는 그 지상건물에 관하여 강제경매를 위한 압류가 있기 이전에 저당권이 설정되어 있다가 그 후 강제경매로 인해 그 저당권이 소멸하는 경우에는, 저당권설정 당시를 기준으로 토지와 그 지상건물이 동일인에게 속하였는지에 따라 관습법상의 법정지상권의 성립 여부를 판단하여야 한다 (대판 2013.4.11, 2009다62059). 따라서 저당권설정 뒤 X토지에 대해 통상의 강제경매가 실시되어 C가 그 토지를 취득한 경우에는 甲은 관습법상의 법정지상권을 취득하지 못한다.

㉣ 저당권설정 뒤 D가 X토지를 매수 취득하여 그 토지에 필요비를 지출한 경우, 乙의 저당권이 실행되면 D는 경매대가로부터 필요비를 우선상환받을 수 없다.

→ 저당권설정 뒤 D가 X토지를 매수 취득하여 그 토지에 필요비를 지출한 경우, 乙의 저당권이 실행되면 D는 제3취득자로서 경매대가로부터 필요비를 우선상환받을 수 있다.

① ㉠, ㉡　② ㉠, ㉣　③ ㉡, ㉣

 ㉢　⑤ ㉢, ㉣

사소한 것에 목숨을 걸기에는
인생이 너무 짧고,
하찮은 것에 기쁨을 빼앗기기에는
오늘이 소중합니다.

– 조정민, 『인생은 선물이다』, 두란노

우선끝장 민개공

민법 및 민사특별법

계약법

기출테마

21 계약의 종류와 성립

1 계약의 종류 ☆☆☆ 제26회, 제28회, 제31회

<table>
<tr><td rowspan="15">전형계약</td><td rowspan="6">재산을 대상으로 하는 계약</td><td rowspan="3">재산권의 이전을 목적으로 하는 계약</td><td colspan="2">무상으로 양도 ⇨ 증여</td></tr>
<tr><td rowspan="2">유상으로 양도</td><td>반대급부가 금전 ⇨ 매매❶</td></tr>
<tr><td>반대급부가 금전 이외의 것 ⇨ 교환</td></tr>
<tr><td rowspan="3">물건의 이용을 목적으로 하는 계약</td><td colspan="2">동종·동량·동질의 물건으로 반환 ⇨ 소비대차</td></tr>
<tr><td rowspan="2">빌린 물건 자체를 반환해야 하는 것</td><td>무상 ⇨ 사용대차</td></tr>
<tr><td>유상 ⇨ 임대차</td></tr>
<tr><td rowspan="6">노무를 대상으로 하는 계약</td><td colspan="3">종속적 노무를 제공하는 계약 ⇨ 고용</td></tr>
<tr><td rowspan="5">비종속적 노무를 제공하는 경우</td><td colspan="2">노무가 일의 완성에 목적 ⇨ 도급</td></tr>
<tr><td colspan="2">여행 관련 용역을 결합하여 제공 ⇨ 여행</td></tr>
<tr><td colspan="2">광고에 정한 행위를 완료하는 것을 목적 ⇨ 현상광고</td></tr>
<tr><td colspan="2">일정한 사무처리를 목적 ⇨ 위임</td></tr>
<tr><td colspan="2">물건의 보관을 목적 ⇨ 임치</td></tr>
<tr><td rowspan="3">기타의 계약</td><td colspan="3">공동사업의 경영을 목적 ⇨ 조합</td></tr>
<tr><td colspan="3">특정인의 사망 시까지 정기적으로 금전 기타 물건의 급부를 약정 ⇨ 종신정기금</td></tr>
<tr><td colspan="3">당사자 사이의 분쟁을 서로 양보하여 해결하는 것을 목적 ⇨ 화해</td></tr>
<tr><td>무상계약</td><td colspan="4">① 무상계약: 증여, 사용대차
② 유상+무상: 소비대차·위임·임치·종신정기금

유상계약
매매, 교환, 임대차, 고용, 도급, 여행, 현상광고, 조합, 화해</td></tr>
<tr><td>쌍무계약</td><td colspan="4">① 쌍무계약은 모두 유상계약에 해당한다.❷
② 유상계약이 모두 쌍무계약에 해당하는 것은 아니다.
③ 쌍무계약에 대해서는 동시이행의 항변권과 위험부담의 문제가 발생한다.

유상계약
쌍무계약</td></tr>
</table>

요물계약	① 현상광고❸ ② 대물변제 ③ 계약금계약 ④ 보증금계약(다수설)	**낙성계약❹** 당사자간의 의사표시 합치만으로 성립하는 계약을 말하고, ①~④ 외에는 낙성계약에 해당한다.
계속적 계약	① 당사자 사이의 인적 신뢰관계가 존재한다. ② 사정변경의 원칙이 고려되어야 할 필요성이 크다. ③ 계약의 해소는 해지에 의한다.	
예약	예약은 언제나 채권계약이다.❺	

2 계약의 성립

1 계약성립의 모습

청약 vs 승낙❻	① 객관적 합치: 내용적 일치 ② 주관적 합치: 상대방의 일치
의사실현	**조문** 제532조【의사실현에 의한 계약성립】 청약자의 의사표시나 관습에 의하여 승낙의 통지가 필요하지 아니한 경우에는 계약은 승낙의 의사표시로 인정되는 사실이 있는 때에 성립한다.❼ └ 청약자가 이를 안 때×
교차청약	**조문** 제533조【교차청약】 당사자간에 동일한 내용의 청약이 상호교차된 경우에는 양 청약이 상대방에게 도달한 때에 계약이 성립한다.❽

기출지문 끝장

❶ 부동산매매계약은 유상, 낙성계약이다. 제28회

❷ 전형계약 중 **쌍무계약은 유상계약**이다. 제26회

❸ 현상광고계약은 요물계약이다. 제31회

❹ 사용대차계약은 낙성·편무계약이다. 제22회

❺ 예약은 채권계약이다. 제26회

❻ 청약과 승낙의 주관적·객관적 합치에 의해 계약이 성립한다. 제27회

❼ 청약자의 의사표시나 관습에 의하여 승낙의 통지가 필요하지 않은 경우, 계약은 **승낙의 의사표시로 인정되는 사실이 있는 때에 성립**한다. 제24회

❽ 당사자 사이에 동일한 내용의 청약이 서로 교차된 경우, **양 청약이 상대방에게 도달한 때에 계약은 성립**한다. 제24회

2 청약과 승낙에 의한 계약의 성립 ☆☆☆ 제24회, 제25회, 제26회, 제27회, 제28회, 제29회, 제31회, 제32회

구분	청약	승낙
의의	승낙과 결합하여 계약을 성립시킬 것을 목적으로 하는 일방적·확정적 의사표시❶	청약에 대응하여 계약을 성립시킬 목적으로 청약자에 대하여 하는 승낙자의 의사표시
성질	의사표시로서 법률사실에 해당	
요건	① 청약의 주체: 특정인 ② 청약의 상대방: 특정인+불특정인❷ ③ 청약의 성질: 확정적 의사표시	① 승낙 여부는 자유(법적 의무 부담 ×) ② 청약의 내용과 일치할 것 ③ 승낙의 상대방: 특정의 청약자❸
효력발생	① 효력발생시기: 도달된 때 효력발생 ② 청약의 구속력: 임의로 철회 불가 ③ 승낙적격: 승낙의 의사표시가 청약자에게 도달될 때까지 계약을 성립시킬 수 있는 효력을 가진다.	① 승낙기간을 정한 경우: 청약자가 그 기간 내에 승낙의 통지를 받지 못한 때에는 효력을 상실한다. ② 승낙기간을 정하지 않은 경우: 청약자가 상당한 기간 내에 승낙의 통지를 받지 못한 때에는 효력을 상실한다.
관련 문제	① 청약의 의사표시 발신 후의 사정변경: 청약자가 사망 또는 제한능력자가 되더라도 청약의 효력에는 영향이 없다.❹ ② 청약의 구속력이 배제되는 경우 ─ 청약의 철회가 가능한 경우 ㉠ 청약의 의사표시가 상대방에게 도달하기 전인 경우 ㉡ 청약자가 처음부터 철회의 자유를 유보한 경우 ㉢ 승낙기간을 정하지 않은 대화자 사이의 청약 ③ 연착된 승낙 ㉠ 도달가능하게 보냈으나 연착된 경우: 승낙의 통지가 승낙기간 후에 도달한 경우에 보통 그 기간 내에 도달할 수 있는 발송인 때에는 청약자는 지체 없이 상대방에게 그 연착의 통지를 하여야 하며, 청약자가 연착의 통지를 하지 아니한 때에는 승낙은 연착되지 아니한 것으로 되어 계약이 성립한 것으로 간주된다. ㉡ 아예 늦게 보내 연착된 경우: 계약은 성립하지 않으며, 청약자는 이를 새 청약으로 볼 수 있다. ④ 조건을 붙이거나 변경을 가한 승낙: 청약거절과 동시에 새로 청약한 것으로 본다.	

3 계약의 성립시기 ☆☆☆

(1) 대화자 간의 계약성립

조문

제111조【의사표시의 효력발생시기】① 상대방이 있는 의사표시는 상대방에게 도달한 때에 그 효력이 생긴다.

(2) 격지자 간의 계약성립

조문

제531조【격지자 간의 계약성립시기】 격지자 간의 계약은 승낙의 통지를 발송한 때❺에 성립한다.

4 계약체결상의 과실책임

조문

제535조【계약체결상의 과실】 ① 목적이 불능한 계약을 체결할 때에 그 불능을 알았거나 알 수 있었을 자는 상대방이 그 계약의 유효를 믿었음으로 인하여 받은 손해를 배상하여야 한다. 그러나 그 배상액은 계약이 유효함으로 인하여 생길 이익액을 넘지 못한다.

② 전항의 규정은 상대방이 그 불능을 알았거나 알 수 있었을 경우에는 적용하지 아니한다.

PART 3

요건	① 계약의 목적이 원시적 불능으로 무효일 것: 판례는 원시적 불능의 경우에 한하여 계약체결상의 과실책임을 인정한다.❻ └ 후발적 불능× ② 배상의무자가 불능임을 알았거나 알 수 있었을 것 ③ 상대방이 불능원인에 대해 선의·무과실일 것
효과	① 불능을 알았거나 알 수 있었을 자는 상대방이 입은 신뢰이익을 배상하여야 한다. ② 손해배상액은 이행이익의 손해를 넘을 수 없다.

판례

부동산매매계약에서 실제면적이 계약면적에 미달하는 경우에는 그 매매가 수량지정매매에 해당할 때에 한하여 민법 제572조, 제574조에 의한 대금감액청구권을 행사함은 별론으로 하고, 그 매매계약이 그 미달 부분만큼 일부 무효임을 들어 이와 별도로 일반 부당이득반환청구를 하거나 그 부분의 원시적 불능을 이유로 민법 제535조가 규정하는 계약체결상의 과실에 따른 책임의 이행을 구할 수 없다❼(대판 2002.4.9, 99다47396).

기출지문 끝장

❶ 하도급계약을 체결하려는 교섭당사자가 견적서를 제출하는 행위는 **청약의 유인**에 해당한다. 제32회

❷ 청약은 **불특정 다수인**을 상대로 할 수 있으며, 특별한 사정이 없는 한 철회하지 못한다. 제29회

❸ **불특정 다수인**에 대한 **승낙은 효력이 없다.** 제25회

❹ 청약자가 청약의 의사표시를 발송한 후 **제한능력자**가 되어도 청약의 효력에 영향을 미치지 않는다. 제29회

❺ 격지자 간의 계약은 다른 의사표시가 없으면 **승낙의 통지를 발송한 때**에 성립한다. 제29회

❻ 토지에 대한 매매계약체결 전에 이미 그 토지 전부가 **공용수용**된 경우에는 계약체결상의 **과실책임이 인정**될 수 있다. 제23회

❼ 수량을 지정한 토지매매계약에서 **실제면적이 계약면적에 미달하는 경우**는 계약체결상의 과실책임이 인정될 수 없다. 제23회

기출문제 끝장

기출 분석

- 기출회차: 제29회
- 난이도: ★★
- 키워드: 청약과 승낙

함정을 피하는 끝장 TIP

- 계약의 성립부분에서는 먼저 법조문을 정확하게 정리해 두어야 한다.
- 청약자가 청약의 의사표시를 발신한 후 사망하더라도 청약의 효력에는 영향이 없다는 점을 기억하여야 하며, 청약의 상대방에게는 아무런 법적 회답의무가 없다는 점을 잘 체크해 두어야 한다.

민법상 계약성립에 관한 설명으로 틀린 것은? (다툼이 있으면 판례에 따름)

① 청약은 불특정 다수인을 상대로 할 수 있다.

…› 불특정 다수인에 대한 청약도 유효하다.

② 청약은 특별한 사정이 없는 한 철회하지 못한다.

…› 제527조

③ 격지자 간의 계약은 다른 의사표시가 없으면 승낙의 통지를 발송한 때에 성립한다.

…› 제531조

④ 청약자가 청약의 의사표시를 발송한 후 제한능력자가 되어도 청약의 효력에 영향을 미치지 않는다.

…› 제111조 제2항 참조

✔⑤ 청약자가 청약에 "일정기간 내에 이의를 제기하지 않으면 승낙한 것으로 본다."는 뜻을 표시한 경우, 이의 없이 그 기간이 지나면 당연히 그 계약은 성립한다.

…› 민사매매에서 청약의 상대방에게 청약을 받아들일 것인지 여부에 관하여 회답할 의무가 있는 것은 아니므로 청약자가 미리 정한 기간 내에 이의를 하지 아니하면 승낙한 것으로 간주한다는 뜻을 청약 시에 표시하였다고 하더라도 이는 상대방을 구속하지 않으므로 이의 없이 그 기간이 지나더라도 계약이 성립하지 않는다(대판 1999.1.29, 98다48903).

기출테마

22 계약의 효력

1 동시이행의 항변권 ☆☆☆ 제25회, 제26회, 제28회, 제29회, 제31회

조문

제536조【동시이행의 항변권】① 쌍무계약의 당사자 일방은 상대방이 그 채무이행을 제공할 때까지 자기의 채무이행을 거절할 수 있다. 그러나 상대방의 채무가 변제기에 있지 아니하는 때에는 그러하지 아니하다.
② 당사자 일방이 상대방에게 먼저 이행하여야 할 경우에 상대방의 이행이 곤란할 현저한 사유가 있는 때에는 전항 본문과 같다.

의의	채권자가 자기채무를 이행하지 않고 채무자에게 이행을 청구한 경우 채무자가 일시적으로 자기채무의 이행을 거절할 수 있는 권리를 말한다.
성질	연기적 항변권(청구권의 효력을 일시적으로 저지)
성립요건	① 쌍무계약일 것 ② 상대방 채무의 변제기가 도래할 것 ③ 상대방이 자기채무의 이행 또는 이행제공을 하지 않고 청구할 것
효력	① 자기채무의 이행거절권능: 원용 필요 ㉠ 상대방이 채무의 이행을 제공할 때까지 채무자는 자기채무의 이행을 거절할 수 있다. ㉡ 원고가 제기한 이행청구소송에서 피고가 동시이행의 항변권을 주장하는 경우 법원은 상환이행판결을 내려야 한다. ② 자기채무에 대한 이행지체저지효: 원용 불요 ㉠ 동시이행의 항변권을 가지는 채무자는 비록 이행기에 자신의 채무를 이행하지 않더라도 이행지체책임을 지지 않는다. ㉡ 채무자에게 이행지체책임을 지우려면 채권자가 먼저 자기채무를 이행하거나 이행의 제공을 하여 채무자의 동시이행의 항변권을 상실시켜야 한다. ③ 상계금지효: 원용 불요 ㉠ 동시이행의 항변권이 붙은 채권을 자동채권으로 하여 상계하지 못한다. ㉡ 수동채권으로 상계하는 것은 가능하다.

채무자가 제3채무자에 대하여 가지는 압류한 금전채권을 집행채권과 집행비용청구권의 변제에 갈음하여 압류채권자에게 이전시키는 집행법원의 결정

관련 문제	① 쌍무계약의 각 당사자는 자기채무를 이행하지 않고 먼저 상대방에게 이행을 청구할 수 있다. ② 동시이행의 항변권은 원칙적으로 쌍무계약의 당사자 사이에서 인정된다. ③ 채권양도, 채무인수, 상속, 전부명령 등으로 당사자가 변경된 경우에도 동일성이 유지되는 한 동시이행의 항변권이 인정된다.❶ 그러나 경개의 경우에는 동일성이 유지되지 않으므로 동시이행의 항변권이 인정되지 않는다. ④ 당사자 일방의 채무가 이행불능으로 손해배상채무로 성질이 변경되더라도 채무의 동일성이 유지되므로 동시이행의 항변권은 존속한다.❷ ⑤ 선이행의무자라 하더라도 타방당사자의 채무의 이행이 곤란할 정도의 현저한 사유가 존재하는 경우에는 동시이행의 항변권을 가진다(이를 불안의 항변권이라 함).❸ ⑥ 선이행의무자가 그 이행을 지체하고 있는 동안에 상대방의 채무의 이행기가 도달한 경우 선이행의무자도 동시이행의 항변권을 행사할 수 있다. ⑦ 쌍무계약의 당사자 일방이 먼저 한 번의 현실의 제공을 하고 상대방을 수령지체에 빠지게 하였더라도 그 이행의 제공이 계속되지 않는 경우는 과거에 이행의 제공이 있었다는 사실만으로 상대방이 가지는 동시이행의 항변권이 소멸하는 것은 아니다.

2 동시이행관계 여부가 문제되는 경우 ☆☆☆ 제25회, 제29회, 제31회, 제32회

(1) 명문규정에 의해 동시이행관계가 인정되는 경우

① 전세권이 소멸한 경우에 있어서 전세권설정자의 전세금반환의무와 전세권자의 목적물인도 및 전세권설정등기의 말소에 필요한 서류의 교부의무❹(제317조)

② 계약해제에 있어서 각 당사자의 원상회복의무❺(제549조)

③ 매매에 있어서 매도인의 재산권이전의무와 매수인의 대금지급의무(제568조 제2항)

④ 매도인의 담보책임과 매수인의 반환의무(제583조)

⑤ 도급에 있어서 수급인의 목적물인도의무와 도급인의 보수지급의무(제665조)

⑥ 가등기담보에 있어서 청산금지급채무와 목적물인도 및 등기의무(가등기담보 등에 관한 법률 제4조 제3항)

⑦ 「주택임대차보호법」상 주택인도의무와 보증금반환의무(주택임대차보호법 제3조 제4항)

(2) 해석상 동시이행관계가 인정되는 경우

① 임대차에 있어서 목적물인도의무와 보증금반환의무

② 변제와 영수증 교부

③ 매매계약이 무효 또는 취소된 경우 각 당사자의 부당이득반환의무

④ 채무의 변제와 어음·수표의 반환

⑤ 부동산매매 시 매수인이 양도소득세를 부담하기로 한 경우에 매도인의 소유권이전등기의무와 매수인의 양도소득세 제공의무

⑥ 토지임대차에 있어서 토지임차인이 지상물매수청구권을 행사한 경우 토지임차인의 지상물이전의무와 토지임대인의 매매대금지급의무

⑦ 가압류가 된 부동산의 매매계약에서 매도인의 가압류등기말소 및 소유권이전의무와 매수인의 대금지급의무

(3) 동시이행관계가 아닌 경우

① 변제와 담보권(저당권, 양도담보권 등) 소멸

② 변제와 채권증서의 반환

③ 토지거래허가 신청절차 협력의무와 매수인의 대금지급의무❻

④ 임차권등기명령에 의해 등기된 임차권등기 말소의무와 보증금반환의무❼

⑤ 수급인의 일을 완성할 의무와 도급인의 보수지급의무

기출지문 끝장

❶ 동시이행관계에 있는 어느 **일방의 채권이 양도되더라도** 그 동일성이 인정되는 한 **동시이행관계는 존속**한다. 제25회

❷ 동시이행관계에 있는 쌍방의 채무 중 어느 한 채무가 **이행불능**이 되어 손해배상채무로 바뀌더라도 **동시이행의 항변권은 존속**한다. 제26회

❸ 일방당사자가 선이행의무를 부담하더라도 상대방의 **채무이행이 곤란할 현저한 사유**가 있는 경우에는 **동시이행항변권**을 행사할 수 있다. 제25회

❹ 전세권이 소멸한 때에 전세권자의 **목적물인도** 및 **전세권설정등기 말소의무**와 전세권설정자의 **전세금반환의무**는 동시이행관계이다. 제29회

❺ 계약해제로 인한 당사자 상호간의 **원상회복의무**는 동시이행관계에 있다. 제25회

❻ 매도인의 **토지거래허가 신청절차에 협력할 의무**와 **매수인의 매매대금지급의무**는 동시이행관계가 아니다. 제32회

❼ 임차권등기명령에 의해 등기된 **임차권등기 말소의무**와 **보증금반환의무**는 **동시이행관계가 아니다.** 제25회

3 위험부담 ☆☆☆

(1) 위험과 위험부담

위험의 종류	① 물건의 위험(급부의 위험): 재산권이전이라는 급부가 당사자 쌍방의 귀책사유 없이 불능이 된 경우 그 목적물에 대한 재산권을 이전받지 못하는 불이익 (급부의 위험) ② 대가의 위험(반대급부의 위험): 재산권이전이라는 급부가 당사자 쌍방의 귀책사유 없이 불능이 된 경우 반대급부인 대금지급을 받지 못하는 불이익[1] (반대급부의 위험) ③ 물건의 위험은 항상 채권자가 부담한다. ④ 보통 위험이라고 하면 대가의 위험을 말한다.
위험부담의 의미	① 쌍무계약에 있어서 ② 일방의 채무가 채무자의 책임 없는 사유[2]로 ③ 후발적 불능이 되어 소멸한 경우 → 타방 당사자의 채무가 존속하느냐에 관한 문제

(2) 위험부담주의

채무자 위험부담주의	**조문** 제537조【채무자위험부담주의】쌍무계약의 당사자 일방의 채무가 당사자 쌍방의 책임 없는 사유로 이행할 수 없게 된 때에는 채무자는 상대방의 이행을 청구하지 못한다.
채권자 위험부담주의	**조문** 제538조【채권자 귀책사유로 인한 이행불능】① 쌍무계약의 당사자 일방의 채무가 채권자의 책임 있는 사유로 이행할 수 없게 된 때에는 채무자는 상대방의 이행을 청구할 수 있다. 채권자의 수령지체 중에 당사자 쌍방의 책임 없는 사유로 이행할 수 없게 된 때[3]에도 같다. ② 전항의 경우에 채무자는 자기의 채무를 면함으로써 이익을 얻은 때에는 이를 채권자에게 상환하여야 한다.
법적 성질	제537조와 제538조는 임의규정[4]에 해당한다.

4 제3자를 위한 계약 ☆☆☆ 제32회

(1) 개념 정리

의의	계약당사자 이외의 제3자에게 직접 권리를 취득시키는 계약❺
3면관계	① 대가관계=원인관계=출연관계 ② 보상관계=기본관계 ③ 수익관계=급부실현관계 ④ 요약자=채권자 ⑤ 낙약자=채무자 ⑥ 수익자=제3자 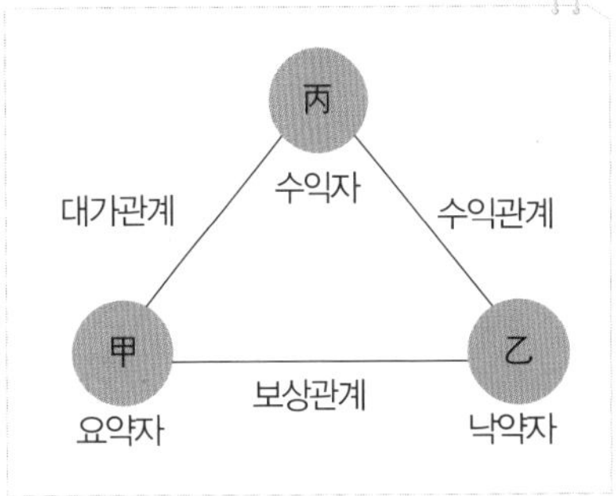
성립요건	① 보상관계의 유효 ② 제3자 수익약정 ㉠ 제3자는 계약체결 당시에 현존할 필요가 없다.❻ ㉡ 제3자가 취득할 수 있는 권리의 종류에는 제한이 없다. ③ 제3자의 권리취득의 요건: 수익의 의사표시 ㉠ 제3자의 권리는 제3자가 낙약자에 대하여 수익의 의사를 표시하는 때에 발생한다. ㉡ 제3자의 수익의 의사표시는 권리발생요건이다. (성립요건 ×)

기출지문 끝장

❶ 甲은 자기 소유의 주택을 乙에게 매도하는 계약을 체결하였는데, 그 주택의 점유와 등기가 乙에게 이전되기 전에 태풍으로 멸실되었다. 이 경우 甲은 乙에게 **대금지급을 청구할 수 없다.** 제22회

❷ **채무자의 책임 있는 사유로** 후발적 불능이 발생한 경우, **위험부담의 법리가 적용되지 않는다.** 제31회

❸ 채권자의 수령지체 중 **당사자 모두에게 책임 없는 사유로 불능**이 된 경우, **채무자는 상대방의 이행을 청구**할 수 있다. 제31회

❹ 계약당사자는 위험부담에 관하여 **민법 규정과 달리 정할 수 있다.** 제31회

❺ 채무자와 인수인의 계약으로 체결되는 병존적 채무인수는 **제3자를 위한 계약**으로 볼 수 있다. 제32회

❻ 제3자는 계약체결 당시에 **현존할 필요가 없다.** 제27회

(2) 지위

수익자의 지위	① 수익의 의사표시 전의 제3자의 지위 ㉠ 수익의 의사표시의 법적 성질은 형성권이다. ㉡ 재산권이므로 양도·상속·채권자대위권의 객체가 된다. ㉢ 채무자는 상당한 기간을 정하여 계약의 이익의 향수 여부의 확답을 최고하였는데, 채무자가 그 기간 내에 확답을 받지 못한 때에는 제3자가 계약의 이익을 받을 것을 거절한 것으로 본다. (받지 └ 도달주의를 취함) ② 수익의 의사표시 후의 제3자의 지위 ㉠ 제3자의 권리가 확정된 후에 당사자는 이를 변경 또는 소멸시키지 못한다. ㉡ 제3자는 의사표시규정에서 말하는 제3자에 해당되지 않는다.
요약자의 지위	① 요약자는 낙약자에 대하여 제3자에 대한 채무의 이행을 청구할 권리를 가진다. ② 요약자는 낙약자가 채무를 불이행하는 경우 자기 또는 제3자에게 손해배상을 할 것을 청구할 수 있다. 이때 제3자도 낙약자에 대하여 자기에게 생긴 손해를 배상할 것을 청구할 수 있다.❶ ③ 요약자는 계약의 당사자이므로 취소권, 해제권 등을 행사할 수 있다.❷ ④ 제3자가 수익의 의사표시를 한 후일지라도 요약자가 계약해제권을 행사함에 있어서 제3자의 동의는 필요 없다.
낙약자의 지위	① 낙약자는 요약자와의 계약 자체에 기한 항변으로 제3자에게 대항할 수 있다.❸ ② 제3자가 수익을 거절하는 경우 요약자에게 대신 급부함으로써 채무의 이행을 완료할 수 있다. (└ 보상관계에 기한 항변)

기출지문 끝장

❶ 요약자가 계약을 해제한 경우 **제3자**는 낙약자에게 자기가 입은 **손해를 배상할 것을 청구**할 수 있다. 제31회

❷ 낙약자의 채무불이행이 있으면, 요약자는 수익자의 동의 없이 **계약을 해제**할 수 있다. 제29회

❸ **낙약자**는 요약자와의 계약에 기한 동시이행의 항변으로 **제3자에게 대항할 수 있다.** 제27회

기출문제 끝장

기출 분석

- 기출회차: 제32회
- 난이도: ★★★
- 키워드: 동시이행의 항변권

함정을 피하는 끝장 TIP

- 동시이행의 항변권에서는 먼저 동시이행관계인지 아닌지를 체크해 두어야 한다.
- 성립요건과 관련해서는, 당사자가 변경되어도 동일성이 유지되는 경우와 선이행의무자가 예외적으로 동시이행의 항변권을 행사할 수 있는 경우를 잘 정리해 두어야 한다.

PART 3

동시이행관계에 있는 것을 모두 고른 것은? (단, 이에 관한 특약은 없으며, 다툼이 있으면 판례에 따름)

> ㉠ 부동산의 매매계약이 체결된 경우 매도인의 소유권이전등기의무와 매수인의 잔대금지급의무
> ⋯▸ 부동산의 매매계약이 체결된 경우에는 매도인의 소유권이전등기의무 및 인도의무와 매수인의 잔대금지급의무는 동시이행의 관계에 있다(대판 2000.11.28, 2000다8533).
>
> ㉡ 임대차 종료 시 임대인의 임차보증금 반환의무와 임차인의 임차물 반환의무
> ⋯▸ 임대차 종료 후 임차인의 임차목적물명도의무와 임대인의 연체차임 기타 손해배상금을 공제하고 남은 임대차보증금반환채무와는 동시이행의 관계에 있다(대판 1989.2.28, 87다카2114).
>
> ㉢ ~~매도인의 토지거래허가 신청절차에 협력할 의무와 매수인의 매매대금지급의무~~
> ⋯▸ 매도인의 토지거래허가 신청절차 협력의무와 매수인의 대금지급의무는 동시이행관계가 아니므로 매도인이 그 대금지급채무의 변제 시까지 협력의무의 이행을 거절할 수 있는 것은 아니다(대판 1993.8.27, 93다15366).

① ㉠
② ㉡
③ ㉢
④ ㉠, ㉡
⑤ ㉡, ㉢

계약의 해제·해지

1 계약의 해제

1 해제권의 발생원인 ☆☆☆ 제24회, 제25회, 제28회, 제31회

약정해제권	① 약정사유가 발생한 경우 당사자 일방이 계약을 해제할 수 있는 경우 ② 소급효 ○, 원상회복의무 ○, 손해배상청구 ×
법정해제권 └ 채무자의 채무불이행이 있는 경우에 발생되는 해제권	① 이행지체 ┌ 보통의 이행지체: 최고+해제❶ └ 정기행위의 이행지체: 최고 없이 곧바로 해제 가능❷ ② 이행불능: 최고 없이 곧바로 해제 가능 ③ 불완전이행 ┌ 추완 가능: 이행지체에 준한다. ┌ 미이행부분을 완전하게 하는 것 └ 추완 불가능: 이행불능에 준한다. ④ 채권자지체: 계약해제와 손해배상청구 가능 ┌ 최고 필요 ⑤ 사정변경의 원칙: 해제는 원칙적으로 인정 × / 해지는 인정(판례) ⑥ 부수적 주의의무위반: 해제는 원칙적으로 인정 ×(손해배상청구만 가능)
최고 없이 해제할 수 있는 경우	① 정기행위 ② 이행불능과 추완이 불가능한 불완전이행 ③ 채무자가 미리 이행하지 아니할 의사를 표시한 경우 ④ 당사자 사이에 최고 배제의 특약이 있는 경우

2 해제권의 행사 제28회

조문

제543조【해지, 해제권】① 계약 또는 법률의 규정에 의하여 당사자의 일방이나 쌍방이 해지 또는 해제의 권리가 있는 때에는 그 해지 또는 해제는 상대방에 대한 의사표시로 한다.
② 전항의 의사표시는 철회하지 못한다.

행사의 자유	해제권을 행사할 것인가는 해제권자의 자유이다.
행사방법	① 해제권을 행사하는 경우에는 상대방에 대한 의사표시로 한다. ② 해제의 의사표시가 그 효력을 발생한 후에는 철회하지 못한다.

해제의 불가분성	① 당사자의 일방 또는 쌍방이 수인인 경우에는 계약의 해제는 그 **전원**으로부터 또는 **전원**에 대하여 하여야 한다.❸ ② 당사자의 일방 또는 쌍방이 수인인 경우에 해제의 권리가 당사자 1인에 대하여 소멸한 때에는 다른 당사자에 대하여도 **소멸**한다. ③ 해제의 불가분성에 관한 규정은 임의규정이므로 당사자의 특약으로 배제할 수 있다.
행사기간	형성권이므로 10년의 제척기간에 걸린다.

3 해제의 효과 ☆☆☆ 제24회, 제25회, 제26회, 제27회, 제30회

조문

제548조【해제의 효과, 원상회복의무】① 당사자 일방이 계약을 해제한 때에는 각 당사자는 그 상대방에 대하여 원상회복의 의무가 있다. 그러나 제3자의 권리를 해하지 못한다.

② 전항의 경우에 반환할 금전에는 그 받은 날로부터 이자를 가하여야 한다.

제549조【원상회복의무와 동시이행】제536조의 규정은 전조의 경우에 준용한다.

제551조【해지, 해제와 손해배상】계약의 해지 또는 해제는 손해배상의 청구에 영향을 미치지 아니한다.

소급적 소멸	계약을 해제하는 경우 계약은 소급적으로 소멸한다.
원상회복의무	① 계약을 해제한 경우 각 당사자에게는 제548조에 따라 **원상회복의무**가 주어진다. ② 각 당사자가 부담하는 원상회복의무는 동시이행관계에 있다. ③ 계약의 해제는 손해배상의 청구에 영향을 **미치지 아니한다**❹(이때의 해제는 법정해제만을 의미함).
물권변동과의 관련성	계약이 해제되면 그 계약의 이행으로 변동이 생겼던 물권은 당연히 그 계약이 없었던 원상태로 복귀한다(판례).
제3자 보호	① 계약해제에 있어서 제3자란 해제된 계약을 기초로 법률상 새로운 이해관계를 맺은 자로서 물권자에 한한다. ② 해제 전이면 제3자는 **선의·악의**를 불문하고 보호된다. ③ 해제 후 말소등기 전이면 제3자는 **선의인 경우**에만 보호된다.❺

기출지문 끝장

❶ 이행지체로 인한 **계약해제**에 있어서 이행의 최고는 반드시 미리 일정기간을 명시하여 최고하여야 하는 것은 아니다. 제28회

❷ 당사자 일방이 **정기행위**를 일정한 시기에 이행하지 않으면 상대방은 이행의 **최고 없이 계약을 해제**할 수 있다. 제28회

❸ 계약의 상대방이 수인(數人)인 경우, 해제권자는 그 **전원에 대하여 해제권을 행사**하여야 한다. 제26회

❹ 계약의 해제는 **손해배상의 청구에 영향을 미치지 않는다.** 제28회

❺ 해제된 계약으로부터 생긴 법률효과에 기초하여 **해제 후 말소등기 전**에 양립할 수 없는 새로운 이해관계를 맺은 제3자는 **선의인 경우**에 한하여 해제에 의하여 영향을 받지 않는다. 제24회

4 제548조 제1항 단서의 '제3자'

제3자에 해당 ○	① 계약에 기한 급부의 목적인 물건이나 권리를 취득한 양수인 ② 급부목적물의 저당권자 또는 질권자 ③ 해제된 계약에 의하여 채무자의 책임재산이 된 계약의 목적물을 가압류한 가압류채권자❶ ④ 소유권을 취득하였다가 계약해제로 소유권을 상실하게 된 매수인(임대인)으로부터 그 계약이 해제되기 전에 주택을 임차하여 「주택임대차보호법」상의 대항요건을 갖춘 임차인
제3자에 해당 ×	① 해제에 의하여 소멸하는 채권 그 자체의 양수인❷(아파트 분양신청권이 전전 매매된 후 최초의 매매 당사자가 계약을 합의해제한 경우 그 분양신청권을 전전 매수한 자) ② 해제에 의하여 소멸하는 채권에 대하여 압류명령이나 전부명령을 받은 압류채권자 또는 전부채권자❸ ③ 제3자를 위한 계약에 있어서의 수익자 ④ 매도인의 매매대금수령 이전에 해제조건부로 임대권한을 부여받은 매수인으로부터 그 계약이 해제되기 전에 주택을 임차하여 「주택임대차보호법」상의 대항요건을 갖춘 임차인 ⑤ 토지를 매도하였다가 대금지급을 받지 못하여 그 매매계약을 해제한 경우에 있어 그 토지 위에 신축된 건물의 매수인❹ ⑥ 계약이 해제되기 전에 계약상의 채권을 양수하여 이를 피보전권리로 하여 처분금지가처분결정을 받은 자

2 계약의 해지

1 해지권의 행사 제31회

해지의 의사표시	계약 또는 법률의 규정에 의하여 당사자 일방이나 쌍방이 해지할 권리가 있는 때에는 그 해지는 상대방에 대한 의사표시로써 한다. 해지의 의사표시는 철회하지 못한다(제543조).
해지의 불가분성	당사자의 일방 또는 쌍방이 수인인 경우에는 계약의 해지는 그 전원으로부터 또는 전원에 대하여 하여야 하고❺, 해지의 권리가 당사자 1인에 대하여 소멸한 때에는 다른 당사자에 대해서도 소멸한다(제547조). (소멸한 → 해지권 소멸원인은 불문 (해지권의 포기, 제척기간의 경과 등))

2 해지의 효과

조문

제550조【해지의 효과】 당사자 일방이 계약을 해지한 때에는 계약은 장래에 대하여 그 효력을 잃는다.

해지의 효과	계약은 장래에 대하여 소멸되므로 해지의 효과가 발생하기 전에 이미 이행된 급부는 그대로 유효하다.
청산의무	계약이 해지된 경우 계약은 장래에 대하여 소멸한다. 따라서 사용대차나 임대차가 해지된 경우 차주 또는 임차인은 목적물을 반환하여야 하는데, 이를 보통 청산의무라고 부른다.
손해배상청구	계약의 해지는 손해배상청구에 영향을 미치지 않는다❻(제551조).

핵심 끝장 해제와 해지의 비교

구분	해제	해지
적용범위	일시적 계약에서 인정	계속적 계약에서 인정
효력	계약이 소급적으로 소멸	계약은 장래에 대하여 소멸
의무	원상회복의무를 부담	청산의무를 부담
공통점	① 형성권 ② 약정 또는 법률규정에 의해 발생 ③ 손해배상청구 가능 ④ 철회 불가❼ ⑤ 행사상·소멸상의 불가분성	

PART 3

기출지문 끝장

❶ 해제대상 매매계약에 의하여 채무자 명의로 이전등기된 부동산을 가압류 집행한 **가압류채권자**는 계약해제의 소급효로부터 보호될 수 있는 제3자에 해당한다. 제23회

❷ 매매대금채권이 양도된 후 매매계약이 해제된 경우, 그 **양수인**은 해제로 권리를 침해당하지 않는 **제3자에 해당하지 않는다.** 제26회

❸ 계약해제 전, 해제대상인 계약상의 채권 자체를 **압류 또는 전부(轉付)한 채권자**는 계약해제의 소급효로부터 보호될 수 있는 **제3자에 해당하지 않는다.** 제23회

❹ 토지매수인으로부터 그 **토지 위에 신축된 건물을 매수한 자**는 토지매매계약의 해제로 인하여 보호받는 **제3자에 해당하지 않는다.** 제25회

❺ 계약당사자 일방 또는 쌍방이 **여러 명**이면, 해지는 특별한 사정이 없는 한 그 **전원으로부터 또는 전원에게 해야 한다.** 제31회

❻ 계약의 해지는 **손해배상청구**에 영향을 미치지 않는다. 제31회

❼ 해지의 의사표시가 상대방에게 도달하면 이를 **철회하지 못한다.** 제27회

기출문제 끝장

기출 분석

- 기출회차: 제22회
- 난이도: ★★
- 키워드: 계약의 해제

함정을 피하는 끝장 TIP

- 계약의 해제에서는 최고 없이 계약을 해제할 수 있는 경우를 꼭 외워 두어야 한다.
- 계약이 해제된 경우 제3자의 보호범위에 관한 판례의 태도를 잘 정리해 두어야 한다.

甲의 건물에 대한 甲과 乙 사이의 매매계약의 해제에 관한 설명으로 옳은 것은? (다툼이 있으면 판례에 따름)

① 계약성립 후 건물에 가압류가 되었다는 사유만으로도 乙은 甲의 계약위반을 이유로 계약을 해제할 수 있다.

⋯ 계약성립 후 건물에 가압류가 되었다는 사유만으로는 소유권이전이 불가능한 경우가 아니므로 乙은 채무불이행을 이유로 계약을 해제할 수 없다.

② 甲의 소유권이전등기의무의 이행불능을 이유로 계약을 해제하기 위해서는 乙은 그와 동시이행관계에 있는 잔대금을 제공하여야 한다.

⋯ 이행불능의 경우에는 최고 없이 곧바로 계약을 해제할 수 있으므로 甲의 소유권이전등기의무의 이행불능을 이유로 계약을 해제하기 위해서는 乙은 잔대금을 제공할 필요가 없다.

③ 甲의 귀책사유로 인한 이행지체를 이유로 계약을 해제한 乙이 계약이 존속함을 전제로 甲에게 계약상 의무이행을 구하는 경우, 甲은 그 이행을 거절할 수 있다.

④ 乙의 중도금 지급 채무불이행을 이유로 매매계약이 적법하게 해제된 경우, 乙은 착오를 이유로 계약을 취소할 수 없다.

⋯ 乙의 중도금 지급 채무불이행을 이유로 매매계약이 적법하게 해제된 경우, 乙은 계약금을 돌려받거나 손해배상책임을 면하기 위하여 착오를 이유로 계약을 취소할 수 있다.

⑤ 甲이 소의 제기로써 계약해제권을 행사한 후 그 소를 취하하면 해제의 효력도 소멸한다.

⋯ 甲이 소의 제기로써 계약해제권을 행사한 후 그 소를 취하하더라도 해제의 효력은 소멸하지 않는다.

기출테마

24 매매와 교환

1 매매

1 매매의 예약 제28회

의의	① 예약이란 장차 본계약을 체결할 것을 미리 약속하는 계약을 말한다. ② 본계약은 채권계약·물권계약·가족법상의 계약일 수 있으나, 예약은 언제나 채권계약이다.❶
종류	① 편무예약, 쌍무예약: 본계약체결의무를 누가 부담하느냐에 따른 구별 ② 일방예약, 쌍방예약: 예약완결권을 누가 가지느냐에 따른 구별 (일방적인 의사표시로써 매매를 완결할 수 있는 권리) ③ 추정: 특약 또는 관습이 없는 한 일방예약으로 추정한다.
매매의 일방예약	① 일방예약의 법적 성질: 예약완결권 행사를 정지조건으로 하는 매매계약(다수설)❷ ② 예약완결권 ㉠ 성질 ─ 형성권(10년❸의 제척기간에 걸림) (법률이 예정하고 있는 권리의 존속기간) ─ 양도성 ○ ─ 가등기 ○ ㉡ 예약자는 상당한 기간을 정하여 매매완결 여부의 확답을 상대방(예약완결권자)에게 최고할 수 있고, 상당한 기간 내에 확답을 받지 못한 경우에는 그 예약은 효력을 상실한다. (받지: 도달주의)

판 례

매매의 일방예약은 당사자의 일방이 매매를 완결할 의사를 표시한 때에 매매의 효력이 생기는 것이므로 적어도 일방예약이 성립하려면 그 예약에 터잡아 맺어질 본계약의 요소가 되는 매매의 목적물, 이전방법, 매매가액 및 지급방법 등의 내용이 확정되어 있거나 확정할 수 있어야 한다(대판 1993.5.27, 93다4908).

기출지문 끝장

❶ 매매의 일방예약은 채권계약이다. 제28회

❷ 매매의 일방예약은 상대방이 매매를 완결할 의사를 표시하는 때에 매매의 효력이 생긴다. 제28회

❸ 예약완결권은 당사자 사이에 그 행사기간을 약정하지 않은 경우 그 예약이 성립한 날로부터 10년 내에 이를 행사하여야 한다. 제28회

2 계약금계약 ☆☆☆ 제25회, 제26회, 제27회, 제28회, 제29회, 제30회, 제31회

<table>
<tr><td>의의</td><td>① 계약금: 계약을 체결하면서 그에 부수하여 당사자 일방이 상대방에 대하여 교부하는 금전 기타 유가물
② 계약금계약의 성격:
요물계약+종된 계약

1. 종된 계약
계약금계약은 매매계약에 종된 계약이다. 매매계약이 무효·취소되면 계약금계약도 당연히 실효된다(부종성). 다만, 계약금계약은 매매계약과 동시에 행해질 필요는 없다.
2. 요물계약
계약금계약은 금전이나 그 밖의 물건의 지급을 요건으로 하는 요물계약이다.</td></tr>
<tr><td>종류</td><td>① 증약금: 계약체결의 증거로서의 성격
② 해약금: 계약해제의 유보수단으로서의 성격 ⇨ 민법은 계약금을 해약금❶으로 추정한다.
③ 위약금: 계약위반에 대한 손해배상의 성격(반드시 특약이 있어야 함)</td></tr>
<tr><td>해약금에 의한 계약해제 ☆☆☆</td><td>① 당사자 일방이 이행에 착수할 때까지 교부자는 이를 포기하고 수령자는 배액을 상환하여 계약을 해제할 수 있다.
㉠ 당사자 일방이란 매매계약의 쌍방 중 어느 일방을 말한다.
㉡ 이행의 착수란 채무이행의 일부를 행하거나 이행에 필요한 전제행위를 하는 것을 말하고(중도금의 지급 ○, 잔금을 준비하고 등기소에 동행할 것을 촉구 ○), 이행의 준비만으로는 부족하다.
㉢ 교부자는 해제권을 행사하면 당연히 계약금 포기의 효력이 발생하므로 별도의 포기의 의사가 필요 없다.
㉣ 수령자는 반드시 현실적으로 배액을 상환하여야만 해제권을 행사할 수 있다. (상대방이 수령하지 않더라도 공탁할 필요는 없음)
㉤ 매도인이 전혀 계약의 이행에 착수한바 없더라도 중도금을 지급한 매수인은 계약금을 포기하고 매매계약을 해제할 수 없다.❷❸
㉥ 이행기의 약정이 있더라도 당사자가 채무의 이행기 전에는 착수하지 않기로 특약을 하는 등의 특별한 사정이 없는 한 이행기 전에 이행에 착수할 수 있다.
② 해약금에 의한 계약해제 역시 계약이 소급적으로 실효되나, 원상회복의무나 손해배상청구권의 문제가 원칙적으로 발생하지 않는다. (손해배상청구권: 법정해제에서만 가능)</td></tr>
</table>

3 매매의 성립과 효력 제24회, 제25회, 제26회, 제30회

(1) 성립 및 비용부담

성립	① 의사표시의 합치: 재산권이전 vs 대금지급 ㉠ 매매계약은 재산권이전과 대금지급에 관한 합의가 있으면 성립한다. ㉡ 매매계약의 세부사항(계약비용, 채무의 이행시기, 이행장소 등)에 관한 합의까지는 필요 없다.

	② 타인 소유의 물건·권리도 매매의 목적물이 될 수 있고, 장래에 생길 물건·권리도 매매의 목적물이 될 수 있다. ③ 매매에 있어서 대금은 금전에 한한다. ┌ 금전 이외의 재산권이면 교환에 해당
비용부담	① 매매계약의 비용은 쌍방이 균분하여 부담한다.❹ ② 등기비용은 계약비용이 아니고 이는 매수인이 부담하는 것이 관행이다.

(2) 효력 일반

조문

제568조【매매의 효력】① 매도인은 매수인에 대하여 매매의 목적이 된 권리를 이전하여야 하며 매수인은 매도인에게 그 대금을 지급하여야 한다.
② 전항의 쌍방의무는 특별한 약정이나 관습이 없으면 동시에 이행하여야 한다.

제585조【동일기한의 추정】매매의 당사자 일방에 대한 의무이행의 기한이 있는 때에는 상대방의 의무이행에 대하여도 동일한 기한이 있는 것으로 추정한다.❺

제586조【대금지급장소】매매의 목적물의 인도와 동시에 대금을 지급할 경우에는 그 인도장소에서 이를 지급하여야 한다.❻

제587조【과실의 귀속, 대금의 이자】매매계약 있은 후에도 인도하지 아니한 목적물로부터 생긴 과실은 매도인에게 속한다.❼ 매수인은 목적물의 인도를 받은 날로부터 대금의 이자를 지급하여야 한다. 그러나 대금의 지급에 대하여 기한이 있는 때에는 그러하지 아니하다.

제588조【권리주장자가 있는 경우와 대금지급거절권】매매의 목적물에 대하여 권리를 주장하는 자가 있는 경우에 매수인이 매수한 권리의 전부나 일부를 잃을 염려가 있는 때에는 매수인은 그 위험의 한도에서 대금의 전부나 일부의 지급을 거절할 수 있다. 그러나 매도인이 상당한 담보를 제공한 때에는 그러하지 아니하다.

제589조【대금공탁청구권】전조의 경우에 매도인은 매수인에 대하여 대금의 공탁을 청구할 수 있다.

기출지문 끝장

❶ 계약금은 별도의 약정이 없는 한 **해약금으로 추정**된다. 제26회

❷ 甲은 자신의 X부동산에 관하여 매매대금 3억원, 계약금 3천만원으로 하는 계약을 乙과 체결하였다. 乙이 계약금과 **중도금을 지급**한 경우, 특별한 사정이 없는 한 甲은 계약금의 배액을 상환하여 **계약을 해제할 수 없다**. 제29회

❸ 매도인이 이행에 전혀 착수하지 않았더라도 매수인은 **중도금을 지급**한 후에는 계약금을 포기하고 계약을 **해제할 수 없다**. 제22회

❹ 매매계약에 관한 비용은 특별한 사정이 없는 한 **당사자가 균분**하여 부담한다. 제25회

❺ 당사자 일방에 대한 의무이행의 기한이 있는 때에는 상대방의 의무이행에 대하여도 **동일한 기한**이 있는 것으로 추정한다. 제25회

❻ 매매목적물의 인도와 동시에 대금을 지급할 때에는 특별한 사정이 없으면 그 **인도장소에서 대금을 지급**하여야 한다. 제24회

❼ 매매목적물이 인도되지 않고 대금도 완제되지 않은 경우, **목적물로부터 생긴 과실**은 매도인에게 속한다. 제26회

4 매도인의 담보책임 ☆☆☆ 제22회, 제24회, 제25회, 제26회, 제27회, 제28회, 제31회, 제32회

(1) 담보책임의 사례

전부타인의 권리	甲이 자기 소유의 건물을 乙에게 매도하고, 乙은 이를 다시 丙에게 전매하였다. 그런데 甲이 자기 앞으로 등기명의가 남아 있음을 기화로 丁에게 매각하고 소유권이전등기를 경료해 준 경우 丙은 乙에 대하여 어떠한 책임을 물을 수 있는가?
일부타인의 권리	甲이 토지 1,000m²를 乙에게 매각하였으나, 그중 800m²는 甲의 소유이지만 200m²는 丙의 소유인 경우에 乙은 甲에 대하여 어떠한 책임을 물을 수 있는가?
수량부족 · 일부멸실	① 甲이 자기 소유 토지 1,000m²를 m²당 100만원씩 책정하여 乙에게 매각하였으나, 실측을 해본 결과 800m²밖에 되지 않는 경우 乙은 甲에 대하여 어떠한 책임을 물을 수 있는가? ② 甲이 창고가 딸린 건물을 乙에게 매각하였으나 그 창고가 매매계약체결 이전에 이미 화재로 소실된 경우 乙은 甲에 대하여 어떠한 책임을 물을 수 있는가?
용익권에 의한 제한 (제한물권 있는 경우)	甲이 자기 소유의 건물을 乙에게 매도하였는데, 그 건물에 대해 이미 丙이 전세권을 가지고 있는 경우 乙은 甲에 대하여 어떠한 책임을 물을 수 있는가?
저당권에 의한 제한 (저당권 행사에 따른 담보책임)	甲은 자신의 토지를 담보로 丙으로부터 1천만원을 차용하고 丙에게 저당권을 설정하여 주었다. 그 후 甲은 乙에게 자신의 토지를 매각하였으나, 甲의 채무불이행으로 인해 丙이 저당권을 실행하여 丁에게 토지가 경락되었다. 이 경우 乙은 甲에 대하여 어떠한 책임을 물을 수 있는가?
특정물매매	甲은 자기 소유의 건물을 乙에게 매각하였는데, 그 건물의 바닥과 벽에 균열이 있는 경우 乙은 甲에 대하여 어떠한 책임을 물을 수 있는가?
종류물매매	甲은 乙로부터 주문받은 그랜저자동차 한 대를 인도하였으나, 그 인도된 자동차의 엔진에 결함이 있는 경우 乙은 甲에 대하여 어떠한 책임을 물을 수 있는가?

(2) 담보책임의 정리

담보책임		매수인의 선의·악의	책임의 내용			제척기간
			대금감액청구권	계약해제권	손해배상청구권	
권리의 하자에 대한 담보책임	전부 타인의 권리	선의		있음	있음	×
		악의		있음❶	없음	
	일부 타인의 권리	선의	있음	일정한 경우에만 있음	있음	1년
		악의	있음	없음	없음	1년
	수량부족·일부멸실	선의	있음	일정한 경우에만 있음	있음	1년
		악의	없음❷	없음	없음❷	
	용익권에 의한 제한	선의		목적달성 불능 시에 있음	있음	1년
		악의		없음❸	없음	
	저당권에 의한 제한	선의		일정한 경우에만 있음	일정한 경우에만 있음	×
		악의		일정한 경우에만 있음❹	일정한 경우에만 있음❹	
물건의 하자에 대한 담보책임	특정물매매	선의·무과실		목적달성 불능 시에 있음	있음	6월
		악의		없음	없음	
	종류물매매	선의·무과실		목적달성 불능 시에 있음	있음	6월
		악의		없음	없음	

기출지문 끝장

❶ 타인의 권리를 매도한 자가 그 전부를 취득하여 매수인에게 이전할 수 없는 경우, **악의의 매수인도 계약을 해제할 수 있다.** 제26회

❷ 수량을 지정한 매매의 목적물의 일부가 **멸실**된 경우 악의의 매수인은 대금감액과 손해배상을 청구할 수 **없다.** 제32회

❸ 甲이 1만m^2 토지를 乙에게 매도하는 계약을 체결하였다. 토지 위에 설정된 **지상권**으로 인하여 계약의 목적을 달성할 수 없는 경우, **악의인 乙은 계약을 해제할 수 없다.** 제22회

❹ **저당권**이 설정된 부동산의 매수인이 저당권의 행사로 그 소유권을 취득할 수 없는 경우, **악의의 매수인**은 특별한 사정이 없는 한 **계약을 해제하고 손해배상을 청구할 수 있다.** 제26회

2 교환

1 의의와 법적성질

의의	당사자 쌍방이 금전 이외의 재산권을 서로 이전할 것을 약정함으로써 성립하는 계약
법적 성질	① 유상계약 ② 쌍무계약❶ ③ 낙성계약❶ ④ 불요식계약

2 성립과 효력 제32회

성립	① 의사표시의 합치: 금전 이외의 재산권이전 vs 금전 이외의 재산권이전 ② 보충금 지급❷을 약정한 경우: 매매대금에 관한 규정이 준용된다. (보충금: 서로 교환하는 목적물 또는 권리의 가격이 균등하지 않은 경우 그 차액을 보충하기 위한 금전)
효력	① 유상계약이므로 매매에 관한 규정, 특히 담보책임규정이 준용된다.❸ ② 쌍무계약이므로 동시이행의 항변권과 위험부담에 관한 규정이 준용된다.

기출지문 끝장

❶ **교환계약은 낙성·쌍무계약**이다. 제22회

❷ 甲은 자신의 2억원 상당 건물을 乙의 토지와 교환하는 계약을 체결하면서 乙로부터 1억원을 보충하여 지급받기로 하였다. 乙의 **보충금** 1억원의 **미지급**은 교환계약의 해제사유에 해당된다. 제25회

❸ 다른 약정이 없는 한 교환계약의 각 당사자는 목적물의 하자에 대해 **담보책임**을 부담한다. 제32회

기출문제 끝장

기출 분석
- 기출회차: 제30회
- 난이도: ★★
- 키워드: 해약금에 의한 계약해제

함정을 피하는 끝장 TIP
- 해약금에 의한 계약해제는 당사자의 일방이 이행에 착수할 때까지만 할 수 있다는 점을 꼭 기억하여야 한다.
- 매도인이 계약금의 배액을 제공한 경우 매수인이 이를 수령하지 않아도 공탁까지 이루어질 필요가 없다는 점을 잘 정리해 두어야 한다.

PART 3

계약금에 관한 설명으로 옳은 것을 모두 고른 것은? (다툼이 있으면 판례에 따름)

> ㉠ 계약금은 별도의 약정이 없는 한 해약금의 성질을 가진다.
> ··· 대판 1987.2.24, 86누438
>
> ㉡ 매수인이 이행기 전에 중도금을 지급한 경우, 매도인은 특별한 사정이 없는 한 계약금의 배액을 상환하여 계약을 해제할 수 없다.
> ··· 이행기의 약정이 있더라도 당사자가 채무의 이행기 전에는 착수하지 아니하기로 하는 특약을 하는 등의 특별한 사정이 없는 한 이행기 전에 이행에 착수할 수 있다(대판 1993.1.19, 92다31323).
>
> ㉢ 매도인이 계약금의 배액을 상환하여 계약을 해제하는 경우, 그 이행의 제공을 하면 족하고 매수인이 이를 수령하지 않더라도 공탁까지 할 필요는 없다.
> ··· 대판 1992.5.12, 91다2151

① ㉠　　② ㉠, ㉡
③ ㉠, ㉢　　④ ㉡, ㉢
⑤ ㉠, ㉡, ㉢ ✓

임대차

1 임대차의 성립과 존속기간 ☆☆☆

(1) 임대차의 성립

의의	당사자 일방이 상대방에게 목적물을 사용·수익하게 할 것을 약정하고 상대방이 이에 대하여 차임을 지급할 것을 약정함으로써 성립하는 계약이다.
법적 성질	① 임대차는 물건의 사용·수익을 목적으로 하는 계속적 채권계약 ② 임대차는 유상·쌍무·낙성·불요식계약
관련 문제	① 민법상 임대차의 목적물은 물건에 한한다. ② 부동산 중 농지에 대한 임대차는 원칙적으로 금지된다. ③ 차임은 임대차의 요소이고, 차임은 금전에 한하지 않는다. ④ 차임은 후급이 원칙이고, 2기의 차임액 이상 연체 시 계약해지가 가능하다. ⑤ 임대물에 대한 공과부담의 증감 기타 경제사정의 변동으로 인하여 약정한 차임이 상당하지 아니하게 된 때에는 당사자는 장래에 대한 차임의 증감을 청구할 수 있다(형성권에 해당). ⑥ 임차물의 일부가 임차인의 과실 없이 멸실 기타 사유로 인하여 사용·수익할 수 없는 때에는 임차인은 그 부분의 비율에 의한 차임의 감액을 청구할 수 있다.

(2) 존속기간

① 민법상 임대차에는 최단존속기간과 최장존속기간의 제한이 없다.❶

② 존속기간의 약정이 없는 경우

조문

제635조【기간의 약정 없는 임대차의 해지통고】① 임대차기간의 약정이 없는 때에는 당사자는 언제든지 계약해지의 통고를 할 수 있다.

② 상대방이 전항의 통고를 받은 날로부터 다음 각 호의 기간이 경과하면 해지의 효력이 생긴다.

1. 토지, 건물 기타 공작물에 대하여는 임대인이 해지를 통고한 경우에는 6월, 임차인이 해지를 통고한 경우에는 1월
2. 동산에 대하여는 5일

(3) 계약의 갱신

① 약정갱신: 당사자의 합의에 의하여 기간을 자유롭게 갱신할 수 있다.

② 법정갱신(묵시의 갱신)

㉠ 임대차기간이 만료한 후 임차인이 임차물의 사용·수익을 계속하는 경우에 임대인이 상당한 기간 내에 이의를 하지 아니한 때에는 전 임대차와 동일한 조건으로 다시 임대차한 것으로 본다.

㉡ 법정갱신의 경우 전 임대차와 동일한 조건으로 다시 임대차한 것으로 보게 되나, 다만 존속기간만은 기간의 약정이 없는 것으로 된다(각 당사자는 해지통고❷ 가능).

㉢ 법정갱신규정은 강행규정이다(판례).

㉣ 법정갱신이 성립하는 경우 전 임대차에 대하여 제3자가 제공한 담보는 기간의 만료로 소멸하나❸, 당사자가 제공한 담보는 존속한다.

2 임차인의 비용상환청구권 ☆☆☆ 제23회, 제24회, 제25회, 제26회, 제27회, 제29회, 제30회, 제31회

조문

제626조【임차인의 상환청구권】① 임차인이 임차물의 보존에 관한 필요비를 지출한 때에는 임대인에 대하여 그 상환을 청구할 수 있다.
② 임차인이 유익비를 지출한 경우에는 임대인은 임대차 종료 시에 그 가액의 증가가 현존한 때에 한하여 임차인의 지출한 금액이나 그 증가액을 상환하여야 한다. 이 경우에 법원은 임대인의 청구에 의하여 상당한 상환기간을 허여할 수 있다.

필요비 상환청구권	① 필요비의 의의: 임차물의 보존을 위하여 지출한 비용(수선비 등) ② 필요비의 범위 ㉠ 목적물 자체의 현상을 유지하기 위하여 지출된 비용 ㉡ 목적물의 원상을 회복하기 위하여 지출된 비용 ㉢ 목적물을 통상의 용도에 적합한 상태로 보존하기 위하여 지출된 비용 ③ 필요비상환청구의 시기: 필요비 지출 즉시, 즉 임대차존속 중에도 가능하다. ④ 가액의 증가의 현존 여부: 가액의 증가가 현존할 필요 없다.❹ ⑤ 법원의 상환기간의 허여 여부: 불가

기출지문 끝장

❶ 임대차의 존속기간은 20년을 넘을 수 있다. 제22회

❷ 토지임대차가 묵시적으로 갱신된 경우, 임대인과 임차인은 언제든지 해지통고할 수 있다. 제26회

❸ 임대차가 묵시로 갱신된 경우, 전 임대차에 대하여 제3자가 제공한 담보는 원칙적으로 소멸한다. 제22회

❹ 임차물에 필요비를 지출한 임차인은 그 가액증가가 현존하지 않더라도 그 상환을 청구할 수 있다. 제26회

유익비 상환청구권	① 유익비의 의의: 목적물을 개량하기 위하여 지출한 비용 ② 유익비의 범위 ㉠ 목적물의 객관적 가치를 증가하게 하는 것이어야 한다. ㉡ 임차인의 주관적인 취미나 특수한 영업목적을 위하여 지출된 비용은 유익비가 아니다. ㉢ 지출에 의한 개량이 임차물의 구성부분이 되어 임대인이 그 소유권을 취득하는 경우이어야 한다. ③ 유익비상환청구의 시기: 임대차 종료 시 ④ 가액의 증가의 현존 여부: 가액의 증가가 현존한 경우에 한하여 청구할 수 있다. ⑤ 법원의 상환기간의 허여 여부: 가능
행사 기간	임대인이 목적물을 반환받은 날로부터 6개월(제척기간) 내[1]에 행사하여야 한다.
관련 문제	① 간판설치비, 인테리어비는 유익비가 아니다(판례). ② 임차인의 비용상환청구권에 관한 규정은 임의규정이므로 비용상환면제특약은 가능하다. ③ 임대차계약에서 원상복구의 특약이 있는 경우 이는 유익비상환청구권을 미리 포기한 것으로 볼 수 있다(판례). ④ 임차인은 비용상환청구권을 담보하기 위하여 유치권을 행사할 수 있다. 그러나 임대인의 청구에 의해 법원이 상환기간을 허여한 경우에는 유치권을 행사할 수 없다.[2]

3 토지임차인의 청구권 ☆☆☆ 제23회, 제25회, 제30회, 제32회

조문

제643조【임차인의 갱신청구권, 매수청구권】건물 기타 공작물의 소유 또는 식목, 채염, 목축을 목적으로 한 토지임대차의 기간이 만료한 경우에 건물, 수목 기타 지상시설이 현존한 때에는 제283조의 규정을 준용한다.

(1) 토지임차인의 갱신청구권과 매수청구권

토지임차인의 갱신청구권	① 갱신청구의 요건: 존속기간의 만료+지상물의 현존[3] ② 갱신청구권의 성질: 청구권
토지임차인의 매수청구권	① 매수청구의 주체: 지상물의 소유자에 한한다. ② 매수청구의 상대방: 임차권 소멸 당시의 임대인+임차권이 대항력이 있는 경우 임차권 소멸 후의 토지양수인 ③ 매수청구권의 대상: 토지 위의 지상물 ㉠ 임대차계약 당시의 기존 건물에 한하지 않는다. ㉡ 임대인의 동의를 얻어 신축한 것에 한하지 않는다.[4] ④ 매수청구의 요건 ㉠ 존속기간의 만료+지상물의 현존+토지소유자의 갱신 거절[5] ㉡ 지상물의 객관적인 경제적 가치나 임대인에 대한 효용 여부는 요건이 아니다. ⑤ 지상물매수청구권의 성질: 형성권

(2) 관련 문제

① 건물 소유를 목적으로 하는 토지임대차에 있어서 임차인 소유건물이 임대인이 임대한 토지 외에 임차인 또는 제3자 소유의 토지 위에 걸쳐서 건립되어 있는 경우에는, 임차지상에 서있는 건물부분 중 구분소유의 객체가 될 수 있는 부분에 한하여 임차인에게 매수청구가 허용된다(판례).

② 임차인의 지상물매수청구권의 행사에 의하여 임대인과 임차인 사이에는 지상물에 관한 매매계약이 성립한다(임차인의 지상물인도의무와 임대인의 대금지급의무는 동시이행관계임).

③ 기간의 약정이 없는 토지임대차계약을 임대인이 해지한 경우에는 계약갱신을 거절한 것이라고 할 수 있으므로 임차인은 곧바로 지상물매수청구를 할 수 있다.

④ 임차인의 채무불이행으로 임대차계약이 해지된 경우에는 지상물매수청구권을 행사할 수 **없다**(판례).❻

⑤ 지상물매수청구권에 관한 규정은 편면적 강행규정이므로 이에 위반한 약정으로 임차인에게 불리한 것은 효력이 없다(제652조).

⑥ 임차인은 지상물매수청구권을 담보하기 위하여 유치권을 행사할 수 **없다**.

4 임차인의 차임지급의무 제23회, 제24회, 제29회, 제31회

차임지급의무	① **차임의 의의**: 목적물의 사용대가 ② **차임의 내용**: 금전에 한하지 않는다(물건으로 지급하여도 무방). ③ **차임의 액수**: 제한규정 없으므로 자유로이 약정할 수 있다. ④ **차임의 지급시기**: 후급이 원칙 ㉠ 동산·건물·대지는 매월 말, 기타 토지는 매년 말에 지급하여야 한다. ㉡ 수확기에 있는 것은 수확 후 지체 없이 지급하여야 한다. ⑤ **차임지급의 연체**: 2기의 차임액 이상 연체 시 계약해지가 가능하다. ㉠ '2기'란 연속된 2기의 차임연체를 의미하는 것이 아니라, 연체한 차임의 합산액이 2기분에 달하면 된다는 의미이다. ㉡ 차임연체와 계약해지에 관한 규정은 편면적 강행규정이다.

기출지문 끝장

❶ 유익비상환청구권은 임대인이 목적물을 반환받은 날로부터 **6개월** 내에 행사하여야 한다. 제27회

❷ 임대차종료 후 법원이 임차인의 유익비상환청구권에 **유예기간**을 인정한 경우, 임차인은 그 기간 내에는 유익비상환청구권을 담보하기 위해 **임차목적물을 유치할 수 없다**. 제26회

❸ 乙이 甲으로부터 건물의 소유를 목적으로 X토지를 10년간 임차하여 그 위에 자신의 건물을 신축한 경우 **10년의 임대차 기간이 경과한 때 乙의 지상건물이 현존**하면 乙은 **임대차계약의 갱신을 청구할 수 있다**. 제32회

❹ 토지임차인의 지상물매수청구권의 대상이 되는 지상물은 임대인의 동의를 얻어 **신축한 것에 한정되지 않는다**. 제24회

❺ 건물 소유를 목적으로 한 토지임대차의 기간이 만료된 경우, 임차인은 **계약의 갱신을 청구한 후**에야 임대인에게 건물의 **매수를 청구**할 수 있다. 제26회

❻ 甲은 건물 소유를 목적으로 乙 소유의 X토지를 임차하여 Y건물을 신축하고 보존등기를 마쳤다. 甲이 2기의 **차임액을 연체**하여 乙이 임대차계약을 해지한 경우에는, 甲은 乙에게 **건물매수를 청구할 수 없다**. 제23회

	⑥ **공동임차인의 연대의무**: 여러 사람이 공동으로 목적물을 임차한 경우에는 임차인은 연대하여 차임지급의무를 부담한다.
차임증감 청구권	① 임대물에 대한 공과부담의 증감 기타 경제사정의 변동으로 인하여 약정한 차임이 상당하지 아니하게 된 때에는 당사자는 장래에 대한 차임의 증감을 청구할 수 있다. └ 형성권 ② **차임증감청구권에 관한 규정은 편면적 강행규정** ㉠ 차임불감액의 특약은 언제나 무효이다. ㉡ 차임불증액의 특약은 원칙적으로 유효하다. ㉢ 차임불증액의 특약이 있더라도 그 특약을 그대로 유지시키는 것이 신의칙에 반한다고 인정될 정도의 사정변경이 있는 경우에는 임대인에게 차임증액청구를 인정할 수 있다(판례).
차임감액 청구권	임차물의 일부가 임차인의 과실 없이 멸실 기타 사유로 인하여 사용·수익할 수 없는 때에는 임차인은 그 부분의 비율에 의한 차임의 감액을 청구할 수 있다. └ 형성권

5 무단전대의 법률관계 ☆☆☆ 제24회, 제27회, 제29회

사례	① 전대차계약의 당사자는 乙과 丙이다. ② 甲의 동의가 없더라도 전대차계약 자체는 유효하다. ③ 乙은 丙에게 임대인의 동의를 얻어 줄 의무를 부담한다. (甲 —임대차— 乙 —전대차— 丙)
법률관계	① 甲과 丙 사이에는 아무런 계약관계가 없으므로 甲은 丙에게 차임지급을 청구할 수 없다. ② 무단전대를 하더라도 甲이 임대차를 해지하지 않는 한 乙과의 임대차관계는 그대로 존속하므로 甲은 乙에게 차임지급을 청구할 수 있다. ③ 丙은 전차권을 가지고 甲에게 대항할 수 없으므로❶ 甲에 대한 관계에서는 불법점유자이다. 따라서 甲은 丙을 상대로 소유권에 기한 물권적 청구권을 행사할 수 있다. ④ 甲은 丙에 대해서 불법행위를 이유로 한 손해배상은 청구할 수 없다❷(∵ 甲이 임대차를 해지하지 않는 한 乙로부터 계속 차임을 지급받으므로 그 한도 내에서는 손해가 없기 때문).

기출지문 끝장

❶ 임차인 乙은 임대인 甲의 동의 없이 丙과 전대차계약을 맺고 임차건물을 인도해 주었다. 甲과 乙 사이의 합의로 임대차계약이 종료한 경우 丙은 甲에게 **전차권을 주장할 수 없다.** 제24회

❷ 임차인이 임대인의 동의 없이 전대한 경우, 임대인은 **임대차를 해지하지 않고는 전차인에게** 불법점유를 이유로 **손해배상을 청구할 수 없다.** 제22회

기출문제 끌장

기출 분석

• 기출회차: 제32회
• 난이도: ★★
• 키워드: 임대차의 효력

함정을 피하는 끌장 TIP

• 임대차의 효력에서는 임차인이 목적물을 인도할 때까지 선관주의의무를 진다는 점을 꼭 기억해 두어야 한다.
• 임대인의 수선의무와 임차인의 비용상환청구권 및 임차권 양도·전대의 제한에 관한 규정은 임의규정인 점을 잘 외워두어야 한다.

PART 3

乙이 甲으로부터 건물의 소유를 목적으로 X토지를 10년간 임차하여 그 위에 자신의 건물을 신축한 경우에 관한 설명으로 틀린 것은? (다툼이 있으면 판례에 따름)

① 특별한 사정이 없는 한 甲이 X토지의 소유자가 아닌 경우에도 임대차계약은 유효하게 성립한다.

⋯› 임대인에게 임대목적물에 대한 소유권 기타 임대권한이 없더라도 임대차계약은 성립할 수 있다(대판 1996.9.6, 94다54641).

② 甲과 乙 사이에 반대약정이 없으면 乙은 甲에 대하여 임대차등기절차에 협력할 것을 청구할 수 있다.

⋯› 부동산임차인은 당사자간에 반대약정이 없으면 임대인에 대하여 그 임대차등기절차에 협력할 것을 청구할 수 있고, 부동산임대차는 등기한 때부터 제3자에 대하여 효력이 생긴다(제621조).

③ 乙이 현존하는 지상건물을 등기해도 임대차를 등기하지 않은 때에는 제3자에 대해 임대차의 효력이 없다.

⋯› 건물의 소유를 목적으로 한 토지임대차는 이를 등기하지 아니한 경우에도 임차인이 그 지상건물을 등기한 때에는 제3자에 대하여 임대차의 효력이 생긴다(제622조 제1항).

④ 10년의 임대차 기간이 경과한 때 乙의 지상건물이 현존하는 경우 乙은 임대차계약의 갱신을 청구할 수 있다.

⋯› 건물 기타 공작물의 소유 또는 식목, 채염, 목축을 목적으로 한 토지임대차의 기간이 만료한 경우에 건물, 수목 기타 지상시설(이하 '지상물'이라 함)이 현존한 때에는 임차인은 계약의 갱신을 청구할 수 있다(제643조).

⑤ 乙의 차임연체액이 2기의 차임액에 달하는 경우, 특약이 없는 한 甲은 임대차계약을 해지할 수 있다.

⋯› 건물 기타 공작물의 소유 또는 식목, 채염, 목축을 목적으로 한 토지임대차의 경우에도 제640조를 준용하므로, 임차인이 연체한 차임이 2기의 차임액에 달하는 때에는 임대인은 계약을 해지할 수 있다(제641조).

우선끝장 민개공

민법 및 민사특별법

민사특별법

기출테마 26 주택임대차보호법

기출테마 27 상가건물 임대차보호법의 목적과 적용범위

기출테마 28 집합건물의 소유 및 관리에 관한 법률

기출테마 29 가등기담보 등에 관한 법률

기출테마 30 부동산 실권리자명의 등기에 관한 법률

26 주택임대차보호법

1 입법목적과 적용범위 제24회, 제27회

입법목적	주택임차인을 보호하여 국민의 주거생활 안정보장이 목적이다.
법적 성격	① 「주택임대차보호법」은 민법상의 임대차의 특별법이다. ② 「주택임대차보호법」은 편면적 강행규정이다.
물적 적용범위	① 주택(주거용 건물)의 전부 또는 일부에 대한 임대차: ○ ② 주택(주거용 건물)의 일부가 주거 외의 목적으로 사용되는 경우: ○ ③ 비주거용 건물의 일부가 주거의 목적으로 사용되는 경우: × ④ 등기하지 아니한 전세계약: ○❶ ⑤ 일시사용을 위한 임대차: ×❷
인적 적용범위	① 자연인: ○ ② 법인: 원칙적으로 적용되지 않으나, 대통령령이 정한 일정한 법인에게는 적용 ○ ㉠ 한국토지주택공사+지방공사: 적용 ○ ㉡ 「중소기업기본법」상의 중소기업에 해당하는 법인: 적용 ○

2 대항력 ☆☆☆ 제23회, 제25회, 제26회, 제27회, 제28회, 제30회, 제32회

대항력의 요건	주택의 인도(직접+간접점유)❸+주민등록(전입신고) ⇨ 다음 날 오전 0시부터 대항력 취득
대항력의 내용	① 대항력을 취득한 후에 임차주택의 소유권을 취득한 양수인에 대해 임차인은 임차권을 주장할 수 있다.❹ ② 임차주택의 양수인은 임대인의 지위를 승계한 것으로 본다.❺
관련 문제	① 대항요건은 임차인 본인뿐만 아니라 그 배우자나 자녀 등 가족의 주민등록을 포함한다. ② 대항요건은 대항력의 취득 시에만 구비하면 충분한 것이 아니고 대항력을 유지하기 위하여 계속 존속하여야 한다. ③ 임차인이 임대인의 승낙을 받아 임차주택을 전대하고 그 전차인이 주택을 인도받아 자신의 주민등록을 마친 경우 그때로부터 임차인은 대항력을 취득한다. ④ 자기 명의의 주택을 매도하면서 동시에 그 주택을 임차하는 경우 매도인이 임차인으로서 가지는 대항력은 매수인 명의의 소유권이전등기가 경료된 다음 날부터 효력이 발생한다. ⑤ 임차인이 별도로 전세권설정등기를 마친 후 대항요건을 상실한 경우 「주택임대차보호법」상의 대항력을 상실한다.❻

3 우선변제와 최우선변제 ☆☆☆

(1) 요건 및 의미 검토

요건 검토	① 우선변제권: 대항요건+확정일자 (배당요구의 종기까지 존속하여야 함) ② 최우선변제권: 대항요건만 필요[7](확정일자 불요) (배당요구채권에 해당)
의미 검토	① 우선변제(보증금 회수): 대항요건과 확정일자를 갖춘 주택임차인은 임차주택(대지를 포함)의 환가대금에서 후순위권리자 기타 채권자보다 우선하여 보증금을 변제받을 권리가 있다. ② 최우선변제(보증금 중 일정액의 보호): 임차인은 보증금 중 일정액을 다른 담보물권자보다 우선하여 변제받을 권리가 있다.

(2) 우선변제권의 행사 및 승계

행사	① 임차인이 임차주택에 대하여 보증금반환청구소송의 확정판결 기타 이에 준하는 집행권원에 기한 경매를 신청하는 경우에는 반대의무의 이행 또는 이행의 제공을 집행개시의 요건으로 하지 아니한다. ② 임차인은 임차주택을 양수인에게 인도하지 아니하면 보증금을 수령할 수 없다[8](이는 임차인이 보증금을 수령하기 위해서는 임차주택을 명도한 증명을 하여야 한다는 의미이지, 주택인도의무가 보증금반환의무보다 선이행되어야 한다는 의미가 아님).

기출지문 끝장

❶ 임차주택이 **미등기**인 경우 「주택임대차보호법」이 적용된다. 제27회

❷ 임차주택이 **일시사용**을 위한 것임이 명백하게 밝혀진 경우에는 「주택임대차보호법」이 **적용되지 않는다.** 제27회

❸ 임차인이 타인의 점유를 매개로 임차주택을 **간접점유**하는 경우에도 대항요건인 점유가 인정될 수 있다. 제32회

❹ 乙은 甲 소유의 X주택에 대하여 보증금 3억원으로 하는 임대차계약을 甲과 체결한 다음 즉시 **대항요건**을 갖추고 확정일자를 받아 현재 거주하고 있다. 임대차기간이 만료하기 전에 甲이 丙에게 X주택을 매도하고 소유권이전등기를 마친 경우, 乙은 丙에게 **임차권을 주장할 수 있다.** 제29회

❺ 주택임차인 乙이 보증금을 지급하고 대항요건을 갖춘 후 임대인 甲이 그 주택의 소유권을 丙에게 **양도**하였다. 이 경우 甲은 특별한 사정이 없는 한 **보증금반환의무를 면한다.** 제31회

❻ 임차인이 지위를 강화하고자 별도로 전세권설정등기를 마친 후 「주택임대차보호법」상의 대항요건을 상실한 경우, 「**주택임대차보호법**」상의 **대항력**을 상실한다. 제32회

❼ 소액임차인은 경매신청의 등기 전까지 **대항요건**을 갖추어야 최우선변제권을 행사할 수 있다. 제26회

❽ 주택의 경매로 인한 환가대금에서 임차인이 보증금을 우선변제받기 위해서 **주택을 양수인에게 인도**하여야 한다. 제30회

승계	① 일정한 금융기관이 우선변제권을 취득한 임차인의 보증금반환채권을 계약으로 양수한 경우에는 양수한 금액의 범위에서 우선변제권을 승계한다. ② 우선변제권을 승계한 금융기관은 임차인이 대항요건을 상실한 경우와 임차권등기명령에 따른 임차권등기가 말소된 경우 및 민법상 임대차등기가 말소된 경우에는 우선변제권을 행사할 수 없다. ③ 우선변제권을 승계한 금융기관이더라도 우선변제권을 행사하기 위하여 임차인을 대리하거나 대위하여 임대차를 해지할 수는 없다.

(3) 최우선변제의 범위

① 최우선변제를 받을 임차인 및 보증금 중 일정액의 범위와 기준은 주택가액의 2분의 1의 범위 안에서 주택임대차위원회의 심의를 거쳐 대통령령으로 정한다.
└ 대지가액을 포함

② 최우선변제의 범위

구분	보증금의 범위	최우선변제금액
서울특별시	1억 5천만원 이하	5,000만원
과밀억제권역	1억 3천만원 이하	4,300만원
광역시 등	7,000만원 이하	2,300만원
기타 지역	6,000만원 이하	2,000만원

└ 수도권 과밀억제권역, 세종특별자치시, 용인시, 화성시 및 김포시

4 임차권등기명령제도 ☆☆☆ 제31회

입법취지	종래에는 임차인이 임대차가 종료된 후 보증금을 반환받지 못한 상태에서 다른 곳으로 이사를 가거나 주민등록을 전출하면 임차인이 종전에 가지고 있던 대항력과 우선변제권을 상실하게 되어 사실상 보증금을 반환받는 것이 곤란하게 되자 임차권등기명령제도를 도입하였다.
내용 검토	① 임대차가 끝난 후 보증금이 반환되지 아니한 경우 임차인은 임차주택의 소재지를 관할하는 지방법원·지방법원지원 또는 시·군 법원에 임차권등기명령을 신청할 수 있다.❶ 우선변제권을 승계한 금융기관은 임차인을 대위하여 임차권등기명령을 신청할 수 있다. (임대인의 주소지 ×) ② 임차권등기명령의 집행에 의한 임차권등기를 마치면 임차인은 대항력과 우선변제권을 취득한다. 다만, 임차인이 임차권등기 이전에 이미 대항력 또는 우선변제권을 취득한 경우에는 그 대항력 또는 우선변제권은 그대로 유지되며, 임차권등기 이후에는 대항요건을 상실하더라도 이미 취득한 대항력 또는 우선변제권을 상실하지 않는다. (└ 다른 곳으로 이사를 갔다는 의미) ③ 임차권등기명령의 집행에 따른 임차권등기가 끝난 주택을 그 이후에 임차한 임차인은 최우선변제를 받을 권리가 없다. ④ 임차인은 임차권등기명령의 신청 및 그에 따른 임차권등기와 관련하여 든 비용을 임대인에게 청구할 수 있다.

5 존속기간 등

(1) 존속기간 ☆☆☆ 제29회, 제32회

존속기간	① 최단존속기간 제한규정: ○(2년) ② 임차인은 2년 미만으로 정한 기간이 유효함을 주장할 수 있다.❷
계약갱신 요구권	① 임대차기간이 만료되기 6개월 전부터 2개월 전까지 요구할 수 있다.❸ ② 1회에 한하여 갱신요구를 할 수 있고, 존속기간은 2년으로 본다. ③ 임차인은 언제든지 해지통고 ○(3개월 경과 시 임대차 소멸) ④ 임대인이 거절할 수 있는 경우: 2기의 차임액 연체, 무단전대, 고의 또는 중대한 과실로 파손, 전부 또는 대부분을 철거 or 재건축, 임대인의 실거주
법정갱신 └ 묵시적 갱신	① 임대인: 임대차기간이 끝나기 6개월 전부터 2개월 전까지 ② 임차인: 임대차기간이 끝나기 2개월 전까지 ③ 존속기간: 2년으로 본다.❹ ④ 임차인만 해지통고 ○❺ ⑤ 임대인이 통고를 받은 날로부터 3개월 경과 시 임대차가 소멸한다.

(2) 차임 등의 증감청구권

증액청구 시의 제한	약정한 차임 또는 보증금의 20분의 1(5%) 초과 금지
월차임전환 시 산정률의 제한	10%와 '기준금리+2%' 중 낮은 비율
차임연체와 해지	2기의 차임연체 시 해지

PART 4

기출지문 끝장

❶ 임차인은 임대차가 **끝나기 전**에는 주택의 소재지를 관할하는 법원에 **임차권등기명령을 신청할 수 없다.** 제29회

❷ 甲이 그 소유의 X주택에 거주하려는 乙과 존속기간 1년의 임대차계약을 체결한 경우 乙은 **1년의 존속기간이 유효함을 주장**할 수 있다. 제30회

❸ 주택임차인은 **임대차기간이 끝나기 6개월 전부터 2개월 전**까지의 기간 이내에 임대인에게 **계약갱신을 요구**할 수 있다. 제32회

❹ 주택임대차계약이 **묵시적으로 갱신**되면 그 임대차의 존속기간은 **2년**으로 본다. 제24회

❺ 주택임대차계약이 묵시적으로 갱신된 경우, **임차인은 언제든지** 임대인에게 **계약해지를 통지**할 수 있다. 제30회

(3) 임차권의 승계 ☆☆☆ 제28회

① 임차권승계에 대한 명문규정: ○

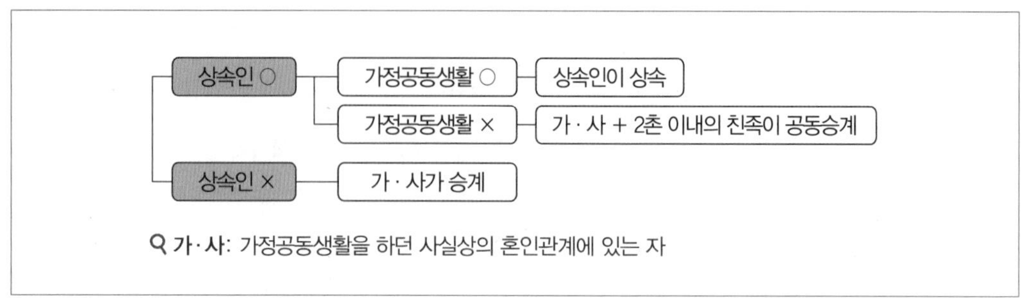

가·사: 가정공동생활을 하던 사실상의 혼인관계에 있는 자

② **주택임대차분쟁조정위원회**: 대한법률구조공단의 지부, 한국토지주택공사의 지사 또는 사무소 및 한국부동산원의 지사 또는 사무소에 둔다.

기출문제 끝장

기출 분석

- 기출회차: 제30회
- 난이도: ★★
- 키워드: 「주택임대차보호법」의 적용범위

함정을 피하는 끝장 TIP

- 주택임대차에서는 임차인만 2년 미만의 기간이 유효함을 주장할 수 있다는 점을 잘 정리하여야 한다.
- 대항력에서는 관련 판례를 정리해 두고, 우선변제에서는 임차인은 주택을 인도하지 않으면 보증금을 받을 수 없다는 점을 기억해 두어야 한다.

PART 4

甲이 그 소유의 X주택에 거주하려는 乙과 존속기간 1년의 임대차계약을 체결한 경우에 관한 설명으로 틀린 것은?

① 乙은 2년의 임대차 존속기간을 주장할 수 있다.

⋯› 기간을 정하지 아니하거나 기간을 2년 미만으로 정한 임대차는 그 기간을 2년으로 본다(주택임대차보호법 제4조 제1항 본문). 따라서 乙은 2년의 임대차 존속기간을 주장할 수 있다.

② 乙은 1년의 존속기간이 유효함을 주장할 수 있다.

⋯› 임차인은 2년 미만으로 정한 기간이 유효함을 주장할 수 있다(동법 제4조 제1항 단서). 따라서 乙은 1년의 존속기간이 유효함을 주장할 수 있다.

③ 乙이 2기의 차임액에 달하도록 차임을 연체한 경우, 묵시적 갱신이 인정되지 아니한다.

⋯› 임차인이 2기의 차임액에 달하도록 차임을 연체하거나 그 밖에 임차인으로서의 의무를 현저히 위반한 경우에는 법정갱신이 인정되지 않는다(동법 제6조 제3항).

④ 임대차계약이 묵시적으로 갱신된 경우, 乙은 언제든지 甲에게 계약해지를 통지할 수 있다.

⋯› 법정갱신이 된 경우 임차인은 언제든지 임대인에 대하여 계약해지를 통지할 수 있다(동법 제6조의2).

⑤ X주택의 경매로 인한 환가대금에서 乙이 보증금을 우선변제받기 위해서 X주택을 양수인에게 인도할 필요가 없다.

⋯› 임차인은 임차주택을 양수인에게 인도하지 아니하면 보증금을 우선변제받을 수 없다(동법 제3조의2 제3항). 따라서 X주택의 경매로 인한 환가대금에서 乙이 보증금을 우선변제받기 위해서 X주택을 양수인에게 인도하여야 한다.

기출테마

27 상가건물 임대차보호법의 목적과 적용범위

1 입법목적과 적용범위 제27회, 제28회, 제32회

<table>
<tr><td>입법목적</td><td colspan="2">상가임차인을 보호하여 국민의 경제생활 안정보장이 목적이다.</td></tr>
<tr><td>법적 성격</td><td colspan="2">①「상가건물 임대차보호법」은 민법상의 임대차의 특별법이다.
②「상가건물 임대차보호법」은 편면적 강행규정이다.</td></tr>
<tr><td>물적
적용범위</td><td colspan="2">① 상가건물의 임대차: ○
② 임대차 목적물의 주된 부분을 영업용으로 사용하는 경우: ○
③ 등기하지 아니한 전세계약: ○
④ 일시사용을 위한 임대차: ×</td></tr>
<tr><td rowspan="6">보증금의
제한</td><td colspan="2">「상가건물 임대차보호법」의 적용을 받기 위해서는 보증금이 일정액 이하이어야 하고, 보증금 외에 차임이 있는 경우에는 차임에 1분의 100을 곱하여 환산한 금액을 보증금에 포함하여야 한다.</td></tr>
<tr><td>서울특별시</td><td>9억원 이하</td></tr>
<tr><td>수도권 과밀억제권역 및 부산광역시</td><td>6억 9천만원 이하</td></tr>
<tr><td>광역시 등</td><td>5억 4천만원 이하</td></tr>
<tr><td>기타</td><td>3억 7천만원 이하</td></tr>
<tr><td>초과 시에도 인정되는 것</td><td>① 차임증감청구권
② 권리금 보호
③ 계약갱신요구권
④ 차임연체와 해지
⑤ 대항력
⑥ 표준계약서 작성</td></tr>
</table>

2 대항력 ☆☆☆ 제31회

대항력의 요건	건물의 인도+사업자등록 신청 ⇨ 다음 날 오전 0시부터 대항력 취득
대항력의 내용	① 대항력을 취득한 후에 상가건물의 소유권을 취득한 양수인에 대해 임차인은 임차권을 주장할 수 있다. ② 임차건물의 양수인은 임대인의 지위를 승계한 것으로 본다.

관련 판례	① 상가건물을 임차하고 사업자등록을 마친 사업자가 임차건물의 전대차 등으로 당해 사업을 개시하지 않거나 사실상 폐업한 경우 「상가건물 임대차보호법」상의 대항력 및 우선변제권을 유지하기 위해서는 건물을 직접 점유하면서 사업을 운영하는 전차인이 그 명의로 사업자등록을 하여야 한다. ② 소유권이전등기청구권을 보전하기 위한 가등기가 경료된 후에 「상가건물 임대차보호법」상 대항력을 취득한 임차인은 그 가등기에 기하여 본등기를 경료한 자에 대하여 임대차의 효력으로써 대항할 수 없다.

3 우선변제와 최우선변제 ☆☆☆

(1) 요건 및 의미 검토

요건 검토	① 우선변제권: 대항요건+확정일자 (대항요건: 배당요구의 종기까지 계속 존속하여야 함) ② 최우선변제권: 대항요건만 필요(확정일자 불요) (①②: 배당요구채권에 해당)
의미 검토	① 우선변제(보증금 회수): 대항요건과 확정일자를 갖춘 임차인은 임차건물(대지를 포함)의 환가대금에서 후순위권리자 기타 채권자보다 우선하여 보증금을 변제받을 권리가 있다. ② 최우선변제(보증금 중 일정액의 보호): 임차인은 보증금 중 일정액을 다른 담보물권자보다 우선하여 변제받을 권리가 있다.

(2) 우선변제권의 행사 및 승계

행사	① 임차인이 임차건물에 대하여 보증금반환청구소송의 확정판결, 그 밖에 이에 준하는 집행권원에 기한 경매를 신청하는 경우에는 반대의무의 이행 또는 이행의 제공을 집행개시의 요건으로 하지 아니한다. ② 임차인은 임차건물을 양수인에게 인도하지 아니하면 보증금을 수령할 수 없다.
승계	① 일정한 금융기관이 우선변제권을 취득한 임차인의 보증금반환채권을 계약으로 양수한 경우에는 양수한 금액의 범위에서 우선변제권을 승계한다. ② 우선변제권을 승계한 금융기관은 임차인이 대항요건을 상실한 경우와 임차권등기명령에 따른 임차권등기가 말소된 경우 및 민법상 임대차등기가 말소된 경우에는 우선변제권을 행사할 수 없다. ③ 우선변제권을 승계한 금융기관이더라도 우선변제권을 행사하기 위하여 임차인을 대리하거나 대위하여 임대차를 해지할 수는 없다.

(3) 최우선변제의 범위

① 최우선변제를 받을 임차인 및 보증금 중 일정액의 범위와 기준은 임대건물가액(임대인 소유의 대지가액을 포함)의 2분의 1의 범위에서 해당 지역의 경제 여건, 보증금 및 차임 등을 고려하여 상가건물임대차위원회의 심의를 거쳐 대통령령으로 정한다.

② 최우선변제의 범위

구분	보증금의 범위	최우선변제금액
서울특별시	6,500만원 이하	2,200만원
과밀억제권역	5,500만원 이하	1,900만원
광역시 등	3,800만원 이하	1,300만원
기타 지역	3,000만원 이하	1,000만원

4 존속기간 등 ☆☆☆

(1) 존속기간

존속기간	① 최단존속기간 제한규정: ○(1년) ② 임차인은 1년 미만으로 정한 기간이 유효함을 주장할 수 있다.
계약갱신 요구권	① 임대차기간이 만료되기 6개월 전부터 1개월 전까지 요구할 수 있다. ② 전 임대차와 동일한 조건으로 다시 임대차한 것으로 본다. ③ 최초 임대차기간을 포함한 전체 임대차기간이 10년을 초과하지 않는 범위 내에서만 행사할 수 있다.❶
임대인이 임차인의 계약갱신 요구를 거절할 수 있는 경우	① 임차인이 3기의 차임액에 해당하는 금액에 이르도록 차임을 연체한 사실이 있는 경우❷ ② 임차인이 거짓이나 그 밖의 부정한 방법으로 임차한 경우 ③ 서로 합의하여 임대인이 임차인에게 상당한 보상을 제공한 경우 ④ 임차인이 임대인의 동의 없이 목적 건물의 전부 또는 일부를 전대한 경우 ─ 무단전대 ⑤ 임차인이 임차한 건물의 전부 또는 일부를 고의나 중대한 과실로 파손한 경우❸ ─ 경과실 × ⑥ 임차한 건물의 전부 또는 일부가 멸실되어 임대차의 목적을 달성하지 못할 경우 ⑦ 임대인이 다음의 어느 하나에 해당하는 사유로 목적 건물의 전부 또는 대부분을 철거하거나 재건축하기 위하여 목적 건물의 점유를 회복할 필요가 있는 경우 ㉠ 임대차계약 체결 당시 공사시기 및 소요기간 등을 포함한 철거 또는 재건축 계획을 임차인에게 구체적으로 고지하고 그 계획에 따르는 경우 ㉡ 건물이 노후·훼손 또는 일부 멸실되는 등 안전사고의 우려가 있는 경우 ㉢ 다른 법령에 따라 철거 또는 재건축이 이루어지는 경우 ⑧ 그 밖에 임차인이 임차인으로서의 의무를 현저히 위반하거나 임대차를 계속하기 어려운 중대한 사유가 있는 경우
법정갱신 └ 묵시적 갱신	① 임대인: 임대차기간이 끝나기 6개월 전부터 1개월 전까지 ② 임차인: 임대차기간이 끝나기 1개월 전까지 × ③ 존속기간: 1년으로 본다. ④ 임차인만 해지통고 ○ ⑤ 임대인이 통고를 받은 날로부터 3개월 경과 시 임대차가 소멸한다.❹

(2) 차임 등의 증감청구권

증액청구 시의 제한	청구 당시의 차임 또는 보증금의 100분의 5(5%) 초과금지
월차임전환 시 산정률의 제한	12%와 '기준금리×4.5배' 중 낮은 비율
차임연체와 해지	3기의 차임연체 시 해지

5 권리금 보호 ☆☆☆ 제26회, 제30회

① 임대인은 임대차기간이 끝나기 6개월 전부터 임대차 종료 시까지 다음의 어느 하나에 해당하는 행위를 함으로써 권리금계약에 따라 임차인이 주선한 신규임차인이 되려는 자로부터 권리금을 지급받는 것을 방해하여서는 아니 된다. 다만, 임대인이 임차인의 계약갱신요구를 거절할 수 있는 경우(상가건물 임대차보호법 제10조 제1항 각 호의 어느 하나에 해당하는 사유가 있는 경우)에는 그렇지 않다.

㉠ 임차인이 주선한 신규임차인이 되려는 자에게 권리금을 요구하거나 임차인이 주선한 신규임차인이 되려는 자로부터 권리금을 수수하는 행위

㉡ 임차인이 주선한 신규임차인이 되려는 자로 하여금 임차인에게 권리금을 지급하지 못하게 하는 행위

㉢ 임차인이 주선한 신규임차인이 되려는 자에게 상가건물에 관한 조세, 공과금, 주변 상가건물의 차임 및 보증금, 그 밖의 부담에 따른 금액에 비추어 현저히 고액의 차임과 보증금을 요구하는 행위

㉣ 그 밖에 정당한 사유 없이 임대인이 임차인이 주선한 신규임차인이 되려는 자와 임대차계약의 체결을 거절하는 행위

기출지문 끝장

❶ 상가임차인은 임대인에게 계약갱신을 요구할 수 있으나 전체 임대차기간이 **10년을 초과해서는 안 된다.** 제30회

❷ 2014. 1. 甲은 선순위권리자가 없는 乙의 X상가건물을 보증금 1억원, 월차임 40만원에 임차하여 대항요건을 갖추고 확정일자를 받았다. 甲이 **3기의 차임 상당액을 연체**한 경우, 乙은 甲의 **계약갱신요구를 거절**할 수 있다. 제25회

❸ 甲은 2021년 2월 1일 서울특별시에 위치한 乙 소유 X상가건물에 대하여 보증금 5억원, 월차임 5백만원으로 임대차계약을 체결하였다. 甲은 2021년 2월 15일 건물의 인도를 받아 영업을 개시하고, 사업자등록을 신청하였다. **甲이 임차건물의 일부를 중과실로 파손한 경우** 乙은 甲의 계약갱신요구를 거절할 수 있다. 제32회

❹ 상가임대차계약이 묵시적으로 갱신된 경우, 임차인의 계약해지의 통고가 있으면 임대인이 통고를 받은 날부터 **3개월**이 지나면 효력이 발생한다. 제30회

② 임대인이 임차인의 권리금 회수기회를 방해하여 임차인에게 손해를 발생하게 한 때에는 그 손해를 배상할 책임이 있다. 이 경우 그 손해배상액은 신규임차인이 임차인에게 지급하기로 한 권리금과 임대차 종료 당시의 권리금 중 낮은 금액을 넘지 못한다.

③ 임차인이 임대인에게 손해배상을 청구할 권리는 임대차가 종료한 날부터 3년 이내에 행사하지 아니하면 시효의 완성으로 소멸한다.❶

④ 대규모점포, 국·공유재산, 전대차의 경우에는 권리금 회수기회의 보장에 관한 규정이 적용되지 않는다.

기출지문 끝장

❶ 권리금회수의 방해로 인한 임차인의 임대인에 대한 손해배상청구권은 임대차가 종료한 날로부터 **3년 이내**에 행사하지 않으면 시효의 완성으로 소멸한다. 제27회

기출문제 끝장

기출 분석

- 기출회차: 제30회
- 난이도: ★★
- 키워드: 상가건물 임대차의 효력

함정을 피하는 끝장 TIP

- 상가임대차에서는 임대인이 임차인의 계약갱신요구를 거절할 수 있는 경우에는 임차인에게 권리금회수의 기회가 보장되지 않는다는 점을 주의하여야 한다.
- 상가임대차가 법정갱신된 경우 임차인만 해지통고를 할 수 있고, 3개월이 경과하면 임대차가 소멸한다는 점을 잘 정리해 두어야 한다.

PART 4

상가건물 임대차보호법에 관한 설명으로 옳은 것은?

① 임대차계약을 체결하려는 자는 임대인의 ~~동의 없어도~~ 관할 세무서장에게 해당 상가건물의 임대차에 관한 정보제공을 요구할 수 있다.

⋯➝ 임대차계약을 체결하려는 자는 임대인의 동의를 받아 관할 세무서장에게 해당 상가건물의 임대차에 관한 정보제공을 요구할 수 있다(상가건물 임대차보호법 제4조 제4항).

✔② 임차인이 임차한 건물을 중대한 과실로 전부 파손한 경우, 임대인은 권리금회수의 기회를 보장할 필요가 없다.

⋯➝ 동법 제10조 제1항 각 호의 계약갱신거절사유가 있는 경우, 임대인은 권리금회수기회 보호의무를 부담하지 않는다(동법 제10조의4 제1항 단서).

③ 임차인은 임대인에게 계약갱신을 요구할 수 있으나 전체 임대차기간이 ~~7년~~을 초과해서는 안 된다.

⋯➝ 임차인의 계약갱신요구권은 최초의 임대차기간을 포함한 전체 임대차기간이 10년을 초과하지 아니하는 범위에서만 행사할 수 있다(동법 10조 제2항).

④ 임대차가 종료한 후 보증금이 반환되지 않은 때에는 임차인은 ~~관할 세무서~~에 임차권등기명령을 신청할 수 있다.

⋯➝ 임대차가 종료된 후 보증금이 반환되지 아니한 경우 임차인은 임차건물의 소재지를 관할하는 지방법원, 지방법원지원 또는 시·군법원에 임차권등기명령을 신청할 수 있다(동법 제6조 제1항).

⑤ 임대차계약이 묵시적으로 갱신된 경우, 임차인의 계약해지의 통고가 있으면 ~~즉시~~ 해지의 효력이 발생한다.

⋯➝ 상가건물임대차가 법정갱신된 경우 임차인은 언제든지 임대인에게 계약해지의 통고를 할 수 있고, 임대인이 통고를 받은 날부터 3개월이 지나면 효력이 발생한다(동법 제10조 제5항).

기출테마

28 집합건물의 소유 및 관리에 관한 법률

1 구분소유권과 전유부분 제27회

의의	① 구분소유권: 1동 건물 중 구조상 독립성 및 이용상의 독립성을 가진 전유부분을 목적으로 하는 소유권 ② 전유부분: 구분소유권의 목적인 건물부분❶ ③ 구분건물이 되기 위한 요건 : 객관적·물리적인 측면에서 구조상·이용상의 독립성을 갖추어야 하고 구분소유권의 객체로 하려는 의사표시, 즉 구분행위가 있어야 한다.
등기처리	① 1동의 건물에 속하는 전부에 대하여 1등기기록을 사용한다. ② 표제부 및 각 구는 1동의 건물을 구분한 각 건물마다 둔다.
담보책임	① 집합건물을 건축하여 분양한 자(분양자)와 분양자와의 계약에 따라 건물을 건축한 자로서 대통령령으로 정하는 자(시공자)는 구분소유자에 대하여 담보책임을 진다.❷ ② 분양자와 시공자의 담보책임에 관하여 「집합건물의 소유 및 관리에 관한 법률」과 민법에 규정된 것보다 매수인에게 불리한 특약은 효력이 없다. ③ 담보책임의 기산점 ㉠ 전유부분: 구분소유자에게 인도한 날 ㉡ 공용부분: 「주택법」 제49조에 따른 사용검사일 또는 「건축법」 제22조에 따른 사용승인일 ④ 수분양자는 집합건물의 완공 후에도 분양목적물의 하자로 인하여 계약의 목적을 달성할 수 없는 때에는 분양계약을 해제할 수 있다.❸

2 공용부분 ☆☆☆ 제26회, 제29회, 제30회, 제31회

의의	① 법정공용부분: 성질 및 구조상 당연한 공용부분 ㉠ 전유부분 이외의 건물부분: 복도, 계단, 지붕, 엘리베이터, 지하실 등 ㉡ 전유부분에 속하지 아니하는 건물의 부속물: 전기배선, 저수탱크, 소화시설 등 ② 규약공용부분: 구조상으로는 전유부분이지만 규약에 의하여 공용부분으로 된 부속건물(관리사무실, 창고, 차고 등) ③ 법정공용부분은 등기할 필요가 없으나, 규약공용부분은 등기가 필요하다.
소유형태	① 공용부분은 구분소유자 전원의 공유에 속하나, 일부공용부분은 그들 구분소유자의 공유에 속한다.❹ ② 각 공유자의 지분은 그가 가지는 전유부분의 면적비율에 따른다.
일체성의 원칙	공용부분은 그의 전유부분의 처분에 따르고, 공용부분에 대한 지분권만을 분리하여 처분할 수 없는 것이 원칙이다.

3 대지사용권

의의	① **대지사용권**❺: 전유부분을 소유하기 위하여 건물의 대지에 대해서 가지는 권리 └ 소유권, 지상권, 전세권, 임차권 등 ㉠ **법정대지**: 전유부분이 속하는 1동의 건물이 소재하는 대지 ㉡ **규약대지**: 규약에 의하여 건물의 대지로 된 도로, 주차장, 정원, 부속건물의 대지 등 ㉢ 규약대지는 법정대지와 인접할 필요는 없다. ② **대지권**: 대지사용권으로서 건물과 분리하여 처분할 수 없는 것
일체성의 원칙	대지사용권은 그의 전유부분의 처분에 따르고, 전유부분과 분리하여 처분할 수 없는 것이 원칙이다.
지분포기의 경우	민법 제267조 규정은 대지사용권에는 적용되지 않으므로 구분소유자가 대지사용권에 대한 지분을 포기하거나 상속인 없이 사망하더라도 그 지분은 다른 구분소유자에게 귀속하지 않는다.

조문

민법 제267조【지분포기 등의 경우의 귀속】 공유자가 그 지분을 포기하거나 상속인 없이 사망한 때에는 그 지분은 다른 공유자에게 각 지분의 비율로 귀속한다.

PART 4

기출지문 끝장

❶ **전유부분**은 구분소유권의 목적인 **건물부분**을 말한다. 제27회

❷ 분양자 아닌 **시공자도** 특별한 사정이 없는 한, 집합건물의 **하자에 대하여 담보책임**을 진다. 제23회

❸ 완성된 분양목적물의 하자로 **계약목적을 달성할 수 없는 경우, 분양계약을 해제**할 수 있다. 제23회

❹ **일부의 구분소유자만이 공용**하도록 제공되는 것임이 명백한 공용부분은 **그들 구분소유자의 공유**에 속한다. 제29회

❺ **대지사용권**은 구분소유자가 전유부분을 소유하기 위하여 건물의 대지에 대하여 가지는 권리를 말한다. 제27회

4 구분소유자의 권리 · 의무 ☆☆☆ 제32회

필요에 따라 ×
지분에 따라 ×

권리와 의무	① 각 공유자는 공용부분을 그 용도에 따라 사용할 수 있다. ② 구분소유자는 건물의 보존에 해로운 행위나 그 밖에 건물의 관리 및 사용에 관하여 구분소유자의 공동의 이익에 어긋나는 행위를 하여서는 안 된다. ③ 구분소유자가 공동의 이익에 어긋나는 행위를 한 경우 또는 그 행위를 할 우려가 있는 경우에는 관리인 또는 관리단집회의 결의에 의하여 지정된 구분소유자는 위반행위의 정지청구(제43조), 사용금지청구(제44조), 경매청구(제45조), 전유부분의 점유자에 대한 인도청구(제46조)를 할 수 있다. 각 구분소유자 ×
공용부분의 관리	① 공용부분의 관리에 관한 사항은 원칙적으로 통상의 집회결의로써 결정한다(보존행위는 각 공유자가 할 수 있음). ② 공용부분의 변경에 관한 사항은 관리단집회에서 구분소유자의 3분의 2 이상 및 의결권의 3분의 2 이상의 결의로써 결정한다(공용부분의 개량을 위한 것으로서 지나치게 많은 비용이 드는 것이 아닐 경우와 휴양콘도미니엄의 공용부분 변경에 관한 사항은 통상의 집회결의로써 결정할 수 있음). ③ 각 공유자는 규약에 달리 정함이 없는 한 그 지분의 비율에 따라 공용부분의 관리비용 기타 의무를 부담하며, 공용부분에서 생기는 이익을 취득한다. ④ 공유자가 공용부분에 관하여 다른 공유자에 대하여 가지는 채권은 그 특별승계인에 대하여도 행사할 수 있다.❶ ⑤ 아파트의 특별승계인은 전 입주자의 체납관리비 중 공용부분에 관하여는 이를 승계하여야 한다. ⑥ 공용부분 관리비에 대한 연체료는 특별승계인에게 승계되는 공용부분 관리비에 포함되지 않는다.❷

5 관리단과 관리인

(1) 관리단 ☆☆☆

관리단	건물에 대하여 구분소유관계가 성립되면 구분소유자 전원을 구성원으로 하여 건물과 그 대지 및 부속시설의 관리에 관한 사업의 시행을 목적으로 하는 관리단이 설립된다.
관리단 집회의 소집	① 정기 관리단집회: 관리인은 매년 회계연도 종료 후 3개월 이내에 정기 관리단집회를 소집하여야 한다.❸ ② 임시 관리단집회 ㉠ 관리인은 필요하다고 인정한 때에는 관리단집회를 소집할 수 있다. ㉡ 구분소유자의 5분의 1 이상이 회의의 목적사항을 명시하여 관리단집회의 소집을 청구한 때에는 관리인은 관리단집회를 소집하여야 한다. ③ 소집절차 ㉠ 관리단집회를 소집하고자 할 때에는 관리단 집회일의 1주일 전에 회의의 목적사항을 명시하여 각 구분소유자에게 통지하여야 한다. ㉡ 관리단집회는 구분소유자 전원의 동의가 있는 때에는 소집절차를 거치지 아니하고 소집할 수 있다.
관리단 집회의 결의	① 관리단집회는 통지한 사항에 관하여서만 결의할 수 있고, 각 구분소유자의 의결권은 규약에 특별한 규정이 없는 경우에는 지분비율에 따른다. ② 관리단집회의 의사는 「집합건물의 소유 및 관리에 관한 법률」 또는 규약에 특별한 규정이 없는 경우에는 구분소유자 및 의결권의 각 과반수로써 의결한다. ③ 의결권은 서면이나 전자적 방법으로 또는 대리인을 통하여 행사할 수 있다. ④ 관리단집회의 결의는 구분소유자의 특별승계인에 대하여도 효력이 있다.

(2) 관리인

① 임의적 선임: 구분소유자가 10인 이상일 때에는 관리단을 대표하고 관리단의 사무를 집행할 관리인을 선임해야 한다.

② 선임과 해임

㉠ 관리인은 구분소유자일 필요가 없으며, 그 임기는 2년의 범위에서 규약으로 정한다. 관리인은 관리단집회의 결의로 선임되거나 해임된다.

기출지문 끝장

❶ 공유자가 공용부분에 관하여 다른 공유자에 대하여 가지는 **채권은 그 특별승계인에 대하여도 행사**할 수 있다. 제29회

❷ 공용부분 관리비에 대한 **연체료는** 특별승계인에게 **승계되는 공용부분 관리비에 포함되지 않는다.** 제25회

❸ 관리인은 매년 회계연도 종료 후 **3개월 이내**에 **정기 관리단집회를 소집**하여야 한다. 제29회

지정된 구분소유자 ×

ⓛ 관리인에게 부정한 행위나 그 밖에 그 직무를 수행하기에 적합하지 아니한 사정이 있을 때에는 각 구분소유자는 관리인의 해임을 법원에 청구할 수 있다.❶

ⓒ 관리인은 매년 1회 이상 구분소유자에게 그 사무에 관한 보고를 해야 한다.

③ 관리인의 권한과 의무

전유부분 ×

㉠ 공용부분의 보존·관리 및 변경을 위한 행위

ⓛ 관리단의 사무의 집행을 위한 분담금액 및 비용을 각 구분소유자에게 청구·수령하는 행위 및 그 금원을 관리하는 행위

ⓒ 관리단의 사업시행에 관련하여 관리단을 대표하여 행하는 재판상 또는 재판 외의 행위

㉣ 그 밖에 규약에 정하여진 행위

6 재건축 ☆☆☆ 제24회, 제28회, 제30회

재건축 결의	① 재건축의 결의는 구분소유자의 5분의 4 이상 및 의결권의 각 5분의 4 이상❷의 다수에 의한 결의에 따른다(각각의 건물마다 5분의 4를 의미). ② 재건축의 결의가 있은 때에는 집회를 소집한 자는 지체 없이 그 결의에 찬성하지 아니한 구분소유자에 대하여 그 결의내용에 따른 재건축에 참가할 것인지 여부를 회답할 것을 서면으로 촉구해야 한다. ③ 위의 촉구를 받은 구분소유자는 촉구를 받은 날부터 2개월 이내에 회답해야 한다. 이 기간 내에 회답하지 아니한 경우 그 구분소유자는 재건축에 참가하지 아니하겠다는 뜻을 회답한 것으로 본다.❸ (참가하는 ×) ④ 위 기간이 지나면 매수지정자는 기간만료일로부터 2개월 이내에 재건축에 참가하지 아니하겠다는 뜻을 회답한 구분소유자에 대하여 구분소유권과 대지사용권을 시가로 매도할 것을 청구할 수 있다.
결의내용의 변경	① **재건축 결의내용의 변경을 위한 의결정족수:** 조합원 5분의 4 이상의 결의 ② **재건축 결의내용의 변경방법:** 서면결의로도 가능하다.

기출지문 끝장

❶ 관리인에게 **부정한 행위**가 있을 때에는 각 구분소유자는 관리인의 **해임**을 **법원**에 **청구**할 수 있다. 제24회

❷ 재건축 결의는 **구분소유자의 5분의 4** 이상 및 **의결권의 5분의 4 이상의 결의**에 의한다. 제30회

❸ 재건축 결의 후 재건축 참가 여부를 서면으로 촉구받은 재건축반대자가 **법정기간 내에 회답하지 않으면 재건축에 참가하지 않겠다는 회답**을 한 것으로 본다. 제30회

기출문제 끝장

기출 분석

- 기출회차: 제32회
- 난이도: ★★★
- 키워드: 「집합건물의 소유 및 관리에 관한 법률」의 내용

함정을 피하는 끝장 TIP

- 구분건물이 되기 위한 요건을 먼저 정리해 두어야 한다.
- 구분소유자 상호간의 권리와 의무 및 「집합건물의 소유 및 관리에 관한 법률」에 관한 최근 판례의 결론을 잘 정리해 두어야 한다.

집합건물의 소유 및 관리에 관한 법률에 관한 설명으로 틀린 것을 모두 고른 것은? (다툼이 있으면 판례에 따름)

> ㉠ 구분건물이 객관적·물리적으로 완성되더라도 그 건물이 집합건축물대장에 등록되지 않는 한 구분소유권의 객체가 되지 못한다.
> ··· 구분건물이 되기 위해서는 구분된 각 부분이 구조상·이용상의 독립성이 있어야 하고 소유자의 구분행위가 있어야 한다(대판 1999.7.27, 98다35020). 구분행위로 인정받기 위해서 집합건축물대장에 등록되거나 구분건물로서 등기부에 등기까지 될 필요는 없다(대판 전합체 2013.1.17, 2010다71578).
>
> ㉡ 집합건물구분소유권의 특별승계인이 그 구분소유권을 다시 제3자에게 이전한 경우, 관리규약에 달리 정함이 없는 한, 각 특별승계인들은 자신의 전(前)구분소유자의 공용부분에 대한 체납관리비를 지급할 책임이 있다.
> ··· 구분소유권의 특별승계인은 구분소유권을 다시 제3자에 이전한 경우에도 이전 구분소유자들의 채무를 중첩적으로 인수하므로, 여전히 자신의 전(前)구분소유자의 공용부분에 대한 체납관리비를 지급할 책임을 진다(대판 2008.12.11, 2006다50420).
>
> ㉢ 전유부분은 구분소유권의 목적인 건물부분을 말한다.
> ··· 전유부분이란 구분소유권의 목적인 건물부분이다(동법 제2조 제3호).

 ㉠　　② ㉡
③ ㉢　　④ ㉠, ㉡
⑤ ㉡, ㉢

기출테마

29 가등기담보 등에 관한 법률

1 가등기담보 등에 관한 법률의 적용범위 ☆☆☆ 제32회

적용 요건	① 목적물이 공시할 수 있을 것 ② 예약 당시의 가액이 차용액과 이에 붙인 이자를 합산한 액수를 초과할 것 (미달 시에는 적용×) ③ 채권담보를 목적으로 한 계약이 있을 것 (대물변제의 예약, 매매예약 등) ④ 소비대차에 기한 채권일 것
관련 판례	① 매매대금채권, 물품대금선급금 반환채권, 공사대금채권❶, 불하대금채권, 매매계약의 해제에 따른 대금반환채권, 불법행위채권, 부당이득반환채권, 낙찰자로서의 권리를 포기하는 대가로 채무자가 지급한 금전을 담보하기 위하여 가등기한 경우에는 「가등기담보 등에 관한 법률」이 적용되지 않는다. ② 동산에도 역시 적용되지 않는다. 또한 전세권, 질권 및 저당권에 대해서도 「가등기담보 등에 관한 법률」이 적용되지 않는다. ③ 예약 당시의 가액이 차용액 및 이에 붙인 이자의 합산액을 초과하는 경우에만 적용되므로 이에 미달하는 경우에는 적용되지 않는다.

2 가등기담보권의 실행 ☆☆☆ 제23회, 제24회, 제25회, 제27회, 제28회, 제30회, 제31회

권리취득에 의한 실행	실행 순서	변제기 도래 ⇨ 실행통지 ⇨ 청산기간(2개월) 경과 ⇨ 청산금 지급 ⇨ 소유권 취득
	실행 통지	① 통지사항: 청산금의 평가액 ㉠ 청산금의 평가액이 채권액에 미달하여 청산금이 없다고 인정되는 때에는 그 뜻을 통지하여야 한다. ㉡ 채권자는 그가 통지한 청산금의 금액에 관하여 다툴 수 없다.❷ ② 통지의 상대방❸: 채무자+물상보증인+제3취득자(담보가등기 후 소유권을 취득한 제3자) (채무자는 다툴 수 있음) ③ 통지시기: 피담보채권의 변제기 이후 ④ 통지방법: 서면 또는 구두
	청산	① 청산기간: 실행통지가 도달한 날로부터 2개월이 경과하여야 한다. ② 청산금청구권자: 채무자와 물상보증인 및 제3취득자

	소유권[4] 취득	① **청산금이 없는 경우:** 청산기간 경과 후에 곧바로 가등기에 기한 본등기를 청구할 수 있다. ② **청산금이 있는 경우:** 청산기간이 경과한 후 청산금을 지급하거나 청산금을 공탁하여야 본등기를 청구할 수 있다. ③ **채무자 등의 말소청구:** 청산금채권을 변제받을 때까지 그 채무액을 채권자에게 지급하고 등기말소를 청구할 수 있다. ㉠ 채무의 변제기가 지난 때로부터 10년이 지난 경우 말소청구 불가 ㉡ 선의의 제3자가 소유권을 취득한 경우 말소청구 불가
경매에 의한 실행	가등기담보권자는 그 선택에 따라 권리취득에 의해 실행하거나 목적부동산의 경매를 청구할 수 있다.	

3 후순위권리자의 보호

보호방법	① 후순위권리자는 그 순위에 따라 채무자 등이 지급받을 청산금에 대하여 가등기담보권자가 통지한 청산금의 평가액의 범위에서 청산금이 지급될 때까지 그 권리를 행사할 수 있다. ② 후순위권리자는 청산기간 내에 한정하여 그 피담보채권의 변제기 도래 전이라도 목적부동산의 경매를 청구할 수 있다.[5]
본등기 청구금지	담보가등기를 마친 부동산에 대하여 강제경매 등의 개시결정이 있는 경우에 그 경매의 신청이 청산금을 지급하기 전에 행하여진 경우에는 가등기담보권자는 그 가등기에 따른 본등기를 청구할 수 없다.

기출지문 끝장

❶ **공사대금채무**를 담보하기 위한 가등기에는 「가등기담보 등에 관한 법률」이 적용되지 않는다. 제26회

❷ 채권자는 채무자에게 **청산금의 평가액**을 통지한 후에는 이에 관하여 **다툴 수 없다.** 제24회

❸ **실행통지의 상대방**이 채무자 등 여러 명인 경우, 그 모두에 대하여 실행통지를 하여야 통지로서의 효력이 발생한다. 제23회

❹ 「가등기담보 등에 관한 법률」에서 정한 **청산절차를 거치지 않은 담보가등기에 기한 본등기는 원칙적으로 무효**이다. 제22회

❺ 담보가등기 후의 저당권자는 **청산기간 내**에는 저당권의 **피담보채권의 도래 전이라도** 담보목적부동산의 **경매를 청구할 수 있다.** 제26회

기출문제 끝장

기출 분석

- 기출회차: 제28회
- 난이도: ★★
- 키워드: 가등기담보권의 실행

함정을 피하는 끝장 TIP

- 가등기담보권의 실행에서는 권리취득에 의한 실행순서를 반드시 외우고 있어야 한다.
- 후순위권리자는 청산기간 내에 한하여 자신의 채권이 변제기에 도래하지 않아도 경매를 청구할 수 있다는 점을 잘 정리하여야 한다.

甲은 乙에게 빌려준 1,000만원을 담보하기 위해 乙 소유의 X토지(시가 1억원)에 가등기를 마친 다음, 丙이 X토지에 대해 저당권을 취득하였다. 다음 설명 중 옳은 것은? (다툼이 있으면 판례에 따름)

① 乙의 채무변제의무와 甲의 가등기말소의무는 ~~동시이행의 관계에~~ 있다.

→ 乙의 채무변제의무가 선이행의무이다.

② 甲이 청산기간이 지나기 전에 가등기에 의한 본등기를 마치면 그 본등기는 무효이다.

→ 대판 2017.5.17, 2017다202296

③ 乙이 청산기간이 지나기 전에 한 청산금에 관한 권리의 양도는 이로써 丙에게 대항할 수 있다.

→ 乙이 청산기간이 지나기 전에 한 청산금에 관한 권리의 양도는 이로써 丙에게 대항할 수 없다(가등기담보 등에 관한 법률 제7조 제1항).

④ 丙은 청산기간이 지나면 그의 피담보채권 변제기가 도래하기 전이라도 X토지의 경매를 청구할 수 있다.

→ 후순위권리자는 청산기간에 한정하여 그 피담보채권의 변제기 도래 전이라도 담보목적부동산의 경매를 청구할 수 있다(동법 제12조 제2항). 따라서 丙은 청산기간이 지나면 그의 피담보채권 변제기가 도래하기 전이라도 X토지의 경매를 청구할 수 없다.

⑤ 甲의 가등기담보권 실행을 위한 경매절차에서 X토지의 소유권을 丁이 취득한 경우, 甲의 가등기담보권은 ~~소멸하지 않는다~~.

→ 담보가등기를 마친 부동산에 대하여 강제경매 등이 행하여진 경우에는 담보가등기권리는 그 부동산의 매각에 의하여 소멸한다(동법 제15조).

부동산 실권리자명의 등기에 관한 법률

1 적용범위

적용대상	부동산에 관한 소유권 기타 물권
적용제외	① 양도담보 ② 가등기담보 ③ 상호명의신탁(구분소유적 공유) ④ 「신탁법」상의 신탁 ─ 신탁자가 소유권을 보유하여 이를 관리 · 수익하면서 공부상의 소유명의만 수탁자로 해 두는 것
적용특례	종중재산의 명의신탁과 배우자 간의 명의신탁, 종교단체의 명의로 그 산하조직이 보유한 부동산에 대한 물건을 등기한 경우로서 탈법목적이 없는 경우에는 유효하다.

조 문

제2조【정의】이 법에서 사용하는 용어의 뜻은 다음과 같다.

1. '명의신탁약정'이란 부동산에 관한 소유권이나 그 밖의 물권(이하 '부동산에 관한 물권'이라 한다)을 보유한 자 또는 사실상 취득하거나 취득하려고 하는 자(이하 '실권리자'라 한다)가 타인과의 사이에서 대내적으로는 실권리자가 부동산에 관한 물권을 보유하거나 보유하기로 하고 그에 관한 등기(가등기를 포함한다. 이하 같다)는 그 타인의 명의로 하기로 하는 약정(위임 · 위탁매매의 형식에 의하거나 추인에 의한 경우를 포함한다)을 말한다. 다만, 다음 각 목의 경우는 제외한다.
   가. 채무의 변제를 담보하기 위하여 채권자가 부동산에 관한 물권을 이전받거나 가등기하는 경우
   나. 부동산의 위치와 면적을 특정하여 2인 이상이 구분소유하기로 하는 약정을 하고 그 구분소유자의 공유로 등기하는 경우
   다. 「신탁법」 또는 「자본시장과 금융투자업에 관한 법률」에 따른 신탁재산인 사실을 등기한 경우
2. '명의신탁자'란 명의신탁약정에 따라 자신의 부동산에 관한 물권을 타인의 명의로 등기하게 하는 실권리자를 말한다.
3. '명의수탁자'란 명의신탁약정에 따라 실권리자의 부동산에 관한 물권을 자신의 명의로 등기하는 자를 말한다.
4. '실명등기'란 이 법 시행 전에 명의신탁약정에 따라 명의수탁자의 명의로 등기된 부동산에 관한 물권을 이 법 시행일 이후 명의신탁자의 명의로 등기하는 것을 말한다.

이전형 명의신탁

2 2자 간 명의신탁 ☆☆☆ 제26회

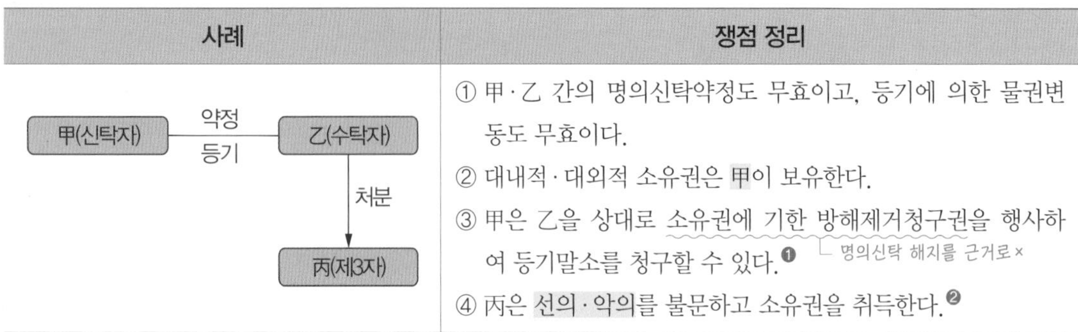

사례	쟁점 정리
甲(신탁자) —약정/등기— 乙(수탁자) 乙(수탁자) —처분→ 丙(제3자)	① 甲·乙 간의 명의신탁약정도 무효이고, 등기에 의한 물권변동도 무효이다. ② 대내적·대외적 소유권은 甲이 보유한다. ③ 甲은 乙을 상대로 소유권에 기한 방해제거청구권을 행사하여 등기말소를 청구할 수 있다.❶ (명의신탁 해지를 근거로×) ④ 丙은 선의·악의를 불문하고 소유권을 취득한다.❷

중간생략형 명의신탁

3 등기명의신탁 ☆☆☆ 제25회, 제26회, 제30회

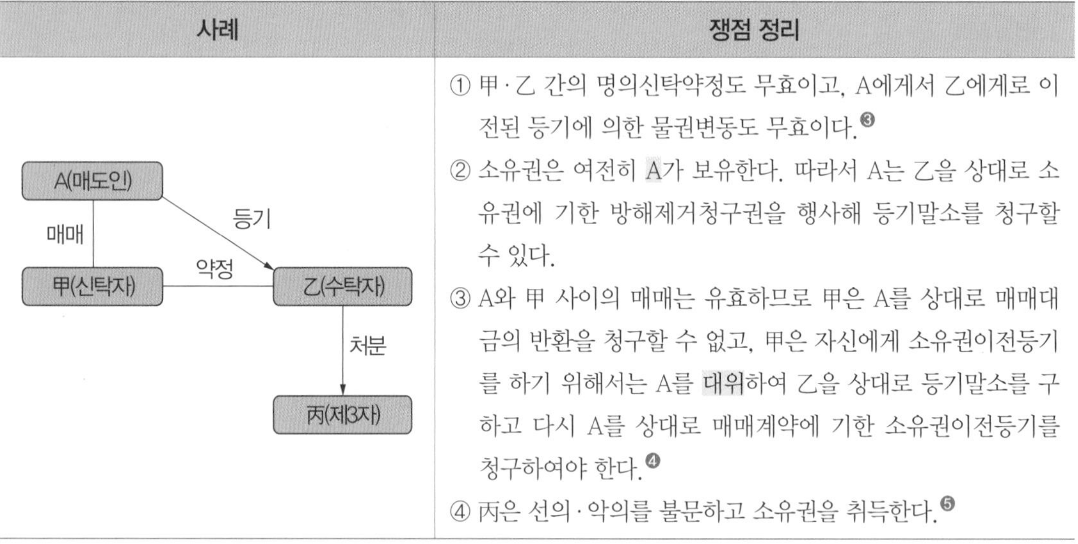

사례	쟁점 정리
A(매도인) —매매— 甲(신탁자) A(매도인) —등기→ 乙(수탁자) 甲(신탁자) —약정— 乙(수탁자) 乙(수탁자) —처분→ 丙(제3자)	① 甲·乙 간의 명의신탁약정도 무효이고, A에게서 乙에게로 이전된 등기에 의한 물권변동도 무효이다.❸ ② 소유권은 여전히 A가 보유한다. 따라서 A는 乙을 상대로 소유권에 기한 방해제거청구권을 행사해 등기말소를 청구할 수 있다. ③ A와 甲 사이의 매매는 유효하므로 甲은 A를 상대로 매매대금의 반환을 청구할 수 없고, 甲은 자신에게 소유권이전등기를 하기 위해서는 A를 대위하여 乙을 상대로 등기말소를 구하고 다시 A를 상대로 매매계약에 기한 소유권이전등기를 청구하여야 한다.❹ ④ 丙은 선의·악의를 불문하고 소유권을 취득한다.❺

위임형 명의신탁

4 계약명의신탁 ☆☆☆ 제25회, 제26회, 제27회, 제29회, 제32회

사례	쟁점 정리
A(매도인) —매매+등기→ 乙(수탁자); 甲(신탁자) —약정/위임— 乙(수탁자); 乙(수탁자) —처분→ 丙(제3자)	① A가 선의인 경우에는 매매와 등기는 유효하므로 乙이 소유권을 취득한다.❻ 다만, 乙이 소유권을 취득하는 것이 甲에 대한 관계에서 부당이득이다. ② A가 악의인 경우는 등기가 무효이므로 소유권은 A가 보유한다. 이 경우 A는 乙을 상대로 소유권에 기한 방해제거청구권을 행사해 등기말소를 청구할 수 있다.❼ ③ 甲·乙 간의 명의신탁약정이 무효인 경우 위임계약도 일부무효의 법리에 따라 무효가 되므로, 甲은 乙을 상대로 부동산의 매수대금(부동산실명법 시행 후인 경우)에 대한 부당이득반환을 청구할 수 있다. ④ 丙은 선의·악의를 불문하고 소유권을 취득한다.

기출지문 끝장

❶ 甲은 법령상의 제한을 회피하기 위해 2019. 5. 배우자 乙과 명의신탁약정을 하고 자신의 X건물을 乙 명의로 소유권이전등기를 마쳤다. 이 경우 甲은 소유권에 의해 乙을 상대로 **소유권이전등기의 말소**를 청구할 수 있다. 제31회

❷ 명의수탁자가 제3자에게 부동산을 처분한 경우, 그 제3자는 **선의·악의를 불문하고 소유권을 취득**하는 것이 원칙이다. 제22회

❸ 2013.10.26. 甲은 친구 乙과 명의신탁약정을 하였다. 그 후 甲은 丙 소유의 X토지를 매수하면서 丙에게 부탁하여 乙 명의로 소유권이전등기를 하였고, X토지는 현재 甲이 점유하고 있다. 이 경우 乙은 甲에게 **X토지의 반환을 청구할 수 없다**. 제25회

❹ 2019.10.26. X부동산을 매수하고자 하는 甲은 친구 乙과 명의신탁약정을 하고 乙 명의로 소유권이전등기를 하기로 하였다. 그 후 甲은 丙에게서 그 소유의 X부동산을 매수하고 대금을 지급하였으며, 丙은 甲의 부탁에 따라 乙 앞으로 이전등기를 해 주었다. 이 경우 甲은 丙을 **대위하여** 乙 명의 **등기의 말소를 구할 수 있다**. 제30회

❺ 甲과 乙은 「부동산 실권리자명의 등기에 관한 법률」의 적용을 받는 명의신탁약정을 통하여 丙 소유 X건물의 소유권등기를 乙 명의로 하였다. 乙에게 X건물을 매도한 丙이 甲·乙 간의 계약명의신탁약정에 관하여 **선의이더라도, 명의신탁약정은 무효이다**. 제23회

❻ 2015년 甲은 丙의 X토지를 취득하고자 친구 乙과 명의신탁약정을 체결하고 乙에게 그 매수자금을 주었다. 甲과의 약정대로 乙은 명의신탁 사실을 모르는 丙으로부터 X토지를 매수하는 계약을 자기 명의로 체결하고 소유권이전등기를 경료받았다. 이 경우 **X토지의 소유자는** 乙이다. 제26회

❼ 계약명의신탁에 있어서 매도인이 **악의인 경우** 매도인과 수탁자 사이의 매매계약은 **원시적으로 무효**이므로, 부동산의 소유권은 여전히 **매도인**에게 있다. 제32회

기출문제 끝장

기출 분석

- 기출회차: 제31회
- 난이도: ★★
- 키워드: 배우자 간 명의신탁

함정을 피하는 끝장 TIP

- 배우자 간 명의신탁의 경우에도 탈법을 목적으로 한 때에는 「부동산 실권리자명의 등기에 관한 법률」이 적용된다는 점을 기억하여야 한다.
- 수탁자가 명의신탁 목적물의 처분행위를 한 경우 제3자는 원칙적으로 선의·악의를 불문하고 보호된다는 점을 잘 정리해 두어야 한다.

甲은 법령상의 제한을 회피하기 위해 2019.5. 배우자 乙과 명의신탁약정을 하고 자신의 X건물을 乙 명의로 소유권이전등기를 마쳤다. 이에 관한 설명으로 틀린 것은? (다툼이 있으면 판례에 따름)

① 甲은 소유권에 의해 乙을 상대로 소유권이전등기의 말소를 청구할 수 있다.

…› 법령상의 제한을 회피하기 위하여 배우자 명의로 명의신탁을 한 경우이므로 특례가 적용되지 않는다(부동산 실권리자명의 등기에 관한 법률 제8조). 따라서 이 경우에는 명의신탁약정과 등기에 의한 물권변동이 무효이므로(동법 제4조 제1항·제2항), 甲은 소유권에 의해 乙을 상대로 소유권이전등기의 말소를 청구할 수 있다.

② 甲은 乙에게 명의신탁해지를 원인으로 소유권이전등기를 청구할 수 없다.

…› 명의신탁약정과 그에 따라 행하여진 등기에 의한 부동산에 관한 물권변동이 무효가 되므로 명의신탁자는 명의신탁해지를 원인으로 수탁자에게 소유권이전등기를 청구할 수는 없다(대판 1999.1.26, 98다1027).

③ 乙이 소유권이전등기 후 X건물을 점유하는 경우, 乙의 점유는 타주점유이다.

…› 명의신탁에 의하여 부동산의 소유자로 등기된 자의 점유는 그 권원의 성질상 타주점유에 해당한다(대판 1991.12.10, 91다27655).

④ 乙이 丙에게 X건물을 증여하고 소유권이전등기를 해 준 경우, 丙은 특별한 사정이 없는 한 소유권을 취득한다.

…› 명의신탁약정의 무효와 등기에 의한 물권변동의 무효로써 제3자에게 대항하지 못한다(동법 제4조 제3항). 따라서 乙이 丙에게 X건물을 증여하고 소유권이전등기를 해 준 경우, 丙은 특별한 사정이 없는 한 소유권을 취득한다.

⑤ 乙이 丙에게 X건물을 적법하게 양도하였다가 다시 소유권을 취득한 경우, 甲은 乙에게 소유물반환을 청구할 수 있다.

…› 2자 간 명의신탁에서 수탁자가 신탁부동산을 처분하여 제3자가 유효하게 소유권을 취득한 경우 신탁자의 소유권에 기한 물권적 청구권은 상실한다. 따라서 그 후 명의수탁자가 우연히 신탁부동산의 소유권을 다시 취득하더라도 신탁자는 수탁자에게 소유권에 기한 물권적 청구권을 행사할 수 없다(대판 2013.2.28, 2010다89814).

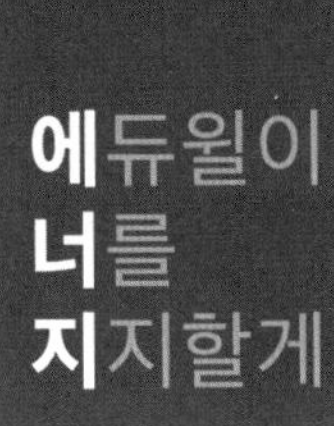

ENERGY

삶의 순간순간이
아름다운 마무리이며
새로운 시작이어야 한다.

– 법정 스님

memo

memo

memo

memo

memo

2022 에듀윌 공인중개사 우선끝장 민개공

발 행 일 2022년 3월 31일 초판
편 저 자 심정욱, 이영방, 김희상
펴 낸 이 이중현
펴 낸 곳 (주)에듀윌
등록번호 제25100-2002-000052호
주 소 08378 서울특별시 구로구 디지털로34길 55
코오롱싸이언스밸리 2차 3층

ISBN 979-11-360-1650-8 (13320)

www.eduwill.net
대표전화 1600-6700

여러분의 작은 소리
에듀윌은 크게 듣겠습니다.

본 교재에 대한 여러분의 목소리를 들려주세요.
공부하시면서 어려웠던 점, 궁금한 점,
칭찬하고 싶은 점, 개선할 점, 어떤 것이라도 좋습니다.

에듀윌은 여러분께서 나누어 주신 의견을
통해 끊임없이 발전하고 있습니다.

에듀윌 도서몰 book.eduwill.net

- 부가학습자료 및 정오표: 에듀윌 도서몰 → 도서자료실
- 교재 문의: 에듀윌 도서몰 → 문의하기 → 교재(내용, 출간) / 주문 및 배송

업계 최초 대통령상 3관왕, 정부기관상 17관왕 달성!

2010 대통령상

2019 대통령상

2019 대통령상

대한민국 브랜드대상 국무총리상

서울특별시장상

과학기술부장관상

정보통신부장관상

산업자원부장관상

고용노동부장관상

미래창조과학부장관상

법무부장관상

여성가족부장관상

과학기술정보통신부 장관상

문화체육관광부 장관상

농림축산식품부 장관상

- 2004
  서울특별시장상 우수벤처기업 대상
- 2006
  산업자원부장관상 대한민국 e비즈니스대상
- 2007
  정보통신부장관상 디지털콘텐츠 대상
  산업자원부장관 표창 대한민국 e비즈니스대상
- 2010
  대통령 표창 대한민국 IT 이노베이션 대상
- 2013
  고용노동부장관 표창 일자리 창출 공로
- 2014
  미래창조과학부장관 표창 ICT Innovation 대상
- 2015
  법무부장관 표창 사회공헌 유공
- 2017
  여성가족부장관상 사회공헌 유공
  2016 합격자 수 최고 기록 KRI 한국기록원 공식 인증
- 2018
  2017 합격자 수 최고 기록 KRI 한국기록원 공식 인증
- 2019
  대통령 표창 범죄예방대상
  대통령 표창 일자리 창출 유공
  과학기술정보통신부장관상 대한민국 ICT 대상
- 2020
  국무총리상 대한민국 브랜드대상
  2019 합격자 수 최고 기록 KRI 한국기록원 공식 인증
- 2021
  고용노동부장관상 일·생활 균형 우수 기업 공모전 대상
  문화체육관광부장관 표창 근로자휴가지원사업 우수 참여 기업
  농림축산식품부장관상 대한민국 사회공헌 대상
  문화체육관광부장관 표창 여가친화기업 인증 우수 기업

에듀윌 공인중개사

우선끝장 민 개 공 | 민법 및 민사특별법

에듀윌 합격생
10명 중 9명 1년 내 합격*

공인중개사 최다 합격자 배출 공식 인증
(KRI 한국기록원 / 2016, 2017, 2019년 인증, 2022년 현재까지 업계 최고 기록)

2020년 공인중개사 접수인원 대비 합격률
한국산업인력공단 12.8%, 에듀윌 57.8%
(에듀윌 직영학원 2차 합격생 기준)

2022 대한민국 브랜드만족도 공인중개사 교육 1위
(한경비즈니스)

*2020년 에듀윌 공인중개사 연간반 수강생 중 최종합격자 기준

고객의 꿈, 직원의 꿈, 지역사회의 꿈을 실현한다

펴낸곳 (주)에듀윌 **펴낸이** 이중현 **출판총괄** 김형석
개발책임 윤대권, 양은숙 **개발** 손혜인, 변영은, 노재은, 임여경
주소 서울시 구로구 디지털로34길 55 코오롱싸이언스밸리 2차 3층
대표번호 1600-6700 **등록번호** 제25100-2002-000052호

에듀윌 도서몰 book.eduwill.net
- 부가학습자료 및 정오표: 에듀윌 도서몰 → 도서자료실
- 교재 문의: 에듀윌 도서몰 → 문의하기 → 교재(내용, 출간) / 주문 및 배송

산출근거 후면표기

2022

에듀윌 공인중개사

우선끝장 민 개 공

부동산학개론

이영방 편저

특별부록 과목별 맞춤부록, 2종 합격플래너

부가서비스 예상문제 끝장, 민개공 모의고사(PDF)

6년간 합격자 수 1위 에듀윌

우선순위 과목 민개공 30일 완성

에듀윌과 함께 시작하면,
당신도 합격할 수 있습니다!

오랜 직장 생활을 마감하며 찾아온 앞날에 대한 막연한 두려움
에듀윌만 믿고 공부해 합격의 길에 올라선 50대 은퇴자

출산한지 얼마 안돼 독박 육아를 하며 시작한 도전!
새벽 2~3시까지 공부해 8개월 만에 동차 합격한 아기엄마

만년 가구기사 보조로 5년 넘게 일하다, 달리는 차 안에서도
포기하지 않고 공부해 이제는 새로운 일을 찾게 된 합격생

누구나 합격할 수 있습니다.
시작하겠다는 '다짐' 하나면 충분합니다.

마지막 페이지를 덮으면,

에듀윌과 함께
공인중개사 합격이 시작됩니다.

에듀윌
합격자 모임

공인중개사 최다 합격자 배출 공식 인증
(KRI 한국기록원 / 2016, 2017, 2019년 인증, 2022년 현재까지 업계 최고 기록)

에듀윌
합격자 모임
기적에서 전설로
합격자 수가
선택의 기준!
OPEN

에듀윌
에듀윌과 함께하면 꿈은 현실이 됩니다
기적에서 전설로

6년간 아무도 깨지 못한 기록
합격자 수 1위 에듀윌

업계최초, 업계유일!
KRI 한국기록원 공식 인증

* 2022 대한민국 브랜드만족도 공인중개사 교육 1위 (한경비즈니스)
* 공인중개사 최다 합격자 배출 공식 인증 (KRI 한국기록원 / 2016, 2017, 2019년 인증, 2022년 현재까지 업계 최고 기록)

12년간* 베스트셀러 1위

베스트셀러 1위 교재로 따라만 하면 합격하는 커리큘럼

STEP 1	STEP 2	STEP 3	STEP 4
기초 이론	기본 이론 심화 이론	기출 & 핵심정리 문제 풀이	동형 모의고사 마무리 특강
시작에 필요한 기초 개념 확립	합격에 필요한 필수 이론 공략	이론과 기출유형을 한 번에 정리	다양한 실전 연습으로 쉬운 합격 완성

* YES24 수험서 자격증 공인중개사 베스트셀러 1위 (2011년 12월, 2012년 1월, 12월, 2013년 1월~5월, 8월~12월, 2014년 1월~5월, 7월~8월, 12월, 2015년 2월~4월, 2016년 2월, 4월, 6월, 12월, 2017년 1월~12월, 2018년 1월~12월, 2019년 1월~12월, 2020년 1월~12월, 2021년 1월~12월, 2022년 1월~3월 월별 베스트, 매월 1위 교재는 다름)
* YES24 국내도서 해당분야 월별, 주별 베스트 기준

합격 후 성공까지!
최대 규모의 동문회

그 해 합격자로 가득 찬 인맥북을
매년 발행합니다!

전담 부서가 1만 8천* 명 규모의
동문회를 운영합니다!

* 2022 대한민국 브랜드만족도 공인중개사 교육 1위 (한경비즈니스)
* 에듀윌 인맥북 2011년(22회) ~ 2021년(32회) 누적 등재 인원 수

에듀윌 직영학원에서 합격을 수강하세요

서울 강남	02)6338-0600	강남역 1번 출구
서울 노량진	02)815-0600	대방역 2번 출구
서울 노원	02)3391-5600	노원역 9번 출구
서울 종로	02)6367-0600	동묘앞역 7번 출구
서울 천호	02)6314-0600	천호역 6번 출구
서울 신림	02)6269-0600	신림역 7번 출구
서울 홍대	02)6749-0600	홍대입구역 4번 출구
서울 발산	02)6091-0600	발산역 4번 출구
인천 부평	032)523-0500	부평역 지하상가 31번 출구
경기 부천	032)326-0100	상동역 3번 출구
경기 수원	031)813-0600	수원역 지하상가 13번 출구
경기 성남	031)602-0300	모란역 2번 출구
경기 평촌	031)346-0600	범계역 3번 출구
경기 일산	031)817-0600	마두역 1번 출구
경기 안산	031)505-0200	한대앞역 2번 출구
경기 김포LIVE	031)991-0600	사우역(골드라인) 3번 출구
대전	042)331-0700	서대전네거리역 4번 출구
광주	062)453-0600	상무역 5번 출구
대구	053)216-0600	반월당역 12번 출구
부산 서면	051)923-0600	전포역 7번 출구
부산 해운대	051)925-0600	장산역 4번 출구

에듀윌의 상징 노란색의 환한 학원 입구

언제나 전문 학습 매니저와 상담이 가능한 안내데스크

고품질 영상 및 음향 장비를 갖춘 최고의 강의실

재충전을 위한 카페 분위기의 아늑한 휴게실

넉넉한 수납 공간의 개인사물함

특별부록 **학개론 필수암기공식**

PART 1 부동산학 총론

면적의 환산 : 1평 = 3.3058m², 1m² = 0.3025평

PART 2 부동산 경제론 · 시장론

1 부동산 경제론

1. 수요와 공급의 가격탄력성

(1) 수요의 가격탄력성(ε_d)

$$\varepsilon_d = \left| \frac{\text{수요량변화율}}{\text{가격변화율}} \right| = \left| \frac{\frac{\text{수요량변동분}}{\text{변동 전 수요량}}}{\frac{\text{가격변동분}}{\text{변동 전 가격}}} \right|$$

(2) 중간점을 이용한 수요의 가격탄력성(ε_d)

$$\varepsilon_d = \left| \frac{\frac{\text{수요량변동분}}{\text{변동 전 수요량} + \text{변동 후 수요량}}}{\frac{\text{가격변동분}}{\text{변동 전 가격} + \text{변동 후 가격}}} \right|$$

(3) 공급의 가격탄력성(ε_s)

$$\varepsilon_s = \frac{\text{공급량변화율}}{\text{가격변화율}} = \frac{\frac{\text{공급량변동분}}{\text{변동 전 공급량}}}{\frac{\text{가격변동분}}{\text{변동 전 가격}}}$$

2. 수요의 소득탄력성

$$\text{수요의 소득탄력성} = \frac{\text{수요량변화율}}{\text{소득변화율}}$$

3. 수요의 교차탄력성

$$\text{수요의 교차탄력성} = \frac{Y\text{재의 수요량변화율}}{X\text{재의 가격변화율}}$$

2 부동산 시장론

1. 손익분기점

총수입	=	총비용
= 임대료 × 수요량		= 평균비용 × 수량 = 총고정비용 + 총가변비용

2. 투자수익에 대한 기댓값의 현재가치와 정보의 현재가치, 초과이윤

(1) 투자수익에 대한 기댓값의 현재가치

$$\text{기댓값의 현재가치} = \frac{\text{투자수익의 기댓값}}{(1 + \text{요구수익률})^n}$$

(2) 정보의 현재가치

정보의 현재가치 = 확실성하의 현재가치 − 불확실성하의 현재가치

(3) 초과이윤

초과이윤 = 정보의 현재가치 − 정보비용

3. 전용수입과 경제지대

경제지대 = 생산요소의 총수입 − 전용수입(기회비용)

4. 위치지대설에서의 지대의 계산

지대 = 생산물가격 − 생산비 − 수송비

5. 입찰지대곡선의 기울기

$$\text{입찰지대곡선의 기울기} = \frac{\text{기업의 한계교통비}}{\text{기업의 토지사용량}}$$

6. 레일리의 소매인력법칙 − B도시에 대한 A도시의 구매지향비율

$$\text{B도시에 대한 A도시의 구매지향비율} = \frac{\text{A도시의 인구}}{\text{B도시의 인구}} \times \left(\frac{\text{B도시까지의 거리}}{\text{A도시까지의 거리}} \right)^2$$

2. 대출금리

$$대출금리 = 기준금리 + 가산금리$$

3. 원금균등상환저당에서 원리금상환액 구하기

(1) **매회 상환할 원금**: 저당대부액 ÷ 융자기간

(2) **첫 회 지급할 이자**: 저당대부액 × 연이자율

(3) **첫 회 상환해야 할 원리금상환액**: 매회 원금상환액 + 첫 회 이자지급액

4. 원리금균등상환방식에서 원금상환액 구하기

(1) **매회 저당지불액(원리금상환액)**: 저당대부액 × 저당상수

(2) **첫 회 지급할 이자**: 저당대부액 × 연이자율

(3) **첫 회 상환해야 할 원금**: 매회 저당지불액 – 첫 회 이자지급액

5. 대출가능액 구하기

(1) 융자비율(LTV)에 의한 대출가능금액 구하기

$$대출가능금액 = 부동산가치 \times LTV$$

(2) 총부채상환비율(DTI)에 의한 대출가능금액 구하기

$$대출가능금액 = DTI \times 연간소득액 \div 저당상수$$

(3) 부채감당률(DCR)에 의한 대출가능금액 구하기

$$대출가능금액 = \frac{순영업소득}{부채감당률(DCR) \times 저당상수}$$

2 부동산 개발 및 관리론

1. 토지이용의 집약도

$$토지이용의\ 집약도 = \frac{투입되는\ 노동과\ 자본의\ 양}{단위면적}$$

2. 입지계수(LQ)

$$입지계수(LQ) = \frac{A지역의\ X산업구성비}{전국의\ X산업구성비} = \frac{\dfrac{A지역\ X산업의\ 고용자\ 수}{A지역\ 전체\ 산업의\ 고용자\ 수}}{\dfrac{전국\ X산업의\ 고용자\ 수}{전국\ 전체\ 산업의\ 고용자\ 수}}$$

3. 경제기반승수

$$경제기반승수 = \frac{지역사회\ 총고용인구증가}{기반산업의\ 인구증가} = \frac{1}{기반산업비율} = \frac{1}{1 - 비기반산업비율}$$

PART 5 부동산 감정평가론

1. 적산가액

- $매년감가액 = \dfrac{재조달원가 - 잔존가액}{경제적\ 내용연수}$
- $감가누계액 = 매년감가액 \times 경과연수$
- $적산가액 = 재조달원가 - 감가누계액$

2. 적산임료

$$적산임료 = 기초가액 \times 기대이율 + 필요제경비$$

3. 비준가액

$$비준가액 = 사례가액 \times (사정보정치 \times 시점수정치 \times 지역요인\ 비교치 \times 개별요인\ 비교치 \times 면적\ 비교치)$$

4. 비준임료

$$비준임료 = 사례임료 \times (사정보정치 \times 시점수정치 \times 지역요인\ 비교치 \times 개별요인\ 비교치 \times 면적\ 비교치)$$

5. 수익가액

(1) 직접법

$$수익가액 = \frac{순수익}{환원이율} = \frac{총수익 - 총비용}{환원이율}$$

(2) 직선법

$$수익가액 = \frac{(상각\ 전)\ 순수익}{(상각\ 후)\ 환원이율 + 상각률}$$

6. 환원이율

$$환원이율 = \frac{순수익}{원본가치} \times 100(\%) = \frac{순영업소득}{부동산가치} \times 100(\%)$$

7. 부채감당률에 의한 환원이율

$$종합환원이율 = 부채감당률 \times 대부비율 \times 저당상수$$

8. 수익임료

$$수익임료 = 순수익 + 필요제경비$$

7. 화폐의 시간가치 계산 – 자본환원계수

미래가치	
일시불의 내가계수 (복리종가율)	$(1+r)^n$
연금의 내가계수 (복리연금종가율)	$\dfrac{(1+r)^n-1}{r}$
감채기금계수 (상환기금률)	$\dfrac{r}{(1+r)^n-1}$
현재가치	
일시불의 현가계수 (복리현가율)	$\dfrac{1}{(1+r)^n}=(1+r)^{-n}$
연금의 현가계수 (복리연금현가율)	$\dfrac{1-(1+r)^{-n}}{r}$
저당상수 (연부상환율)	$\dfrac{r}{1-(1+r)^{-n}}$

8. 잔금비율

$$잔금비율=\frac{미상환저당잔금}{저당대부액}=\frac{연금의\ 현가계수(r\%,\ 잔여기간)}{연금의\ 현가계수(r\%,\ 융자기간)}$$

• r: 이자율

9. 현금흐름의 계산

〈영업 현금흐름의 계산〉

단위당 예상임대료
× 임대단위 수
가능총소득(PGI)
– 공실 및 불량부채
+ 기타 소득
유효총소득(EGI)
– 영업경비
순영업소득(NOI)
– 부채서비스액
세전현금흐름
– 영업소득세
세후현금흐름

〈지분복귀액의 계산〉

매도가격
– 매도경비
순매도액
– 미상환저당잔금
세전지분복귀액
– 자본이득세
세후지분복귀액

〈영업소득세의 계산〉

순영업소득
+ 대체충당금
– 이자지급액
– 감가상각액
과세소득
× 세율
영업소득세

세전현금흐름
+ 대체충당금
+ 원금상환액
– 감가상각액
과세소득
× 세율
영업소득세

10. 순현가

순현가 = {부동산 보유기간 동안 예상되는 매년의 세후 현금흐름의 현재가치} + {부동산의 처분 시에 예상되는 세후지분 복귀액의 현재가치} – 지분투자액

11. 연평균순현가

연평균순현가 = 전체 순현가 × 저당상수
= 전체 순현가 ÷ 연금의 현가계수

12. 수익성지수

$$수익성지수=\frac{현금유입의\ 현가합}{현금유출의\ 현가합}$$

13. 회계적수익률

$$회계적수익률(평균회계이익률)=\frac{세후평균순이익}{평균투자액}$$

14. 어림셈법

승수법		관계	수익률법	
총소득승수	$\dfrac{총투자액}{총소득}$		비율분석법의 총자산회전율과 역수	
순소득승수	$\dfrac{총투자액}{순영업소득}$	⟺	**종합자본 환원율**	$\dfrac{순영업소득}{총투자액}$
세전현금 흐름승수	$\dfrac{지분투자액}{세전현금흐름}$	⟺	**지분 배당률**	$\dfrac{세전현금흐름}{지분투자액}$
세후현금 흐름승수	$\dfrac{지분투자액}{세후현금흐름}$	⟺	**세후 수익률**	$\dfrac{세후현금흐름}{지분투자액}$

15. 비율분석법

- 대부비율 = $\dfrac{부채잔금(융자액)}{부동산가치}$
- 부채비율 = $\dfrac{타인자본}{자기자본}$
- 소득 대비 부채비율(DTI) = $\dfrac{연간\ 부채상환액}{연간\ 소득액}$
- 부채감당률 = $\dfrac{순영업소득}{부채서비스액}$
- 채무불이행률 = $\dfrac{영업경비+부채서비스액}{유효총소득}$
- 총자산회전율 = $\dfrac{총소득}{부동산가치}$
- 영업경비비율 = $\dfrac{영업경비}{총소득}$

PART 4 부동산 금융론 · 개발 및 관리론

1 부동산 금융론(부동산 금융 · 증권론)

1. 명목이자율과 실질이자율

명목이자율 = 실질이자율 + 예상 인플레이션율

7. 컨버스(P.D.Converse)의 분기점모형

$$D_A = \frac{D_{AB}}{1+\sqrt{\frac{P_B}{P_A}}} = \frac{\text{도시 A와 B 간의 거리}}{1+\sqrt{\frac{\text{B의 면적}}{\text{A의 면적}}}}$$

8. 허프의 확률모형

(1) A점포의 시장점유율

$$\text{A점포의 시장점유율} = \frac{\frac{\text{A매장의 면적}}{\text{A매장까지의 거리}^{\lambda}}}{\frac{\text{A매장의 면적}}{\text{A매장까지의 거리}^{\lambda}} + \frac{\text{B매장의 면적}}{\text{B매장까지의 거리}^{\lambda}}}$$

• λ: 공간(거리)마찰계수

(2) A점포의 이용객 수

A점포의 이용객 수 = 소비자거주지 인구 × A점포의 시장점유율

9. 원료지수와 입지중량

(1) 원료지수

$$\text{원료지수} = \frac{\text{국지원료중량}}{\text{제품중량}} \begin{cases} >1 \cdots \text{원료지향형} \\ =1 \cdots \text{자유입지형} \\ <1 \cdots \text{시장지향형} \end{cases}$$

(2) 입지중량

$$\text{입지중량} = \frac{\text{국지원료중량} + \text{제품중량}}{\text{제품중량}} \begin{cases} >2 \cdots \text{원료지향형} \\ =2 \cdots \text{자유입지형} \\ <2 \cdots \text{시장지향형} \end{cases}$$

$$= \text{원료지수} + 1$$

PART 3 부동산 정책론 · 투자론

1 부동산 정책론

1. 소득 대비 주택가격비율(PIR; price to income ratio)

$$\text{PIR} = \frac{\text{주택가격}}{\text{가구당 연간소득}}$$

2. 소득 대비 주택임대료비율(RIR; rent to income ratio)

$$\text{RIR} = \frac{\text{주택 월임대료}}{\text{가구당 월소득}}$$

3. 슈바베 지수

$$\text{슈바베 지수} = \frac{\text{주거비}}{\text{생계비}} \times 100$$

4. 탄력성과 조세귀착 – 조세부담의 상대적 배분

$$\frac{\text{수요의 가격탄력성}}{\text{공급의 가격탄력성}} = \frac{\text{공급자 부담}}{\text{수요자 부담}}$$

2 부동산 투자론

1. 자기자본수익률(지분수익률)

$$\text{자기자본수익률(지분수익률)} = \frac{\text{지분수익(= 총자본수익 − 이자지급액)}}{\text{지분투자액}} \times 100(\%)$$

2. 기대수익률과 분산

(1) 기대수익률

$$\text{기대수익률} = \Sigma(\text{각 경제상황별 추정수익률} \times \text{발생확률})$$

(2) 분산

$$\text{분산} = \Sigma[(\text{각 경제상황별 추정수익률} - \text{기대수익률})^2 \times \text{발생확률}]$$

3. 변이계수

$$\text{변이계수} = \frac{\text{표준편차}}{\text{기대수익률}} \times 100(\%)$$

4. 요구수익률

$$\text{요구수익률} = \text{무위험률} + \text{위험할증률}$$
$$= \text{무위험률} + \text{위험할증률} + \text{예상 인플레이션율}$$

5. 부동산의 투자가치

$$\text{부동산의 투자가치} = \frac{\text{투자에 대한 예상순수익}}{\text{시장의 요구수익률}}$$

6. 포트폴리오의 기대수익률

$$\text{포트폴리오의 기대수익률} = \Sigma(\text{개별자산의 기대수익률} \times \text{구성비율})$$

시작하는 방법은
말을 멈추고
즉시 행동하는 것이다.

– 월트 디즈니(Walt Disney)

2022

에듀윌 공인중개사

우선끝장 민 개 공

부동산학개론

NEWS

공인중개사 1, 2차 시험 동시 접수자 약 47%*
점점 증가하는 동차 준비생!

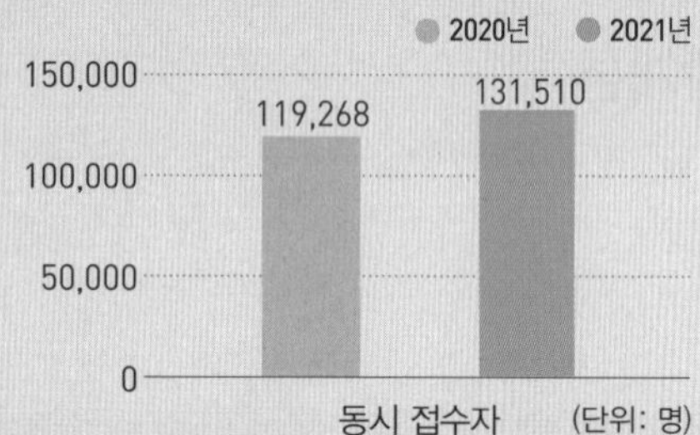

(단위: 명)

구분	2020년	2021년	증감
1, 2차 시험 동시 접수자	119,268	131,510	▲12,242

* 제32회 시험(2021년) 기준 실제 접수인원 276,982명 중 1, 2차 동시 접수자 131,510명(약 47%)

그러나 동차합격에 대한 수험생의 고민은?

"민개공이 자꾸 발목을 잡아요."

"민개공 학습량이 너무 많아서, 많은 시간을 투자해야 점수가 나와요."

"민개공, 도대체 어떻게 공부해야 하나요?"

"민개공 때문에 동차합격이 어려워요."

⋮

동차합격,
한 번에 가능할까요?

왜 우선순위 과목 민개공부터 완성해야 할까요?

Q '민개공'이 뭔가요?

민법 및 민사특별법, 부동산학개론, 부동산공법의 줄임말로, 수험생이 가장 어려워하는 과목이지만 시험 합격을 위해서는 가장 중요한 핵심 과목입니다.

구분	시험과목	만점	합격전략점수	평균점수
1차	부동산학개론	100	60	60
	민법 및 민사특별법	100	60	
2차	부동산공법	100	50	
	공인중개사법령 및 중개실무	100	70	
	부동산공시법	60	35	
	부동산세법	40	25	

공인중개사 시험은 평균 60점만 받으면 합격할 수 있는 시험으로, 1차 2과목 + 2차에서 가장 학습기간이 긴 공법을 먼저 학습해야 동차합격이 가능합니다.

Q 우선끝장 민개공, 누가 보면 좋나요?

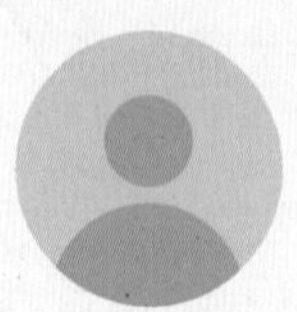

동차합격을
노리는 수험생

민개공의 방대한
학습량이 힘든 수험생

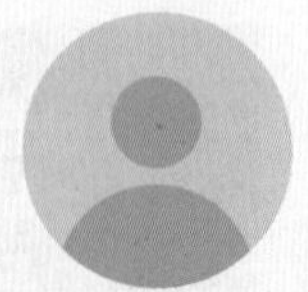

단기에 한권으로 학습을
끝내려는 수험생

합격점 달성을 위해
전략적으로 학습하려는
수험생

Q 왜 '민개공' 우선 학습이 필요한가요?

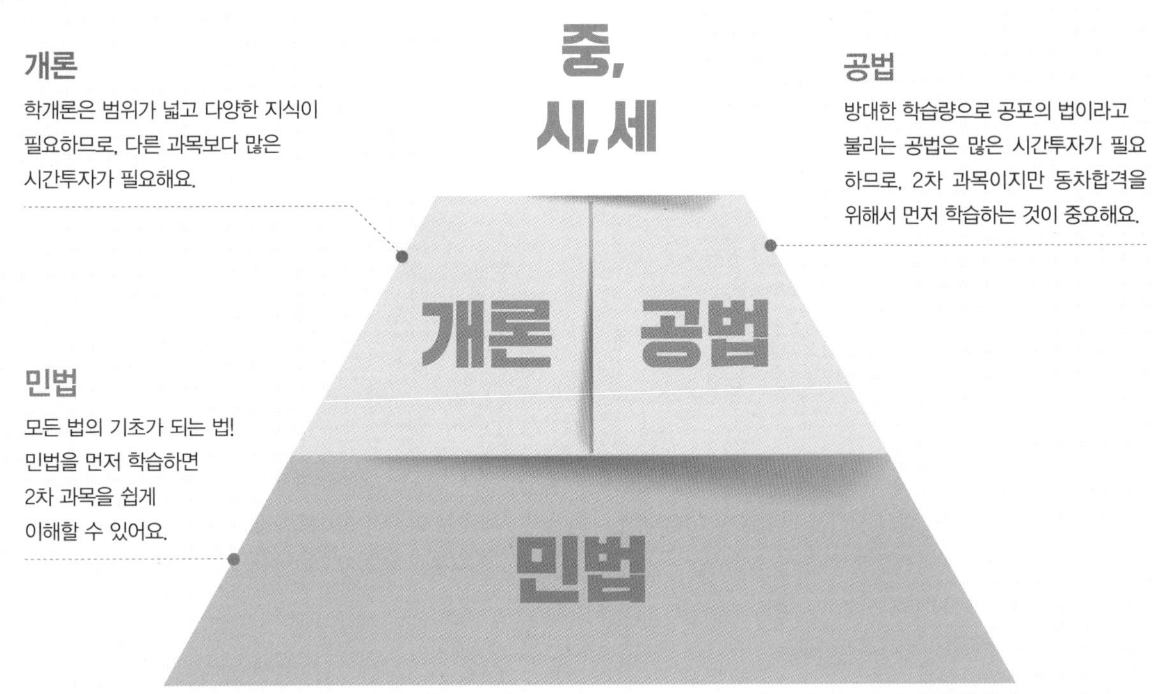

결국, 민개공을 잡으면 합격할 수 있습니다.

교재 구성

1단계 | 핵심 기출테마

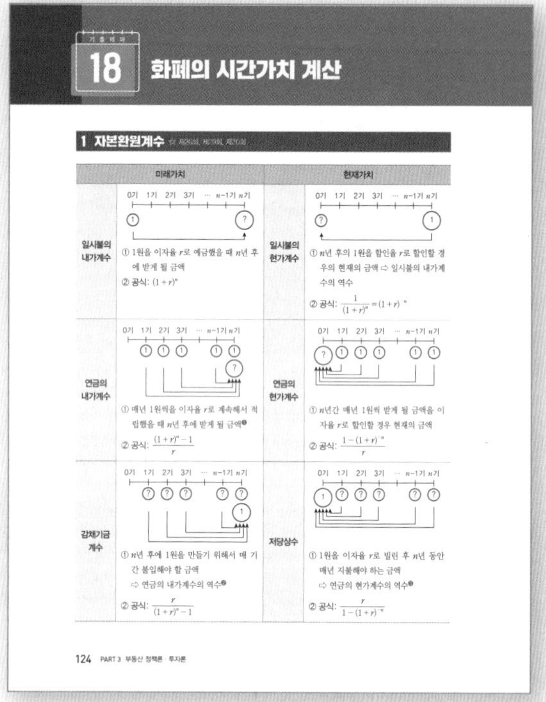

기출테마 18 화폐의 시간가치 계산

1 자본환원계수

미래가치		현재가치	
일시불의 내가계수	① 1원을 이자율 r로 예금했을 때 n년 후에 받게 될 금액 ② 공식: $(1+r)^n$	일시불의 현가계수	① n년 후의 1원을 할인율 r로 할인할 경우의 현재의 금액 ⇨ 일시불의 내가계수의 역수 ② 공식: $\frac{1}{(1+r)^n}=(1+r)^{-n}$
연금의 내가계수	① 매년 1원씩을 이자율 r로 계속해서 적립했을 때 n년 후에 받게 될 금액❶ ② 공식: $\frac{(1+r)^n-1}{r}$	연금의 현가계수	① n년간 매년 1원씩 받게 될 금액을 이자율 r로 할인할 경우 현재의 금액 ② 공식: $\frac{1-(1+r)^{-n}}{r}$
감채기금계수	① n년 후에 1원을 만들기 위해서 매 기간 불입해야 할 금액 ⇨ 연금의 내가계수의 역수❷ ② 공식: $\frac{r}{(1+r)^n-1}$	저당상수	① 1원을 이자율 r로 빌린 후 n년 동안 매년 지불해야 하는 금액 ⇨ 연금의 현가계수의 역수❸ ② 공식: $\frac{r}{1-(1+r)^{-n}}$

124 PART 3 부동산 정책론 · 투자론

핵심만 뽑은 기출테마로 학습 시간을 단축할 수 있습니다.

2단계 | 기출지문 끝장

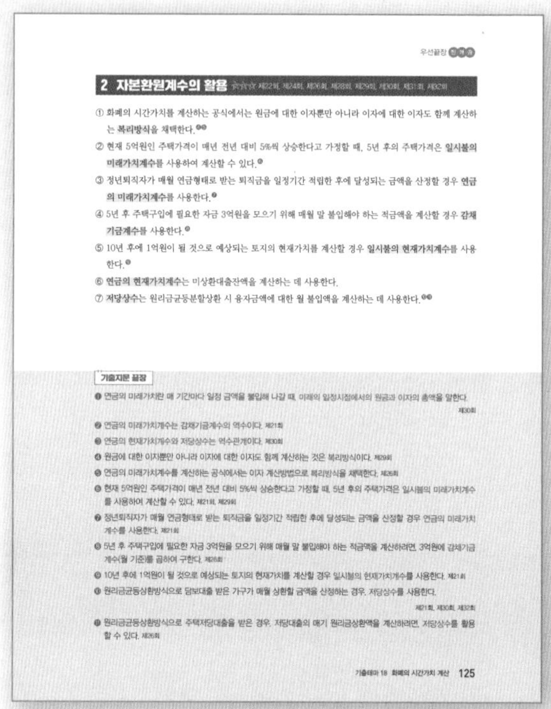

우선끝장 민개공

2 자본환원계수의 활용 제22회, 제24회, 제26회, 제28회, 제29회, 제30회, 제31회, 제32회

① 화폐의 시간가치를 계산하는 공식에서는 원금에 대한 이자뿐만 아니라 이자에 대한 이자도 함께 계산하는 **복리방식**을 채택한다.❹❺
② 현재 5억원인 주택가격이 매년 전년 대비 5%씩 상승한다고 가정할 때, 5년 후의 주택가격은 **일시불의 미래가치계수**를 사용하여 계산할 수 있다.❻
③ 정년퇴직자가 매월 연금형태로 받는 퇴직금을 일정기간 적립한 후에 달성되는 금액을 산정할 경우 **연금의 미래가치계수**를 사용한다.❼
④ 5년 후 주택구입에 필요한 자금 3억원을 모으기 위해 매월 말 불입해야 하는 적금액을 계산할 경우 **감채기금계수**를 사용한다.❽
⑤ 10년 후에 1억원이 될 것으로 예상되는 토지의 현재가치를 계산할 경우 **일시불의 현재가치계수**를 사용한다.❾
⑥ **연금의 현재가치계수**는 미상환대출잔액을 계산하는 데 사용한다.
⑦ **저당상수**는 원리금균등분할상환 시 융자금액에 대한 월 불입액을 계산하는 데 사용한다.❿⓫

기출지문 끝장

❶ 연금의 미래가치란 매 기간마다 일정 금액을 불입해 나갈 때, 미래의 일정시점에서의 원금과 이자의 총액을 말한다. 제30회
❷ 연금의 미래가치계수는 감채기금계수의 역수이다. 제21회
❸ 연금의 현재가치계수와 저당상수는 역수관계이다. 제30회
❹ 원금에 대한 이자뿐만 아니라 이자에 대한 이자도 함께 계산하는 것은 복리방식이다. 제29회
❺ 연금의 미래가치계수를 계산하는 공식에서는 이자 계산방법으로 복리방식을 채택한다. 제26회
❻ 현재 5억원인 주택가격이 매년 전년 대비 5%씩 상승한다고 가정할 때, 5년 후의 주택가격은 일시불의 미래가치계수를 사용하여 계산할 수 있다. 제21회, 제29회
❼ 정년퇴직자가 매월 연금형태로 받는 퇴직금을 일정기간 적립한 후에 달성되는 금액을 산정할 경우 연금의 미래가치계수를 사용한다. 제21회
❽ 5년 후 주택구입에 필요한 자금 3억원을 모으기 위해 매월 말 불입해야 하는 적금액을 계산하려면, 3억원에 감채기금계수(월 기준)를 곱하여 구한다. 제26회
❾ 10년 후에 1억원이 될 것으로 예상되는 토지의 현재가치를 계산할 경우 일시불의 현재가치계수를 사용한다. 제21회
❿ 원리금균등상환방식으로 담보대출 받은 가구가 매월 상환할 금액을 산정하는 경우, 저당상수를 사용한다. 제21회, 제30회, 제32회
⓫ 원리금균등상환방식으로 주택저당대출을 받은 경우, 저당대출의 매기 원리금상환액을 계산하려면, 저당상수를 활용할 수 있다. 제26회

기출테마 18 화폐의 시간가치 계산 125

학습한 이론이 실제로 어떻게 출제되는지 바로 확인할 수 있도록 매칭하였습니다.

⊕ 민개공 부가서비스

에듀윌 대표저자 직강, 기출테마 무료특강

보충학습에 필요한 부분에 대한 강의를 무료로 들을 수 있습니다.
유튜브에서 민개공 기출테마 무료특강을 검색해 보세요.

#에듀윌 #우선끝장민개공 #기출테마무료특강

3단계 | 기출문제 끝장

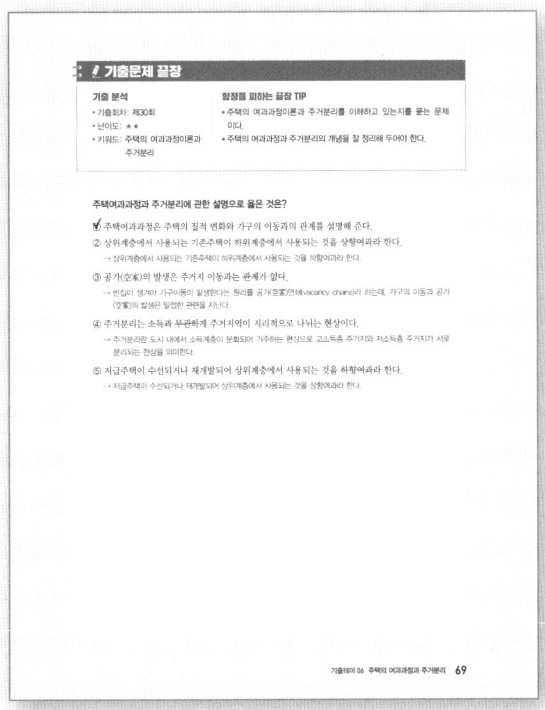

기출문제 끝장

기출 분석
- 기출회차: 제30회
- 난이도: ★★
- 키워드: 주택의 여과과정이론과 주거분리

함정을 피하는 끝장 TIP
- 주택의 여과과정이론과 주거분리를 이해하고 있는지를 묻는 문제이다.
- 주택의 여과과정과 주거분리의 개념을 잘 정리해 두어야 한다.

주택여과과정과 주거분리에 관한 설명으로 옳은 것은?

① 주택여과과정은 주택의 질적 변화와 가구의 이동과의 관계를 설명해 준다.

② 상위계층에서 사용되는 기존주택이 하위계층에서 사용되는 것을 상향여과라 한다.
→ 상위계층에서 사용되는 기존주택이 하위계층에서 사용되는 것을 하향여과라 한다.

③ 공가(空家)의 발생은 주거지 이동과는 관계가 없다.
→ 빈집이 생겨야 가구이동이 발생한다는 원리를 공가(空家)연쇄(vacancy chains)라 하는데, 가구의 이동과 공가(空家)의 발생은 밀접한 관련을 지닌다.

④ 주거분리는 소득과 무관하게 주거지역이 지리적으로 나뉘는 현상이다.
→ 주거분리란 도시 내에서 소득계층이 분화되어 거주하는 현상으로 고소득층 주거지와 저소득층 주거지가 서로 분리되는 현상을 의미한다.

⑤ 저급주택이 수선되거나 재개발되어 상위계층에서 사용되는 것을 하향여과라 한다.
→ 저급주택이 수선되거나 재개발되어 상위계층에서 사용되는 것을 상향여과라 한다.

기출테마 06 주택의 여과과정과 주거분리 69

정확한 기출분석과 친절한 첨삭해설을 넣은 대표기출문제를 수록하였습니다.

+ 특별부록

❶ 개론 브로마이드_필수암기공식

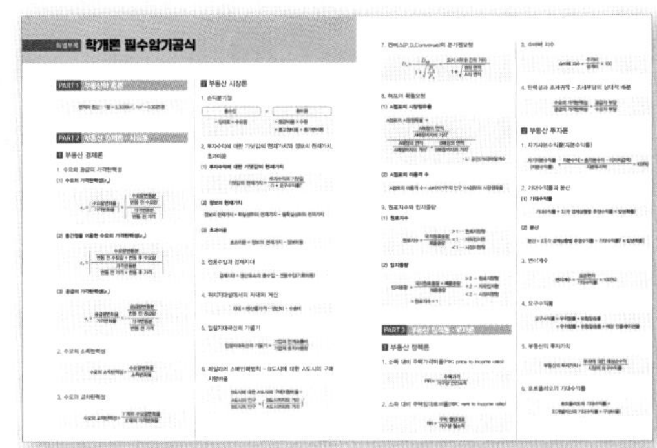

❷ 합격플래너(2종)

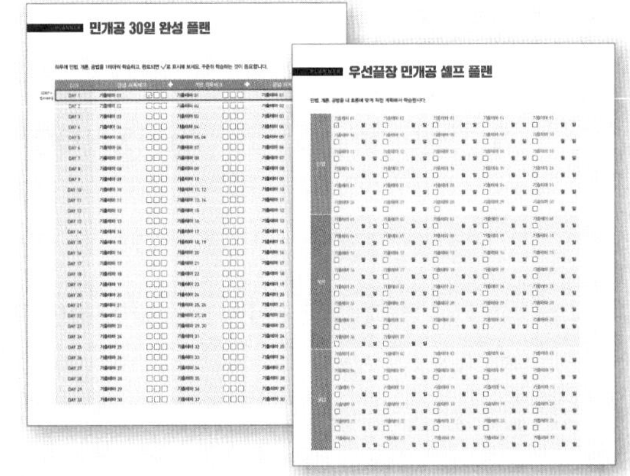

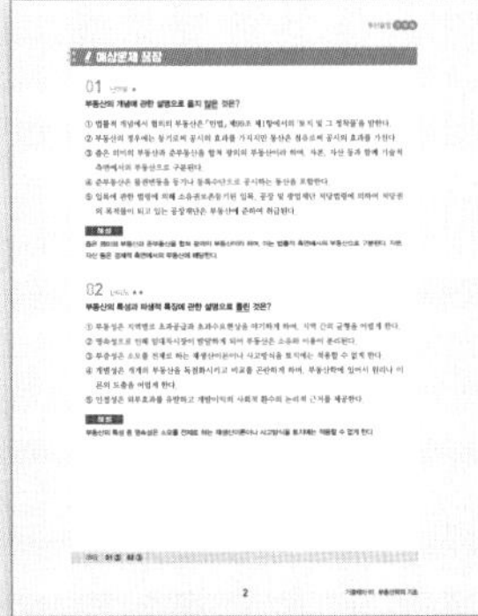

예상문제 끝장 (PDF 제공)

기출문제 학습 후 스스로 연습해 볼 수 있는 출제 예상문제를 제공합니다.

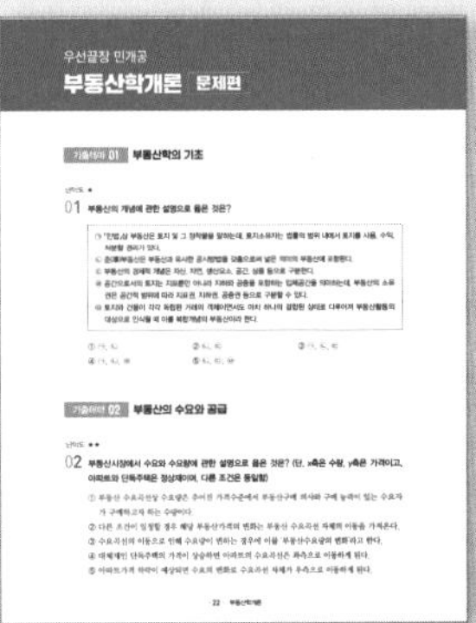

민개공 모의고사 1회분 (PDF 제공)

엄선한 모의고사 문제를 통해 민, 개, 공 학습을 완벽하게 마무리할 수 있습니다.

PDF 다운로드 경로 | 에듀윌 도서몰(http://book.eduwill.net/) → 도서자료실 → 부가학습자료

PREFACE

머리말

우선 민개공을 잡아야 합격이 쉬워집니다.

〈2022 에듀윌 공인중개사 우선끝장 민개공〉은 공인중개사 시험을 준비하는 분들이 가장 어려워하는 '민개공' 과목을 '만점이 아닌 합격점수를 넘기는 것'을 목표로 전략적 학습이 가능하도록 만들었습니다.
공인중개사 시험 과목 중 유일하게 법 과목이 아닌 부동산학개론을 힘들어하는 분들이 많습니다. 범위가 매우 포괄적이고 내용이 난해하여 학습이 어렵고, 공부를 해도 점수가 잘 오르지 않는 과목으로, 실제로 수험생들이 많은 시간을 할애하지만 기대 이상의 성과를 거두지 못하는 경우가 많습니다.

이에, 〈2022 에듀윌 공인중개사 우선끝장 민개공 부동산학개론〉은 이렇게 구성하였습니다.
첫째, 기출문제를 철저하게 분석하여 도출한 기출테마 37개를 선정하여, 시험에 나오는 이론만을 학습할 수 있도록 하였습니다.
둘째, 본문과 연계되는 기출지문을 수록하여 학습한 이론이 어떻게 지문으로 변형되어 출제되는지 확인할 수 있도록 하였습니다.
셋째, 기출테마에 해당하는 대표기출문제를 수록하여 동일한 유형의 문제를 반복 학습할 수 있도록 하였습니다.

합격을 위해 최적화된 이 교재로 공부하신 수험생 여러분들의 값진 노력이 합격의 기쁨으로 이어지길 진심으로 기원합니다.

2022년 3월 저자 이영방

약력

- 現 에듀윌 부동산학개론 전임 교수
- 現 숭실사이버대 부동산학과 외래 교수
- 前 EBS 명품 부동산학개론 강사
- 前 부동산TV, 방송대학TV, 경인방송 강사
- 前 전국 부동산중개협회 사전교육 강사
- 前 한국토지주택공사 직무교육 강사

저서

에듀윌 공인중개사 부동산학개론 기초서, 기본서, 단원별/회차별 기출문제집, 핵심요약집, 출제예상문제집+필수기출, 실전모의고사, 한손끝장 부동산학개론, 우선끝장 민개공 집필

CONTENTS

차 례

※ ▶ 기출테마 무료특강이 제공되는 테마입니다.

부가서비스

\+ 예상문제 끝장(PDF)
\+ 민개공 모의고사(PDF)

PDF 다운로드 경로 에듀윌 도서몰(http://book.eduwill.net/) → 도서자료실 → 부가학습자료

우선끝장 민개공

부동산학개론

부동산학 총론

기 출 테 마

01 부동산학의 기초

1 부동산학의 이해 ☆ 제26회

(1) 부동산학의 정의

① 부동산활동의 능률화의 원리 및 그 응용기술을 개척하는 종합[1]응용과학[2] ⇨ 김영진 교수

② 부동산의 가치증진과 관련된 의사결정과정을 연구하기 위하여 부동산에 대해 법적·경제적·기술적 측면에서 접근을 시도하는 종합응용 사회과학 ⇨ 조주현 교수

③ 토지와 토지상에 부착되어 있거나 연결되어 있는 여러 가지 항구적인 토지개량물에 관하여 그것과 관련된 직업적·물적·법적·금융적 제 측면을 기술하고 분석하는 학문연구의 한 분야 ⇨ 안정근 교수

(2) 부동산학의 학문적 성격

① 사회과학

② 실천과학

③ 응용과학

④ 경험과학

⑤ 종합과학

⑥ 규범과학

(3) 부동산학의 제 측면과 복합개념

무형적 측면	법률적 측면	부동산에 관계되는 제도적 측면 ⇨ 공·사법상의 여러 가지 규율이 부동산활동 등에 영향을 미치는 것
	경제적 측면	부동산의 가격에 관련된 측면
유형적 측면	기술적 측면	부동산공간의 이용기법적 측면 ⇨ 부동산의 설계·시공·설비·자재·측량·지질·지형·토양 등

(4) 부동산학의 접근방법

① 종합식 접근방법[3]

㉠ 부동산을 기술적·경제적·법률적 측면 등의 복합개념으로 이해하여, 이를 종합해서 이론을 구축하는 방법

㉡ 부동산을 복합개념으로 이해, 종합적 기능 발휘

㉢ 시스템적 사고방식에 따라 이론을 구축해야 한다는 연구방법

② 법·제도적 접근방법: 법률적·제도적 측면에 기초를 두는 방법

③ 의사결정 접근방법❹

㉠ 인간은 합리적인 존재이며, 자기이윤의 극대화를 목표로 행동한다는 가정에서 출발

㉡ 부동산에 대한 인간의 의사결정과정을 연구

(5) 부동산활동(부동산학)의 일반원칙

① 능률성의 원칙❺: 부동산학은 부동산 소유활동의 능률화를 위해서는 최유효이용의 원칙을, 부동산 거래활동의 능률화를 위해서는 거래질서 확립의 원칙을 지도원리로 삼고 있다.

② 안전성의 원칙: 안전성의 개념에 있어서는 복합개념의 논리에 따라서 법률적 안전성, 경제적 안전성, 기술적 안전성을 고려하여야 한다.

③ 경제성의 원칙: 부동산활동은 경제원칙을 추구한다. 경제원칙은 부동산활동 전반에 걸친 합리적 선택의 원칙이라고도 할 수 있다.

핵심 끝장 부동산활동(부동산학)의 일반원칙

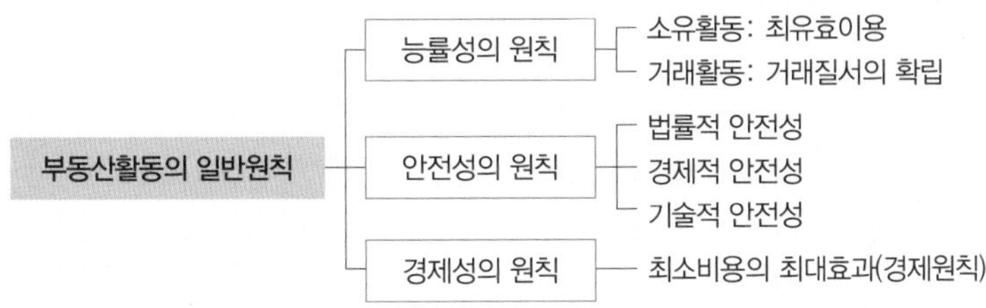

기출지문 끝장

❶ 부동산학은 여러 분야의 학문과 연계되어 있다는 점에서 **종합학문적** 성격을 지니고 있다. 제19회

❷ 과학을 순수과학과 응용과학으로 구분할 때, 부동산학은 **응용과학**에 속한다. 제26회

❸ 부동산학의 접근방법 중 **종합식 접근방법**은 부동산을 기술적·경제적·법률적 측면 등의 복합개념으로 이해하여, 이를 종합해서 이론을 구축하는 방법이다. 제26회

❹ 부동산학의 접근방법 중 **의사결정 접근방법**은 인간은 합리적인 존재이며, 자기이윤의 극대화를 목표로 행동한다는 기본가정에서 출발한다. 제19회

❺ 부동산학의 일반원칙으로서 **능률성의 원칙**은 소유활동에 있어서 최유효이용을 지도원리로 삼고 있다. 제26회

2 부동산의 개념 및 분류 ☆☆☆ 제22회, 제23회, 제24회, 제25회, 제26회, 제27회, 제28회, 제29회, 제30회, 제31회, 제32회

1 부동산의 개념

(1) 법·제도적 개념

① 협의의 부동산: 토지 및 그 정착물[1]

└ 민법 제99조 제1항

㉠ 토지

ⓐ 토지소유자는 법률의 범위 내에서 토지를 사용, 수익, 처분할 권리가 있다.[2]

ⓑ **토지의 구성물**: 토지소유권은 토지의 구성부분과 토지로부터 독립성이 없는 부착물에도 그 효력이 미친다.

ⓒ **미채굴의 광물**: 광업권의 객체가 되는 미채굴의 광물에 대해서는 토지소유권자의 권리가 미치지 못하는 것으로 하고 있다.

㉡ **토지정착물**: 토지에 고정되어 있어 용이하게 이동할 수 없는 물건으로서 그러한 상태로 사용되는 것이 그 물건의 통상적인 성질로 인정되는 것을 말한다.

핵심 끌장 토지정착물

토지로부터 독립된 정착물	토지에 종속되어 있는 정착물	동산으로 취급
• 토지와 별개로 거래될 수 있음 • 토지소유자의 소유권 불인정	• 토지와 함께 거래됨 • 토지의 구성부분 • 토지소유자의 소유권 인정	• 정착물이 아님 • 토지소유자의 소유권 불인정
• 건물[3] • 명인방법에 의한 수목 또는 수목의 집단 • 소유권보존등기된 수목의 집단(입목)[4] ⇨ 소유자의 소유권 인정 • 농작물[5]	• 돌담, 교량, 축대, 도로, 제방 • 매년 경작을 요하지 않는 나무나 다년생식물 등	• 판잣집 • 컨테이너박스 • 가식(假植) 중인 수목

② 광의의 부동산: 협의의 부동산 + 준부동산(의제부동산)

Q **준부동산(의제부동산)**[6]: 등기·등록의 공시방법을 갖춤으로써 부동산에 준하여 취급되는 특정의 동산 등을 말하는데, 공장재단, 광업재단, 어업권, 선박, 항공기, 자동차, 건설기계(중기) 등이 있다.

(2) 경제적 개념[7]

① 자산

㉠ 사용가치로서의 자산성: 소유·이용의 대상

㉡ 교환가치로서의 자산성: 거래·투자의 대상

② **자본**: 생산을 해야 하는 기업의 측면에서 토지는 다른 자본재와 같이 임차하거나 매수해야만 하는 자본재로서의 성격을 지닌다.

③ 생산요소

㉠ 노동과 자본 ⇨ 가변요소

㉡ 토지 ⇨ 수동적이고 소극적인 생산요소 (지리적 위치의 고정성으로 인함)

④ **소비재**: 토지는 생산요소 및 생산재로서의 성격을 갖지만 동시에 인간생활의 편의를 제공해 주는 최종소비재의 성격도 가지고 있다.

⑤ **상품**: 부동산은 소비재이며 또한 시장에서 거래가 되는 상품이다.

(3) 물리적 개념⑧

① 자연

㉠ 토지를 자연으로 파악할 때는 자연환경(natural environment)으로 정의한다. (가장 넓은 의미로 토지를 정의하는 것)

㉡ 부증성과 밀접한 관련이 있으며, 사회성·공공성이 특히 강조된다.

② 공간

㉠ 부동산은 수평공간·공중공간·지중공간의 3차원 공간으로 구성된다.

㉡ 구분

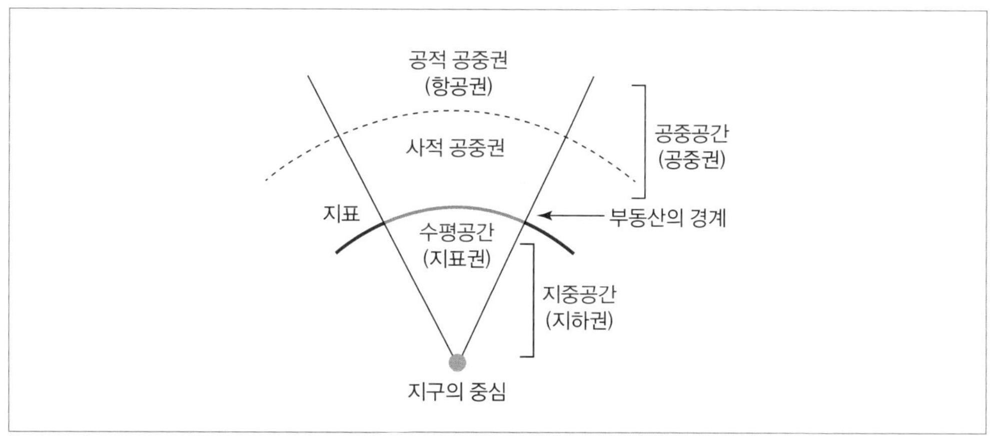

기출지문 끝장

❶ 「민법」상 부동산은 **토지 및 그 정착물**을 말한다. 제22회, 제27회, 제29회

❷ 토지소유자는 법률의 범위 내에서 토지를 **사용, 수익, 처분할 권리**가 있다. 제29회

❸ **건물**은 토지로부터 독립된 정착물이다. 제25회

❹ 소유권보존등기된 **입목**은 토지로부터 독립된 정착물이다. 제25회

❺ **권원에 의하여 타인의 토지에서 재배되고 있는 농작물**은 토지로부터 독립된 정착물이다. 제25회

❻ **준부동산**은 등기·등록의 공시방법을 갖춤으로써 부동산에 준하여 취급되는 특정의 동산 등을 말한다. 제27회

❼ **경제적 개념**의 부동산은 자본, 자산으로서의 특성을 지닌다. 제22회

❽ 부동산의 **물리적 개념**은 부동산활동의 대상인 유형(有形)적 측면의 부동산을 이해하는 데 도움이 된다. 제22회

ⓐ **수평공간**: 지표와 연관된 택지·농경지·계곡·수면·평야 등

ⓑ **공중공간**: 주택·건물·상점 기타 공중을 향하여 연장되는 공간

ⓒ **지중공간**: 지표에서 지중을 향하는 공간

㉢ 부동산소유권의 공간적 범위

ⓐ **지표권**[❶]: 토지 지표를 토지소유자가 배타적으로 이용하여 작물을 경작하거나 건물을 건축할 수 있는 권리

ⓑ **지하권**[❷]: 토지소유자가 지하공간에서 어떤 이익을 얻거나 지하공간을 사용할 수 있는 권리

⇨ 우리나라의 경우 광업권의 객체인 광물에 대하여는 토지소유자의 소유권이 미치지 못한다.

ⓒ **공중권**[❸]: 토지소유자가 공중공간을 타인의 방해 없이 일정한 고도까지 포괄적으로 이용할 수 있는 권리

③ 위치

㉠ **개념**: 어떤 특정장소가 갖는 시장성·지형·지세

㉡ 위치와 접근성의 문제

ⓐ **접근성의 개념**: 어떤 목적물에 도달하는 데 시간적·경제적·거리적 부담의 정도를 말한다.

ⓑ 접근성의 특징

- **원칙**: 접근성이 좋을수록 부동산의 입지조건은 양호하고 그 가치는 높다.
- 예외
  - 위험혐오시설
  - 용도에 맞지 않는 경우

④ **환경**: 어떤 부동산을 에워싼 자연적·사회적·물리적·경제적 제 상황을 말한다.

(4) 복합개념의 부동산[❹]

부동산을 법률적·경제적·기술적 측면 등이 복합된 개념으로 이해하는 것을 말한다.

핵심 끌장 **복합개념의 부동산과 복합부동산**

구분	개념	특징
복합개념의 부동산	유·무형의 법률적·경제적·기술적 측면의 부동산	부동산학적 관점의 부동산
복합부동산[❺] (개량부동산)	토지와 건물 및 그 부대시설이 결합되어 구성된 부동산	감정평가 시 일괄평가
복합건물	주거와 근린생활시설 등이 결합되어 있어 복합적 기능을 수행하는 건물 예 주상복합건물	감정평가 시 구분평가

2 부동산의 분류

(1) 택지 · 대지 · 부지

① **택지(宅地)**[6]: 주거 · 상업 · 공업용지 등의 용도로 이용되고 있거나 해당 용도로 이용할 목적으로 조성된 토지

② **대지(垈地)**: 「건축법」상의 건축할 수 있는 토지로서 필지 중 건축행위가 가능한 필지

③ **부지(敷地)**: 도로부지, 하천부지와 같이 일정한 용도로 이용되는 바닥토지를 말하며 하천, 도로 등의 바닥토지에 사용되는 포괄적 용어

(2) 후보지와 이행지

주택 · 상업 · 공업지 간 이행
전 · 답 · 과수원 간 이행

후보지(候補地)[7]	이행지(移行地)[8]
• 용도지역 중 택지지역, 농지지역, 임지지역 상호간에 전환되고 있는 토지 • 가망지(可望地) 또는 예정지(豫定地) • 반드시 지목변경이 뒤따름	• 택지지역, 농지지역, 임지지역 내에서 전환이 이루어지고 있는 토지 • 지목변경이 뒤따를 수도 있고 그렇지 않을 수도 있음

신탄림지역 · 용재림지역 간 이행

토지의 주된 용도에 따라 토지의 종류를 구분하여 지적공부에 등록한 것

기출지문 끝장

❶ 토지 지표를 토지소유자가 배타적으로 이용하여 작물을 경작하거나 건물을 건축할 수 있는 권리를 **지표권**이라 한다. 제16회

❷ 토지소유자가 지하공간에서 어떤 이익을 얻거나 지하공간을 사용할 수 있는 권리를 **지하권**이라 한다. 제16회

❸ 토지소유자가 공중공간을 타인의 방해 없이 일정한 고도까지 포괄적으로 이용할 수 있는 권리를 **공중권**이라 한다. 제16회

❹ **복합개념의 부동산**이란 부동산을 법률적 · 경제적 · 기술적 측면 등이 복합된 개념으로 이해하는 것을 말한다. 제27회

❺ 토지와 건물이 각각 독립된 거래의 객체이면서도 마치 하나의 결합된 상태로 다루어져 부동산활동의 대상으로 인식될 때 이를 **복합부동산**이라 한다. 제27회

❻ **택지**는 주거 · 상업 · 공업용지 등의 용도로 이용되고 있거나 해당 용도로 이용할 목적으로 조성된 토지를 말한다. 제29회

❼ **후보지**는 용도지역 상호간에 다른 지역으로 전환되고 있는 지역의 토지를 말한다. 제21회, 제24회

❽ 택지지역 내에서 주거지역이 상업지역으로 용도변경이 진행되고 있는 토지를 **이행지**라 한다. 제32회

(3) 맹지와 대지

맹지(盲地)❶	타인의 토지에 둘러싸여 도로에 어떤 접속면도 가지지 못하는 토지
대지(袋地)	어떤 택지가 다른 택지에 둘러싸여 좁은 통로에 의해서 도로에 접하는 자루형의 모양을 띠게 되는 택지

(4) 필지와 획지

필지(筆地)	획지(劃地)❷
• 「공간정보의 구축 및 관리 등에 관한 법률」(또는 부동산등기법)상의 용어 • 하나의 지번이 붙는 토지의 등기·등록 단위 • 토지소유자의 권리를 구분하기 위한 표시 • 권리를 구분하기 위한 법적 개념	• 감정평가에서 중시 • 인위적·자연적·행정적 조건에 의해 다른 토지와 구별되는 가격수준이 비슷한 일단의 토지 • 부동산활동 또는 부동산현상의 단위면적이 되는 일획의 토지 • 가격수준을 구분하기 위한 경제적 개념

(5) 나지·건부지·공지·공한지

나지(裸地)❸	토지에 건물이나 그 밖의 정착물이 없고, 지상권 등 토지의 사용·수익을 제한하는 사법상의 권리가 설정되어 있지 아니한 토지
건부지(建附地)❹	건물이 토지상의 부가물의 부지로 제공되고 있는 토지로서, 건물 및 그 부지가 동일 소유자에게 속하고 해당 소유자에 의하여 사용되며, 그 부지의 사용·수익을 제약하는 권리 등이 부착되어 있지 않은 토지
공지(空地)	필지 중 건물공간을 제외하고 남은 토지로 「건축법」에 따른 건폐율의 제한으로 인해 한 필지 내에 건물을 꽉 메워서 건축하지 않고 남겨 둔 토지
공한지(空閑地)	도시 토지 중 지가 상승만 기대하고 장기간 방치한 토지

(6) 소지·선하지·포락지

소지(素地)❺	대지 등으로 개발되기 이전의 자연적인 그대로의 토지
선하지(線下地)❻	고압선 아래의 토지로 보통은 선하지 감가를 행함
포락지(浦落地)❼	지적공부에 등록된 토지가 물에 침식되어 수면 밑으로 잠긴 토지

(7) 법지와 빈지

법지(法地)[8]	• 법으로만 소유할 뿐 활용실익이 없는 토지로 택지의 유효지표면 경계와 인접지 또는 도로면과 경사된 토지부분 • 토지의 붕괴를 막기 위하여 경사를 이루어 놓은 것인데 측량면적에는 포함되지만 실제로 사용할 수 없는 면적
빈지(濱地, 바닷가)	일반적으로 바다와 육지 사이의 해변토지를 말하는데, 「공유수면 관리 및 매립에 관한 법률」에서는 해안선으로부터 지적공부에 등록된 지역까지의 사이를 말함

(8) 유휴지와 휴한지

유휴지(遊休地)	바람직스럽지 못하게 놀리는 토지 ⇦ 공한지
휴한지(休閑地)	농지 등을 정상적으로 쉬게 하는 토지 ⇦ 공지

3 부동산의 특성 ☆☆☆ 제22회, 제23회, 제24회, 제26회, 제27회, 제28회, 제29회, 제30회, 제31회, 제32회

(1) 자연적 특성(물리적 특성)

토지가 본원적으로 지니고 있는 물리적 특성으로서 선천적·원천적·본질적·불변적·경직적인 특성

① 부동성[9](지리적 위치의 고정성·비이동성)

㉠ 의의: 토지의 위치는 인위적으로 이동하거나 지배하지 못한다는 특성

기출지문 끝장

❶ **맹지**는 도로와 접하고 있지 않는 구획 내부의 토지, 즉 타인의 토지에 둘러싸여 도로에 직접 연결되지 않은 한 필지의 토지를 말한다. 제22회, 제24회, 제28회

❷ **획지**는 인위적·자연적·행정적 조건에 따라 다른 토지와 구별되는 가격수준이 비슷한 일단의 토지를 말한다. 제32회

❸ 토지에 건물이나 그 밖의 정착물이 없고, 지상권 등 토지의 사용·수익을 제한하는 사법상의 권리가 설정되어 있지 아니한 토지를 **나지**라 한다. 제21회, 제25회

❹ **건부지**는 건물 등이 부지의 최유효이용에 적합하지 못하는 경우, 나지에 비해 최유효이용의 기대가능성이 낮다. 제25회

❺ **소지**는 대지 등으로 개발되기 이전의 자연 상태로서의 토지를 말한다. 제30회

❻ **선하지(線下地)**는 고압선 아래의 토지로 이용 및 거래의 제한을 받는 경우가 많다. 제28회

❼ **포락지(浦落地)**는 지적공부에 등록된 토지가 물에 침식되어 수면 밑으로 잠긴 토지를 말한다. 제31회

❽ **법지(法地)**는 소유권은 인정되지만 이용실익이 없거나 적은 토지를 말한다. 제24회

❾ 토지의 **부동성**은 토지의 위치를 인위적으로 이동하거나 지배하지 못한다는 특성으로, 부동산활동을 국지화시켜 지역적으로 특화되게 한다. 제22회

ⓛ 부동성으로부터 파생되는 특징

ⓐ 부동산활동 및 부동산현상을 국지화하여 지역분석의 필요성이 요구된다.

ⓑ 부동산은 지역적으로 세분화되어 부분시장으로 존재한다.

sub-market, 하위시장

ⓒ 부동산활동을 임장활동, 정보활동, 중개활동, 입지선정활동으로 만든다.

ⓓ 토지의 이용방식이나 입지선정에 영향을 미친다.

현장에 직접 가 보는 부동산활동 (책상 위에서의 탁상활동과 대응되는 개념)

② 영속성❶(내구성·불변성·비소모성·불괴성)

㉠ 의의: 사용이나 시간의 흐름에 의해서 소모와 마멸이 되지 않는다는 특성

ⓛ 영속성으로부터 파생되는 특징

ⓐ 토지에 감가상각의 적용을 배제시킨다.

ⓑ 토지의 가치보존력을 우수하게 하며, 소유이익과 이용이익을 분리하여 타인으로 하여금 이용 가능하게 한다.

ⓒ 토지의 수익 등의 유용성을 영속적으로 만든다.

ⓓ 부동산학에서 가치와 가격을 구별하게 하고, 가격 대신 가치라는 용어를 주로 사용하게 한다.

ⓔ 부동산활동을 장기적으로 배려하게 한다.

ⓕ 장기투자를 통해 자본이득과 소득이득을 얻을 수 있다.

③ 부증성❷(비생산성·불확장성·면적의 유한성·수량고정성) ⇨ 토지의 희소성의 근거

㉠ 의의: 생산비나 노동을 투입하여 물리적 절대량을 늘릴 수 없다는 특성

ⓛ 부증성으로부터 파생되는 특징

ⓐ 토지에 생산비의 법칙이 적용되지 않게 한다.

ⓑ 토지부족문제의 근원이 되어 지가 상승의 원인이 된다.

ⓒ 부동산활동에 있어 최유효이용의 원칙에 근거가 된다.

ⓓ 토지이용을 집약화시킨다.

ⓔ 일반적인 지대 혹은 지가를 발생시킨다.

④ 개별성❸(비대체성·비동질성·이질성)

㉠ 의의: 물리적으로 완전히 동일한 복수의 토지는 있을 수 없다는 특성

ⓛ 개별성으로부터 파생되는 특징

ⓐ 표준지 선정을 어렵게 하며, 토지의 가격이나 수익이 개별로 형성되어 일물일가(一物一價)의 법칙의 적용을 배제시킨다.

동일한 시점, 동일한 시장, 동일한 재화와 서비스에 대해서는 언제나 하나의 가격만이 성립한다는 원칙

ⓑ 개별분석의 필요성을 제기한다.

ⓒ 개개의 부동산을 독점화시킨다.

ⓓ 부동산활동이나 현상을 개별화시킨다.

⑤ 인접성(연결성)

㉠ 의의: 토지는 지표의 일부이며, 물리적으로 보는 토지는 반드시 다른 토지와 연결되어 있다는 특성

㉡ 인접성으로부터 파생되는 특징

ⓐ 가격형성 시 인접지의 영향을 받게 하며 지역분석을 필연화시킨다.

ⓑ 개발이익의 사회적 환수 논리의 근거가 된다.

ⓒ 부동산의 용도면에서 대체가능성이 존재하게 한다.

(2) 인문적 특성(사회적 특성)

토지가 인간과 어떤 관계를 가질 때 나타나는 특성으로서 부동산 생활관계에서 인간이 인위적으로 부동산에 부여한 특성

① 용도의 다양성(다용도성)

㉠ 의의: 지역의 사회적·경제적·행정적 환경에 따라 토지가 여러 가지 용도로 사용될 수 있다는 특성

㉡ 용도의 다양성으로부터 파생되는 특징

ⓐ 최유효이용의 판단 근거가 된다.

ⓑ 이행과 전환을 가능하게 한다.

ⓒ 부동산 용도전환을 통해 토지의 경제적 공급을 가능하게 한다.

② 병합·분할의 가능성

㉠ 의의: 토지는 목적 등에 따라 그 면적을 인위적으로 큰 규모 또는 작은 규모로 합치거나 나누어서 사용할 수 있다는 특성

㉡ 병합·분할의 가능성으로부터 파생되는 특징

ⓐ 용도의 다양성을 지원하는 기능을 갖게 한다.

ⓑ 합병 증·감가 또는 분할 증·감가를 발생하게 한다.

③ 위치의 가변성: 토지의 자연적 위치는 불변이지만 사회적·경제적·행정적 위치는 변한다는 특성

㉠ 사회적 위치의 가변성: 도시형성, 공공시설의 확충 및 정비상태의 변화

㉡ 경제적 위치의 가변성: 수송 및 교통체계의 정비

㉢ 행정적 위치의 가변성(행정의 지배성·피행정성·수행정성): 제도, 정책, 시책, 규제

기출지문 끝장

❶ 토지의 **영속성**은 소모를 전제로 하는 재생산이론과 감가상각(감가수정)이론이 적용되지 않게 하고, 부동산활동을 장기배려하게 하며, 토지의 가치보존력을 우수하게 한다. 제26회

❷ 토지의 **부증성**은 지대 또는 지가를 발생시키며, 최유효이용의 근거가 된다. 제28회

❸ **개별성**으로 인해 일물일가 법칙의 적용이 배제되어 토지시장에서 물건 간 완전한 대체관계가 제약된다. 제32회

기출문제 끝장

기출 분석

- 기출회차: 제29회
- 난이도: ★
- 키워드: 부동산의 법률적 개념

함정을 피하는 끝장 TIP

- 부동산의 법률적 개념을 이해하고 있는지를 묻는 문제이다.
- 시험은 현재 시행되고 있는 우리나라의 법률에 근거하므로 법률적 개념 중 정착물의 개념은 영미법에서의 정착물보다는 「민법」에서의 정착물을 우선하여 정리해야 한다.
- 공간으로서의 부동산은 주로 토지소유권의 공간적 범위와 관련하여 출제되므로 이를 정리해 두어야 한다.

우리나라에서 부동산과 소유권에 관한 설명으로 틀린 것은?

① 토지소유자는 법률의 범위 내에서 토지를 사용, 수익, 처분할 권리가 있다.
② 「민법」에서 부동산이란 토지와 그 정착물을 말한다.
③ 토지의 소유권은 정당한 이익 있는 범위 내에서 토지의 상하에 미친다.
④ 토지의 소유권 공시방법은 등기이다.
⑤ 토지의 정착물 중 토지와 독립된 물건으로 취급되는 것은 없다.
→ 토지의 정착물 중 토지와 독립된 물건으로 취급되는 것이 있다.

해설

토지정착물은 토지로부터 독립된 정착물과 토지에 종속되어 있는 정착물로 구분할 수 있다. 건물, 명인방법에 의한 수목 또는 수목의 집단, 등기완료된 수목의 집단(입목), 농작물 등은 토지의 정착물 중 토지와 독립된 물건으로 취급된다.

memo

우선끝장 민개공

부동산학개론

부동산 경제론 · 시장론

부동산의 수요와 공급

1 부동산의 수요 ☆☆☆ 제22회, 제23회, 제24회, 제25회, 제26회, 제29회, 제30회, 제31회

(1) 수요의 개념

① 수요(demand): 일정기간(시점) 동안에 소비자가 재화와 서비스를 구매하고자 하는 욕구

② 수요량: 일정기간(시점) 동안에 주어진 가격수준으로 소비자가 구입하고자 하는 최대수량

㉠ 유량(流量, flow) 개념 ⇨ 저량의 수요량도 존재함에 유의한다.

㉡ 의도된 양 ⇨ 사전적 개념 ⇨ 실제로 구입한 양(사후적 개념)이 아니다.

㉢ 구매력 ⇨ 유효수요

핵심 끌장 **유량(流量, flow)과 저량(貯量, stock)**

1. **유량(flow)**❶❷: 일정기간에 걸쳐서 측정하는 변수 ⇨ 신규, 분양, 새것

   例 임대료 수입, 노동자 소득, 신규주택 공급량, 주택거래량, 부동산회사의 당기순이익, 국민총생산

2. **저량(stock)**❶: 일정시점에 측정하는 변수 ⇨ 기존, 헌것, 중고

   例 가계 자산, 통화량, 도시인구, 주택재고량, 자본총량, 보유부동산의 시장가치, 외환보유액

저량의 변동분은 곧 유량이 된다. 例 재고의 변동분 ⇨ 재고투자

기출지문 끌장

❶ 유량은 일정한 기간을 정해야 측정이 가능한 개념이고, **저량**은 일정시점에서만 측정이 가능한 개념이다. 제22회

❷ 부동산의 신규공급은 일정한 시점에서 측정되는 저량 개념이 아니라 일정한 기간 동안 측정되는 **유량** 개념이다. 제23회

PART 2

기출문제 끝장

경제학에서는 수요와 공급을 유량으로 분석한다. 그러나 일반경제학과 달리 수요와 공급을 유량뿐 아니라 저량의 개념으로도 다룬다는 점에 유의하여야 한다.

Q1 난이도 ★★

다음 중 유량(flow)의 경제변수는 모두 몇 개인가? 제31회

- 가계 자산
- 노동자 소득
- 가계 소비
- 통화량
- 자본총량
- 신규주택 공급량

① 1개
② 2개
③ 3개
④ 4개
⑤ 5개

해설

유량(流量, flow) 변수란 일정기간에 걸쳐서 측정하는 변수로서 노동자 소득, 가계 소비, 신규주택 공급량, 주택거래량 등이 있다. 저량(貯量, stock) 변수란 일정시점에 측정하는 변수로서 가계 자산, 통화량, 자본총량 등이 있다.

Q2 난이도 ★★

유량(flow)과 저량(stock)의 설명으로 옳은 것은? 제22회

① 저량은 일정한 기간을 정해야 측정이 가능한 개념이다.
② 유량은 일정시점에서만 측정이 가능한 개념이다.
③ 유량의 예로는 주택재고량, 부동산투자회사의 자산가치 등이 있다.
④ 저량의 예로는 주택거래량, 신규주택 공급량 등이 있다.
⑤ 만약 현재 우리나라에 총 1,500만 채의 주택이 존재하고 그중 100만 채가 공가로 남아 있다면, 현재 주택저량의 수요량은 1,400만 채이다.

해설

① 저량(貯量, stock)은 일정시점에 측정되는 개념이다.
② 유량(流量, flow)은 일정기간에 걸쳐 측정되는 개념이다.
③ 유량의 예로는 임대료 수입, 노동자 소득, 신규주택 공급량, 주택거래량, 부동산회사의 당기순이익, 국민총생산 등이 있다.
④ 저량의 예로는 가계 자산, 통화량, 도시인구, 주택재고량, 자본총량, 보유부동산의 시장가치, 인구, 재산총액, 외환보유액, 외채 등이 있다.

정답 Q1 ③ Q2 ⑤

예상문제 끝장

난이도 ★★★

부동산 관련 경제변수들 중 유량(flow) 변수와 저량(stock) 변수가 옳게 묶인 것은?

㉠ 신규주택 공급량
㉡ 도시인구
㉢ 부동산의 시장가치
㉣ 주택의 거래량
㉤ 실물자산
㉥ 순영업소득

	유량 변수	저량 변수
①	㉠, ㉤	㉡, ㉢, ㉣, ㉥
②	㉠, ㉥	㉡, ㉢, ㉣, ㉤
③	㉣, ㉥	㉠, ㉡, ㉢, ㉤
④	㉠, ㉣, ㉥	㉡, ㉢, ㉤
⑤	㉠, ㉢, ㉣, ㉤	㉡, ㉥

해설

유량(流量, flow) 변수란 일정기간에 걸쳐서 측정하는 변수로서 임대료 수입, 신규주택 공급량, 주택거래량, 순영업소득, 국민총생산 등이 있다. 저량(貯量, stock) 변수란 일정시점에 측정하는 변수로서 주택재고량, 도시인구, 부동산의 시장가치, 실물자산, 자본총량 등이 있다.

정답 ④

(2) 수요곡선

① **개념**: 일정기간(시점)에 성립할 수 있는 여러 가지 가격수준(임대료)과 수요량의 조합을 연결한 곡선

② **수요법칙**: 단위당 가격(임대료)이 상승하면 수요량이 감소하고, 단위당 가격(임대료)이 하락하면 수요량이 증가하는 관계

(3) 대체효과와 소득효과

① **가격효과**: 대체효과와 소득효과의 합성효과

② **대체효과**[1]: X재 가격 하락 ⇨ Y재 수요량 감소 ⇨ X재 수요량 증가
(substitution effect)

③ **소득효과**: X재 가격 하락 ⇨ 실질소득 증가 ⇨
- **정상재**: X재 수요량 증가
- **열등재**: X재 수요량 감소
- **중립재**: X재 수요량 불변

(income effect)

(4) 개별수요와 시장수요

① 개별수요: 한 사람 한 사람의 수요

② 시장수요: 개별수요의 수평적 합계 ⇨ 개별수요곡선보다 완만(탄력적)

(5) 수요량의 변화와 수요의 변화

① 수요량의 변화

㉠ 해당 상품가격(임대료)의 변화에 의한 수요량의 변화

㉡ 동일 수요곡선상에서의 점의 이동으로 표시

② 수요의 변화

㉠ 해당 상품가격(임대료) 이외의 요인❷이 변화하여 일어나는 수요량의 변화

㉡ 수요곡선 자체의 이동❸으로 표시

㉢ 수요곡선이 우측(좌측)으로 이동하는 것 ⇨ 수요의 증가(감소)

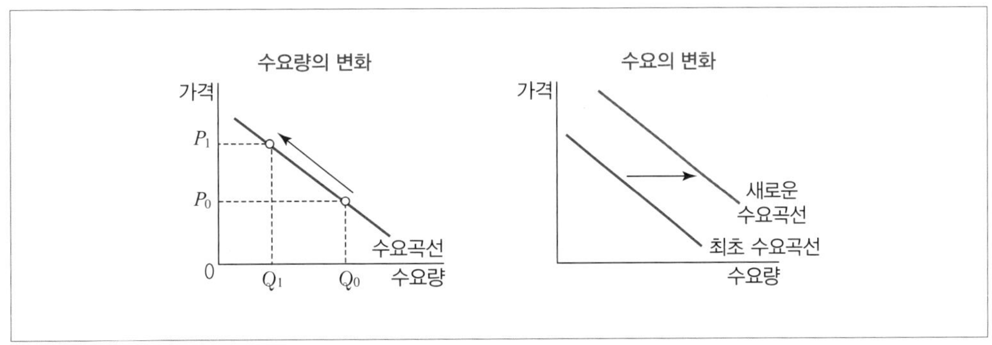

(6) 수요변화의 요인

① 소비자의 소득변화

㉠ 정상재

ⓐ 소득이 증가함에 따라 수요가 증가하는 재화

ⓑ 소득 증가 ⇨ 수요량 증가 ⇨ 수요곡선이 우측으로 이동

기출지문 끝장

❶ 주택임대료가 상승하면 다른 재화의 가격이 상대적으로 하락하여 임대수요량이 감소하는 것은 대체효과에 대한 설명이다. 제22회

❷ 가격 이외의 다른 요인이 수요량을 변화시키면 수요곡선이 좌측 또는 우측으로 이동한다. 제30회

❸ 수요곡선의 이동으로 인해 수요량이 변하는 경우에 이를 부동산수요의 변화라고 한다. 제21회

㉡ **열등재**

ⓐ 소득이 증가함에 따라 수요가 감소하는 재화

ⓑ 소득 증가 ⇨ 수요량 감소 ⇨ 수요곡선이 좌측으로 이동

㉢ **중립재**

ⓐ 동일한 가격에서 소득이 변하더라도 수요량이 변하지 않는 재화

ⓑ 소득 증가 ⇨ 수요량 불변 ⇨ 수요곡선 불변

② **다른 부동산의 가격변동**

㉠ **대체재**❶: 대체재 관계에 있는 두 재화 중 X재(커피)의 가격 상승 ⇨ X재(커피)의 수요량 감소 ⇨ Y재(홍차)의 수요량 증가 ⇨ Y재(홍차)의 수요곡선이 우측으로 이동

㉡ **보완재**: 보완재 관계에 있는 두 재화 중 X재(커피)의 가격 상승 ⇨ X재(커피)의 수요량 감소 ⇨ Y재(설탕)의 수요량 감소 ⇨ Y재(설탕)의 수요곡선이 좌측으로 이동

㉢ **독립재**: X재(커피)의 가격 상승 ⇨ X재(커피)의 수요량 감소 ⇨ Y재(책)의 수요량 불변 ⇨ Y재(책)의 수요곡선 불변

③ **소비자의 기호(선호도)**❷**변화**: 어떤 상품에 대한 소비자들의 선호도 증가(감소) ⇨ 수요가 증가(감소) ⇨ 수요곡선이 우측(좌측)으로 이동

④ **소비자의 가격예상**❸: 어떤 상품의 가격이 가까운 장래에 상승(하락)할 것이라고 예상 ⇨ 수요가 증가(감소) ⇨ 수요곡선이 우측(좌측)으로 이동

⑤ **소비자(인구)의 수**: 소비자의 수가 증가(감소) ⇨ 수요 증가(감소) ⇨ 수요곡선은 우측(좌측)으로 이동

⑥ 이 외에도 경기전망, 담보대출금리❹의 수준, 부동산에 대한 조세, 재산 등에 의해서 영향을 받는다.

기출지문 끝장

❶ 아파트매매시장에서 **대체재**인 단독주택의 가격이 상승하면 아파트의 수요곡선은 우측으로 이동하게 된다. 제29회

❷ 아파트 **선호도** 감소는 아파트시장의 수요곡선을 좌측으로 이동시킬 수 있는 요인이다. 제25회

❸ 아파트매매시장에서 아파트 **가격 하락이 예상**되면 수요의 변화로 수요곡선 자체가 좌측으로 이동하게 된다. 제29회

❹ **아파트 담보대출금리**의 하락은 아파트시장의 수요곡선을 우측으로 이동시킬 수 있는 요인이다. 제25회

기출문제 끝장

- 부동산수요량의 변화와 부동산수요의 변화를 구별하는 문제이다.
- 수요량의 변화와 수요의 변화를 구분하는 데 중요한 것은 원인이 해당 가격의 변화이면 수요량의 변화이고, 해당 가격 이외의 요인의 변화는 수요의 변화에 해당한다.
- 수요량의 변화는 수요곡선상에서 점의 이동으로 나타나고, 수요의 변화는 수요곡선 자체의 이동으로 나타난다.

Q1 난이도 ★★★

아파트매매시장에서 수요량과 수요의 변화에 관한 설명으로 옳은 것은? (단, x축은 수량, y축은 가격이고, 아파트와 단독주택은 정상재이며, 다른 조건은 동일함) 제29회

① 아파트 가격 하락이 예상되면 수요량의 변화로 동일한 수요곡선상에서 하향으로 이동하게 된다.
② 실질소득이 증가하면 수요곡선은 좌하향으로 이동하게 된다.
③ 대체재인 단독주택의 가격이 상승하면 아파트의 수요곡선은 우상향으로 이동하게 된다.
④ 아파트 담보대출금리가 하락하면 수요량의 변화로 동일한 수요곡선상에서 상향으로 이동하게 된다.
⑤ 아파트 거래세가 인상되면 수요곡선은 우상향으로 이동하게 된다.

해 설

① 아파트 가격 하락이 예상되면 수요의 변화로 수요곡선 자체가 좌측(좌하향)으로 이동하게 된다.
② 실질소득이 증가하면 수요곡선은 우측(우상향)으로 이동하게 된다.
④ 아파트 담보대출금리가 하락하면 수요의 변화로 수요곡선 자체가 우측(우상향)으로 이동하게 된다.
⑤ 아파트 거래세가 인상되면 수요곡선은 좌측(좌하향)으로 이동하게 된다.

Q2 난이도 ★★★

아파트시장의 수요곡선을 좌측으로 이동시킬 수 있는 요인은 모두 몇 개인가? (단, 다른 조건은 동일함) 제25회

- 수요자의 실질소득 증가
- 건축원자재 가격의 하락
- 사회적 인구 감소
- 아파트 가격의 하락
- 아파트 선호도 감소
- 대체주택 가격의 하락
- 아파트 담보대출금리의 하락

① 2개　② 3개　③ 4개　④ 5개　⑤ 6개

해 설

아파트시장의 수요곡선을 좌측으로 이동시킬 수 있는 요인은 수요 감소요인에 해당한다. 사회적 인구 감소, 아파트 선호도 감소, 대체주택 가격의 하락 등이 수요 감소요인에 해당한다. 수요자의 실질소득 증가, 아파트 담보대출금리의 하락 등은 수요 증가요인에 해당하고, 건축원자재 가격의 하락은 공급 증가요인에 해당하며, 아파트 가격의 하락은 수요곡선상의 이동요인에 해당한다.

정답 Q1 ③ Q2 ②

예상문제 끌장

난이도 ★★

부동산 수요량의 변화와 수요의 변화에 관한 설명으로 틀린 것은?

① 수요량의 변화란 해당 부동산가격의 변화에 의한 수요량의 변화로 동일 수요곡선상에서의 점의 이동으로 나타난다.

② 수요의 변화란 해당 부동산가격 이외의 요인이 변화하여 일어나는 수요량의 변화로 수요곡선 자체가 이동한다.

③ 부동산이 정상재인 경우 소득이 증가하면 수요가 증가하여 수요곡선은 우측으로 이동한다.

④ 어느 부동산의 가격이 가까운 장래에 상승할 것으로 예상된다면, 수요가 감소하여 수요곡선은 좌측으로 이동한다.

⑤ 두 부동산이 대체재 관계에 있다면 어느 한 부동산의 가격이 상승할 때 다른 부동산의 수요량은 증가할 것이다.

해 설

어느 부동산의 가격이 가까운 장래에 상승할 것으로 예상된다면, 가격이 상승하기 전에 그 상품을 보다 많이 사두려 하기 때문에 그 상품에 대한 수요가 증가하게 된다. 따라서 수요곡선도 우측으로 이동한다.

정답 ④

2 부동산의 공급 ☆☆ 제23회, 제24회, 제27회, 제28회

(1) 공급의 개념

① **공급**: 일정기간(시점) 동안에 생산자가 재화나 서비스를 판매하고자 하는 욕구

② **공급량**[1]: 일정기간(시점) 동안에 주어진 가격수준으로 생산자가 판매하고자 하는 최대수량

㉠ 유량(流量, flow) 개념 ⇨ 저량(貯量, stock)의 공급량도 존재한다.

㉡ 판매하려고 의도된 양 ⇨ 사전적 개념

㉢ 생산력 ⇨ 유효공급

(2) 공급곡선

① **개념**: 일정기간(시점)에 성립할 수 있는 여러 가지 가격수준(임대료)과 공급량의 조합들을 나타내는 곡선

② **공급법칙**: 다른 모든 여건이 일정할 때 어떤 상품의 가격(임대료)이 상승하면 그 상품의 공급량은 증가하고 가격(임대료)이 하락하면 공급량은 감소한다는 법칙

(3) 개별공급과 시장공급

① 개별공급: 생산자 한 사람 한 사람의 공급

② 시장공급: 개별공급의 수평적 합계 ⇨ 개별공급곡선보다 완만

(4) 공급량의 변화와 공급의 변화

① 공급량의 변화

㉠ 해당 상품가격(임대료)의 변화에 의한 공급량의 변화

㉡ 동일 공급곡선상에서의 점의 이동으로 표시

② 공급의 변화

㉠ 해당 상품가격(임대료) 이외의 요인이 변화하여 일어나는 공급량의 변화

㉡ 공급곡선 자체의 이동으로 표시

㉢ 공급곡선이 우측(좌측)으로 이동하는 것 ⇨ 공급의 증가(감소)

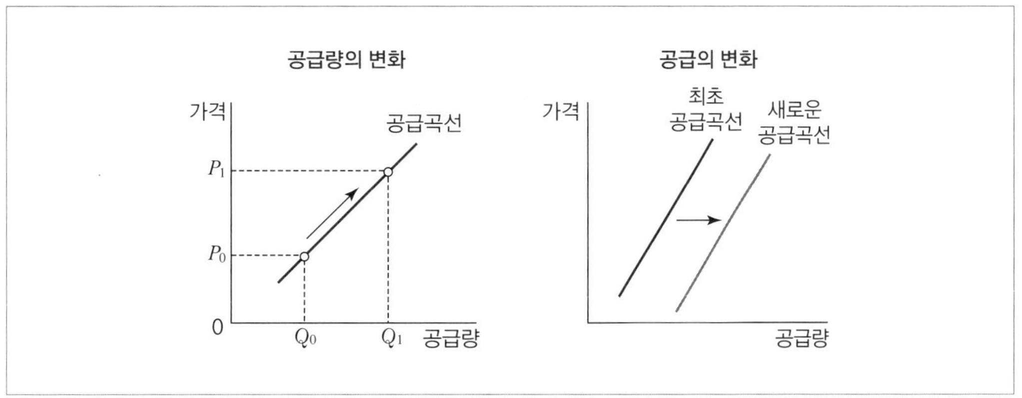

(5) 공급변화의 요인

① 생산기술이 발전(건설기술의 개발)❷하면 동일한 생산비용으로 더 많은 상품을 생산하고 공급할 수 있으므로 공급곡선은 우측으로 이동

② 생산요소가격(건축원자재 가격)❸이 하락(상승) ⇨ 생산비용 하락(상승) ⇨ 공급량 증가(감소) ⇨ 공급곡선이 우측(좌측)으로 이동

③ 공급 면에서 대체관계와 보완관계

㉠ 공급 면에서 대체관계: X재(콩)의 가격 상승 ⇨ X재(콩)의 공급량 증가 ⇨ Y재(옥수수)의 공급량 감소 ⇨ Y재(옥수수)의 공급곡선이 좌측으로 이동

기출지문 끝장

❶ **공급량**은 주어진 가격수준에서 판매하고자 하는 최대수량이다. 제30회

❷ 새로운 **건설기술의 개발**에 따른 원가절감은 부동산시장에서 주택의 공급곡선을 우측으로 이동시키는 요인이다. 제24회

❸ **건축원자재 가격**의 하락은 공급 증가요인에 해당한다. 제25회

㉡ **공급 면에서 보완관계**: X재(쇠고기)의 가격 상승 ⇨ X재(쇠고기)의 공급량 증가 ⇨ Y재(쇠가죽)의 공급량 증가 ⇨ Y재(쇠가죽)의 공급곡선이 우측으로 이동

④ 공급자가 가까운 장래에 상품의 가격이 상승(하락)할 것으로 예상 ⇨ 해당 상품의 공급 감소(증가) ⇨ 공급곡선이 좌측(우측)으로 이동

⑤ 기업에의 조세부과와 보조금 지급

㉠ **조세부과**: 해당 상품의 생산비 증가 ⇨ 공급량 감소 ⇨ 공급곡선이 좌측으로 이동

㉡ **보조금 지급**: 해당 상품의 생산비 감소 ⇨ 공급량 증가 ⇨ 공급곡선이 우측으로 이동

⑥ 이 외에도 공급자의 수(주택건설업체 수)❶, 경기전망, 금리의 수준 등도 공급에 영향을 미친다.

기출문제 끝장

- 부동산공급량의 변화와 부동산공급의 변화를 구별하는 문제이다.
- 해당 가격의 변화는 공급량의 변화에 해당하고 해당 가격을 제외한 요인은 공급의 변화에 해당한다는 것에 주의하여야 한다.

난이도 ★

주택 공급 변화요인과 공급량 변화요인이 옳게 묶인 것은? 제28회

	공급 변화요인	공급량 변화요인
①	주택건설업체 수의 증가	주택가격 상승
②	정부의 정책	건설기술개발에 따른 원가절감
③	건축비의 하락	주택건설용 토지가격의 하락
④	노동자임금 하락	담보대출 이자율의 상승
⑤	주택경기 전망	토지이용규제 완화

해설

주택 공급량의 변화는 주택가격의 변화에 의한 공급량의 변화를 말하며, 주택 공급의 변화는 주택가격 이외의 요인이 변화하여 일어나는 공급량의 변화를 말한다. 따라서 주택건설업체 수의 증가는 공급 변화요인에 해당하고, 주택가격 상승은 공급량의 변화요인에 해당한다.

공급의 변화	공급량의 변화
• 해당 상품가격(임대료) 이외의 요인에 의한 공급량의 변화 • 공급곡선 자체의 이동	• 해당 상품가격(임대료)의 변화에 의한 공급량의 변화 • 동일 공급곡선상에서의 점의 이동으로 표시

정답 ①

기출지문 끝장

❶ 주택건설업체 수의 증가는 부동산시장에서 주택의 공급곡선을 우측으로 이동시키는 요인이다. 제24회

예상문제 끝장

Q1 난이도 ★★★

주택의 공급을 증가시킬 수 있는 요인은 모두 몇 개인가?

㉠ 주택건설업자에 대한 중과세
㉡ 주택 건축자재 가격의 상승
㉢ 공급 면의 대체재의 가격 상승
㉣ 공급 면의 보완재의 가격 상승
㉤ 대출금리의 하락
㉥ 공급자의 가격 상승 예상
㉦ 임금과 택지가격 상승

① 0개
② 2개
③ 3개
④ 4개
⑤ 5개

해 설

㉣㉤은 주택의 공급을 증가시키는 요인이며, ㉠㉡㉢㉥㉦은 주택의 공급을 감소시킬 수 있는 요인에 해당한다.

Q2 난이도 ★

부동산의 공급곡선에 관한 설명으로 틀린 것은? (단, 다른 조건은 일정하다고 가정함)

① 용도전환이 용이할수록 공급곡선의 기울기는 더 급해진다.
② 생산(공급)에 소요되는 기간이 길수록 공급곡선의 기울기는 더 급해진다.
③ 단기공급곡선의 기울기는 장기공급곡선의 기울기보다 더 급해진다.
④ 건축 인허가가 어려울수록 공급곡선의 기울기는 더 급해진다.
⑤ 생산량을 늘릴 때 생산요소 가격이 상승할수록 공급곡선의 기울기는 더 급해진다.

해 설

용도전환이 용이할수록 공급곡선의 기울기는 더 완만해진다.

정답 Q1 ② Q2 ①

3 부동산시장의 균형 및 균형의 변동 ☆☆☆ 제24회, 제25회, 제26회, 제27회, 제28회, 제31회, 제32회

(1) 시장균형의 결정

① 균형(equilibrium)의 개념: 변화를 가져오는 유인이 존재하지 않는 상태, 즉 일단 도달하면 다른 상태로 바뀔 유인이 없는 상태를 말한다.

② 균형가격과 균형거래량

㉠ 균형가격·균형량

ⓐ 균형가격: 수요량과 공급량이 균등해지는 점(수요곡선과 공급곡선이 교차하는 점)에서 결정된 가격

ⓑ 균형량: 균형가격에 대응하는 수요량을 균형수요량, 공급량을 균형공급량이라 한다.

㉡ 균형의 결정: 시장수요곡선과 시장공급곡선이 교차하는 곳에서 결정된다.

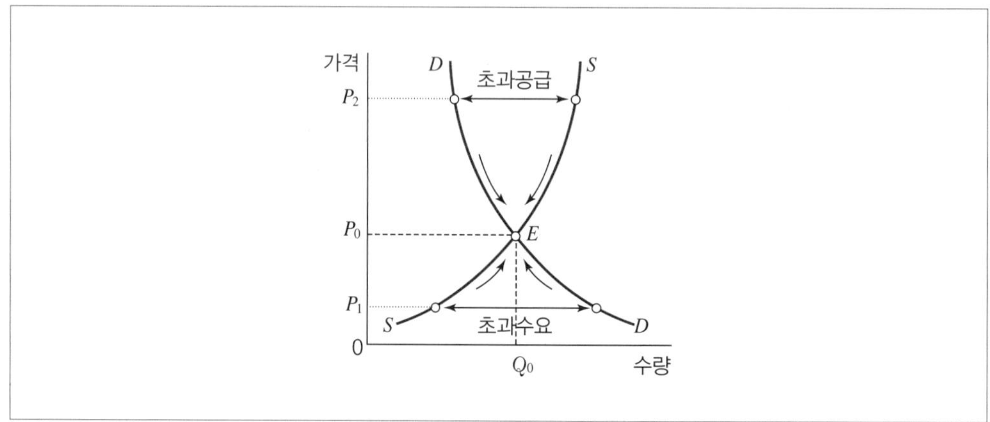

㉢ 균형의 특징

ⓐ 수요량과 공급량이 같다.

ⓑ 수요가격과 공급가격이 같다.

ⓒ 초과수요와 초과공급이 없다.

ⓓ 수요자경쟁과 공급자경쟁이 없다.

ⓔ 가격 상승 압력과 가격 하락 압력이 없다.

(2) 시장균형의 변동 ⇨ 균형점의 이동은 곡선의 이동방향과 같다.

① 수요의 변화와 균형의 변동

㉠ 수요 증가: 가격 상승, 균형량 증가

㉡ 수요 감소❶: 가격 하락, 균형량 감소

② 공급의 변화와 균형의 변동

㉠ 공급 증가❷: 가격 하락, 균형량 증가

㉡ 공급 감소: 가격 상승, 균형량 감소

③ 수요와 공급이 동시에 변동할 경우

㉠ 수요와 공급의 변화크기가 다른 경우 ⇨ 수요와 공급 중 큰 것만 고려

ⓐ 수요의 증가가 공급의 증가보다 크다면❸ 가격은 상승, 균형량은 증가

ⓑ 수요의 증가보다 공급의 증가가 크다면 가격은 하락, 균형량은 증가

ⓒ 수요의 증가가 공급의 감소보다 크다면 가격은 상승, 균형량은 증가

ⓓ 수요의 증가보다 공급의 감소가 크다면 가격은 상승, 균형량은 감소

ⓔ 수요의 감소가 공급의 감소보다 크다면 가격은 하락, 균형량은 감소

ⓕ 수요의 감소보다 공급의 감소가 크다면 가격은 상승, 균형량은 감소

ⓖ 수요의 감소가 공급의 증가보다 크다면 가격은 하락, 균형량은 감소

ⓗ 수요의 감소보다 공급의 증가가 크다면❹ 가격은 하락, 균형량은 증가

㉡ 수요와 공급의 변화크기가 같은 경우 ⇨ 가격과 균형량 중 하나는 불변

ⓐ 수요의 증가와 공급의 증가가 동일하다면 가격은 불변, 균형량은 증가

ⓑ 수요의 증가와 공급의 감소가 동일하다면 가격은 상승, 균형량은 불변

ⓒ 수요의 감소와 공급의 감소가 동일하다면 가격은 불변, 균형량은 감소

ⓓ 수요의 감소와 공급의 증가가 동일하다면 가격은 하락, 균형량은 불변

㉢ 수요와 공급의 변화크기가 주어지지 않은 경우 ⇨ 가격과 균형량 중 하나는 알 수 없음

ⓐ 수요의 증가, 공급의 증가이면 가격은 알 수 없음, 균형량은 증가

ⓑ 수요의 증가, 공급의 감소이면 가격은 상승, 균형량은 알 수 없음

ⓒ 수요의 감소, 공급의 감소이면 가격은 알 수 없음, 균형량은 감소

ⓓ 수요의 감소, 공급의 증가이면 가격은 하락, 균형량은 알 수 없음

PART 2

기출지문 끝장

❶ 아파트시장의 균형가격과 균형거래량의 변화에서 공급이 불변이고 **수요가 감소**하는 경우, 새로운 균형가격은 하락하고, 균형거래량은 감소한다. 제25회

❷ 아파트시장의 균형가격과 균형거래량의 변화에서 수요가 불변이고 **공급이 증가**하는 경우, 새로운 균형가격은 하락하고, 균형거래량은 증가한다. 제25회

❸ 아파트시장의 균형가격과 균형거래량의 변화에서 **수요의 증가가 공급의 증가보다 큰 경우**, 새로운 균형가격은 상승하고, 균형거래량도 증가한다. 제25회

❹ 수요는 감소하고 공급이 증가하는 경우, **수요의 감소폭이 공급의 증가폭보다 작다면** 균형가격은 하락하고 균형량은 증가한다. 제32회

4 수요함수와 공급함수의 계산 ☆ 제26회, 제28회, 제31회

기출문제 끝장

- 수요함수와 공급함수가 주어지고 균형가격과 균형량을 찾는 문제이다.
- 수요함수와 공급함수를 서로 같게 놓고 가격(P)과 수량(Q)에 대해 정리한다는 것이 핵심이다.

난이도 ★★

아파트의 수요함수는 $P = 900 - Q_D$, 공급함수는 $P = 100 + Q_S$이다. 균형가격은? [단, P는 가격(단위: 만원), Q_D는 수요량(단위: m^2), Q_S는 공급량(단위: m^2)] 제14회

① 300만원
② 400만원
③ 500만원
④ 600만원
⑤ 700만원

해 설

균형점에서는 수요량(Q_D)과 공급량(Q_S)이 일치하며, 수요가격과 공급가격이 일치한다.

따라서 $900 - Q_D = 100 + Q_S$

$2Q = 800$

$Q = 400$

그러므로 균형거래량(Q)은 400이고, 균형거래량(Q) 400을 수요함수나 공급함수에 대입하면 균형가격(P)은 500만원이 된다.

정답 ③

예상문제 끝장

Q1 난이도 ★★

어느 부동산시장의 수요함수가 $Q_D = 2{,}000 - 6P$이고 공급함수가 $Q_S = -1{,}000 + 9P$라고 할 때 균형가격과 균형거래량은? [단, P는 가격(단위: 만원), Q_D, Q_S는 각각 수요량과 공급량(단위: m^2)이며, 다른 조건은 일정하다고 가정함]

	균형가격	균형거래량
①	200만원	200m^2
②	200만원	800m^2
③	600만원	400m^2
④	800만원	200m^2
⑤	1,000만원	200m^2

해설

균형점에서는 수요량과 공급량이 일치한다.

따라서 $2{,}000 - 6P = -1{,}000 + 9P$

$3{,}000 = 15P$

그러므로 균형가격(P)은 200만원, 균형거래량(Q)은 800m^2이다.

Q2 난이도 ★★

어떤 부동산에 대한 수요함수는 $P = 1{,}200 - Q_D$, 공급함수는 $P = 200 + Q_S$이다. 균형가격과 균형거래량은? [단, P는 가격(단위: 만원), Q_D는 수요량(단위: m^2), Q_S는 공급량(단위: m^2)]

	균형가격	균형거래량
①	300만원	200m^2
②	400만원	250m^2
③	500만원	300m^2
④	600만원	400m^2
⑤	700만원	500m^2

해설

균형가격은 수요량(Q_D)과 공급량(Q_S)이 일치할 때의 가격이다.

따라서 $Q_D = Q_S$

$1{,}200 - P = P - 200$

$2P = 1{,}400$

그러므로 균형가격(P)은 700만원, 균형거래량(Q)은 500m^2이다.

정답 Q1 ② Q2 ⑤

기출문제 끌장

균형의 이동에 의한 균형가격과 균형량의 계산문제로, 시장수요함수와 시장공급함수가 주어지고 균형가격과 균형량의 변동을 묻는 문제이다. 최초의 시장수요함수와 시장공급함수를 통해 균형가격(P)과 균형량(Q)을 구하고 나중의 시장수요함수와 시장공급함수를 통해 균형가격(P)과 균형량(Q)을 구하여 비교하는 것이 핵심이다.

Q1 난이도 ★★

다음 조건에서 A지역 아파트시장이 t시점에서 (t + 1)시점으로 변화될 때, 균형가격과 균형량의 변화는? (단, 주어진 조건에 한하며, P는 가격, Q_S는 공급량이며, Q_{d1}과 Q_{d2}는 수요량임) 제28회

- 아파트 공급함수: $Q_S = 2P$
- t시점 아파트 수요함수: $Q_{d1} = 900 - P$
- (t + 1)시점 아파트 수요함수: $Q_{d2} = 1,500 - P$

	균형가격	균형량		균형가격	균형량
①	200 상승	400 감소	②	200 상승	400 증가
③	200 하락	400 감소	④	200 하락	400 증가
⑤	100 상승	200 증가			

해설

최초(t시점) A지역의 아파트시장에서 수요함수는 $Q_{d1} = 900 - P$, 공급함수는 $Q_S = 2P$라면, 균형점에서 $900 - P = 2P$이므로 $3P = 900$이다. 따라서 $P = 300$, $Q = 600$이다.

그런데 (t + 1)시점의 아파트 수요함수가 $Q_{d2} = 1,500 - P$로 변하고 공급함수는 그대로 $Q_S = 2P$라면, 균형점에서 $1,500 - P = 2P$이므로 $3P = 1,500$이다. 따라서 $P = 500$, $Q = 1,000$이 되므로, 균형가격은 200만큼 상승, 균형량은 400만큼 증가한다.

Q2 난이도 ★★

A지역의 오피스텔 시장공급량(Q_S)이 $3P$이고, A지역의 오피스텔 시장수요함수가 $Q_{d1} = 1,200 - P$에서 $Q_{d2} = 1,600 - P$로 변화하였다. 이때 A지역 오피스텔 시장의 균형가격의 변화는? (단, P는 가격, Q_{d1}과 Q_{d2}는 수요량이며, 다른 조건은 일정하다고 가정함) 제26회

① 50 하락 ② 50 상승 ③ 100 하락
④ 100 상승 ⑤ 변화 없음

해설

최초 A지역의 오피스텔 시장수요함수는 $Q_{d1} = 1,200 - P$, 시장공급함수는 $Q_S = 3P$라면, 균형점에서 $1,200 - P = 3P$이므로 $4P = 1,200$이다. 따라서 $P = 300$, $Q = 900$이다.

그런데 시장수요함수가 $Q_{d2} = 1,600 - P$로 변하고 시장공급함수는 그대로 $Q_S = 3P$라면, 균형점에서 $1,600 - P = 3P$이므로 $4P = 1,600$이다. 따라서 $P = 400$, $Q = 1,200$이 되므로, 균형가격은 100만큼 상승한다.

정답 Q1 ② Q2 ④

예상문제 끝장

Q1 난이도 ★★

어떤 부동산에 대한 수요 및 공급함수가 각각 $Q_{D1} = 1,400 - 2P$, $Q_S = 200 + 4P$이다. 그런데 소득의 감소로 인해 수요함수가 $Q_{D2} = 1,100 - 2P$로 변한다면 균형가격과 균형거래량은 어떻게 변하는가? [여기서 P는 가격(단위: 만원), Q_{D1}과 Q_{D2}는 수요량(단위: m^2), Q_S는 공급량(단위: m^2), 다른 조건은 일정하다고 가정함]

① 균형가격은 200만원에서 150만원으로 하락, 균형거래량은 1,000m^2에서 800m^2로 감소
② 균형가격은 150만원에서 200만원으로 상승, 균형거래량은 600m^2에서 800m^2로 증가
③ 균형가격은 400만원에서 300만원으로 하락, 균형거래량은 800m^2에서 600m^2로 감소
④ 균형가격은 300만원에서 400만원으로 상승, 균형거래량은 1,200m^2에서 900m^2로 감소
⑤ 균형가격은 400만원에서 300만원으로 하락, 균형거래량은 900m^2에서 600m^2로 감소

해설

수요함수는 $Q_{D1} = 1,400 - 2P$, 공급함수는 $Q_S = 200 + 4P$라면, 균형점에서 $1,400 - 2P = 200 + 4P$이므로 $P = 200$, $Q = 1,000$이다.
그런데 소득 감소로 수요함수가 $Q_{D2} = 1,100 - 2P$로 변한다면, $1,100 - 2P = 200 + 4P$이므로 $P = 150$, $Q = 800$이 된다.

Q2 난이도 ★★

처음에 어떤 부동산의 시장수요함수가 $Q_D = 150 - 5P$이고, 시장공급함수가 $Q_S = 20 + 8P$였으나, 소비자의 선호가 변하여 시장수요함수가 $Q_D = 200 - 4P$로 바뀌었다. 이때 균형가격과 균형거래량의 변화는? [단, P는 가격(단위: 만원), Q_D와 Q_S는 각각 수요량과 공급량(단위: m^2)이며, 다른 조건은 일정하다고 가정함]

	균형가격	균형거래량
①	5만원 상승	40m^2 증가
②	5만원 상승	40m^2 감소
③	5만원 하락	20m^2 감소
④	10만원 상승	20m^2 증가
⑤	10만원 상승	20m^2 감소

해설

최초의 균형점에서는 $150 - 5P = 20 + 8P$이며, $13P = 130$이므로 $P = 10$, $Q = 100$이다.
그런데 시장수요가 변화한 후 균형점에서는 $200 - 4P = 20 + 8P$이며, $12P = 180$이므로 $P = 15$, $Q = 140$이다.
따라서 균형가격은 5만원 상승, 균형거래량은 40m^2 증가한다.

정답 Q1 ① Q2 ①

부동산 수요와 공급의 탄력성

1 수요와 공급의 탄력성 ☆☆☆ 제22회, 제23회, 제25회, 제27회, 제28회, 제29회, 제30회, 제31회, 제32회

(1) 수요의 가격탄력성

① 개념: 한 상품의 가격이 변화할 때 그 상품의 수요량이 얼마나 변화하는가를 나타내는 정량적(quantitative) 지표

$$\text{수요의 가격탄력성}(\varepsilon_d) = \left| \frac{\text{수요량변화율}}{\text{가격변화율}} \right|$$

② 수요의 가격탄력성과 종류

수요량변화율 = 0	$\varepsilon_d = 0$	⇨ 완전비탄력적❶
수요량변화율 < 가격변화율	$0 < \varepsilon_d < 1$	⇨ 비탄력적❷
수요량변화율 = 가격변화율	$\varepsilon_d = 1$	⇨ 단위탄력적
수요량변화율 > 가격변화율	$\varepsilon_d > 1$	⇨ 탄력적
가격변화율 = 0	$\varepsilon_d = \infty$	⇨ 완전탄력적❸

③ 수요의 가격탄력성 결정요인

㉠ 수요에 영향을 미치는 요인은 소득, 상품의 종류, 대체재의 유무, 시간 등이 있지만 그중에서도 중요한 것은 대체재의 유무❹이다.

㉡ 수요의 탄력성은 대체재가 많을수록 크며, 적을수록 작다.❺

㉢ 기간이 길어질수록 대체재가 많이 만들어져서 보다 탄력적이 된다. 따라서 단기에서 장기로 갈수록 탄력적❻으로 변하게 된다.

㉣ 부동산은 일반적으로 대체재가 많지 않으며, 있더라도 유용성이 제한되어 있다.

㉤ 부동산시장의 수요는 비탄력적이며, 임대료가 상승한다면 임차인들은 전체 지출 중 부동산에 지출하는 금액이 상대적으로 증가할 수밖에 없다.

㉥ 수요의 탄력성은 부동산의 종류에 따라 다른데, 주거용 부동산이 다른 부동산에 비해 더 탄력적인 것으로 알려져 있다.

㉦ 부동산에 대한 종류별로 용도가 다양할수록❼, 용도전환이 용이하면 할수록❽ 수요의 가격탄력성은 커진다.

㉧ 수요의 탄력성은 상품의 일상생활에 있어서의 중요성과도 관련이 있는데, 필수재는 보다 비탄력적인 데 비해 사치재는 보다 탄력적이다.

④ 수요의 탄력성과 임대부동산의 임대료 총수입

임대부동산의 임대료 총수입(소비자 지출액, 기업의 총수입, 부동산의 전체 수입)
= 가격(임대료, P) × 수요량(Q)

탄력성	변화율	가격 하락	가격 상승
$\varepsilon > 1$	수요량변화율 > 가격(임대료)변화율	임대료 총수입 증가	임대료 총수입 감소
$\varepsilon = 1$	수요량변화율 = 가격(임대료)변화율	임대료 총수입 불변❾	임대료 총수입 불변
$0 < \varepsilon < 1$	수요량변화율 < 가격(임대료)변화율	임대료 총수입 감소	임대료 총수입 증가❿

(2) 공급의 가격탄력성

① **개념:** 한 상품의 가격이 변화할 때 그 상품의 공급량이 얼마나 변화하는가를 나타내는 정량적 지표

$$\text{공급의 가격탄력성}(\varepsilon_s) = \frac{\text{공급량변화율}}{\text{가격변화율}}$$

② **장·단기 공급곡선과 탄력성:** 단기공급곡선은 보다 비탄력적이고, 장기공급곡선은 보다 탄력적인 형태를 띤다.

③ **생산(공급)에 소요되는 기간:** 생산(공급)에 소요되는 기간이 길수록 공급이 어려워지므로 보다 비탄력적이 되고, 짧을수록 공급이 쉬워지므로 탄력적이 된다. 따라서 임대주택을 건축하여 공급하는 기간이 짧을수록 공급의 가격탄력성은 커진다.⓫

기출지문 끝장

❶ 수요곡선이 수직선이면 수요의 가격탄력성은 **완전비탄력적**이다. 제29회

❷ 수요의 가격탄력성이 **비탄력적**이라는 것은 가격의 변화율에 비해 수요량의 변화율이 작다는 것을 의미한다. 제27회, 제29회

❸ 수요의 가격탄력성이 **완전탄력적**이면 미세한 가격변화에도 수요량이 무한히 크게 변화하는 경우를 말한다. 제27회, 제29회

❹ 부동산수요의 가격탄력성은 **대체재의 존재 유무**에 따라 달라질 수 있다. 제23회, 제27회

❺ **대체재가 있는 경우** 수요의 가격탄력성은 대체재가 없는 경우보다 탄력적이 된다. 제28회

❻ 부동산수요의 가격탄력성은 **단기에서 장기로 갈수록 탄력적**으로 변하게 된다. 제23회

❼ 일반적으로 재화의 **용도가 다양할수록** 수요의 가격탄력성은 커진다. 제27회

❽ 부동산의 **용도전환이 용이하면 할수록** 부동산수요의 가격탄력성이 커진다. 제23회

❾ 임대주택 수요의 가격탄력성이 1인 경우 임대주택의 임대료가 하락하더라도 **전체 임대료 수입은 변하지 않는다.** 제30회

❿ 수요의 가격탄력성이 1보다 작을 경우 전체 수입은 **임대료가 상승함에 따라 증가**한다. 제28회

⓫ 일반적으로 임대주택을 건축하여 **공급하는 기간이 짧을수록** 공급의 가격탄력성은 커진다. 제30회

2 수요의 소득탄력성과 교차탄력성 ☆☆☆ 제22회, 제24회, 제26회, 제27회, 제28회, 제29회, 제30회, 제32회

(1) 수요의 소득탄력성

① 개념: 소득의 변화율에 대한 수요량의 변화율의 정도를 측정하는 척도로서 수요량의 변화율을 소득의 변화율로 나눈 값

$$\text{수요의 소득탄력성}(\varepsilon_{d,\,I}) = \frac{\text{수요량변화율}}{\text{소득변화율}}$$

② 수요의 소득탄력성과 재화

㉠ $\varepsilon_{d,\,I} > 0$(양): 소득의 증가에 따라 수요가 증가하는 재화 ⇨ 정상재

㉡ $\varepsilon_{d,\,I} < 0$(음): 소득의 증가에 따라 수요가 감소하는 재화 ⇨ 열등재

㉢ $\varepsilon_{d,\,I} = 0$(영): 소득의 변화가 수요에 영향을 주지 않는 재화 ⇨ 중립재

(2) 수요의 교차탄력성

① 개념: 한 상품의 수요가 다른 연관 상품의 가격 변화에 반응하는 정도를 측정하는 척도

$$\text{수요의 교차탄력성}(\varepsilon_{d,\,YX}) = \frac{Y\text{재의 수요량변화율}}{X\text{재의 가격변화율}}$$

② 수요의 교차탄력성과 재화

㉠ $\varepsilon_{d,\,YX} > 0$(양): X재 가격(P_X)과 Y재 수요량(Q_Y)이 같은 방향으로 변함을 의미
⇨ 두 재화는 대체재 관계

㉡ $\varepsilon_{d,\,YX} < 0$(음): X재 가격(P_X)과 Y재 수요량(Q_Y)이 반대 방향으로 변함을 의미
⇨ 두 재화는 보완재 관계

㉢ $\varepsilon_{d,\,YX} = 0$(영): X재 가격(P_X) 변화가 Y재 수요량(Q_Y)에 전혀 영향을 주지 않음을 의미
⇨ 두 재화는 독립재 관계

기출문제 끝장

수요의 소득탄력성과 수요의 교차탄력성의 공식에 대입하여 구하는 문제이다. 다만, 탄력성을 계산하는 문제와 관련하여 분수 분의 분수형태로 계산해야 하는 경우가 있으니 많은 연습을 해두어야 한다.

Q1 난이도 ★

소득이 10% 증가하자 어떤 부동산의 수요량이 8% 증가하였다. 이 사실을 통해 볼 때, 이 부동산은 다음 중 어디에 속하는가? (단, 다른 요인은 불변임) 제19회

① 정상재
② 보완재
③ 대체재
④ 열등재
⑤ 독립재

해 설

수요의 소득탄력성($\varepsilon_{d,\,I}$) $= \dfrac{\text{수요량의 변화율}}{\text{소득의 변화율}} = \dfrac{8\%}{10\%} = 0.8$

수요의 소득탄력성이 0보다 크므로 소득의 증가에 따라 수요량이 증가하는 재화인 정상재를 의미한다.

Q2 난이도 ★★

아래 예문의 ( ) 안에 들어갈 숫자는? 제17회

> 주택시장이 서로 대체관계에 있는 아파트와 빌라로 구성되어 있으며, 아파트 가격에 대한 빌라 수요의 교차탄력성은 0.8이라고 가정하자. 아파트 가격이 1,600만원에서 2,000만원으로 상승한다면, 빌라의 수요량은 1,200세대에서 ( ) 세대로 증가할 것이다. 단, 탄력성 계산 시 기준가격과 수요량은 최초의 값으로 한다.

① 1,280
② 1,380
③ 1,440
④ 1,600
⑤ 1,860

해 설

아파트(X) 가격에 대한 빌라(Y) 수요의 교차탄력성($\varepsilon_{d,\,YX}$)

$$= \frac{Y\text{재의 수요량변화율}}{X\text{재의 가격변화율}} = \frac{\frac{\Delta Q_Y}{Q_Y}}{\frac{\Delta P_X}{P_X}} = \frac{\frac{\Delta Q_Y}{1,200}}{\frac{400}{1,600}} = \frac{\frac{\Delta Q_Y}{1,200}}{25\%} = 0.8$$

$\therefore \dfrac{\Delta Q_Y}{1,200} = 20\%$

$\therefore \Delta Q_Y = 240$

따라서 빌라의 수요량은 원래의 1,200세대에서 240세대가 증가한 1,440세대가 된다.

정답 Q1 ① Q2 ③

기출문제 끌장

- 수요와 공급의 가격탄력성을 이해하고 있는지를 묻는 문제이다.
- 수요의 가격탄력성 결정요인은 자주 출제되므로 모두 암기해 두어야 한다.

Q3 난이도 ★★★

수요와 공급의 가격탄력성에 관한 설명으로 옳은 것은? (단, x축은 수량, y축은 가격, 수요의 가격탄력성은 절댓값이며, 다른 조건은 동일함) 제22회

① 수요의 가격탄력성은 수요량의 변화율에 대한 가격의 변화비율을 측정한 것이다.

② 수요의 가격탄력성이 완전비탄력적이면 가격이 변화할 때 수요량이 무한대로 변화한다.

③ 수요의 가격탄력성이 비탄력적이면 수요량의 변화율이 가격의 변화율보다 더 크다.

④ 공급의 가격탄력성이 탄력적이면 가격의 변화율보다 공급량의 변화율이 더 크다.

⑤ 공급곡선이 수직선이면 공급의 가격탄력성은 완전탄력적이다.

해설

① 수요의 가격탄력성은 가격의 변화율에 대한 수요량의 변화비율을 측정한 것이다.

② 수요의 가격탄력성이 완전비탄력적이면 가격의 변화와는 상관없이 수요량이 고정된다. 가격이 변화할 때 수요량이 무한대로 변화하는 경우는 수요의 가격탄력성이 완전탄력적인 경우이다.

③ 수요의 가격탄력성이 비탄력적이면 수요량의 변화율이 가격의 변화율보다 더 작다.

⑤ 공급곡선이 수직선이면 공급의 가격탄력성은 완전비탄력적이다.

Q4 난이도 ★★

수요의 가격탄력성에 관한 설명으로 옳은 것은? (단, 수요의 가격탄력성은 절댓값을 의미하며, 다른 조건은 동일함) 제28회

① 수요의 가격탄력성이 1보다 작을 경우 전체 수입은 임대료가 상승함에 따라 감소한다.

② 대체재가 있는 경우 수요의 가격탄력성은 대체재가 없는 경우보다 비탄력적이 된다.

③ 우하향하는 선분으로 주어진 수요곡선의 경우, 수요곡선상의 측정지점에 따라 가격탄력성은 다르다.

④ 일반적으로 부동산수요의 가격탄력성은 단기에서 장기로 갈수록 더 비탄력적이 된다.

⑤ 부동산의 용도전환이 용이할수록 수요의 가격탄력성은 작아진다.

해설

① 수요의 가격탄력성이 1보다 작을 경우 비탄력적이므로 전체 수입은 임대료가 상승함에 따라 증가한다.

② 대체재가 있는 경우 수요의 가격탄력성은 대체재가 없는 경우보다 탄력적이 된다.

④ 일반적으로 부동산수요의 가격탄력성은 단기에서 장기로 갈수록 더 탄력적이 된다.

⑤ 부동산의 용도전환이 용이할수록 수요의 가격탄력성은 커진다.

정답 Q3 ④ Q4 ③

예상문제 끝장

Q1 난이도 ★★

어느 임대부동산에 있어서 수요의 가격탄력성과 임대료 총수입에 관한 설명으로 틀린 것은?

① 수요의 가격탄력성이 탄력적일 때, 임대료가 오르면 임대료 총수입이 감소한다.
② 수요의 가격탄력성이 비탄력적일 때, 임대료가 오르면 임대료 총수입이 증가한다.
③ 수요의 가격탄력성이 '1'일 때, 임대료가 오르더라도 임대료 총수입은 불변이다.
④ 수요의 가격탄력성이 '0'일 때, 임대료가 오르더라도 임대료 총수입은 불변이다.
⑤ 수요의 가격탄력성이 무한대일 때, 임대료가 오르면 임대료 총수입은 '0'이 된다.

해 설

수요의 가격탄력성이 '0'이면 수요곡선이 수직이므로 임대료가 오르면 임대료 총수입은 증가한다.

Q2 난이도 ★★

부동산시장에서 A부동산의 임대료가 10% 상승함에 따라 A부동산의 임대수요량은 7% 감소한 반면 B부동산의 임대수요는 5% 증가했다. ( )에 들어갈 내용으로 옳은 것은? (단, 다른 조건은 불변임)

• A부동산의 수요의 가격탄력성: (㉠) (㉡)
• A부동산과 B부동산의 관계: (㉢) (㉣)

	㉠	㉡	㉢	㉣
①	0.5	탄력적	0.5	보완재
②	0.7	비탄력적	0.7	보완재
③	−0.5	단위탄력적	−0.5	대체재
④	−0.7	탄력적	−0.7	대체재
⑤	0.7	비탄력적	0.5	대체재

해 설

• 수요의 가격탄력성 = $\left| \frac{-7\%}{10\%} \right| = 0.7$
A부동산의 수요의 가격탄력성은 0.7이며, 비탄력적이다.

• 수요의 교차탄력성 = $\frac{5\%}{10\%} = 0.5$
수요의 교차탄력성은 0.5로 양(+)의 값을 가지며, A부동산과 B부동산의 관계는 대체재 관계이다.

정답 Q1 ④ Q2 ⑤

3 탄력성의 계산 ☆☆☆ 제22회, 제24회, 제26회, 제27회, 제28회, 제29회, 제30회

기출문제 끝장

수요의 가격탄력성을 계산하는 문제는 무엇을 기준으로 하는가에 주의해야 한다. 최초 가격이든, 중간점이든 문제에서처럼 조건이 주어지므로 주어진 조건에 따라 문제를 해결하면 된다.

Q1 난이도 ★★

다음 중 (　　) 안이 올바르게 묶인 것은? (다만, 중간점을 이용하여 계산한 탄력성임) 제20회

> 사무실의 월 임대료가 9만원에서 11만원으로 상승할 때 사무실의 수요량이 108m^2에서 92m^2로 감소했다. 이때 수요의 가격탄력성은 (A)이며, 이 수요탄력성을 (B)이라고 할 수 있다.

	A	B
①	0.9	탄력적
②	1.0	단위탄력적
③	0.8	비탄력적
④	1.1	비탄력적
⑤	1.2	탄력적

해 설

수요의 가격탄력성(ε_d) $= \left| \dfrac{\dfrac{\Delta Q}{\frac{Q_1+Q_2}{2}}}{\dfrac{\Delta P}{\frac{P_1+P_2}{2}}} \right| = \left| \dfrac{\dfrac{-16}{\frac{108+92}{2}}}{\dfrac{2}{\frac{9+11}{2}}} \right| = \left| \dfrac{-0.08}{0.1} \right| = 0.8$

수요의 가격탄력성이 0.8로 1보다 작으므로 비탄력적이라고 할 수 있다.

정답 Q1 ③

기출문제 끝장

수요의 가격탄력성과 수요의 소득탄력성을 연결하여 묻는 문제는 수요량변화율이 두 탄력성을 연결하는 공통점이므로 이 부분에 포인트를 두어 정리하여야 한다.

Q2 난이도 ★★

어느 지역의 오피스텔에 대한 수요의 가격탄력성은 0.6이고 소득탄력성은 0.5이다. 오피스텔 가격이 5% 상승함과 동시에 소득이 변하여 전체 수요량이 1% 감소하였다면, 이때 소득의 변화율은? (단, 오피스텔은 정상재이고, 수요의 가격탄력성은 절댓값으로 나타내며, 다른 조건은 동일함) 제29회

① 1% 증가
② 2% 증가
③ 3% 증가
④ 4% 증가
⑤ 5% 증가

해 설

수요의 가격탄력성(ε_d) = $\left|\frac{\text{수요량변화율}}{\text{가격변화율}}\right| = \left|\frac{-3\%}{5\%}\right|$ = 0.6이므로 오피스텔 가격이 5% 상승하면 오피스텔 수요량은 3% 감소한다.

그런데 전체 수요량이 1% 감소했다는 것은 소득증가에 따른 오피스텔 수요량 증가가 2%라는 의미이다.

따라서 수요의 소득탄력성($\varepsilon_{d,I}$) = $\frac{\text{수요량변화율}}{\text{소득변화율}} = \frac{2\%}{x\%}$ = 0.5이므로 소득의 증가율(x) = 4%이다.

즉, 오피스텔 수요량이 2% 증가하기 위해서는 소득이 4% 증가해야 한다.

Q3 난이도 ★★

A부동산에 대한 수요의 가격탄력성과 소득탄력성이 각각 0.9와 0.5이다. A부동산가격이 2% 상승하고 소득이 4% 증가할 경우, A부동산 수요량의 전체 변화율(%)은? (단, A부동산은 정상재이고, 가격탄력성은 절댓값으로 나타내며, 다른 조건은 동일함) 제24회

① 0.2
② 1.4
③ 1.8
④ 2.5
⑤ 3.8

해 설

A부동산에 대한 수요의 가격탄력성(ε_d) = $\left|\frac{\text{아파트 수요량변화율}}{\text{아파트 가격변화율}}\right| = \left|\frac{-x\%}{2\%}\right|$ = 0.9이므로 A부동산가격이 2% 상승하면 수요량은 1.8% 감소한다. 그런데 A부동산은 정상재이며, 수요의 소득탄력성($\varepsilon_{d,I}$) = $\frac{\text{수요량변화율}}{\text{소득변화율}} = \frac{x\%}{4\%}$ = 0.5이므로 소득이 4% 증가하면 수요량은 2% 증가한다. 따라서 수요의 가격탄력성과 관련하여 수요량은 1.8% 감소하고, 수요의 소득탄력성과 관련하여 수요량은 2% 증가하므로 수요량은 전체적으로 0.2만큼 증가한다.

정답 Q2 ④ Q3 ①

기출문제 끝장

수요의 소득탄력성과 수요의 교차탄력성을 연결하여 묻는 문제는 수요량변화율이 두 탄력성을 연결하는 공통점이지만, 수요의 가격탄력성과 달리 수요의 소득탄력성과 수요의 교차탄력성은 재화의 종류에 따라 부호가 달라진다는 것에 주의하여야 한다.

Q4 난이도 ★★★

다음 아파트에 대한 다세대주택 수요의 교차탄력성은? (단, 주어진 조건에 한함) 제28회

- 가구소득이 10% 상승하고 아파트 가격은 5% 상승했을 때, 다세대주택 수요는 8% 증가
- 다세대주택 수요의 소득탄력성은 0.6이며, 다세대주택과 아파트는 대체관계임

① 0.1

② 0.2

③ 0.3

④ 0.4

⑤ 0.5

해 설

다세대주택 수요의 소득탄력성($\varepsilon_{d,\ I}$) = $\dfrac{\text{수요량변화율}}{\text{소득변화율}} = \dfrac{x\%}{10\%}$ = 0.6이므로 소득이 10% 상승하면 다세대주택 수요량은 6% 상승한다.

그런데 다세대주택의 수요량이 8% 증가한다면 아파트에 대한 다세대주택 수요의 교차탄력성에서 아파트 가격 상승에 따른 다세대주택의 수요량 증가는 2%라는 의미이다. 다세대주택과 아파트는 대체관계이므로 아파트 가격이 상승하면 다세대주택의 수요량은 증가하기 때문이다. 그런데 아파트 가격이 5% 상승했다고 하였으므로

아파트에 대한 다세대주택 수요의 교차탄력성($\varepsilon_{d,\ YX}$) = $\dfrac{\text{다세대주택 수요량변화율}}{\text{아파트 가격변화율}} = \dfrac{2\%}{5\%}$이므로 아파트에 대한 다세대주택 수요의 교차탄력성은 0.4이다.

정답 Q4 ④

기출문제 끝장

수요의 가격탄력성, 수요의 소득탄력성, 수요의 교차탄력성의 세 개의 탄력성을 연결하여 묻는 문제는 수요량변화율이 두 탄력성을 연결하는 공통점이다. 다만, 수요의 소득탄력성과 수요의 교차탄력성은 재화의 종류에 따라 부호가 달라진다는 것에 주의하여야 한다.

PART 2

Q5 난이도 ★★★

아파트에 대한 수요의 가격탄력성은 0.6, 소득탄력성은 0.4이고, 오피스텔 가격에 대한 아파트 수요량의 교차탄력성은 0.2이다. 아파트 가격, 아파트 수요자의 소득, 오피스텔 가격이 각각 3%씩 상승할 때, 아파트 전체 수요량의 변화율은? (단, 두 부동산은 모두 정상재이고 서로 대체재이며, 아파트에 대한 수요의 가격탄력성은 절댓값으로 나타내며, 다른 조건은 동일함) 제30회

① 1.2% 감소
② 1.8% 증가
③ 2.4% 감소
④ 3.6% 증가
⑤ 변화 없음

해설

- 아파트에 대한 수요의 가격탄력성(ε_d) = $\left|\frac{\text{아파트 수요량변화율}}{\text{아파트 가격변화율}}\right| = \left|\frac{-x\%}{3\%}\right|$ = 0.6이므로 아파트 가격이 3% 상승하면 아파트 수요량은 1.8% 감소한다.
- 아파트 수요의 소득탄력성($\varepsilon_{d,\,I}$) = $\frac{\text{아파트 수요량변화율}}{\text{소득변화율}} = \frac{x\%}{3\%}$ = 0.4이므로 소득이 3% 증가하면 아파트 수요량은 1.2% 증가한다.
- 오피스텔 가격에 대한 아파트 수요량의 교차탄력성($\varepsilon_{d,\,YX}$) = $\frac{\text{아파트 수요량변화율}}{\text{오피스텔 가격변화율}} = \frac{x\%}{3\%}$ = 0.2이므로 오피스텔 가격이 3%씩 상승하면 아파트 수요량은 0.6% 증가한다.
- 아파트 전체 수요량의 변화율은 (−1.8%) + 1.2% + 0.6% = 0%가 되므로 변화가 없다.

정답 Q5 ⑤

부동산의 경기변동

1 부동산경기변동 ☆☆☆ 제22회, 제23회, 제25회, 제26회, 제29회, 제31회

(1) 부동산경기변동의 개념 및 특징

① 부동산경기변동의 개념

㉠ 부동산경기변동: 부동산시장이 일반 경기변동처럼 상승과 하강국면이 반복되는 현상[1]을 말한다.

㉡ 부동산경기

ⓐ 주거용 부동산 건축경기 ― 협의의 부동산경기

ⓑ 상업용·공업용 부동산경기

(ⓐ+ⓑ: 광의의 부동산경기)

ⓒ 토지경기

(ⓐ+ⓑ+ⓒ: 최광의의 부동산경기)

② 부동산경기변동의 특징 ⇨ 순환적 변동[2]

㉠ 부동산경기의 변동(17~18년)은 일반경기의 주기(8~10년)에 비해 약 2배 길다.

㉡ 부동산경기의 변동은 일반경기의 변동에 비해 진폭이 크다.[3]

㉢ 부동산경기는 타성기간(惰性期間)이 길다.

㉣ 주기의 순환국면이 명백하지 않고 일정치가 않으며[4], 불규칙적이다.

㉤ 부동산경기는 통상적으로는 지역적·국지적으로 나타나서 전국적·광역적으로 확대되는 경향이 일반적이다.

㉥ 부동산경기는 일반경기와 병행·역행·독립·선행할 수도 있으나 일반적으로 주식시장의 경기는 일반경기에 비해 전순환적, 부동산경기는 일반경기에 비해 후순환적인 것으로 알려져 있다.

㉦ 부동산경기는 부문시장별 변동의 시차가 존재한다. 즉, 상업용·공업용 부동산경기는 일반경제의 경기변동과 대체로 일치하지만, 주거용 부동산의 건축경기와 일반경제의 경기는 서로 역순환을 보인다.

㉧ 부동산경기는 비교적 경기회복이 느리고, 경기후퇴는 빠르게 진행된다.

(2) 부동산경기의 측정지표[5]

① 건축의 양 ⇨ 공급지표: 건축허가량, 건축착공량[6], 건축완공량

② 부동산의 거래량[7] ⇨ 수요지표

└→ 주택의 거래량

③ 부동산의 가격변동: 부동산 가격은 명목지표로서 좋은 지표는 아니지만 보조지표로 활용되고 있다.

(3) 부동산시장의 경기별 유형

부동산시장은 일반경기순환의 회복·호황·후퇴·불황의 4국면 외에 고유의 특성인 안정시장이라는 특수한 국면을 가지고 있다.

① 회복·상향·후퇴·하향시장

회복시장	상향시장❾	후퇴시장	하향시장
• 매도인 주도 시장 • 매도인 중시현상❽ • 사례가액은 하한선❽ • 건축허가 신청건수 증가 • 금리 하락 • 공실률 감소	• 매도인 주도 시장 • 매도인 중시현상 • 사례가액은 하한선 • 건축허가 신청건수 최대 • 금리 최저 • 공실률 최저	• 매수인 주도 시장 • 매수인 중시현상❿ • 사례가액은 상한선❿ • 건축허가 신청건수 감소 • 금리 상승 • 공실률 증가	• 매수인 주도 시장 • 매수인 중시현상 • 사례가액은 상한선 • 건축허가 신청건수 최저 • 금리 최고 • 공실률 최대

② 안정시장

㉠ 부동산시장에서만 고려의 대상이 되는 시장으로서 부동산의 가격이 안정되어 있거나 가벼운 상승을 지속하는 유형의 시장이다.

㉡ 주로 위치가 좋고 규모가 작은 주택이나 도심지 점포가 여기에 속하는데, '불황에 강한 유형의 시장'이라고도 한다.

㉢ 안정시장에서의 사례가액은 새로운 거래에 있어서 신뢰할 수 있는 기준이 된다.

㉣ 안정시장은 경기순환에 의해 분류된 것은 아니나 경기와 전혀 무관하다고 할 수는 없다.

기출지문 끝장

❶ 부동산경기변동은 부동산시장이 일반 경기변동처럼 **상승과 하강국면이 반복되는 현상**을 말한다. 제23회

❷ 부동산경기도 일반경기와 마찬가지로 회복국면, 상향국면, 후퇴국면, 하향국면 등의 **순환적 경기변동**을 나타낸다. 제25회, 제26회

❸ 부동산경기변동은 일반 경기변동에 비해 정점과 저점 간의 **진폭이 크다**. 제26회

❹ 부동산경기는 각 주기별 순환국면 기간이 **일정치 않은** 경향을 보인다. 제21회

❺ 일반적으로 건축착공량과 부동산거래량 등이 **부동산경기의 측정지표**로 많이 사용된다. 제21회

❻ 부동산경기변동은 **건축착공량**, 거래량 등으로 확인할 수 있다. 제29회

❼ 부동산경기변동 국면은 공실률, 건축허가건수, **거래량** 등으로 확인할 수 있다. 제26회

❽ 부동산경기변동의 회복국면은 **매도자가 중시**되고, 과거의 거래사례가격은 새로운 거래의 **기준가격이 되거나 하한**이 되는 경향이 있다. 제25회

❾ **상향시장**에서는 건축허가량이 증가하는 현상이 나타난다. 제22회

❿ 부동산경기변동의 후퇴국면은 **매수자가 중시**되고, 과거의 거래사례가격은 새로운 거래의 **기준가격이 되거나 상한**이 되는 경향이 있다. 제25회

기출문제 끝장

- 부동산의 경기변동을 이해하고 있는지를 묻는 문제이다.
- 부동산경기변동 부분은 주로 부동산경기변동의 특징을 중심으로 정리해 두어야 한다.

Q1 난이도 ★★

부동산경기순환과 경기변동에 관한 설명으로 틀린 것은? 제31회

① 부동산경기변동이란 부동산시장이 일반경기변동처럼 상승과 하강국면이 반복되는 현상을 말한다.
② 부동산경기는 일반경기와 같이 일정한 주기와 동일한 진폭으로 규칙적이고 안정적으로 반복되며 순환된다.
③ 부동산경기변동은 일반경기변동에 비해 저점이 깊고 정점이 높은 경향이 있다.
④ 부동산경기는 부동산의 특성에 의해 일반경기보다 주기가 더 길 수 있다.
⑤ 회복시장에서 직전 국면 저점의 거래사례가격은 현재 시점에서 새로운 거래가격의 하한이 되는 경향이 있다.

해설

부동산경기는 일반경기에 비해 주기의 순환국면이 명백하지 않고 일정치 않으며, 불규칙적이다.

Q2 난이도 ★★

다음은 부동산경기변동의 4국면에 대한 특징을 나타낸 표이다. (　　)에 들어갈 내용으로 옳은 것은? 제21회

회복기	상향기	후퇴기	하향기
•(A) 주도 시장 • 건축허가 신청건수 (B) • 공실률 (C)	•(A) 주도 시장 • 건축허가 신청건수 최대 • 공실률 최저	•(D) 주도 시장 • 건축허가 신청건수 (C) • 공실률 (B)	•(D) 주도 시장 • 건축허가 신청건수 최저 • 공실률 최대

① A – 매도자, B – 증가, C – 감소, D – 매수자
② A – 매도자, B – 감소, C – 증가, D – 매수자
③ A – 매수자, B – 증가, C – 감소, D – 매도자
④ A – 매수자, B – 감소, C – 증가, D – 매도자
⑤ A – 매도자, B – 증가, C – 증가, D – 매수자

해설

회복시장과 상향시장에서는 매도자 주도 시장이, 후퇴시장과 하향시장에서는 매수자 주도 시장이 형성된다. 건축허가 신청건수는 회복시장에서는 증가하고 상향시장에서는 최대가 되며, 후퇴시장에서는 감소하고 하향시장에서는 최저가 된다. 공실률은 회복시장에서 감소, 상향시장에서 최저가 되고, 후퇴시장에서는 증가, 하향시장에서는 최대가 된다.

정답 Q1 ② Q2 ①

PART 2

예상문제 끝장

난이도 ★★

부동산경기순환에 관한 설명으로 틀린 것은?

① 건축허가량을 알면 경기순환의 국면을 예측할 수 있고, 그 허가량은 자재별·용도별·연면적별로 파악할 수 있다.

② 일반적으로 부동산경기는 일반경기에 비해 후순환적인 것으로 알려져 있으나 병행·역행·독립·선행할 수도 있다.

③ 부동산경기는 통상적으로는 지역적·국지적으로 나타나서 전국적·광역적으로 확대되는 경향이 일반적이다.

④ 상향시장에서 부동산매매 시 매도인은 거래성립 시기를 앞당기려고 하고, 매수인은 미루려고 하는 경향이 있다.

⑤ 후퇴시장에서 과거의 사례가격은 새로운 거래의 기준가격이 되거나 상한선이 된다.

해 설

상향시장에서는 가격 상승이 점차 높아지므로 매도인은 거래를 미루려는 반면, 매수인은 구매를 앞당기려 하므로 부동산중개활동에 있어서 매도인 중시 현상이 나타난다.

정답 ④

2 거미집모형 ★★ 제23회, 제24회, 제27회, 제31회, 제32회

(1) 의의

부동산(주택)의 가격(임대료)변동에 대한 공급의 시차를 고려하여 그 일시적 균형의 변동과정을 동태적으로 분석한 것 ⇨ 농·축산물, 폐쇄경제, 동태모형, 상·공업용 부동산에 적용

(2) 기본가정

① 현실적으로 가격이 변동하면 수요는 즉각적으로 영향을 받지만 공급량은 일정한 생산기간이 경과한 후라야만 변동이 가능하다.

㉠ 수요 ⇨ 시차가 존재하지 않는다.

㉡ 공급 ⇨ 시차가 존재한다. ─ 생산기간이 길기 때문

② 공급자는 전기의 시장에서 성립된 가격을 기준으로 해서 금기의 생산량을 결정하고, 금기에 생산된 수량은 모두 금기의 시장에서 판매되어야 한다.

③ 현재의 수요결정은 현재가격에 의해, 미래의 수요결정은 미래가격에 의해 결정되며, 미래의 공급결정은 현재의 가격에만 의존한다는 것을 전제로 한다.

(3) 장기에 걸친 균형점의 이동(거미집과정)

① 수렴적 진동형

■ 수렴적 진동형이 되기 위한 조건

- 수요곡선의 기울기의 절댓값 < 공급곡선의 기울기의 절댓값
- 수요의 가격탄력성 > 공급의 가격탄력성

② 발산적 진동형

■ 발산적 진동형이 되기 위한 조건

- 수요곡선의 기울기의 절댓값 > 공급곡선의 기울기의 절댓값
- 수요의 가격탄력성 < 공급의 가격탄력성

③ 순환형(규칙적 진동형)

■ 규칙적 진동형이 되기 위한 조건

- 수요곡선의 기울기의 절댓값 = 공급곡선의 기울기의 절댓값
- 수요의 가격탄력성 = 공급의 가격탄력성

(4) 요약

① 부동산은 가격이 변동하면 수요는 즉각적으로 영향을 받아 변하게 되지만, 부동산은 착공에서 완공까지 상당한 시간이 소비되기 때문에 공급은 일정한 시간이 경과한 후라야만 변동하게 된다.

② 단기적으로 가격이 급등하게 되면 건물 착공량이 증가하게 되는데, 공급물량이 막상 시장에 출하되면 오히려 공급이 초과되어 침체국면에 접어든다는 것이다.

③ 거미집이론은 수요곡선의 기울기와 공급곡선의 기울기에 따라 가격의 변동모양이 달라지며, 주거용 부동산보다는 상업용이나 공업용 부동산에 더 잘 적용된다.

기출문제 끝장

거미집모형의 형태를 수요곡선과 공급곡선의 기울기로 묻는 문제는 기울기의 절댓값으로 크기를 판단하여 탄력성과 반대로 기억하면 된다. 즉, 수요곡선 기울기의 절댓값보다 공급곡선 기울기의 절댓값이 크면 수요곡선의 탄력성이 공급곡선의 탄력성보다 큰 것으로 판단한다. 반대로 수요곡선 기울기의 절댓값이 공급곡선 기울기의 절댓값보다 크면 수요곡선의 탄력성보다 공급곡선의 탄력성이 큰 것으로 판단한다.

난이도 ★★

A, B, C부동산시장이 다음과 같을 때 거미집이론에 따른 각 시장의 모형 형태는? (단, x축은 수량, y축은 가격을 나타내며, 다른 조건은 동일함) 제27회

구분	A시장	B시장	C시장
수요곡선 기울기	−0.8	−0.3	−0.6
공급곡선 기울기	0.6	0.3	1.2

① A: 수렴형, B: 발산형, C: 순환형
② A: 순환형, B: 발산형, C: 수렴형
③ A: 발산형, B: 수렴형, C: 순환형
④ A: 수렴형, B: 순환형, C: 발산형
⑤ A: 발산형, B: 순환형, C: 수렴형

해 설

거미집모형은 수요곡선의 탄력성과 공급곡선의 탄력성에 따라 가격의 변동 모양이 달라진다. 그런데 탄력성과 기울기는 반비례한다.

- A시장: 수요곡선 기울기(−0.8)의 절댓값이 공급곡선 기울기(0.6)의 절댓값보다 크므로, 수요의 가격탄력성보다 공급의 가격탄력성이 크다는 의미이며, 발산형이 된다.
- B시장: 수요곡선 기울기(−0.3)의 절댓값과 공급곡선 기울기(0.3)의 절댓값이 같으므로, 수요의 가격탄력성과 공급의 가격탄력성이 같다는 의미이며, 순환형이 된다.
- C시장: 수요곡선 기울기(−0.6)의 절댓값보다 공급곡선 기울기(1.2)의 절댓값이 크므로, 수요의 가격탄력성이 공급의 가격탄력성보다 크다는 의미이며, 수렴형이 된다.

정답 ⑤

✎ 예상문제 끝장

Q1 난이도 ★★

부동산경기에 있어 거미집모형에 관한 설명으로 틀린 것은?

① 가격이 변동하면 수요는 즉각적으로 영향을 받지만 공급량은 일정한 생산기간이 경과한 후에 변동이 가능하다고 가정한다.

② 미래의 공급결정은 현재의 가격에만 의존한다는 것을 전제로 한다.

③ 수요곡선 기울기의 절댓값이 공급곡선 기울기의 절댓값보다 클 경우, 가격과 수요량은 진동하면서 균형수준에 가까워진다.

④ 거미집모형의 적용은 주거용 부동산보다 상업용이나 공업용 부동산에 더욱 잘 적용된다.

⑤ 수요곡선 기울기의 절댓값과 공급곡선 기울기의 절댓값이 같을 경우, 반복적으로 진동하는 중립적 순환형이 나타난다.

해 설

수요곡선 기울기의 절댓값이 공급곡선 기울기의 절댓값보다 클 경우, 가격과 수요량은 진동하면서 균형수준으로부터 멀어지는 발산형이 된다.

Q2 난이도 ★★

A, B, C부동산시장이 다음과 같을 때 거미집이론에 따른 각 시장의 모형 형태는? (단, x축은 수량, y축은 가격을 나타내며, 다른 조건은 동일함)

구분	A시장	B시장	C시장
수요곡선 기울기	−0.5	−1.3	−0.4
공급곡선 기울기	0.7	0.6	0.4

① A: 수렴형, B: 발산형, C: 순환형

② A: 순환형, B: 발산형, C: 수렴형

③ A: 발산형, B: 수렴형, C: 순환형

④ A: 수렴형, B: 순환형, C: 발산형

⑤ A: 발산형, B: 순환형, C: 수렴형

해 설

거미집모형은 수요곡선의 탄력성과 공급곡선의 탄력성에 따라 가격의 변동 모양이 달라진다. 그런데 탄력성과 기울기는 반비례한다.

- A시장: 수요곡선 기울기(−0.5)의 절댓값이 공급곡선 기울기(0.7)의 절댓값보다 작으므로, 수요의 가격탄력성이 공급의 가격탄력성보다 크다는 의미이며, 수렴형이 된다.
- B시장: 수요곡선 기울기(−1.3)의 절댓값이 공급곡선 기울기(0.6)의 절댓값보다 크므로, 수요의 가격탄력성이 공급의 가격탄력성보다 작다는 의미이며, 발산형이 된다.
- C시장: 수요곡선 기울기(−0.4)의 절댓값과 공급곡선 기울기(0.4)의 절댓값이 같으므로, 수요의 가격탄력성과 공급의 가격탄력성이 같다는 의미이며, 순환형이 된다.

정답 Q1 ③ Q2 ①

3 거미집모형 계산 ☆☆ 제25회, 제29회

기출문제 끝장

수요함수와 공급함수가 P = ~ 형태로 주어진 경우 P에 대해 정리를 하여 수요함수와 공급함수의 기울기를 파악한 후 거미집모형의 형태를 판단하면 된다.

Q1 난이도 ★★★

A와 B부동산시장의 함수조건하에서 가격변화에 따른 동태적 장기 조정과정을 설명한 거미집이론(Cob-web theory)에 의한 모형 형태는? (단, P는 가격, Q_d는 수요량, Q_S는 공급량이고, 가격변화에 수요는 즉각적인 반응을 보이지만 공급은 시간적인 차이를 두고 반응하며, 다른 조건은 동일함)

제25회

- A부동산시장: $2P = 500 - Q_d$, $3P = 300 + 4Q_S$
- B부동산시장: $P = 400 - 2Q_d$, $2P = 100 + 4Q_S$

① A: 수렴형, B: 발산형
② A: 발산형, B: 순환형
③ A: 순환형, B: 발산형
④ A: 수렴형, B: 순환형
⑤ A: 발산형, B: 수렴형

해설

- A부동산시장에서는 수요함수가 $2P = 500 - Q_d$, 공급함수가 $3P = 300 + 4Q_S$로 주어졌다. 기울기를 구하기 위해 이를 P에 대해 정리하면 수요함수는 $P = 250 - \frac{1}{2}Q_d$, 공급함수는 $P = 100 + \frac{4}{3}Q_S$이다.
  따라서 수요곡선 기울기$\left(-\frac{1}{2}\right)$의 절댓값보다 공급곡선 기울기$\left(\frac{4}{3}\right)$의 절댓값이 크므로, 수요의 가격탄력성이 공급의 가격탄력성보다 크다는 의미이며, 수렴형이 된다.
- B부동산시장에서는 수요함수가 $P = 400 - 2Q_d$, 공급함수가 $2P = 100 + 4Q_S$로 주어졌다. 기울기를 구하기 위해 이를 P에 대해 정리하면 수요함수는 $P = 400 - 2Q_d$, 공급함수는 $P = 50 + 2Q_S$이다.
  따라서 수요곡선 기울기(−2)의 절댓값과 공급곡선 기울기(2)의 절댓값이 같으므로, 수요의 가격탄력성과 공급의 가격탄력성이 같다는 의미이며, 순환형이 된다.

정답 Q1 ④

기출문제 끝장

수요함수와 공급함수가 Q = ~ 형태로 주어진 경우 이를 P = ~ 함수로 변환 후에 수요함수와 공급함수의 기울기를 파악한 후 거미집모형의 형태를 판단하면 된다.

Q2 난이도 ★★★

어느 지역의 수요와 공급함수가 각각 A부동산상품시장에서는 $Q_d = 100 - P$, $2Q_s = -10 + P$, B부동산상품시장에서는 $Q_d = 500 - 2P$, $3Q_s = -20 + 6P$이며, A부동산상품의 가격이 5% 상승하였을 때 B부동산상품의 수요가 4% 하락하였다. 거미집이론(Cob-web theory)에 의한 A와 B 각각의 모형 형태와 A부동산상품과 B부동산상품의 관계는? (단, x축은 수량, y축은 가격, 각각의 시장에 대한 P는 가격, Q_d는 수요량, Q_s는 공급량이며, 다른 조건은 동일함) 제29회

	A	B	A와 B의 관계
①	수렴형	순환형	보완재
②	수렴형	발산형	보완재
③	발산형	순환형	대체재
④	발산형	수렴형	대체재
⑤	순환형	발산형	대체재

해설

- A부동산상품시장에서는 수요함수가 $Q_d = 100 - P$, 공급함수가 $2Q_s = -10 + P$로 주어졌다.
  기울기를 구하기 위해 이를 P에 대해 정리하면 수요함수는 $P = 100 - Q_d$, 공급함수는 $P = 10 + 2Q_s$이다.
  따라서 수요곡선 기울기(−1)의 절댓값보다 공급곡선 기울기(2)의 절댓값이 크므로, 수요의 가격탄력성이 공급의 가격탄력성보다 크다는 의미이며, 수렴형이 된다.
- B부동산상품시장에서는 수요함수가 $Q_d = 500 - 2P$, 공급함수가 $3Q_s = -20 + 6P$로 주어졌다.
  기울기를 구하기 위해 이를 P에 대해 정리하면
  수요함수는 $2P = 500 - Q_d$이며, $P = 250 - \frac{1}{2}Q_d$이다.
  공급함수는 $6P = 20 + 3Q_s$이며, $P = \frac{20}{6} + \frac{1}{2}Q_s$이다.
  따라서 수요곡선 기울기$\left(-\frac{1}{2}\right)$의 절댓값과 공급곡선 기울기$\left(\frac{1}{2}\right)$의 절댓값이 같으므로, 수요의 가격탄력성과 공급의 가격탄력성이 같다는 의미이며, 순환형이 된다.
- 또한 A부동산상품의 가격이 5% 상승하였을 때 B부동산상품의 수요가 4% 하락하였다면 A부동산상품의 가격과 B부동산상품의 수요가 반대방향이므로 A와 B의 관계는 보완재 관계이다.

정답 Q2 ①

예상문제 끝장

난이도 ★

A와 B부동산시장의 함수조건하에서 가격변화에 따른 동태적 장기조정과정을 설명한 거미집이론(Cob-web theory)에 의한 모형 형태는? (단, P는 가격, Q_d는 수요량, Q_s는 공급량이고, 가격변화에 수요는 즉각적인 반응을 보이지만 공급은 시간적인 차이를 두고 반응하며, 다른 조건은 동일함)

- A부동산시장: $P = 500 - Q_d$, $P = 300 + 2Q_s$
- B부동산시장: $P = 400 - 3Q_d$, $P = 100 + 2Q_s$

	A	B
①	수렴형	발산형
②	발산형	순환형
③	순환형	발산형
④	수렴형	순환형
⑤	발산형	수렴형

해설

- A부동산시장에서는 수요함수가 $P = 500 - Q_d$, 공급함수가 $P = 300 + 2Q_s$로 주어졌다.
  따라서 수요곡선 기울기(−1)의 절댓값보다 공급곡선 기울기(2)의 절댓값이 크므로, 수요의 가격탄력성이 공급의 가격탄력성보다 크다는 의미이며, 수렴형이 된다.
- B부동산시장에서는 수요함수가 $P = 400 - 3Q_d$, 공급함수가 $P = 100 + 2Q_s$로 주어졌다.
  따라서 수요곡선 기울기(−3)의 절댓값이 공급곡선 기울기(2)의 절댓값보다 크므로, 수요의 가격탄력성보다 공급의 가격탄력성이 크다는 의미이며, 발산형이 된다.

정답 ①

기출테마

05 부동산시장의 특성과 기능

1 부동산시장의 특성 ☆☆ 제22회, 제23회, 제25회, 제26회, 제29회, 제31회

(1) 시장의 국지성(지역성)❶

① 위치에 따라 여러 개의 부분시장으로 나뉘고, 부분시장별로 불균형을 초래한다.

② 부동산활동을 정보활동화하여 중개활동을 필요하게 한다.

③ 시장지역이 달라지면 서로 다른 가격이 형성❷될 수 있다.

(2) 거래의 비공개성

① 정보수집을 어렵게 하며, 많은 정보탐색비용이 들게 한다.

② 부동산가격이 불합리하게 형성되는 주요 원인으로 작용한다.

(3) 부동산상품의 개별성(비표준화성)

① 표준화가 어려워❸ 대량생산이 곤란하다.

② 일물일가의 법칙이 적용되지 않는다.

(4) 시장의 비조직성(집중통제의 곤란)

시장의 조직화가 곤란, 전국 단위의 유통망 조직이 곤란하다.

(5) 수급조절의 곤란성(수요와 공급의 불균형)❹

① 토지의 부증성으로 인해 공급이 비탄력적이다.

② 단기적으로 가격의 왜곡이 발생할 가능성이 있다.

(6) 매매기간의 장기성

① 단기적 거래가 곤란한 경우가 많아 유동성, 환금성 면에서 곤란하다.

② 단기적으로 가격의 왜곡❺이 발생할 가능성이 있다.

(7) 법적 제한 과다

공적 제한❻

① 법적 제한이 많아 시장이 불완전해지는 경향이 있다.

② 부동산가격을 왜곡시켜 시장의 조절기능이 저하된다.

(8) 진입장벽의 존재

진입장벽의 존재❼는 부동산시장을 불완전하게 만드는 원인이 된다.

(9) 자금의 유용성과 밀접한 관계

부동산은 고가품이므로 자금의 조달과 깊은 관련이 있다.

2 부동산시장의 기능 ☆ 제29회

(1) 자원배분기능

각종 부동산공간에 대한 경쟁은 기존 건물의 유지와 수선, 건물개축 등을 통하여 자원배분의 역할을 수행하고 공간을 배분하는 기능❽을 한다.

(2) 교환기능

부동산과 현금, 부동산과 부동산, 소유와 임대 등의 교환❾이 이루어진다.

(3) 가격의 형성기능(T.H.Ross)

매도인의 제안가격과 매수인의 제안가격❿에 의해 형성된 부동산의 가격은 창조·파괴의 과정을 거친다.

(4) 정보제공기능

부동산 활동주체에게 정보를 제공한다.

(5) 양과 질의 조정기능

토지의 형질변경, 건물의 용도변경 등 부동산의 양과 질을 조정하여 부동산상품의 유용성이 최대가 되도록 한다.

기출지문 끝장

❶ 부동산시장에서는 어떤 특정한 지역에 국한되는 시장의 **지역성** 혹은 지역시장성이 존재한다. 제26회
❷ 완전히 동질적인 아파트라 하더라도 아파트가 입지한 **시장지역이 달라지면 서로 다른 가격이 형성**될 수 있다. 제22회
❸ 부동산은 개별성의 특성에 의해 **표준화가 어려워** 일반재화에 비해 대체가능성이 낮다. 제21회
❹ 부동산시장에서는 **수요와 공급의 불균형**으로 인해 단기적으로 가격형성이 왜곡될 가능성이 있다. 제23회
❺ 일반적으로 부동산의 공급에는 상당한 시간이 소요되기 때문에 **단기적으로 가격의 왜곡**이 발생할 가능성이 있다. 제22회
❻ 부동산시장의 경우 부동산에 가해지는 다양한 **공적 제한**은 부동산시장의 기능을 왜곡할 수 있다. 제29회
❼ **진입장벽의 존재**는 부동산시장을 불완전하게 만드는 원인이다. 제29회
❽ 부동산시장은 부동산소유권을 할당하고 **공간을 배분**하는 기능을 한다. 제22회
❾ 부동산시장은 부동산권리의 **교환**, 가격결정, 경쟁적 이용에 따른 공간배분 등의 역할을 수행한다. 제25회
❿ 부동산시장에서는 **매도인의 제안가격과 매수인의 제안가격**의 접점에서 부동산가격이 형성된다. 제23회

기출문제 끝장

기출 분석

- 기출회차: 제22회
- 난이도: ★
- 키워드: 부동산시장의 특성

함정을 피하는 끝장 TIP

- 부동산시장의 특성과 기능을 이해하고 있는지 묻는 문제이다.
- 현실의 부동산시장은 완전경쟁시장이 아닌 불완전경쟁시장이라는 것을 기억해야 한다. 따라서 부동산시장의 특성은 완전경쟁시장의 특성이 아닌 현실의 부동산시장의 특성을 말한다.

부동산시장에 관한 설명으로 틀린 것은?

① 완전히 동질적인 아파트라 하더라도 아파트가 입지한 시장지역이 달라지면 서로 다른 가격이 형성될 수 있다.

② 일반적으로 부동산의 공급에는 상당한 시간이 소요되기 때문에 단기적으로 가격의 왜곡이 발생할 가능성이 있다.

③ 부동산시장은 부동산소유권을 할당하고 공간을 배분하는 기능을 한다.

④ 부동산시장은 경제활동별 지대지불능력에 따라 토지이용의 유형을 결정하는 기능을 한다.

⑤ 부동산시장은 국지성으로 인해 ~~동일한 가격이 형성된다~~.

⋯→ 부동산시장은 국지성으로 인해 동일한 부동산일지라도 지역에 따라 달리 가격이 형성된다.

주택의 여과과정과 주거분리

1 여과과정의 개념 ☆ 제23회, 제30회, 제31회

(1) 의의

① 주택이 소득의 계층에 따라 상하로 이동되는 현상이다.

② 주택의 여과과정❶은 시간이 경과하면서 주택의 질과 주택에 거주하는 가구의 소득이 변화함에 따라 발생하는 현상이다.

(2) 종류

① 하향여과❷: 고소득(상위)계층이 사용하던 주택이 저소득(하위)계층의 사용으로 전환되는 현상

② 상향여과❸: 저소득(하위)계층이 사용하던 주택 등이 재개발 등으로 고소득(상위)계층의 사용으로 전환되는 현상 ⇨ 낙후된 주거지역이 재개발되어 상위계층이 유입된 경우❹에 나타날 수 있다.

(3) 특징

① 주택여과현상은 주로 하향여과를 통해 연쇄적으로 공급이 되는데, 빈집이 생겨야 가구의 이동❺이 발생한다는 원리를 공가(空家)연쇄라 하는데, 가구의 이동과 공가의 발생❻은 밀접한 관련을 지닌다.

vacancy chains

② 주택의 여과과정이 원활하게 작동하는 주택시장에서 주택여과효과가 긍정적으로 작동하면 주거의 질을 개선하는 효과❼가 있다.

2 여과과정과 주거분리 ☆ 제27회, 제30회, 제31회

(1) 의의

저소득층의 주거지역과 고소득층의 주거지역이 서로 분리되는 현상❽이다.

기출지문 끝장

❶ 주택의 여과과정은 시간이 경과하면서 주택의 질과 주택에 거주하는 가구의 소득이 변화함에 따라 발생하는 현상이다. 제23회

❷ 주택의 하향여과는 상위소득계층이 사용하던 기존주택이 하위소득계층의 사용으로 전환되는 것을 말한다. 제21회, 제30회

❸ 저급주택이 수선되거나 재개발되어 상위계층에서 사용되는 것을 상향여과라 한다. 제30회

❹ 주택의 상향여과는 낙후된 주거지역이 재개발되어 상위계층이 유입된 경우에 나타날 수 있다. 제23회

❺ 주택여과과정은 주택의 질적 변화와 가구의 이동과의 관계를 설명해 준다. 제30회

❻ 공가(空家)의 발생은 주거지 이동과 관계가 있다. 제30회

❼ 주택의 여과과정이 원활하게 작동하는 주택시장에서 주택여과효과가 긍정적으로 작동하면 주거의 질을 개선하는 효과가 있다. 제23회

❽ 주거분리란 고소득층 주거지와 저소득층 주거지가 서로 분리되는 현상을 의미한다. 제27회

(2) 특징

① 주거분리는 도시 전체뿐만 아니라 지리적으로 인접한 근린지역에서도 발생❶할 수 있다.

② 고소득층 주거지와 저소득층 주거지가 인접한 경우, 경계지역 부근의 저소득층 주택은 할증되어 거래되고 고소득층 주택은 할인되어 거래❷되는 경향이 있다.

(3) 외부효과와 주거분리

고소득층 주거지와 저소득층 주거지가 인접한 지역에서는 침입과 천이현상이 발생❸할 수 있다.

① **고소득층 주거지역**: 저소득층 주거지역의 경계와 인접한 고소득층 주거지역의 주택의 수선을 위한 투입비용이 수선 후 가치상승분보다 크다면 주택을 수선하려 들지 않을 것이다. 그 결과 해당 지역의 주택의 가치는 점점 하락하게 되고, 주택은 하향여과되어 저소득층이 들어오게 되는데, 이 과정을 침입(invasion)이라고 한다.

② **저소득층 주거지역**: 고소득층 주거지역의 경계와 인접한 저소득층 주거지역의 주택의 수선을 위한 투입비용이 수선 후 가치상승분보다 작다면 주택을 수선하려고 할 것이다. 그 결과 해당 지역은 고소득층 주거지역으로 변할 수 있다.

핵심 끌장 **여과과정과 주거분리**

1. 고소득층 주거지역

① 수선 후 가치상승분 > 수선을 위한 투입비용 ⇨ 주거분리

② 수선 후 가치상승분 < 수선을 위한 투입비용 ⇨ 하향여과

2. 저소득층 주거지역

① 수선 후 가치상승분 > 수선을 위한 투입비용 ⇨ 상향여과

② 수선 후 가치상승분 < 수선을 위한 투입비용 ⇨ 주거분리

(4) 불량주택의 문제

① 불량주택은 시장실패가 아니며 오히려 시장에서 하향여과과정을 통한 효율적 자원배분의 결과인 것이다.

② 불량주택의 철거와 같은 정부의 시장개입은 근본적인 대책이 될 수 없고, 불량주택에 거주하는 저소득자의 실질소득 향상이 효과적인 대책이 될 수 있다.

기출지문 끌장

❶ 주거분리는 도시 전체뿐만 아니라 **지리적으로 인접한 근린지역에서도 발생**할 수 있다. 제21회, 제27회

❷ 고소득층 주거지와 저소득층 주거지가 인접한 경우, 경계지역 부근의 **저소득층 주택은 할증되어 거래되고 고소득층 주택은 할인되어 거래**된다. 제27회

❸ 고소득층 주거지와 저소득층 주거지가 인접한 지역에서는 **침입과 천이현상이 발생**할 수 있다. 제27회

기출문제 끌장

기출 분석

• 기출회차: 제30회
• 난이도: ★★
• 키워드: 주택의 여과과정이론과 주거분리

함정을 피하는 끌장 TIP

• 주택의 여과과정이론과 주거분리를 이해하고 있는지를 묻는 문제이다.
• 주택의 여과과정과 주거분리의 개념을 잘 정리해 두어야 한다.

PART 2

주택여과과정과 주거분리에 관한 설명으로 옳은 것은?

① 주택여과과정은 주택의 질적 변화와 가구의 이동과의 관계를 설명해 준다.

② 상위계층에서 사용되는 기존주택이 하위계층에서 사용되는 것을 ~~상향여과~~라 한다.

⋯→ 상위계층에서 사용되는 기존주택이 하위계층에서 사용되는 것을 하향여과라 한다.

③ 공가(空家)의 발생은 주거지 이동과는 ~~관계가 없다~~.

⋯→ 빈집이 생겨야 가구이동이 발생한다는 원리를 공가(空家)연쇄(vacancy chains)라 하는데, 가구의 이동과 공가(空家)의 발생은 밀접한 관련을 지닌다.

④ 주거분리는 ~~소득과 무관하게~~ 주거지역이 지리적으로 나뉘는 현상이다.

⋯→ 주거분리란 도시 내에서 소득계층이 분화되어 거주하는 현상으로 고소득층 주거지와 저소득층 주거지가 서로 분리되는 현상을 의미한다.

⑤ 저급주택이 수선되거나 재개발되어 상위계층에서 사용되는 것을 ~~하향여과~~라 한다.

⋯→ 저급주택이 수선되거나 재개발되어 상위계층에서 사용되는 것을 상향여과라 한다.

효율적 시장이론

1 효율적 시장의 개념 및 구분 ☆☆☆ 제22회, 제26회, 제27회, 제28회, 제29회, 제31회, 제32회

(1) 개념

부동산시장이 새로운 정보를 얼마나 지체 없이 가치에 반영하는가 하는 것을 '시장의 효율성'(market efficiency)이라 하고, 정보가 지체 없이 가치에 반영되는 시장을 '효율적 시장❶'(efficient market)이라 한다.

(2) 구분

① 약성 효율적 시장(weak efficient market): 현재의 부동산가격은 과거의 부동산가격 및 거래량 변동 등과 같은 역사적 정보(과거의 정보)를 완전히 반영하고 있는 시장을 의미한다.

② 준강성 효율적 시장(semi-strong efficient market): 일반투자자에게 공개되는 모든 정보(과거 · 현재의 정보)가 신속하고 정확하게 현재의 부동산가격에 반영되는 시장을 뜻한다.

③ 강성 효율적 시장(strong efficient market): 현재의 부동산가격이 부동산에 관한 모든 정보(과거 · 현재 · 미래의 정보), 즉 이미 투자자들에게 공개된 정보뿐만 아니라 공표되지 않은 정보까지도 신속 정확하게 반영하는 완벽한 효율적 시장을 말한다.

효율적 시장	반영되는 정보	분석 방법	정상 이윤	초과이윤	정보 비용
약성 효율적 시장	과거의 정보	기술적 분석❷	획득 가능	획득 불가능(현재나 미래의 정보를 분석하면 가능)	존재
준강성 효율적 시장❸	공표된 정보(과거 · 현재)	기본적 분석	획득 가능	획득 불가능(미래의 정보를 분석하면 가능)	존재
강성 효율적 시장❹	공표된 정보(과거 · 현재) 및 공표되지 않은 정보(미래)	분석 불필요	획득 가능	어떤 경우도 획득 불가능❺	없음

2 할당(적) 효율성 ☆ 제22회, 제26회, 제31회

allocationally efficient

(1) 개념

① 자원의 할당이 효율적으로 이루어지는 시장

② 자원이 효율적으로 할당되었다는 말은 부동산투자와 다른 투자대상에 따르는 위험을 감안하였을 때, 부동산투자의 수익률과 다른 투자대상의 수익률이 같도록 할당되었다는 의미이다.

(2) 할당(적) 효율적 시장

① 완전경쟁시장에서는 항상 할당 효율적 시장이지만, 할당 효율적 시장이 항상 완전경쟁시장을 의미하는 것은 아니다. 불완전경쟁시장에서도 할당 효율적 시장❻이 이루어질 수 있다.

② 완전경쟁시장에서는 정보가 모두 공개되어 있으므로 정보비용이 0이며, 정보비용이 존재하는 시장은 완전경쟁시장이 아니다. 부동산거래에 정보비용이 수반되는 것은 시장이 불완전하기 때문이다.

③ 소수의 사람들이 부동산을 매수하여 초과이윤을 획득할 수 있는 것은 정보시장이 공개적이지 못하기 때문이다.

④ 소수의 투자자가 다른 사람보다 값싸게 정보를 획득할 수 있는 시장은 할당 효율적 시장이 되지 못한다.

⑤ 독점시장도 독점을 획득하기 위한 기회비용이 모든 투자자에게 동일하다면 할당 효율적이 될 수 있다.

⑥ 부동산투기가 성립되는 것은 시장이 불완전하다기보다는 할당 효율적이지 못하기 때문이다.

⑦ 할당 효율적 시장은 정보가치와 정보비용이 같은 시장이므로 부동산가격의 과소평가 또는 과대평가 등의 왜곡가능성이 적어진다.

기출지문 끝장

❶ 부동산시장 이론에서 **효율적 시장**은 어떤 정보를 지체 없이 가치에 반영하는가에 따라 구분될 수 있다. 제27회

❷ 약성 효율적 시장에서는 현재가치에 대한 과거의 역사적 자료를 분석하는 **기술적 분석**을 이용하여 정상이윤을 초과하는 이윤을 획득할 수 없다. 제27회

❸ **준강성 효율적 시장**은 과거의 추세적 정보뿐만 아니라 현재 새로 공표되는 정보가 지체 없이 시장가치에 반영되므로 공식적으로 이용가능한 정보를 기초로 기본적 분석을 하여 투자해도 초과이윤을 얻을 수 없다. 제27회

❹ **강성 효율적 시장**에서는 누구든지 어떠한 정보로도 초과이익을 얻을 수 없다. 제22회, 제29회

❺ 강성 효율적 시장은 공표된 정보는 물론이고 아직 공표되지 않은 정보까지도 시장가치에 반영되어 있는 시장이므로 이를 통해 **초과이윤을 얻을 수 없다**. 제27회, 제28회

❻ 부동산시장의 경우 불완전경쟁시장에서도 **할당 효율적 시장**이 이루어질 수 있다. 제29회

기출문제 끝장

• 효율적 시장이론을 이해하고 있는지를 묻는 문제이다.
• 반영되는 정보에 따른 효율적 시장의 구분과 분석방법, 초과이윤, 정상이윤 획득 여부를 위주로 정리해 두어야 한다.

난이도 ★★

부동산시장의 효율성에 관한 설명으로 틀린 것은? 제27회

① 효율적 시장은 어떤 정보를 지체 없이 가치에 반영하는가에 따라 구분될 수 있다.
② 강성 효율적 시장은 공표된 정보는 물론이고 아직 공표되지 않은 정보까지도 시장가치에 반영되어 있는 시장이므로 이를 통해 초과이윤을 얻을 수 없다.
③ 강성 효율적 시장은 완전경쟁시장의 가정에 가장 근접하게 부합되는 시장이다.
④ 약성 효율적 시장에서는 현재가치에 대한 과거의 역사적 자료를 분석하여 정상이윤을 초과하는 이윤을 획득할 수 있다.
⑤ 준강성 효율적 시장은 과거의 추세적 정보뿐만 아니라 현재 새로 공표되는 정보가 지체 없이 시장가치에 반영되므로 공식적으로 이용가능한 정보를 기초로 기본적 분석을 하여 투자해도 초과이윤을 얻을 수 없다.

해 설

약성 효율적 시장에서는 투자자들이 현재가치에 대한 과거의 역사적 자료를 분석하는 기술적 분석을 이용하여 정상이윤을 초과하는 이윤을 획득할 수 없다.

정답 ④

예상문제 끝장

Q1 난이도 ★★

효율적 시장에 관한 설명으로 틀린 것은?

① 약성 효율적 시장은 역사적 정보가 모두 반영되는 시장이며, 세 가지 효율적 시장의 유형 중에서 시장의 정보 효율성이 가장 낮은 시장이다.
② 약성 효율적 시장에서는 기술적 분석을 통하여 정상이윤을 얻을 수 있다.
③ 약성이나 준강성 효율적 시장에서 공표되지 않은 우수한 정보를 획득한다고 하더라도 그 정보의 가치와 정보의 비용이 같다면 초과이윤을 얻기는 어렵다.
④ 준강성 효율적 시장은 현재의 부동산가격이 과거의 부동산가격과 거래량에 관한 정보뿐만 아니라 이미 일반에게 공개된 모든 정보를 신속하고 정확하게 반영하는 시장이다.
⑤ 현재의 부동산가격이 부동산에 관한 모든 정보, 즉 이미 투자자들에게 공개된 정보뿐만 아니라 공표되지 않은 정보까지도 신속하고 정확하게 반영하는 완벽한 시장을 강성 효율적 시장이라 하며, 강성 효율적 시장에서는 어떠한 이윤도 얻을 수 없다.

해설

현재의 부동산가격이 부동산에 관한 모든 정보, 즉 이미 투자자들에게 공개된 정보뿐만 아니라 공표되지 않은 정보까지도 신속하고 정확하게 반영하는 완벽한 시장을 강성 효율적 시장이라 하며, 강성 효율적 시장에서도 정상이윤은 얻을 수 있다.

Q2 난이도 ★★

할당 효율적 시장에 대한 설명으로 틀린 것은?

① 완전경쟁시장은 항상 할당 효율적 시장이다.
② 할당 효율적 시장이 완전경쟁시장을 의미하는 것은 아니다.
③ 할당 효율적 시장에서 소수의 투자자가 다른 사람보다 값싸게 정보를 획득할 수 있다면 초과이윤을 획득할 수 있다.
④ 독점시장도 독점을 획득하기 위한 기회비용이 모든 투자자에게 동일하다면 할당 효율적 시장이 될 수 있다.
⑤ 할당 효율적 시장에서는 어느 누구도 기회비용보다 싼값으로 정보를 획득할 수 없다.

해설

할당 효율적 시장에서는 어떤 투자자라도 다른 사람보다 값싸게 정보를 획득할 수 없다. 따라서 소수의 투자자가 다른 사람보다 값싸게 정보를 획득할 수 있는 시장은 할당 효율적 시장이 되지 못한다.

정답 Q1 ⑤ Q2 ③

3 개발정보의 현재가치 계산 ☆ 제25회, 제29회

기출문제 끝장

개발정보의 현재가치는 개발이 확실할 경우 기대수익의 현재가치에서 개발이 불확실할 경우 기대수익의 현재가치를 차감하여 구한다.

1. 투자자가 살 수 있고 토지소유자가 팔 수 있는 가격(PV)

$$PV = \frac{\text{투자수익의 기댓값}}{(1 + \text{요구수익률})^n}$$

*n: 연수

2. 정보의 현재가치

정보의 현재가치 = 확실성하의 현재가치 − 불확실성하의 현재가치

3. 초과이윤

초과이윤 = 정보의 현재가치 − 정보비용

Q1 난이도 ★★

1년 후 신역사가 들어선다는 정보가 있다. 이 정보의 현재가치는? (단, 제시된 가격은 개발정보의 실현 여부에 의해 발생하는 가격차이만을 반영하고, 주어진 조건에 한함) 제25회

- 역세권 인근에 일단의 토지가 있다.
- 역세권 개발계획에 따라 1년 후 신역사가 들어설 가능성은 40%로 알려져 있다.
- 이 토지의 1년 후 예상가격은 신역사가 들어서는 경우 8억 8천만원, 들어서지 않는 경우 6억 6천만원이다.
- 투자자의 요구수익률은 연 10%이다.

① 1억원
② 1억 1천만원
③ 1억 2천만원
④ 1억 3천만원
⑤ 1억 4천만원

해 설

1. 1년 후의 신역사가 들어설 경우의 기댓값의 현재가치(불확실성하의 현재가치)

$$= \frac{(8\text{억 }8\text{천만원} \times 0.4) + (6\text{억 }6\text{천만원} \times 0.6)}{1 + 0.1} = 6\text{억 }8\text{천만원}$$

2. 1년 후 신역사가 들어서는 것이 확실할 경우 토지의 현재가치

$$= \frac{8\text{억 }8\text{천만원}}{1 + 0.1} = 8\text{억원}$$

3. 정보의 현재가치 = 확실성하의 현재가치 − 불확실성하의 현재가치
= 8억원 − 6억 8천만원 = 1억 2천만원

PART 2

Q2 난이도 ★★

복합쇼핑몰 개발사업이 진행된다는 정보가 있다. 다음과 같이 주어진 조건하에서 합리적인 투자자가 최대한 지불할 수 있는 이 정보의 현재가치는? (단, 주어진 조건에 한함) 제29회

- 복합쇼핑몰 개발예정지 인근에 일단의 A토지가 있다.
- 2년 후 도심에 복합쇼핑몰이 개발될 가능성은 50%로 알려져 있다.
- 2년 후 도심에 복합쇼핑몰이 개발되면 A토지의 가격은 6억 500만원, 개발되지 않으면 3억 250만원으로 예상된다.
- 투자자의 요구수익률(할인율)은 연 10%이다.

① 1억 500만원 ② 1억 1,000만원 ③ 1억 1,500만원
④ 1억 2,000만원 ⑤ 1억 2,500만원

해설

- 2년 후 기댓값의 현재가치 $= \frac{(6억\ 500만원 \times 0.5) + (3억\ 250만원 \times 0.5)}{(1+0.1)^2}$ = 3억 7,500만원
- 2년 후 복합쇼핑몰이 개발될 경우 현재가치 $= \frac{6억\ 500만원}{(1+0.1)^2}$ = 5억원
- 2년 후 복합쇼핑몰의 개발이 확실할 경우의 정보의 현재가치 = 5억원 − 3억 7,500만원 = 1억 2,500만원

정답 Q1 ③ Q2 ⑤

예상문제 끝장

난이도 ★★

주어진 조건하에서 대형할인점이 들어선다는 정보의 현재가치는 얼마인가? (단, 제시된 가격은 대형할인점이 들어서는 경우 발생하는 가격차이만을 반영하였음)

- 1년 후에 대형할인점이 들어설 가능성이 있는 지역 인근에 일단의 토지가 있다.
- 1년 후 대형할인점이 들어설 경우 90,000,000원, 대형할인점이 들어서지 않을 경우에는 30,000,000원이 될 것으로 예상된다.
- 투자자의 요구수익률은 20%이고, 대형할인점이 들어설 가능성은 40%이다.

① 10,000,000원 ② 20,000,000원 ③ 25,000,000원
④ 30,000,000원 ⑤ 35,000,000원

해설

- 1년 후 기댓값의 현재가치(불확실성하의 현재가치) $= \frac{(9{,}000만원 \times 0.4) + (3{,}000만원 \times 0.6)}{1+0.2}$ = 4,500만원
- 1년 후 인근지역에 대형할인점이 들어설 경우 토지의 현재가치 $= \frac{9{,}000만원}{1+0.2}$ = 7,500만원

따라서 정보의 현재가치는 7,500만원 − 4,500만원 = 3,000만원이다.

정답 ④

기출테마

08 지대 및 지대결정이론

1 지대이론 ☆ 제29회

(1) 의의

① 지대: 일정기간 동안의 토지서비스의 가격으로서 토지소유자의 소득으로 귀속되는 임대료를 말한다. ⇨ 유량(流量, flow)의 개념

② 지가: 한 시점에서 자산으로서의 토지 자체의 매매가격을 말한다. ⇨ 저량(貯量, stock)의 개념

(2) 지대논쟁

고전학파	신고전학파
① 생산요소 중 노동·자본·토지에서 토지를 자본과 구분함 ② 지대는 다른 생산요소에 대한 대가를 지불하고 남은 잔여인 잉여로 파악	① 생산요소 중 노동·자본·토지에서 토지를 자본과 구분하지 않음 ② 지대는 잉여가 아니라 생산요소에 대한 대가인 요소비용으로 파악
생산물가격이 지대를 결정	지대가 생산물가격에 영향
지대는 잉여로서 불로소득	지대는 생산에 기여한 정도에 분배된 몫이며, 요소비용

(3) 전용수입과 경제지대 – 파레토(V.Pareto)지대

① 전용수입(transfer earnings)[1]: 어떤 생산요소가 다른 용도로 전용되지 않도록 하기 위해서 현재의 용도에서 지급되어야 하는 지급액

② 경제지대(economic rent): 생산요소가 실제로 얻고 있는 수입과 전용수입과의 차액

③ 공급의 탄력성과의 관계 ⇨ 전용수입과 경제지대는 공급의 탄력성의 크기에 따라 달라진다.

㉠ 공급의 탄력성이 커지면 전용수입은 증가하고 경제지대는 감소한다.

㉡ 공급의 탄력성이 작아지면 전용수입은 감소하고 경제지대는 증가한다.

㉢ 공급이 완전탄력적이면 총수입은 모두 전용수입으로 구성된다.

㉣ 공급이 완전비탄력적이면 총수입은 모두 경제지대로 구성된다.

2 지대결정이론 ☆☆☆ 제22회, 제23회, 제24회, 제26회, 제27회, 제28회, 제29회, 제30회, 제31회

(1) 차액지대설 – 리카도(D. Ricardo)

① 발생이유

㉠ 비옥한 토지의 공급이 제한되어 있다.

㉡ 토지에 수확체감현상이 있기 때문에 곡물수요의 증가가 재배면적을 확대하게 된다. ⇨ 수확체감의 법칙

㉢ 토지의 비옥도❷와 위치에 따라 생산성의 차이가 발생한다.

② 내용

㉠ 한계지(marginal land)는 생산성이 가장 낮아 생산비와 곡물가격이 일치하는 토지를 말하는데, 지대가 발생하지 않는다.

㉡ 지대는 해당 토지의 생산성과 한계지의 생산성과의 차이와 동일하다.

㉢ 지대는 일종의 불로소득이라고 할 수 있다.

㉣ 지대가 곡물가격을 결정하는 것이 아니라, 곡물가격이 지대를 결정한다.

(2) 절대지대설❸ – 마르크스(K. Marx)

① 의의: 지대는 토지소유자가 토지를 소유하고 있다는 독점적 지위 때문에 받는 수입이므로 최열등지(한계지)에서도 지대가 발생❹한다는 이론이다.

② 내용

㉠ 토지의 사유화로 지대가 발생한다.

㉡ 토지의 비옥도나 생산력에 관계없이 지대가 발생한다.

㉢ 한계지에도 토지소유자의 요구로 지대가 발생한다.

㉣ 지대의 상승이 곡물가격을 상승시킨다.

기출지문 끝장

❶ **전용수입**은 어떤 생산요소가 다른 용도로 전용되지 않고 현재의 용도에 그대로 사용되도록 지급하는 최소한의 지급액이다. 제29회

❷ 리카도(D. Ricardo)는 **토지비옥도**의 차이 및 비옥한 토지의 한정, 수확체감법칙의 작용을 지대발생 원인으로 보았다. 제22회, 제24회, 제28회

❸ **절대지대설**은 토지의 소유 자체를 지대발생의 원인으로 보며 차액지대설로는 설명이 불가능한 최열등지에 대한 지대발생의 근거를 제시하고 있다. 제22회, 제24회

❹ 지대는 토지소유자가 토지를 소유하고 있다는 독점적 지위 때문에 받는 수입이므로 **최열등지에서도 발생**한다고 설명하는 지대론은 마르크스(K. Marx)의 절대지대설이다. 제27회

(3) 준지대설 – 마샬(A. Marshall)

① 의의: 마샬은 일시적으로 토지와 유사한 성격을 가지는 생산요소에 귀속되는 소득을 준지대로 설명하고, 단기적으로 공급량이 일정한 생산요소에 지급되는 소득으로 보았다.

② 내용

㉠ 생산을 위하여 사람이 만든 기계와 기타 자본설비에서 발생하는 소득으로 일시적 독점이윤이 지대와 유사하다는 점에서 준지대(quasi-rent)❶라고 한다.

㉡ 고정생산요소의 공급량은 단기적으로 변동하지 않으므로 다른 조건이 동일하다면 준지대는 고정생산요소에 대한 수요에 의해 결정된다.

㉢ 준지대는 토지 이외의 고정생산요소에 귀속되는 소득으로서 단기간 일시적으로 발생한다.

(4) 위치지대설❷ – 튀넨(V. Thünen)

① 의의

㉠ 리카도(D. Ricardo)의 차액지대설 + 위치개념 ⇨ 입지지대이론으로 발전

㉡ 튀넨은 도시중심지와 접근성으로 거리에 따른 수송비 개념을 도입했는데, 도시중심지에 접근성이 높으면, 수송비가 적게 들기 때문에 지대가 높다는 것

② 지대

지대 = 생산물가격 – 생산비 – 수송비
= (생산물가격 – 생산비) – 단위당 수송비 × 거리

③ 특징

㉠ 지대 ⇨ 생산물의 가격에서 생산비와 수송비를 뺀 것으로서 수송비 절약이 지대

ⓐ 생산물가격과 생산비가 일정하다면 수송비에 반비례

ⓑ 생산비와 수송비가 일정하다면 생산물가격에는 비례

㉡ 한계지대곡선은 우하향의 형태로 중심지에 가까울수록 지대가 높고, 멀어지면 낮아져 조방한계점에 이르면 0이 된다.

㉢ 작물 · 경제활동에 따라 한계지대곡선이 달라진다.

ⓐ **중심지에 가까운 곳:** 집약적 토지이용현상, 집약농업

ⓑ **중심지에서 먼 곳:** 조방적 토지이용현상, 조방농업

㉣ 가장 많은 지대를 지불하는 입지주체가 중심지와 가장 가깝게 입지한다.

(5) 입찰지대설 – 알론소(W. Alonso)

① 의의

㉠ 도심으로부터 일정한 거리에 위치한 토지들은 여러 토지이용 활동들 간의 경쟁을 통해서 특정 용도로 배분 ⇨ 입지경쟁

㉡ 입지경쟁 ⇨ 해당 토지에 대한 여러 활동들의 지대입찰과정

㉢ 토지이용은 최고의 지대지불의사가 있는 용도에 할당❸

② 입찰지대

㉠ 단위면적의 토지에 대해 토지이용자가 지불하고자 하는 최대금액

㉡ 지대는 기업주의 정상이윤과 투입 생산비를 지불하고 남은 잉여에 해당 (정상이윤: 총수입과 총비용이 같아서 초과이윤도 손실도 존재하지 않는 상태)

㉢ 초과이윤이 '0'이 되는 수준의 지대

㉣ 입지경쟁의 결과 해당 토지는 최대의 순현재가치❹를 올릴 수 있어서 최고의 지불능력을 가지고 있는 토지이용자에게 할당

㉤ 토지이용자에게는 최대지불용의액

③ 입찰지대곡선❺

㉠ 입찰지대곡선은 여러 개의 지대곡선 중 가장 높은 부분을 연결한 포락선

㉡ 입찰지대곡선은 우하향하면서 원점을 향해 볼록한 형태를 지님

기출지문 끝장

❶ 마샬(A.Marshall)의 준지대론에서 **준지대**는 생산을 위하여 사람이 만든 기계나 기구들로부터 얻는 소득이다. 제24회

❷ **위치지대설**에 따르면 다른 조건이 동일한 경우, 지대는 중심지에서 거리가 멀어질수록 하락한다. 제24회

❸ 입찰지대설에 따르면 토지이용은 **최고의 지대지불의사가 있는 용도에 할당**된다. 제24회

❹ 특정 토지는 입지경쟁이 일어난다면 **최대의 순현재가치**를 올릴 수 있는 이용에 할당되는데, 이때 최대의 순현재가치를 올릴 수 있는 원인이 무엇이든 아무런 상관이 없다. 제22회

❺ 알론소(W.Alonso)의 입찰지대곡선은 도심에서 외곽으로 나감에 따라 **가장 높은** 지대를 지불할 수 있는 각 산업의 지대곡선들을 연결한 것이다. 제32회

기출문제 끝장

기출 분석
- 기출회차: 제24회
- 난이도: ★★
- 키워드: 지대결정이론

함정을 피하는 끝장 TIP
- 지대결정이론을 이해하고 있는지를 묻는 문제이다.
- 지대결정이론에서는 차액지대설, 절대지대설, 위치지대설, 입찰지대설의 특징을 비교하여 정리해 두어야 한다.

지대론에 관한 설명으로 틀린 것은?

① 리카도(D. Ricardo)는 비옥도의 차이, 비옥한 토지량의 제한, 수확체감법칙의 작동을 지대 발생의 원인으로 보았다.

② 위치지대설에 따르면 다른 조건이 동일한 경우, 지대는 중심지에서 거리가 멀어질수록 하락한다.

③ 절대지대설에 따르면 토지의 소유 자체가 지대의 발생요인이다.

④ 입찰지대설에 따르면 토지이용은 최고의 지대지불의사가 있는 용도에 할당된다.

⑤ 차액지대설에 따르면 지대는 ~~경제적 잉여가 아니고 생산비이다~~.

⋯→ 생산비가 아니고 경제적 잉여다.

해설

리카도(D.Ricardo)는 고전학파 학자로 지대를 불로소득으로 간주하였으며, 다른 생산요소에 대한 대가를 지불하고 남은 잔여인 (경제적) 잉여로 파악했다.

나무는 위로 열매 맺기 전에
반드시 아래로 먼저 깊이 뿌리를 내립니다.

– 조정민, 『고난이 선물이다』, 두란노

기출테마

09 도시공간구조이론

1 도시공간구조이론 ☆☆☆ 제22회, 제23회, 제24회, 제25회, 제26회, 제28회, 제29회, 제30회, 제31회, 제32회

(1) 동심원이론[1] – 버제스(E.W.Burgess)

① 의의: 도시는 그 중심지에서 동심원상으로 확대되어 5개 지구로 분화되면서 성장한다는 이론

⇨ 튀넨(V.Thünen)의 고립국이론을 도시공간구조 설명에 응용

② 토지이용패턴

㉠ 중심업무지대 ⇨ ㉡ 천이(전이, 점이)지대[2] ⇨ ㉢ 근로자 주택지대 ⇨ ㉣ 중산층 주택지대 ⇨ ㉤ 통근자지대

③ 특징

㉠ 도시의 공간구조를 도시생태학적 관점에서 접근[3]하였다.

㉡ 도시의 공간구조 형성을 침입, 경쟁, 천이 등의 과정[4]으로 설명하였다.

㉢ 주택지불능력이 낮은 저소득층일수록 고용기회가 많은 도심과 접근성이 양호한 지역에 주거를 선정하는 경향[5]이 있다.

(2) 선형이론[6] – 호이트(H.Hoyt)

① 의의: 도시공간구조가 교통망을 따라 확장되어 부채꼴 모양[7]으로 성장하고, 교통축에의 접근성이 지가에 영향을 주며 형성된다는 이론 ⇨ 부채꼴모양(선형), 쐐기형 지대모형

② 특징

㉠ 고급주택은 교통망의 축에 가까이 입지하고, 중급주택은 고급주택의 인근에 입지하며, 저급주택은 반대편에 입지하는 경향이 있다.

㉡ 주택지불능력이 있는 고소득층은 기존의 도심지역과 주요 교통노선을 축으로 하여 접근성이 양호한 지역에 입지하는 경향이 있다.

(3) 다핵심이론 – 해리스(C.D.Harris)와 울만(E.L.Ullman)

① 의의

㉠ 도시가 성장하면 핵심의 수가 증가하고 도시는 복수의 핵심주변에서 발달한다는 이론

㉡ 도시는 하나의 중심지가 아니라 몇 개의 중심지들로 구성[8]된다는 것으로 대도시에 적합한 이론

② 특징

㉠ 도시 토지이용의 패턴은 하나의 핵으로 구성된 것이 아니라 같은 토지 내에 여러 개의 이산(離散)되는 핵으로 구성되어 있다는 이론이다.

㉡ 도시성장은 분산된 핵을 따라 행하여졌으며, 핵의 형성은 입지조건에 따라 다르다.

③ 다핵이 성립하는 요인

㉠ **동종의 활동(유사활동)**: 집적이익[9]이 발생하므로 특정지역에 모여서 입지 ⇨ **집중(집적)지향성**[10]

㉡ **이종의 활동(이질활동)**: 상호간의 이해가 상반되므로 떨어져서 입지 ⇨ **입지적 비양립성**

㉢ 어떤 활동들은 특정한 위치나 특별한 시설을 요구

㉣ 업종에 따라서는 높은 지대를 지불할 능력이 없으므로 지대가 높은 곳에 입지하지 못하고 분리되어 입지

핵심 끝장 **도시공간구조이론**

1. 단핵이론 – 동심원이론, 선형이론

2. 다핵이론 – 다핵심이론

기출지문 끝장

❶ 동심원이론은 도시 내부 기능지역이 침입, 경쟁, 천이과정을 거쳐 중심업무지구, 점이지대, 주거지역 등으로 분화한다는 이론이다. 제25회

❷ 버제스(E.W.Burgess)의 동심원이론에 따르면 중심업무지구와 저소득층 주거지대 사이에 **점이지대**가 위치한다. 제32회

❸ 동심원이론은 **도시의 공간구조를 도시생태학적 관점에서 접근**하였다. 제24회

❹ 버제스(E.W.Burgess)는 도시의 공간구조형성을 **침입, 경쟁, 천이 등의 과정**으로 나타난다고 보았다. 제28회

❺ 동심원이론에 따르면 **저소득층일수록 고용기회가 많은 도심과 접근성이 양호한 지역에 주거를 선정하는 경향**이 있다. 제24회

❻ 선형이론은 도시공간구조가 교통망을 따라 확장되어 부채꼴 모양으로 성장하고, 교통축에의 접근성이 지가에 영향을 주며 형성된다는 이론이다. 제25회

❼ 호이트(H.Hoyt)의 선형이론에 따르면 도시공간구조의 성장과 분화는 주요 교통축을 따라 **부채꼴 모양**으로 확대되면서 나타난다. 제32회

❽ 다핵심이론에서 **도시는 하나의 중심지가 아니라 몇 개의 중심지들로 구성**된다. 제24회, 제25회

❾ 유사한 도시활동은 **집적으로부터 발생하는 이익** 때문에 집중하려는 경향이 있다고 주장하는 도시공간구조이론은 다핵심이론이다. 제29회

❿ 해리스(C.D.Harris)와 울만(E.L.Ullman)의 다핵심이론에서는 상호 편익을 가져다주는 활동(들)의 **집적지향성(집적이익)**을 다핵입지 발생요인 중 하나로 본다. 제26회

기출문제 끝장

기출 분석

- 기출회차: 제32회
- 난이도: ★★
- 키워드: 도시공간구조이론

함정을 피하는 끝장 TIP

- 도시공간구조이론을 이해하고 있는지를 묻는 문제이다.
- 시험에서는 주로 동심원이론, 선형이론, 다핵심이론 위주로 출제되고 있다. 동심원이론, 선형이론은 단핵이론이며, 다핵심이론은 다핵이론이라는 데 주의하여야 한다.

도시공간구조이론 및 지대이론에 관한 설명으로 틀린 것은?

① 버제스(E.Burgess)의 동심원이론에 따르면 중심업무지구와 저소득층 주거지대 사이에 점이지대가 위치한다.

② 호이트(H.Hoyt)의 선형이론에 따르면 도시공간구조의 성장과 분화는 주요 교통축을 따라 부채꼴 모양으로 확대되면서 나타난다.

✔③ ~~해리스(C.Harris)와 울만(E.Ullman)의 다핵심이론에~~ 교통축을 적용하여 개선한 이론이 호이트의 선형이론이다.

···› 버제스(E.Burgess)의 동심원이론에 교통축을 적용하여 개선한 이론이 호이트의 선형이론이다.

④ 헤이그(R.Haig)의 마찰비용이론에 따르면 마찰비용은 교통비와 지대로 구성된다.

⑤ 알론소(W.Alonso)의 입찰지대곡선은 도심에서 외곽으로 나감에 따라 가장 높은 지대를 지불할 수 있는 각 산업의 지대곡선들을 연결한 것이다.

상권에 관한 이론

1 크리스탈러의 중심지이론 ☆ 제24회, 제29회, 제30회

W.Christaller

(1) 의의

중심지 계층 간의 포섭원리로서 중심지는 중심성의 상대적 크기에 따라 고차 중심지와 저차 중심지로 구분되며, 고차일수록 저차보다 중심지 간의 거리가 더 멀고 규모가 크며 다양한 중심기능을 가진다는 이론이다. ⇨ 중심지이론은 공간적 중심지 규모의 크기에 따라 상권의 규모가 달라진다는 것을 실증하였다.❶

(2) 주요 개념

① **중심지**: 도시가 위치한 지역의 중심에서 재화와 서비스를 생산·공급하는 곳으로 각종 재화와 서비스 공급기능이 집중되어 배후지에 재화와 서비스를 공급하는 중심지역❷

② **재화의 도달거리**(범위)

㉠ 특정 재화나 서비스를 얻기 위하여 사람들이 기꺼이 통행하려는 최대의 거리

㉡ 중심지 기능이 주변지역에 미치는 최대한의 공간적인 범위

㉢ 중심지가 수행하는 기능이 중심지로부터 미치는 한계거리

㉣ 중심지 활동이 제공되는 공간적 한계로 중심지로부터 어느 기능에 대한 수요가 '0'(또는 상품의 판매량이 0)이 되는 지점까지의 거리

③ **최소요구치**

㉠ 중심지가 중심기능을 유지시키기 위하여 필요로 하는 최소한의 인구수

㉡ 중심지 기능이 유지되기 위한 최소한의 수요 요구 규모❸ ⇨ 재화와 서비스에 따라 중심지가 계층화❹되며 서로 다른 크기의 도달범위와 최소요구범위를 가진다고 보았다.

기출지문 끝장

❶ 크리스탈러(W.Christaller)의 중심지이론은 **공간적 중심지 규모의 크기에 따라 상권의 규모가 달라진다**는 것을 실증하였다. 제30회

❷ 크리스탈러(W.Christaller)의 중심지이론에서 중심지는 **각종 재화와 서비스 공급기능이 집중되어 배후지에 재화와 서비스를 공급하는 중심지역**을 말한다. 제24회

❸ 크리스탈러(W.Christaller)의 중심지이론에서 최소요구치는 **중심지 기능이 유지되기 위한 최소한의 수요 요구 규모**이다. 제24회

❹ 크리스탈러(W.Christaller)는 **재화와 서비스에 따라 중심지가 계층화**되며 서로 다른 크기의 도달범위와 최소요구범위를 가진다고 보았다. 제29회

(3) 중심지가 유지되기 위한 요건

최소요구치의 범위보다 재화의 도달거리(범위)가 커야 한다.

(4) 내용

① 인구가 증가하거나 경제가 활성화될수록 중심지의 규모는 커지고 중심지가 많아지며, 중심지 간의 거리는 가까워진다.

② 교통이 발달할수록 고차원 중심지는 발달하고, 저차원 중심지는 쇠락한다.

③ 중심지의 수는 고차원 중심지일수록 적고, 저차원 중심지일수록 많다.

④ 배후지의 규모는 고차원 중심지일수록 규모가 더 커지고 다양한 중심기능을 수행하며, 저차원 중심지일수록 규모가 더 작아지고 단순한 기능을 수행한다.

⑤ 수요자의 도달거리는 고차원 중심지일수록 거리가 더 멀고, 저차원 중심지일수록 가깝다.

⑥ 중심지 간의 거리는 고차원 중심지일수록 멀고, 저차원 중심지일수록 가깝다.

⑦ 취급상품은 고차원 중심지일수록 고급상품을, 저차원 중심지일수록 저급상품을 취급한다.

⑧ 소비자의 이용빈도는 고차원 중심지일수록 낮고, 저차원 중심지일수록 높다.

⑨ 저차원 중심지에서 고차원 중심지로 갈수록 중심지의 수는 피라미드형을 이룬다.

⑩ 중차원 중심지가 포용하는 저차원 중심지의 수는 고차원 중심지로 갈수록 그 분포도가 줄어든다.

핵심 끌장 **크리스탈러(W.Christaller)의 중심지이론**

구분	저차원 중심지	고차원 중심지
교통이 발달할수록	쇠락	발달
중심지의 수	많다	적다
	저차원 중심지에서 고차원 중심지로 갈수록 중심지의 수는 피라미드형을 이룸	
배후지의 규모	규모가 더 작아지고 단순한 기능을 수행	규모가 더 커지고 다양한 중심기능을 수행
수요자의 도달거리	가깝다	멀다
중심지 간의 거리	가깝다	멀다
취급상품	저급상품	고급상품
소비자의 이용빈도	높다	낮다

2 레일리, 허프, 컨버스의 모형 ☆☆☆ 제22회, 제23회, 제24회, 제25회, 제26회, 제27회, 제28회, 제29회, 제30회, 제32회

└ W.J.Reilly └ D.L.Huff └ P.D.Converse

(1) 레일리(W.J.Reilly)의 소매인력법칙

① 의의

㉠ 중력모형을 이용한 상권의 범위를 획정하는 모형이다.

㉡ 두 중심지 사이에 위치하는 소비자에 대하여 상권이 미치는 영향력의 크기는 그 두 중심의 크기에 비례하여 배분된다.

㉢ 두 중심지가 소비자에게 미치는 영향력의 크기는 두 중심지의 크기에 비례하고 거리의 제곱에 반비례한다.

㉣ 2개 도시의 상거래 흡인력은 두 도시의 인구에 비례하고, 두 도시의 분기점으로부터 거리의 제곱에 반비례한다. ⇒ 레일리 법칙

② 내용

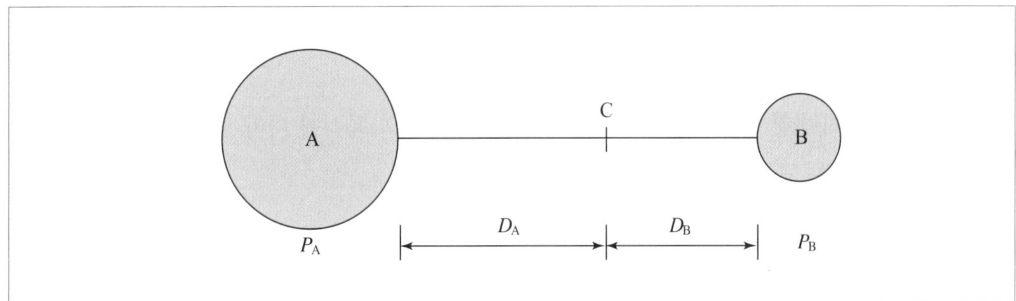

㉠ 상권의 경계: 큰 도시에서 멀고 작은 도시에서 가깝다.

㉡ 구매지향비율(고객유인력) $= \frac{크기}{거리^2}$ (크기: 도시인구, 거리: 실측거리)

$$A\ 고객유인력 = \frac{A도시의\ 크기}{A까지의\ 거리^2}$$

$$B\ 고객유인력 = \frac{B도시의\ 크기}{B까지의\ 거리^2}$$

㉢ B에 대한 A의 구매지향비율 $= \frac{A도시의\ 인구}{B도시의\ 인구} \times \left(\frac{B도시까지의\ 거리}{A도시까지의\ 거리}\right)^2$

(2) 허프(D.L.Huff)의 확률적 상권모형

① 의의

㉠ 대도시에서 쇼핑 패턴을 결정하는 확률모형을 제시하고 있다.

㉡ 소비자는 소비자의 기호나 소득수준을 고려하여 구매활동을 한다.

㉢ 소비자는 가장 가까운 곳에서 상품을 선택하려는 경향이 있으나 적당한 거리에 고차원 중심지가 있으면 인근의 저차원 중심지를 지나칠 가능성이 커진다.

② 내용

㉠ 구매지향비율(고객유인력) $= \frac{\text{크기}}{\text{거리}^{\lambda}}$ [크기: 점포면적, 거리: 실측거리 & 시간거리, λ: 공간(거리) 마찰계수]

㉡ 소비자거주지에 거주하는 소비자가 A, B 두 할인매장 중 A매장으로 구매하러 갈 확률(시장점유율)

$= \frac{\text{A 고객유인력}}{\text{A 고객유인력} + \text{B 고객유인력}}$

$$\text{A 고객유인력} = \frac{\text{A매장의 면적}}{\text{A매장까지의 거리}^{\lambda}}$$

$$\text{B 고객유인력} = \frac{\text{B매장의 면적}}{\text{B매장까지의 거리}^{\lambda}}$$

* λ: 공간(거리)마찰계수

㉢ A매장의 이용객 수 = 소비자거주지 인구 × A매장의 시장점유율

㉣ 소비자가 특정 점포를 이용할 확률은 경쟁점포의 수, 점포와의 거리, 점포의 면적에 의해 결정된다.

특정 점포를 이용하는 데 따른 고객의 부담정도

㉤ 공간(거리)마찰계수는 시장의 교통조건과 쇼핑물건의 특성에 따라 달라지는 값이다. 공간(거리) 마찰계수는 교통조건이 나쁠수록 커지게 된다.

(3) 컨버스(P. D.Converse)의 분기점모형

레일리(W.J.Reilly)의 소매인력법칙을 응용하여 두 도시 간의 구매영향력이 같은 분기점의 위치를 구하는 방법을 제시한 것이다.

$$\text{A도시로부터 상권의 분기점까지의 거리}(D_A) = \frac{\text{도시 A와 B 간의 거리}}{1 + \sqrt{\frac{\text{B의 면적}}{\text{A의 면적}}}}$$

기출문제 끝장

기출 분석

- 기출회차: 제30회
- 난이도: ★★
- 키워드: 허프의 상권분석모형

함정을 피하는 끝장 TIP

- 허프(D.L.Huff)의 상권분석모형을 이해하고 있는지를 묻는 문제이다.
- 레일리(W.J.Reilly)의 소매인력법칙과 허프(D.L.Huff)의 확률적 상권모형을 비교하여 정리해 두어야 한다.

PART 2

허프(D.L.Huff) 모형에 관한 설명으로 틀린 것은? (단, 다른 조건은 동일함)

① 중력모형을 활용하여 상권의 규모 또는 매장의 매출액을 추정할 수 있다.
② 모형의 공간(거리)마찰계수는 시장의 교통조건과 쇼핑 물건의 특성에 따라 달라지는 값이다.
③ 모형을 적용하기 전에 공간(거리)마찰계수가 먼저 정해져야 한다.
④ 교통조건이 나쁠 경우, 공간(거리)마찰계수가 커지게 된다.
⑤ 전문품점의 경우는 일상용품점보다 공간(거리)마찰계수가 크다.

⋯▸ 전문품점의 경우는 일상용품점보다 공간(거리)마찰계수가 더 작다.

기출문제 끝장

기출 분석

- 기출회차: 제27회
- 난이도: ★★
- 키워드: 레일리의 소매인력법칙

함정을 피하는 끝장 TIP

레일리(W.J.Reilly)의 소매인력법칙 문제로, 주어진 문제의 조건하에서는 레일리 방식의 문제를 허프(D.L.Huff) 방식으로 계산해도 된다.

레일리의 B도시에 대한 A도시의 구매지향비율$\left(\frac{B_A}{B_B}\right)$은

$$\frac{B_A}{B_B} = \frac{P_A}{P_B} \times \left(\frac{D_B}{D_A}\right)^2 = \frac{\text{A도시의 인구}}{\text{B도시의 인구}} \times \left(\frac{\text{B도시까지의 거리}}{\text{A도시까지의 거리}}\right)^2$$

A, B도시 사이에 C도시가 위치한다. 레일리(W.Reilly)의 소매인력법칙을 적용할 경우, C도시에서 A, B도시로 구매활동에 유인되는 인구 규모는? (단, C도시의 인구는 모두 구매자이고, A, B도시에서만 구매하는 것으로 가정하며, 주어진 조건에 한함)

- A도시 인구수: 400,000명
- B도시 인구수: 100,000명
- C도시 인구수: 50,000명
- C도시와 A도시 간의 거리: 10km
- C도시와 B도시 간의 거리: 5km

① A: 15,000명, B: 35,000명
② A: 20,000명, B: 30,000명
③ A: 25,000명, B: 25,000명
④ A: 30,000명, B: 20,000명
⑤ A: 35,000명, B: 15,000명

해 설

레일리의 B도시에 대한 A도시의 구매지향비율$\left(\frac{B_A}{B_B}\right)$은

$$\frac{B_A}{B_B} = \frac{P_A}{P_B} \times \left(\frac{D_B}{D_A}\right)^2 = \frac{\text{A도시의 인구}}{\text{B도시의 인구}} \times \left(\frac{\text{B도시까지의 거리}}{\text{A도시까지의 거리}}\right)^2$$ 이므로

$\frac{40}{10} \times \left(\frac{5}{10}\right)^2 = 4 \times \frac{1}{4} = \frac{1}{1}$이다.

따라서 A도시로의 인구유인비율 : B도시로의 인구유인비율은 1 : 1이다.

그런데 C도시 인구가 50,000명이므로 A도시 25,000명, B도시 25,000명이 된다.

기출문제 끝장

기출 분석

- 기출회차: 제25회
- 난이도: ★★
- 키워드: 허프의 상권분석모형

함정을 피하는 끝장 TIP

허프(D.L.Huff)의 상권분석모형 공식에 대입하여 구하는 단순한 문제이다. 먼저 특정 점포를 이용할 확률을 구한 후 해당 점포의 이용객 수를 구하는 것이 핵심이다.

A할인점(점포)를 이용할 확률(시장점유율)

$$= \frac{\dfrac{\text{A할인점의 면적}}{\text{A할인점까지의 거리}^{\lambda}}}{\dfrac{\text{A할인점의 면적}}{\text{A할인점까지의 거리}^{\lambda}} + \dfrac{\text{B할인점의 면적}}{\text{B할인점까지의 거리}^{\lambda}}}$$

[λ: 공간(거리)마찰계수]

C도시 인근에 A와 B 두 개의 할인점이 있다. 허프(D.L.Huff)의 상권분석모형을 적용할 경우, B할인점의 이용객 수는? (단, 거리에 대한 소비자의 거리마찰계수 값은 2이고, 도시인구의 60%가 할인점을 이용함)

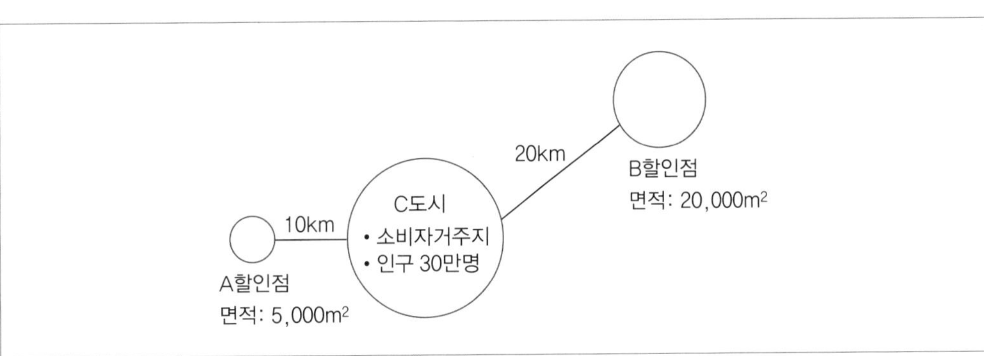

① 70,000명 ② 80,000명 ③ 90,000명
④ 100,000명 ⑤ 110,000명

해설

거리마찰계수를 2로 적용하여 계산하면 다음과 같다.

- B할인점의 시장점유율(%) $= \dfrac{\dfrac{20{,}000}{20^2}}{\dfrac{5{,}000}{10^2} + \dfrac{20{,}000}{20^2}} = \dfrac{50}{50+50} = \dfrac{1}{2} = 0.5(50\%)$
- B할인점의 이용객 수 = 30만명 × 0.6 × 0.5 = 90,000명

기출문제 끝장

기출 분석

- 기출회차: 제28회
- 난이도: ★★
- 키워드: 허프의 상권분석모형

함정을 피하는 끝장 TIP

해당 점포의 예상매출액을 구하는 문제는 해당 점포의 이용객 수에 1인당 소비액을 곱하여 계산한다.

허프(D.Huff) 모형을 활용하여, X지역의 주민이 할인점 A를 방문할 확률과 할인점 A의 월 추정매출액을 순서대로 나열한 것은? (단, 주어진 조건에 한함)

- X지역의 현재 주민: 4,000명
- 1인당 월 할인점 소비액: 35만원
- 공간마찰계수: 2
- X지역의 주민은 모두 구매자이고, A, B, C 할인점에서만 구매한다고 가정

구분	할인점 A	할인점 B	할인점 C
면적	$500m^2$	$300m^2$	$450m^2$
X지역 거주지로부터의 거리	5km	10km	15km

① 80%, 10억 9,200만원
② 80%, 11억 2,000만원
③ 82%, 11억 4,800만원
④ 82%, 11억 7,600만원
⑤ 82%, 12억 400만원

해 설

허프(D.L.Huff)의 상권분석모형에서 공간마찰계수를 2로 적용하여 계산하면 다음과 같다.

- 할인점 A의 시장점유율(%) $= \dfrac{\dfrac{500}{5^2}}{\dfrac{500}{5^2}+\dfrac{300}{10^2}+\dfrac{450}{15^2}} = \dfrac{20}{20+3+2} = \dfrac{20}{25} = \dfrac{4}{5} = 0.8(80\%)$
- 할인점 A의 이용객 수 = 4,000명 × 0.8 = 3,200명
- 그런데 1인당 월 할인점 소비액은 35만원이므로
  할인점 A의 월 추정매출액 = 35만원 × 3,200명 = 11억 2,000만원이다.

기출문제 끝장

기출 분석

- 기출회차: 제32회
- 난이도: ★★
- 키워드: 컨버스의 분기점모형

함정을 피하는 끝장 TIP

컨버스(P.D.Converse)의 분기점모형 문제로, 컨버스가 레일리의 식을 변형하여 상권의 경계지점을 구하는 방법을 제시한 것이다. 컨버스의 공식에 대입하여 구하는 것이 가장 편하게 계산하는 방법이므로 공식을 기억해 두어야 한다.

A시로부터의 분기점

$$D_A = \frac{D_{AB}}{1+\sqrt{\frac{P_B}{P_A}}} = \frac{\text{도시 A와 B 간의 거리}}{1+\sqrt{\frac{\text{B의 면적}}{\text{A의 면적}}}}$$

컨버스(P. D.Converse)의 분기점모형에 기초할 때, A시와 B시의 상권 경계지점은 A시로부터 얼마만큼 떨어진 지점인가? (단, 주어진 조건에 한함)

- A시와 B시는 동일 직선상에 위치하고 있다.
- A시 인구: 64만명
- B시 인구: 16만명
- A시와 B시 사이의 직선거리: 30km

① 5km
② 10km
③ 15km
④ 20km
⑤ 25km

해설

컨버스(P. D.Converse)의 분기점모형에서

A시로부터의 분기점 $= \frac{\text{도시 A와 B 간의 거리}}{1+\sqrt{\text{B의 크기/A의 크기}}}$ 이다.

따라서 A시로부터의 분기점 $= \frac{30}{1+\sqrt{\text{16만명/64만명}}} = \frac{30}{1+\sqrt{1/4}} = \frac{30}{1+1/2} = 20\text{km}$이다.

우선끝장 민개공

부동산학개론

부동산 정책론 · 투자론

기출테마

11 외부효과와 시장실패

1 시장실패 ☆☆ 제22회, 제26회, 제27회, 제29회, 제30회

(1) 의의

시장실패[1]란 시장이 어떤 이유로 인해서 자원의 적정배분을 자율적으로 조정하지 못하는 것을 말한다.

(2) 원인

① 불완전경쟁[2](독과점)의 존재

② 규모의 경제 ─ 기업이 생산시설의 규모를 확장함에 따라 생산량이 증가할 때 장기평균비용이 감소하는 것

③ 외부효과[3]의 존재

④ 공공재[4]의 부족

Q 공공재는 소비의 비배제성과 비경합성[5]의 특징이 있는 재화로 생산을 시장기구에 맡기면 과소생산[6]되는 경향이 있다. 따라서 일반적으로 정부가 세금이나 공공의 기금으로 공급[7]하는 경우가 많다.

⑤ 거래 쌍방 간의 정보의 비대칭성[8] 및 불확실성

2 외부효과 ☆☆ 제22회, 제24회, 제26회, 제28회

(1) 외부효과의 의의

어떤 경제활동과 관련하여 거래당사자가 아닌 제3자[9]에게 의도하지 않은 이익이나 손해를 가져다주는데도 이에 대한 대가를 지불하지도 받지도 않는 상태를 말한다. 부동산의 부동성과 연속성(인접성)[10]은 외부효과와 관련이 있다.

(2) 외부효과의 구분

정(+)의 외부효과(외부경제)	부(−)의 외부효과(외부불경제)
다른 사람(제3자)에게 의도하지 않은 혜택을 주고도 이에 대한 보상을 받지 못하는 것 예 과수원과 양봉업	다른 사람(제3자)에게 의도하지 않은 손해를 입히고도 이에 대한 대가를 지불하지 않는 것 예 양식업과 공장폐수
• 사적 편익 < 사회적 편익 • 사적 비용 > 사회적 비용	• 사적 편익 > 사회적 편익 • 사적 비용 < 사회적 비용
과소생산, 과다가격	과다생산[11], 과소가격

└ 사회적 비용: 사적 비용에 생산활동으로 인해 제3자에게 미치는 피해까지를 합한 것

보조금 지급, 조세경감, 행정규제의 완화	조세중과나 환경부담금 부과, 지역지구제 실시
PIMFY(please in my front yard) 현상	NIMBY(not in my back yard) 현상

① 정(+)의 외부효과⓬의 경우 비용을 지불하지 않은 사람도 발생되는 이익을 누릴 수 있으며, 정(+)의 외부효과를 발생시키면, 주택에 대한 수요곡선이 우측⓭으로 이동하게 되고 가격은 상승⓮할 수 있다.

② 부(−)의 외부효과를 발생시키는 시설의 경우, 발생된 외부효과를 제거 또는 감소시키기 위한 사회적 비용이 발생⓯할 수 있다.

핵심 끝장 **외부효과 출제포인트**

1. 거래당사자 × ⇨ 제3자
2. 의도하지 않은
3. 시장(기구)을 통하지 않고
4. 대가를 받지도 않고 비용을 지불하지도 않는 ⇨ 시장이 형성되지 않았음을 의미

기출지문 끝장

❶ 시장에서 어떤 원인으로 인해 자원의 효율적 배분에 실패하는 현상을 **시장의 실패**라 하는데, 이는 정부가 시장에 개입하는 근거가 된다. 제27회

❷ **불완전경쟁**시장은 부동산시장에서 시장실패의 원인이 된다. 제29회

❸ **외부효과**는 부동산시장에서 시장실패의 원인이 된다. 제23회, 제29회

❹ **공공재**는 부동산시장에서 시장실패의 원인이 된다. 제29회

❺ 공공재의 소비에는 **비배제성과 비경합성**이 있다. 제22회

❻ 공공재는 생산을 시장기구에 맡기면 **과소생산**되는 경향이 있다. 제30회

❼ 공공재는 일반적으로 정부가 **세금이나 공공의 기금으로 공급**하는 경우가 많다. 제22회

❽ **정보의 비대칭성**은 부동산시장에서 시장실패의 원인이 된다. 제29회

❾ 외부효과란 어떤 경제활동과 관련하여 **거래당사자가 아닌 제3자**에게 의도하지 않은 혜택이나 손해를 가져다주면서도 이에 대한 대가를 받지도 지불하지도 않는 상태를 말한다. 제26회

❿ 부동산의 **부동성과 연속성(인접성)**은 외부효과와 관련이 있다. 제22회

⓫ 부(−)의 외부효과가 발생하는 재화의 경우 시장에만 맡겨두면 지나치게 **많이 생산**될 수 있다. 제22회

⓬ **정(+)의 외부효과**의 경우 비용을 지불하지 않은 사람도 발생되는 이익을 누릴 수 있다. 제22회

⓭ 새로 조성된 공원이 쾌적성이라는 정(+)의 외부효과를 발생시키면, 공원 주변 주택에 대한 **수요곡선이 우측으로 이동**하게 된다. 제24회

⓮ 인근지역에 쇼핑몰이 개발됨에 따라 주변 아파트 **가격이 상승**하는 경우, 정(+)의 외부효과가 나타난 것으로 볼 수 있다. 제26회

⓯ 부(−)의 외부효과를 발생시키는 시설의 경우, 발생된 외부효과를 제거 또는 감소시키기 위한 **사회적 비용이 발생**할 수 있다. 제26회

기출문제 끝장

기출 분석

- 기출회차: 제26회
- 난이도: ★★
- 키워드: 외부효과

함정을 피하는 끝장 TIP

- 외부효과를 이해하고 있는지를 묻는 문제이다.
- 외부효과는 소비 측면과 생산 측면의 외부효과로 구분하나, 주로 생산 측면의 외부효과를 위주로 정리해 두어야 한다.

외부효과에 관한 설명으로 틀린 것은?

① 외부효과란 어떤 경제활동과 관련하여 거래당사자가 아닌 제3자에게 의도하지 않은 혜택이나 손해를 가져다주면서도 이에 대한 대가를 받지도 지불하지도 않는 상태를 말한다.

② 정(+)의 외부효과가 발생하면 ~~님비(NIMBY)~~ 현상이 발생한다.

⋯→ 정(+)의 외부효과가 발생하면 핌피(PIMFY) 현상이 발생하며, 부(−)의 외부효과가 발생하면 님비(NIMBY) 현상이 발생한다.

③ 인근지역에 쇼핑몰이 개발됨에 따라 주변 아파트 가격이 상승하는 경우, 정(+)의 외부효과가 나타난 것으로 볼 수 있다.

④ 부(−)의 외부효과를 발생시키는 시설의 경우, 발생된 외부효과를 제거 또는 감소시키기 위한 사회적 비용이 발생할 수 있다.

⑤ 여러 용도가 혼재되어 있어 인접지역 간 토지이용의 상충으로 인하여 토지시장의 효율적인 작동을 저해하는 경우, 부(−)의 외부효과가 발생할 수 있다.

기출테마

12 토지정책

1 토지정책의 수단 ☆ 제24회, 제26회, 제28회, 제31회

(1) 토지이용규제❶

개별토지이용자의 토지이용행위를 사회적으로 바람직한 방향으로 유도하기 위해서 법률적·행정적 조치에 의거하여 구속하고 제한하는 방법들을 총칭한다.

예 (용도)지역지구제, 건축규제, 각종 인·허가제, 계획단위개발

(2) 직접적 개입❷

정부나 공공기관이 토지시장에 직접 개입하여 토지에 대한 수요 및 공급자의 역할을 적극적으로 수행하는 방법

예 토지수용, 토지은행제도, 공영개발사업, 공공소유제도, 도시재개발

(3) 간접적 개입❷

기본적으로는 시장기구의 틀을 유지하면서 그 기능을 통해 소기의 효과를 거두려는 방법

예 부동산조세, 금융지원 및 보조금지급, 개발부담금, 정보체계의 구축

2 지역지구제 ☆☆☆ 제22회, 제23회, 제26회, 제27회, 제28회, 제29회, 제30회

(1) 의의

도시의 토지용도를 구분함으로써 이용목적에 부합하지 않은 토지이용이나 건축 등의 행위를 토지의 효율적·합리적 이용을 도모하는 방향으로 규제하는 제도

(2) 목적 및 필요성

① 토지의 기능과 적성에 적합한 용도를 부여함으로써 국토이용질서의 확립과 토지의 효율적·합리적 이용을 도모하며, 토지이용에 수반되는 부(-)의 외부효과를 제거하거나 완화❸시키는 것이 목적이다.

기출지문 끝장

❶ 토지이용규제를 통해 토지이용에 수반되는 부(-)의 외부효과를 제거 또는 감소시킬 수 있다. 제26회

❷ 토지정책수단 중 도시개발사업, 토지수용은 **직접개입방식**이고, 금융지원, 보조금지급은 **간접개입방식**이다. 제28회

❸ 용도지역·지구는 토지이용에 수반되는 부(-)의 외부효과를 제거하거나 완화시킬 목적으로 지정하게 된다. 제23회, 제27회

② 토지자원의 개발과 보전의 적절한 조화를 목적으로 하며, 토지자원의 활용 측면에서 세대 간 형평성을 유지하기 위함이다.

(3) 지역지구제의 효과

① **단기적 효과**: 지역지구제 실시 ⇨ 부(−)의 외부효과 제거로 인해 어울리는 토지이용 ⇨ 주택수요 증가 ⇨ 주택가치 상승 ⇨ 기존 투자자의 초과이윤 발생

② **장기적 효과**: 신규기업의 시장진입 ⇨ 주택공급 증가 ⇨ 주택가치 하락 ⇨ 초과이윤 소멸

③ 산업의 종류

㉠ **비용불변산업**: 주택가치는 원래 수준까지 하락하여 균형이 된다.

㉡ **비용증가산업**: 주택가치는 원래보다 높은 수준에서 균형이 된다.

㉢ **비용감소산업**: 주택가치는 원래보다 낮은 수준에서 균형이 된다.

(4) 지역지구제와 독점의 문제

① 어떤 특정지역에만 용도의 지정 또는 변경 등의 독점적 지위를 부여한다면 진입장벽으로 인해 더 이상 공급이 늘지 않으므로 장기적으로도 부동산가치는 하락하지 않으며, 초과이윤은 모두 독점적 지위를 누리는 투자자에게 돌아간다.

② 초과이윤의 문제는 위치적 이점이 부동산가치에 이미 반영된 사후적 독점에서는 발생하지 않고, 반영되지 않은 사전적 독점에서만 발생한다.

(5) 지역지구제의 문제점

① 토지이용의 경직성

② 다른 지역과 형평성 문제를 야기

3 토지은행제도(공공토지비축제도) ☆☆ 제23회, 제24회, 제26회, 제28회, 제29회, 제30회

(1) 의의

토지은행제도❶는 공공이 토지를 매입한 후 보유하고 있다가 적절한 때에 이를 매각하거나 공공용으로 사용❷하는 제도로 정부는 한국토지주택공사를 통하여 토지비축업무를 수행❸한다. ⇨ 정부의 부동산시장에 대한 직접개입수단❹

(2) 목적

공익사업용지의 원활한 공급과 토지시장의 안정❺에 기여하는 것을 목적으로 한다.

(3) 장점

① 개인 등에 의한 무질서하고 무계획적인 토지개발을 막을 수 있어서 효과적인 도시계획 목표의 달성에 기여할 수 있다.

② 공공재나 공공시설을 위한 토지를 값싸게 제때에 공급할 수 있다.

③ 개발이익을 사회에 환원할 수 있다.

(4) 단점

① 막대한 토지매입비가 필요하다.

② 적절한 투기방지대책 없이 대량으로 토지를 매입할 경우 지가 상승을 유발할 수 있다.

③ 토지매입 시와 매출 시 사이의 과도기 동안 공공자유보유상태의 토지를 정부가 관리해야 하는 문제가 있다.

④ 토지은행의 취지에 따라 투기를 억제하고 개발이익을 사회에 환원하기 위해서는 토지매입 시 매입대상토지의 가격을 기회비용의 수준으로 묶어 둘 사전조치를 취해야 하는데 그것이 어렵다.

기출지문 끝장

❶ **토지은행제도**는 정부 등이 사전에 토지를 비축하여 토지시장의 안정과 공공사업 등을 원활하게 추진하기 위한 공적 개입수단이다. 제21회

❷ 토지비축제도는 정부 등이 토지를 매입한 후 보유하고 있다가 적절한 때에 이를 **매각하거나 공공용으로 사용**하기 위한 것이다. 제23회, 제24회

❸ 정부는 **한국토지주택공사**를 통하여 **토지비축업무를 수행**할 수 있다. 제30회

❹ 공공토지비축은 우리나라 정부의 부동산시장에 대한 **직접개입수단**에 해당한다. 제24회, 제28회, 제29회

❺ 공공토지비축제도는 **공익사업용지의 원활한 공급과 토지시장의 안정**에 기여하는 것을 목적으로 한다. 제26회, 제28회

기출문제 끝장

기출 분석

- 기출회차: 제28회
- 난이도: ★★
- 키워드: 토지비축제도(토지은행 제도)

함정을 피하는 끝장 TIP

- 토지비축제도(토지은행제도)를 이해하고 있는지를 묻는 문제이다.
- 우리나라의 경우 2009년 「공공토지의 비축에 관한 법률」이 시행되면서 한국토지주택공사(LH)에 설치한 토지은행 계정이 만들어지며 토지은행제도가 도입됐다.
- 우리나라의 토지비축제도(토지은행제도)에 대해 정리해 두어야 한다.

토지비축제도에 관한 설명으로 틀린 것은?

① 토지비축제도는 정부가 직접적으로 부동산시장에 개입하는 정책수단이다.

② 토지비축제도의 필요성은 토지의 공적 기능이 확대됨에 따라 커질 수 있다.

③ 토지비축사업은 토지를 사전에 비축하여 장래 공익사업의 원활한 시행과 토지시장의 안정에 기여할 수 있다.

④ 토지비축제도는 사적 토지소유의 편중현상으로 인해 발생 가능한 토지보상비 등의 고비용 문제를 완화시킬 수 있다.

⑤ 공공토지의 비축에 관한 법령상 비축토지는 ~~각 지방자치단체에서 직접 관리~~하기 때문에 관리의 효율성을 기대할 수 있다.

⋯→ 「공공토지의 비축에 관한 법률」에서 비축토지는 한국토지주택공사가 토지은행사업으로 취득하여 관리한다.

기출테마

13 임대주택정책

1 임대료 규제정책 ☆☆☆ 제22회, 제23회, 제24회, 제25회, 제26회, 제28회, 제29회

(1) 의의

임대료 규제❶는 주택임대인이 일정수준 이상의 임대료를 임차인에게 부담시킬 수 없도록 하는 제도이다.

(2) 정책적 효과

① 임대주택에 대한 초과수요 발생 ⇨ 공급부족

② 임차인

㉠ 임차인들이 임대주택 구하기가 어려워짐

㉡ 임차인들의 주거이동이 저하❷됨 ⇨ 사회적 비용 증가

③ 임대인

㉠ 기존의 임대주택이 다른 용도로 전환되면서 공급량 감소❸

㉡ 임대주택에 대한 투자를 기피하는 현상 발생

㉢ 임대주택 서비스의 질이 저하❹됨

④ **정부**: 정부의 임대소득세 수입이 감소

⑤ **시장**: 암시장 형성, 임대료에 대한 이중가격을 형성❺시킬 우려

기출지문 끝장

❶ **임대료 규제**란 주택 임대인이 일정수준 이상의 임대료를 임차인에게 부담시킬 수 없도록 하는 제도이다. 제28회

❷ 주택임대차 계약 갱신 시 임대료 상승률에 대한 규제는 기존 **임차인들의 주거이동을 저하**시킬 수 있다. 제22회

❸ 정부가 임대료 상승을 균형가격 이하로 규제하면 장기적으로 기존 임대주택이 다른 용도로 전환되면서 임대주택의 **공급량이 감소**하게 된다. 제23회

❹ 규제임대료가 시장균형임대료보다 낮을 경우 임대부동산의 **질적인 저하**를 초래할 수 있다. 제21회, 제22회

❺ 임대료 규제는 임대료에 대한 **이중가격을 형성**시킬 우려가 있다. 제21회

핵심 끝장 규제임대료

1. 시장(균형)임대료보다 낮은 임대료로 설정 ⇨ 효과 있음
   ① 초과수요 발생
   ② ┌ 단기(비탄력적): 초과수요 작다 ⇨ 정책효과 크다
   　 └ 장기(탄력적): 초과수요 크다 ⇨ 정책효과 작다
2. 시장(균형)임대료보다 높은 임대료로 설정 ⇨ 아무런 변화 없음
   ① 초과공급 ×
   ② 현재의 균형가격을 그대로 유지함
   ③ 아무런 정책효과 없음

2 임대료 보조정책 ☆☆ 제22회, 제23회, 제26회, 제28회, 제29회

(1) 의의

저소득층의 주택문제를 해결하기 위해 일정수준 이하의 저소득층에게 정부가 직접 무상으로 임대료의 일부를 보조해 주는 것을 말한다.

⇨ 임차인의 임대료 부담❶을 줄여주고 실질소득 향상❷에 기여할 수 있음

(2) 수요 측 보조금

구 분	가격(임대료)보조 ⇨ 집세보조	소득보조 ⇨ 현금보조
의의	주택의 상대가격을 낮춤으로써 저소득임차가구의 주택소비를 증가시킴 ⇨ 주택바우처 제도	실질소득이 현금보조액만큼 증가한 것과 같으므로 주택임차가구의 주택부담능력이 높아짐
정책적 효과	소비↑, 효용↑, 임대료↑, 공급량↑(장기) ⇨ 소비증대효과가 큼	소비↑, 효용↑, 임대료↑, 공급량↑(장기) ⇨ 효용증대효과가 큼

(3) 장·단기효과

① **단기적 효과**: 임차인에게 임대료를 보조 ⇨ 임차인 입장에서는 임대부동산의 공급가격이 그만큼 하락한 효과와 임차인의 실질소득이 상승하는 효과가 발생 ⇨ 임대주택에 대한 수요가 증가 ⇨ 시장임대료는 상승. 그러나 단기에 임대주택의 공급곡선이 수직이라면 임대주택의 공급은 불변 ⇨ 임대주택의 공급곡선이 수직인 단기에는 시장임대료만 상승하고 임대주택의 거래량은 불변이며, 보조금의 혜택은 임대주택공급자에게 돌아간다.

② **장기적 효과**: 임대료가 상승 ⇨ 장기적으로 임대주택의 공급이 증가❸ ⇨ 시장임대료는 낮아져 임차인의 부담은 낮아지고, 그 결과 임대주택의 소비량이 증가하여 임대주택의 거래량도 증가한다.

🔍 시장임대료는 원래 수준에서 균형을 이루지만(비용일정산업) 임대료 보조로 인해 임차인이 실제 부담하는 지불임대료는 원래보다 낮아지게 된다.

3 공공임대주택정책 ☆☆☆ 제23회, 제25회, 제26회, 제27회, 제29회, 제31회

(1) 의의

정부에서 사적 시장의 주택과 품질이 유사한 공공임대주택❹을 사적시장보다 공공시장에서 값싸게 공급하는 것 ⇨ 정부의 직접적인 개입에 해당하는 정책

(2) 정책적 효과

구분	사적 임대주택시장	공공임대주택시장
단기	수요감소 ⇨ 임대료 하락 ⇨ 임차인 혜택	낮은 임대료로 공급 ⇨ 수요 증가 ⇨ 임차인 혜택
	단기적으로 사적 시장과 공공시장의 임대료 차액만큼 주거비를 보조받는 효과 발생 ⇨ 사적 시장과 공공시장 임차인 모두 혜택	
장기	공급감소 ⇨ 임대료 상승 ⇨ 임차인 혜택 소멸	낮은 임대료로 공급 ⇨ 임차인 혜택
	• 장기적으로 사회 전체의 임대주택 공급량 ⇨ 불변 • 공공시장으로 이동해온 임차인만 임대료 차액만큼 주거비 보조효과❺ 발생 ⇨ 공공시장 임차인만 혜택	

PART 3

기출지문 끝장

❶ 임대료 보조정책은 **임차인의 임대료 부담**을 줄여줄 수 있다. 제21회

❷ 임대료 보조정책은 저소득층의 **실질소득 향상**에 기여할 수 있다. 제28회

❸ 주택임대료 보조정책을 시행할 경우 장기적으로 임대주택의 **공급은 증가**할 수 있다. 제22회, 제28회

❹ **공공임대주택**의 공급은 주택시장에 정부가 개입하는 사례라 할 수 있다. 제23회

❺ 공공임대주택의 임대료가 시장임대료보다 낮은 경우 임대료 차액만큼 **주거비 보조효과**를 볼 수 있다. 제25회

기출문제 끝장

기출 분석

- 기출회차: 제28회
- 난이도: ★★
- 키워드: 임대주택정책

함정을 피하는 끝장 TIP

- 임대주택정책 중 임대료 규제와 임대료 보조에 대해 이해하고 있는지를 묻는 문제이다.
- 임대료 규제정책은 균형임대료 이하로 임대료를 규제할 때만 효과가 있으며, 공급 증가나 초과공급이라는 결과는 나올 수 없다.
- 임대료 보조는 수요 측 보조를 중심으로 정리해 두어야 한다.
- 공공임대주택정책에서는 시장이 사적 시장과 공공시장으로 분리되며, 공공시장의 임대료 결정은 수요공급의 시장논리가 아닌 정부의 정책논리에 의해 결정된다는 것을 생각해야 한다.

임대주택정책에 관한 설명으로 틀린 것은? (단, 다른 조건은 동일함)

① 임대료 보조정책은 저소득층의 실질소득 향상에 기여할 수 있다.

② 임대료 상한을 균형가격 이하로 규제하면 임대주택의 공급과잉현상을 초래한다.

⋯▸ 임대료 상한제는 최고가격제의 일환이다. 따라서 임대료 상한을 균형가격 이하로 규제하면 임대주택에 대한 초과수요가 발생한다.

③ 임대료 보조정책은 장기적으로 임대주택의 공급을 증가시킬 수 있다.

④ 정부의 규제임대료가 균형임대료보다 낮아야 저소득층의 주거비 부담 완화효과를 기대할 수 있다.

⑤ 임대료 규제란 주택임대인이 일정수준 이상의 임대료를 임차인에게 부담시킬 수 없도록 하는 제도다.

기출테마

14 부동산조세정책

1 부동산조세의 전가와 귀착 ☆☆☆ 제22회, 제23회, 제24회, 제25회, 제26회, 제28회, 제29회, 제30회, 제31회, 제32회

(1) 의의

① 조세의 전가[❶]: 조세가 부과되었을 때 각 경제주체들이 자신의 활동을 조정함으로써 조세의 실질적인 부담의 일부 또는 전부를 타인에게 이전시키는 현상이다.

② 조세의 귀착[❷]: 재산세는 정부에 의해서 부동산 소유자에게 부과되는데, 실제로 조세를 누가 부담하느냐 하는 문제를 조세의 귀착이라 한다.

③ 조세의 중립성[❸]: 조세가 시장의 자원배분에 영향을 미치지 않아야 한다는 원칙을 의미한다.

(2) 재산세 부과효과

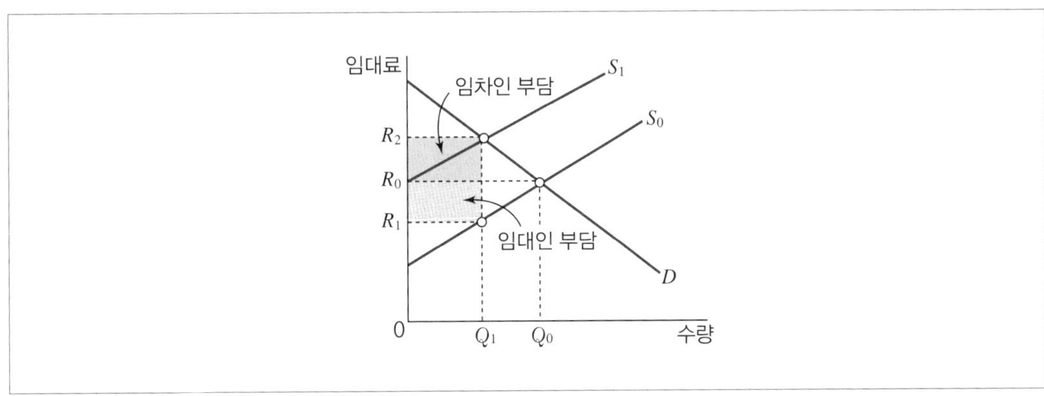

① 임대주택시장 ⇨ 임대인에게 재산세 부과

임대주택에 재산세를 부과하면, 임대주택의 공급이 감소하여 임대료는 상승[❹]하고, 거래량은 감소할 것이다.

② 공급곡선 좌상향이동 = 조세부과액

③ 주택임대료 상승(= 조세전가액) ≤ 조세부과액

Q 임대주택에 재산세가 중과되면, 증가된 세금은 장기적으로 임차인에게 전가[❺]됨

기출지문 끝장

❶ 조세의 전가란 납세의무자에게 부담된 조세가 납세의무자의 부담이 되지 않고 다른 사람에게 이전되는 것을 말한다. 제22회

❷ 조세의 사실상 부담이 최종적으로 어떤 사람에게 귀속되는 것을 **조세의 귀착**이라 한다. 제32회

❸ 조세의 중립성은 조세가 시장의 자원배분에 영향을 미치지 않아야 한다는 원칙을 의미한다. 제32회

❹ 임대주택에 재산세를 부과하면, 임대주택의 **공급이 감소하고 임대료는 상승**할 것이다. 제28회

❺ 임대주택에 재산세가 중과되면, 증가된 세금은 장기적으로 **임차인에게 전가**될 수 있다. 제25회

2 탄력성과 조세귀착 ☆ 제23회, 제26회, 제28회

(1) 탄력성과 조세귀착

① 수요가 탄력적일수록 소비자부담은 작아지고, 수요가 비탄력적일수록 소비자부담은 커진다.

② 공급이 탄력적일수록 생산자부담은 작아지고, 공급이 비탄력적일수록 생산자부담은 커진다.

Q 상대적으로 가격탄력성이 낮은 쪽이 세금을 더 많이 부담하게 됨❶

③ 수요가 완전비탄력적이거나, 공급이 완전탄력적일 때 ⇨ 소비자가 모두 부담

④ 수요가 완전탄력적이거나, 공급이 완전비탄력적일 때 ⇨ 생산자가 모두 부담

Q 공공임대주택의 공급확대❷정책은 임대주택의 재산세가 임차인에게 전가되는 현상을 완화시킬 수 있음

└ 공공임대주택의 공급은 사적 시장의 수요탄력성을 크게 함

(2) 사회적 후생손실(경제적 순손실)

① 조세부과로 인해 가격은 상승하여 수요자는 조세부과 전보다 더 높은 가격을 지불하고 공급자는 더 낮은 가격을 받게 되므로 소비자잉여와 생산자잉여가 감소하여 사회적 후생손실(경제적 순손실)이 발생한다.

② 수요와 공급이 탄력적일수록 조세부과 시 거래량은 크게 감소하므로 사회적 후생손실(경제적 순손실)은 증가하며, 수요와 공급이 비탄력적일수록 조세부과 시 거래량은 작게 감소하므로 사회적 후생손실(경제적 순손실)은 감소한다.

③ 수요와 공급이 탄력적일수록 조세부과에 따른 사회적 후생손실(경제적 순손실)이 증가하는 이유는 수요와 공급이 탄력적일수록 조세에 의해 민간부문의 의사결정 왜곡이 커지기 때문이다.

④ 수요곡선은 불변이라고 가정할 때, 세금부과에 의한 사회적 후생손실(경제적 순손실)❸은 공급이 비탄력적일수록 작아지고, 공급이 탄력적일수록 커진다.

기출지문 끝장

❶ 조세부과는 수요자와 공급자 모두에게 세금을 부담하게 하나, 상대적으로 **가격탄력성이 낮은 쪽이 세금을 더 많이 부담하게 된다.** 제23회

❷ **공공임대주택의 공급확대**는 임대주택의 재산세가 임차인에게 전가되는 현상을 완화시킬 수 있다. 제25회

❸ 수요곡선이 변하지 않을 때, 세금부과에 의한 **경제적 순손실(사회적 후생손실)**은 공급이 비탄력적일수록 작아진다. 제28회

기출문제 끝장

기출 분석

- 기출회차: 제32회
- 난이도: ★★
- 키워드: 부동산조세

함정을 피하는 끝장 TIP

- 부동산조세 부과의 경제적 효과를 이해하고 있는지를 묻는 문제이다.
- 정부가 부동산조세를 부과할 경우 나타나는 부작용으로 조세의 전가, 자원배분의 왜곡, 공급의 동결효과, 경제적 순손실(사회적 후생손실) 등을 정리해 두어야 한다.

PART 3

부동산조세에 관한 설명으로 틀린 것은?

① 조세의 중립성은 조세가 시장의 자원배분에 영향을 미치지 않아야 한다는 원칙을 의미한다.
② 양도소득세를 중과하면 부동산의 보유기간이 늘어나는 현상이 발생할 수 있다.
③ 조세의 사실상 부담이 최종적으로 어떤 사람에게 귀속되는 것을 조세의 귀착이라 한다.
④ 양도소득세는 양도로 인해 발생하는 소득에 대해 부과되는 것으로 타인에게 전가될 수 있다.
⑤ 재산세와 종합부동산세는 보유세로서 지방세이다.

⋯› 재산세와 종합부동산세는 보유세로서 재산세는 지방세이나 종합부동산세는 국세에 해당한다.

기 출 테 마

15 지렛대효과

▶ 테마특강

1 지렛대효과의 개념과 구분 ☆ 제25회, 제27회, 제29회

(1) 개념

레버리지효과(지렛대효과)❶란 부채의 사용이 지분수익률(자기자본수익률)에 미치는 영향을 말하는데, 투자자는 부채를 사용함으로써 지분수익률을 증대시킬 수 있다. 즉, 타인자본을 이용할 경우 부채비율의 증감이 자기자본수익률에 미치는 효과를 말한다.

🔍 부동산투자자는 저당권과 전세제도❷ 등을 통해 레버리지를 활용할 수 있다.

(2) 구분

① 정(+)의 지렛대효과: 자기자본수익률 > 총자본(종합)수익률 > 저당수익률(차입이자율)❸

② 부(−)의 지렛대효과: 자기자본수익률 < 총자본(종합)수익률 < 저당수익률(차입이자율)

③ 영(0)의 지렛대효과: 자기자본수익률 = 총자본(종합)수익률 = 저당수익률(차입이자율)

즉, 정(+)의 레버리지효과(지렛대효과)란 부채비율이 커질수록 자기자본수익률이 증가하는 것을 말하며, 부(−)의 레버리지효과란 부채비율이 커질수록 자기자본수익률이 하락❹하는 것을 말한다. 또한 영(0)의 지렛대효과, 즉 중립적 레버리지효과란 부채비율이 변화해도 자기자본수익률은 변하지 않는 것을 말한다.❺

(3) 지렛대효과와 금융적 위험

정(+)의 레버리지는 차입금의 사용이 지분투자자의 지분수익을 증대시키는 방향으로, 부(−)의 레버리지는 지분투자자의 지분수익을 감소시키는 방향으로 작용한다. 따라서 타인자본을 사용하는 데 드는 금리비용보다 높은 수익률이 기대되는 경우에는 타인자본을 적극적으로 활용하는 것이 유리하지만, 경기가 어려울 때 타인자본을 과도하게 도입하면 금리부담으로 인한 도산 위험이 높아진다. 이를 금융적 위험❻이라고 한다.

기출지문 끝장

❶ 레버리지효과란 타인자본을 이용할 경우 부채비율의 증감이 자기자본수익률에 미치는 효과를 말한다. 제20회

❷ 부동산투자자는 **저당권과 전세제도** 등을 통해 레버리지를 활용할 수 있다. 제27회

❸ 정(+)의 레버리지효과는 **총자본수익률(종합수익률)이 저당수익률보다 높을 때 발생**한다. 제20회

❹ 부(−)의 레버리지효과란 **부채비율이 커질수록 자기자본수익률이 하락**하는 것을 말한다. 제20회

❺ 총자본수익률과 저당수익률이 동일한 경우 **부채비율의 변화는 자기자본수익률에 영향을 미치지 못한다.** 제27회

❻ 타인자본의 이용으로 레버리지를 활용하면 자기자본수익률이 증가하지만, **금융적 위험도 증가**한다. 제27회

예상문제 끝장

난이도 ★★

부동산투자에서 지렛대효과(leverage effect)에 관한 설명으로 틀린 것은?

① 지렛대효과(leverage effect)란 부채의 사용이 지분수익률(자기자본수익률)에 미치는 영향을 말하는데, 투자자는 부채를 사용함으로써 지분수익률을 증대시킬 수 있다.

② 정(+)의 레버리지효과는 부채비율이 커질수록 자기자본수익률이 증가하는 것을 말한다.

③ 부(−)의 레버리지효과란 부채비율이 커질수록 자기자본수익률이 하락하는 것을 말한다.

④ 영(0)의 지렛대효과는 중립적 레버리지효과라고도 하는데, 부채비율이 변화해도 자기자본수익률은 변하지 않는 경우를 말한다.

⑤ 차입금을 이용하여 부동산에 투자를 했을 때, 부채비율이 클수록 자기자본수익률은 증가하고, 부담해야 할 위험이 감소하여 파산의 위험도 아울러 감소하게 된다.

해설

자기자본에 대한 부채의 비율이 클수록 자기자본수익률은 증가할 수 있지만, 부담해야 할 위험도 커져 파산할 위험도 아울러 증가할 수 있게 되는데, 이를 금융적 위험(financial risk)이라고 한다.

정답 ⑤

2 자기자본수익률의 계산 ☆ 제25회, 제27회, 제29회

기출문제 끝장

자기자본수익률을 계산할 수 있는지를 묻는 문제이다.

1. 자기자본수익률(지분수익률) $= \dfrac{\text{지분수익}}{\text{지분투자액(자기자본)}} \times 100(\%)$

$= \dfrac{\text{총자본수익} - \text{이자지급액}}{\text{지분투자액}} \times 100(\%)$

2. 총자본수익률 $= \dfrac{\text{총자본수익}}{\text{총투자액}} \times 100(\%)$

$= \dfrac{\text{소득이득} + \text{자본이득}}{\text{총투자액}} \times 100(\%)$

Q1 난이도 ★★

부동산투자에 따른 1년간 자기자본수익률은? (단, 주어진 조건에 한함) 제25회

- 투자 부동산가격: 3억원
- 금융기관 대출: 2억원, 자기자본: 1억원
- 대출조건
  - 대출기간: 1년
  - 대출이자율: 연 6%
  - 대출기간 만료 시 이자지급과 원금은 일시상환
- 1년간 순영업이익(NOI): 2천만원
- 1년간 부동산가격 상승률: 0%

① 8% ② 9%
③ 10% ④ 11%
⑤ 12%

해 설

자기자본수익률 $= \dfrac{\text{순수익} - \text{이자지급액}}{\text{자기자본}} \times 100(\%)$

1년간 순영업소득은 2,000만원이고, 자기자본이 1억원, 타인자본이 2억원이며, 대출금리가 6%이므로 이자지급액은 1,200만원이다. 또한 1년간 부동산가격 상승률이 0%이므로 자본이득은 존재하지 않는다.

∴ 자기자본수익률 $= \dfrac{\text{2,000만원} - (\text{2억원} \times 0.06)}{\text{1억원}} \times 100(\%) = 8\%$

Q2 난이도 ★★

다음과 같은 상황에서 임대주택 투자자의 1년간 자기자본수익률은? 제18회

- 임대주택 총투자액: 100백만원
  - 차입금: 60백만원
  - 자기자본: 40백만원
- 차입조건: 이자율 연 8%, 대출기간 동안 매 1년 말에 이자만 지급하고 만기에 원금을 일시상환
- 1년간 순영업소득: 8백만원
- 1년간 임대주택의 가격상승률: 2%

① 7% ② 10% ③ 13% ④ 16% ⑤ 20%

해설

순영업소득이 800만원, 임대주택의 가격상승률이 2%, 즉 200만원이므로 전체 순수익은 1,000만원이다.

$$\therefore \text{ 자기자본수익률} = \frac{\text{1,000만원} - (\text{6,000만원} \times 0.08)}{\text{4,000만원}} \times 100(\%) = 13\%$$

정답 Q1 ① Q2 ③

예상문제 끝장

난이도 ★★

다음의 주어진 상황에서 임대용 부동산에 대한 투자자의 1년간 자기자본수익률은?

- 임대용 부동산에 대한 총투자액: 1억원
  - 차입금: 6,000만원
  - 자기자본: 4,000만원
- 차입조건: 이자율 연 10%, 대출기간 동안 매 1년 말에 이자만 지급하고 만기에 원금을 일시상환
- 1년간 순영업소득: 2,000만원
- 1년간 임대용 부동산의 가격상승률: 2%

① 20% ② 25% ③ 30% ④ 35% ⑤ 40%

해설

순영업소득 2,000만원은 소득이득에 해당한다. 임대용 부동산의 가격상승률이 2%, 즉 200만원은 자본이득에 해당하므로 총자본수익은 2,200만원(= 2,000만원 + 200만원)이다.

$$\therefore \text{ 자기자본수익률} = \frac{\text{총자본수익} - \text{이자지급액}}{\text{지분투자액}} \times 100(\%)$$

$$= \frac{\text{2,200만원} - (\text{6,000만원} \times 0.1)}{\text{4,000만원}} \times 100(\%) = 40\%$$

정답 ⑤

기출테마

16 부동산투자의 위험과 수익

1 위험의 개념, 위험과 수익의 측정 ☆ 제22회, 제30회

(1) 위험의 개념

① 부동산투자에서 예상한 결과와 실현된 결과가 달라질 가능성

② 투자로부터 얻게 될 미래 실현수익률이 기대수익률과 서로 달라질 가능성

③ 기대수익률과 실현수익률이 같아서 위험이 전혀 없는 경우의 수익률 ⇨ 무위험(수익)률

(2) 수익의 측정

① 기댓값: 각 상황이 발생할 경우 실현될 수 있는 값들을 평균한 것

기댓값 = ∑(각 상황이 발생할 경우 실현되는 값 × 발생확률)

② 기대수익률: 각 상황이 발생할 경우 실현될 수 있는 수익률들을 평균한 것

기대수익률 = ∑(각 경제상황별 추정수익률 × 발생확률)

(3) 위험의 측정

① 의의: 투자의 위험은 투자로부터 예상되는 수익률의 분산도로 측정함

② 분산과 표준편차(분산의 제곱근): 투자자산의 위험 정도를 나타내는 척도

분산 = ∑[(각 경제상황별 추정수익률 − 기대수익률)^2 × 발생확률]

Q 표준편차 값이 클수록 변동성이 심하므로 위험이 크고, 표준편차 값이 작을수록 위험이 작음

2 부동산투자의 위험 ☆ 제23회, 제27회, 제29회

(1) 사업상의 위험❶ ⇨ 부동산업 자체에서 연유하는 수익성에 관한 위험

① 시장위험: 부동산의 수요와 공급의 변동 등과 같은 시장상황의 변동으로 야기되는 위험

② 운영위험❷: 사무실의 관리, 근로자의 파업, 영업경비의 변동 등 부동산의 운영과 관련하여 야기되는 위험

③ 위치적 위험❸: 부동산 위치의 고정성으로 인해 사업상 안게 되는 위험

(2) 금융적 위험❹

부채를 사용하여 투자하면 지렛대효과를 향유하나 파산의 위험도 커진다는 것 ⇨ 투자금액을 모두 자기자본으로 조달할 경우 금융적 위험을 제거할 수 있음

(3) 법적 위험

부동산에 가지는 재산권의 법적 환경변화에 따른 위험

(인플레이션: 물가가 지속적으로 올라 화폐가치가 떨어지는 현상)

(4) 인플레이션 위험❺

투자기간 동안의 전반적인 물가상승으로 인해 발생하는 구매력의 하락위험

(유동성: 어떤 자산이 얼마나 쉽게 현금으로 모습을 바꿀 수 있는지를 나타내는 척도)

(5) 유동성 위험❻

투자부동산을 현금으로 전환하는 과정에서 발생하는 시장가치의 손실가능성❼을 의미

기출지문 끝장

❶ 부동산투자에서 경기침체로 인해 부동산의 수익성이 악화되면서 야기되는 위험은 **사업위험**에 해당한다. 제27회

❷ 운영위험(operating risk)이란 사무실의 관리, 근로자의 파업, 영업경비의 변동 등으로 인해 야기될 수 있는 수익성의 불확실성을 폭넓게 지칭하는 개념이다. 제23회

❸ **위치적 위험**(locational risk)이란 환경이 변하면 대상부동산의 상대적 위치가 변화하는 위험이다. 제23회

❹ 투자재원의 일부인 부채가 증가함에 따라 원금과 이자에 대한 채무불이행의 가능성이 높아지며, 금리 상승기에 추가적인 비용부담이 발생하는 경우는 **금융위험**에 해당한다. 제29회

❺ 부동산투자에서 차입자에게 고정금리대출을 실행하면 대출자의 **인플레이션 위험**은 높아진다. 제27회

❻ 부동산투자의 수익과 위험에서 투자자가 대상부동산을 원하는 시기에 현금화하지 못할 가능성은 **유동성 위험**에 해당한다. 제29회

❼ 유동성 위험(liquidity risk)이란 대상부동산을 현금화하는 과정에서 발생하는 **시장가치의 손실가능성**을 말한다. 제23회

3 부동산투자의 수익률 ☆ 제29회

(1) 의의

투하된 자본에 대한 수익의 비율

$$수익률 = \frac{순수익}{투하자본} \times 100(\%)$$

(2) 수익률의 종류

① 요구수익률(required rate of return): 투자에 대한 위험이 주어졌을 때 투자자가 대상부동산에 투자를 결정하기 위해 보장되어야 할 최소한의 수익률(= 필수수익률 · 외부수익률 · 투자의 기회비용) ⇨ 사전수익률

② 기대수익률(expected rate of return): 투자대상으로부터 투자로 인해 기대되는 예상수익률(= 내부수익률) ⇨ 사전수익률

③ 실현수익률(realized rate of return): 투자가 이루어지고 난 후에 실제로 실현된 수익률(= 실제수익률 · 사후수익률 · 역사적 수익률) ⇨ 사후수익률

(3) 기대수익률과 요구수익률의 관계

① 기대수익률 > 요구수익률: 투자 증가 ⇨ 대상부동산 가치 상승 ⇨ 기대수익률 하락

② 기대수익률 = 요구수익률: 균형투자량

③ 기대수익률 < 요구수익률: 투자 감소 ⇨ 대상부동산 가치 하락 ⇨ 기대수익률 상승[1]

4 부동산투자의 위험과 수익의 관계 ☆☆ 제25회, 제26회, 제28회, 제29회

(1) 투자자의 위험에 대한 태도

기대수익률이 동일할 경우, 투자자들은 덜 위험한 투자대안을 선택 ⇨ 위험회피적

Q 위험회피적인 투자자라도 피할 수 없는 위험이나 감수할 만한 유인책이 있는 위험은 감수할 수 있음

(2) 위험회피형 투자자

① 보수적 투자자: 동일한 위험증가에 대해 더 높은 수익률을 요구 (공격적인 투자자보다 위험의 회피도가 높기 때문)

② 공격적 투자자: 동일한 위험증가에 대해 더 낮은 수익률을 요구 (보수적인 투자자보다 위험의 회피도가 낮기 때문)

(3) 위험-수익 상쇄관계

무위험자산에 대한 수익률

요구수익률 = 무위험률❷ ⇦ 위험이 전혀 없는 경우

= 무위험률 + 위험할증률❸ ⇨ 위험조정률❹

= 무위험률 + 위험할증률 + 예상 인플레이션율 ⇨ 피셔(Fisher)효과

부담하는 위험(체계적 위험)이 크면 클수록 요구하는 수익률도 커짐

핵심 끝장 **무험위률과 위험할증률**

1. **무위험률**: 현재의 소비를 희생한 대가 ⇨ 시간에 대한 비용
2. **위험할증률(= 위험보상률, 위험대가율)**: 불확실성에 대한 대가 ⇨ 위험에 대한 비용

(4) 위험과 가치의 균형

$$부동산의\ 투자가치 = \frac{투자에\ 대한\ 예상순수익}{요구수익률}$$

부동산의 투자가치란 부동산에 투자함으로써 예상되는 미래의 편익의 현재가치로서 이때의 할인율로 요구수익률이 사용된다. 따라서 위험이 커지면 부동산의 투자가치는 하락하므로 위험과 부동산의 투자가치는 반비례 관계에 있게 된다.

기출지문 끝장

❶ 어떤 부동산에 대한 투자자의 **요구수익률이 기대수익률보다 큰 경우 대상부동산에 대한 기대수익률도 점차 상승**하게 된다. 제21회

❷ 부동산투자의 수익과 위험에서 **무위험률의 상승**은 투자자의 요구수익률을 상승시키는 요인이다. 제26회, 제29회

❸ 요구수익률을 결정하는 데 있어 감수해야 하는 위험의 정도에 따라 **위험할증률**을 더한다. 제21회

❹ **위험조정할인율**은 장래 기대되는 수익을 현재가치로 환원할 때 위험에 따라 조정된 할인율이다. 제25회

기출문제 끝장

기출 분석

- 기출회차: 제32회
- 난이도: ★★
- 키워드: 부동산 투자수익률

함정을 피하는 끝장 TIP

- 부동산 투자수익률을 이해하고 있는지를 묻는 문제이다.
- 부동산 투자수익률의 종류를 구분할 수 있어야 하며, 개념을 정리해 두어야 한다.

부동산 투자수익률에 관한 설명으로 옳은 것은? (단, 위험회피형 투자자를 가정함)

✔① 기대수익률이 요구수익률보다 높을 경우 투자자는 투자가치가 있는 것으로 판단한다.

② 기대수익률은 투자에 대한 위험이 주어졌을 때, 투자자가 투자부동산에 대하여 자금을 투자하기 위해 충족되어야 할 최소한의 수익률을 말한다.

··· 요구수익률은 투자에 대한 위험이 주어졌을 때, 투자자가 투자부동산에 대하여 자금을 투자하기 위해 충족되어야 할 최소한의 수익률을 말한다.

③ 요구수익률은 투자가 이루어진 후 현실적으로 달성된 수익률을 말한다.

··· 실현수익률은 투자가 이루어진 후 현실적으로 달성된 수익률을 말한다.

④ 요구수익률은 투자에 수반되는 위험이 클수록 작아진다.

··· 요구수익률은 투자에 수반되는 위험이 클수록 커진다.

⑤ 실현수익률은 다른 투자의 기회를 포기한다는 점에서 기회비용이라고도 한다.

··· 요구수익률은 다른 투자의 기회를 포기한다는 점에서 기회비용이라고도 한다.

기출테마

17 포트폴리오 이론

1 포트폴리오의 위험과 수익 ☆☆☆ 제24회, 제25회, 제26회, 제27회, 제29회, 제30회, 제32회

(1) 포트폴리오 이론의 의의

투자 시 여러 종목에 분산투자함으로써 위험을 분산시켜 안정된 수익을 얻으려는 자산투자 이론❶

개인투자자나 개별기업이 한 종류의 자산에 투자함으로써 발생할 수 있는 위험(비체계적 위험)을 제거하기 위하여 여러 종류의 자산에 분산투자하여 안정된 편익을 획득하도록 하는 자산관리의 방법 및 원리

(2) 포트폴리오의 수익

포트폴리오의 기대수익률로 나타내며, 포트폴리오의 기대수익률은 포트폴리오를 구성하는 개별자산들의 기대수익률을 구성비율로 가중평균한 값

포트폴리오의 기대수익률 = ∑(각 개별자산의 기대수익률 × 각 개별자산의 구성비율)

(3) 포트폴리오의 위험

① 체계적 위험❷: 전쟁의 발생이나 예상 밖의 높은 인플레이션의 발표 등과 같이 전체 시장에 영향을 미치는 위험으로서 모든 부동산에 영향을 주는 '피할 수 없는 위험'

② 비체계적 위험❸: 노사문제나 매출액 변동 등과 같이 특정 개별자산에 국한하여 영향을 미치는 위험으로서 투자대상을 다양화하여 분산투자함으로써 해결할 수 있는 '피할 수 있는 위험'

총위험 = 체계적 위험 + 비체계적 위험

③ 포트폴리오 효과: 포트폴리오에 포함된 자산 수가 늘어남에 따라 포트폴리오 위험에 대한 개별자산 위험의 영향력, 즉 비체계적 위험이 감소한다는 것이 위험분산효과의 본질이다.

분산투자효과는 포트폴리오를 구성하는 투자자산 종목의 수를 늘릴수록 비체계적 위험이 감소되어 포트폴리오 전체의 위험이 감소되는 것❹

기출지문 끝장

❶ 포트폴리오 이론은 투자 시 여러 종목에 분산투자함으로써 **위험을 분산시켜 안정된 수익을 얻으려는 자산투자 이론**이다. 제30회

❷ 포트폴리오 이론에 따른 부동산투자의 포트폴리오 분석에서 인플레이션, 경기변동 등의 **체계적 위험**은 분산투자를 통해 제거가 불가능하다. 제26회

❸ 부동산투자의 수익과 위험에서 개별부동산의 특성으로 인한 **비체계적 위험**은 포트폴리오의 구성을 통해 감소될 수 있다. 제25회, 제27회, 제29회

❹ 분산투자효과는 포트폴리오를 구성하는 **투자자산 종목의 수를 늘릴수록 비체계적 위험이 감소**되어 포트폴리오 전체의 위험이 감소되는 것이다. 제26회, 제30회

④ **상관계수**: 두 개의 확률변수가 함께 움직이는 정도를 나타내는 척도

㉠ **상관계수가 +1의 값을 갖는 경우**: 포트폴리오를 구성하는 두 자산의 수익률이 동일한 방향과 크기로 움직인다는 것을 의미한다.

㉡ **상관계수가 −1의 값을 갖는 경우**: 포트폴리오를 구성하는 두 자산의 수익률이 서로 반대 방향과 크기로 움직인다는 것을 의미한다.❶

㉢ 포트폴리오를 구성한다고 하더라도 상관계수가 +1의 값을 갖는 경우❷는 비체계적 위험은 제거되지 않으며, −1의 값을 갖는 경우는 완전히 제거될 수도 있다.

㉣ **상관계수가 +1과 −1 사이의 값을 갖는 경우**: 상관계수의 크기에 따라 제거 정도는 달라진다고 할 수 있는데, 상관계수는 음(−)의 값을 가지면 위험분산효과가 커진다.

㉤ 상관계수가 +1의 값을 갖는 경우를 제외하면 구성자산의 수를 많이 하여 포트폴리오를 구성한다면 비체계적 위험은 감소될 수 있다.

2 평균-분산지배원리(평균-분산결정법) ☆ 제26회, 제28회, 제29회

(1) 의의

① 기대수익률의 평균과 분산을 이용하여 투자대안을 선택하는 방법

② 두 투자안의 기대수익률이 동일하다면 표준편차가 작은 투자안을 선택하고, 두 투자안의 표준편차가 동일하다면 기대수익률이 큰 투자안을 선택한다는 원리

(2) 투자안의 선택

투자대상	기대수익률(%)	표준편차(%)
(가)	0.1	0.25
(나)	0.1	0.30
(다)	0.2	0.40
(라)	0.4	0.40

(가), (라) ⇨ 효율적 투자대상 또는 효율적 포트폴리오

(3) 한계점

기대수익률도 크고 표준편차도 큰 대안과 기대수익률도 작고 표준편차도 작은 대안은 비교 불가

(4) 극복방안

① 변이(변동)계수❸

② 포트폴리오기법

3 최적 포트폴리오의 선택 ☆☆ 제25회, 제26회, 제27회, 제30회, 제32회

(1) 의의

최적 포트폴리오는 효율적 프론티어와 투자자의 무차별곡선이 접하는 점에서 결정된다.
└ 또는 효율적 투자선, 효율적 전선

(2) 효율적 프론티어(efficient frontier)

① 평균－분산 지배원리에 의해 모든 위험수준에서 최대의 기대수익률을 얻을 수 있는 포트폴리오의 집합❹을 말한다.

② 동일한 위험에서 최고의 수익률을 나타내는 포트폴리오를 연결한 선❺이다.

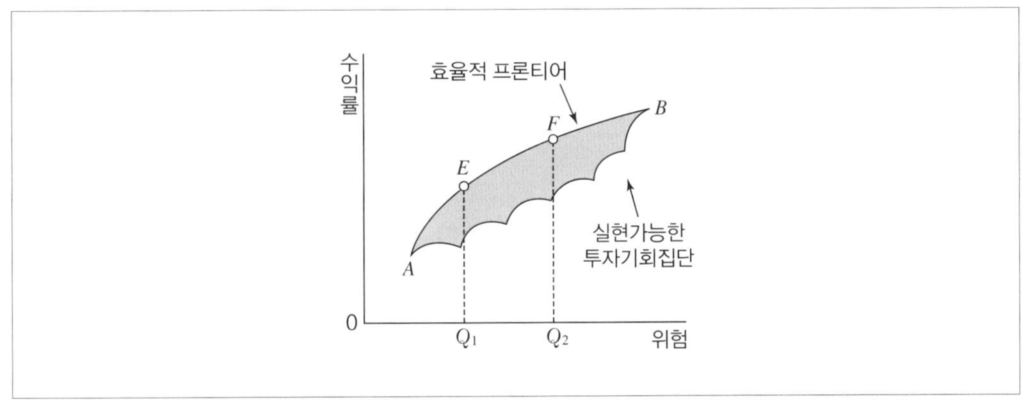

③ 효율적 프론티어가 우상향하는 경우 주어진 위험에서 투자자가 더 이상의 수익률을 얻을 수 없기 때문에, 더 높은 수익률을 얻기 위해서는 더 많은 위험을 감수해야 한다는 것❻을 의미한다.

PART 3

기출지문 끝장

❶ 포트폴리오 이론에 따른 부동산투자의 포트폴리오 분석에서 2개의 투자자산의 수익률이 서로 다른 방향으로 움직일 경우, **상관계수는 음(－)의 값을 가지므로 위험분산효과가 커진다.** 제26회

❷ 포트폴리오 이론에 따른 부동산투자의 포트폴리오 분석에서 투자자산 간의 **상관계수가** 1일 경우, 포트폴리오 구성을 통한 위험절감 효과가 나타나지 않는다. 제26회

❸ 부동산투자의 수익과 위험에서 평균－분산 지배원리로 투자 선택을 할 수 없을 때 **변동계수(변이계수)**를 활용하여 투자안의 우위를 판단할 수 있다. 제29회

❹ 효율적 프론티어(효율적 전선)란 평균－분산 지배원리에 의해 모든 위험수준에서 최대의 기대수익률을 얻을 수 있는 **포트폴리오의 집합**을 말한다. 제30회

❺ 효율적 프론티어(efficient frontier)는 **동일한 위험에서 최고의 수익률**을 나타내는 투자대안을 연결한 선이다. 제25회

❻ 효율적 프론티어(효율적 전선)의 우상향에 대한 의미는 투자자가 **높은 수익률을 얻기 위해 많은 위험을 감수하는** 것이다. 제30회

④ 효율적 프론티어에서는 추가적인 위험을 감수하지 않으면 수익률을 증가시킬 수 없다.❶

⑤ 투자위험(표준편차)과 기대수익률은 정(+)의 상관관계❷를 가진다.

(3) 무차별곡선

① 투자자들의 위험에 대한 태도는 무차별곡선으로 표시되는데, 무차별곡선이 아래로 볼록한(convex) 우상향의 형태를 갖는 것은 투자자가 위험회피적이라는 것을 의미한다.

② 위험회피도의 차이에 따라 무차별곡선의 모양이나 기울기가 달라진다.

③ 투자자가 위험을 회피할수록 위험(표준편차, X축)과 기대수익률(Y축)의 관계를 나타낸 투자자의 무차별곡선의 기울기는 급해지게 된다.❸

(4) 최적 포트폴리오의 선택

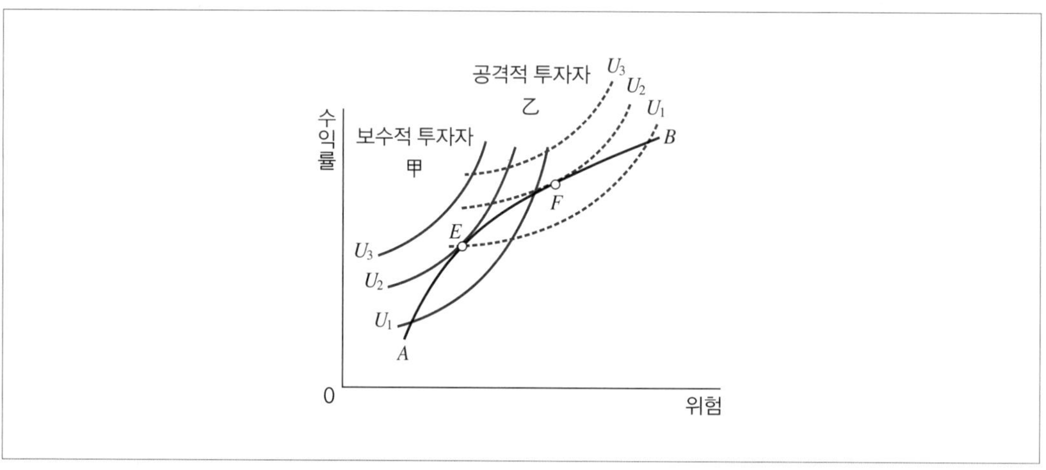

① 효율적 프론티어와 투자자의 무차별곡선이 접하는 지점❹에서 결정된다.
└ 또는 효율적 투자선, 효율적 전선

② 위험회피형 투자자 중에서 공격적인 투자자(乙)는 보수적인 투자자(甲)에 비해 위험이 높더라도 기대수익률이 높은 투자안을 선호한다고 할 수 있다.

기출지문 끝장

❶ 효율적 프론티어(efficient frontier)에서는 **추가적인 위험을 감수하지 않으면 수익률을 증가시킬 수 없다.** 제27회

❷ 투자위험(표준편차)과 **기대수익률은 정(+)의 상관관계**를 가진다. 제26회

❸ 투자자가 위험을 회피할수록 위험(표준편차, X축)과 기대수익률(Y축)의 관계를 나타낸 투자자의 **무차별곡선의 기울기**는 급해진다. 제26회

❹ 포트폴리오 이론에 따른 부동산투자의 포트폴리오 분석에서 최적의 포트폴리오는 **투자자의 무차별곡선과 효율적 프론티어의 접점**에서 선택된다. 제32회

기출문제 끌장

기출 분석

- 기출회차: 제30회
- 난이도: ★★
- 키워드: 포트폴리오 이론

함정을 피하는 끌장 TIP

- 포트폴리오 이론을 이해하고 있는지를 묻는 문제이다.
- 포트폴리오 이론의 핵심은 분산투자를 통해 위험을 분산하여 안정된 수익을 얻으려는 것이다. 포트폴리오 이론을 학습할 때 포트폴리오 수익과 포트폴리오 위험으로 구분하여 정리해 두어야 한다.

PART 3

포트폴리오 이론에 관한 설명으로 틀린 것은?

✔ 분산투자효과는 포트폴리오를 구성하는 투자자산 종목의 수를 늘릴수록 ~~체계적 위험~~이 감소되어 포트폴리오 전체의 위험이 감소되는 것이다.

⋯→ 분산투자효과는 포트폴리오를 구성하는 투자자산 종목의 수를 늘릴수록 비체계적 위험이 감소되어 포트폴리오 전체의 위험이 감소되는 것이다. 체계적 위험은 분산투자를 하더라도 제거할 수 없다.

② 포트폴리오 전략에서 구성자산 간에 수익률이 반대 방향으로 움직일 경우 위험감소의 효과가 크다.

③ 효율적 프론티어(효율적 전선)란 평균-분산 지배원리에 의해 모든 위험수준에서 최대의 기대수익률을 얻을 수 있는 포트폴리오의 집합을 말한다.

④ 효율적 프론티어(효율적 전선)의 우상향에 대한 의미는 투자자가 높은 수익률을 얻기 위해 많은 위험을 감수하는 것이다.

⑤ 포트폴리오 이론은 투자 시 여러 종목에 분산투자함으로써 위험을 분산시켜 안정된 수익을 얻으려는 자산투자 이론이다.

기출테마

18 화폐의 시간가치 계산

1 자본환원계수 ☆ 제26회, 제29회, 제30회

	미래가치		현재가치
일시불의 내가계수	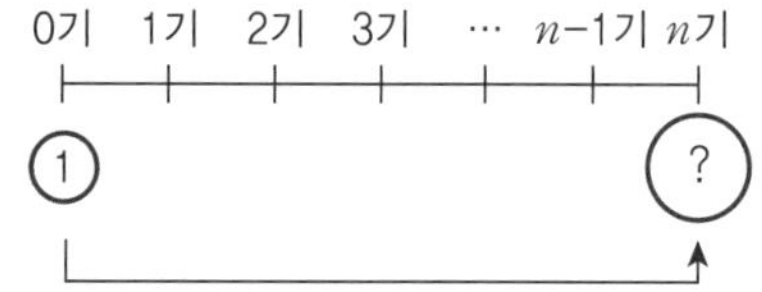 0기 1기 2기 3기 … n−1기 n기 1 ? ① 1원을 이자율 r로 예금했을 때 n년 후에 받게 될 금액 ② 공식: $(1+r)^n$	일시불의 현가계수	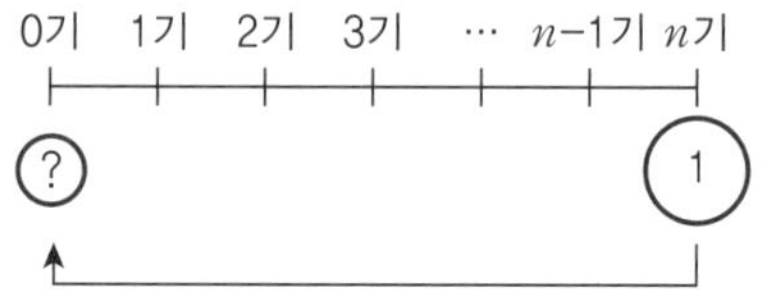 0기 1기 2기 3기 … n−1기 n기 ? 1 ① n년 후의 1원을 할인율 r로 할인할 경우의 현재의 금액 ⇨ 일시불의 내가계수의 역수 ② 공식: $\frac{1}{(1+r)^n} = (1+r)^{-n}$
연금의 내가계수	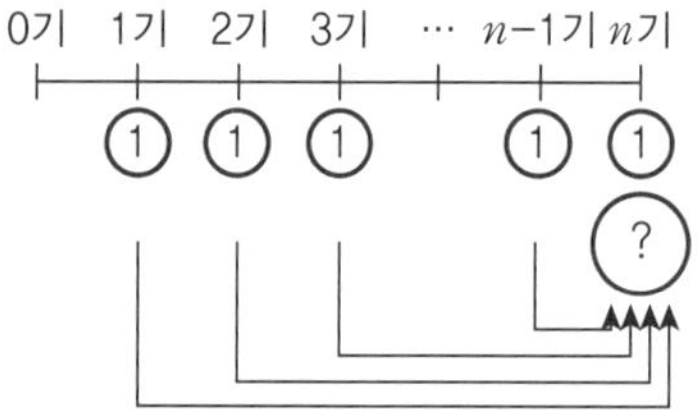 0기 1기 2기 3기 … n−1기 n기 1 1 1 1 1 ? ① 매년 1원씩을 이자율 r로 계속해서 적립했을 때 n년 후에 받게 될 금액[1] ② 공식: $\frac{(1+r)^n - 1}{r}$	연금의 현가계수	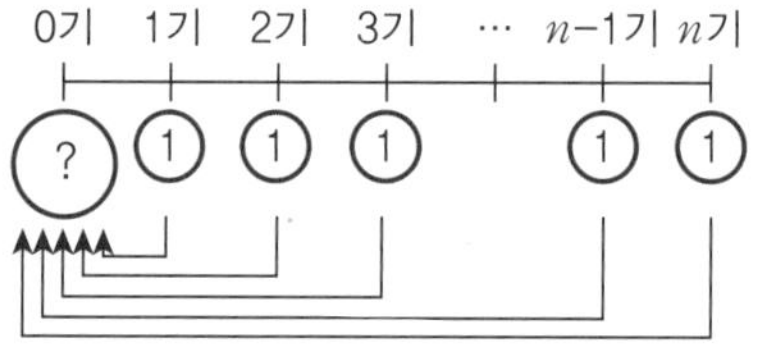 0기 1기 2기 3기 … n−1기 n기 ? 1 1 1 1 1 ① n년간 매년 1원씩 받게 될 금액을 이자율 r로 할인할 경우 현재의 금액 ② 공식: $\frac{1-(1+r)^{-n}}{r}$
감채기금계수	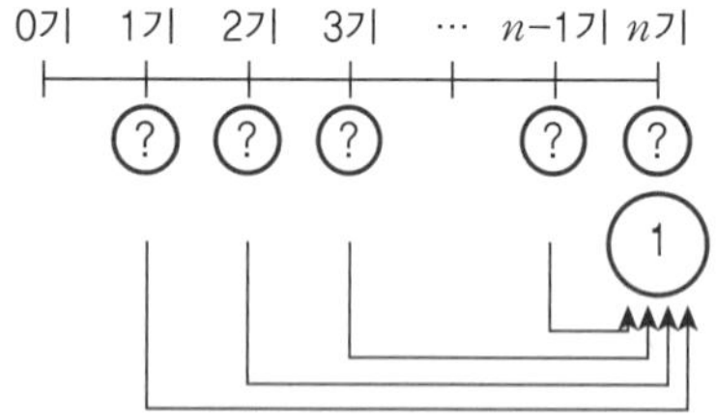 0기 1기 2기 3기 … n−1기 n기 ? ? ? ? ? 1 ① n년 후에 1원을 만들기 위해서 매 기간 불입해야 할 금액 ⇨ 연금의 내가계수의 역수[2] ② 공식: $\frac{r}{(1+r)^n - 1}$	저당상수	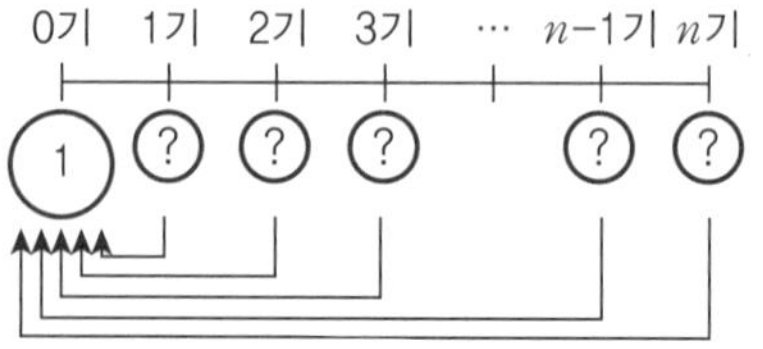 0기 1기 2기 3기 … n−1기 n기 1 ? ? ? ? ? ① 1원을 이자율 r로 빌린 후 n년 동안 매년 지불해야 하는 금액 ⇨ 연금의 현가계수의 역수[3] ② 공식: $\frac{r}{1-(1+r)^{-n}}$

2 자본환원계수의 활용 ☆☆☆ 제22회, 제24회, 제26회, 제28회, 제29회, 제30회, 제31회, 제32회

① 화폐의 시간가치를 계산하는 공식에서는 원금에 대한 이자뿐만 아니라 이자에 대한 이자도 함께 계산하는 복리방식을 채택한다.❹❺

② 현재 5억원인 주택가격이 매년 전년 대비 5%씩 상승한다고 가정할 때, 5년 후의 주택가격은 일시불의 미래가치계수를 사용하여 계산할 수 있다.❻

③ 정년퇴직자가 매월 연금형태로 받는 퇴직금을 일정기간 적립한 후에 달성되는 금액을 산정할 경우 연금의 미래가치계수를 사용한다.❼

④ 5년 후 주택구입에 필요한 자금 3억원을 모으기 위해 매월 말 불입해야 하는 적금액을 계산할 경우 감채기금계수를 사용한다.❽

⑤ 10년 후에 1억원이 될 것으로 예상되는 토지의 현재가치를 계산할 경우 일시불의 현재가치계수를 사용한다.❾

⑥ 연금의 현재가치계수는 미상환대출잔액을 계산하는 데 사용한다.

⑦ 저당상수는 원리금균등분할상환 시 융자금액에 대한 월 불입액을 계산하는 데 사용한다.❿⓫

기출지문 끝장

❶ 연금의 미래가치란 매 기간마다 일정 금액을 불입해 나갈 때, **미래의 일정시점에서의 원금과 이자의 총액**을 말한다. 제30회

❷ **연금의 미래가치계수는 감채기금계수의 역수**이다. 제21회

❸ **연금의 현재가치계수와 저당상수는 역수관계**이다. 제30회

❹ 원금에 대한 이자뿐만 아니라 이자에 대한 이자도 함께 계산하는 것은 **복리방식**이다. 제29회

❺ 연금의 미래가치계수를 계산하는 공식에서는 이자 계산방법으로 **복리방식**을 채택한다. 제26회

❻ 현재 5억원인 주택가격이 매년 전년 대비 5%씩 상승한다고 가정할 때, 5년 후의 주택가격은 **일시불의 미래가치계수**를 사용하여 계산할 수 있다. 제21회, 제29회

❼ 정년퇴직자가 매월 연금형태로 받는 퇴직금을 일정기간 적립한 후에 달성되는 금액을 산정할 경우 **연금의 미래가치계수**를 사용한다. 제21회

❽ 5년 후 주택구입에 필요한 자금 3억원을 모으기 위해 매월 말 불입해야 하는 적금액을 계산하려면, 3억원에 **감채기금계수**(월 기준)를 곱하여 구한다. 제26회

❾ 10년 후에 1억원이 될 것으로 예상되는 토지의 현재가치를 계산할 경우 **일시불의 현재가치계수**를 사용한다. 제21회

❿ 원리금균등상환방식으로 담보대출 받은 가구가 매월 상환할 금액을 산정하는 경우, **저당상수**를 사용한다. 제21회, 제30회, 제32회

⓫ 원리금균등상환방식으로 주택저당대출을 받은 경우, 저당대출의 매기 원리금상환액을 계산하려면, **저당상수**를 활용할 수 있다. 제26회

기출문제 끝장

기출 분석

- 기출회차: 제26회
- 난이도: ★★
- 키워드: 화폐의 시간가치 계산

함정을 피하는 끝장 TIP

- 화폐의 시간가치 계산에서 자본환원계수의 개념과 활용을 묻는 문제이다.
- 화폐의 시간가치 계산을 분류할 수 있어야 하며, 화폐의 시간가치 계산에서 사용하는 자본환원계수의 개념과 활용을 이해하고 있어야 한다.
- 화폐의 시간가치 계산에서 사용하는 자본환원계수를 암기하고 계산에 적용할 수 있어야 한다.

화폐의 시간가치에 관한 설명으로 틀린 것은?

① 연금의 미래가치계수를 계산하는 공식에서는 이자 계산방법으로 복리방식을 채택한다.

② 원리금균등상환방식으로 주택저당대출을 받은 경우, 저당대출의 매기 원리금상환액을 계산하려면, 저당상수를 활용할 수 있다.

✔③ 5년 후 주택구입에 필요한 자금 3억원을 모으기 위해 매월 말 불입해야 하는 적금액을 계산하려면, 3억원에 연금의 ~~현재가치계수~~(월 기준)를 곱하여 구한다.

→ 5년 후 주택구입에 필요한 자금 3억원을 모으기 위해 매월 말 불입해야 하는 적금액을 계산하려면, 3억원에 감채기금계수(월 기준)를 곱하여 구한다.

④ 매월 말 50만원씩 5년간 들어올 것으로 예상되는 임대료 수입의 현재가치를 계산하려면, 저당상수(월 기준)의 역수를 활용할 수 있다.

⑤ 상환비율과 잔금비율을 합하면 1이 된다.

기출테마

19 현금흐름의 측정

1 영업 현금흐름의 계산 ☆☆☆ 제23회, 제24회, 제25회, 제27회, 제28회, 제29회, 제30회

단위당 예상임대료
× 임대단위 수

가능총소득(potential gross income; PGI)
− 공실 및 불량부채
+ 기타 소득

유효총소득(effective gross income; EGI)
− 영업경비(operating expenses; OE)

순영업소득(net operating income; NOI)
− 부채서비스액(debt service; DS)

세전현금흐름(before-tax cash flow; BTCF)
− 영업소득세(taxes from operation; TO)

세후현금흐름(after-tax cash flow; ATCF)

영업경비 계산 시 불포함 항목: 취득세, 공실·불량부채, 부채서비스액, 영업소득세, 감가상각비

핵심 끌장 **영업 현금흐름의 계산**

1. **가능총소득**❶: 투자한 부동산에서 얻을 수 있는 최대한의 수입
2. **공실 및 불량부채에 대한 충당금**: 공실이나 임대료 회수가 불가능한 금액 등으로 인해 발생하는 손실액
3. **기타 소득**: 주차장 임대료, 유료 세탁기, 자판기 수입 등의 기타 수입
4. **유효총소득**❷: 가능총소득에서 공실 및 불량부채에 대한 충당금을 빼고 기타 소득을 더한 것
5. **순영업소득**❸: 유효총소득에서 영업경비를 뺀 것
6. **영업경비**❹: 부동산을 운영하는 데 들어가는 수리비, 관리비, 수수료, 재산세❺, 보험료, 광고비 등을 포함한 것
7. **부채서비스액 또는 저당지불액**: 매 기간 갚아야 할 원금상환분과 이자지급분의 합
8. **세전현금흐름**❻: 순영업소득에서 부채서비스액을 뺀 것
9. **세후현금흐름**❼: 세전현금흐름에서 영업소득세를 뺀 것

2 지분복귀액의 계산

└ 투자자들이 일정기간 동안 투자부동산을 운영한 후 처분 시에 지분투자자에게 돌아오는 수입

(총)매도가격(selling price)
− 매도경비(selling expense)
___
순매도액(net sales proceed)
− 미상환저당잔금(unpaid mortgage balance)
___
세전지분복귀액(before-tax equity reversion)
− 자본이득세(capital gain tax)
___
세후지분복귀액(after-tax equity reversion)

3 영업소득세의 계산

순영업소득	세전현금흐름
+ 대체충당금	+ 대체충당금
− 이자지급분	+ 원금상환분
− 감가상각액	− 감가상각액
과세소득	과세소득
× 세율	× 세율
영업소득세	영업소득세

기출지문 끝장

❶ **가능총소득**은 단위면적당 추정임대료에 임대면적을 곱하여 구한 소득이다. 제28회

❷ **유효총소득**은 가능총소득에서 공실손실상당액과 불량부채액(충당금)을 차감하고, 기타 수입을 더하여 구한 소득이다. 제28회

❸ **순영업소득**은 유효총소득에서 영업경비를 차감한 소득을 말한다. 제30회

❹ **영업경비**는 부동산 운영과 직접 관련 있는 경비로, 광고비, 전기세, 수선비가 이에 해당된다. 제30회

❺ 순영업소득의 산정과정에서 해당 부동산의 **재산세**는 차감하나 영업소득세는 차감하지 않는다. 제27회

❻ **세전현금흐름**은 지분투자자에게 귀속되는 세전소득을 말하는 것으로, 순영업소득에 부채서비스액(원리금상환액)을 차감한 소득이다. 제28회, 제30회

❼ **세후현금흐름**은 세전현금흐름에서 영업소득세를 차감한 소득이다. 제28회

예상문제 끝장

난이도 ★★

다음은 임대주택의 1년간 운영실적에 관한 자료이다. 세후현금흐름을 구하면? (단, 문제에서 제시한 것 외의 기타 조건은 고려하지 않음)

• 호당 임대료	6,000,000원	• 임대가능 호수	50호
• 공실률	5%	• 영업경비	유효총소득의 40%
• 부채서비스액	70,000,000원	• 이자지급액	20,000,000원
• 감가상각액	11,000,000원	• 소득세율	30%

① 36,000,000원
② 42,000,000원
③ 46,000,000원
④ 59,000,000원
⑤ 62,000,000원

해 설

호당 임대료	6,000,000원
× 임대가능 호수	× 50호
가능총소득	300,000,000원
− 공실·불량부채	− 15,000,000원
유효총소득	285,000,000원
− 영업경비	− 114,000,000원
순영업소득	171,000,000원
− 부채서비스액	− 70,000,000원
세전현금흐름	101,000,000원
− 영업소득세	− 42,000,000원
세후현금흐름	59,000,000원

■ 영업소득세 계산

순영업소득	171,000,000원
− 이자지급분	− 20,000,000원
− 감가상각액	− 11,000,000원
과세소득	140,000,000원
× 세율	× 0.3
영업소득세	42,000,000원

정답 ④

기출문제 끝장

기출 분석

- 기출회차: 제28회
- 난이도: ★★
- 키워드: 현금흐름의 측정

함정을 피하는 끝장 TIP

- 영업의 현금흐름 계산과정을 이해하고 있는지를 묻는 문제이다.
- 현금흐름의 측정에서 용어와 측정과정을 문장으로 표현한 것을 정확하게 이해하여야 한다.
- 현금흐름의 계산과정을 익숙하게 연습해 두어야 한다.

부동산 운영수지분석에 관한 설명으로 틀린 것은?

① 가능총소득은 단위면적당 추정임대료에 임대면적을 곱하여 구한 소득이다.

② 유효총소득은 가능총소득에서 공실손실상당액과 불량부채액(충당금)을 차감하고, 기타 수입을 더하여 구한 소득이다.

③ 순영업소득은 유효총소득에 ~~각종 영업외수입을 더한~~ 소득으로 부동산 운영을 통해 순수하게 귀속되는 영업소득이다.

⋯ 순영업소득은 유효총소득에서 영업경비를 뺀 소득으로 순운영소득이라고도 한다.

④ 세전현금흐름은 순영업소득에서 부채서비스액을 차감한 소득이다.

⑤ 세후현금흐름은 세전현금흐름에서 영업소득세를 차감한 소득이다.

기출테마

20 부동산투자 분석기법

1 어림셈법과 비율분석법 ☆☆☆ 제22회, 제23회, 제24회, 제26회, 제27회, 제28회, 제29회, 제30회, 제32회

(1) 어림셈법

어림셈법에는 승수법과 수익률법이 있으며, 승수와 수익률은 서로 역수관계에 있다.

승수법		관계	수익률법	
승수 ⇨ 작을수록 유리			수익률 ⇨ 클수록 유리	
총소득승수	$\frac{\text{총투자액}}{\text{총소득}}$	역수관계	비율분석법의 총자산회전율과 역수	
순소득승수	$\frac{\text{총투자액}}{\text{순영업소득}}$		종합자본환원율	$\frac{\text{순영업소득}}{\text{총투자액}}$
세전현금흐름승수❶	$\frac{\text{지분투자액}}{\text{세전현금흐름}}$		지분배당률	$\frac{\text{세전현금흐름}}{\text{지분투자액}}$
세후현금흐름승수	$\frac{\text{지분투자액}}{\text{세후현금흐름}}$		세후수익률	$\frac{\text{세후현금흐름}}{\text{지분투자액}}$

총투자액 중 자기자본액

(2) 비율분석법

① 대부비율(담보인정비율❷, LTV) = $\frac{\text{부채잔금(융자액)}}{\text{부동산가치(= 총투자액)}}$

Q 부채비율 = $\frac{\text{타인자본}}{\text{자기자본}}$

자기자본비율(지분비율) + 타인자본비율(저당비율) = 1

Q 총부채상환비율❸❹(소득 대비 부채비율, DTI) = $\frac{\text{연간 부채상환액}}{\text{연간 소득액}}$

Q **총부채원리금상환비율❺**: 차주의 총금융부채 상환부담을 판단하기 위하여 산정하는 차주의 연간 소득 대비 연간 금융부채 원리금 상환액 비율

기출지문 끝장

❶ 세전현금흐름승수(BTM)는 지분투자액을 세전현금흐름(BTCF)으로 나눈 값이다. 제24회

❷ 담보인정비율(LTV)은 주택담보대출 취급 시 담보가치에 대한 대출취급가능금액의 비율을 말한다. 제32회

❸ 총부채상환비율(DTI)은 차주의 소득을 중심으로 대출규모를 결정하는 기준이다. 제32회

❹ 총부채상환비율(DTI)은 차입자의 상환능력을 평가할 때 사용할 수 있다. 제26회

❺ 총부채원리금상환비율(DSR)은 차주의 총금융부채 상환부담을 판단하기 위하여 산정하는 차주의 연간 소득 대비 연간 금융부채 원리금 상환액 비율을 말한다. 제32회

② 부채감당률[1] $= \dfrac{\text{순영업소득}}{\text{부채서비스액}}$

③ 채무불이행률[2] $= \dfrac{\text{영업경비} + \text{부채서비스액}}{\text{유효총소득}}$

④ 총자산회전율[3] $= \dfrac{\text{총소득}}{\text{부동산가치}}$

⑤ 영업경비비율 $= \dfrac{\text{영업경비}}{\text{(유효)총소득}}$

⑥ 유동비율[4] $= \dfrac{\text{유동자산}}{\text{유동부채}}$

핵심 끌장 **화폐의 시간가치를 고려하는 방법**

화폐의 시간가치를 고려[5]	화폐의 시간가치를 고려하지 않음
• 순현가법[6] • 내부수익률법 • 수익성 지수법[7] • 현가회수기간법	• 승수법 • 수익률법 • 비율분석법 • 단순회수기간법[8] • 평균회계이익률법[8,9]

기출지문 끌장

❶ **부채감당률**(DCR)이 1보다 작으면, 투자로부터 발생하는 순영업소득이 부채서비스액을 감당할 수 없다고 판단된다. 제26회, 제28회

❷ **채무불이행률**은 유효총소득이 영업경비와 부채서비스액을 감당할 수 있는 능력이 있는지를 측정하는 비율이며, 채무불이행률을 손익분기율이라고도 한다. 제28회

❸ **총자산회전율**은 투자된 총자산에 대한 총소득의 비율이며, 총소득으로 가능총소득 또는 유효총소득이 사용된다. 제28회

❹ **유동비율**(current ratio)은 유동자산을 유동부채로 나눈 비율이다. 제24회

❺ 수익성 지수법이나 순현재가치법은 **화폐의 시간가치를 고려**한 투자결정기법이다. 제23회

❻ **순현가**(NPV)는 화폐의 시간적 가치를 고려한다. 제24회

❼ 부동산투자 타당성 분석 방법 중 **수익성 지수(profitability index)법**은 할인기법이다. 제22회, 제24회

❽ **단순회수기간법**이나 **회계적 이익률법**은 화폐의 시간가치를 고려하지 않는 투자결정기법이다. 제23회

❾ **회계적 이익률법**은 화폐의 시간가치를 고려하지 않는다. 제26회

기출문제 끝장

- 부동산투자와 관련한 재무비율과 승수를 이해하고 있는지를 묻는 문제이다.
- 부동산투자와 관련하여 어림셈법과 비율분석법의 재무비율과 승수를 이해하고 암기해 두어야 한다.
- 재무비율과 승수의 공식을 기억하고 식을 변형하여 계산하는 문제를 연습해 두어야 한다.

Q1 난이도 ★★

부동산투자와 관련한 재무비율과 승수를 설명한 것으로 틀린 것은? 제26회

① 동일한 투자안의 경우, 일반적으로 순소득승수가 총소득승수보다 크다.

② 동일한 투자안의 경우, 일반적으로 세전현금수지승수가 세후현금수지승수보다 크다.

③ 부채감당률(DCR)이 1보다 작으면, 투자로부터 발생하는 순영업소득이 부채서비스액을 감당할 수 없다고 판단된다.

④ 담보인정비율(LTV)을 통해서 투자자가 재무레버리지를 얼마나 활용하고 있는지를 평가할 수 있다.

⑤ 총부채상환비율(DTI)은 차입자의 상환능력을 평가할 때 사용할 수 있다.

해설

동일한 투자안의 경우, 일반적으로 세후현금수지승수가 세전현금수지승수보다 크다.

Q2 난이도 ★★

부동산투자 분석기법 중 비율분석법에 관한 설명으로 틀린 것은? 제28회

① 채무불이행률은 유효총소득이 영업경비와 부채서비스액을 감당할 수 있는 능력이 있는지를 측정하는 비율이며, 채무불이행률을 손익분기율이라고도 한다.

② 대부비율은 부동산가치에 대한 융자액의 비율을 가리키며, 대부비율을 저당비율이라고도 한다.

③ 부채비율은 부채에 대한 지분의 비율이며, 대부비율이 50%일 경우에는 부채비율은 100%가 된다.

④ 총자산회전율은 투자된 총자산에 대한 총소득의 비율이며, 총소득으로 가능총소득 또는 유효총소득이 사용된다.

⑤ 비율분석법의 한계로는 요소들에 대한 추계산정의 오류가 발생하는 경우에 비율 자체가 왜곡될 수 있다는 점을 들 수 있다.

해설

부채비율은 타인자본(부채)을 자기자본(지분)으로 나눈 비율, 즉 자기자본(지분)에 대한 타인자본(부채)의 비율이다. 그런데 대부비율은 부동산가치에 대한 융자액의 비율이므로 대부비율이 50%라면 부채비율은 100%가 된다.

정답 Q1 ② Q2 ③

예상문제 끝장

Q1 난이도 ★★

재무비율에 관한 설명으로 옳지 않은 것은?

① 종합자본환원율은 순영업소득을 총투자액으로 나눈 비율이다.
② 채무불이행률은 유효총소득이 영업경비와 부채서비스액을 감당할 수 있는 능력이 있는가를 측정한다.
③ 유동비율은 유동자산을 유동부채로 나눈 비율이다.
④ 순소득승수는 총투자액을 순영업소득으로 나눈 값이다.
⑤ 부채감당률이 1보다 작으면 순영업소득으로 원리금 지불능력이 충분하다.

해설

부채감당률(DCR)은 순영업소득을 부채서비스액으로 나눈 비율로, 1보다 크면 순영업소득이 부채의 할부금을 상환하고도 잔여액이 있다는 의미이다. 따라서 순영업소득으로 원리금 지불능력이 충분하다.

Q2 난이도 ★★

현재 대상부동산의 가치는 3억원이다. 향후 1년 동안 예상되는 현금흐름이 다음 자료와 같을 경우, 대상부동산의 자본환원율(종합환원율)은? (단, 가능총소득에는 기타 소득이 포함되어 있지 않고, 주어진 조건에 한함)

- 가능총소득: 20,000,000원
- 기타 소득: 1,000,000원
- 공실손실상당액: 3,000,000원
- 영업경비: 4,500,000원

① 4.0%　② 4.5%　③ 5.5%
④ 6.0%　⑤ 6.5%

해설

가능총소득	20,000,000원
− 공실·불량부채	− 3,000,000원
+ 기타 소득	+ 1,000,000원
유효총소득	18,000,000원
− 영업경비	− 4,500,000원
순영업소득	13,500,000원

$$\text{자본환원율(종합환원율)} = \frac{\text{순영업소득}}{\text{총투자액(부동산가치)}} = \frac{13{,}500{,}000\text{원}}{3\text{억원}} \times 100(\%) = 4.5\%$$

정답 Q1 ⑤ Q2 ②

2 할인현금흐름분석법 ☆☆☆ 제22회, 제23회, 제24회, 제25회, 제28회, 제30회, 제31회, 제32회

할인현금흐름분석법❶이란 부동산투자로부터 발생하는 현금흐름을 일정한 할인율로 할인❷하는 투자의사결정기법으로, 순현가법, 내부수익률법, 수익성 지수법 등이 있다. ⇨ 화폐의 시간가치를 고려한 투자결정기법

net present value method

(1) 순현가법❸

① 의의: 순현가(NPV)란 투자로부터 발생하는 미래의 모든 현금유입을 요구수익률로 할인한 현가에서 현금유출의 현가를 뺀 값❹을 말하며, 순현가법이란 순현가를 0과 비교하여 투자결정을 하는 방법을 말한다.

현금유입: 세후현금흐름, **재투자율**: 요구수익률

② 투자안의 결정

㉠ **독립적인 투자안**: 순현가가 '0'보다 큰 투자안을 채택하고, 순현가가 '0'보다 작은 투자안을 기각한다.

㉡ **상호배타적인 투자안**: 순현가가 '0'보다 큰 투자안들 중에서 순현가가 가장 높은 투자안을 최적 투자안으로 선택한다.

연평균 순현가

1. 전체 순현가에 대한 연간복리평균을 의미한다.
2. 사업기간이 서로 다른 사업 간의 비교를 가능케 한다.

연평균 순현가 = 전체순현가 × 저당상수
= 전체순현가 ÷ 연금의 현가계수

internal rate of return method

(2) 내부수익률법

① 의의: 내부수익률(IRR)❺은 예상된 현금유입의 현가합과 현금유출의 현가합을 서로 같게 만드는 할인율(순현가를 0으로 만드는 할인율, 수익성 지수를 1로 만드는 할인율)로, 내부수익률을 요구수익률과 비교하여 투자결정을 하는 방법이다.

현금유입: 세후현금흐름, **재투자율**: 내부수익률

기출지문 끝장

❶ **할인현금흐름분석법**(discounted cash flow analysis)은 장래 예상되는 현금수입과 지출을 현재가치로 할인하여 분석하는 방법이다. 제28회

❷ 할인현금흐름기법이란 부동산투자로부터 발생하는 **현금흐름을 일정한 할인율로 할인**하는 투자의사결정기법이다. 제30회

❸ 할인현금흐름분석법(discounted cash flow analysis)에서 **순현가법**, 내부수익률법 및 수익성 지수법 등은 현금흐름을 할인하여 투자분석을 하는 방법이다. 제28회

❹ 순현재가치(NPV)는 투자자의 요구수익률로 할인한 **현금유입의 현가에서 현금유출의 현가를 뺀 값**이다. 제28회, 제30회

❺ **내부수익률(IRR)**은 투자로부터 발생하는 현재와 미래현금흐름의 순현재가치를 0으로 만드는 할인율을 말한다. 제21회, 제30회

② 투자안의 결정

㉠ 독립적인 투자안: 내부수익률이 요구수익률보다 큰 투자안을 채택하고, 내부수익률이 요구수익률보다 작은 투자안을 기각한다.❶

㉡ 상호배타적인 투자안: 내부수익률이 요구수익률보다 큰 투자안들 중에서 내부수익률이 가장 높은 투자안을 최적 투자안으로 선택한다.

(3) 수익성 지수법

① 의의: 수익성 지수(PI)❷는 현금유입의 현가합을 현금유출의 현가합으로 나눈 것을 말하며, 수익성 지수를 1과 비교하여 투자결정을 하는 방법이다.

현금유입: 세후현금흐름, 재투자율: 요구수익률

② 투자안의 결정

㉠ 독립적인 투자안: 수익성 지수가 '1'보다 큰 투자안은 채택하고, 수익성 지수가 '1'보다 작은 투자안은 기각한다.

㉡ 상호배타적인 투자안: 수익성 지수가 '1'보다 큰 투자안들 중에서 수익성 지수가 가장 큰 투자안을 최적 투자안으로 선택한다.

핵심 끝장 **순현가법과 내부수익률법의 비교**

1. 순현가법에서는 모든 예상되는 미래현금흐름이 요구수익률로 재투자된다는 가정을 하고 있지만, 내부수익률법은 내부수익률로 재투자된다는 가정을 하고 있다.❸ 순현가법은 투자판단기준을 위한 재투자율(할인율)로써 요구수익률을 사용하지만, 내부수익률법에서는 내부수익률을 사용한다.❹
2. 순현가법은 가치의 가산원칙이 성립하나 내부수익률법은 가치의 가산원칙이 성립하지 않는다.
3. 순현가법을 이용하여 투자안의 경제성을 평가하는 것이 내부수익률법보다 투자자의 부(富)의 극대화에 부합되는 의사결정방법이 된다.
4. 일반적으로 순현가법이 내부수익률법보다 투자판단의 준거로서 선호된다.

기출지문 끝장

❶ 내부수익률법에서는 **내부수익률이 요구수익률보다 작은 경우** 해당 투자안을 선택하지 않는다. 제32회

❷ **수익성 지수(PI)**는 투자로 인해 발생하는 현금유입의 현가를 현금유출의 현가로 나눈 비율이다. 제30회

❸ **재투자율**로 내부수익률법에서는 내부수익률을 사용하지만, 순현재가치법에서는 요구수익률을 사용한다. 제29회

❹ 순현가법은 투자판단기준을 위한 할인율로써 **요구수익률**을 사용하지만, 내부수익률법에서는 **내부수익률**을 사용한다. 제28회

기출문제 끝장

- 할인현금흐름분석법 중 순현가법, 내부수익률법, 수익성 지수법을 이해하고 있는지를 묻는 문제이다.
- 할인현금흐름분석법 중 순현가법, 내부수익률법, 수익성 지수법의 내용을 정확하게 알아두어야 하고, 특히 순현가법, 내부수익률법을 비교하여 정리해 두어야 한다.
- 순현가, 내부수익률, 수익성 지수의 계산과정을 익숙하게 연습해 두어야 한다.

난이도 ★★

부동산투자 분석기법 중 할인현금흐름분석법(discounted cash flow analysis)에 관한 설명으로 틀린 것은? 제28회

① 장래 예상되는 현금수입과 지출을 현재가치로 할인하여 분석하는 방법이다.

② 장래 현금흐름의 예측은 대상부동산의 과거 및 현재자료와 비교부동산의 시장자료를 토대로, 여러 가지 미래 예측기법을 사용해서 이루어진다.

③ 현금흐름의 추계에서는 부동산 운영으로 인한 영업소득뿐만 아니라 처분 시의 지분복귀액도 포함된다.

④ 순현가법, 내부수익률법 및 수익성 지수법 등은 현금흐름을 할인하여 투자분석을 하는 방법이다.

⑤ 할인현금흐름분석법에서 사용하는 요구수익률에는 세후수익률, (종합)자본환원율 및 지분배당률 등이 있다.

해 설

할인현금흐름분석법(할인현금수지분석법)에는 순현가법, 내부수익률법, 수익성 지수법 등이 있으며, 순현가법이나 수익성 지수법에서는 모든 예상되는 미래현금흐름이 요구수익률로 재투자된다는 가정을 하고 있지만, 내부수익률법에서는 내부수익률로 재투자된다는 가정을 하고 있다. 세후수익률, (종합)자본환원율 및 지분배당률은 할인현금흐름분석법과는 관련이 없고 어림셈법 중 수익률법에 해당한다.

정답 ⑤

예상문제 끝장

Q1 난이도 ★★

할인현금흐름분석기법에 관한 설명으로 틀린 것은?

① 순현가법에서는 모든 예상되는 미래 현금흐름이 요구수익률로 재투자된다는 가정을 하고 있지만, 내부수익률법은 내부수익률로 재투자된다는 가정을 하고 있다.

② 부동산 보유기간 동안 예상되는 매년의 세후현금흐름의 현재가치와 부동산의 처분 시에 예상되는 세후지분복귀액의 현재가치의 합이 현재의 투자금액보다 크다는 것은 순현가가 '0'보다 크다는 것을 의미한다.

③ 내부수익률이란 순현가를 '0'으로 만드는 할인율이다.

④ 내부수익률법을 이용하여 투자안의 경제성을 평가하는 것이 기업의 부(富)의 극대화에 부합되는 의사결정방법이 된다.

⑤ 일반적으로 순현가법이 내부수익률법보다 투자판단의 준거로서 선호된다.

해 설

순현가법을 이용하여 투자안의 경제성을 평가하는 것이 기업의 부(富)의 극대화에 부합되는 의사결정방법이 된다.

Q2 난이도 ★★

다음 표와 같은 투자사업들이 있다. 이 사업들은 모두 사업기간이 1년이며, 금년에는 현금지출만 발생하고 내년에는 현금유입만 발생한다고 한다. 할인율이 10%라고 할 때 틀린 것은?

사업	금년의 현금지출	내년의 현금유입
A	250만원	605만원
B	200만원	330만원
C	150만원	495만원
D	125만원	275만원

① 사업 A와 C의 순현가(NPV)는 같다.

② 순현가(NPV)가 가장 작은 사업은 B이다.

③ 수익성 지수(PI)가 가장 큰 사업은 D이다.

④ A의 순현재가치(NPV)는 B의 3배이다.

⑤ 총투자비가 400만원이라면 사업 A와 C를 수행하는 투자안이 다른 투자안보다 타당성이 더 높다.

해 설

사업	금년의 현금지출	내년의 현금유입	현금유입의 현가	순현가 (유입현가 − 유출현가)	수익성 지수 $\left(= \frac{\text{유입현가}}{\text{유출현가}}\right)$
A	250만원	605만원	$\frac{605}{1+0.1}$ = 550만원	300만원	2.2
B	200만원	330만원	$\frac{330}{1+0.1}$ = 300만원	100만원	1.5
C	150만원	495만원	$\frac{495}{1+0.1}$ = 450만원	300만원	3
D	125만원	275만원	$\frac{275}{1+0.1}$ = 250만원	125만원	2

따라서 수익성 지수(PI)가 가장 큰 사업은 C이다.

정답 **Q1** ④ **Q2** ③

PART 3

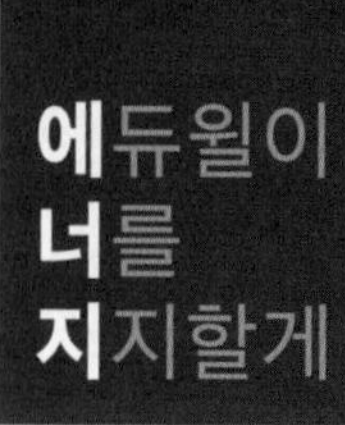

ENERGY

기회가 있다고 믿는 사람은 반드시 기회를 붙들고
기회가 없다고 생각하는 사람은 눈앞의 기회도 놓칩니다.

기회는 오고 가는 것이 아니라 내가 눈 뜨는 것입니다.

– 조정민, 『고난이 선물이다』, 두란노

우선끝장 민개공

부동산학개론

부동산 금융론 · 개발 및 관리론

기출테마

21 부동산금융의 기초

1 지분금융, 부채금융, 메자닌 금융 ☆☆ 제22회, 제24회, 제26회, 제28회, 제29회, 제31회, 제32회

(1) 지분금융, 부채금융, 메자닌 금융

① **지분금융**❶: 지분권을 판매하여 자기자본을 조달하는 것

예 부동산신디케이트, 조인트벤처, 부동산투자회사(REITs), 공모에 의한 증자

② **부채금융**❷: 저당을 설정하거나 사채를 발행하여 타인자본을 조달하는 것

예 저당금융, 신탁금융, 자산유동화증권, 주택상환사채

③ **메자닌 금융**❸: 기업이 주식을 통한 자금조달이 어렵거나 담보나 신용이 없어 대출을 받기 어려울 때, 대출기관이 기업에 주식 관련 권리를 받고 무담보로 자금을 제공하는 금융기법

예 신주인수권부 사채(BW), 전환사채(CB) 등

(2) 부동산금융의 용어 및 기초개념

① **융자비율**: 담보 부동산의 시장가치 대비 융자금의 비율

└ 융자의 비율이 높을수록 원리금상환의 부담이 커지므로 채무불이행(default)의 가능성도 높아지고 이자율도 상승한다.

② **융자원금**: 처음에 융자받은 금액

③ **대출잔액(저당잔금)**: 융자기간 중 상환되지 않은 융자원금의 부분

④ **융자기간**: 차입자로 하여금 융자원금을 상환할 수 있도록 부여된 기간

⑤ **융자상환**: 정기적 혹은 주기적인 원금의 상환을 의미

└ 상환기간이 길어질수록 매기의 상환금(월부금)은 적어지는데, 실제 융자상환은 만기까지 가는 경우가 드물며, 시장금리 조건에 따라서 조기상환이 이루어지는 경우가 많다.

⑥ **월부금(부채서비스액, 저당지불액, 원리금상환액)**: 융자기간 중에 원금상환분과 이자의 합계로 매달 대출자에게 납입하는 금액

㉠ 월부금의 계산 ⇨ 저당상수(원리금균등상환방식)

㉡ 대출잔액(저당잔금)의 계산 ⇨ 연금의 현가계수

2 주택담보대출의 이자율 ☆ 제24회, 제25회, 제27회

(1) 이자율의 의의

오늘의 소비를 포기하고 이를 미래로 미루는 데 대한 화폐의 시간선호가치를 나타낸다. ⇨ 대출잔액(저당잔금)에 대해 적용

(2) 고정이자율저당과 변동이자율저당

① 고정이자율저당

㉠ 의의: 융자기간 동안 초기 이자율에 변동이 없는 고정된 이자율을 적용하는 융자제도이다.

㉡ 조기상환과 재융자

ⓐ 융자상환 도중에 시장이자율(시장금리)이 하락할 경우에는 차입자는 기존의 융자를 조기상환❹ 하고 재융자를 할 가능성이 높아진다.

ⓑ **시장이자율 상승** ⇨ **차입자**: 기존의 대출 유지, **대출자**: 이자율위험에 직면

Q 변동금리이자율과 고정금리이자율이 같고 향후 금리상승이 예상되는 경우 차입자는 변동금리대출보다 고정금리대출이 유리하다.❺

㉢ 특징

ⓐ 융자기간 동안 명목이자율로 표시된 대출이자율이 고정(동일하게 적용)되기 때문에 예상치 못한 인플레이션이 발생하면 그만큼 대출자의 실질이자율은 하락하게 된다.

ⓑ 대출자의 대출이자율은 고정되어 있는데 예상치 못한 인플레이션이 발생하여 시장이자율이 상승하면 대출기관의 수익성은 악화되고 이자율(금리)위험이 발생한다.

PART 4

기출지문 끝장

❶ 부동산투자회사(REITs)와 조인트벤처(joint venture)는 자금조달방법 중 **지분금융**(equity financing)에 해당한다. 제28회

❷ 주택상환사채, 자산유동화증권은 자금조달 방법 중 **부채금융**(debt financing)에 해당한다. 제29회

❸ 신주인수권부 사채는 부동산개발사업의 재원조달방안 중 하나인 **메자닌 금융**(mezzanine financing)의 유형에 해당한다. 제24회

❹ 고정금리대출을 실행한 대출기관은 금리하락 시 차입자의 **조기상환**으로 인한 위험이 커진다. 제27회

❺ 변동금리이자율과 고정금리이자율이 같고 향후 금리상승이 예상되는 경우 차입자는 **변동금리대출보다 고정금리대출이 유리**하다. 제21회

② 변동이자율저당

㉠ **의의**: 대출 시의 이자율이 융자기간 동안 동일하게 적용되는 것이 아니라 시장상황에 따라 이자율을 변동시켜 이자율 변동위험의 전부 혹은 일부를 대출자로부터 차입자에게 전가시키기 위해 고안된 융자제도이다.

㉡ **초기 이자율**: 초기 이자율은 상환기간 동안 이자율의 변동이 없는 고정이자율저당보다는 낮은 것이 보통이다.❶

㉢ **이자율 조정주기**: 변동금리부 주택담보대출 이자율의 조정주기가 짧을수록 이자율변동의 위험은 대출자에서 차입자로 전가된다.❷

㉣ **월부금 상한**: 이자율 조정으로 이자율이 상승하게 되면 월부금은 늘어나게 된다. 월부금의 상한으로 인하여 월부금이 이자도 감당하지 못할 정도로 적게 된 경우에는 그 차액만큼 대출잔액(저당잔금)이 증가하게 된다. ⇨ 부(−)의 상환(negative amortization)

㉤ **특징**

ⓐ 융자기간 동안 시장상황의 변동에 따라 예상치 못한 인플레이션이 발생하면 그만큼 명목이자율이 변동하므로 대출자의 실질이자율은 불변이다. 따라서 예상치 못한 인플레이션이 발생하면 저당이자율에 반영되므로 이자율변동위험은 대출자로부터 차입자에게 전가된다.

ⓑ 이자율 변동의 부담을 상당부분 차입자에게 전가시키게 되므로 채무불이행 위험도는 고정이자율저당에 비해서 커지게 된다.

기출지문 끝장

❶ 다른 대출조건이 동일한 경우, 통상적으로 **고정금리 주택저당대출의 금리는 변동금리 주택저당대출의 금리보다 높다.** 제25회

❷ 변동금리부 주택담보대출 **이자율의 조정주기가 짧을수록 이자율변동의 위험은 대출자에서 차입자로 전가**된다. 제21회

기출문제 끝장

기출 분석

- 기출회차: 제20회
- 난이도: ★★
- 키워드: 주택담보대출의 이자율

함정을 피하는 끝장 TIP

- 주택담보대출의 이자율을 이해하고 있는지를 묻는 문제이다.
- 대출금리는 기준금리와 가산금리, 고정이자율저당과 변동이자율저당으로 구분되며, 이와 관련된 주택담보대출제도에서 주택담보대출금리에 대해 정리해 두어야 한다.

주택담보대출에 관한 설명으로 옳은 것은? (다만, 다른 조건은 동일하고, 단기금리가 장기금리보다 낮으며 금리변동위험이 상환불이행위험보다 크다고 가정함)

① CD(양도성 예금증서)금리가 상승하면 CD금리를 기준금리로 하는 변동금리 주택담보대출의 금리는 ~~반대로 하락한다~~.

···› CD(양도성 예금증서)금리가 상승하면 CD금리를 기준금리로 하는 변동금리 주택담보대출의 금리도 상승한다.

② 대출시점에 고정금리 주택담보대출의 금리가 변동금리 주택담보대출의 금리보다 높다.

③ 주택담보대출금리가 하락하면 정상재인 주택의 수요는 ~~줄어든다~~.

···› 주택담보대출금리가 하락하면 정상재인 주택의 수요는 증가한다.

④ 대출금리가 고정금리일 때, 대출시점의 예상인플레이션보다 실제인플레이션이 높으면 ~~금융기관에게는 이익이고, 차입자에게는 손해이다~~.

···› 대출금리가 고정금리일 때, 대출시점의 예상인플레이션보다 실제인플레이션이 높으면 금융기관에게는 손해이고, 차입자는 유리하다.

⑤ 대출비율(loan to value)이 높아질수록 주택담보대출금리는 ~~낮아진다~~.

···› 대출비율(loan to value)이 높아질수록 금융기관의 위험도가 커지므로 주택담보대출금리는 높아진다.

저당의 상환방법

1 저당의 상환방법 ☆☆☆ 제23회, 제24회, 제25회, 제26회, 제27회, 제28회, 제29회, 제31회, 제32회

(1) 원금균등상환저당

① 융자기간 동안 원금상환액은 동일하나, 이자지급액은 점차 감소하여 매 기간에 상환하는 원리금상환액과 대출잔액이 점차적으로 감소❶하는 상환방식이다.

② 시간이 지날수록 대출잔액(저당잔금)이 적어지므로 이자분은 줄어든다.

③ 원리금은 초기에 많고 후기에 적어진다.

(2) 원리금균등상환저당

① 원리금상환액은 매기 동일하지만 원리금에서 원금과 이자가 차지하는 비중이 상환시기에 따라 다른 방식❷이다.

② 원리금상환액은 동일하나 원금상환액은 점차 증가하고, 이자지급액은 점차 감소❸한다.

③ 원리금상환액(저당지불액) = 저당대부액 × 저당상수❹

④ 이해하기 쉽고 차입자 편에서 장차 계획을 세우기 쉽다.

(3) 원금균등상환저당과 원리금균등상환저당의 비교

① 상환 첫 회(대출초기)의 원리금상환액은 원금균등상환방식이 원리금균등상환방식보다 많다.❺

② 대출자 입장에서는 차입자에게 원리금균등상환방식보다 원금균등상환방식으로 대출해 주는 것이 원금회수 측면에서 보다 안전하다.❻

③ 원리금균등상환방식은 원금균등상환방식에 비해 초기 원리금에서 이자가 차지하는 비중이 크다.❼

④ 차입자가 대출액을 중도상환할 경우 원금균등상환방식은 원리금균등상환방식보다 대출잔액이 적다.❽

⑤ 원금균등상환방식은 원리금균등상환방식에 비해 전체 대출기간 만료 시 누적원리금상환액이 더 적다.❾

(4) 체증식 융자금상환저당

① 원리금상환액 부담을 초기에는 적게 하는 대신 점차 그 부담액을 늘려 가는 방식❿으로, 장래에 소득이나 매출액이 늘어날 것으로 예상되는 개인과 기업에 대한 대출방식이다.

② 대출초기에 상환액이 적기 때문에 이자도 상환하지 못하는 경우가 발생되기도 함 ⇨ 부(−)의 상환이 나타난다.

③ 미래 소득이 증가될 것으로 예상되는 차입자에게 적합하다.⓫

④ 주택의 보유예정기간이 짧은 경우 유리하다.

⑤ 인플레이션기에 유리하지만 디플레이션기에 채무불이행 가능성이 크다.

Q 대출기간 만기까지 대출기관의 총이자수입 크기⑫

점증(체증)상환방식 > 원리금균등상환방식 > 원금균등상환방식

핵심 끝장 원금균등상환방법과 원리금균등상환방법

구분	원금균등상환저당(CAM)	원리금균등상환저당(CPM)
상환방식	융자기간 동안 • 원리금상환액은 점차 감소 • 원금상환액은 동일 • 이자지급액은 점차 감소	융자기간 동안 • 원리금상환액은 동일 • 원금상환액은 점차 증가 • 이자지급액은 점차 감소
원리금상환액	대출 초기 원리금균등보다 큼	대출 초기 원금균등보다 작음
차입자의 원금상환부담	대출 초기 원리금균등보다 큼	대출 초기 원금균등보다 작음
대출자의 원금회수위험	대출 초기에 원리금균등보다 작음	대출 초기에 원금균등보다 큼
공통점	• 첫 회 이자지급액은 동일 ⇦ 대출조건이 동일할 경우 • 기간이 지날수록 이자지급액은 점차 감소	

기출지문 끝장

❶ 원금균등상환방식의 경우, 매 기간에 상환하는 **원리금상환액과 대출잔액이 점차적으로 감소**한다. 제29회

❷ 원리금균등분할상환방식이란 원리금상환액은 매기 동일하지만 **원리금에서 원금과 이자가 차지하는 비중이 상환시기에 따라 다른 방식**이다. 제24회

❸ 원리금균등상환방식은 매기 **이자상환액이 감소**하는 만큼 원금상환액이 증가한다. 제27회

❹ 원리금균등상환방식으로 주택저당대출을 받은 경우 저당대출의 매 기간 원리금상환액은 **저당상수**를 이용하여 계산한다. 제29회

❺ 대출기간 초기에는 **원금균등상환방식의 원리금이 원리금균등상환방식의 원리금보다 많다.** 제23회

❻ 대출자 입장에서는 차입자에게 원리금균등상환방식보다 원금균등상환방식으로 대출해 주는 것이 **원금회수 측면에서 보다 안전**하다. 제23회

❼ 원리금균등분할상환방식은 원금균등분할상환방식에 비해 초기 **원리금에서 이자가 차지하는 비중**이 크다. 제23회

❽ 차입자가 대출액을 **중도상환**할 경우 **원금균등상환방식**은 원리금균등상환방식보다 **대출잔액이 적다.** 제21회

❾ **원금균등상환방식**은 원리금균등상환방식에 비해 전체 대출기간 만료 시 **누적원리금상환액**이 더 적다. 제27회

❿ 체증(점증)분할상환방식이란 원리금상환액 부담을 **초기에는 적게 하는 대신 점차 그 부담액을 늘려 가는 방식**으로, 장래에 소득이나 매출액이 늘어날 것으로 예상되는 개인과 기업에 대한 대출방식이다. 제24회

⓫ 점증(체증)상환방식의 경우, **미래 소득이 증가될 것으로 예상되는 차입자에게 적합**하다. 제29회

⓬ 대출기간 만기까지 대출기관의 **총이자수입 크기**는 '점증(체증)상환방식 > 원리금균등상환방식 > 원금균등상환방식' 순이다. 제29회

기출문제 끝장

- 저당의 상환방법 중 원금균등상환방법, 원리금균등상환방법의 특징을 이해하고 있는지를 묻는 문제이다.
- 저당의 상환방법 중 원금균등상환방법, 원리금균등상환방법, 체증식 융자금상환방법의 특징을 비교하여 정리해 두어야 한다.

난이도 ★★

대출 상환방식에 관한 설명으로 옳은 것은? (단, 고정금리 기준이고, 다른 조건은 동일함) 제32회

① 원리금균등상환방식의 경우, 매기 상환하는 원금이 점차 감소한다.

② 원금균등상환방식의 경우, 매기 상환하는 원리금이 동일하다.

③ 원금균등상환방식의 경우, 원리금균등상환방식보다 대출금의 가중평균상환기간(duration)이 더 짧다.

④ 점증(체증)상환방식의 경우, 장래 소득이 줄어들 것으로 예상되는 차입자에게 적합하다.

⑤ 만기일시상환방식의 경우, 원금균등상환방식에 비해 대출 금융기관의 이자수입이 줄어든다.

해 설

① 원리금균등상환방식의 경우, 매기 상환하는 원금이 점차 증가한다.

② 원금균등상환방식의 경우, 매기 상환하는 원금이 동일하다.

④ 점증(체증)상환방식의 경우, 장래 소득이 늘어날 것으로 예상되는 차입자에게 적합하다.

⑤ 만기일시상환방식의 경우, 만기 이전에는 이자만 상환하다가 만기에 일시로 원금을 상환하는 방식이므로 원금균등상환방식에 비해 대출 금융기관의 이자수입이 더 크다.

정답 ③

예상문제 끝장

Q1 난이도 ★★

저당방법에 관한 설명으로 틀린 것은?

① 원리금균등상환방법은 융자기간 동안 월부금은 균등하게 지불되는데, 초기에는 월부금 중 이자가 차지하는 부분이 많지만, 후기에는 원금상환액의 비중이 커진다.

② 원리금균등상환방법에서 월부금(저당지불액)은 저당대부액에 저당상수를 곱하여 계산한다.

③ 원금균등상환방법은 원금상환분은 일정하지만 이자분은 시간이 지날수록 대출잔액(저당잔금)이 적어지므로 줄어들게 된다.

④ 원금균등상환에서의 월부금은 초기에 많고 후기에 적어지는 특성을 지닌다.

⑤ 대출조건이 동일할 경우 원금균등상환방법이 원리금균등상환방법보다 첫 회 이자지급액은 많다.

해 설

대출조건이 동일할 경우 첫 회 이자지급액은 동일하다.

Q2 난이도 ★★

주택저당대출방식에 관한 설명으로 틀린 것은?

① 원금균등분할상환방식은 대출기간 동안 매기 원금을 균등하게 분할 상환하고 이자는 점차적으로 감소하는 방식이다.

② 원리금균등분할상환방식의 원리금은 대출금에 감채기금계수를 곱하여 산출한다.

③ 원리금균등분할상환방식은 원금이 상환됨에 따라 매기 이자액의 비중은 점차적으로 줄고 매기 원금 상환액 비중은 점차적으로 증가한다.

④ 체증분할상환방식은 원리금상환액 부담을 초기에는 적게 하는 대신 시간이 경과할수록 원리금 상환액 부담을 늘려가는 상환방식이다.

⑤ 체증분할상환방식은 초기에는 원리금상환액이 이자도 감당하지 못하는 부(−)의 상환이 발생할 수 있다.

해 설

원리금균등분할상환방식의 원리금은 대출금에 저당상수를 곱하여 산출한다.

정답 Q1 ⑤ Q2 ②

PART 4

2 저당의 상환방법 계산 ☆☆ 제26회, 제28회, 제29회, 제31회

기출문제 끌장

- 원금균등상환저당에서 원리금상환액을 계산하는 문제이다.
- 원금균등상환방식에서는 주로 원리금을 구하라는 문제가 출제되는데, 매기의 원금, 이자를 계산하여 원리금을 구한다.

  - 매회 상환할 원금: 저당대부액 ÷ 융자기간
  - 첫 회 지급할 이자: 저당대부액 × 연이자율
  - 첫 회 상환해야 할 원리금상환액: 매회 원금상환액 + 첫 회 이자지급액

Q1 난이도 ★★

어떤 사람이 주택을 구입하기 위하여 은행으로부터 24,000,000원을 연 이자율 5%, 10년간 매월 상환 조건으로 대출받았다. 원금균등분할상환 조건일 경우, 첫 회에 상환해야 할 원금과 이자의 합계는 얼마인가? 제15회 추가

① 100,000원
② 200,000원
③ 240,000원
④ 300,000원
⑤ 350,000원

해설

원금균등상환방식에서 매 기간 상환할 원금은 융자원금을 융자기간으로 나누어 구한다.

- 첫 회 상환할 원금액: 24,000,000원 ÷ 120개월(10년) = 200,000원
- 첫 회 지급할 이자액: (24,000,000원 × 0.05) ÷ 12개월 = 100,000원

따라서 첫 회 상환해야 할 원금과 이자의 합계는 200,000원 + 100,000원 = 300,000원이다.

정답 Q1 ④

기출문제 끝장

- 원리금균등상환방식에서 원금상환액을 계산하는 문제이다.
- 원리금균등상환방식에서는 주로 원금을 구하라는 문제가 출제되는데, 매기의 원리금, 이자를 계산하여 원금을 구한다.

  - 매회 저당지불액(원리금상환액): 저당대부액 × 저당상수
  - 첫 회 지급할 이자: 저당대부액 × 연이자율
  - 첫 회 상환해야 할 원금: 매회 저당지불액 – 첫 회 이자지급액

Q2 난이도 ★★

가격이 10억원인 아파트를 구입하기 위해 3억원을 대출받았다. 대출이자율은 연리 7%이며, 20년간 원리금균등분할상환방식으로 매년 상환하기로 하였다. 첫 회에 상환해야 할 원금은? (단, 연리 7%, 기간 20년의 저당상수는 0.094393이며, 매기 말에 상환하는 것으로 함) 제17회

① 7,290,000원

② 7,317,900원

③ 8,127,400원

④ 8,647,200원

⑤ 8,951,200원

해 설

원리금균등상환방식에서 원리금은 저당대부액에 저당상수를 곱하여 구한다.

즉, 원리금(저당지불액) = 저당대부액 × 저당상수이다.

- 매회 원리금(저당지불액): 3억원 × 0.094393 = 28,317,900원
- 첫 회 지급해야 할 이자: 3억원 × 0.07 = 21,000,000원

따라서 첫 회 상환해야 할 원금은 28,317,900원 – 21,000,000원 = 7,317,900원이다.

정답 Q2 ②

예상문제 끝장

Q1 난이도 ★★

甲은 주택구입을 위해 은행으로부터 5억원을 대출받았다. 대출조건이 다음과 같을 때, 2회차에 상환해야 할 원리금은? (단, 주어진 조건에 한함)

> • 대출금리: 고정금리, 연 5%
> • 대출기간: 20년
> • 원리금상환 조건: 원금균등상환방식으로 연 단위로 매기 말 상환

① 2,800만원
② 3,850만원
③ 4,250만원
④ 4,875만원
⑤ 5,035만원

해 설

[원금균등상환저당에서 원리금상환액 계산]

• 매 기간 원금상환액: 5억원 ÷ 20년 = 2,500만원
• 1회차의 원금상환액: 2,500만원 × 1 = 2,500만원
• 1회차의 대출잔액(저당잔금): 5억원 − 2,500만원 = 4억 7,500만원
• 2회차의 이자지급액: 4억 7,500만원 × 0.05 = 2,375만원

따라서 2회차의 원리금상환액은 2,500만원 + 2,375만원 = 4,875만원이다.

Q2 난이도 ★★

어떤 사람이 가격이 5억원인 아파트를 구입하기 위해 2억원을 대출받았다. 대출이자율은 연리 6%이며, 15년간 원리금균등분할상환방식으로 매년 상환하기로 하였다. 첫 회에 상환해야 할 원금은? (단, 연리 6%, 기간 15년의 저당상수는 0.102963이며, 매기 말에 상환하는 것으로 함)

① 6,253,300원
② 7,013,500원
③ 7,523,700원
④ 8,592,600원
⑤ 9,253,200원

해 설

[원리금균등상환저당에서 원금상환액 계산]

원리금균등상환방식에서 원리금은 저당대부액에 저당상수를 곱하여 구한다.
즉, 원리금(저당지불액) = 저당대부액 × 저당상수이다.

• 매회 원리금(저당지불액): 2억원 × 0.102963 = 20,592,600원
• 첫 회 지급해야 할 이자: 2억원 × 0.06 = 12,000,000원

따라서 첫 회 상환해야 할 원금은 20,592,600원 − 12,000,000원 = 8,592,600원이다.

Q3 난이도 ★★★

A는 아파트를 구입하기 위해 은행으로부터 2억원을 대출받았다. 대출조건이 다음과 같을 때, A가 2회차에 상환할 원금은? (단, 주어진 조건에 한함)

- 대출금리: 고정금리, 연 6%
- 대출기간: 20년
- 저당상수: 0.087
- 원리금상환 조건: 원리금균등상환방식, 매년 말 연 단위 상환

① 4,623,000원
② 5,724,000원
③ 5,736,000원
④ 5,812,000원
⑤ 5,823,000원

해설

원리금균등상환방식에서 원리금은 저당대부액에 저당상수를 곱하여 구한다.
즉, 원리금(저당지불액) = 저당대부액 × 저당상수이다.

- 매 기간 원리금(저당지불액): 2억원 × 0.087 = 17,400,000원
- 1회차 이자지급액: 2억원 × 0.06 = 12,000,000원
- 1회차 원금상환액: 17,400,000원 − 12,000,000원 = 5,400,000원
- 1회 말의 대출잔액: 2억원 − 5,400,000원 = 194,600,000원
- 2회차 이자지급액: 194,600,000원 × 0.06 = 11,676,000원

따라서 2회차 원금상환액은 17,400,000원 − 11,676,000원 = 5,724,000원이다.

정답 Q1 ④ Q2 ④ Q3 ②

기출테마

23 프로젝트 금융(project financing)

☆☆ 제22회, 제25회, 제26회, 제27회, 제29회, 제30회

1 의의

특정 프로젝트로부터 향후 일정한 현금흐름이 예상되는 경우, 사전 계약에 따라 미래에 발생할 현금흐름과 사업 자체자산을 담보로 자금을 조달하는 금융기법❶이다.

2 특징

① 사업성이 담보 ⇨ 사업성을 기초로 자금을 조달하는 방식❷이다.

② 비소구금융(비상환청구금융) ⇨ 제한적 소구금융❸

③ 해당 프로젝트에서 발생하는 현금흐름에 의존❹한다.

④ 대규모 자금이 소요되고 공사기간이 장기인 사업

⑤ 에스크로우 계정(escrow account)을 운영한다. ⇨ 자금은 위탁계좌에 의해 관리❺❻

⑥ 자금지출 우선순위 ⇨ 공사비가 시행사의 개발이익보다 먼저 인출되도록 한다.

⑦ 부동산개발사업 시 금융기관이 위험을 줄이기 위해 시행사와 시공사에 추가출자를 요구❼할 수 있다.

⑧ 시행사와 시공사의 부도 등 발생 시에는 사업권이나 시공권을 포기각서로 받는다.

⑨ 시공사에게 책임준공 의무❽를 지우며, 시공사의 신용보강을 요구❾한다.

⑩ 프로젝트의 채무불이행위험이 높아질수록 대출기관이 요구하는 금리가 높아진다.❿

3 장단점

(1) 장점

① 다양한 사업주체가 참여하고 이해당사자간에 위험배분이 가능⓫하다.

② 사업주 입장에서는 부외금융효과(off-balance effect)를 누릴 수 있어, 채무수용능력이 제고된다.

🔍 사업주의 재무상태표에 해당 부채가 표시되지 않는다.⓬

③ 사업주(sponsor)가 특수목적회사인 프로젝트 회사를 설립하여 프로젝트 금융을 활용하는 경우, 일정한 요건을 갖춘 프로젝트 회사는 법인세 감면을 받을 수 있다.⓭

④ 개발사업이 성공할 경우 금융기관은 높은 수익을 올릴 수 있다.⓮

⑤ 각종 위험을 극복하기 위해 다양한 보증을 제공하게 되며, 이를 통해 동일한 조건의 다른 개발사업에 비해 해당 개발사업의 위험이 감소될 수 있다.

⑥ 해당 개발사업에 대한 사업성 검토에 집중하면 되기 때문에 정보의 비대칭성 문제가 줄어든다.

⑦ 개발사업주와 개발사업의 현금흐름을 분리시킬 수 있어 개발사업주의 파산이 개발사업에 영향을 미치지 못하게 할 수 있다.

(2) 단점

① 비용이 일반상업적 파이낸싱보다 더 많이 소요된다.

② 여러 이해관계자가 참여하므로 절차의 복잡성으로 인해 사업지연이 초래될 가능성도 있다.

③ 이해당사자 사이에 이견이 있을 경우 사업지연으로 추가비용이 발생할 가능성도 있다.

④ 프로젝트 금융이 부실화될 경우 해당 금융기관의 부실로 이어질 수 있다.⑮

기출지문 끝장

❶ 프로젝트 금융이란, 특정 프로젝트로부터 향후 일정한 현금흐름이 예상되는 경우, 사전 계약에 따라 **미래에 발생할 현금흐름과 사업 자체자산을 담보로 자금을 조달**하는 금융기법이다. 제27회

❷ 프로젝트 파이낸싱(project financing)은 사업자의 신용이나 부동산을 담보로 대출하는 것이 아니라 **사업성을 기초로 자금을 조달하는 방식**이다. 제21회

❸ 부동산 프로젝트 금융은 비소구(非訴求) 또는 **제한적 소구금융** 방식이다. 제22회, 제26회, 제27회

❹ 사업주(sponsor)가 특수목적회사인 프로젝트 회사를 설립하여 프로젝트 금융을 활용하는 경우, 프로젝트 금융의 상환재원은 **해당 프로젝트에서 발생하는 현금흐름에 의존**한다. 제29회

❺ 일반 기업대출의 자금은 차입자가 관리하고, 부동산 프로젝트 금융의 자금은 **위탁계좌에 의해 관리**된다. 제22회

❻ **위탁관리계좌**(escrow account)의 운영은 PF(project financing) 방식에 의한 부동산개발사업 시 금융기관이 위험을 줄이기 위해 취할 수 있는 조치에 해당한다. 제25회

❼ **시행사 · 시공사에 추가출자 요구**는 PF(project financing) 방식에 의한 부동산개발사업 시 금융기관이 위험을 줄이기 위해 취할 수 있는 조치에 해당한다. 제25회

❽ **시공사에 책임준공 의무부담**은 PF(project financing) 방식에 의한 부동산개발사업 시 금융기관이 위험을 줄이기 위해 취할 수 있는 조치에 해당한다. 제25회

❾ 대출금 보증에 대한 **시공사의 신용보강 요구**는 PF(project financing) 방식에 의한 부동산개발사업 시 금융기관이 위험을 줄이기 위해 취할 수 있는 조치에 해당한다. 제25회

❿ 프로젝트의 **채무불이행위험**이 높아질수록 대출기관이 요구하는 금리가 높아진다. 제30회

⓫ 프로젝트 파이낸싱(PF)은 예상되는 제반 **위험을 프로젝트회사와 이해당사자간의 계약에 의해 적절하게 배분**한다. 제30회

⓬ 사업주(sponsor)가 특수목적회사인 프로젝트 회사를 설립하여 프로젝트 금융을 활용하는 경우, **사업주의 재무상태표에 해당 부채가 표시되지 않는다.** 제29회

⓭ 사업주(sponsor)가 특수목적회사인 프로젝트 회사를 설립하여 프로젝트 금융을 활용하는 경우, 일정한 요건을 갖춘 프로젝트 회사는 **법인세 감면**을 받을 수 있다. 제29회

⓮ 프로젝트 금융의 경우 일반적으로 기업대출보다 금리 등이 높아 사업이 성공할 경우 해당 **금융기관은 높은 수익**을 올릴 수 있다. 제27회

⓯ 프로젝트 금융이 부실화될 경우 해당 **금융기관의 부실**로 이어질 수 있다. 제27회

기출문제 끝장

기출 분석

- 기출회차: 제29회
- 난이도: ★★
- 키워드: 프로젝트 금융 (project financing)

함정을 피하는 끝장 TIP

- 프로젝트 금융(project financing)을 이해하고 있는지를 묻는 문제이다.
- 공급자 금융의 하나인 프로젝트 금융(project financing)은 담보대출이 아니라 사업성이 담보가 된다는 점에 유의해야 한다.

사업주(sponsor)가 특수목적회사인 프로젝트 회사를 설립하여 프로젝트 금융을 활용하는 경우에 관한 설명으로 옳은 것은? (단, 프로젝트 회사를 위한 별도의 보증이나 담보 제공은 없음)

① 프로젝트 금융의 상환재원은 ~~사업주의 모든 자산을 기반으로 한다~~.

···› 프로젝트 금융의 상환재원은 해당 프로젝트에서 발생하는 현금흐름에 의존한다.

② 사업주의 재무상태표에 해당 부채가 ~~표시된다~~.

···› 프로젝트 사업주의 재무상태표에 해당 부채가 표시되지 않는다.

③ 해당 프로젝트가 부실화되더라도 대출기관의 채권회수에는 ~~영향이 없다~~.

···› 프로젝트 사업주가 프로젝트 회사를 위해 보증이나 담보제공을 하지 않는다면, 프로젝트 회사가 파산하더라도 금융회사는 프로젝트 사업주에 대해 원리금상환을 청구할 수 없다. 따라서 해당 프로젝트가 부실화되면 대출기관은 채권회수를 하지 못할 수도 있다.

✔④ 일정한 요건을 갖춘 프로젝트 회사는 법인세 감면을 받을 수 있다.

⑤ 프로젝트 사업의 자금은 차주가 ~~임의로 관리한다~~.

···› 프로젝트 사업의 자금은 차주가 임의로 관리하는 것이 아니라 금융기관이 에스크로우 계정(escrow account), 즉 위탁관리계좌의 운영을 통해 부동산개발사업의 현금흐름을 통제하여 사업주의 도덕적 해이를 방지할 수 있다.

기출테마

24 부동산증권

1 부동산증권과 저당의 유동화 ☆ 제25회, 제27회

(1) 지분증권과 부채증권

① 지분증권(equity securities): 부동산투자회사나 개발회사 등이 지분금융을 얻을 목적으로 발행하는 증권을 말한다.

예 부동산 뮤추얼 펀드, 리츠(REITs)

② 부채증권(debt securities): 부채금융을 조달할 목적으로 발행하는 증권을 말한다.

예 주택저당증권(MBS), 자산유동화증권(ABS)

(2) 저당시장(주택금융시장)❶

① 제1차 저당시장(primary mortgage market)

㉠ 저당대부를 원하는 수요자와 저당대부를 제공하는 금융기관으로 이루어지는 시장으로 금융기관은 수취한 예금 등으로 주택담보대출을 제공하는 시장이다.❷ ⇨ 주택자금대출시장❸

㉡ 제1차 저당대출자들은 설정된 저당을 자신들의 자산포트폴리오의 일부로 보유하기도 하고, 자금의 여유가 없을 경우에는 제2차 저당시장에 팔기도 한다.

② 제2차 저당시장(secondary mortgage market)

㉠ 저당대출기관과 다른 기관투자자들 사이에 저당을 사고 파는 시장으로 특별목적회사(SPC)를 통해 투자자로부터 자금을 조달하여 주택자금 대출기관에 공급해 주는 시장을 말한다.❹ ⇨ 주택자금공급시장

㉡ 제2차 시장은 저당대부를 받은 원래 저당차입자(mortgage borrower)와는 아무런 직접적인 관계가 없다.

기출지문 끝장

❶ **주택금융시장**은 금융기관이 수취한 예금 등으로 주택담보대출을 제공하는 제1차 주택저당대출시장, 투자자로부터 자금을 조달하여 주택자금 대출기관에 공급해 주는 제2차 주택저당대출시장으로 구분할 수 있다. 제25회

❷ 제1차 저당대출시장은 저당대출을 원하는 수요자와 저당대출을 제공하는 금융기관으로 형성되는 시장을 말하며, **주택담보대출시장**이 여기에 해당한다. 제25회

❸ 금융기관은 수취한 예금 등으로 주택담보대출을 제공하는데, 이를 1차 **주택저당대출시장**이라 한다. 제21회

❹ 2차 주택저당대출시장은 **특별목적회사(SPC)를 통해 투자자로부터 자금을 조달**하여 주택자금 대출기관에 공급해 주는 시장을 말한다. 제21회

ⓒ 제1차 대출기관들은 자신들이 설정한 저당을 팔아 저당대부에 필요한 자금을 조달한다.

ⓔ 저당의 유동화에 기여하는 시장은 제2차 저당시장이다. ⇨ 제1차 저당시장에 자금을 공급하는 역할❶

(3) 저당유동화의 기능 및 전제조건

① 저당유동화의 기능

ⓐ 주택금융 등과 같은 부동산금융의 활성화에 기여한다.

ⓑ 투자자 입장에서는 자산포트폴리오 선택의 대안을 제공하는 역할이다.

ⓒ 대출자(금융기관)들은 보다 적은 재원을 가지고 보다 많은 차입자(자금수요자)에게 자금을 공급할 수 있다.

ⓔ 자본시장 침체 시 자금흐름이 왜곡되는 것을 방지할 수 있는 제도적 장치로서 기능을 한다.

ⓜ 주택저당채권의 유동화를 통해 자본시장으로부터의 주택자금대출 재원조달을 확대한다.

ⓑ 장기대출채권을 투자자에게 매각함으로써 국제결제은행기준 자기자본비율을 제고한다.
└ BIS; bank for international settlements

ⓢ 주택금융기관의 대출자금의 장기고정화에 따른 유동성위험과 금리변동에 따른 금리위험이 감소된다.

② 저당유동화의 전제조건: 저당대부를 위해서는 필요한 자금이 저당시장(mortgage market)에 원활하게 공급되는 것이 매우 중요한데, 이를 위해서는 적어도 저당수익률이 투자자들의 요구수익률보다는 크거나 같아야만 한다.

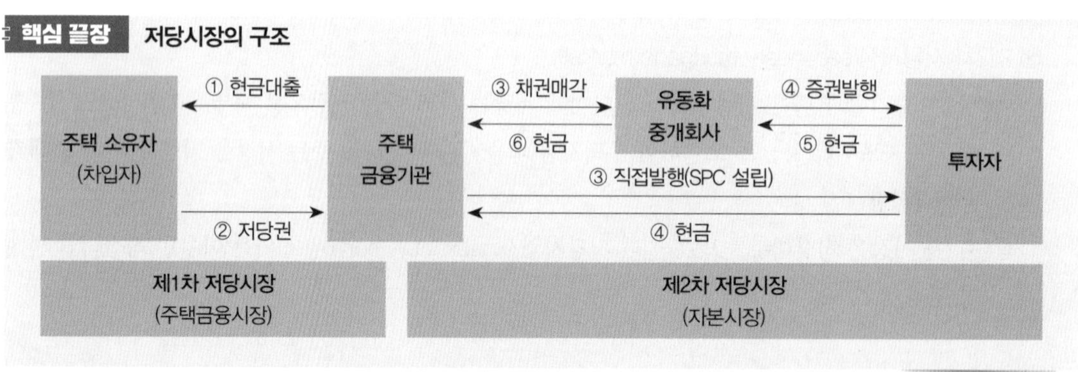

2 주택저당증권 ☆☆ 제22회, 제24회, 제27회, 제28회, 제32회
└ mortgage backed securities; MBS

(1) 지분형 MBS – MPTS(mortgage pass-through securities; 이체증권) ⇨ 지분형

① 의의: 원리금수취권과 주택저당채권집합물에 대한 소유권을 투자자에게 모두 매각하는 방식

② 특징

㉠ 발행자는 원리금수취권과 주택저당채권집합물❷에 대한 소유권을 투자자에게 모두 이전한다.

㉡ 이자율위험과 조기상환위험(만기 전 변제위험)을 투자자가 부담❸한다.

㉢ 초과담보 제공이 필요 없으며 주택저당총액과 MPTS의 발행액이 같게 된다.

(2) 채권형 MBS – MBB(mortgage backed bond; 저당담보부채권) ⇨ 채권형❹

① 의의: 원리금수취권과 주택저당채권집합물에 대한 소유권을 발행자가 가지면서, 저당대출을 담보로 하여 자신의 부채로 채권을 발행하여 자금을 조달하는 방식

② 특징

㉠ 원리금수취권과 주택저당채권집합물에 대한 소유권을 발행자가 보유❺한다.

㉡ 이자율위험, 조기상환위험(만기 전 변제위험), 채무불이행위험을 발행자가 부담❻한다.

주택저당대출차입자의 채무불이행이 발생하더라도 MBB에 대한 원리금을 발행자가 투자자에게 지급하여야 함❼

㉢ MBB의 투자자(매수자)가 발행자의 조기상환(만기 전 변제)에 대해 방어할 수 있는 콜방어(call protection)가 인정된다.

㉣ 발행자는 투자의 안전성을 높이기 위해 초과담보를 확보하므로 MBB발행액은 주택저당총액보다 적어진다.

(3) 혼합형 MBS – MPTB, CMO

① 의의: 원리금수취권은 투자자에게 이체되지만, 주택저당채권집합물에 대한 소유권은 발행자가 갖는다.

② MPTB(mortgage pay-through bond; 지불이체채권) ⇨ 혼합형❽

㉠ 의의: 발행자가 주택저당채권집합물에 대한 소유권은 보유하고 투자자에게 원리금수취권을 이전하는 것으로 다른 조건이 같은 경우 MBB보다 작은 규모의 초과담보가 필요하다.

기출지문 끝장

❶ 2차 저당시장은 **1차 저당시장에 자금을 공급**하는 역할을 한다. 제27회

❷ MPTS(mortgage pass-through securities)는 지분형 증권이기 때문에 증권의 수익은 기초자산인 **주택저당채권집합물**(mortgage pool)의 현금흐름(저당지불액)에 의존한다. 제24회

❸ MPTS(mortgage pass-through securities)의 **조기상환위험은 투자자가 부담**한다. 제27회

❹ 주택저당담보부채권(MBB)은 저당채권의 집합에 대한 **채권적 성격의 주택저당증권**이다. 제22회

❺ MBB(mortgage backed bond)의 투자자는 최초의 **주택저당채권 집합물에 대한 소유권**을 갖지 않는다. 제24회

❻ 주택저당담보부채권(MBB)은 **조기상환의 위험부담을 발행자가 부담**한다. 제21회

❼ 주택저당담보부채권(MBB)은 주택저당대출차입자의 채무불이행이 발생하더라도 **MBB에 대한 원리금을 발행자가 투자자에게 지급**하여야 한다. 제28회

❽ 저당대출자동이체채권은 저당채권이체증권(mortgage pass-through securities)과 주택저당담보부채권(mortgage backed bond)을 **혼합한 성격**의 주택저당증권(mortgage backed securities)이다. 제22회, 제24회

㉡ 특징

ⓐ MPTS와 MBB의 혼합형이다.

ⓑ 주택저당채권집합물에 대한 소유권은 발행자가 보유, 원리금수취권은 투자자에게 이전한다.

ⓒ 이자율위험과 조기상환위험(만기 전 변제위험)을 MPTB 투자자가 부담한다.

③ CMO(collateralized mortgage obligations; 다계층채권) ⇨ 혼합형

㉠ 의의: 저당채권의 집합을 담보로 발행된 다계층의 채권으로 위험의 분산과 다양한 투자욕구를 충족하기 위해서 하나의 집합에서 만기와 이자율을 다양화한 여러 가지 종류의 채권을 발행한다.❶❷

㉡ 특징

ⓐ MPTS와 MBB의 혼합형으로 조기상환위험은 투자자(증권소유자)가 부담한다.

ⓑ 다양한 만기구조를 갖고 만기구조별로 수익률이 다르며, 계층선택에 따라 조기상환위험도 달라진다.

Q 하나의 저당집합에서 상환우선순위와 만기가 다른 다양한 저당담보부증권(MBS)을 발행❸

ⓒ 저당채권의 집합을 담보로 발행된 총금액을 몇 개 그룹으로 나누는데 이 그룹을 트랜치(tranche)라 하며, 트랜치별로 서로 다른 이자율이 적용되고 원금의 지급순서도 달라진다.❹

ⓓ 고정이자율이 적용되는 트랜치가 있고, 유동이자율(floating rate)이 적용되는 트랜치도 있다.

ⓔ 장기투자자들이 원하는 콜방어(call protection)를 실현시킬 수 있다.

핵심 끌장 주택저당증권의 특성 비교

구분	MPTS	MBB	MPTB	CMO
유형	증권	채권	채권	채권
트랜치 수	1	1	1	여러 개
주택저당채권집합물에 대한 소유권자	투자자	발행자	발행자	발행자
원리금수취권자	투자자	발행자	투자자	투자자
조기상환위험부담자	투자자	발행자	투자자	투자자
콜방어	불가	가능	미약	장기트랜치 투자 시 가능
초과담보	없다	크다	작다	작다

기출지문 끌장

❶ CMO(collateralized mortgage obligations)는 상환우선순위와 만기가 다른 다수의 층(tranche)으로 구성된 증권이다. 제32회

❷ CMO(collateralized mortgage obligations)의 발행자는 주택저당채권집합물을 가지고 일정한 가공을 통해 위험–수익 구조가 다양한 트랜치의 증권을 발행한다. 제24회

❸ 다층저당증권(CMO)의 발행자는 동일한 저당풀(mortgage pool)에서 상환우선순위와 만기가 다른 다양한 저당담보부증권(MBS)을 발행할 수 있다. 제28회

❹ CMO(collateralized mortgage obligations)는 트랜치별로 적용되는 이자율과 만기가 다른 것이 일반적이다. 제27회

기출문제 끝장

기출 분석

- 기출회차: 제32회
- 난이도: ★★
- 키워드: 부동산금융과 주택저당증권

함정을 피하는 끝장 TIP

- 저당담보부증권(MBS) 도입에 따른 부동산시장의 효과를 이해하고 있는지를 묻는 문제이다.
- 저당의 유동화제도의 도입과 주택저당증권 도입에 따른 부동산시장의 효과를 정리해 두어야 한다.
- 주택저당증권의 종류는 학자마다 부르는 명칭이 다르므로 우리말 용어 이외에도 MPTS, MBB, MPTB, CMO 등으로 함께 알아두어야 한다.

PART 4

모기지(mortgage) 유동화에 관한 설명으로 틀린 것은?

① MPTS(mortgage pass-through securities)는 지분형 증권이다.

② MPTB(mortgage pay-through bond)의 경우, 조기상환위험은 ~~증권발행자가 부담~~하고, 채무불이행 위험은 ~~투자자가 부담~~한다.

⋯→ 조기상환위험은 투자자가 부담하고, 채무불이행 위험은 증권발행자가 부담한다.

③ MBB(mortgage backed bond)의 경우, 신용보강을 위한 초과담보가 필요하다.

④ CMO(collateralized mortgage obligations)는 상환우선순위와 만기가 다른 다수의 층(tranche)으로 구성된 증권이다.

⑤ 우리나라의 모기지 유동화중개기관으로는 한국주택금융공사가 있다.

기출테마

25 부동산투자회사

☆☆☆ 제22회, 제23회, 제24회, 제25회, 제26회, 제27회, 제29회, 제30회

1 부동산투자회사의 의의

주식발행을 통하여 다수의 투자자로부터 모은 자금을 부동산에 투자·운용하여 얻은 수익(부동산임대소득, 개발이득, 매매차익 등)을 투자자에게 배당[1]하는 것을 목적으로 하는 주식회사[2]이다. ⇨ 부동산에 대한 간접투자상품[3], 지분금융방식

2 부동산투자회사의 종류[4]

① 자기관리 부동산투자회사[5]: 자산운용 전문인력을 포함한 임·직원을 상근으로 두고 자산의 투자·운용을 직접 수행하는 회사를 말한다.

② 위탁관리 부동산투자회사[6]: 자산의 투자·운용을 자산관리회사에 위탁하는 회사를 말한다.

③ 기업구조조정 부동산투자회사: 「부동산투자회사법」에서 규정하는 부동산을 투자대상으로 하며, 자산의 투자·운용을 자산관리회사에 위탁하는 회사를 말한다.

3 부동산투자회사 비교

구분	일반리츠(K-REITs)		기업구조조정리츠 (CR-REITs)
	자기관리 부동산투자회사	위탁관리 부동산투자회사	
회사 형태	「상법」[7]상 주식회사		
실체 형태	실체회사(상근 임직원)	명목회사(비상근)	
설립자본금 (최저자본금)	5억원[8](70억원[9])	3억원[10](50억원[11])	
현물출자[12]	영업인가 또는 등록 후, 최저자본금을 갖춘 후 현물출자는 가능		
	※ 부동산 + 지상권, 임차권 등 부동산 사용에 관한 권리, 신탁 수익권 등도 허용		
주식의 분산 (1인당 보유한도)[13]	발행주식의 100분의 50을 초과하지 못함		제한 없음
주식공모	영업인가를 받거나 등록한 날부터 2년 이내에 발행 주식 총수의 100분의 30 이상을 일반의 청약에 제공		의무사항 아님
상장	상장요건을 갖춘 후 즉시		

구분	자기관리	위탁관리	기업구조조정
회사의 자산구성	매 분기 말 현재 총자산의 100분의 80 이상을 부동산, 부동산 관련 증권 및 현금으로 구성(총자산의 100분의 70 이상은 부동산으로 구성)		매 분기 말 현재 총자산의 100분 70 이상을 구조조정 관련된 부동산으로 구성
운용기관	내부조직(상근직원 있음)	자산관리회사에 위탁(상근직원 없음)⓮	
배당	90% 이상 의무 배당⓯(한시적으로 50% 이상)	90% 이상 배당 시 법인세 비과세⓰	
차입과 사채	주주총회 특별 의결 시 자기자본의 2배 초과 가능		
합병제한	같은 종류의 부동산투자회사 간의 흡수합병의 방법으로 합병 가능		
감독기관	국토교통부장관, 금융위원회		
세제혜택	• 자기관리 부동산투자회사는 법인세 면제 (×) • 위탁·기업구조조정 부동산투자회사는 90% 이상 배당할 경우 법인세 면제 (○)		

기출지문 끝장

❶ 부동산투자회사나 부동산펀드는 투자자를 대신하여 투자자의 자금을 부동산에 투자하고 그 **운영성과를 투자자에게 배분**한다. 제23회

❷ 부동산투자회사는 **주식회사**로 하며, 그 상호에 부동산투자회사라는 명칭을 사용하여야 한다. 제22회

❸ 부동산투자회사의 장점은 일반인들이 **소액으로도 부동산에 투자**할 수 있다는 점이다. 제23회

❹ 부동산투자회사는 **자기관리, 위탁관리, 기업구조조정 부동산투자회사**로 구분할 수 있다. 제27회

❺ **자기관리 부동산투자회사**는 자산운용전문인력을 포함한 임직원을 상근으로 두고 자산의 투자·운용을 직접 수행하는 회사를 말한다. 제25회

❻ **위탁관리 부동산투자회사**는 자산의 투자·운용업무를 자산관리회사에게 위탁하여야 한다. 제21회, 제30회

❼ 부동산투자회사는 「부동산투자회사법」에서 특별히 정한 경우를 제외하고는 「**상법**」의 적용을 받는다. 제22회

❽ 자기관리 부동산투자회사의 설립 자본금은 **5억원** 이상으로 한다. 제24회, 제26회, 제27회, 제29회

❾ 영업인가를 받거나 등록한 날부터 6개월이 지난 자기관리 부동산투자회사의 최저자본금은 **70억원** 이상이 되어야 한다. 제22회

❿ 위탁관리 부동산투자회사 및 기업구조조정 부동산투자회사의 설립 자본금은 **3억원** 이상으로 한다. 제24회, 제29회, 제30회

⓫ 영업인가를 받거나 등록한 날부터 6개월이 지난 위탁관리 부동산투자회사 및 기업구조조정 부동산투자회사의 최저자본금은 각각 **50억원** 이상이 되어야 한다. 제22회, 제27회

⓬ 부동산투자회사는 **현물출자**에 의한 설립을 할 수 없다. 제29회

⓭ 위탁관리 부동산투자회사(REITs)는 주주 **1인당 주식소유의 한도**가 제한된다. 제30회

⓮ 위탁관리 부동산투자회사는 본점 외의 지점을 설치할 수 없으며, **직원을 고용하거나 상근 임원을 둘 수 없다.** 제24회, 제25회, 제26회, 제27회, 제29회

⓯ 부동산투자회사는 「상법」에 따른 해당 연도 이익배당한도의 **100분의 90** 이상을 주주에게 배당하여야 하며, 이 경우 이익준비금은 적립하지 아니한다. 제21회

⓰ 기업구조조정 부동산투자회사는 회사의 실체가 없는 명목회사로, 배당가능이익의 **90% 이상 배당 시 법인세 면제**혜택이 있다. 제21회

기출문제 끝장

기출 분석

- 기출회차: 제29회
- 난이도: ★★
- 키워드: 「부동산투자회사법」상 부동산투자회사

함정을 피하는 끝장 TIP

- 「부동산투자회사법」상 부동산투자회사제도를 이해하고 있는지를 묻는 문제이다.
- 부동산투자회사 부분은 「부동산투자회사법」이 주로 출제되므로 「부동산투자회사법」을 잘 정리해 두어야 한다.

우리나라 부동산투자회사(REITs)에 관한 설명 중 틀린 것은?

① 자기관리 부동산투자회사의 설립 자본금은 5억원 이상으로 한다.

② 위탁관리 부동산투자회사 및 기업구조조정 부동산투자회사의 설립 자본금은 3억원 이상으로 한다.

③ 공인중개사로서 해당 분야에 5년 이상 종사한 사람은 자기관리 부동산투자회사의 자산운용전문인력이 될 수 있다.

④ 위탁관리 부동산투자회사는 본점 외의 지점을 설치할 수 없다.

⑤ 부동산투자회사는 현물출자에 의한 ~~설립이 가능하다~~.

···› 부동산투자회사는 현물출자에 의한 설립을 할 수 없다(부동산투자회사법 제5조 제2항).

기출테마

26 부동산개발의 타당성 분석

1 부동산개발의 타당성 분석 ☆☆ 제22회, 제23회, 제25회, 제27회, 제31회

(1) 지역경제분석

대상지역의 부동산 수요에 영향을 미치는 인구, 고용, 소득 등의 요인을 분석한다. ⇨ 거시적 시장분석의 한 부분

(2) 시장분석

특정지역이나 부동산유형에 대한 수요, 공급 등을 분석한다.❶

핵심 끌장 **시장차별화 & 시장세분화**

1. **시장차별화(market disaggregation)**: 제품의 특성에 따라 대상부동산을 범주화하여 다른 부동산과 구별하는 것을 말한다.
2. **시장세분화(market segmentation)**: 소비자 특성에 따라 가능사용자를 범주화하여 다른 사람과 구별하는 것을 말한다.

(3) 시장성 분석❷

① 의의: 개발될 부동산이 현재나 미래의 시장에서 매매되거나 임대될 수 있는지에 대한 경쟁력을 분석하는 것을 말한다.❸

② 흡수율 분석

㉠ 일정기간에 특정한 지역에 공급된 부동산이 얼마의 비율로 흡수되었는가를 분석하는 것이다.
⇨ 흡수율이 높을수록 시장위험은 작다.

㉡ 목적: 단순히 과거의 추세를 파악하는 것만이 아니라 이를 기초로 개발사업의 미래의 흡수율을 파악하는 것이다.

기출지문 끌장

❶ 시장분석은 특정 부동산에 관련된 **시장의 수요와 공급 상황을 분석**하는 것이다. 제25회

❷ **시장성 분석**은 부동산이 현재나 미래의 시장상황에서 매매 또는 임대될 수 있는 가능성을 조사하는 것이다. 제25회

❸ 부동산개발의 시장성 분석단계에서는 향후 **개발될 부동산이 현재나 미래의 시장상황에서 매매되거나 임대될 수 있는지에 대한 경쟁력**을 분석한다. 제22회, 제27회

(4) 타당성 분석

개발사업에 투자자금을 끌어들일 수 있을 정도로 충분한 수익이 발생하는지 분석하는 것을 말한다.

(5) 투자분석

투자자의 목적, 다른 투자대안의 수익성 등을 검토하여 대상개발사업의 채택 여부를 결정하는 것을 말한다.

2 시장분석과 경제성 분석

(1) 시장분석

① 의의: 특정개발사업이 시장에서 채택될 수 있는가를 분석하는 것을 말한다.

　Q 개발사업이 안고 있는 물리적·법률적·경제적·사회적 제약조건에 대한 분석도 포함

② 목적: 개발사업에 대한 투자결정을 하는 데 필요한 모든 정보를 제공하는 것을 말한다.

③ 역할

　㉠ 주어진 부지에는 어떤 용도가 적합한가를 결정하는 역할을 한다(적지론).

　㉡ 특정용도에는 어떤 부지가 적합한가를 결정하는 역할을 한다(입지론).

　㉢ 주어진 자본을 투자할 대안을 찾고 있는 투자자를 위해 수행되기도 한다.

　㉣ 타당성 분석은 새로운 개발사업에 대해서는 물론 기존의 개발사업에 대해서도 행해진다.

④ 구성요소

　㉠ 지역분석(도시분석): 경제기반분석, 인구분석, 소득수준, 교통

　㉡ 근린분석: 지방경제가 부지에 미치는 영향, 근린지역 내의 경쟁, 미래의 경쟁 가능성, 인구의 특성

　㉢ 부지분석: 지역지구제, 편익시설, 접근성, 크기와 모양, 지형

　㉣ 수요분석: 경쟁력, 인구분석, 추세분석

　㉤ 공급분석: 공실률 및 임대료 추세, 건축착공량과 건축허가수

(2) 경제성 분석

시장분석에서 수집된 자료를 활용하여 개발사업에 대한 수익성을 평가하고, 최종적인 투자결정을 하는 것을 말한다.

기출문제 끝장

기출 분석

- 기출회차: 제17회
- 난이도: ★★
- 키워드: 부동산개발의 타당성 분석

함정을 피하는 끝장 TIP

- 부동산개발의 타당성 분석에서 단계별 분석 과정을 알고 있는지를 묻는 문제이다.
- 부동산개발의 타당성 분석은 단계별 분석과정 및 시장분석과 경제성 분석의 특징을 정리해 두어야 한다.
- 시장분석에서는 자료와 정보를 수집하고, 이를 기초로 하는 수익성 평가, 투자결정 등은 경제성 분석에 해당한다.

부동산분석은 단계별 분석 과정을 거쳐 이루어진다. 단계를 순서대로 나열한 것은?

① 지역경제분석 ⇨ 시장성 분석 ⇨ 시장분석 ⇨ 타당성 분석 ⇨ 투자분석
② 지역경제분석 ⇨ 시장분석 ⇨ 시장성 분석 ⇨ 타당성 분석 ⇨ 투자분석
③ 지역경제분석 ⇨ 시장분석 ⇨ 타당성 분석 ⇨ 시장성 분석 ⇨ 투자분석
④ 지역경제분석 ⇨ 시장성 분석 ⇨ 타당성 분석 ⇨ 시장분석 ⇨ 투자분석
⑤ 지역경제분석 ⇨ 타당성 분석 ⇨ 시장분석 ⇨ 시장성 분석 ⇨ 투자분석

해 설

부동산분석의 단계별 분석 과정은 '지역경제분석 ⇨ 시장분석 ⇨ 시장성 분석 ⇨ 타당성 분석 ⇨ 투자분석'의 순서이다.

기출테마

27 민간의 부동산개발방식 및 민간투자사업방식

1 민간의 부동산개발방식 ☆ 제24회, 제26회, 제29회

(1) 자체개발사업❶

① 토지소유자가 사업기획을 하고 직접 자금조달을 하여 건설을 시행하는 방식이며, 통상적으로 가장 많은 사업의 형태이다.

② 장점은 개발사업의 이익이 모두 토지소유자에게 귀속되고, 사업시행자의 의도대로 사업추진이 가능하며, 사업시행의 속도도 빠르다는 것이다.

③ 단점으로서는 사업의 위험성이 매우 높고, 자금조달의 부담이 크며, 위기관리능력이 요구된다는 것이다.

(2) 지주공동사업❷

건설사, 사업시행자, 자금조달자

① 토지소유자와 개발업자 간에 부동산개발을 공동으로 시행하는 것으로서, 토지소유자는 토지를 제공하고 개발업자는 개발의 노하우를 제공하여 서로의 이익을 추구하는 형태이다.

② 가장 큰 장점은 불확실하고 위험도가 큰 부동산개발사업에 대한 위험을 지주와 개발업자 간에 분산한다는 데 있다.❸

③ 공사비 대물변제형, 공사비 분양금 정산형❹, 사업위탁방식❺ 등이 있다.

(3) 토지신탁개발사업❻

① 토지소유자로부터 형식적인 소유권을 이전받은 신탁회사가 토지를 개발·관리·처분하여 그 수익을 수익자에게 돌려주는 방식이다.

② 자신의 토지를 신탁회사에 위탁하여 개발·관리·처분하는 방식이며, 사업위탁방식과 유사하나 가장 큰 차이점은 신탁회사에 형식상의 소유권이 이전된다는 것이다.

(4) 컨소시엄방식❼

① 대규모 개발사업에 있어서 사업자금의 조달 또는 상호 기술보완 등의 필요에 의해 법인 간에 컨소시엄을 구성하여 사업을 수행하는 방식이다.

② 사업의 안정성 확보라는 점에서 장점이 있으나, 사업시행에 시간이 오래 걸리고, 출자회사 간 상호 이해조정이 필요하며, 책임의 회피현상이 있을 수 있다는 단점이 있다.

Q 공동개발방식

1. **등가교환방식**⑧: 토지소유자가 소유한 토지 위에 개발업자가 자금을 부담하여 건축한 건물의 건축면적을 토지소유자와 개발업자가 전체 투입자금 비율로 나누는 공동사업 유형으로 토지소유자가 토지를 제공하고 개발업자가 건물을 건축하여, 그 기여도에 따라 각각 토지·건물의 지분을 갖는 방식이다.
2. **신차지방식**: 개발업자가 토지를 임차하여 개발하는 방식으로서, 차지계약을 체결할 때 권리금을 주고받지 않으며, 차지계약기간 중에는 토지소유자에게 고액의 지대가 지불된다. 차지계약 종료시점에 토지는 무상으로 반환되고, 건물은 시가로 양도된다.
3. 그 밖에 건설협력금차입방식, 공동빌딩건설방식 등이 있다.

기출지문 끝장

❶ 민간의 부동산개발방식 중 **자체개발사업**에서는 사업시행자의 주도적인 사업추진이 가능하나 사업의 위험성이 높을 수 있어 위기관리능력이 요구된다. 제26회

❷ 민간의 부동산개발 사업방식 중 **지주공동사업**은 토지소유자와 개발업자가 부동산개발을 공동으로 시행하는 방식으로서, 일반적으로 토지소유자는 토지를 제공하고 개발업자는 개발의 노하우를 제공하여 서로의 이익을 추구한다. 제24회

❸ 민간의 부동산개발 사업방식 중 지주공동사업은 불확실하거나 위험도가 큰 부동산개발사업에 대한 **위험을 토지소유자와 개발업자 간에 분산**할 수 있는 장점이 있다. 제24회

❹ 민간의 부동산개발 방식의 경우 토지소유자가 사업을 시행하면서 건설업체에 공사를 발주하고 공사비의 지급은 분양수입금으로 지급한다면, 이는 **분양금 공사비 지급(청산)형** 사업방식에 해당된다. 제26회

❺ 부동산개발사업에서 토지소유자가 토지소유권을 유지한 채 개발업자에게 사업시행을 맡기고 개발업자는 사업시행에 따른 수수료를 받는 방식은 **사업위탁(수탁)방식**에 해당한다. 제24회, 제29회

❻ 민간의 부동산개발 사업방식에서 **토지신탁형**은 토지소유자로부터 형식적인 소유권을 이전받은 신탁회사가 토지를 개발·관리·처분하여 그 수익을 수익자에게 돌려주는 방식이다. 제24회

❼ 민간의 부동산개발방식의 경우 개발사업에 있어서 사업자금 조달 또는 상호 기술보완 등 필요에 따라 법인 간에 컨소시엄을 구성하여 사업을 추진한다면, 이는 **컨소시엄구성방식**에 해당된다. 제24회, 제26회

❽ 민간의 부동산개발 방식의 경우 토지소유자가 제공한 토지에 개발업자가 공사비를 부담하여 부동산을 개발하고, 개발된 부동산을 제공된 토지가격과 공사비의 비율에 따라 나눈다면, 이는 **등가교환방식**에 해당된다. 제26회

핵심 끌장 민간의 부동산개발방식

구분		자체개발사업	지주공동사업				토지신탁형	컨소시엄 구성방식
			공사비 대물변제형(등가교환)	분양금 공사비 지급형	투자자 모집형	사업위탁(사업제안)형		
사업주체	토지소유	토지 소유자	토지소유자	토지소유자	사업시행자	토지소유자	신탁회사	토지소유자
	건축시공		개발업자	개발업자	사업시행자	개발업자	신탁회사	컨소시엄 구성회사
	자금조달		개발업자	개발업자	투자자	토지소유자	신탁회사	
	사업시행		토지소유자	토지소유자	사업시행자	개발업자	신탁회사	토지소유자
	이익귀속		토지소유자, 개발업자	토지소유자, 개발업자	토지소유자, 투자자	토지소유자	수익자	토지소유자, 컨소시엄 구성회사
사업내용		토지소유자에 의한 자금조달, 시공, 분양	토지소유자가 공사비를 대물변제	토지소유자가 공사비를 분양금으로 변제	토지소유자나 개발업자가 투자자를 모집	토지소유자가 개발업자에게 사업 전 과정을 위탁	토지소유자가 신탁회사에 수수료를 지불하고 신탁개발	대규모 토지개발에 시공사가 공동참여함
비고		일반적으로 이용됨	시공사와의 공사비 산정 문제	대표적 지주공동사업	새로운 유형	소규모 사업에 활용	신탁수수료 협의 문제	지주공동사업과 유사 형태임

2 민간투자사업방식 ★★ 제24회, 제26회, 제28회, 제31회, 제32회

(1) BTO(build–transfer–operate) 방식❶

사회간접자본시설의 준공과 함께 시설의 소유권이 정부 등에 귀속되지만, 사업시행자가 정해진 기간 동안 시설에 대한 운영권을 가지고 수익을 내는 민간투자사업방식

예 도로, 터널 등

(2) BTL(build–transfer–lease) 방식❷

민간이 개발한 시설의 소유권을 준공과 동시에 공공에 귀속시키고 민간은 시설관리운영권을 가지며, 공공은 그 시설을 임차하여 사용하는 민간투자사업방식

예 학교 건물, 기숙사, 도서관, 군인 아파트 등

(3) BOT(build-operate-transfer) 방식❸

민간사업자가 스스로 자금을 조달하여 시설을 건설하고, 일정기간 소유·운영한 후, 사업이 종료한 때 국가 또는 지방자치단체 등에 시설의 소유권을 이전하는 민간투자사업방식❹

(4) BLT(build-lease-transfer) 방식

사업시행자가 사회간접자본시설을 준공한 후 일정기간 동안 운영권을 정부에 임대하여 투자비를 회수하며, 약정 임대기간 종료 후 시설물을 정부 또는 지방자치단체에 이전하는 민간투자사업방식

(5) BOO(build-own-operate) 방식❺

시설의 준공과 함께 사업시행자가 소유권과 운영권을 갖는 민간투자사업방식

핵심 끝장 BTO 방식과 BTL 방식의 비교

추진방식	BTO 방식	BTL 방식
대상시설 성격	최종 수요자에게 사용료 부과로 투자비 회수가 가능한 시설	최종 수요자에게 사용료 부과로 투자비 회수가 어려운 시설
투자비 회수	최종 사용자의 사용료	정부의 시설임대료
사업리스크	민간이 수요위험 부담	민간의 수요위험 배제

기출지문 끝장

❶ 부동산개발에서 BTO(build-transfer-operate) 방식은 시설의 준공과 함께 시설의 소유권이 국가 또는 지방자치단체에 귀속되지만, 사업시행자가 정해진 기간 동안 시설에 대한 운영권을 가지고 수익을 내는 방식이다. 제24회, 제26회

❷ 부동산개발에서 BTL(build-transfer-lease) 방식은 사업시행자가 시설의 준공과 함께 소유권을 국가 또는 지방자치단체로 이전하고, 해당 시설을 국가나 지방자치단체에 임대하여 수익을 내는 방식이다. 제24회

❸ BOT(build-operate-transfer) 방식은 민간사업자가 스스로 자금을 조달하여 시설을 건설하고, 일정기간 소유·운영한 후, 사업이 종료한 때 국가 또는 지방자치단체 등에 시설의 소유권을 이전하는 것을 말한다. 제22회

❹ 부동산개발에서 민간사업자가 자금을 조달하여 시설을 건설하고, 일정기간 소유 및 운영을 한 후, 사업종료 후 **국가 또는 지방자치단체 등에게 시설의 소유권을 이전하는 방식**은 BOT(build-operate-transfer) 방식이다. 제32회

❺ 부동산개발에서 민간사업자가 자금을 조달하여 시설을 건설하고, 준공과 함께 민간사업자가 당해 시설의 소유권과 운영권을 갖는 방식은 BOO(build-own-operate) 방식이다. 제32회

기출문제 끝장

기출 분석

- 기출회차: 제26회
- 난이도: ★★
- 키워드: 민간의 부동산개발방식

함정을 피하는 끝장 TIP

- 민간의 부동산개발방식을 이해하고 있는지를 묻는 문제이다.
- 민간의 부동산개발방식은 자체사업방식과 지주공동사업의 특징을 비교하여 정리해 두고, 특히 지주공동사업의 각 사업방식들의 포인트를 암기해 두어야 한다.

민간의 부동산개발방식에 관한 설명으로 틀린 것은?

① 자체개발사업에서는 사업시행자의 주도적인 사업추진이 가능하나 사업의 위험성이 높을 수 있어 위기관리능력이 요구된다.

② 토지소유자가 제공한 토지에 개발업자가 공사비를 부담하여 부동산을 개발하고, 개발된 부동산을 제공된 토지가격과 공사비의 비율에 따라 나눈다면, 이는 등가교환방식에 해당된다.

③ 토지신탁(개발)방식과 사업수탁방식은 ~~형식의 차이가 있으나, 소유권을 이전하고~~ 사업주체가 토지소유자가 된다는 점이 ~~동일하다~~.

→ 토지신탁(개발)방식은 소유권을 이전하고 신탁회사가 자금조달, 건축시공, 사업시행을 하고 수익을 수익자에게 배당하는 방식이지만, 사업수탁방식은 소유권은 이전되지 않고 토지소유자 명의로 개발이 이루어지므로 사업주체가 토지소유자가 된다는 점에서 차이가 난다.

④ 개발사업에 있어서 사업자금 조달 또는 상호 기술보완 등 필요에 따라 법인 간에 컨소시엄을 구성하여 사업을 추진한다면, 이는 컨소시엄 구성방식에 해당된다.

⑤ 토지소유자가 사업을 시행하면서 건설업체에 공사를 발주하고 공사비의 지급은 분양수입금으로 지급한다면, 이는 분양금 공사비 지급(청산)형 사업방식에 해당된다.

기출테마

28 경제기반이론

1 경제기반이론의 의의 및 입지계수 ☆ 제27회, 제30회, 제32회

(1) 의의 및 특징

① 의의: 수출기반이론이라고도 하는데, 기반산업을 육성하여 수출을 확대해 나감으로써 지역경제의 성장과 발전을 도모할 수 있다고 보는 이론이다.

② 특징

㉠ 한 지역의 산업활동을 두 부문, 즉 기반활동과 비기반활동으로 나눈다.

㉡ 어떤 지역의 기반산업이 활성화되면 비기반산업도 함께 활성화됨으로써 지역경제의 성장과 발전이 유도된다는 것이다.

(2) 입지계수[또는 입지상(LQ; location quotient)]

① 의의: 입지계수를 통해 해당 지역 특정산업의 특화도를 파악할 수 있다.

② 입지계수

$$\text{입지계수(LQ)} = \frac{\dfrac{\text{A지역 X산업의 고용자 수}}{\text{A지역 전체 산업의 고용자 수}}}{\dfrac{\text{전국 X산업의 고용자 수}}{\text{전국 전체 산업의 고용자 수}}} = \frac{\dfrac{\text{A지역 X산업의 생산액}}{\text{A지역 전체 산업의 생산액}}}{\dfrac{\text{전국 X산업의 생산액}}{\text{전국 전체 산업의 생산액}}}$$

- LQ > 1 ⇨ A지역은 X산업제품을 수출(수출기반산업)
- LQ = 1 ⇨ A지역은 X산업제품을 자급
- LQ < 1 ⇨ A지역은 X산업제품을 수입(비수출기반산업)

2 경제기반승수

(1) 의의

수출기반산업의 고용 증가 등이 지역 전체의 고용인구 증가에 미치는 영향을 예측할 수 있게 하는 승수이다.

- 지역사회 전체의 인구증가 = 경제기반승수 × 기반산업의 인구증가
- $$경제기반승수 = \frac{1}{1 - 비기반산업비율} = \frac{1}{기반산업비율} = \frac{지역사회\ 전체의\ 증가분}{기반산업의\ 증가분}$$

(2) 특징

① 경제기반승수를 통해 기반산업 수출부문분의 고용인구 변화가 지역의 전체 고용인구에 미치는 영향을 예측할 수 있다.

② 경제기반승수를 통해 기반산업 수출부문분의 고용인구 변화가 지역의 총인구에 미치는 영향을 예측할 수 있다.

③ 경제기반분석은 고용인구 변화가 부동산수요에 미치는 영향을 예측하는 데 사용될 수 있다.

④ 계산이 용이하며 이해가 쉬워 설득력이 있으며, 통계자료가 부족한 경우에도 기반비만 알면 승수효과를 쉽게 예측할 수 있어 적용하기 쉽다.

기출문제 끝장

기출 분석

- 기출회차: 제30회
- 난이도: ★★
- 키워드: 입지계수

함정을 피하는 끝장 TIP

- 입지계수를 이해하고 계산할 수 있는지를 묻는 문제이다.
- 입지계수를 이해하고 공식을 기억해 두어야 한다.
- 입지계수를 계산하여 구하는 문제가 아니면 두 도시의 각 산업의 입지계수 중 분자값 부분만 비교하여 큰 것이 특화되어 있는 것으로 판단하면 된다.

PART 4

각 지역과 산업별 고용자 수가 다음과 같을 때, A지역 X산업과 B지역 Y산업의 입지계수(LQ)를 올바르게 계산한 것은? (단, 주어진 조건에 한하며, 결과값은 소수점 셋째자리에서 반올림함)

구분		A지역	B지역	전지역 고용자 수
X산업	고용자 수	100	140	240
	입지계수	(㉠)	1.17	
Y산업	고용자 수	100	60	160
	입지계수	1.25	(㉡)	
고용자 수 합계		200	200	400

① ㉠: 0.75, ㉡: 0.83
② ㉠: 0.75, ㉡: 1.33
③ ㉠: 0.83, ㉡: 0.75 ✔
④ ㉠: 0.83, ㉡: 1.20
⑤ ㉠: 0.83, ㉡: 1.33

해 설

$$\text{입지계수(LQ)} = \frac{\dfrac{\text{A지역 X산업의 고용자 수}}{\text{A지역 전체 산업의 고용자 수}}}{\dfrac{\text{전국 X산업의 고용자 수}}{\text{전국 전체 산업의 고용자 수}}}$$

㉠ $\text{A지역 X산업의 입지계수(LQ)} = \frac{\frac{100}{200}}{\frac{240}{400}} = 0.83$

㉡ $\text{B지역 Y산업의 입지계수(LQ)} = \frac{\frac{60}{200}}{\frac{160}{400}} = 0.75$

기출테마

29 부동산관리

☆☆☆ 제22회, 제23회, 제24회, 제25회, 제26회, 제27회, 제30회, 제31회

1 부동산관리❶의 의의

부동산을 그 목적에 맞게 최유효이용을 할 수 있도록 하는 부동산의 유지·보존·개량 및 그 운용에 관한 일체의 행위를 말한다.

2 부동산관리의 세 가지 영역

(1) 시설관리❷

설비의 운전 및 보수, 에너지 관리, 건물 청소관리, 방범·방재 등 보안관리

(2) 재산관리(건물 및 임대차관리)

임대 및 수지관리로서 수익목표의 수립, 자본적·수익적 지출계획 수립, 연간 예산수립, 임대차 유치 및 유지, 비용통제 등을 수행한다.

(3) 자산관리❸❹

투자관리로서 포트폴리오 관리, 투자리스크 관리, 부동산의 매입과 매각관리, 프로젝트 파이낸싱 등이 해당된다.

3 부동산관리의 방식

구분	장점	단점
자가관리	• 입주자에 대한 최대한의 서비스 제공 • 소유자의 강한 지시통제력 발휘 • 관리 각 부문을 종합적으로 운영 • 기밀유지와 보안관리가 양호❺ • 설비에 대한 애호정신이 높고 유사 시 협동이 신속 • 양호한 환경보전이 가능	• 업무의 적극적 의욕 결여(타성화) • 관리의 전문성 결여❻ • 인력관리가 비효율적(참모체제 방대) • 인건비가 불합리하게 지불될 우려 • 임대료의 결정·수납이 불합리적

위탁 관리	• 전문적 관리와 서비스가 가능(타성방지)❼ • 소유자는 본업에 전념할 수 있음 • 부동산관리비용의 저렴 및 안정 • 관리를 위탁함으로써 자사의 참모체계의 단순화 가능 • 급여 체제나 노무의 단순화 • 관리의 전문성으로 인하여 전문업자의 활용이 합리적❽	• 전문관리회사의 선정이 어려움 • 관리요원의 인사이동이 심해 관리하자 우려 • 종업원의 소질과 기술이 저하 • 종업원의 신뢰도 저하 • 부동산 관리요원들의 부동산설비에 대한 애호정신의 저하 • 기밀유지 및 보안 측면 불리❾
혼합 관리❿	• 강한 지도력을 계속 확보하고 위탁관리의 편리를 이용 • 필요한 부분만 선별 위탁(주로 기술적 부분을 위탁) • 과도기(자가관리 ⇨ 위탁관리)적 방식으로 이용이 편리	• 책임소재가 불명확⓫하며 전문업자를 충분히 활용할 수 없음 • 관리요원 사이의 원만한 협조 곤란 • 운영이 악화되면 양 방식의 결점만 노출

PART 4

기출지문 끝장

❶ 부동산관리는 부동산소유자의 목적에 따라 대상부동산을 관리상 운영·유지하는 것이다. 제21회

❷ 시설관리는 건물의 설비, 기계운영 및 보수, 유지관리 등의 업무에 한한다. 제25회, 제26회

❸ 포트폴리오 관리 및 분석, 부동산 투자의 위험 관리, 재투자·재개발 과정분석, 임대마케팅 시장분석과 관련 있는 것은 **자산관리(asset management)**이다. 제30회

❹ 포트폴리오 관리, 투자리스크 관리, 매입·매각관리, 재투자 결정 업무를 모두 수행하는 부동산관리의 유형은 **자산관리**이다. 제24회

❺ 자가(직접)관리방식은 전문(위탁)관리방식에 비해 **기밀유지에 유리**하고 의사결정이 신속한 경향이 있다. 제26회

❻ 자치관리방식은 관리요원이 관리사무에 안일해지기 쉽고, 관리의 **전문성이 결여**될 수 있는 단점이 있다. 제25회

❼ 위탁관리방식의 장점은 전문업자를 이용함으로써 합리적이고 편리하며, **전문화된 관리와 서비스**를 받을 수 있다는 것이다. 제21회

❽ 위탁관리방식은 건물관리의 **전문성**을 통하여 노후화의 최소화 및 효율적 관리가 가능하여 대형건물의 관리에 유용하다. 제25회

❾ 간접(위탁)관리방식은 관리업무의 전문성과 합리성을 제고할 수 있는 반면, **기밀유지에 있어서 직접(자치)관리방식보다 불리하다**. 제23회

❿ 혼합관리방식은 직접(자치)관리와 간접(위탁)관리를 병용하여 관리하는 방식으로 관리업무의 전부를 위탁하지 않고 필요한 부분만을 위탁하는 방식이다. 제23회

⓫ 혼합관리방식은 필요한 부분만 선별하여 위탁할 수 있으나, 관리의 **책임소재가 불분명**해지는 단점이 있다. 제25회

4 임대료를 결정하는 방법

(1) 총임대차

의의	임차인이 임대인에게 지불한 지불임대료에서 부동산운영에 관련된 부동산세금, 보험료 등의 제 비용을 지불하는 방법
적용	주거용 부동산

(2) 순임대차

의의		임차인은 임대인에게 순수한 임대료만을 지불하고, 나머지 비용은 임차인과 임대인의 사전협상에 의해 지불하는 방법
적용		공업용 부동산
종류	1차 순임대차	순수한 임대료 이외에 편익시설에 대한 비용, 부동산세금까지를 임차인이 지불하는 방법 ⇨ 그냥 '순임대차'라고 하면 1차를 의미함
	2차 순임대차	1차 순임대차의 항목 이외에 보험료까지 지불하는 방법
	3차 순임대차	2차 순임대차의 항목 이외에 유지수선비까지 지불하는 방법 ⇨ 가장 일반적으로 사용

(3) 비율임대차

의의	임차인의 총수입 중에서 일정비율을 임대료로 지불하는 방법
적용	매장용 부동산

기출문제 끝장

기출 분석

- 기출회차: 제24회
- 난이도: ★★
- 키워드: 부동산관리의 유형

함정을 피하는 끝장 TIP

- 부동산관리의 유형을 이해하고 있는지를 묻는 문제이다.
- 부동산관리는 시설관리, 재산관리(건물 및 임대차관리), 자산관리 등으로 구분할 수 있는데, 그중 자산관리가 가장 중요하므로 자산관리를 중심으로 정리해 두어야 한다.

PART 4

다음의 업무를 모두 수행하는 부동산관리의 유형은?

- 포트폴리오 관리
- 투자리스크 관리
- 매입 · 매각관리
- 재투자 결정

① 자산관리(asset management)
② 재산관리(property management)
③ 시설관리(facility management)
④ 임대차관리(leasing and tenant management)
⑤ 건설사업관리(construction management)

해 설

자산관리(asset management)란 부동산가치를 증가시킬 수 있는 방법들을 모색함으로써 부동산소유자나 기업의 부를 극대화하려는 적극적인 관리를 말한다. 이는 투자관리로서 포트폴리오 관리, 투자리스크 관리, 부동산의 매입과 매각관리, 재투자 결정, 프로젝트 파이낸싱 등이 이에 해당한다.

기출테마

30 부동산마케팅의 전략

1 부동산마케팅의 의의

부동산마케팅[1]이란 부동산 활동 주체가 소비자나 이용자의 욕구를 파악하고 창출하여 자신의 목적을 달성시키기 위해 시장을 정의하고 관리하는 과정이라 할 수 있다.

2 부동산마케팅의 전략 ☆☆☆ 제22회, 제23회, 제24회, 제25회, 제26회, 제27회, 제28회, 제31회, 제32회

(1) 시장점유마케팅 전략

공급자의 전략차원으로서 목표시장을 선점하거나 틈새시장을 점유하는 마케팅 전략이다. ⇨ STP 전략과 4P MIX 전략이 있다.

① STP 전략[2]: 시장세분화(segmentation), 목표시장(target), 차별화(positioning)를 말한다.

㉠ 시장세분화 전략: 수요자 집단을 인구·경제학적 특성에 따라서 세분하고, 세분된 시장에서 상품의 판매지향점을 분명히 하는 전략이다.[3]

㉡ 목표(표적)시장 전략[4]: 세분화된 수요자 집단에서 경쟁상황과 자신의 능력을 고려하여 가장 자신 있는 수요자 집단을 찾아내는 전략이다.[5]

㉢ 차별화 전략: 동일한 표적시장을 갖는 다양한 공급경쟁자들 사이에서 자신의 상품을 어디에 위치시킬 것인가 하는 전략이다.

② 4P MIX 전략: 마케팅 효과를 높이기 위해 각 부분을 유기적으로 결합시켜 차별화를 도모하는 전략이다. ⇨ 상업용 부동산마케팅 등에서 많이 사용

Q 4P 마케팅믹스(marketing mix)[6]란 마케팅의 목적을 효과적으로 달성하기 위해 상품(product), 가격(price), 유통경로(place)[7], 판매촉진(promotion)[8][9]을 조합하는 것을 말한다.

(2) 고객점유마케팅 전략

소비자를 중심으로 하는 마케팅으로 부동산시장에서도 소비자의 심리를 이해하고 마케팅을 하는 고객지향적 시도들이 이루어지고 있다. ⇨ AIDA의 원리[10]

└ 주의(attention), 관심(interest), 욕망(desire), 행동(action)의 전략

(3) 관계마케팅 전략[11]

거래관계를 생산자와 소비자 간의 일회성 거래가 아닌 양자 간의 장기적·지속적인 관계 유지를 주축으로 하는 마케팅 전략이다. ⇨ 브랜드 마케팅, 프랜차이즈화

핵심 끝장 AIDA의 원리

1. 주의(attention): 신문광고, 점두광고, 모델하우스
2. 관심(interest): 제시, 궁금증 해소
3. 욕망(desire): 의견교환, 셀링포인트
4. 행동(action): 클로징(closing) 유도

셀링포인트(selling point, 판매소구점): 상품으로서 부동산이 지니는 여러 특징 중 구매자(고객)의 욕망을 만족시켜 주는 특징을 말한다.

(4) 바이럴 마케팅 전략⑫

SNS, 블로그 등 다양한 매체를 통해 해당 브랜드나 제품에 대해 입소문을 내게 하여 마케팅효과를 극대화시키는 마케팅 전략이다.

기출지문 끝장

❶ **부동산마케팅**이란 부동산 활동 주체가 소비자나 이용자의 욕구를 파악하고 창출하여 자신의 목적을 달성시키기 위해 시장을 정의하고 관리하는 과정이라 할 수 있다. 제23회

❷ **STP 전략**은 시장세분화(segmentation), 표적시장 선정(targeting), 포지셔닝(positioning)으로 구성된다. 제26회

❸ 부동산마케팅 전략에서 시장세분화(market segmentation)란 부동산시장에서 마케팅활동을 수행하기 위하여 **구매자의 집단을 세분**하는 것이다. 제28회

❹ **표적시장**(target market)은 세분화된 시장 중 가장 좋은 시장기회를 제공해 줄 수 있는 특화된 시장이다. 제24회

❺ 부동산마케팅 전략에서 표적시장(target market)이란 세분된 시장 중에서 부동산기업이 **표적으로 삼아 마케팅활동**을 수행하는 시장을 말한다. 제28회

❻ **마케팅믹스**(marketing mix)란 마케팅의 목적을 효과적으로 달성하기 위해 상품(product), 가격(price), 유통경로(place), 판매촉진(promotion)을 조합하는 것을 말한다. 제22회

❼ 분양대행사를 이용하는 것은 마케팅믹스(marketing mix)의 4P전략 중 **유통(place) 전략**과 밀접한 연관이 있다. 제22회

❽ 주택청약자를 대상으로 추첨을 통해 벽걸이TV, 양문형 냉장고 등을 제공하는 것은 마케팅믹스 전략 중 **판매촉진(promotion)**이다. 제23회, 제27회

❾ 부동산마케팅전략에서 **판매촉진(promotion)**은 표적시장의 반응을 빠르고 강하게 자극·유인하기 위한 전략을 말한다. 제28회

❿ AIDA는 주의(attention), 관심(interest), 욕망(desire), 행동(action)의 단계가 있다. 제26회

⓫ **관계마케팅 전략**에서는 공급자와 소비자의 관계를 일회적이 아닌 지속적인 관계로 유지하려 한다. 제26회

⓬ **바이럴 마케팅**(viral marketing) **전략**은 SNS, 블로그 등 다양한 매체를 통해 해당 브랜드나 제품에 대해 입소문을 내게 하여 마케팅효과를 극대화시키는 것이다. 제32회

기출문제 끝장

기출 분석

- 기출회차: 제32회
- 난이도: ★★
- 키워드: 부동산마케팅 전략

함정을 피하는 끝장 TIP

- 부동산마케팅 전략을 이해하고 있는지를 묻는 문제이다.
- 부동산마케팅 부분은 주로 부동산마케팅 전략부분이 자주 출제되므로 이 부분을 위주로 정리해 두어야 한다.

부동산마케팅에 관한 설명으로 틀린 것은?

① 부동산시장이 공급자 우위에서 수요자 우위의 시장으로 전환되면 마케팅의 중요성이 더욱 증대된다.

② STP전략이란 고객집단을 세분화(Segmentation)하고 표적시장을 선정(Targeting)하여 효과적으로 ~~판매촉진(Promotion)~~을 하는 전략이다.

→ STP전략이란 고객집단을 세분화(Segmentation)하고 표적시장을 선정(Targeting)하여 효과적으로 포지셔닝(Positioning)을 하는 전략이다.

③ 경쟁사의 가격을 추종해야 할 경우 4P Mix의 가격전략으로 시가전략을 이용한다.

④ 관계 마케팅전략이란 고객과 공급자 간의 지속적인 관계를 유지하여 마케팅효과를 도모하는 전략이다.

⑤ 시장점유 마케팅전략이란 부동산시장을 점유하기 위한 전략으로 4P Mix전략, STP전략이 있다.

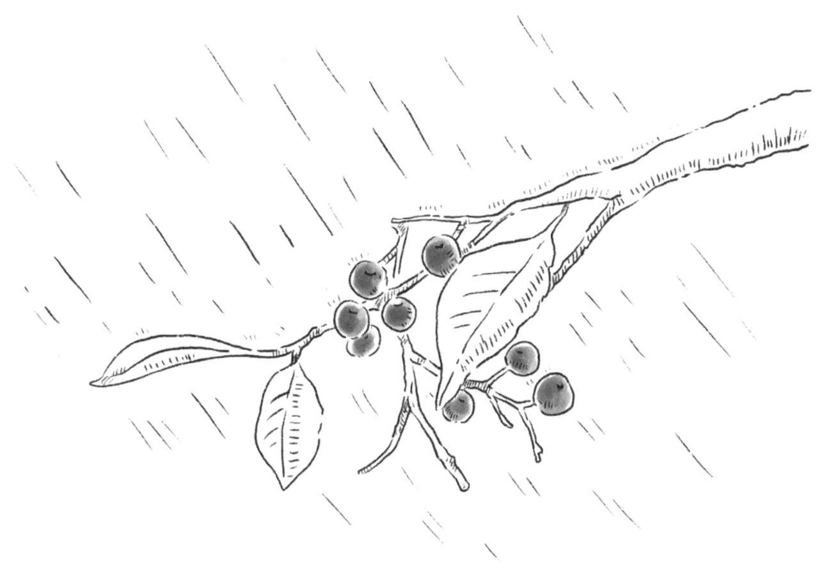

대추가 저절로 붉어질 리는 없다

저 안에
태풍 몇 개,
천둥 몇 개,
벼락 몇 개

– 장석주, 『대추 한 알』, 이야기꽃

우선끝장 민개공

부동산학개론

부동산 감정평가론

기출테마

31 부동산가격이론

1 가격과 가치 ☆ 제25회

(1) 부동산가격(가치)의 의의

부동산의 소유에서 비롯되는 장래의 이익에 대한 현재가치를 말한다.

(2) 가치와 가격

① 가치와 가격

가치(value)	가격(price)❶
㉠ 장래편익의 현재가치 ㉡ 현재의 값❷ ⇨ 평가사가 전문가 ㉢ 주관적·추상적인 개념❸ ㉣ 가격 ± 오차 ㉤ 평가목적에 따라 여러 가지 존재 ⇨ 가치의 다원적 개념❹	㉠ 실거래액 ㉡ 과거의 값 ⇨ 중개사가 전문가 ㉢ 객관적·구체적인 개념 ㉣ 시장수급작용으로 거래당사자 사이에서 제안된 값 ㉤ 일정시점에서 하나만 존재

② 가치와 가격의 관계

㉠ 가격의 기초는 가치이다. ⇦ 가치는 효용에 중점❺

㉡ 가치가 화폐를 매개로 하여 표현된 것이 가격이다.

㉢ 가격은 원칙적으로 수요·공급에 따라 변동하므로 일시적으로 가격은 가치로부터 괴리될 수 있다.

가치 = 가격 ± 오차

㉣ 부동산의 가치가 상승하면 가격도 상승한다. 그러나 화폐가치가 상승하면 가격은 하락한다.

2 부동산가격 발생요인과 형성요인 ☆☆☆ 제22회, 제23회, 제24회, 제27회, 제29회, 제32회

(1) 부동산가격(가치)의 발생요인

효용, 유효수요, 상대적 희소성 등이 상호 결합하여 부동산가격이 발생❻

① 부동산의 효용(utility, 유용성): 효용(유용성)❼은 인간의 필요나 욕구를 만족시켜 줄 수 있는 재화의 능력을 말한다.

⇨ 대상부동산의 물리적 특성뿐 아니라 토지이용규제 등과 같은 공법상의 제한 및 소유권의 법적 특성도 대상부동산의 효용에 영향을 미침❽

② **부동산의 상대적 희소성**[9]: 상대적 희소성은 인간의 욕망에 비해 욕망의 충족수단이 질적·양적으로 한정되어 있어서 부족한 상태를 말한다. ⇨ 부동산에 대한 수요에 비해 공급이 부족하다는 것[10]

③ **부동산에 대한 유효수요**[11]: 수요란 구매력이 있는 수요, 즉 유효수요이어야 한다. 여기서 구매력(purchasing power)은 경제적인 개념으로 부동산을 구입할 수 있는 지불능력을 말하는데, 지역과 시기에 따라 변화하며 부동산의 가격수준의 높고 낮음에 따라서 영향을 받는다.

④ **부동산의 이전성(transferability)**: 부동산의 이전성(양도가능성)[12]이란 부동산의 물리적인 이동을 말하는 것이 아니라, 부동산의 소유자에 의해 부동산 소유권에 대한 명의가 자유롭게 이전될 수 있어야 한다는 것이다.

(2) 부동산가격(가치)의 형성요인[13] ⇨ 가격형성요인은 가격발생요인에 영향을 미침[14]

① 일반적 요인
- ㉠ 사회적 요인
- ㉡ 경제적 요인
- ㉢ 행정적 요인

② 지역(적) 요인

③ 개별(적) 요인

기출지문 끝장

❶ 가격은 특정 부동산에 대한 교환의 대가로서 매수인이 지불한 금액이다. 제25회

❷ 가격(price)은 대상부동산에 대한 과거의 값이지만, 가치(value)는 장래 기대되는 편익을 **현재가치로 환원한 현재의 값**이다. 제25회

❸ 가치란 **주관적** 판단이 반영된 것으로 각 개인에 따라 차이가 발생할 수 있다. 제25회

❹ 주어진 시점에서 대상부동산의 **가치는 다양**하다. 제25회

❺ 가치는 **효용에 중점**을 두며, 장래 기대되는 편익은 금전적인 것뿐만 아니라 비금전적인 것을 포함할 수 있다. 제25회

❻ 부동산의 가치발생요인 중 부동산의 가치는 **가치발생요인들의 상호 결합**에 의해 발생한다. 제24회

❼ **효용(유용성)**은 인간의 필요나 욕구를 만족시켜 줄 수 있는 재화의 능력을 말한다. 제22회

❽ 부동산의 가치발생요인 중 **대상부동산의 물리적 특성뿐 아니라 토지이용규제 등과 같은 공법상의 제한 및 소유권의 법적 특성도 대상부동산의 효용에 영향**을 미친다. 제24회

❾ **상대적 희소성**은 인간의 욕망에 비해 욕망의 충족수단이 질적·양적으로 한정되어 있어서 부족한 상태를 말한다. 제22회

❿ 부동산의 가치발생요인 중 상대적 희소성이란 **부동산에 대한 수요에 비해 공급이 부족하다는 것**이다. 제24회

⓫ 부동산의 가치발생요인 중 **유효수요**란 대상부동산을 구매하고자 하는 욕구로, 지불능력(구매력)을 필요로 한다. 제24회

⓬ **양도가능성(이전성)**을 부동산의 가격발생요인으로 포함하는 견해도 있다. 제22회

⓭ **가치형성요인**이란 대상물건의 경제적 가치에 영향을 미치는 일반요인, 지역요인 및 개별요인 등을 말한다. 제32회

⓮ **가격형성요인은 가격발생요인에 영향**을 미친다. 제22회

기출문제 끝장

- 부동산의 가치발생요인을 이해하고 있는지를 묻는 문제이다.
- 부동산 감정평가에서는 가치를 평가하는 것이며, 가격과 비교하여 차이점을 정리해 두어야 한다.
- 부동산의 가치형성요인은 가치발생요인에 영향을 미치나, 가치발생요인은 가치형성요인에 영향을 미치지 않는다는 점을 유의해야 한다.

난이도 ★★

부동산의 가치발생요인에 관한 설명으로 틀린 것은? 제24회

① 대상부동산의 물리적 특성뿐 아니라 토지이용규제 등과 같은 공법상의 제한 및 소유권의 법적 특성도 대상부동산의 효용에 영향을 미친다.

② 유효수요란 대상부동산을 구매하고자 하는 욕구로, 지불능력(구매력)을 필요로 하는 것은 아니다.

③ 상대적 희소성이란 부동산에 대한 수요에 비해 공급이 부족하다는 것이다.

④ 효용은 부동산의 용도에 따라 주거지는 쾌적성, 상업지는 수익성, 공업지는 생산성으로 표현할 수 있다.

⑤ 부동산의 가치는 가치발생요인들의 상호 결합에 의해 발생한다.

해 설

유효수요란 대상부동산을 구매하고자 하는 욕구로 지불능력(구매력)이 있는 수요이어야 하며, 효용, 희소성과 함께 합리적인 가치발생요인을 나타내는 요소이다. 여기서 구매력(purchasing power)은 경제적인 개념으로 부동산을 구입할 수 있는 지불능력을 말하는데, 지역과 시기에 따라 변화하며 부동산의 가격수준의 높고 낮음에 영향을 받는다.

정답 ②

예상문제 끝장

Q1 난이도 ★★

부동산가치(value)에 관한 설명으로 틀린 것은?

① 부동산가치는 부동산의 소유에서 비롯되는 현재의 편익을 미래가치로 환원한 값이다.
② 부동산에는 평가목적에 따라 여러 개의 가치(value)가 성립한다.
③ 부동산가치는 효용, 상대적 희소성, 유효수요 등의 요인이 결합하여 발생한다.
④ 부동산의 가치형성요인은 부단히 변동하나 각 요인은 서로 영향을 주지 않는다.
⑤ 부동산의 가치형성요인은 가치발생요인에 영향을 미친다.

해설

부동산의 가치형성요인은 부단히 변동하며 따라서 각 요인은 서로 영향을 주고받는 상호 의존성을 가지고 있다.

Q2 난이도 ★★

부동산가치의 결정과정에 관한 설명으로 틀린 것은?

① 수요를 결정하는 요소인 효용과 유효수요, 공급을 결정하는 요소인 상대적 희소성의 상호작용에 의해 발생하게 되는데, 이를 부동산의 가치발생요인이라 한다.
② 가치형성요인이란 대상물건의 경제적 가치에 영향을 미치는 일반요인, 지역요인 및 개별요인 등을 말한다.
③ 부동산의 가치발생요인은 가치형성요인에 영향을 미친다.
④ 대상물건에 대한 감정평가액은 시장가치를 기준으로 결정된다.
⑤ 부동산의 가치는 가치발생요인들의 상호 결합에 의해 발생한다.

해설

부동산의 가치형성요인은 가치발생요인에 영향을 미치나, 가치발생요인은 가치형성요인에 영향을 미치지 않는다.

정답 Q1 ④ Q2 ③

3 지역분석과 개별분석 ☆ 제27회, 제28회, 제29회, 제30회, 제32회

(1) 의의

① 지역분석❶: 인근지역의 표준적 이용을 판단하여, 그 지역 내의 부동산에 대한 가격수준을 판정하는 작업❷❸

② 개별분석❶❹: 대상부동산의 개별적 요인을 분석하여 최유효이용을 판단하고, 대상부동산의 가격을 판정하는 작업

(2) 지역분석의 대상❺

① 인근지역(대상근린지역)❻

㉠ 의의: 대상부동산이 속해 있는 지역으로 대상부동산의 가치형성에 직접적으로 영향을 주는 지역적 특성을 가지며, 인간생활과 관련된 특정의 용도를 중심으로 어떤 집단을 이루고 있는 지역

㉡ 특성

ⓐ 대상부동산의 가치형성에 직접 영향을 미친다.

ⓑ 인근지역 내 부동산은 대상부동산과 상호 대체 · 경쟁의 관계에 있고, 동일한 가격수준을 가진다.

ⓒ 인근지역 내 부동산은 대상부동산과 용도적 · 기능적으로 동질성을 가진다.

ⓓ 인근지역의 범위는 고정적 · 경직적인 것이 아니라 유동적 · 가변적❼이다.

② 유사지역(유사근린지역)

㉠ 의의: 인근지역의 지역특성과 유사한 지역특성을 갖는 지역 ⇨ 대상부동산은 속하지 않는다.

㉡ 특성: 대상부동산이 속한 인근지역과 용도적 · 기능적으로 동질적이며, 양 지역의 부동산은 서로 대체 · 경쟁관계가 성립한다.

③ 동일수급권(同一需給圈, market area)❽ ⇨ 동일한 시장지역

㉠ 의의: 대상부동산과 대체관계가 성립되고 가치형성에 있어서 서로 영향을 미치는 관계에 있는 다른 부동산이 존재하는 권역

㉡ 용도지역별 동일수급권의 범위

ⓐ 주거지: 도심으로부터 통근 가능한 지역범위와 일치

ⓑ 상업지: 배후지를 기초로 영업수익을 올리는 지역의 범위

ⓒ 공업지: 일반적으로 제품생산의 효율성과 판매비용의 경제성이 대체성을 갖는 지역범위

ⓓ 이행지: 일반적으로 그 토지가 이행될 것으로 예상되는 토지와 같은 종류의 동일수급권과 일치 ⇨ 이행 후의 종별에 따라서 동일수급권을 판정

ⓔ 후보지: 그 토지가 전환될 것으로 예상되는 토지와 같은 종류의 동일수급권과 일치 ⇨ 전환 후의 종별에 따라서 동일수급권을 판정

Q 이행과 전환이 완만한 경우에는 이행 전의 토지의 동일수급권도 고려한다.

핵심 끝장 지역분석과 개별분석

구분	지역분석	개별분석
의의	인근지역의 표준적 이용을 판단하여, 그 지역 내의 부동산에 대한 가격수준을 판정하는 작업	대상부동산의 개별적 요인을 분석하여 최유효이용을 판단하고, 대상부동산의 가격을 판정하는 작업
분석순서	선행분석⑨	후행분석
분석내용	가치형성의 지역적 요인을 분석	가치형성의 개별적 요인을 분석
분석범위	대상지역(전체적 · 광역적 · 거시적 분석)⑩	대상부동산(부분적 · 구체적 · 미시적 분석)⑩
분석방법	전반적 분석	개별적 분석
분석기준	표준적 이용	최유효이용
가격관련	가격 수준	(구체적인) 가격
가격원칙	적합의 원칙	균형의 원칙

기출지문 끝장

❶ 지역분석은 해당 지역의 **표준적 이용** 및 그 지역 내 부동산의 가격수준을 판정하는 것이며, 개별분석은 대상부동산의 **최유효이용**을 판정하는 것이다. 제32회

❷ 감정평가 과정상 지역분석을 통해 해당 지역 내 부동산의 **표준적 이용과 가격수준을 파악**할 수 있다. 제27회

❸ 해당 지역 내 부동산의 **표준적 이용과 가격수준 파악**을 위해 지역분석이 필요하다. 제30회

❹ 대상부동산의 최유효이용을 판정하기 위해 **개별분석**이 필요하다. 제27회, 제30회

❺ 감정평가 과정상 **지역분석에 있어서 중요한 대상**은 인근지역, 유사지역 및 동일수급권이다. 제27회

❻ **인근지역**이란 대상부동산(감정평가의 대상이 된 부동산)이 속한 지역으로서 부동산의 이용이 동질적이고 가치형성요인 중 지역요인을 공유하는 지역을 말한다. 제29회, 제30회

❼ 지역분석에서 **인근지역의 범위**는 고정적 · 경직적인 것이 아니라 **유동적 · 가변적**이다. 제21회

❽ **동일수급권**은 대상부동산과 대체 · 경쟁관계가 성립하고 가치형성에 서로 영향을 미치는 관계에 있는 다른 부동산이 존재하는 권역을 말하며, 인근지역과 유사지역을 포함한다. 제21회, 제28회, 제30회

❾ 지역분석은 개별분석보다 **선행**되는 것이 일반적이다. 제21회, 제27회

❿ 지역분석은 대상지역에 대한 **거시적인 분석**인 반면, 개별분석은 대상부동산에 대한 **미시적인 분석**이다. 제27회, 제30회

기출문제 끝장

- 지역분석과 개별분석의 관계에서 분석순서는 지역분석이 먼저 행하는 선행분석이고 개별분석이 나중에 행하는 후행분석이라는 점에 유의해야 한다.
- 지역분석의 대상인 인근지역, 유사지역, 동일수급권에 대해서 정리해 두어야 한다.

난이도 ★★

다음은 감정평가 과정상 지역분석 및 개별분석과 관련된 내용이다. (　　)에 들어갈 용어는? 제32회

> 지역분석은 해당 지역의 (ㄱ) 및 그 지역 내 부동산의 가격수준을 판정하는 것이며, 개별분석은 대상부동산의 (ㄴ)을 판정하는 것이다. 지역분석의 분석 대상지역 중 (ㄷ)은 대상부동산이 속한 지역으로서 부동산의 이용이 동질적이고 가치형성요인 중 지역요인을 공유하는 지역이다.

① ㄱ: 표준적이용, ㄴ: 최유효이용, ㄷ: 유사지역
② ㄱ: 표준적이용, ㄴ: 최유효이용, ㄷ: 인근지역
③ ㄱ: 최유효이용, ㄴ: 표준적이용, ㄷ: 유사지역
④ ㄱ: 최유효이용, ㄴ: 표준적이용, ㄷ: 인근지역
⑤ ㄱ: 최유효이용, ㄴ: 최유효이용, ㄷ: 유사지역

해 설

지역분석은 해당 지역의 표준적이용 및 그 지역 내 부동산의 가격수준을 판정하는 것이며, 개별분석은 대상부동산의 최유효이용을 판정하는 것이다. 지역분석의 분석 대상지역 중 인근지역은 대상부동산이 속한 지역으로서 부동산의 이용이 동질적이고 가치형성요인 중 지역요인을 공유하는 지역이다.

정답 ②

예상문제 끝장

Q1 난이도 ★★

지역분석과 개별분석에 관한 설명으로 옳은 것은?

① 지역분석은 대상부동산이 속한 인근지역의 표준적 이용을 판정하고 구체적인 가격을 파악하며, 개별분석은 표준적 이용의 제약하에 대상부동산의 최유효이용을 판정하여 가격수준을 파악한다.
② 표준적 이용의 판정은 최유효이용의 판정이 선행된 후에 이루어짐이 일반적이다. 따라서 지역분석이 개별분석에 선행하여 이루어진다.
③ 지역의 변화에 따라 표준적 이용이 변화하면 부동산의 지역성에 따라 최유효이용도 변화한다.

④ 지역분석은 대상부동산에 대한 부분적·구체적·미시적 분석인 데 비하여, 개별분석은 대상지역에 대한 전체적·광역적·거시적 분석이다.

⑤ 지역분석은 균형의 원칙을 적용하여 기능적 감가를 파악할 수 있으며, 개별분석은 적합의 원칙이 적용되어 경제적 감가의 파악이 가능하다.

해 설

① 지역분석은 대상부동산이 속한 인근지역의 표준적 이용을 판정하고 가격수준을 파악하며, 개별분석은 표준적 이용의 제약하에 대상부동산의 최유효이용을 판정하여 구체적 가격을 파악한다.

② 최유효이용의 판정은 표준적 이용의 판정이 선행된 후에 이루어짐이 일반적이다. 따라서 지역분석이 개별분석에 선행하여 이루어진다.

④ 지역분석은 대상지역에 대한 전체적·광역적·거시적 분석인 데 비하여, 개별분석은 대상부동산에 대한 부분적·구체적·미시적 분석이다.

⑤ 지역분석은 적합의 원칙이 적용되어 경제적 감가를 파악할 수 있으며, 개별분석은 균형의 원칙을 적용하여 기능적 감가의 파악이 가능하다.

PART 5

Q2 난이도 ★★

지역분석에 관한 설명으로 틀린 것은?

① 지역분석은 인근지역, 유사지역 및 동일수급권을 대상으로 한다.

② 인근지역(neighbourhood)이란 대상부동산이 속한 지역으로서 부동산의 이용이 동질적이고 가치형성요인 중 지역요인을 공유하는 지역을 말한다.

③ 인근지역의 지역특성은 대상부동산의 가치형성에 간접적으로 영향을 미친다.

④ 유사지역이란 대상부동산이 속하지 아니하는 지역으로서 인근지역과 유사한 특성을 갖는 지역을 말한다.

⑤ 동일수급권(同一需給圈, market area)이란 대상부동산과 대체·경쟁관계가 성립하고 가치형성에 서로 영향을 미치는 관계에 있는 다른 부동산이 존재하는 권역(圈域)을 말하며, 인근지역과 유사지역을 포함한다.

해 설

인근지역의 지역특성은 대상부동산의 가치형성에 직접적으로 영향을 미친다.

정답 Q1 ③ Q2 ③

4 가격의 제 원칙 ☆☆ 제22회, 제23회, 제26회, 제28회

부동산가격의 원칙[1]은 부동산의 가격이 어떻게 형성되고 유지되는지 그 법칙성을 찾아내어 평가활동의 지침으로 삼으려는 행동기준이다.

시간의 원칙	변동(변화)의 원칙[2]	부동산의 가치는 부동산가치 형성요인의 상호 인과관계적 결합과 그것의 변동과정에서 형성·변화된다는 원칙[3]
	예측(예상, 기대)의 원칙	부동산의 가치가 해당 부동산의 장래의 수익성이나 쾌적성에 대한 예측의 영향을 받아서 결정된다는 원칙 ⇨ 수익환원법의 토대[4]
내부의 원칙	균형(비례)의 원칙[5]	⇨ 기능적 감가[6] 부동산의 유용성이 최고도로 발휘되기 위해서는 그 내부구성요소의 조합이 균형을 이루고 있어야 한다는 원칙[7]
	기여(공헌)의 원칙[8]	부동산가치는 부동산 각 구성요소의 가격에 대한 공헌도에 따라 영향을 받는다는 원칙
	수익체증·체감의 원칙	부동산의 단위투자액을 계속적으로 증가시키면, 이에 따라 총수익은 증가되지만 증가되는 단위투자액에 대응하는 수익은 증가하다가 일정한 수준(한계수익의 극대점)을 넘으면 점차 감소하게 된다는 원칙
	수익배분(잉여생산성)의 원칙	총수익은 노동·자본·토지·경영 등의 각 생산요소에 분배되는데, 노동·자본·경영에 분배되고 남은 잔여분(잉여생산성)은 그 분배가 정당하게 행하여지는 한 토지에 귀속된다는 원칙
외부의 원칙	적합(조화)의 원칙[9]	⇨ 경제적 감가 부동산의 수익성 또는 쾌적성이 최고도로 발휘되기 위해서는 대상부동산이 그 주위 환경에 적합하여야 한다는 원칙
	외부성의 원칙	대상부동산의 가치가 외부적 요인에 의해서 영향을 받는다는 원칙
	경쟁의 원칙[10]	초과이윤은 경쟁을 야기시키고, 경쟁은 초과이윤을 감소 또는 소멸시킨다는 원칙
기타 원칙	수요·공급의 원칙	부동산의 특성으로 인하여 제약을 받지만 부동산가치도 기본적으로 수요와 공급상호관계에 의하여 결정된다는 원칙
	대체의 원칙[11]	부동산의 가치는 대체가 가능한 다른 부동산이나 재화의 가격과의 상호영향으로 형성된다는 원칙[12]
	기회비용의 원칙	어떤 투자대상의 가치평가를 그 투자대상의 기회비용에 의하여 평가한다는 원칙

최유효(최고·최선) 이용[13]의 원칙	① 최유효이용이란 객관적으로 보아 양식과 통상의 이용능력을 보유하는 사람의 합리적·합법적인 최고·최선의 이용을 말함 ② 부동산가치는 최유효이용을 전제로 파악되는 가치를 표준으로 하여 형성된다는 원칙 ⇨ 가장 중추적인 기능을 담당 ③ 대상부동산의 가치를 평가하는 데 있어 최유효이용의 원칙을 적용해서 평가해야 함 🔍 부동산의 개별성 때문에 특정 토지의 용도가 인근지역의 일반적인 용도와는 전혀 다른데도 최유효이용이 될 수 있음[14]

기출지문 끝장

❶ **부동산가격의 원칙**은 부동산의 가격이 어떻게 형성되고 유지되는지 그 법칙성을 찾아내어 평가활동의 지침으로 삼으려는 행동기준이다. 제23회

❷ **변동의 원칙**은 부동산의 자연적 특성인 영속성과 인문적 특성인 용도의 다양성, 위치의 가변성 등을 성립근거로 한다. 제21회

❸ 변동의 원칙은 재화의 가격이 그 가격형성요인의 변화에 따라 달라지는 것으로, 부동산의 가격도 사회적·경제적·행정적 요인이나 부동산 자체가 가지는 개별적 요인에 따라 **지속적으로 변동**한다는 것을 강조하는 것이다. 제23회

❹ 부동산가격 원칙(혹은 평가원리) 중 예측 및 변동의 원칙은 부동산의 현재보다 장래의 활용 및 변화가능성을 고려한다는 점에서, **수익환원법의 토대**가 될 수 있다. 제26회

❺ **균형의 원칙**은 외부적 관계의 원칙인 적합의 원칙과는 대조적인 의미로, 부동산 구성요소의 결합에 따른 최유효이용을 강조하는 것이다. 제23회

❻ 부동산가격 원칙(혹은 평가원리) 중 균형의 원칙은 구성요소의 결합에 대한 내용으로, 균형을 이루지 못하는 과잉부분은 원가법을 적용할 때 **기능적 감가**로 처리한다. 제26회

❼ 균형의 원칙은 부동산의 유용성(수익성 또는 쾌적성)이 최고도로 발휘되기 위해서는 그 **내부구성요소의 결합상태가 균형을 이루고 있어야 한다**는 원칙이다. 제21회

❽ **기여의 원칙**은 부동산의 각 구성요소가 각각 기여하여 부동산 전체의 가격이 형성된다는 원칙이다. 제23회

❾ 부동산가격 원칙(혹은 평가원리) 중 **적합의 원칙**은 부동산의 입지와 인근환경의 영향을 고려한다. 제26회

❿ 부동산의 가격도 경쟁에 의해 결정되며, 경쟁이 있으므로 초과이윤이 소멸되고 대상부동산은 그 가격에 적합한 가격을 갖게 되는데, 이를 **경쟁의 원칙**이라 한다. 제21회

⓫ **대체의 원칙**에서 대체관계가 성립하기 위해서는 부동산 상호간 또는 부동산과 일반재화 상호간에 용도, 효용, 가격 등이 동일성 또는 유사성이 있어야 한다. 제21회

⓬ 대체의 원칙은 대체성 있는 2개 이상의 재화가 존재할 때 그 **재화의 가격은 서로 관련되어 이루어진다는 원칙**으로, 유용성이 동일할 때는 가장 가격이 싼 것을 선택하게 된다. 제23회

⓭ **최유효이용**은 대상부동산의 물리적 채택가능성, 합리적이고 합법적인 이용, 최고수익성을 기준으로 판정할 수 있다. 제26회

⓮ 특정 토지의 용도가 인근지역의 일반적인 용도와는 전혀 다른데도 최유효이용이 될 수 있는 이유 중의 하나는 **부동산의 개별성** 때문이다. 제22회

재조달원가와 감가수정

1 원가법과 재조달원가 ☆☆ 제25회, 제26회, 제29회, 제31회, 제32회

(1) 원가법[1]의 의의

① 의의: 대상물건의 재조달원가에 감가수정(減價修正)[2]을 하여 대상물건의 가액을 산정하는 감정평가 방법을 말한다(감정평가에 관한 규칙 제2조 제5호). ⇨ 적산가액

재조달원가 − 감가누계액 = 적산가액
⇩
감가수정

② 적용대상: 비시장성 · 비수익성의 상각자산

🔍 토지는 원칙적으로 적용 불가 ⇨ 예외적으로 조성지 또는 매립지인 경우 적용 가능

(2) 재조달원가(재생산비용)

① 의의: 대상물건을 기준시점에 재생산하거나 재취득하는 데 필요한 적정원가의 총액

② 재조달원가의 종류

㉠ 복제원가(reproduction cost, 복조원가): 물리적 측면의 원가

㉡ 대치원가(replacement cost, 대체비용): 효용 측면의 원가

㉢ 복제원가와 대치원가의 비교

ⓐ 이론적 ⇨ 대치원가가 설득력이 있다.

ⓑ 실무상 ⇨ 복제원가를 채택하는 것이 더 정확한 가치를 구할 수 있다.

③ 재조달원가의 산정기준

㉠ 건물의 재조달원가: 도급건설이든 자가건설이든 도급건설에 준하여 처리

건물의 재조달원가 = 표준적 도급건설비용 + 통상부대비용

ⓐ 표준적 도급건설비용: 직접공사비 + 간접공사비 + 수급인의 적정이윤

- 직접공사비: 시멘트나 철근 및 근로자 임금 등
- 간접공사비: 설계비 및 감리비 등
- 수급인의 적정이윤

ⓑ 통상부대비용: 도급인이 별도로 지급한 건설기간 중의 소요자금이자 및 감독비나 조세공과금 등

ⓛ 토지의 재조달원가

ⓐ **원칙**: 적용 불가(원칙) ⇨ 비준가액으로 결정함이 원칙

ⓑ **예외**: 조성지 · 매립지 · 개간지 · 간척지 등 ⇨ 수익 목적인 경우는 수익가액으로 결정

2 감가수정 ☆ 제23회, 제28회, 제32회

(1) 감가수정❸의 의의

대상물건에 대한 재조달원가를 감액하여야 할 요인이 있는 경우에 물리적 감가, 기능적 감가 또는 경제적 감가 등을 고려하여 그에 해당하는 금액을 재조달원가에서 공제하여 기준시점에 있어서의 대상물건의 가액을 적정화하는 작업

구분	감가상각	감가수정
용어	기업회계, 세무회계	감정평가
적용	• 취득원가(장부가격) • 법정내용연수 ⇨ 경과연수 중점 • 관찰감가법이 인정되지 않음 • 물리적 · 기능적 감가요인만 취급 • 잔가율 일정 • 시장성을 고려하지 않음 • 감가액이 실제의 감가와 일치하지 않음	• 재조달원가 • 경제적 내용연수 ⇨ 장래 보존연수 중점 • 관찰감가법이 인정 • 물리적 · 기능적 · 경제적 감가요인 모두 고려 • 잔가율이 물건에 따라 다름 • 감가에 있어 시장성을 고려함 • 감가액이 실제감가와 일치

기출지문 끝장

❶ **원가방식**은 비용성의 원리에 기초한 감정평가방식이며, 가격을 구하는 방법을 원가법, 임료를 구하는 방법을 적산법이라고 한다. 제21회

❷ 원가법은 가격시점에서 **대상물건의 재조달원가에 감가수정**을 하여 대상물건의 가격을 산정하는 방법을 말한다. 제26회, 제29회, 제32회

❸ **감가수정**이란 대상물건에 대한 재조달원가를 감액하여야 할 요인이 있는 경우에 물리적 감가, 기능적 감가 또는 경제적 감가 등을 고려하여 그에 해당하는 금액을 재조달원가에서 공제하여 기준시점에 있어서의 대상물건의 가액을 적정화하는 작업을 말한다. 제28회

(2) 감가의 요인

구분	종류	감가의 요인	하자
내부 요인	물리적 감가요인	대상물건의 물리적 상태 변화에 따른 감가요인	치유 가능 또는 치유 불가능한 하자
		• 사용으로 인한 마멸 및 파손 • 시간의 경과에 따른 노후화 • 재해 등의 우발적인 사고로 인한 손상	
	기능적 감가요인 (균형의 원칙)	대상물건의 기능적 효용 변화에 따른 감가요인	
		• 건물과 부지의 부적응 • 형식의 구식화, 설계의 불량 • 설비의 과부족 및 능률의 저하	
외부 요인	경제적 감가요인 (적합의 원칙)	인근지역의 경제적 상태, 주위환경, 시장상황 등 대상물건의 가치에 영향을 미치는 경제적 요소들의 변화에 따른 감가요인	치유 불가능한 하자
		• 부동산과 그 부근 환경과의 부적합 • 인근지역의 쇠퇴 • 대상부동산의 시장성 감퇴	
	법률적 감가요인	• 소유권 등의 하자, 소유권등기의 불완전 • 공·사법상의 규제 위반	–

핵심 끝장 **치유 가능한 감가 & 치유 불가능한 감가**

- **치유 가능한 감가:** 가치상승분 > 치유비용
- **치유 불가능한 감가:** 가치상승분 < 치유비용

(3) 감가수정의 방법

① 내용연수에 의한 방법(연수–수명법, age–life method)[1]

㉠ 정액법

정의	부동산의 감가총액을 단순한 경제적 내용연수로 평분하여 매년의 상각액으로 삼는 방법 ⇨ 직선법, 균등상각법
특징	• 매년 일정액씩 감가 • 감가누계액이 경과연수에 정비례하여 증가[2]
장점	계산이 간단하고 용이
단점	실제의 감가와 불일치
적용대상	건물·구축물

㉡ 정률법

정의	매년 말 가격에 일정한 상각률을 곱하여 매년의 상각액을 구하는 방법 ⇨ 잔고점감법, 체감상각법
특징	• 매년 일정률로 감가 • 상각률 ⇨ 일정, 상각액 ⇨ 점차 감소 • 상각액이 첫해에 가장 많고, 재산가치가 체감됨에 따라 상각액도 체감
장점	능률이 높은 초기에 많이 감가 ⇨ 안전하게 자본회수 (원금회수가 빠름)
단점	매년 상각액이 상이하여 매년 상각액이 표준적이지 못함
적용대상	기계·기구 등의 동산 평가

㉢ 상환기금법

정의	대상부동산의 내용연수가 만료되는 때에 감가누계상당액과 그에 대한 복리계산의 이자상당액을 포함하여 해당 내용연수로 상환하는 방법❸ ⇨ 감채기금법, 기금적립법
특징	감가누계액은 정액법보다 적고, 적산가액은 정액법의 경우보다 많음 (복리이율에 의한 축적이자 때문)
장점	연간 상각액은 아주 적고, 평가액은 타 방법보다 아주 높음
단점	계산이 복잡

② **관찰감가법(관찰상태법)**: 대상부동산 전체 또는 구성부분에 대하여 실태를 조사하여 물리적·기능적·경제적 감가요인과 감가액을 직접 관찰하여 구하는 방법

③ **분해법**: 대상부동산에 대한 감가요인을 물리적·기능적·경제적 요인으로 세분한 후 이에 대한 감가액을 각각 별도로 측정하고 이것을 전부 합산하여 감가수정액을 산출하는 방법 ⇨ 분해법 또는 내구성 분해방식

기출지문 끝장

❶ 감가수정을 할 때에는 **내용연수를 표준**으로 한 정액법·정률법 또는 상환기금법 중에서 대상물건에 적정한 방법에 따라야 함을 원칙으로 한다. 제21회

❷ 감가수정의 방법 중 정액법에서는 **감가누계액이 경과연수에 정비례하여 증가**한다. 제32회

❸ 감가수정의 방법 중 **상환기금법**은 건물 등의 내용연수가 만료될 때 감가누계상당액과 그에 대한 복리계산의 이자상당액분을 포함하여 당해 내용연수로 상환하는 방법이다. 제32회

기출문제 끝장

- 원가법에서 감가수정 개념을 이해하고 있는지를 묻는 문제이다.
- 감가수정은 감정평가에 적용하기 위하여 회계에 적용하는 감가상각의 개념으로부터 구분한 것이므로 감가상각과 감가수정을 비교하여 정리해 두어야 한다.

난이도 ★★

원가법에서 사용하는 감가수정 방법에 관한 설명으로 틀린 것은? 제32회

① 정률법에서는 매년 감가율이 감소함에 따라 감가액이 감소한다.

② 정액법에서는 감가누계액이 경과연수에 정비례하여 증가한다.

③ 정액법을 직선법 또는 균등상각법이라고도 한다.

④ 상환기금법은 건물 등의 내용연수가 만료될 때 감가누계상당액과 그에 대한 복리계산의 이자상당액분을 포함하여 당해 내용연수로 상환하는 방법이다.

⑤ 정액법, 정률법, 상환기금법은 모두 내용연수에 의한 감가수정 방법이다.

해 설

정률법에서는 매년 감가율이 일정하나 감가액은 점차 감소한다.

정답 ①

예상문제 끝장

Q1 난이도 ★★

감가상각과 감가수정에 관한 설명으로 틀린 것은?

① 감가수정은 경제적 내용연수를 기초로 하되 장래 보존연수에 중점을 두나, 감가상각은 법정 내용연수를 기초로 하되 경과연수에 중점을 둔다.
② 감가수정은 취득가격을 기초로 하는 데 반하여, 감가상각은 재조달원가를 기초로 한다.
③ 감가수정은 물리적·기능적·경제적 감가요인 모두 취급하나, 감가상각은 물리적·기능적 감가요인만 취급한다.
④ 감가수정은 잔가율이 물건에 따라 다른 개별성이 있으나, 감가상각은 잔가율이 물건에 따라 일정하다.
⑤ 감가수정은 관찰감가법을 인정하는 데 반하여, 감가상각은 이를 인정하지 않는다.

해설

감가수정은 재조달원가를 기초로 하는 데 반하여, 감가상각은 취득가격을 기초로 한다.

Q2 난이도 ★★

감가의 요인에 관한 설명으로 틀린 것은?

① 대상부동산의 사용에 따른 마멸 및 파손, 시간의 경과에서 오는 손모, 자연적 작용에 의하여 생기는 노후화 및 우발적 사고로 인한 손상 등은 물리적 감가요인이다.
② 건물과 부지의 부적응, 설계의 불량, 형식의 구식화, 설비의 부족 및 능률의 저하 등에 의한 기능적 진부화 등은 기능적 감가요인이다.
③ 부동산의 경제적 부적응, 즉 인근지역의 쇠퇴, 부동산과 부근환경의 부적합, 해당 부동산과 부근의 다른 부동산의 비교에 있어서 시장성의 감퇴 등은 경제적 감가요인이다.
④ 경제적 감가란 대상부동산 자체와는 상관없이 어떤 외부적 힘에 의해 발생하는 가치손실분을 말한다.
⑤ 물리적·기능적 요인에 의한 감가는 치유 가능한 감가에 해당하며, 경제적 요인에 의한 감가는 치유 가능 혹은 치유 불가능한 감가에 해당한다.

해설

물리적·기능적 요인에 의한 감가는 치유 가능 혹은 치유 불가능한 감가에 해당하며, 경제적 요인에 의한 감가는 치유 불가능한 감가에 해당한다.

정답 Q1 ② Q2 ⑤

PART 5

예상문제 끌장

Q3 난이도 ★★

내용연수에 의한 감가수정의 방법으로 틀린 것은?

① 정액법이란 대상부동산의 감가형태가 매년 일정액씩 감가된다는 가정하에 부동산의 감가총액을 단순한 경제적 내용연수로 평분하여 매년의 상각액으로 삼는 방법이다.

② 정액법은 건물이나 구축물 등의 평가에 적용되며, 감가누계액이 경과연수에 정비례한다.

③ 정률법이란 대상부동산의 가치가 매년 일정한 비율로 감가된다는 가정하에 매년 말 부동산의 잔존가액에 일정한 상각률을 곱하여 매년의 상각액을 산출하는 방법이다.

④ 정률법은 기계와 기구·선박 등 동산의 평가에 적용되며, 상각률은 첫해가 가장 크고, 재산의 가치가 체감됨에 따라 상각률도 체감된다.

⑤ 상환기금법은 감가수정방법 중 건물 등의 내용연수가 만료하는 때의 감가누계상당액과 그에 대한 복리 계산의 이자상당액분을 포함하여 해당 내용연수로 상환하는 방법이다.

해 설

정률법은 기계와 기구·선박 등 동산의 평가에 적용되며, 상각액은 첫해가 가장 크고, 재산의 가치가 체감됨에 따라 상각액도 체감된다. 즉, 상각률은 불변이며 상각액이 점차 감소한다.

정답 Q3 ④

3 적산가액의 계산 ☆☆ 제22회, 제25회, 제28회, 제29회, 제31회

기출문제 끝장

1 정액법에 의한 적산가액 계산

- 매년감가액 = $\frac{\text{재조달원가} - \text{잔존가액}}{\text{경제적 내용연수}}$
- 감가누계액 = 매년감가액 × 경과연수
- 적산가액 = 재조달원가 − 감가누계액

Q1 난이도 ★★

원가법으로 산정한 대상물건의 적산가액은? (단, 주어진 조건에 한함) 제31회

- 사용승인일의 신축공사비: 6천만원(신축공사비는 적정함)
- 사용승인일: 2018. 9. 1.
- 기준시점: 2020. 9. 1.
- 건축비지수
  - 2018. 9. 1. = 100
  - 2020. 9. 1. = 110
- 경제적 내용연수: 40년
- 감가수정방법: 정액법
- 내용연수 만료 시 잔가율: 10%

① 57,300,000원
② 59,300,000원
③ 62,700,000원
④ 63,030,000원
⑤ 72,600,000원

해 설

경과연수가 2년이고 건축비지수가 1.1이므로

- 재조달원가 = 6,000만원 × 1.1 = 66,000,000원
  잔존가치율은 10%이므로 잔존가액은 6,600,000원이다.
- 매년의 감가액 = $\frac{66,000,000\text{원} - 6,600,000\text{원}}{40\text{년}}$ = 1,485,000원
- 감가누계액 = 1,485,000원 × 2년(경과연수) = 2,970,000원

따라서 적산가액 = 66,000,000원 − 2,970,000원 = 63,030,000원이다.

정답 Q1 ④

기출문제 끝장

2 정률법에 의한 적산가액 계산

$$\text{적산가액} = \text{재조달원가} \times (\text{전년 대비 잔가율})^m = \text{재조달원가} \times (1 - \text{매년 감가율})^m$$

(m: 경과연수)

Q2 난이도 ★★

원가법에 의한 공장건물의 적산가액은? (단, 주어진 조건에 한함) 제28회

- 신축공사비: 8,000만원
- 준공시점: 2015년 9월 30일
- 기준시점: 2017년 9월 30일
- 건축비지수
  - 2015년 9월: 100
  - 2017년 9월: 125
- 전년 대비 잔가율: 70%
- 신축공사비는 준공 당시 재조달원가로 적정하며, 감가수정방법은 공장건물이 설비에 가까운 점을 고려하여 정률법을 적용함

① 3,920만원
② 4,900만원
③ 5,600만원
④ 7,000만원
⑤ 1억원

해설

재조달원가를 구하기 위해서는 기준시점으로 시점수정을 하여야 한다. 따라서 먼저 시점수정치를 구하면

$\text{시점수정치} = \frac{125}{100} = 1.25$

재조달원가 = 8,000만원 × 1.25 = 1억원이다.

그런데 정률법에 의한 적산가액을 구하는 식은

- $\text{적산가액} = \text{재조달원가} \times (1 - \text{감가율})^m$
- $\text{적산가액} = \text{재조달원가} \times (\text{전년 대비 잔가율})^m$ (m: 경과연수)

이므로 적산가액 = 1억원 × 0.7^2 = 4,900만원이다.

정답 Q2 ②

예상문제 끝장

난이도 ★★

다음과 같이 조사된 건물의 기준시점 현재의 원가법에 의한 적산가액은? (단, 감가수정은 정액법에 의함)

- 기준시점: 2022. 4. 15.
- 건축비: 100,000,000원(2020. 4. 15. 준공)
- 건축비는 매년 10%씩 상승하였음
- 기준시점 현재 잔존내용연수: 48년
- 내용연수 만료 시 잔존가치율: 10%

① 108,300,000원

② 112,300,000원

③ 116,644,000원

④ 172,600,000원

⑤ 202,925,000원

해 설

경과연수가 2년이며 매년 10% 상승했으므로 재조달원가는 100,000,000원×$(1+0.1)^2$ = 121,000,000원이고, 잔존가치율은 10%이므로 잔존가액은 12,100,000원이다.

- 매년 감가액 = $\frac{121,000,000원 - 12,100,000원}{50년(=2년+48년)}$ = 2,178,000원
- 감가누계액 = 2,178,000원 × 2년 = 4,356,000원
- 적산가액 = 121,000,000원 − 4,356,000원 = 116,644,000원

정답 ③

PART 5

거래사례비교법

1 거래사례비교법 ☆ 제26회, 제29회, 제32회

(1) 거래사례비교법❶의 의의

대상물건과 가치형성요인이 같거나 비슷한 물건의 거래사례와 비교하여 대상물건의 현황에 맞게 사정보정(事情補正), 시점수정, 가치형성요인 비교 등의 과정을 거쳐 대상물건의 가액을 산정하는 감정평가방법을 말한다.❷❸

(2) 적용방법

① 거래사례자료의 선택요건

㉠ **사정보정의 가능성**: 사례자료는 거래사정이 정상적이라고 인정되거나 부득이한 경우에는 정상적인 것으로 보정이 가능한 사례이어야 한다.

㉡ **시점수정의 가능성(시간적 유사성)**: 부동산의 가치는 변동의 과정에 있으므로 사례자료는 거래시점이 분명하여야 하며, 기준시점까지의 가치변동에 관한 자료를 구할 수 있는 것이어야 한다.

㉢ **지역요인의 비교가능성(위치의 유사성)**: 사례자료는 대상부동산과 동일성 또는 유사성이 있는 인근지역 또는 동일수급권 내의 유사지역에 존재하는 부동산이어야 한다.
⇨ 인근지역과 사례지역의 표준적 이용을 비교

㉣ **개별요인의 비교가능성(물적 유사성)**: 사례부동산과 대상부동산의 개별적 요인이 동일성 또는 유사성 있는 사례이어야 한다.

② 사례자료의 정상화

㉠ **사정보정**: 가치의 산정에 있어서 수집된 거래사례에 거래관계자의 특수한 사정 또는 개별적인 동기가 개재되어 있거나 시장사정에 정통하지 못하여 그 가치가 적정하지 아니하였을 때, 그러한 사정이 없었을 경우의 가액수준으로 정상화하는 작업

㉡ **시점수정**: 거래사례자료의 거래시점과 대상부동산의 기준시점이 시간적으로 불일치하여 가치수준의 변동이 있을 경우에 거래사례가격을 기준시점으로 정상화하는 작업

㉢ **지역요인 및 개별요인의 비교**: 적절히 선택된 사례자료는 시점수정과 사정보정을 거쳐 지역요인과 개별요인을 비교하여 적정한 비준가액을 산정한다.

(3) 거래사례비교법의 장단점

장점	단점
• 현실적, 실증적, 설득력 있음 • 3방식 중 중추적 역할 • 토지·건물·동산 등의 평가에 널리 활용 • 이해하기 쉽고 간편함	• 시장성이 없는 것에 적용 곤란 • 감정가액의 편차가 큼 • 비과학적임 • 극단적인 호·불황의 국면에서는 적용이 곤란 • 부동산시장이 불완전한 경우, 투기적 요인이 포함된 경우 거래사례의 신뢰성이 문제가 됨

핵심 끝장 **사정보정과 시점수정**

1. 사정보정

① 사정보정치

$$\text{사정보정치} = \frac{\text{대상부동산}}{\text{사례부동산}}$$

② 사정보정을 하지 않아도 되는 경우

㉠ 특별한 사정이 개입되지 않은 거래사례(대표성이 있는 거래사례)

㉡ 표준지 공시지가를 기준으로 평가할 경우는 사정보정을 하지 않아도 된다.

2. 시점수정

① 시점수정치

㉠ 지수법

$$\text{시점수정치} = \frac{\text{기준시점의 지수}}{\text{거래시점의 지수}}$$

㉡ 변동률 적용법

$$\text{시점수정치} = (1 \pm R)^n$$

(R: 물가변동률, n: 연도)

② 시점수정을 하지 않아도 되는 경우

㉠ 기준시점과 거래시점이 동일한 경우 ⇦ 소급평가의 경우

㉡ 기준시점과 거래시점이 달라도 시장상황이 변하지 않아 가치가 불변인 경우

기출지문 끝장

❶ 비교방식은 시장성의 원리에 기초한 감정평가방식이며, 가격을 구하는 방법을 **거래사례비교법**, 임료를 구하는 방법을 임대사례비교법이라고 한다. 제21회

❷ 거래사례비교법이란 대상물건과 가치형성요인이 같거나 비슷한 물건의 거래사례와 비교하여 **대상물건의 현황에 맞게 사정보정, 시점수정, 가치형성요인 비교** 등의 과정을 거쳐 대상물건의 가액을 산정하는 감정평가방법을 말한다. 제29회, 제32회

❸ 거래사례비교법을 적용할 때 **사정보정, 시점수정, 가치형성요인 비교** 등의 과정을 거친다. 제26회

기출문제 끝장

- 거래사례비교법을 이해하고 있는지를 묻는 문제이다.
- 거래사례비교법은 시장성의 사고방식에 근거를 둔 것으로 거래시점의 사례가액에 사례의 정상화 과정을 거쳐 기준시점의 비준가액을 구하는 방법이라는 점에 유의해야 한다.

난이도 ★★

거래사례비교법에 관한 설명 중 틀린 것은? 제19회

① 시장성의 원리에 의한 것으로 실증적이며 설득력이 풍부하다.

② 아파트 등 매매가 빈번하게 이루어지는 부동산의 경우에 유용하다.

③ 시점수정은 거래사례자료의 거래시점 가액을 현재시점의 가액으로 정상화하는 작업을 말한다.

④ 사례자료는 거래시점과 기준시점이 가까울수록 유용하다.

⑤ 부동산시장이 불완전하거나 투기적 요인이 있는 경우에는 거래사례의 신뢰성이 문제가 된다.

해 설

시점수정은 거래사례자료의 거래시점 가액을 기준시점의 가액으로 정상화하는 작업을 말한다. 따라서 '현재시점'을 '기준시점'으로 바꾸어야 맞는 표현이 된다.

정답 ③

예상문제 끝장

Q1 난이도 ★★

거래사례자료의 수집기준에 관한 설명으로 틀린 것은?

① 거래사례는 인근지역이나 유사지역 내의 사례, 즉 동일수급권 내의 거래사례로서 지역요인의 비교가 가능한 사례자료를 수집하여야 한다.
② 시점수정의 가능성이란 시간적 유사성을 뜻하며, 대상물건의 기준시점과 유사한 시점의 거래사례일수록 효과적이다.
③ 거래사례는 위치에 있어서 대상물건과 동일성 또는 유사성이 있는 지역 내에 소재하는 거래사례를 선택하여야 한다.
④ 거래사례는 관계자의 특수한 사정 또는 개별적 동기가 개재되기 쉽기 때문에 반드시 특수한 사정이 개재되지 않는 거래사례이어야만 한다.
⑤ 대상물건과 개별요인의 비교가 가능해야 하며, 거래사례는 대상물건과 상호대체, 경쟁의 관계가 성립되고 가액은 상호 관련이 유지되어야 한다.

해 설

거래사례비교법에서 거래사례는 특수한 사정이 개재되지 않는 거래사례를 선택하는 것이 원칙이다. 그러나 반드시 그러한 것은 아니고 특수한 사정이 개재되지 않는 거래사례가 존재하지 않을 경우 예외로 특수한 사정이 개재된 사례 중 사정보정이 가능한 사례를 선택할 수 있다.

Q2 난이도 ★★

시점수정에 관한 설명으로 틀린 것은?

① 시점수정이란 평가대상의 기준시점을 보정하는 것이 아니라 거래시점과 기준시점의 불일치를 보정하는 작업을 말한다.
② 시점수정 후의 가액은 기준시점으로 시점수정된 사례부동산의 가액이 된다.
③ 표준지공시지가를 기준으로 평가하는 경우에는 시점수정이 필요 없다.
④ 사례물건의 거래시점이 대상물건의 기준시점과 불일치하더라도 시장상황에 변화가 없다면 시점수정의 필요성은 없다.
⑤ 거래시점을 알 수 없으면 시점수정을 할 수 없으므로 거래사례로 선택할 수 없다.

해 설

표준지공시지가를 기준으로 평가하는 경우에도 시점수정은 필요하다.

정답 Q1 ④ Q2 ③

PART 5

2 비준가액의 계산 ☆☆ 제23회, 제28회, 제29회, 제31회

기출문제 끝장

비준가액의 계산

비준가액 = 사례가액 × (사정보정치 × 시점수정치 × 지역요인 비교치 × 개별요인 비교치 × 면적 비교치)

난이도 ★★

다음 자료를 활용하여 거래사례비교법으로 산정한 대상토지의 비준가액은? (단, 주어진 조건에 한함)

제31회

- 평가대상토지: X시 Y동 210번지, 대, 110m², 일반상업지역
- 기준시점: 2020. 9. 1.
- 거래사례
  - 소재지: X시 Y동 250번지
  - 지목 및 면적: 대, 120m²
  - 용도지역: 일반상업지역
  - 거래가격: 2억 4천만원
  - 거래시점: 2020. 2. 1.
  - 거래사례는 정상적인 매매임
- 지가변동률(2020. 2. 1. ~ 9. 1.): X시 상업지역 5% 상승
- 지역요인: 대상토지는 거래사례의 인근지역에 위치함
- 개별요인: 대상토지는 거래사례에 비해 3% 우세함
- 상승식으로 계산할 것

① 226,600,000원 ② 237,930,000원
③ 259,560,000원 ④ 283,156,000원
⑤ 285,516,000원

해설

거래사례가격은 2억 4천만원에 거래되었으며, 사례토지의 면적이 120m²이고, 대상토지의 면적은 110m²이므로 $\frac{110}{120}$이다. 사정보정 요인은 없으므로 사정보정은 하지 않아도 되며, 지가상승률은 5%이므로 시점수정치는 $\frac{105}{100}$이다. 대상토지는 거래사례의 인근지역에 위치하므로 지역요인은 비교하지 않아도 되며, 대상토지는 거래사례에 비해 3% 우세하므로 개별요인 비교치는 $\frac{103}{100}$이다.

따라서 2억 4천만원 × $\frac{110}{120} \times \frac{105}{100} \times \frac{103}{100}$ = 237,930,000원이다.

정답 ②

예상문제 끝장

난이도 ★★

다음과 같이 조사된 사례에 근거하여 거래사례비교법으로 대상부동산의 비준가액을 구하면?

- 사례부동산은 어제 10억원에 거래되었다.
- 대상지역의 상권이 사례지역보다 10% 열세하다.
- 대상부동산이 사례부동산보다 개별적으로 15% 우세하다.
- 거래당사자간의 개별적인 사정으로 사례가액은 시세보다 15% 정도 높게 거래된 것으로 판단된다.

① 7억원
② 8억원
③ 9억원
④ 10억원
⑤ 11억원

해설

사례부동산은 어제 거래되었으므로 시점수정치는 고려하지 않아도 된다. 지역요인 비교치 = $\frac{90}{100}$, 개별요인 비교치 = $\frac{115}{100}$, 사정보정치 = $\frac{100}{115}$이므로 비준가액은 10억원 × $\frac{90}{100}$ × $\frac{115}{100}$ × $\frac{100}{115}$ = 9억원이다.

정답 ③

기출테마

34 공시지가기준법

☆ 제25회, 제26회, 제30회, 제32회

1 의의

대상토지와 가치형성요인이 같거나 비슷하여 유사한 이용가치를 지닌다고 인정되는 표준지(비교표준지)의 공시지가를 기준으로 대상토지의 현황에 맞게 시점수정, 지역요인 및 개별요인 비교, 그 밖의 요인의 보정(補正)을 거쳐 대상토지의 가액을 산정하는 감정평가방법

2 공시지가기준법에 따른 감정평가순서

① 비교표준지 선정
② 시점수정
③ 지역요인 비교
④ 개별요인 비교
⑤ 그 밖의 요인 보정

기출문제 끝장

표준지 공시지가는 사정보정이 끝난 토지이므로 사정보정치를 계산하지 않으며, 1m² 단위로 공시하므로 면적비교치를 계산하지 않는다.

Q1 난이도 ★★

감정평가업자가 감정평가에 관한 규칙에 의거하여 공시지가기준법으로 토지를 감정평가하는 경우 필요항목을 순서대로 나열한 것은? 제25회

㉠ 비교표준지 선정	㉡ 감가수정	㉢ 감가상각
㉣ 사정보정	㉤ 시점수정	㉥ 지역요인 비교
㉦ 개별요인 비교	㉧ 면적요인 비교	㉨ 그 밖의 요인 보정

① ㉠ – ㉡ – ㉥ – ㉦ – ㉨
② ㉠ – ㉢ – ㉥ – ㉦ – ㉨
③ ㉠ – ㉣ – ㉤ – ㉥ – ㉨
④ ㉠ – ㉣ – ㉦ – ㉧ – ㉨
⑤ ㉠ – ㉤ – ㉥ – ㉦ – ㉨

해설

감정평가업자는 공시지가기준법에 따라 토지를 감정평가할 때에 다음의 순서에 따라야 한다(감정평가에 관한 규칙 제14조 제2항).

1. 비교표준지 선정	2. 시점수정	3. 지역요인 비교	4. 개별요인 비교	5. 그 밖의 요인 보정

정답 Q1 ⑤

3 공시지가기준법의 계산

기출문제 끝장

공시지가기준법의 계산

토지가액 = 표준지 공시지가 × (시점수정치 × 지역요인 비교치 × 개별요인 비교치 × 그 밖의 요인 비교치)

PART 5

Q2 난이도 ★★

다음 자료를 활용하여 공시지가기준법으로 산정한 대상토지의 가액(원/m^2)은? (단, 주어진 조건에 한함) 제32회

- 대상토지: A시 B구 C동 320번지, 일반상업지역
- 기준시점: 2021. 10. 30.
- 비교표준지: A시 B구 C동 300번지, 일반상업지역, 2021. 01. 01. 기준 공시지가 10,000,000원/m^2
- 지가변동률(A시 B구, 2021. 01. 01. ~ 2021. 10. 30.): 상업지역 5% 상승
- 지역요인: 대상토지와 비교표준지의 지역요인은 동일함
- 개별요인: 대상토지는 비교표준지에 비해 가로조건 10% 우세, 환경조건 20% 열세하고, 다른 조건은 동일함(상승식으로 계산할 것)
- 그 밖의 요인 보정치: 1.50

① 9,240,000
② 11,340,000
③ 13,860,000
④ 17,010,000
⑤ 20,790,000

해설

표준지공시지가를 기준으로 평가하므로 사정보정은 필요가 없으며, 대상토지와 비교표준지의 지역요인은 동일하므로 지역요인도 비교할 필요가 없다. 제시된 자료에 의하면 표준지공시지가는 10,000,000원/m^2, 시점수정치는 $\frac{105}{100} = 1.05$, 개별요인 비교치 중 가로조건은 $\frac{110}{100} = 1.1$, 환경조건은 $\frac{80}{100} = 0.8$이다. 그 밖의 요인보정치는 1.5이다. 이를 계산하면 10,000,000원/m^2 × 1.05 × 1.1 × 0.8 × 1.5 = 13,860,000원/m^2이 된다.

정답 Q2 ③

수익환원법

1 수익환원법 ☆☆☆ 제22회, 제24회, 제26회, 제28회, 제29회, 제30회, 제31회, 제32회

(1) 수익환원법[1]의 의의

대상물건이 장래 산출할 것으로 기대되는 순수익이나 미래의 현금흐름을 환원하거나 할인[2]하여 대상물건의 가액을 산정하는 감정평가방법을 말한다. ⇨ 수익성이 없는 주거용·교육용·공공용 부동산의 평가에는 적용할 수 없다.

(2) 환원방법

① 수익환원법으로 감정평가할 때에는 직접환원법이나 할인현금흐름분석법 중에서 감정평가목적이나 대상물건에 적절한 방법을 선택하여 적용한다.

② 직접환원법: 단일기간의 순수익을 적절한 환원율로 환원하여 대상물건의 가액을 산정하는 방법

③ 할인현금흐름분석법: 대상물건의 보유기간에 발생하는 복수기간의 순수익(현금흐름)과 보유기간 말의 복귀가액에 적절한 할인율을 적용하여 현재가치로 할인한 후 더하여 대상물건의 가액을 산정하는 방법

(3) 순수익

① 의의: 대상물건을 통하여 일정기간에 획득할 총수익에서 그 수익을 발생시키는 데 소요되는 경비를 공제한 금액

② 산정

㉠ 대상물건에 귀속하는 적절한 수익으로서 유효총수익에서 운영경비를 공제하여 산정

㉡ 유효총수익은 다음 사항을 합산한 가능총수익에 공실손실상당액 및 대손충당금을 공제하여 산정

ⓐ 보증금(전세금) 운용수익

ⓑ 연간 임대료

ⓒ 연간 관리비 수입

ⓓ 주차수입, 광고수입, 그 밖에 대상물건의 운용에 따른 주된 수입

㉢ 운영경비는 다음의 사항을 더하여 산정

ⓐ 용역인건비·직영인건비

ⓑ 수도광열비

ⓒ 수선유지비

ⓓ 세금·공과금

ⓔ 보험료

ⓕ 대체충당금

ⓖ 광고선전비 등 그 밖의 경비

(4) 환원율과 할인율의 산정

$$\text{환원(이)율(자본환원율)} = \frac{\text{순수익}}{\text{원본가치}} \times 100(\%) = \frac{\text{순영업소득}}{\text{부동산가치}} \times 100(\%)$$

① 직접환원법에서 사용할 환원율은 시장추출법으로 구하는 것을 원칙으로 한다.

② 할인현금흐름분석법에서 사용할 할인율은 투자자조사법(지분할인율), 투자결합법(종합할인율), 시장에서 발표된 할인율 등을 고려하여 대상물건의 위험이 적절히 반영되도록 결정하되 추정된 현금흐름에 맞는 할인율을 적용한다.

핵심 끝장 환원(이)율 구하는 방법

구분	내용	특징
시장추출법 (시장비교방식)	대상부동산과 유사성 있는 거래사례로부터 순수익을 구하여 사정보정, 시점수정 등을 거쳐 환원이율을 추출	지분 투자자 입장
조성법 (요소구성법)	• 환원이율 = 순수이율 ± 부동산투자활동의 위험률 • 이론적으로는 타당성 있으나 주관개입 가능성이 큼	
투자결합법 (이자율 합성법)	• 물리적 투자결합법 종합환원이율 = [토지환원(이)율 × 토지가치구성비] + [건물환원(이)율 × 건물가치구성비] • 금융적 투자결합법 종합환원이율 = (지분환원율 × 지분비율) + (저당환원율 × 저당비율)	
저당지분방식 (엘우드법)	• 금융적 투자결합법을 개량 • 저당조건을 고려 (○), 세금을 고려 (×) • 매 기간 동안의 현금흐름, 기간 말 부동산의 가치증감분, 보유기간 동안의 지분형성분 세 요소가 영향	
부채감당법	자본환원율 = 부채감당률 × 대부비율 × 저당상수	저당 투자자 입장

기출지문 끝장

❶ 수익방식은 수익성의 원리에 기초한 감정평가방식이며, 가격을 구하는 방법을 **수익환원법**, 임료를 구하는 방법을 수익분석법이라고 한다. 제21회

❷ 수익환원법이란 대상물건이 장래 산출할 것으로 기대되는 **순수익이나 미래의 현금흐름을 환원하거나 할인하여** 대상물건의 가액을 산정하는 감정평가방법을 말한다. 제26회, 제29회

기출문제 끝장

- 자본환원율의 결정방법을 이해하고 있는지를 묻는 문제이다.
- 자본환원율의 결정방법 중 시장추출법, 조성법, 투자결합법, 엘우드법은 지분투자자 입장에서 자본환원율을 구하는 방법이고, 부채감당법은 저당투자자 입장에서 자본환원율을 구하는 방법이라는 점을 유의해야 한다.

난이도 ★★

자본환원율의 결정방법에 관한 설명으로 가장 거리가 먼 것은? 제15회

① 조성법은 대상부동산에 관한 위험을 여러 가지 구성요소로 분해하고, 개별적인 위험에 따라 위험할증률을 더해 감으로써 자본환원율을 구하는 방법이다.

② 시장추출법은 대상부동산과 유사한 최근의 매매사례로부터 자본환원율을 찾아낸다.

③ 물리적 투자결합법은 소득을 창출하는 부동산의 능력이 토지와 건물이 서로 다르며, 분리될 수 있다는 가정에 근거한다.

④ 엘우드(Ellwood)법은 매 기간 동안의 현금흐름, 기간 말 부동산의 가치 상승 또는 하락분, 보유기간 동안의 지분형성분의 세 요소가 자본환원율에 미치는 영향으로 구성되어 있다.

⑤ 금융적 투자결합법은 저당투자자의 요구수익률과 지분투자자의 요구수익률이 동일하다는 데 착안하여 투자자본을 금융적 측면에서 구분하고 있다.

해 설

금융적 투자결합법은 저당투자자의 요구수익률과 지분투자자의 요구수익률이 다르고 분리될 수 있다는 가정을 전제로 하고 있다.

정답 ⑤

예상문제 끝장

Q1 난이도 ★★★

수익환원법에 관한 설명으로 틀린 것은?

① 수익환원법이란 대상물건이 장래 산출할 것으로 기대되는 순수익이나 미래의 현금흐름을 환원하거나 할인하여 대상물건의 가액을 산정하는 감정평가방법을 말한다.

② 수익환원법은 수익성의 사고방식에 기초를 두고 있으며, 교육용·주거용·공공용 부동산의 평가에도 적용할 수 있다는 장점이 있다.

③ 직접환원법은 단일기간의 순수익을 적절한 환원율로 환원하여 대상물건의 가액을 산정하는 방법을 말한다.

④ 할인현금흐름분석법은 대상물건의 보유기간에 발생하는 복수기간의 순수익(현금흐름)과 보유기간 말의 복귀가액에 적절한 할인율을 적용하여 현재가치로 할인한 후 더하여 대상물건의 가액을 산정하는 방법을 말한다.

⑤ 순수익이란 대상물건을 통하여 일정기간에 획득할 총수익에서 그 수익을 발생시키는 데 소요되는 경비를 공제한 금액, 즉 순영업소득을 말하는데, 대상물건에 귀속하는 적절한 수익으로서 유효총수익에서 운영경비를 공제하여 산정한다.

해 설

수익환원법은 수익성의 사고방식에 기초를 두고 있으며, 수익을 발생하는 물건을 대상으로 하므로 수익성이 없는 교육용·주거용·공공용 부동산의 평가에는 적용할 수 없다.

Q2 난이도 ★★

수익환원법에서 환원이율의 결정방법에 관한 설명으로 틀린 것은?

① 환원이율의 결정방법에는 시장비교방식, 요소시장구성방식, 투자결합법, 저당지분방식, 부채감당법 등이 있다.

② 시장추출법(market extraction method)이란 대상부동산과 유사한 최근의 거래사례로부터 환원이율을 찾아내는 방법이다.

③ 요소시장구성방식(build-up method)은 환원이율을 결정하는 과정에 주관성이 개입될 여지가 많아 현재에는 잘 쓰이지 않는다.

④ 투자결합법 중 금융적 투자결합법에서는 금융적 측면에 따라 투자자본을 저당자본과 지분자본으로 나누어 환원이율을 구한다.

⑤ 부채감당법(debt coverage method)은 환원이율을 객관적이고 간편하게 구할 수 있다는 장점이 있으나, 지분투자자의 입장에 지나치게 치우치고 있다는 비판이 있다.

해 설

부채감당법(debt coverage method)은 환원이율을 객관적이고 간편하게 구할 수 있다는 장점이 있으나, 저당투자자의 입장에 지나치게 치우치고 있다는 비판이 있다.

정답 Q1 ② Q2 ⑤

2 수익가액의 계산 ☆☆ 제22회, 제24회, 제28회, 제30회

기출문제 끝장

수익가액의 계산

$$수익가액 = \frac{순수익}{환원(이)율} = \frac{총수익 - 총비용}{환원(이)율}$$

난이도 ★★

다음 자료를 활용하여 직접환원법으로 산정한 대상부동산의 수익가액은? (단, 연간 기준이며, 주어진 조건에 한함) 제32회

- 가능총소득(PGI): 70,000,000원
- 공실상당액 및 대손충당금: 가능총소득의 5%
- 영업경비(OE): 유효총소득(EGI)의 40%
- 환원율: 10%

① 245,000,000원
② 266,000,000원
③ 385,000,000원
④ 399,000,000원
⑤ 420,000,000원

해 설

직접환원법으로 평가한 대상부동산의 수익가액을 구하기 위해서는 먼저 순영업소득을 구해야 한다.

가능총소득	70,000,000원
− 공실 및 대손손실	− 3,500,000원(=70,000,000원×0.05)
유효총소득	66,500,000원
− 영업경비	− 26,600,000원(=66,500,000원×0.4)
순영업소득	39,900,000원

$$\therefore 수익가액 = \frac{순영업소득}{환원이율} = \frac{39{,}900{,}000원}{0.1} = 399{,}000{,}000원이\ 된다.$$

정답 ④

예상문제 끝장

난이도 ★★

다음의 자료를 이용하여 수익가액을 구하면 얼마인가? (단, 환원이율은 10%라고 함)

- 연간 가능총소득(potential gross income): 19,500,000원
- 연간 공실에 따른 손실: 500,000원
- 연간 기타 소득: 1,000,000원
- 연간 영업경비(operating expenses): 연간 유효총소득(effective gross income)의 40%

① 100,000,000원
② 110,000,000원
③ 115,000,000원
④ 120,000,000원
⑤ 125,000,000원

해 설

가능총소득	19,500,000원
− 공실 및 불량부채	− 500,000원
+ 기타 소득	+ 1,000,000원
유효총소득	20,000,000원
− 영업경비	− 8,000,000원(= 20,000,000원 × 0.4)
순영업소득	12,000,000원

따라서 수익가액 $= \frac{\text{순영업소득}}{\text{환원이율}} = \frac{12{,}000{,}000\text{원}}{0.1} = 120{,}000{,}000$원이다.

정답 ④

기출테마

36 물건별 감정평가방법

☆☆ 제23회, 제24회, 제25회, 제26회, 제28회, 제31회

구분	물건 내용	감정평가방식	
		원칙	예외
토지	토지	공시지가기준법	유사지역의 표준지공시지가
	산림❶	• 산지와 입목 ⇨ 구분평가 • 입목 ⇨ 거래사례비교법 • 소경목림 ⇨ 원가법	산지와 입목 ⇨ 일괄평가 시에는 거래사례비교법
	과수원❷	거래사례비교법	–
건물	건물❸	원가법	–
의제 부동산	자동차❹❺	거래사례비교법	해체처분가액(효용가치가 없는 경우)
	건설기계❻	원가법	해체처분가액(효용가치가 없는 경우)
	선박❺	원가법 ⇨ 선체, 기관, 의장별로 구분평가	해체처분가액(효용가치가 없는 경우)
	항공기❺❼	원가법	해체처분가액(효용가치가 없는 경우)
	공장재단	개별물건의 감정평가액 합산	수익환원법(계속적인 수익이 예상되는 경우)
	광업재단❽	수익환원법	–
동산	동산❾	거래사례비교법	해체처분가액(효용가치가 없는 경우)
무형 고정 자산	광업권	광업재단의 감정평가액 – 현존시설 가액	–
	어업권	어장 전체에 대한 수익가액 – 현존시설 가액	–
	영업권 등❿	수익환원법⓫	–
임대료	임대료⓬	임대사례비교법	–

소음·진동·일조침해 또는 환경오염 등으로 대상물건에 직접적 또는 간접적인 피해가 발생하여 대상물건의 가치가 하락한 경우, 그 가치하락분을 감정평가할 때에 소음 등이 발생하기 전의 대상물건의 가액 및 원상회복비용 등을 고려하여야 함

「집합건물의 소유 및 관리에 관한 법률」에 따른 구분소유권의 대상이 되는 건물부분과 그 대지사용권을 일괄하여 감정평가하는 경우 등 토지와 건물을 일괄하여 감정평가할 때에는 거래사례비교법을 적용⓭하여야 함. 이 경우 감정평가액은 합리적인 기준에 따라 토지가액과 건물가액으로 구분하여 표시할 수 있음

핵심 끝장 **물건별 감정평가**

- 건물, 건설기계, 선박, 항공기 ⇨ 원가법 — 암기Tip 건건선항
- 동산, 산림, 과수원, 자동차 ⇨ 거래사례비교법 — 암기Tip 동산과자
- 영업권, 어업권, 광산·광업권 ⇨ 수익환원법 — 암기Tip 영어광
- 토지 ⇨ 공시지가기준법
- 임대료 ⇨ 임대사례비교법

PART 5

기출지문 끝장

❶ **산림**을 감정평가할 때에 산지와 입목(立木)을 구분하여 감정평가하여야 한다. 이 경우 입목은 거래사례비교법을 적용하되, 소경목림인 경우에는 원가법을 적용할 수 있다. 제23회

❷ 감정평가법인등은 **과수원**을 감정평가할 때에 **거래사례비교법**을 적용하여야 한다. 제23회, 제25회

❸ 감정평가법인등은 **건물**을 감정평가할 때에 **원가법**을 적용하여야 한다. 제21회, 제23회, 제25회, 제26회, 제28회

❹ 감정평가법인등은 **자동차**를 감정평가할 때에 **거래사례비교법**을 적용하여야 한다. 제25회

❺ **자동차**의 주된 평가방법과 **선박** 및 **항공기**의 주된 평가방법은 다르다. 제26회

❻ 감정평가법인등은 **건설기계**를 감정평가할 때에 **원가법**을 적용하여야 한다. 제28회

❼ 감정평가법인등은 **항공기**를 감정평가할 때에 **원가법**을 적용하여야 한다. 제25회

❽ 감정평가법인등은 **광업재단**을 감정평가할 때에 **수익환원법**을 적용하여야 한다. 제28회

❾ 감정평가법인등은 **동산(動産)**을 감정평가할 때에 **거래사례비교법**을 적용하여야 한다. 제25회

❿ **영업권**, 특허권, 실용신안권, 디자인권, 상표권, 저작권, 전용측선이용권(專用側線利用權), 그 밖의 무형자산을 감정평가할 때에 **수익환원법**을 적용하여야 한다. 제23회, 제24회

⓫ 감정평가법인등은 **저작권**을 감정평가할 때에 **수익환원법**을 적용하여야 한다. 제28회

⓬ **임대료**를 평가할 때는 **임대사례비교법**을 주된 평가방법으로 적용한다. 제23회, 제26회, 제28회

⓭ 「집합건물의 소유 및 관리에 관한 법률」에 따른 구분소유권의 대상이 되는 건물부분과 그 대지사용권을 **일괄하여 감정평가하는 경우 거래사례비교법**을 주된 평가방법으로 적용한다. 제26회

기출문제 끝장

기출 분석

- 기출회차: 제23회 수정
- 난이도: ★★
- 키워드: 부동산의 평가방법

함정을 피하는 끝장 TIP

- 「감정평가에 관한 규칙」상 부동산의 평가방법을 이해하고 있는지를 묻는 문제이다.
- 「감정평가에 관한 규칙」상 부동산의 평가방법을 암기해 두어야 한다.

감정평가에 관한 규칙상 부동산의 평가방법에 관한 설명으로 틀린 것은?

① 건물을 감정평가할 때에 원가법을 적용하여야 한다.

② 산림을 감정평가할 때에 산지와 입목(立木)을 구분하여 감정평가하여야 한다. 이 경우 입목은 ~~수익환원법~~을 적용하되, 소경목림(小徑木林)인 경우에는 ~~거래사례비교법~~을 적용할 수 있다.

··· 산림을 감정평가할 때에 산지와 입목(立木)을 구분하여 감정평가하여야 한다. 이 경우 입목은 거래사례비교법을 적용하되, 소경목림인 경우에는 원가법을 적용할 수 있다.

③ 영업권, 특허권, 실용신안권, 디자인권, 상표권, 저작권, 전용측선이용권(專用側線利用權), 그 밖의 무형자산을 감정평가할 때에 수익환원법을 적용하여야 한다.

④ 과수원을 감정평가할 때에 거래사례비교법을 적용하여야 한다.

⑤ 임대료를 감정평가할 때에 임대사례비교법을 적용하여야 한다.

기출테마

37 부동산가격공시제도

1 부동산가격공시제도 개요

<table>
<tr><th colspan="3">구분</th><th>공시주체</th></tr>
<tr><td rowspan="2">공시지가 제도</td><td colspan="2">표준지공시지가</td><td>국토교통부장관</td></tr>
<tr><td colspan="2">개별공시지가</td><td>시장·군수·구청장</td></tr>
<tr><td rowspan="3">주택가격 공시제도</td><td rowspan="2">단독주택</td><td>표준주택가격</td><td>국토교통부장관</td></tr>
<tr><td>개별주택가격</td><td>시장·군수·구청장</td></tr>
<tr><td colspan="2">공동주택</td><td>국토교통부장관</td></tr>
<tr><td rowspan="3">비주거용 부동산가격 공시제도</td><td rowspan="2">비주거용 일반부동산 가격공시제도</td><td>비주거용 표준부동산 가격공시</td><td>국토교통부장관</td></tr>
<tr><td>비주거용 개별부동산 가격공시</td><td>시장·군수·구청장</td></tr>
<tr><td colspan="2">비주거용 집합부동산 가격공시제도</td><td>국토교통부장관</td></tr>
</table>

① 이의신청은 공시주체에게 하며, 각 공시주체는 이의신청기간이 만료된 날부터 30일 이내에 심사하여 그 결과를 신청인에게 서면으로 통지하여야 한다.❶

② 이의신청 내용이 타당하다고 인정될 때에는 조정하여 다시 공시하여야 한다.❷

기출지문 끝장

❶ 국토교통부장관은 이의신청기간이 만료된 날부터 30일 이내에 이의신청을 심사하여 그 결과를 신청인에게 서면으로 통지하여야 한다. 제21회

❷ 표준지공시지가에 대한 이의신청의 내용이 타당하다고 인정될 때에는 해당 표준지공시지가를 조정하여 다시 공시하여야 한다. 제21회, 제28회

2 공시지가제도 ☆☆☆ 제22회, 제23회, 제24회, 제25회, 제26회, 제27회, 제28회, 제29회, 제30회, 제31회

(1) 표준지공시지가

의의	① 국토교통부장관이 조사·평가하여 공시한 표준지❶의 단위면적당 가격❷ ② 국토교통부장관이 매년 공시기준일(매년 1월 1일) 현재의 가격을 조사·평가하여 중앙부동산가격공시위원회의 심의를 거쳐 공시하는 표준지 1m²당의 적정가격
공시기준일	매년 1월 1일❸
공시사항❹	① 표준지의 지번 ② 표준지의 단위면적당 가격 ③ 표준지의 면적 및 형상 ④ 표준지 및 주변토지의 이용사항 ⑤ 표준지에 대한 지목 ⑥ 용도지역 ⑦ 도로상황 ⑧ 그 밖에 표준지공시지가 공시에 필요한 사항
효력❺❻❼	① 토지시장의 지가정보 제공❽ ② 일반적인 토지거래의 지표 ③ 국가 등에 의한 지가산정의 기준❾ ④ 개별토지의 평가기준❾
이의신청❿	공시일부터 30일 이내에 서면으로 국토교통부장관에게 이의를 신청할 수 있다.⓫

서면: 전자문서 포함

(2) 개별공시지가

의의	시장·군수 또는 구청장이 절차에 따라 대상토지의 가격을 산정한 후 시·군·구 부동산가격공시위원회의 심의를 거쳐, 국토교통부장관의 확인을 받아 결정·공시한 공시기준일 현재 관할 구역 안의 개별토지의 단위면적당 가격
공시일	시장·군수·구청장이 매년 5월 31일까지 결정·공시
활용	토지 관련 국세의 부과기준과 지방세의 과세시가표준액의 조정자료로 활용됨은 물론 개발부담금 등 각종부담금의 부과기준으로 쓰인다.
이의신청	개별공시지가의 결정·공시일부터 30일 이내에 서면으로 시장·군수 또는 구청장에게 이의를 신청할 수 있다.⓬

3 주택가격공시제도 ☆☆☆ 제22회, 제24회, 제25회, 제26회, 제27회, 제28회, 제32회

1 단독주택가격의 공시

(1) 표준주택가격

조사·평가 및 이의신청에 대한 심의를 하는 국토교통부장관 소속의 위원회

의의	국토교통부장관이 매년 공시기준일 현재의 가격을 조사·평가하여 중앙부동산가격공시위원회의 심의를 거쳐 공시하는 표준주택의 적정가격 ⇨ 한국부동산원에 의뢰⑬
공시기준일	매년 1월 1일
공시사항	① 표준주택의 지번, 가격 ② 표준주택의 대지면적 및 형상 ③ 표준주택의 용도, 연면적, 구조 및 사용승인일 ④ 표준주택의 토지에 대한 지목, 용도지역, 도로상황 ⑤ 그 밖에 표준주택가격 공시에 필요한 사항
이의신청	공시일부터 30일 이내에 서면으로 국토교통부장관에게 이의를 신청할 수 있다.

전자문서 포함

기출지문 끝장

❶ **표준지**는 지가의 공시를 위해 가치형성요인이 같거나 유사하다고 인정되는 일단의 토지 중에서 선정한 토지를 말한다. 제29회

❷ '표준지공시지가'라 함은 국토교통부장관이 조사·평가하여 공시한 **표준지의 단위면적당 가격**을 말한다. 제25회

❸ 표준지공시지가의 공시기준일은 원칙적으로 **매년 1월 1일**이다. 제26회

❹ 표준지공시지가의 **공시사항**으로는 표준지의 단위면적당 가격, 표준지 및 주변토지의 이용상황, 도로·교통상황, 지세 등이 있다. 제22회

❺ **공공용지의 매수 및 토지의 수용·사용에 대한 보상**에는 부동산 가격공시에 관한 법령상 표준지공시지가를 적용한다. 제25회

❻ **국유·공유 토지의 취득 또는 처분**에는 부동산 가격공시에 관한 법령상 표준지공시지가를 적용한다. 제25회

❼ **토지의 관리·매입·매각·경매·재평가**에는 부동산 가격공시에 관한 법령상 표준지공시지가를 적용한다. 제25회

❽ **토지시장**에 **지가정보**를 제공하는 것은 「부동산 가격공시에 관한 법률」상 표준지공시지가의 효력에 해당한다. 제29회

❾ 표준지공시지가는 **국가·지방자치단체 등이 그 업무와 관련하여 지가를 산정하거나 감정평가법인등이 개별적으로 토지를 감정평가**하는 경우에 기준이 된다. 제24회

❿ 표준지공시지가와 표준주택가격 모두 **이의신청** 절차가 있다. 제26회

⓫ 표준지공시지가에 이의가 있는 자는 그 **공시일부터 30일 이내**에 서면으로 국토교통부장관에게 이의를 신청할 수 있다. 제21회, 제30회

⓬ 개별공시지가에 이의가 있는 자는 그 **결정·공시일부터 30일 이내**에 서면으로 시장·군수 또는 구청장에게 이의를 신청할 수 있다. 제30회

⓭ 국토교통부장관은 표준주택가격을 조사·산정하고자 할 때에는 **한국부동산원에 의뢰**한다. 제32회

(2) 개별주택가격

의의	시장·군수 또는 구청장이 시·군·구부동산가격공시위원회의 심의를 거쳐 결정·공시한 매년 표준주택가격의 공시기준일 현재 관할 구역 안의 개별주택의 가격
공시일	시장·군수·구청장이 매년 4월 30일까지 결정·공시
공시사항	① 개별주택의 지번 ② 개별주택가격 ③ 개별주택의 용도 및 면적 ④ 그 밖에 개별주택가격 공시에 필요한 사항
이의신청	개별주택가격의 결정·공시일부터 30일 이내에 서면으로 시장·군수 또는 구청장에게 이의를 신청할 수 있다.

Q 표준주택으로 선정된 단독주택, 그 밖에 대통령령으로 정하는 단독주택에 대하여는 개별주택가격을 결정·공시하지 아니할 수 있다.❶

2 공동주택가격의 공시

의의	국토교통부장관이 공동주택에 대하여 매년 공시기준일 현재의 적정가격을 조사·산정하여 중앙부동산가격공시위원회의 심의를 거쳐 공시하는 가격
공시기준일	매년 1월 1일
공시일	매년 4월 30일까지 결정·공시
공시사항	① 공동주택의 소재지, 명칭, 동·호수 ② 공동주택가격 ③ 공동주택의 면적 ④ 그 밖에 공동주택가격 공시에 필요한 사항
이의신청	공시일부터 30일 이내에 서면으로 국토교통부장관에게 이의를 신청할 수 있다.

└ 전자문서 포함

3 주택가격공시의 효력

① 표준주택가격은 국가·지방자치단체 등이 그 업무와 관련하여 개별주택가격을 산정하는 경우에 그 기준이 된다.❷

② 개별주택가격 및 공동주택가격은 주택시장의 가격정보를 제공하고, 국가·지방자치단체 등이 과세 등의 업무와 관련하여 주택의 가격을 산정하는 경우에 그 기준으로 활용될 수 있다.❸

4 비주거용 부동산가격공시제도

1 비주거용 일반부동산의 가격공시

(1) 비주거용 표준부동산가격

의의	국토교통부장관이 용도지역, 이용상황, 건물구조 등이 일반적으로 유사하다고 인정되는 일단의 비주거용 일반부동산 중에서 선정한 비주거용 표준부동산에 대하여 매년 공시기준일 현재의 적정가격을 조사·산정해 중앙부동산가격공시위원회의 심의를 거쳐 공시한 가격
공시기준일	매년 1월 1일
공시사항	① 비주거용 표준부동산의 지번, 가격, 대지면적 및 형상 ② 비주거용 표준부동산의 용도, 연면적, 구조 및 사용승인일 ③ 지목, 용도지역, 도로상황 ④ 그 밖에 비거주용 표준부동산가격 공시에 필요한 사항
이의신청	공시일부터 30일 이내에 서면(전자문서 포함)으로 국토교통부장관에게 이의를 신청할 수 있다.

(2) 비주거용 개별부동산가격

의의	시장·군수 또는 구청장이 시·군·구부동산가격공시위원회의 심의를 거쳐 결정·공시한 매년 비주거용 표준부동산가격의 공시기준일 현재 관할 구역 안의 비주거용 개별부동산의 가격
공시일	시장·군수·구청장이 매년 4월 30일까지 결정·공시
공시사항	① 비주거용 부동산의 지번 ② 비주거용 부동산가격 ③ 비주거용 개별부동산의 용도 ④ 그 밖에 비주거용 개별부동산가격 공시에 필요한 사항
이의신청	비주거용 개별부동산가격의 결정·공시일부터 30일 이내에 서면으로 시장·군수 또는 구청장에게 이의를 신청할 수 있다.

기출지문 끝장

❶ 표준주택으로 선정된 단독주택, 그 밖에 대통령령으로 정하는 단독주택에 대하여는 **개별주택가격**을 결정·공시하지 아니할 수 있다. 제32회

❷ **표준주택가격**은 국가·지방자치단체 등이 그 업무와 관련하여 개별주택가격을 산정하는 경우에 그 기준이 된다. 제32회

❸ **개별주택가격 및 공동주택가격**은 주택시장의 가격정보를 제공하고, 국가·지방자치단체 등이 과세 등의 업무와 관련하여 주택의 가격을 산정하는 경우에 그 기준으로 활용될 수 있다. 제32회

2 비주거용 집합부동산가격의 공시

의의	국토교통부장관이 비주거용 집합부동산에 대하여 조사·산정한 매년 공시기준일 현재의 적정 가격
공시기준일	매년 1월 1일
공시일	매년 4월 30일까지 결정·공시
공시사항	① 비주거용 집합부동산의 소재지·명칭·동·호수 ② 비주거용 집합부동산가격 ③ 비주거용 집합부동산의 면적 ④ 그 밖에 비주거용 집합부동산가격 공시에 필요한 사항
이의신청	공시일부터 30일 이내에 서면(전자문서 포함)으로 국토교통부장관에게 이의를 신청할 수 있다.

3 비주거용 부동산가격공시의 효력

① 비주거용 표준부동산가격은 국가·지방자치단체 등이 그 업무와 관련하여 비주거용 개별부동산가격을 산정하는 경우에 그 기준이 된다.

② 비주거용 개별부동산가격 및 비주거용 집합부동산가격은 비주거용 부동산시장에 가격정보를 제공하고, 국가·지방자치단체 등이 과세 등의 업무와 관련하여 비주거용 부동산의 가격을 산정하는 경우에 그 기준으로 활용될 수 있다.

기출문제 끝장

기출 분석

- 기출회차: 제32회
- 난이도: ★★
- 키워드: 부동산가격공시제도

함정을 피하는 끝장 TIP

- 부동산가격공시제도를 이해하고 있는지를 묻는 문제이다.
- 부동산가격공시제도는 공시지가제도, 주택가격공시제도, 비주거용 부동산가격공시제도로 나누어 정리해 두어야 한다.

PART 5

부동산 가격공시에 관한 법률에 규정된 내용으로 틀린 것은?

① 국토교통부장관은 표준주택가격을 조사·산정하고자 할 때에는 한국부동산원에 의뢰한다.

② 표준주택가격은 국가·지방자치단체 등이 그 업무와 관련하여 개별주택가격을 산정하는 경우에 그 기준이 된다.

③ 표준주택으로 선정된 단독주택, 그 밖에 대통령령으로 정하는 단독주택에 대하여는 개별주택가격을 결정·공시하지 아니할 수 있다.

④ 개별주택가격 및 공동주택가격은 주택시장의 가격정보를 제공하고, 국가·지방자치단체 등이 과세 등의 업무와 관련하여 주택의 가격을 산정하는 경우에 그 기준으로 활용될 수 있다.

⑤ 개별주택가격 ~~및 공동주택가격~~에 이의가 있는 자는 그 결정·공시일부터 30일 이내에 서면(전자문서를 포함한다)으로 시장·군수 또는 구청장에게 이의를 신청할 수 있다.

⋯→ 공동주택가격에 이의가 있는 자는 그 공시일부터 30일 이내에 서면(전자문서를 포함한다)으로 국토교통부장관에게 이의를 신청할 수 있다.

해 설

개별주택가격에 이의가 있는 자는 그 결정·공시일부터 30일 이내에 서면(전자문서를 포함한다)으로 시장·군수 또는 구청장에게 이의를 신청할 수 있고, 공동주택가격에 이의가 있는 자는 그 공시일부터 30일 이내에 서면(전자문서를 포함한다)으로 국토교통부장관에게 이의를 신청할 수 있다.

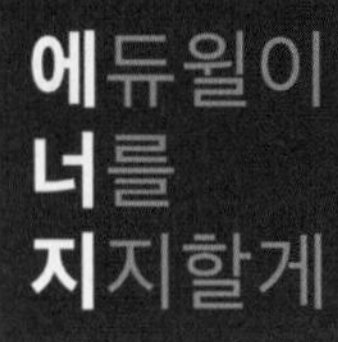

삶의 순간순간이
아름다운 마무리이며
새로운 시작이어야 한다.

– 법정 스님

START

memo

memo

memo

memo

memo

2022 에듀윌 공인중개사 우선끝장 민개공

발 행 일　2022년 3월 31일 초판
편 저 자　심정욱, 이영방, 김희상
펴 낸 이　이중현
펴 낸 곳　(주)에듀윌
등록번호　제25100-2002-000052호
주　　소　08378 서울특별시 구로구 디지털로34길 55
코오롱싸이언스밸리 2차 3층

ISBN 979-11-360-1650-8 (13320)

www.eduwill.net
대표전화 1600-6700

여러분의 작은 소리
에듀윌은 크게 듣겠습니다.

본 교재에 대한 여러분의 목소리를 들려주세요.
공부하시면서 어려웠던 점, 궁금한 점,
칭찬하고 싶은 점, 개선할 점, 어떤 것이라도 좋습니다.

에듀윌은 여러분께서 나누어 주신 의견을
통해 끊임없이 발전하고 있습니다.

에듀윌 도서몰 book.eduwill.net

- 부가학습자료 및 정오표: 에듀윌 도서몰 → 도서자료실
- 교재 문의: 에듀윌 도서몰 → 문의하기 → 교재(내용, 출간) / 주문 및 배송

합격하고 꼭 해야 할 것 1

에듀윌 공인중개사 동문회 가입

에듀윌 공인중개사 동문회와 함께 9가지 특권을 만나보세요!

1. 에듀윌 공인중개사 합격자 모임

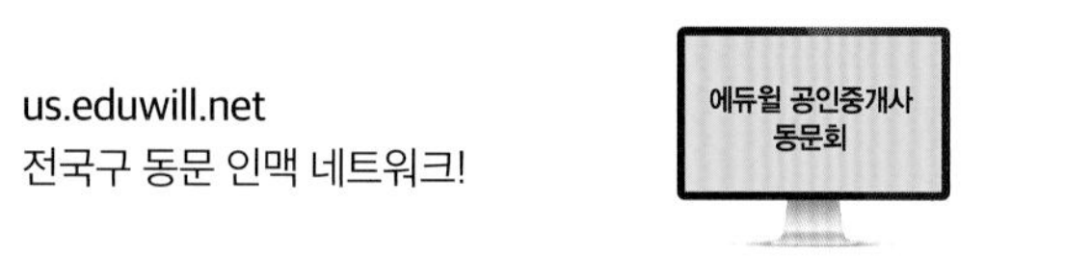

2. 동문회 사이트

3. 정기 모임과 선후배 멘토링

4. 동문회 인맥북

5. 동문회와 함께하는 사회공헌활동

6. 개업 시 동문 중개업소 홍보물 지원

7. 동문회 주최 실무 특강

8. 동문회 소식지 무료 구독

9. 최대 공인중개사 동문회 커뮤니티

※ 본 특권은 회원별로 상이하며, 예고 없이 변경될 수 있습니다.

에듀윌 공인중개사 동문회 | us.eduwill.net
문의 | 1600-6700

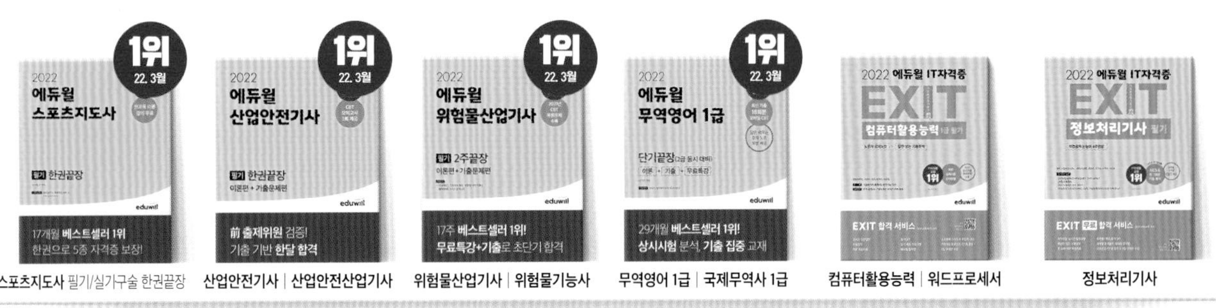

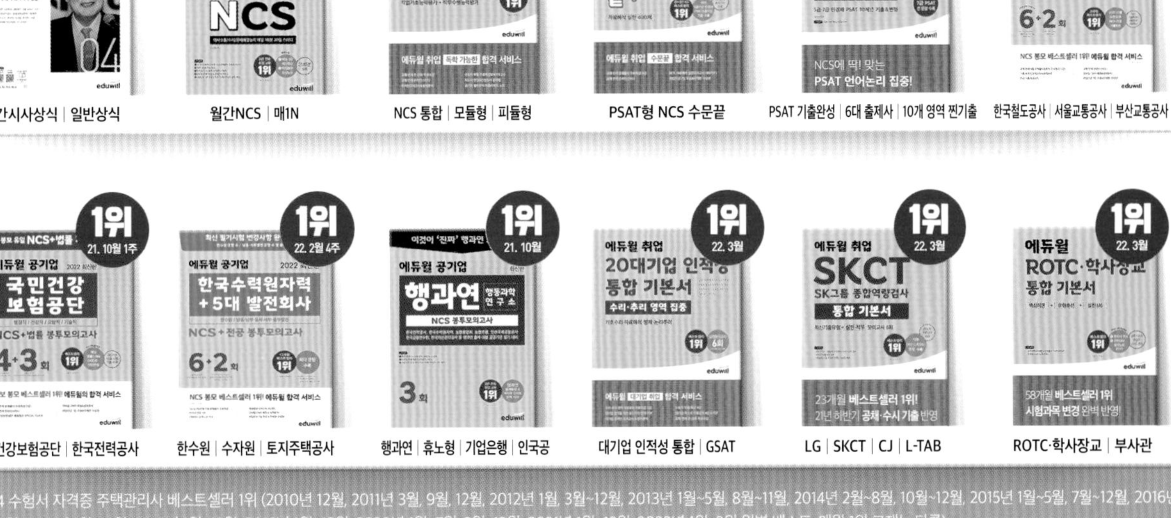

※ YES24 수험서 자격증 주택관리사 베스트셀러 1위 (2010년 12월, 2011년 3월, 9월, 12월, 2012년 1월, 3월~12월, 2013년 1월~5월, 8월~11월, 2014년 2월~8월, 10월~12월, 2015년 1월~5월, 7월~12월, 2016년 1월~12월, 2017년 1월~12월, 2018년 1월~12월, 2019년 1월~12월, 2020년 1월~7월, 9월~12월, 2021년 1월~12월, 2022년 1월~3월 월별 베스트, 매월 1위 교재는 다름)
※ YES24 국내도서 해당분야 월별, 주별 베스트 기준

eduwill

업계 최초 대통령상 3관왕, 정부기관상 17관왕 달성!

2010 대통령상

2019 대통령상

2019 대통령상

대한민국 브랜드대상 국무총리상

서울특별시장상

과학기술부장관상

정보통신부장관상

산업자원부장관상

고용노동부장관상

미래창조과학부장관상

법무부장관상

여성가족부장관상

과학기술정보통신부 장관상

문화체육관광부 장관상

농림축산식품부 장관상

- 2004
  서울특별시장상 우수벤처기업 대상
- 2006
  산업자원부장관상 대한민국 e비즈니스대상
- 2007
  정보통신부장관상 디지털콘텐츠 대상
  산업자원부장관 표창 대한민국 e비즈니스대상
- 2010
  대통령 표창 대한민국 IT 이노베이션 대상
- 2013
  고용노동부장관 표창 일자리 창출 공로
- 2014
  미래창조과학부장관 표창 ICT Innovation 대상
- 2015
  법무부장관 표창 사회공헌 유공
- 2017
  여성가족부장관상 사회공헌 유공
  2016 합격자 수 최고 기록 KRI 한국기록원 공식 인증
- 2018
  2017 합격자 수 최고 기록 KRI 한국기록원 공식 인증
- 2019
  대통령 표창 범죄예방대상
  대통령 표창 일자리 창출 유공
  과학기술정보통신부장관상 대한민국 ICT 대상
- 2020
  국무총리상 대한민국 브랜드대상
  2019 합격자 수 최고 기록 KRI 한국기록원 공식 인증
- 2021
  고용노동부장관상 일·생활 균형 우수 기업 공모전 대상
  문화체육관광부장관 표창 근로자휴가지원사업 우수 참여 기업
  농림축산식품부장관상 대한민국 사회공헌 대상
  문화체육관광부장관 표창 여가친화기업 인증 우수 기업

에듀윌 공인중개사

우선끝장 민 개 공 | 부동산학개론

에듀윌 합격생
10명 중 9명 1년 내 합격*

공인중개사 최다 합격자 배출 공식 인증
(KRI 한국기록원 / 2016, 2017, 2019년 인증, 2022년 현재까지 업계 최고 기록)

2020년 공인중개사 접수인원 대비 합격률
한국산업인력공단 12.8%, 에듀윌 57.8%
(에듀윌 직영학원 2차 합격생 기준)

2022 대한민국 브랜드만족도 공인중개사 교육 1위
(한경비즈니스)

*2020년 에듀윌 공인중개사 연간반 수강생 중 최종합격자 기준

고객의 꿈, 직원의 꿈, 지역사회의 꿈을 실현한다

펴낸곳 (주)에듀윌 **펴낸이** 이중현 **출판총괄** 김형석
개발책임 윤대권, 양은숙 **개발** 손혜인, 변영은, 노재은, 임여경
주소 서울시 구로구 디지털로34길 55 코오롱싸이언스밸리 2차 3층
대표번호 1600-6700 **등록번호** 제25100-2002-000052호

에듀윌 도서몰 book.eduwill.net
• 부가학습자료 및 정오표: 에듀윌 도서몰 → 도서자료실
• 교재 문의: 에듀윌 도서몰 → 문의하기 → 교재(내용, 출간) / 주문 및 배송

산출근거 후면표기

2022

에듀윌 공인중개사

우선끝장 민 개 공

부동산공법

김희상 편저

특별부록 과목별 맞춤부록, 2종 합격플래너

부가서비스 예상문제 끝장, 민개공 모의고사(PDF)

6년간 합격자 수 1위 에듀윌

우선순위 과목 민개공 30일 완성

에듀윌과 함께 시작하면,
당신도 합격할 수 있습니다!

오랜 직장 생활을 마감하며 찾아온 앞날에 대한 막연한 두려움
에듀윌만 믿고 공부해 합격의 길에 올라선 50대 은퇴자

출산한지 얼마 안돼 독박 육아를 하며 시작한 도전!
새벽 2~3시까지 공부해 8개월 만에 동차 합격한 아기엄마

만년 가구기사 보조로 5년 넘게 일하다, 달리는 차 안에서도
포기하지 않고 공부해 이제는 새로운 일을 찾게 된 합격생

누구나 합격할 수 있습니다.
시작하겠다는 '다짐' 하나면 충분합니다.

마지막 페이지를 덮으면,

에듀윌과 함께
공인중개사 합격이 시작됩니다.

에듀윌
합격자 모임

공인중개사 최다 합격자 배출 공식 인증
(KRI 한국기록원 / 2016, 2017, 2019년 인증, 2022년 현재까지 업계 최고 기록)

에듀윌
합격자 오림
기적에서 전설로
합격자 수가
선택의 기준!
OPEN

에듀윌
합격자 모임
에듀윌과 함께하면 꿈은 현실이 됩니다
기적에서 전설로

6년간 아무도 깨지 못한 기록
합격자 수 1위 에듀윌

업계최초, 업계유일!
KRI 한국기록원 공식 인증

* 2022 대한민국 브랜드만족도 공인중개사 교육 1위 (한경비즈니스)
* 공인중개사 최다 합격자 배출 공식 인증 (KRI 한국기록원 / 2016, 2017, 2019년 인증, 2022년 현재까지 업계 최고 기록)

합격 후 성공까지!
최대 규모의 동문회

그 해 합격자로 가득 찬 인맥북을
매년 발행합니다!

전담 부서가 1만 8천* 명 규모의
동문회를 운영합니다!

* 2022 대한민국 브랜드만족도 공인중개사 교육 1위 (한경비즈니스)
* 에듀윌 인맥북 2011년(22회) ~ 2021년(32회) 누적 등재 인원 수

합격자 수 1위 에듀윌 4만* 건이 넘는 후기

부알못, 육아맘도 딱 1년 만에 합격했어요.

고○희 합격생

저는 부동산에 관심이 전혀 없는 '부알못'이었는데, 부동산에 관심이 많은 남편의 권유로 공부를 시작했습니다. 남편 지인들이 에듀윌을 통해 많이 합격했고, '합격자 수 1위'라는 광고가 좋아 에듀윌을 선택하게 되었습니다. 교수님들이 커리큘럼대로만 하면 된다고 해서 믿고 따라갔는데 정말 반복 학습이 되더라고요. 아이 둘을 키우다 보니 낮에는 시간을 낼 수 없어서 밤에만 공부하는 게 쉽지 않아 포기하고 싶을 때도 있었지만 '에듀윌 지식인'을 통해 합격하신 선배님들과 함께 공부하는 동기들의 위로가 큰 힘이 되었습니다.

유튜브 보듯 강의 보고 직장 생활하며 합격했어요.

박○훈 합격생

공부를 시작하려고 서점에 가서 공인중개사 섹션을 둘러보니 온통 에듀윌의 노란색 책이었습니다. 이렇게 에듀윌 책이 많이 놓여 있는 이유는 베스트셀러가 많기 때문일 거고, 그렇다면 믿을 수 있겠다 싶어 에듀윌을 선택하게 되었습니다. 저는 직장 생활로 바빠서 틈나는 대로 공부하였습니다. 교수님들이 워낙 재미있게 수업 하셔서 설거지할 때, 청소할 때, 점심시간에 유튜브를 보듯이 공부해서 지루하지 않았습니다.

5개월 만에 동차 합격, 낸 돈 그대로 돌려받았죠!

안○원 합격생

저는 야쿠르트 프레시매니저를 하다 60세에 도전하여 합격했습니다. 심화 과정부터 시작하다 보니 기본이 부족했는데, 교수님들이 하라는 대로 기본 과정과 책을 더 보면서 정리하며 따라갔던 게 주효했던 것 같습니다. 합격 후 100만 원 가까이 되는 큰 돈을 환급받아 남편이 주택관리사 공부를 한다고 해서 뒷받침해 줄 생각입니다. 저는 소공(소속 공인중개사)으로 활동을 하고 싶은 포부가 있어 최대 규모의 에듀윌 동문회 활동도 기대가 됩니다.

다음 합격의 주인공은 당신입니다!

더 많은 합격 비법

* 에듀윌 홈페이지 게시 건수 기준 (2022년 2월 기준)

회원 가입하고
100% 무료 혜택 받기

가입 즉시, 공인중개사 공부에 필요한 모든 걸 드립니다!

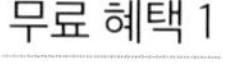

무료 혜택 1

공인중개사
초보 수험가이드

시험개요, 과목별 학습
포인트 등 합격생들의
진짜 공부 노하우

무료 혜택 2

공인중개사
초보 필독서

지금 나에게 꼭 필요한
필수교재
선착순 100% 무료

무료 혜택 3

전과목
기초강의 0원

2022년 시험대비
전과목 기초강의
무료 수강(7일)

무료 혜택 4

테마별
핵심특강

출제위원급 교수진의
합격에 꼭 필요한
필수 테마 무료 특강

무료 혜택 5

파이널
학습자료

시험 직전, 점수를 올려줄
핵심요약 자료와
파이널 모의고사 무료

* 조기 소진 시 다른 자료로 대체 제공될 수 있습니다. * 서비스 개선을 위해 제공되는 자료의 세부 내용은 변경될 수 있습니다.

신규 회원 가입하면
5,000원 쿠폰 바로 지급

* 해당 이벤트는 예고 없이 변경되거나 종료될 수 있습니다.

무료 회원
가입

더 많은 혜택이 궁금하다면 1600-6700

2022 대한민국 브랜드만족도 공인중개사 교육 1위 (한경비즈니스)

2022
에듀윌 공인중개사
우선끝장 민 개 공

공법 암기노트 필수 비교정리표

eduwill

시작하라.

그 자체가 천재성이고,
힘이며, 마력이다.

– 요한 볼프강 폰 괴테(Johann Wolfgang von Goethe)

2022

에듀윌 공인중개사

우선끝장 민 개 공

공법 암기노트 필수 비교정리표

eduwill

특별부록 공법 암기노트 필수 비교정리표

01 국토의 계획 및 이용에 관한 법령상 행정청 총정리 ★★

1 광역계획권의 지정 및 광역도시계획의 수립

광역계획권의 지정	① 지정권자: 국토교통부장관(둘 이상의 시·도에 걸친 경우), 도지사(같은 도에 속하여 있는 경우)(특별시장 ×, 광역시장 ×) ② 지정절차: 국토교통부장관, 도지사 ⇨ 의견청취+심의(협의 ×, 공청회 ×)
광역도시계획의 수립	① 광역계획권이 둘 이상의 시·도에 걸치는 경우: 시·도지사가 공동으로 수립 ⇨ 국토교통부장관의 승인 ○ ② 같은 도의 관할 구역에 속하는 경우: 시장·군수가 공동으로 수립 ⇨ 도지사의 승인 ○ ③ 국가계획과 관련된 경우, 3년이 지날 때까지 시·도지사로부터 승인신청이 없는 경우: 국토교통부장관이 수립 ④ 3년이 지날 때까지 시장·군수로부터 승인신청이 없는 경우: 도지사가 수립 ⑤ 시·도지사가 요청하는 경우: 국토교통부장관+시·도지사가 공동으로 수립 ⑥ 시장 또는 군수가 요청하는 경우: 도지사+시장·군수가 공동으로 수립 ⇨ 국토교통부장관의 승인 × ⑦ 시장 또는 군수가 협의를 거쳐 요청하는 경우: 도지사 단독으로 수립 ⇨ 국토교통부장관의 승인 ×

2 도시·군기본계획의 수립 및 확정(승인)

수립 및 확정 (승인)	① 수립권자: 특별시장·광역시장·특별자치시장·특별자치도지사·시장 또는 군수(의무) ② 확정: 특별시장·광역시장·특별자치시장·특별자치도지사(승인 ×) ③ 승인: 시장 또는 군수 ⇨ 도지사
재량	① 수도권에 속하지 아니하고 광역시와 경계를 같이 하지 아니하는 인구 10만명 이하의 시·군 ② 관할 구역 전부에 대하여 광역도시계획이 수립되어 있고 해당 광역도시계획에 도시·군기본계획에 포함될 사항이 모두 포함되어 있는 시·군

3 도시 · 군관리계획의 입안 및 결정

입안권자	① 원칙: 특별시장 · 광역시장 · 특별자치시장 · 특별자치도지사 · 시장 또는 군수 ② 예외: 국토교통부장관(국가계획, 둘 이상의 시 · 도에 걸치는 용도지역 등), 도지사(둘 이상의 시 · 군에 걸치는 용도지역 등)
결정권자	① 원칙: 시 · 도지사 또는 대도시 시장(시장 · 군수가 입안한 지구단위계획구역과 지구단위계획은 시장 · 군수가 결정) ② 예외: 국토교통부장관(국토교통부장관이 입안한 도시 · 군관리계획, 개발제한구역, 국가계획 ⇨ 시가화조정구역), 해양수산부장관(수산자원보호구역)

[타당성 검토 총정리]

도시 · 군기본계획	5년
도시 · 군관리계획	5년
기본방침	5년
정비기본계획	5년
투기과열지구	반기
조정대상지역	반기
리모델링기본계획	5년

02 도시 · 군관리계획의 입안제안과 도시개발구역의 지정제안 ★★★

구분	도시 · 군관리계획의 입안제안(국토의 계획 및 이용에 관한 법률)	도시개발구역의 지정제안(도시개발법)
제안자	주민(이해관계자를 포함) ⇨ 국토교통부장관, 시 · 도지사, 시장 · 군수(입안권자)	국가 · 지방자치단체 · 조합을 제외한 시행자가 될 수 있는 자 ⇨ 특별자치도지사, 시장 · 군수 · 구청장
제안사항 및 동의	① 기반시설의 설치 · 정비 · 개량(국공유지를 제외한 토지면적 5분의 4 이상의 동의) ② 지구단위계획구역 지정 · 변경과 지구단위계획 수립 · 변경(국공유지를 제외한 토지면적 3분의 2 이상의 동의) ③ 산업 · 유통개발진흥지구의 지정 · 변경(국공유지를 제외한 면적 3분의 2 이상의 동의) ④ 용도지구 중 해당 용도지구에 따른 건축물이나 그 밖의 시설의 용도 · 종류 · 규모 등의 제한을 지구단위계획으로 대체하기 위한 용도지구의 지정 · 변경(국공유지를 제외한 토지면적 3분의 2 이상의 동의) ⑤ 입지규제최소구역의 지정 · 변경과 입지규제최소구역계획의 수립 · 변경(국공유지를 제외한 토지면적 3분의 2 이상의 동의)	도시개발구역 지정[민간사업시행자가 지정제안 ⇨ 대상구역의 토지면적 3분의 2 이상에 해당하는 토지소유자(지상권자를 포함)의 동의]
추가정리	산업 · 유통개발진흥지구의 지정요건 ① 지정 대상지역의 면적이 1만m^2 이상 3만m^2 미만일 것 ② 지정 대상지역이 자연녹지지역, 계획관리지역 또는 생산관리지역일 것 ③ 지정 대상지역의 전체 면적에서 계획관리지역의 면적이 차지하는 비율이 100분의 50 이상일 것	공공기관의 장 또는 정부출연기관의 장은 30만m^2 이상으로서 국가계획과 밀접한 관련이 있는 도시개발구역의 지정제안 ⇨ 국토교통부장관
반영 여부 통보	① **원칙**: 제안일부터 45일 이내 ② **예외**: 부득이한 사정이 있는 경우에는 1회에 한하여 30일 연장 가능	1개월 이내 통보(불가피한 경우에는 1개월 이내의 범위에서 연장 가능)
비용부담	제안자와 협의하여 비용의 전부 또는 일부를 부담시킬 수 있다.	제안자와 협의하여 비용의 전부 또는 일부를 부담시킬 수 있다.
제출서류	도시 · 군관리계획도서와 계획설명서	**둘 이상의 구역에 걸치는 경우**: 그 지역에 포함된 면적이 가장 큰 지역의 시장 · 군수 · 구청장에게 서류 제출

03 부동산공법상 효력발생일 총정리 ★★★

국토의 계획 및 이용에 관한 법률	도시·군관리계획의 효력발생: 지형도면을 고시한 날부터 효력발생
도시개발법	① 환지 예정지 지정의 효력발생일: 시행자가 토지소유자와 임차권자 등에게 통지한 효력발생일 ② 환지처분으로 인한 권리이전시기: 환지처분 공고일의 다음 날 ⇨ 종전 토지로 본다. ③ 조합임원의 자격상실시기: 결격사유에 해당하게 된 날의 다음 날 ④ 청산금의 소멸시효: 5년
도시 및 주거환경정비법	① 사용·수익의 정지: 관리처분계획의 인가·고시일부터 소유권이전의 고시일까지. 다만, 시행자의 동의를 받거나 손실보상이 완료되지 아니한 경우에는 사용·수익할 수 있다. ② 분양설계기준일: 분양신청기간 만료일 ③ 소유권 취득시기: 소유권이전고시일의 다음 날 ④ 청산금 분할징수 및 지급시기: 정관 등에서 분할징수 및 분할지급을 정하고 있거나 총회의 의결을 거쳐 따로 정한 경우에는 관리처분계획인가 후부터 소유권이전고시가 있은 날까지 일정기간별로 분할징수하거나 분할지급할 수 있다. ⑤ 청산금의 소멸시효: 소유권이전고시일의 다음 날부터 5년

04 사업이나 공사에 착수한 자(기득권 보호) ★

도시·군관리계획	① 원칙: 도시·군관리계획 결정 당시 이미 사업 또는 공사에 착수한 자 ⇨ 도시·군관리계획 결정에 관계없이 그 사업이나 공사를 계속할 수 있다. ② 예외: 시가화조정구역·수산자원보호구역 지정의 경우 시가화조정구역·수산자원보호구역 지정 당시 이미 사업 또는 공사에 착수한 자 ⇨ 해당 구역의 결정의 고시일로부터 3개월 이내에 사업 또는 공사의 내용을 신고한 후 그 사업이나 공사를 계속할 수 있다.
도시개발구역	허가를 받아야 하는 행위로서 도시개발구역의 지정·고시 당시 이미 관계법령에 따라 허가를 받았거나 허가를 받을 필요가 없는 행위에 관하여 그 공사 또는 사업에 착수한 자는 도시개발구역의 지정·고시일부터 30일 이내에 신고서에 그 공사 또는 사업의 진행상황과 시행계획을 첨부하여 신고한 후 이를 계속 시행할 수 있다.
정비구역	허가를 받아야 하는 행위로서 정비구역의 지정 및 고시 당시 이미 관계법령에 따라 행위허가를 받았거나 허가를 받을 필요가 없는 행위에 관하여 그 공사 또는 사업에 착수한 자는 정비구역이 지정·고시된 날부터 30일 이내에 공사 또는 사업의 진행상황과 시행계획을 첨부하여 관할 시장·군수등에게 신고한 후 이를 계속 시행할 수 있다.

05 부동산공법상 행정계획절차 총정리 ★★

구분	내용	
광역도시계획	국토교통부장관, 시·도지사, 시장 또는 군수는 광역도시계획을 수립 또는 이를 변경하려면 미리 공청회를 열어 주민과 관계전문가 등으로부터 의견을 들어야 하며, 제시된 의견이 타당하다고 인정하는 때에는 이를 광역도시계획에 반영하여야 한다.	
도시·군관리계획	**주민 의견청취**	① 주민 의견청취 ⇨ 공고+열람(14일 이상) ② 공고된 도시·군관리계획안의 내용에 대하여 의견이 있는 자는 열람기간 내에 의견서를 제출할 수 있다. ③ 제출된 의견을 도시·군관리계획안에 반영할 것인지 여부를 검토하여 그 결과를 열람기간이 종료된 날부터 60일 이내에 해당 의견을 제출한 자에게 통보하여야 한다. ④ 국방상 또는 국가안전보장상 기밀을 요하는 사항(관계 중앙행정기관의 장이 요청)이거나 경미한 변경(도시지역의 축소에 따른 용도지역의 변경)인 경우에는 생략할 수 있다.
	입안제안	1. **제안**: 주민(이해관계자를 포함) ① 기반시설의 설치·정비 또는 개량에 관한 사항 ② 지구단위계획구역의 지정 및 변경과 지구단위계획의 수립 및 변경 ③ 산업·유통개발진흥지구의 지정 및 변경 ④ 용도지구 중 해당 용도지구에 따른 건축물이나 그 밖의 시설의 용도·종류·규모 등의 제한을 지구단위계획으로 대체하기 위한 용도지구의 지정 및 변경 ⑤ 입지규제최소구역의 지정 및 변경과 입지규제최소구역계획의 수립 및 변경 2. **결과통보**: 입안권자는 제안일부터 45일 이내에 도시·군관리계획 입안에의 반영 여부를 제안자에게 통보(부득이한 사정이 있는 경우에는 1회에 한하여 30일 연장)
실시계획	국토교통부장관이나 시·도지사 또는 대도시 시장은 실시계획인가 전에 공고하고 관계 서류의 사본을 14일 이상 일반이 열람할 수 있도록 하여야 한다.	
개발밀도관리구역	지방도시계획위원회의 심의(주민의 의견청취 ×)	
기반시설부담구역	주민의 의견청취+지방도시계획위원회의 심의	
성장관리계획구역	주민의 의견청취+지방의회 의견청취+협의+심의	
시범도시사업계획	주민의 의견청취(설문조사·열람)	
도시개발구역 지정	공람(14일 이상)이나 공청회(100만m^2 이상 ⇨ 의무)를 통하여 주민이나 관계전문가 등으로부터 의견을 들어야 한다.	

정비기본계획	공람(14일 이상)+지방의회 의견청취(60일 이내에 의견제시)+협의+지방도시계획위원회의 심의 ⇨ 10년 단위로 수립+5년마다 타당성 검토
정비계획	주민설명회+공람(30일 이상)+지방의회 의견청취(60일 이내에 의견제시)
사업시행계획	1. 시행자 ① 지정개발자가 정비사업을 시행하려는 경우에는 사업시행계획인가를 신청하기 전에 토지등소유자의 과반수의 동의 및 토지면적의 2분의 1 이상의 토지소유자의 동의를 받아야 한다. ② 재개발사업을 토지등소유자가 시행하고자 하는 경우에는 사업시행계획인가를 신청하기 전에 사업시행계획서에 대하여 토지등소유자의 4분의 3 이상 및 토지면적의 2분의 1 이상의 동의를 받아야 한다. 2. 정비사업비의 예치: 시장·군수등은 재개발사업의 시행자가 지정개발자(지정개발자가 토지등소유자로 한정)인 경우 정비사업비의 100분의 20 범위에서 조례로 정하는 금액을 예치하게 할 수 있다. 3. 인가권자: 시장·군수등은 사업시행계획인가를 하거나 사업시행계획서를 작성하려는 경우에는 대통령령으로 정하는 방법 및 절차에 따라 관계 서류의 사본을 14일 이상 일반인이 공람할 수 있게 하여야 한다.
관리처분계획	사업시행자는 관리처분계획인가를 신청하기 전에 관계 서류의 사본을 30일 이상 토지등소유자에게 공람하게 하고 의견을 들어야 한다.
리모델링기본계획	공람(14일 이상)+지방의회 의견청취(30일 이내에 의견제시)+협의+심의 ⇨ 10년 단위로 수립+5년마다 타당성 검토

06 부동산공법상 의제규정 총정리 ★★★

국토의 계획 및 이용에 관한 법률상 의제규정	
공유수면매립지에 관한 용도지역의 지정(의제)	① 공유수면(바다만 해당)의 매립목적이 그 매립구역과 이웃하고 있는 용도지역의 내용과 같으면 도시·군관리계획의 입안 및 결정절차 없이 그 매립준공구역은 그 매립의 준공인가일부터 이와 이웃하고 있는 용도지역으로 지정된 것으로 본다. ⇨ 이 경우 특별시장, 광역시장, 특별자치시장, 특별자치도지사, 시장 또는 군수는 그 사실을 지체 없이 고시하여야 한다. ② 공유수면의 매립목적이 그 매립구역과 이웃하고 있는 용도지역의 내용과 다른 경우 및 그 매립구역이 둘 이상의 용도지역에 걸쳐 있거나 이웃하고 있는 경우에는 그 매립구역이 속할 용도지역은 도시·군관리계획 결정으로 지정하여야 한다.
용도지역 결정·고시(의제)	1. 도시지역으로 결정·고시된 것으로 의제 ① 「항만법」에 따른 항만구역으로서 도시지역에 연접된 공유수면 ② 「어촌·어항법」에 따른 어항구역으로서 도시지역에 연접된 공유수면 ③ 「산업입지 및 개발에 관한 법률」에 따른 국가산업단지, 일반산업단지 및 도시첨단산업단지(농공단지 ×) ④ 「택지개발촉진법」에 따른 택지개발지구(사업의 완료로 해제된 경우는 지정 전의 용도지역으로 환원 ×) ⑤ 「전원개발촉진법」에 따른 전원개발사업구역 및 예정구역(수력발전소 또는 송·변전설비만을 설치하기 위한 구역은 제외) 2. 관리지역에서의 특례 ① 관리지역에서 「농지법」에 따른 농업진흥지역으로 지정·고시된 지역은 농림지역으로 결정·고시된 것으로 본다. ② 관리지역의 산림 중 「산지관리법」에 따라 보전산지로 지정·고시된 지역은 농림지역 또는 자연환경보전지역으로 결정·고시된 것으로 본다.
도시개발법상 의제규정	
도시지역과 지구단위계획구역(의제)	도시개발구역이 지정·고시된 경우 해당 도시개발구역은 도시지역과 지구단위계획구역으로 결정되어 고시된 것으로 본다. 다만, 도시지역 외의 지역에 지정된 지구단위계획구역 및 취락지구로 지정된 지역인 경우에는 그러하지 아니하다.
지형도면의 특례	도시지역과 지구단위계획구역으로 결정·고시된 것으로 보는 사항에 대하여 「국토의 계획 및 이용에 관한 법률」에 따른 도시·군관리계획에 관한 지형도면의 고시는 도시개발사업의 시행기간에 할 수 있다.
도시 및 주거환경정비법상 의제규정	
주거환경 개선구역에서의 용도지역(의제)	① 주거환경개선사업이 현지개량방법 또는 환지방법으로 시행되는 경우에는 제2종 일반주거지역으로 결정·고시된 것으로 본다. ② 주거환경개선사업이 수용방법 또는 관리처분방법으로 시행되는 경우에는 제3종 일반주거지역으로 결정·고시된 것으로 본다. ③ 해당 정비구역이 개발제한구역인 경우에는 그러하지 아니하다(의제 ×).

07 하나의 대지가 둘 이상의 용도지역에 걸치는 경우 ★

국토의 계획 및 이용에 관한 법률	건축법	농지법
① **원칙**: 하나의 대지가 둘 이상의 용도지역 등에 걸치는 경우 330m² 이하(도로변에 띠 모양으로 지정된 상업지역에 걸쳐 있는 경우에는 660m² 이하) ⇨ 건폐율과 용적률은 가중평균한 값을 적용하고, 건축제한에 관한 규정은 가장 넓은 면적이 속하는 용도지역 등에 관한 규정을 적용한다. ② **건축물이 고도지구에 걸쳐 있는 경우**: 건축물 및 대지 전부에 대하여 고도지구의 건축물 및 대지에 관한 규정을 적용한다. ③ **하나의 건축물이 방화지구에 걸쳐 있는 경우**: 방화지구 안의 건축물에 관한 규정을 적용한다. ④ **대지가 녹지지역에 걸치는 경우(녹지지역이 330m² 이하인 경우는 제외)**: 각각의 용도지역 등의 건축물 및 토지에 관한 규정을 적용한다.	① **원칙**: 건축물의 대지가 둘 이상의 지역 등에 걸치는 경우 ⇨ 과반이 속하는 지역의 행위제한을 적용한다. ② **하나의 건축물이 방화지구에 걸치는 경우**: 방화지구 안의 건축물에 관한 규정을 적용한다. 다만, 경계가 방화벽으로 구획되는 경우에는 그러하지 아니하다. ③ **대지가 녹지지역에 걸치는 경우**: 각각의 용도지역 등의 건축물 및 대지에 관한 규정을 적용한다.	**한 필지의 토지가 농업진흥구역과 농업보호구역에 걸치는 경우** ① **농업진흥구역에 속하는 토지부분이 330m² 이하**: 행위제한을 적용할 때 농업보호구역의 규정을 적용한다. ② **일부가 농업진흥지역에 걸쳐 있으면서 농업진흥지역의 면적이 330m² 이하**: 농업진흥지역의 규정을 적용하지 아니한다.

08 부동산공법상 시행자 총정리 ★★★

도시·군계획시설사업(국토의 계획 및 이용에 관한 법률)	도시개발사업(도시개발법)	정비사업(도시 및 주거환경정비법)
1. **행정청** ① **원칙**: 특별시장·광역시장·특별자치시장·특별자치도지사·시장·군수 ② **예외**: 국토교통부장관(국가계획), 도지사(광역도시계획) 2. **비행정청**: 지정받은 자(한국토지주택공사등은 토지면적 3분의 2 이상을 소유하고 토지소유자 총수 2분의 1 이상의 동의 ×)	① 국가·지방자치단체(지정제안 ×) ② 공공기관(한국토지주택공사등), 정부출연기관 ③ 지방공사 ④ 토지소유자 ⑤ 조합(지정제안 ×) ⇨ 전부 환지방식 ⑥ 수도권 외의 지역으로 이전하는 법인 ⑦ 등록사업자 ⑧ 신탁업자 중 외부감사의 대상이 되는 자 ⑨ 자기관리 부동산투자회사 또는 위탁관리 부동산투자회사	1. 주거환경개선사업(조합, 토지등소유자 ×) ① 시장·군수등 ② 토지주택공사등 또는 공익법인 2. 재개발사업 ① 조합 또는 토지등소유자(20인 미만) ② 조합원 과반수 동의 ⇨ 시장·군수등, 토지주택공사등, 건설업자, 등록사업자, 신탁업자, 한국부동산원(공동) 3. 재건축사업 ① 조합 ② 조합원 과반수 동의 ⇨ 시장·군수등, 토지주택공사등, 건설업자, 등록사업자(공동)
주택건설사업(주택법)	**건축사업(건축법)**	
① **등록사업자**: 연간 단독주택 20호 이상 또는 공동주택 20세대(도시형 생활주택은 30세대) 이상 건설하거나 연간 1만m^2 이상의 대지조성사업을 시행하려는 자 ② **비등록사업자**: 국가, 지방자치단체, 한국토지주택공사, 지방공사, 공익법인, 주택조합+등록사업자, 고용자+등록사업자 ③ **공동사업주체**: 토지소유자·주택조합+등록사업자(임의), 고용자+등록사업자(의무)	건축주 ⇨ 허가권자	

09 부동산공법상 행정심판과 취소사유 총정리 ★★

1 행정심판

국토의 계획 및 이용에 관한 법률	도시·군계획시설사업 시행자 처분에 따른 행정심판 ① 행정청인 시행자: 「행정심판법」에 따른 행정심판을 제기할 수 있다. ② 비행정청인 시행자: 시행자를 지정한 자에게 행정심판을 제기하여야 한다.
도시개발법	① 행정청인 시행자: 「행정심판법」에 따른 행정심판을 제기할 수 있다. ② 비행정청인 시행자: 지정권자에게 행정심판을 제기하여야 한다.

2 취소사유

구분	재량적 취소사유(취소할 수 있다)	필수적 취소사유(취소하여야 한다)
건축법		① 허가를 받은 날부터 2년(공장은 3년) 이내에 착수하지 아니한 경우 ② 공사완료가 불가능하다고 인정하는 경우 ③ 대지의 소유권을 상실한 때부터 6개월이 경과한 이후 공사의 착수가 불가능하다고 인정하는 경우
주택법	① 사업주체가 5년 이내에 공사를 시작하지 아니한 경우 ② 사업주체가 경매·공매 등으로 인하여 대지 소유권을 상실한 경우(주택분양보증이 된 사업은 제외) ③ 사업주체의 부도·파산 등으로 공사의 완료가 불가능한 경우(주택분양보증이 된 사업은 제외)	
농지법		허가를 받은 자가 관계공사의 중지 등 조치명령을 위반한 경우

10 부동산공법상 허가권자 총정리 ★★

구분	허가권자
개발행위허가권자	특별시장 · 광역시장 · 특별자치시장 · 특별자치도지사 · 시장 · 군수
공동구의 점용허가(관리의무자)	특별시장 · 광역시장 · 특별자치시장 · 특별자치도지사 · 시장 · 군수
도시개발구역에서 개발행위허가권자	특별시장 · 광역시장 · 특별자치도지사 · 시장 · 군수
정비구역에서 개발행위허가권자	시장 · 군수등
건축허가권자	① **원칙:** 특별자치시장, 특별자치도지사, 시장 · 군수 · 구청장 ※ **비교정리:** 도지사는 승인권자 ② **예외:** 특별시장 · 광역시장(21층 이상 또는 10만m^2 이상인 건축물 ⇨ 공장, 창고는 제외)
사업계획승인권자	① **원칙:** 대지면적이 10만m^2 이상 ⇨ 시 · 도지사 또는 대도시 시장, 대지면적이 10만m^2 미만 ⇨ 특별시장, 광역시장, 특별자치시장, 특별자치도지사, 시장 · 군수(구청장 ×) ② **예외:** 국토교통부장관(㉠ 국가 · 한국토지주택공사가 시행, ㉡ 국토교통부장관이 지정 · 고시하는 지역)
농지전용허가권자	농림축산식품부장관 ※ **비교정리:** 농지전용신고 ⇨ 시장 · 군수 · 구청장
농지의 타용도 일시사용허가(신고)	시장 · 군수 · 구청장
농지전용협의	주무부장관, 지방자치단체의 장이 농림축산식품부장관과 협의

11 부동산공법상 면적기준 ★★

개발행위허가	도시개발구역 지정	건축법
개발행위의 규모(토지의 형질변경) ① 공업지역, 관리지역, 농림지역: 3만m^2 미만 ② 보전녹지지역, 자연환경보전지역: 5천m^2 미만 ③ 주거지역, 상업지역, 생산녹지지역, 자연녹지지역: 1만m^2 미만	도시개발구역의 지정규모 1. 도시지역 ① 주거지역, 상업지역, 생산녹지지역, 자연녹지지역: 1만m^2 이상 ② 공업지역: 3만m^2 이상 2. 도시지역 외 ① 원칙: 30만m^2 이상 ② 예외: 초등학교+4차로 이상의 도로 확보 시 10만m^2 이상	용도지역별 분할제한 ① 주거지역: 60m^2 ② 상업지역: 150m^2 ③ 공업지역: 150m^2 ④ 녹지지역: 200m^2 ⑤ 관리지역, 농림지역, 자연환경보전지역: 60m^2

12 부동산공법상 실효규정 총정리 ★★

시가화조정구역의 실효	시가화조정구역의 지정에 관한 도시·군관리계획의 결정은 5년 이상 20년 이내에서 정한 시가화유보기간이 끝난 날의 다음 날부터 그 효력을 잃는다.
실시계획의 실효	① 도시·군계획시설결정의 고시일부터 10년 이후에 실시계획을 작성하거나 인가(다른 법률에 따라 의제된 경우는 제외)받은 도시·군계획시설사업의 시행자가 실시계획 고시일부터 5년 이내에 「공익사업을 위한 토지 등의 취득 및 보상에 관한 법률」에 따른 재결신청을 하지 아니한 경우에는 실시계획 고시일부터 5년이 지난 다음 날에 그 실시계획은 효력을 잃는다. ② 도시·군계획시설사업의 시행자가 재결신청을 하지 아니하고 실시계획 고시일부터 5년이 지나기 전에 해당 도시·군계획시설사업에 필요한 토지면적의 3분의 2 이상을 소유하거나 사용할 수 있는 권원을 확보하고 실시계획 고시일부터 7년 이내에 재결신청을 하지 아니한 경우 실시계획 고시일부터 7년이 지난 다음 날에 그 실시계획은 효력을 잃는다. ※ 비교정리(실효시기) ① 도시·군계획시설결정의 고시일부터 20년이 되기 전에 실시계획이 폐지되거나 효력을 잃고 다른 도시·군계획시설사업이 시행되지 아니하는 경우에는 도시·군계획시설결정의 고시일부터 20년이 되는 날의 다음 날에 효력을 잃는다. ② 도시·군계획시설결정의 고시일부터 20년이 되는 날의 다음 날 이후 실시계획이 폐지되거나 효력을 잃은 경우에는 실시계획이 폐지되거나 효력을 잃은 날에 효력을 잃는다.
도시·군계획시설 결정의 실효	도시·군계획시설결정이 고시된 도시·군계획시설에 대하여 그 고시일부터 20년이 지날 때까지 그 시설의 설치에 관한 도시·군계획시설사업이 시행되지 아니하는 경우 20년이 되는 날의 다음 날에 그 효력을 잃는다.
지구단위계획구역 및 지구단위계획의 실효	① **지구단위계획구역의 실효**: 지구단위계획구역의 지정에 관한 도시·군관리계획결정의 고시일부터 3년 이내에 그 지구단위계획에 관한 지구단위계획이 결정·고시되지 아니하면 그 3년이 되는 날의 다음 날에 효력을 잃는다. ② **지구단위계획의 실효**: 지구단위계획(주민이 입안을 제안한 것에 한정)에 관한 도시·군관리계획결정의 고시일부터 5년 이내에 사업이나 공사에 착수하지 아니하면 5년이 되는 날의 다음 날에 효력을 잃는다.
기반시설부담구역 지정의 해제	기반시설부담구역의 지정·고시일부터 1년이 되는 날까지 기반시설설치계획을 수립하지 아니하면 그 1년이 되는 날의 다음 날에 기반시설부담구역의 지정은 해제된 것으로 본다.
도시개발구역 지정의 해제	1. 도시개발구역을 지정하기 전에 개발계획을 수립한 경우 ① 도시개발구역이 지정·고시된 날부터 3년이 되는 날까지 실시계획의 인가를 신청하지 아니하는 경우에는 그 3년이 되는 날의 다음 날 ② 도시개발사업의 공사완료의 공고일의 다음 날(환지방식에 따른 사업인 경우에는 그 환지처분의 공고일의 다음 날) ⇨ 종전의 용도지역으로 환원 × 2. 도시개발구역을 지정한 후 개발계획을 수립하는 경우 ① 도시개발구역이 지정·고시된 날부터 2년이 되는 날까지 개발계획을 수립·고시하지 아니하는 경우에는 그 2년이 되는 날의 다음 날(다만, 면적이 330만m^2 이상인 경우에는 5년이 되는 날의 다음 날) ② 개발계획을 수립·고시한 날부터 3년이 되는 날까지 실시계획인가를 신청하지 아니하는 경우에는 그 3년이 되는 날의 다음 날(다만, 면적이 330만m^2 이상인 경우에는 5년이 되는 날의 다음 날)

13 부동산공법상 채권의 비교 ★★★

구분	국토의 계획 및 이용에 관한 법률	도시개발법		주택법
	도시·군계획시설채권	토지상환채권	도시개발채권	주택상환사채
발행권자	지방자치단체	사업시행자 발행(민간사업시행자는 보증 ○)	시·도지사	한국토지주택공사와 등록사업자(등록사업자는 지급보증)
발행절차		지정권자 승인	행정안전부장관 승인	국토교통부장관 승인
발행방법	매수의무자가 지방자치단체인 경우로서 ① 토지소유자가 원하는 경우 또는 ② 부재부동산 또는 비업무용 토지로서 3,000만원을 초과하는 경우에는 초과하는 금액	① 기명증권(양도 가능) ② 취득자는 원부에 기재하여 줄 것을 요청 ⇨ 채권에 기재하지 아니하면 발행자 및 제3자에게 대항하지 못한다. ③ 질권목적 ⇨ 원부에 기재하지 아니하면 발행자 및 제3자에게 대항하지 못한다.	전자등록 발행 또는 무기명	① 기명증권(양도 금지) ② 액면 또는 할인의 방법으로 발행 ③ 명의변경은 원부에 기록하는 방법으로 하며, 채권에 기록하지 아니하면 발행자 및 제3자에게 대항할 수 없다.
상환기간	10년 이내로 하며, 구체적인 상환기간은 조례로 정한다.		5년부터 10년까지의 범위에서 조례로 정한다.	발행일부터 3년 초과금지
적용법규 등	「지방재정법」	토지소유자가 원하는 경우 매수대금의 일부를 발행	① 수용방식으로 시행하는 공공사업시행자와 도급계약을 체결하는 자(매입의무) ② 「국토의 계획 및 이용에 관한 법률」상 토지의 형질변경허가를 받은 자(매입의무)	「주택법」 우선 적용 후 「상법」 적용
기타		① **발행규모**: 분양 토지 또는 건축물의 1/2을 초과할 수 없다. ② **이율**: 발행자가 정한다. ③ 질권의 목적으로 할 수 있다.	① **소멸시효**: 원금 5년, 이자 2년 ② **매입필증**: 5년간 보관	**양도가능 사유** ① 취학, 질병치료, 근무로 세대원 전원이 이전하는 경우 ② 세대원 전원이 해외로 이주하거나 2년 이상 해외에 체류 ③ 세대원 전원이 상속으로 취득한 주택으로 이전

14 부동산공법상 조합 총정리 ★★★

구분	도시개발조합 (도시개발법)	재개발조합	재건축조합	주택조합 (주택법)
		(도시 및 주거환경정비법)		
설립절차	토지소유자(7명 이상) ⇩ 정관 작성 ⇩ 지정권자(인가) ⇩ 30일 이내에 등기	추진위원회(위원장 포함 5명 이상으로 구성+토지등소유자 과반수 동의+시장·군수등의 승인) ⇩ 정관 첨부 ⇩ 시장·군수등의 조합설립 인가 ⇩ 30일 이내에 등기		① **원칙**: 특별자치시장, 특별자치도지사, 시장·군수·구청장에게 설립인가 ② **예외**: 시장·군수·구청장에게 신고(국민주택을 공급받기 위한 직장주택조합은 신고한 후 설립 ⇨ 조합원은 무주택자에 한함)
동의요건	토지면적 2/3 이상 + 토지소유자 총수 1/2 이상	토지등소유자 3/4 이상 + 토지면적 1/2 이상	① 동별(구분소유자의 과반수)+전체(구분소유자 3/4 이상 및 토지면적 3/4 이상) ② **주택단지가 아닌 지역**: 토지 또는 건축물소유자 3/4 이상+토지면적 2/3 이상	**주택단지 전체를 리모델링하는 경우**: 전체 구분소유자 및 의결권의 2/3 이상의 동의+동별 과반수의 결의를 받아야 한다. ⇨ 리모델링 결의에 찬성하지 아니한 자의 주택 및 토지에 대하여 매도청구할 수 있다.
조합원 자격	토지소유자	토지등소유자	토지등소유자로 조합설립에 동의한 자(조합설립에 동의× ⇨ 조합원×)	무주택세대주 또는 85m² 이하의 주택 1채 소유자(조합설립인가 신청일 기준)
법인격	○(등기=성립)	○(등기=성립)	○(등기=성립)	리모델링주택조합 ○(등기=성립)
기타	① 조합원 수가 50명 이상 ⇨ 대의원회를 둘 수 있다. ② 총회를 둔다. ③「민법」중 사단법인 규정 준용	① 조합원 수가 100명 이상 ⇨ 대의원회를 두어야 한다(자금의 차입, 조합임원의 선임 및 해임은 대의원회에서 대행할 수 없다). ② 총회를 둔다. ③「민법」중 사단법인 규정 준용		주택건설예정세대수의 50% 이상의 조합원으로 구성하되, 조합원은 20명 이상이어야 한다(리모델링주택조합은 제외).

15 부동산공법상 동의요건 총정리 ★★★

<table>
<tr><th>도시개발법</th><th>도시 및 주거환경정비법</th></tr>
<tr><td>지정제안(국가, 지방자치단체, 조합은 제외): 민간사업시행자의 제안은 토지면적 2/3 이상</td><td>조합설립추진위원회: 위원장 포함 5명 이상의 위원+토지등소유자 과반수의 동의+시장·군수등의 승인</td></tr>
<tr><td>① 전부 환지방식(지방자치단체 등의 사업시행 사유): 토지면적(국공유지는 제외) 1/2 이상+토지소유자 총수 1/2 이상
② 수용 또는 사용방식으로 시행: 민간사업시행자는 토지면적 2/3 이상을 소유+토지소유자 총수 1/2 이상</td><td>
<table>
<tr><th>구분</th><th>시행자 범위</th><th>요건</th></tr>
<tr><td>주거환경개선사업</td><td>시장·군수등, 토지주택공사등, 공익법인</td><td>① 수용방법으로 시행하는 경우에는 토지등소유자 2/3 이상과 세입자 과반수 동의를 받아야 한다.
② 세입자 세대수가 토지등소유자의 2분의 1 이하인 경우와 현지개량방법, 환지방법 또는 관리처분방법으로 시행하는 경우에는 세입자의 동의절차를 거치지 아니할 수 있다.</td></tr>
<tr><td>재개발사업</td><td>조합·토지등소유자(단독)</td><td>시장·군수등, 토지주택공사등, 건설업자, 등록사업자, 신탁업자, 한국부동산원(공동 시행)</td></tr>
<tr><td>재건축사업</td><td>조합(단독)</td><td>시장·군수등, 토지주택공사등, 건설업자, 등록사업자(공동 시행)</td></tr>
</table>
※ 조합 총회의 출석요건: 창립총회, 사업시행계획서의 작성 및 변경, 관리처분계획의 수립 및 변경의 경우 ⇨ 조합원 100분의 20 이상이 직접 출석하여야 한다.</td></tr>
<tr><td>개발계획 수립(환지방식): 토지면적 2/3 이상+토지소유자 총수 1/2 이상 ⇨ 시행자가 국가 또는 지방자치단체이면 동의를 받을 필요가 없다.</td><td>사업시행계획인가 신청 시 동의요건
① 토지등소유자+재개발사업: 토지등소유자의 4분의 3 이상+토지면적 2분의 1 이상
② 지정개발자: 토지등소유자 과반수+토지면적 2분의 1 이상</td></tr>
<tr><td>조합의 설립: 토지면적(국공유지를 포함) 2/3 이상+토지소유자 총수 1/2 이상</td><td>
<table>
<tr><td>재개발사업</td><td colspan="2">토지등소유자 3/4 이상+토지면적 1/2 이상</td></tr>
<tr><td rowspan="2">재건축사업</td><td>주택단지 안</td><td>각 동별 과반수의 동의와 주택단지 전체 구분소유자 3/4 이상+토지면적 3/4 이상</td></tr>
<tr><td>주택단지가 아닌 지역</td><td>토지 또는 건축물 소유자 3/4 이상+토지면적 2/3 이상의 동의</td></tr>
</table>
</td></tr>
</table>

16 부동산공법상 개발행위허가의 비교 ★★★

	국토의 계획 및 이용에 관한 법률 ★★★
허가권자	특별시장·광역시장·특별자치시장·특별자치도지사·시장 또는 군수
허가대상	1. 건축물의 건축 2. 공작물(인공을 가하여 제작한 시설물)의 설치 3. **토지의 형질변경**: 절토, 성토, 포장 등의 방법으로 토지의 형상을 변경하는 행위와 공유수면의 매립 4. 토석의 채취(토지의 형질변경을 목적으로 하는 것은 제외) 5. **다음의 토지분할(건축법상 건축물이 있는 대지는 제외)** ① 녹지지역·관리지역·농림지역 및 자연환경보전지역 안에서 관계법령에 따른 허가·인가 등을 받지 아니하고 행하는 토지의 분할 ② 「건축법」에 의한 분할제한면적 미만으로의 토지의 분할 ③ 관계법령에 의한 허가 등을 받지 아니하고 행하는 너비 5m 이하로의 토지의 분할 6. **물건을 쌓아놓는 행위**: 녹지지역, 관리지역 또는 자연환경보전지역 안에서 건축물의 울타리 안에 위치하지 아니한 토지에 물건을 1개월 이상 쌓아놓는 행위
허용사항 (허가 ×)	1. 도시·군계획사업(도시·군계획시설사업+도시개발사업+정비사업) 2. 경작을 위한 토지의 형질변경. 다만, 다음의 경우에는 허가를 받아야 한다. ① 인접토지의 관개·배수 및 농작업에 영향을 미치는 경우 ② 재활용 골재 등 수질오염 또는 토질오염의 우려가 있는 토사 등을 사용하여 성토하는 경우 ③ 지목의 변경을 수반하는 경우(전·답 사이의 변경은 제외) ④ 2m 이상의 절토·성토가 수반되는 경우 3. 재해복구나 재난수습을 위한 응급조치 ⇨ 1개월 이내에 신고하여야 한다. 4. **다음의 경미한 행위** ① **공작물의 설치**: 녹지지역, 관리지역, 농림지역 안에서의 농림어업용 비닐하우스의 설치(비닐하우스 안에 설치하는 육상어류양식장은 제외) ② **토지분할** ㉠ 토지의 일부를 공공용지 또는 공용지로 하기 위한 토지의 분할 ㉡ 토지의 일부가 도시·군계획시설로 지형도면의 고시가 된 토지의 분할

	도시개발법 ★★
허가권자	특별시장·광역시장·특별자치도지사·시장 또는 군수
허가대상	1. 건축물(가설건축물 포함)의 건축, 대수선, 용도변경 2. **공작물의 설치**: 인공을 가하여 제작한 시설물의 설치 3. **토지의 형질변경**: 토지의 형상을 변경하는 행위, 토지의 굴착, 공유수면의 매립 4. 토석의 채취 5. 토지의 분할 6. **물건을 쌓아놓는 행위**: 옮기기 쉽지 아니한 물건을 1개월 이상 쌓아놓는 행위 7. 죽목의 벌채 및 식재
허용사항 (허가 ×)	1. 재해복구 또는 재난수습에 필요한 응급조치(1개월 이내에 신고 ×) 2. **다음에 해당하는 경미한 행위** ① 농림수산물의 생산에 직접 이용되는 것으로서 국토교통부령으로 정하는 간이공작물의 설치(비닐하우스 등) ② 경작을 위한 토지의 형질변경 ③ 도시개발구역의 개발에 지장을 주지 아니하고 자연경관을 훼손하지 아니하는 범위에서의 토석의 채취 ④ 도시개발구역에 남겨두기로 결정된 대지에서 물건을 쌓아놓는 행위 ⑤ 관상용 죽목의 임시식재(경작지에서의 임시식재는 제외)
의제	「국토의 계획 및 이용에 관한 법률」에 따른 개발행위허가를 받은 것으로 본다.

도시 및 주거환경정비법 ★★	
허가권자	시장·군수등
허가대상	1. 건축물(가설건축물을 포함)의 건축, 용도변경(대수선 ×) 2. **공작물의 설치**: 인공을 가하여 제작한 시설물의 설치 3. **토지의 형질변경**: 토지의 형상변경, 토지의 굴착, 공유수면의 매립 4. 토석의 채취 5. 토지의 분할 6. **물건을 쌓아놓는 행위**: 이동이 용이하지 아니한 물건을 1개월 이상 쌓아놓는 행위 7. 죽목의 벌채 및 식재
허용사항 (허가 ×)	1. 재해복구 또는 재난수습에 필요한 응급조치를 위하여 하는 행위(1개월 이내에 신고 ×) 2. 기존 건축물의 붕괴 등 안전사고의 우려가 있는 경우 해당 건축물에 대한 안전조치를 위한 행위 3. **다음에 해당하는 경미한 행위** ① 농림수산물의 생산에 직접 이용되는 것으로서 국토교통부령으로 정하는 간이공작물의 설치(비닐하우스, 탈곡장, 퇴비장) ② 경작을 위한 토지의 형질변경 ③ 정비구역의 개발에 지장을 주지 아니하고 자연경관을 손상하지 아니하는 범위에서의 토석의 채취 ④ 정비구역 안에 존치하기로 결정된 대지 안에서 물건을 쌓아놓는 행위 ⑤ 관상용 죽목의 임시식재(경작지에서의 임시식재는 제외)
의제	「국토의 계획 및 이용에 관한 법률」에 따른 개발행위허가를 받은 것으로 본다.

17 환지계획과 관리처분계획의 비교 ★★★

구분	도시개발법상 환지계획	도시 및 주거환경정비법상 관리처분계획
인가	행정청이 아닌 시행자가 환지계획을 작성한 경우에는 특별자치도지사·시장·군수 또는 구청장의 인가를 받아야 한다.	사업시행자는 분양신청기간이 종료된 때에는 관리처분계획을 수립하여 시장·군수 등의 인가를 받아야 한다.
내용	① 환지 설계 ② 필지별로 된 환지 명세 ③ 필지별과 권리별로 된 청산 대상 토지 명세 ④ 체비지 또는 보류지의 명세 ⑤ 입체 환지용 건축물의 명세와 입체 환지에 따른 주택의 공급방법	① 분양설계 ② 분양대상자의 주소 및 성명 ③ 분양대상자별 분양예정인 대지 또는 건축물의 추산액 ④ 분양대상별 종전의 토지 또는 건축물의 명세 ⑤ 정비사업비의 추산액 및 그에 따른 조합원 부담규모 및 부담시기 ⑥ 분양대상자의 종전의 토지 또는 건축물에 관한 소유권 외의 권리명세 ⑦ 세입자별 손실보상을 위한 권리명세 및 그 평가액
특례	① **동의 또는 신청에 의한 환지부지정**: 임차권자 등이 있는 때에는 그 동의를 받아야 한다. ② **증환지·감환지**: 시행자는 토지면적의 규모를 조정할 특별한 필요가 있으면 면적이 작은 토지는 과소 토지가 되지 아니하도록 면적을 늘려 환지를 정하거나 환지 대상에서 제외할 수 있고, 면적이 넓은 토지는 면적을 줄여서 환지를 정할 수 있다. ③ **체비지·보류지**: 시행자는 도시개발사업에 필요한 경비에 충당하거나 규약·정관·시행규정 또는 실시계획으로 정하는 목적을 위해서 보류지로 정할 수 있으며, 그 중 일부를 체비지로 정하여 도시개발사업에 필요한 경비에 충당할 수 있다.	① **주택공급의 원칙**: 1세대 또는 1명이 하나 이상의 주택 또는 토지를 소유한 경우 1주택을 공급하고, 공유한 경우에는 1주택만 공급한다. ② **소유한 주택 수만큼 공급**: 다음의 어느 하나에 해당하는 토지등소유자에게는 소유한 주택의 수만큼 공급할 수 있다. ㉠ 과밀억제권역에 위치하지 아니한 재건축사업(투기과열지구 또는 조정대상지역은 제외) ㉡ 근로자 숙소, 기숙사 용도 ㉢ 국가, 지방자치단체, 토지주택공사등 ※ **비교정리**: 과밀억제권역(투기과열지구 또는 조정대상지역은 제외) + 재건축사업 ⇨ 3주택 이하로 공급 ③ **2주택 공급**: 종전의 가격 또는 주거전용면적의 범위에서 2주택을 공급할 수 있고, 이 중 1주택은 주거전용면적을 $60m^2$ 이하로 한다. ⇨ 3년간 전매금지(상속의 경우는 제외)

18 부동산공법상 경미한 변경 총정리 ★★

국토의 계획 및 이용에 관한 법률	도시개발법	도시 및 주거환경정비법
1. 도시·군관리계획의 경미한 변경(주민의견청취+지방의회 의견청취+협의+심의를 생략할 수 있는 사유) ① 도시지역의 축소에 따른 용도지역·용도지구·용도구역 또는 지구단위계획구역의 변경인 경우 ② 도시지역 외의 지역에서 「농지법」에 의한 농업진흥지역 또는 「산지관리법」에 의한 보전산지를 농림지역으로 결정하는 경우 2. 실시계획의 변경: 인가받은 실시계획을 변경하거나 폐지하는 경우에도 인가를 받아야 한다. 다만, ① 사업구역 경계의 변경이 없는 범위 안에서 행하는 건축물 연면적 10% 미만의 변경, ② 학교시설의 변경인 경우에는 변경인가를 받지 않아도 된다. 3. 개발행위허가의 변경: 개발행위허가를 받은 사항을 변경하는 경우에는 변경에 대한 허가를 받아야 한다. 다만, ① 사업기간을 단축하는 경우, ② 부지면적 및 건축물 연면적을 5% 범위 안에서 축소하는 경우에는 통지(허가 ×)하여야 한다.	1. 조합설립인가의 변경: 조합이 인가를 받은 사항을 변경하려면 지정권자로부터 변경인가를 받아야 한다. 다만, ① 주된 사무소 소재지의 변경, ② 공고방법의 변경인 경우에는 신고하여야 한다. 2. 실시계획의 변경: 인가받은 실시계획을 변경하거나 폐지하는 경우에도 인가를 받아야 한다. 다만, ① 사업시행 면적의 100분의 10의 범위에서 면적의 감소, ② 사업비의 100분의 10의 범위에서 사업비의 증감의 경우에는 변경인가를 받지 않아도 된다. 3. 환지계획의 변경: 인가받은 환지계획을 변경하려는 경우에는 인가를 받아야 한다. 다만, ① 종전 토지의 합필 또는 분필로 환지 명세가 변경되는 경우, ② 환지로 지정된 토지나 건축물을 금전으로 청산하는 경우에는 변경인가를 받지 않아도 된다.	1. 기본계획의 변경: ① 계획기간을 단축하는 경우, ② 공동이용시설 설치계획 변경, ③ 사회복지시설 및 주민문화시설의 변경, ④ 단계별 정비사업 추진계획의 변경, ⑤ 정비예정구역 면적 및 건폐율 및 용적률의 각 20% 미만의 변경 ⇨ 협의, 심의, 승인 × 2. 사업시행계획의 변경: 인가받은 사업시행계획을 변경하거나 정비사업을 중지 또는 폐지하는 경우에도 인가를 받아야 한다. 다만, ① 건축물이 아닌 부대·복리시설의 설치규모를 확대하는 때(위치가 변경되는 경우는 제외), ② 대지면적을 10% 범위 안에서 변경하는 때, ③ 내장재료 및 외장재료를 변경하는 때, ④ 정비구역 또는 정비계획의 변경에 따라 변경하는 때, ⑤ 조합설립 변경인가에 따라 변경하는 때에는 시장·군수등에게 신고하여야 한다. 3. 관리처분계획의 변경: 인가받은 관리처분계획을 변경하거나 중지 또는 폐지하는 경우에도 인가를 받아야 한다. 다만, ① 계산착오·오기·누락 등에 따라 단순정정인 때(불이익을 받은 자가 없는 경우에 한함), ② 정관 및 사업시행계획인가의 변경에 따라 변경하는 때, ③ 매도청구에 대한 판결에 따라 관리처분계획을 변경하는 때, ④ 사업시행자의 변동에 따른 권리·의무의 변동이 있는 경우로서 분양설계의 변경을 수반하지 아니하는 경우, ⑤ 주택분양에 관한 권리를 포기하는 토지등소유자에 대한 임대주택의 공급에 따라 관리처분계획을 변경하는 때에는 시장·군수등에게 신고하여야 한다.

19 부동산공법상 청산금의 비교 ★★

도시개발법상 청산금	
산정기준	환지를 정하거나 그 대상에서 제외한 경우 그 과부족분은 종전의 토지 및 환지의 위치, 지목, 면적, 토질, 수리, 환경, 그 밖의 사항을 종합적으로 고려하여 금전으로 청산하여야 한다.
징수 및 교부시기	시행자는 환지처분이 공고된 후에 확정된 청산금을 징수하거나 교부하여야 한다. 다만, 환지를 정하지 아니하는 토지에 대하여는 환지처분 전이라도 청산금을 교부할 수 있다.
결정	청산금은 환지처분을 하는 때에 결정하여야 한다. 다만, 환지대상에서 제외한 토지 등에 대하여는 청산금을 교부하는 때에 청산금을 결정할 수 있다.
확정	청산금은 환지처분이 공고된 날의 다음 날에 확정된다.
강제징수/ 위탁수수료	① 행정청인 시행자는 청산금을 내야 할 자가 이를 내지 아니하면 국세 또는 지방세 체납처분의 예에 따라 이를 징수할 수 있으며, 행정청이 아닌 시행자는 특별자치도지사, 시장, 군수 또는 구청장에게 청산금의 징수를 위탁할 수 있다. ② 행정청이 아닌 시행자는 특별자치도지사·시장·군수 또는 구청장이 징수한 금액의 100분의 4에 해당하는 금액을 지급하여야 한다.
소멸시효	청산금을 받을 권리나 징수할 권리를 5년간 행사하지 아니하면 시효로 소멸한다.

도시 및 주거환경정비법상 청산금	
징수/지급	① **원칙**: 종전에 소유하고 있던 토지 또는 건축물의 가격과 분양받은 대지 또는 건축물의 가격 사이에 차이가 있는 경우에는 사업시행자는 소유권이전의 고시가 있은 후에 그 차액에 상당하는 금액을 징수하거나 지급하여야 한다. ② **현금청산**: 사업시행자는 분양신청을 하지 아니한 자에 대하여는 관리처분계획의 인가·고시된 다음 날부터 90일 이내에 토지·건축물 또는 그 밖의 권리의 손실보상을 위한 협의를 하여야 한다. ⇨ 협의가 성립되지 아니하면 그 기간의 만료일 다음 날부터 60일 이내에 수용재결을 신청하거나 매도청구 소송을 제기하여야 한다.
강제징수/ 위탁수수료	① 청산금을 납부할 자가 이를 납부하지 아니하는 경우에는 시장·군수등인 사업시행자는 지방세 체납처분의 예에 따라 이를 징수할 수 있으며, 시장·군수등이 아닌 사업시행자는 시장·군수등에게 청산금의 징수를 위탁할 수 있다. ② 사업시행자는 징수한 금액의 100분의 4에 해당하는 금액을 해당 시장·군수등에게 교부하여야 한다.
소멸시효	청산금을 지급받을 권리 또는 이를 징수할 권리는 소유권이전의 고시일 다음 날부터 5년간 이를 행사하지 아니하면 소멸한다.
물상대위	정비사업을 시행하는 지역 안에 있는 토지 또는 건축물에 저당권을 설정한 권리자는 저당권이 설정된 토지 또는 건축물의 소유자가 지급받을 청산금에 대하여 청산금을 지급하기 전에 압류절차를 거쳐 저당권을 행사할 수 있다.

20 건축허가와 사업계획승인의 비교 ★★★

구분	건축법상 건축허가	주택법상 사업계획승인
허가권자 및 승인권자	건축허가권자 ① 원칙: 특별자치시장, 특별자치도지사, 시장, 군수, 구청장 ② 예외: 특별시장, 광역시장[층수가 21층 이상이거나 연면적 합계가 10만m^2 이상인 건축물(공장, 창고는 제외)]	사업계획승인권자 ① 대지면적이 10만m^2 이상인 경우: 시·도지사, 대도시 시장 ② 대지면적이 10만m^2 미만인 경우: 특별시장, 광역시장, 특별자치시장, 특별자치도지사 또는 시장·군수 ③ 사업주체가 국가 및 한국토지주택공사인 경우: 국토교통부장관 ④ 330만m^2 이상의 규모로 택지개발사업 또는 도시개발사업을 추진하는 구역 중 국토교통부장관이 지정·고시하는 지역인 경우: 국토교통부장관 ⑤ 지역균형발전이 필요하여 국토교통부장관이 지정·고시하는 지역인 경우: 국토교통부장관 ⑥ 국가, 지방자치단체, 한국토지주택공사, 지방공사가 단독 또는 공동으로 총 지분의 50%를 초과하여 출자한 위탁관리 부동산투자회사가 공공주택건설 사업을 시행하는 경우: 국토교통부장관
사전승인	도지사의 사전승인 ① 층수가 21층 이상이거나 연면적 합계가 10만m^2 이상인 건축물(공장, 창고는 제외) ② 자연환경이나 수질보호를 위해서 도지사가 지정·공고한 구역+3층 이상 또는 연면적 합계가 1천m^2 이상+공동주택, 일반음식점, 일반업무시설, 숙박시설, 위락시설 ③ 주거환경이나 교육환경을 보호하기 위해서 도지사가 지정·공고한 구역+위락시설, 숙박시설	해당 규정 없음
허가(승인)대상	「건축법」 적용대상에서 제외되는 건축물 ① 지정문화재 또는 임시지정문화재 ② 철도의 선로 부지에 있는 운전보안시설, 철도 선로의 위나 아래를 가로지르는 보행시설, 플랫폼, 급수·급탄·급유시설 ③ 고속도로 통행료 징수시설 ④ 컨테이너를 이용한 간이창고(공장용도+이동이 쉬운 것) ⑤ 하천구역 내의 수문조작실	사업계획승인대상 ① 단독주택: 30호 이상(한옥의 경우는 50호 이상) ② 공동주택: 30세대 이상 ③ 대지: 1만m^2 이상

허가 및 착공제한	1. 제한권자 ① **국토교통부장관**: 국토관리, 주무부장관이 국방, 문화재보존, 환경보전, 국민경제를 위하여 요청하는 경우 ② **특별시장·광역시장·도지사**: 지역계획, 도시·군계획 ⇨ 국토교통부장관에게 즉시 보고 ⇨ 국토교통부장관은 제한의 내용이 지나치다고 인정하면 해제를 명할 수 있다. 2. **제한기간**: 2년 이내 ⇨ 1회에 한하여 1년의 범위에서 연장	해당 규정 없음
착공의무	**착수의무** ⇨ 위반 시 건축허가를 취소하여야 한다. ① 허가를 받은 자는 허가를 받은 날부터 2년(공장은 3년) 이내에 공사에 착수하여야 한다. 다만, 정당한 사유가 있다고 인정되면 1년의 범위에서 착수기간을 연장할 수 있다. ② 건축신고를 한 자가 신고일부터 1년 이내에 공사에 착수하지 아니하면 신고의 효력이 없어진다.	**착수의무** ⇨ 위반 시 사업계획승인을 취소할 수 있다. ① **사업계획승인을 받은 경우**: 승인받은 날부터 5년 이내 ⇨ 1년의 범위에서 착수기간을 연장할 수 있다. ② **공구별로 분할하여 시행하는 경우** ㉠ **최초로 공사를 진행하는 공구**: 승인받은 날부터 5년 이내 ⇨ 1년의 범위에서 착수기간을 연장할 수 있다. ㉡ **최초로 공사를 진행하는 공구 외의 공구**: 해당 주택단지에 대한 최초 착공신고일부터 2년 이내 ⇨ 착수하지 아니한 경우에는 취소할 수 없다.
기타	**건축허가의 거부** ⇨ 건축위원회의 심의 ① 위락시설, 숙박시설+주거환경이나 교육환경에 부적합 ② 상습적으로 침수되거나 침수가 우려되는 지역에 건축하는 건축물	1. **승인 여부의 통보**: 60일 이내 2. **승인받은 사업계획의 변경**: 변경승인을 받아야 한다. 3. **협의 기간**: 20일

[착공기간 중요 포인트]

① 「국토의 계획 및 이용에 관한 법률」
㉠ 지구단위계획구역 지정 · 고시+3년 이내에 지구단위계획(×) ⇨ 3년이 되는 날의 다음 날 실효
㉡ 지구단위계획(주민이 입안을 제안한 경우에 한정) 결정 · 고시+5년 이내에 착수(×) ⇨ 5년이 되는 날의 다음 날 실효

② 「**도시개발법**」: 실시계획인가 후 2년 이내에 착수(×) ⇨ 시행자 변경

③ 「**건축법**」
㉠ 건축허가+2년(공장은 3년) 이내에 착수(×) ⇨ 허가를 취소하여야 한다.
㉡ 건축신고+1년 이내에 착수(×) ⇨ 신고의 효력은 없어진다.
㉢ 특별건축구역: 5년 이내에 착수(×) ⇨ 특별건축구역의 지정을 해제할 수 있다.

④ 「**주택법**」: 사업계획승인+5년 이내(최초로 공사를 진행하는 공구 외의 공구는 2년)에 착수(×) ⇨ 취소할 수 있다(2공구는 취소할 수 없다).

⑤ 「**농지법**」: 농지전용허가(신고)+2년 이내에 착수(×) ⇨ 농지처분의무(1년 이내)

21 부동산공법상 허가제한 비교 ★★★

국토의 계획 및 이용에 관한 법률상 개발행위허가의 제한 ★★★	
제한권자	국토교통부장관, 시·도지사, 시장 또는 군수
제한기간	① 1회에 한하여 3년 이내의 기간 동안 개발행위허가를 제한할 수 있다. ② 아래 제한지역 중 ③부터 ⑤에 해당하는 지역에 대하여는 1회에 한하여 2년 이내의 기간 동안 개발행위허가의 제한을 연장할 수 있다.
제한지역	① 녹지지역이나 계획관리지역으로서 수목이 집단적으로 자라고 있거나 조수류 등이 집단적으로 서식하고 있는 지역 또는 우량농지 등으로 보전할 필요가 있는 지역 ② 개발행위로 인하여 주변의 환경, 경관, 미관, 문화재 등이 크게 오염되거나 손상될 우려가 있는 지역 ③ 도시·군기본계획이나 도시·군관리계획을 수립하고 있는 지역으로서 그 도시·군기본계획이나 도시·군관리계획이 결정될 경우 용도지역, 용도지구 또는 용도구역의 변경이 예상되고 그에 따라 개발행위허가의 기준이 크게 달라질 것으로 예상되는 지역 ④ 지구단위계획구역으로 지정된 지역 ⑤ 기반시설부담구역으로 지정된 지역
제한절차	국토교통부장관, 시·도지사, 시장 또는 군수는 도시계획위원회의 심의(연장 ⇨ 심의 ×)를 거쳐 개발행위허가를 제한할 수 있다.
고시	국토교통부장관, 시·도지사, 시장 또는 군수는 개발행위허가를 제한하려면 제한지역, 제한사유, 제한대상행위 및 제한기간을 미리 고시하여야 한다.

건축법상 건축허가 및 착공의 제한 ★★★	
제한권자/제한사유	① 국토교통부장관은 국토관리를 위하여 특히 필요하다고 인정하거나 주무부장관이 국방, 문화재보존, 환경보전 또는 국민경제를 위하여 특히 필요하다고 인정하여 요청하면 허가권자의 건축허가나 허가를 받은 건축물의 착공을 제한할 수 있다. ② 특별시장·광역시장·도지사는 지역계획이나 도시·군계획에 특히 필요하다고 인정하면 시장·군수·구청장의 건축허가나 허가를 받은 건축물의 착공을 제한할 수 있다. 이 경우 특별시장·광역시장·도지사는 시장·군수·구청장의 건축허가나 건축물의 착공을 제한한 경우 즉시 국토교통부장관에게 보고하여야 하며, 보고를 받은 국토교통부장관은 제한의 내용이 지나치다고 인정하면 해제를 명할 수 있다.
제한기간	건축허가나 건축물의 착공을 제한하는 경우 제한기간은 2년 이내로 한다. 다만, 1회에 한하여 1년 이내의 범위에서 제한기간을 연장할 수 있다.
통보/공고	국토교통부장관, 특별시장·광역시장·도지사 ⇨ 통보 ⇨ 허가권자(공고)

22 자주 출제되는 기간 ★★★

구분	기간	연장
개발행위허가의 제한	1회에 한하여 3년 이내	1회에 한하여 2년 이내 연장 가능
건축허가의 제한	2년 이내	1회에 한하여 1년 이내 연장 가능
건축허가의 취소(의무)	① 2년(공장은 3년) 이내에 착수 × ② 공사완료(착수)가 불가능	1년 이내 연장 가능
사업계획승인의 취소(재량)	① 승인을 받은 날부터 5년 이내에 착수 × ② 2공구는 2년 이내에 착수 × ⇨ 취소 ×	1년 이내 연장 가능

[준공검사권자]

해당 법규	사업	신청	준공검사권자
국토의 계획 및 이용에 관한 법률	도시·군계획시설사업	준공검사	시행자 ⇨ 시·도지사 또는 대도시 시장(국토교통부장관 ×)
도시개발법	도시개발사업	준공검사(체비지는 준공검사 전이라도 사용 가능)	시행자 ⇨ 지정권자
도시 및 주거환경정비법	정비사업	준공인가	시행자 ⇨ 시장·군수등
건축법	건축공사	사용승인	건축주 ⇨ 허가권자
주택법	주택건설사업 대지조성사업	사용검사(15일 이내)	① 원칙: 시장·군수·구청장 ② 예외: 국토교통부장관(사업주체가 국가·한국토지주택공사)

23 부동산공법상 가격 총정리 ★★★

부동산공법상 가격기준		
국토의 계획 및 이용에 관한 법률	도시·군계획시설부지에서의 매수가격	「공익사업을 위한 토지 등의 취득 및 보상에 관한 법률」 준용
도시개발법	원형지 공급가격	감정가격+시행자가 설치한 기반시설 공사비 ⇨ 시행자와 원형지개발자가 협의
	수용 또는 사용방식으로 조성된 토지 공급가격	감정가격[학교, 폐기물처리시설, 사회복지시설(유료는 제외), 임대주택, 행정청이 직접 설치하는 시장은 감정가격 이하]
	환지방식	① 감정평가법인등이 평가한 가격 ⇨ ② 토지평가협의회의 심의를 거쳐 결정
주택법	지구단위계획구역에서의 매도청구	시가(市價)
	체비지의 우선매각	① **원칙**: 감정가격 ② **예외**: ㉠ 주거전용면적 85m² 이하의 임대주택, ㉡ 주거전용면적 60m² 이하의 국민주택 ⇨ 조성원가
농지법	농지의 처분명령을 받은 자의 매수가격	공시지가 또는 실제거래가격(낮은 가격)
	농업진흥지역에서 농업인 또는 농업법인	감정가격

24 부동산공법상 매도청구의 비교 ★★★

<table>
<tr><th colspan="2">도시 및 주거환경정비법상 매도청구</th></tr>
<tr><td>매도청구</td><td>1. 사업시행자는 재건축사업을 시행할 때 다음에 해당하는 자의 토지 또는 건축물에 대하여 매도할 것을 청구할 수 있다.
① 조합설립에 동의하지 아니한 자
② 시장·군수등, 토지주택공사등 또는 신탁업자의 사업시행자 지정에 동의하지 아니한 자
③ 건축물 또는 토지만 소유한 자
2. 30일 이내에 회답을 촉구 ⇨ 2개월 이내에 회답 ⇨ 2개월 이내에 매도청구</td></tr>
<tr><th colspan="2">주택법상 매도청구</th></tr>
<tr><td>조합</td><td>리모델링 허가를 신청하기 위한 동의율을 확보한 경우 리모델링 결의를 한 리모델링주택조합은 그 리모델링 결의에 찬성하지 아니하는 자의 주택 및 토지에 대하여 매도청구를 할 수 있다.</td></tr>
<tr><td>사업주체의 매도청구</td><td>1. 지구단위계획구역에서 사업계획승인을 받은 사업주체는 다음에 따라 해당 주택건설대지 중 사용할 수 있는 권원을 확보하지 못한 대지(건축물을 포함)의 소유자에게 그 대지를 시가(市價)로 매도할 것을 청구할 수 있다.
① 주택건설대지면적 중 95% 이상에 대하여 사용권원을 확보한 경우: 사용권원을 확보하지 못한 대지의 모든 소유자에게 매도청구 가능
② 주택건설대지면적 중 95% 미만에 대하여 사용권원을 확보한 경우: 사용권원을 확보하지 못한 대지의 소유자 중 지구단위계획구역 결정고시일 10년 이전에 해당하는 대지의 소유권을 취득하여 계속 보유하고 있는 자를 제외한 소유자에게 매도청구 가능
2. 사업주체는 매도청구 대상이 되는 대지의 소유자와 매도청구를 하기 전에 3개월 이상 협의를 하여야 한다.</td></tr>
<tr><td>주택소유자의 매도청구</td><td>1. 주택(복리시설을 포함)의 소유자들은 주택단지 전체 대지에 속하는 일부의 토지에 대한 소유권이전등기 말소소송 등에 따라 사용검사(동별 사용검사를 포함)를 받은 이후에 해당 토지의 소유권을 회복한 자(이하 '실소유자'라 한다)에게 해당 토지를 시가(市價)로 매도할 것을 청구할 수 있다.
2. 주택의 소유자들은 대표자를 선정하여 매도청구에 관한 소송을 제기할 수 있다. 이 경우 대표자는 주택의 소유자 전체의 4분의 3 이상의 동의를 받아 선정한다.
3. 매도청구를 하려는 경우에는 해당 토지의 면적이 주택단지 전체 대지면적의 5% 미만이어야 한다.
4. 매도청구의 의사표시는 실소유자가 해당 토지 소유권을 회복한 날부터 2년 이내에 해당 실소유자에게 송달되어야 한다.
5. 주택의 소유자들은 매도청구로 인하여 발생한 비용의 전부를 사업주체에게 구상(求償)할 수 있다.</td></tr>
</table>

25 부동산공법상 수용 또는 사용의 비교 ★★

국토의 계획 및 이용에 관한 법률상 도시·군계획시설사업의 수용 또는 사용	
수용권자	1. **토지 등의 수용 또는 사용권:** 도시·군계획시설사업의 시행자는 도시·군계획시설사업에 필요한 다음의 물건 또는 권리를 수용하거나 사용할 수 있다. ① 토지·건축물 또는 그 토지에 정착된 물건 ② 토지·건축물 또는 그 토지에 정착된 물건에 관한 소유권 이외의 권리 2. **인접한 토지 등의 일시사용권:** 도시·군계획시설사업의 시행자는 사업시행을 위하여 특히 필요하다고 인정되면 도시·군계획시설에 인접한 토지·건축물 또는 그 토지에 정착된 물건이나 그 토지·건축물 또는 물건에 관한 소유권 외의 권리를 일시사용할 수 있다.
준용	토지 등의 수용 및 사용에 관하여는 「국토의 계획 및 이용에 관한 법률」에 특별한 규정이 있는 경우 외에는 「공익사업을 위한 토지 등의 취득 및 보상에 관한 법률」을 준용한다.
특례	1. **사업인정 및 고시의 의제:** 실시계획을 고시한 경우에는 「공익사업을 위한 토지 등의 취득 및 보상에 관한 법률」에 따른 사업인정 및 고시가 있는 것으로 본다. 2. **재결신청기간:** 재결신청은 「공익사업을 위한 토지 등의 취득 및 보상에 관한 법률」에도 불구하고 실시계획에서 정한 사업시행기간에 하여야 한다.

도시개발법상 도시개발사업의 수용 또는 사용	
수용권자	1. 사업시행자는 도시개발사업에 필요한 토지 등을 수용하거나 사용할 수 있다. 2. **수용·사용에 대한 동의:** 민간사업시행자는 사업대상 토지면적의 3분의 2 이상에 해당하는 토지를 소유하고 토지소유자 총수의 2분의 1 이상에 해당하는 자의 동의를 받아야 한다. 3. 토지소유자 동의요건 산정기준일은 도시개발구역 지정·고시일을 기준으로 하며, 그 기준일 이후 시행자가 취득한 토지에 대하여는 동의요건에 필요한 토지소유자 총수에 포함하고 이를 동의한 자의 수로 산정한다.
준용	토지 등의 수용 및 사용에 관하여는 「도시개발법」에 특별한 규정이 있는 경우 외에는 「공익사업을 위한 토지 등의 취득 및 보상에 관한 법률」을 준용한다.
특례	1. **사업인정 및 고시의 의제:** 수용 또는 사용의 대상이 되는 토지의 세부목록을 고시한 경우에는 사업인정 및 고시가 있는 것으로 본다. 2. **재결신청기간:** 재결신청은 「공익사업을 위한 토지 등의 취득 및 보상에 관한 법률」에도 불구하고 개발계획에서 정한 시행기간 종료일까지 하여야 한다.

도시 및 주거환경정비법상 정비사업의 수용 또는 사용

수용권자	사업시행자는 정비구역 안에서 정비사업(재건축사업의 경우에는 천재지변 등 긴급하게 사업을 시행할 필요가 있는 경우에 한함)을 시행하기 위하여 필요한 경우에는 「공익사업을 위한 토지 등의 취득 및 보상에 관한 법률」에 의한 토지나 물건 또는 그 밖의 권리를 수용 또는 사용할 수 있다.
준용	정비구역 안에서 정비사업의 시행을 위한 토지 또는 건축물의 소유권과 그 밖의 권리에 대한 수용 또는 사용에 관하여는 「도시 및 주거환경정비법」에 특별한 규정이 있는 경우를 제외하고는 「공익사업을 위한 토지 등의 취득 및 보상에 관한 법률」을 준용한다.
특례	1. **사업인정 및 고시의 의제**: 사업시행계획인가의 고시가 있은 때에는 「공익사업을 위한 토지 등의 취득 및 보상에 관한 법률」의 규정에 의한 사업인정 및 고시가 있는 것으로 본다. 2. **재결신청기간**: 재결신청은 「공익사업을 위한 토지 등의 취득 및 보상에 관한 법률」의 규정에도 불구하고 사업시행인가를 할 때 정한 사업시행기간 이내에 하여야 한다. 3. **현물보상**: 대지 또는 건축물을 현물보상하는 경우에는 「공익사업을 위한 토지 등의 취득 및 보상에 관한 법률」의 규정에도 불구하고 준공인가 이후에도 할 수 있다.

주택법상 토지 등의 수용 또는 사용

수용권자	국가 · 지방자치단체 · 한국토지주택공사 및 지방공사인 사업주체가 국민주택을 건설하거나 국민주택을 건설하기 위한 대지를 조성하는 경우에는 토지나 토지에 정착한 물건 및 그 토지나 물건에 관한 소유권 외의 권리를 수용하거나 사용할 수 있다.
준용	「주택법」에 따라 토지 등을 수용하거나 사용하는 경우 「주택법」에 규정된 것 외에는 「공익사업을 위한 토지 등의 취득 및 보상에 관한 법률」을 준용한다.
특례	1. **사업인정의 의제**: 「공익사업을 위한 토지 등의 취득 및 보상에 관한 법률」을 준용하는 경우에는 「공익사업을 위한 토지 등의 취득 및 보상에 관한 법률」에 따른 사업인정을 사업계획승인으로 본다. 2. **재결신청기간**: 재결신청은 「공익사업을 위한 토지 등의 취득 및 보상에 관한 법률」의 규정에도 불구하고 사업계획승인을 받은 주택건설사업기간 이내에 할 수 있다.

26 부동산공법상 구역의 총정리 ★★

구분	지정권자	지정절차	해당 계획 수립 등
광역계획권	국토교통부장관, 도지사	의견청취 +심의	광역계획권 지정 후 3년 이내에 광역도시계획의 승인신청이 없는 경우에는 광역계획권은 실효되지 않고 국토교통부장관, 도지사가 광역도시계획을 수립하여야 한다.
지구단위계획 구역	국토교통부장관, 시·도지사, 시장·군수	도시·군 관리계획	지구단위계획구역 지정 후 3년 이내에 지구단위계획을 결정·고시하지 아니하면 3년이 되는 날의 다음 날에 효력을 잃는다.
개발밀도관리 구역	특별시장·광역시장·특별자치시장· 특별자치도지사·시장·군수	심의	개발로 인하여 기반시설이 부족할 것이 예상되나 기반시설의 설치가 곤란한 지역을 대상으로 건폐율 또는 용적률을 강화하여 적용하기 위하여 지정하는 구역 ※ **비교정리:** 용적률 50% 안에서 강화하여 적용한다.
기반시설부담 구역	특별시장·광역시장·특별자치시장· 특별자치도지사·시장·군수	주민 의견청취 +심의	개발밀도관리구역 외의 지역으로서 개발로 인하여 도로, 공원, 녹지 등 대통령령으로 정하는 기반시설을 설치(대학 ×)하거나 그에 필요한 용지를 확보하기 위하여 지정·고시하는 구역
도시개발구역	① **원칙:** 시·도지사, 대도시 시장 ② **예외:** 국토교통부장관	주민 등의 의견청취+ 협의+심의	**1. 도시개발구역 지정 전 개발계획 수립 시** ① 도시개발구역 지정 후 3년 이내에 실시계획인가 신청이 없는 경우 ⇨ 다음 날 해제 ② 공사완료 공고일(환지처분 공고일) ⇨ 다음 날 해제(종전의 용도지역으로 환원 ×) **2. 도시개발구역 지정 후 개발계획 수립 시(면적이 330만m² 이상이면 5년으로 한다)** ① 도시개발구역 지정 후 2년 이내에 개발계획을 수립·고시하지 않는 경우 ⇨ 다음 날 해제 ② 개발계획 수립·고시 후 3년 이내에 실시계획인가를 신청하지 않는 경우 ⇨ 다음 날 해제
정비구역	특별시장·광역시장· 자치시장·자치도지사· 시장 또는 군수	심의	특별시장·광역시장·특별자치시장·특별자치도지사·시장은 10년 단위로 기본계획을 수립하여 5년마다 타당성 검토 ⇨ 국토교통부장관에게 보고 ※ 시장(대도시 시장은 제외)은 도지사 승인
투기과열지구	국토교통부장관, 시·도지사	심의	① 투기과열지구지정직전월부터 소급하여 주택공급이 있었던 2개월 동안 해당 지역에서 공급되는 주택의 월평균 청약경쟁률이 모두 5:1을 초과하였거나 국민주택규모 주택의 월평균 청약경쟁률이 10:1을 초과한 곳 ② 투기과열지구지정직전월의 주택분양실적이 전달보다 30% 이상 감소한 곳 ③ 해당 지역이 속하는 시·도의 주택보급률 또는 자가주택비율이 전국 평균 이하인 경우 ※ **비교정리:** 국토교통부장관은 시·도지사의 의견청취, 시·도지사는 국토교통부장관과 협의

분양가상한제 적용지역	국토교통부장관 (시·도지사 ×)	심의		투기과열지구 중 다음의 어느 하나에 해당하는 지역에 대하여 지정할 수 있다. ① 분양가상한제적용직전월부터 소급하여 12개월간의 아파트 분양가격상승률이 물가상승률의 2배를 초과한 지역 ② 분양가상한제적용직전월부터 소급하여 3개월간의 주택매매거래량이 전년 동기 대비 20% 이상 증가한 지역 ③ 분양가상한제적용직전월부터 소급하여 주택공급이 있었던 2개월 동안 해당 지역에서 공급되는 국민주택규모 주택의 월평균 청약경쟁률이 모두 5:1을 초과하였거나 해당 지역에서 공급되는 국민주택규모 주택의 월평균 청약경쟁률이 모두 10:1을 초과한 곳
조정대상지역	국토교통부장관 (시·도지사 ×)	심의	과열지역	조정대상지역지정직전월부터 소급하여 3개월간의 해당 지역 주택가격상승률이 해당 지역이 포함된 시·도 소비자물가상승률의 1.3배를 초과한 지역으로서 다음의 어느 하나에 해당하는 지역을 말한다. ① 조정대상지역지정직전월부터 소급하여 주택공급이 있었던 2개월 동안 해당 지역에서 공급되는 주택의 월평균 청약경쟁률이 모두 5:1을 초과하였거나 국민주택규모 주택의 월평균 청약경쟁률이 모두 10:1을 초과한 지역 ② 조정대상지역지정직전월부터 소급하여 3개월간의 분양권(주택의 입주자로 선정된 지위를 말한다) 전매거래량이 직전연도의 같은 기간보다 30% 이상 증가한 지역 ③ 해당 지역이 속하는 시·도의 주택보급률 또는 자가주택비율이 전국 평균 이하인 지역
			위축지역	조정대상지역지정직전월부터 소급하여 6개월간의 평균 주택가격상승률이 마이너스 1.0% 이하인 지역으로서 다음의 어느 하나에 해당하는 지역을 말한다. ① 조정대상지역지정직전월부터 소급하여 3개월 연속 주택매매거래량이 직전연도의 같은 기간보다 20% 이상 감소한 지역 ② 조정대상지역지정직전월부터 소급하여 3개월간의 평균 미분양주택의 수가 직전연도의 같은 기간보다 2배 이상인 지역 ③ 해당 지역이 속하는 시·도의 주택보급률 또는 자가주택비율이 전국 평균을 초과하는 지역
농업진흥지역	시·도지사 (농림축산식품부장관 ×)	심의+ 승인(농림축산식품부장관 ○)		농업진흥구역과 농업보호구역으로 구분하여 지정 ⇨ 녹지지역(특별시의 녹지지역은 제외), 관리지역, 농림지역, 자연환경보전지역에 지정 ① **농업진흥구역**: 농지가 집단화되어 농업목적으로 이용이 필요한 지역 ② **농업보호구역**: 농업진흥구역의 농업환경을 보호하기 위해 필요한 지역

27 부동산공법상 수립권자 총정리 ★★

국토의 계획 및 이용에 관한 법률	광역도시계획	수립권자	국토교통부장관, 시·도지사, 시장 또는 군수
		승인권자	국토교통부장관, 도지사
	도시·군기본계획	수립권자	특별시장·광역시장·특별자치시장·특별자치도지사·시장·군수
		승인권자	특별시장·광역시장·특별자치시장·특별자치도지사 ⇨ 국토교통부장관의 승인 ×, 시장·군수 ⇨ 도지사 승인 ○
	도시·군관리계획	입안권자	① **원칙**: 특별시장·광역시장·특별자치시장·특별자치도지사·시장·군수 ② **예외**: 국토교통부장관(국가계획과 관련된 경우, 둘 이상의 시·도에 걸쳐 지정되는 용도지역 등), 도지사(둘 이상의 시·군에 걸쳐 지정되는 용도지역 등)
		결정권자	① **원칙**: 시·도지사 또는 대도시 시장(시장·군수가 입안한 지구단위계획구역과 지구단위계획은 시장·군수가 결정) ② **예외**: 국토교통부장관(국토교통부장관이 입안, 개발제한구역, 국가계획과 연계한 시가화조정구역), 해양수산부장관(수산자원보호구역)
	지형도면	작성권자	① **원칙**: 특별시장·광역시장·특별자치시장·특별자치도지사·시장·군수 ② **예외**: 국토교통부장관, 도지사
		승인권자	시장(대도시 시장은 제외)·군수(지구단위계획구역과 지구단위계획은 제외) ⇨ 도지사 승인 ○
	실시계획	인가권자	국토교통부장관, 시·도지사 또는 대도시 시장 ※ 조건부 인가 ⇨ 기반시설의 설치, 위해 방지, 환경오염 방지, 경관 조성, 조경 ○
	개발행위	허가권자	특별시장·광역시장·특별자치시장·특별자치도지사·시장·군수 ※ 조건부 허가 ⇨ 기반시설의 설치, 위해 방지, 환경오염 방지, 경관 조성, 조경 ○
	개발밀도관리구역, 기반시설부담구역	지정권자	특별시장·광역시장·특별자치시장·특별자치도지사·시장·군수

도시개발법	1. 도시개발구역의 지정권자 ① 원칙: 시·도지사 또는 대도시 시장 ② 예외: 국토교통부장관 2. 개발계획의 수립: 지정권자 3. 환지계획 인가권자: 특별자치도지사, 시장·군수·구청장 ※ 그 밖에는 모두 지정권자
도시 및 주거 환경정비법	1. 기본계획의 수립: 특별시장·광역시장·특별자치시장·특별자치도지사·시장(군수 ×) ⇨ **보고**: 국토교통부장관 2. 정비계획의 입안: 시장·군수등 ⇨ 보고 × 3. 정비구역의 지정: 특별시장·광역시장·특별자치시장·특별자치도지사 시장 또는 군수 ⇨ **보고**: 국토교통부장관 ※ 허가, 인가, 승인권자는 모두 시장·군수등
건축법	1. 건축허가권자 ① 원칙: 특별자치시장·특별자치도지사 또는 시장·군수·구청장 ② 예외: 특별시장·광역시장 2. 사전승인권자: 도지사
주택법	1. 사업계획승인권자: 시·도지사, 대도시 시장, 시장·군수, 국토교통부장관(사업주체가 국가 또는 한국토지주택공사인 경우) 2. 리모델링기본계획 수립권자: 특별시장, 광역시장, 대도시 시장 ⇨ 도지사 승인
농지법	1. 농업진흥지역 지정권자: 시·도지사 ⇨ 농림축산식품부장관(승인) 2. 농지취득자격증명 발급권자: 시장·구청장·읍장·면장 ※ 농업경영계획서 보존기간: 10년 3. 농지전용신고: 시장·군수·구청장 4. 타용도 일시사용허가(신고): 시장·군수·구청장

28 매수청구제도 비교 ★★★

구분	도시·군계획시설부지	농지의 처분	농업진흥지역
요건	① 도시·군계획시설 결정·고시일부터 10년 이내 사업시행(×) + ② 지목이 대(垈)인 토지(건축물 및 정착물을 포함)	시장·군수·구청장으로부터 농지의 처분명령을 받은 자	농업진흥지역의 농지를 소유하고 있는 농업인 또는 농업법인
매수의무자	① 특별시장·광역시장·특별자치시장·특별자치도지사·시장·군수(구청장 ×) ② 사업시행자 ③ 설치·관리의무자(다른 경우에는 설치의무자에게 매수청구)	농지의 소유자 ⇨ 한국농어촌공사	농업인 또는 농업법인 ⇨ 한국농어촌공사
매수(청구)기간	① 6개월(매수 여부를 결정·통보) ② 2년(매수기한)	농지의 처분명령을 받은 날로부터 6개월 이내	
매수가격	「공익사업을 위한 토지 등의 취득 및 보상에 관한 법률」 준용	공시지가 기준	감정가격 기준
기타	① **매수방법** ㉠ **원칙**: 현금 ㉡ **예외**: 채권(매수의무자가 지방자치단체인 경우로서 토지소유자가 원하는 경우 또는 비업무용 토지로서 매수대금이 3천만원을 초과하는 경우 그 초과하는 금액) ㉢ **상환기간**: 10년 이내 ② **채권의 발행 절차 등**: 「지방재정법」으로 정한다. ③ **매수 거부 또는 지연 시 조치**: 허가를 받아 3층 이하의 단독주택, 3층 이하의 제1종 근린생활시설, 3층 이하의 제2종 근린생활시설(단란주점, 안마시술소, 노래연습장, 다중생활시설은 제외) 및 공작물 설치	한국농어촌공사가 농지를 매수하는 데 필요한 자금은 농지관리기금에서 융자한다.	한국농어촌공사가 농지를 매수하는 데 필요한 자금은 농지관리기금에서 이를 융자한다.

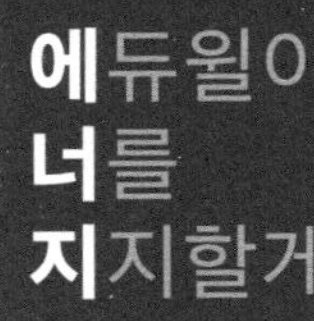

끝이 좋아야 시작이 빛난다.

– 마리아노 리베라(Mariano Rivera)

여러분의 작은 소리
에듀윌은 크게 듣겠습니다.

본 교재에 대한 여러분의 목소리를 들려주세요.
공부하시면서 어려웠던 점, 궁금한 점,
칭찬하고 싶은 점, 개선할 점, 어떤 것이라도 좋습니다.

에듀윌은 여러분께서 나누어 주신 의견을
통해 끊임없이 발전하고 있습니다.

에듀윌 도서몰 book.eduwill.net
- 부가학습자료 및 정오표: 에듀윌 도서몰 → 도서자료실
- 교재 문의: 에듀윌 도서몰 → 문의하기 → 교재(내용, 출간) / 주문 및 배송

2022 에듀윌 공인중개사 우선끝장 민개공

발 행 일	2022년 3월 31일 초판
편 저 자	심정욱, 이영방, 김희상
펴 낸 이	이중현
펴 낸 곳	(주)에듀윌
등록번호	제25100-2002-000052호
주 소	08378 서울특별시 구로구 디지털로34길 55 코오롱싸이언스밸리 2차 3층

ISBN 979-11-360-1650-8 (13320)

www.eduwill.net
대표전화 1600-6700

에듀윌 공인중개사

우선끝장 민 개 공

고객의 꿈, 직원의 꿈, 지역사회의 꿈을 실현한다

펴낸곳 (주)에듀윌 **펴낸이** 이중현 **출판총괄** 김형석
개발책임 윤대권, 양은숙 **개발** 손혜인, 변영은, 노재은, 임여경
주소 서울시 구로구 디지털로34길 55 코오롱싸이언스밸리 2차 3층
대표번호 1600-6700 **등록번호** 제25100-2002-000052호

에듀윌 도서몰 book.eduwill.net
- 부가학습자료 및 정오표: 에듀윌 도서몰 → 도서자료실
- 교재 문의: 에듀윌 도서몰 → 문의하기 → 교재(내용, 출간) / 주문 및 배송

에듀윌 직영학원에서 합격을 수강하세요

서울 강남	02)6338-0600	강남역 1번 출구
서울 노량진	02)815-0600	대방역 2번 출구
서울 노원	02)3391-5600	노원역 9번 출구
서울 종로	02)6367-0600	동묘앞역 7번 출구
서울 천호	02)6314-0600	천호역 6번 출구
서울 신림	02)6269-0600	신림역 7번 출구
서울 홍대	02)6749-0600	홍대입구역 4번 출구
서울 발산	02)6091-0600	발산역 4번 출구
인천 부평	032)523-0500	부평역 지하상가 31번 출구
경기 부천	032)326-0100	상동역 3번 출구
경기 수원	031)813-0600	수원역 지하상가 13번 출구
경기 성남	031)602-0300	모란역 2번 출구
경기 평촌	031)346-0600	범계역 3번 출구
경기 일산	031)817-0600	마두역 1번 출구
경기 안산	031)505-0200	한대앞역 2번 출구
경기 김포LIVE	031)991-0600	사우역(골드라인) 3번 출구
대전	042)331-0700	서대전네거리역 4번 출구
광주	062)453-0600	상무역 5번 출구
대구	053)216-0600	반월당역 12번 출구
부산 서면	051)923-0600	전포역 7번 출구
부산 해운대	051)925-0600	장산역 4번 출구

에듀윌의 상징 노란색의 환한 학원 입구

언제나 전문 학습 매니저와 상담이 가능한 안내데스크

고품질 영상 및 음향 장비를 갖춘 최고의 강의실

재충전을 위한 카페 분위기의 아늑한 휴게실

넉넉한 수납 공간의 개인사물함

PLANNER

민개공 30일 완성 플랜

하루에 민법, 개론, 공법을 1테마씩 학습하고, 완료되면 ✓로 표시해 보세요. 꾸준히 학습하는 것이 중요합니다.

1DAY= 민+개+공

DAY	민법 회독체크		✚	개론 회독체크		✚	공법 회독체크	
DAY 1	기출테마 01	✓ □ □		기출테마 01	□ □ □		기출테마 01	□ □ □
DAY 2	기출테마 02	□ □ □		기출테마 02	□ □ □		기출테마 02	□ □ □
DAY 3	기출테마 03	□ □ □		기출테마 03	□ □ □		기출테마 03	□ □ □
DAY 4	기출테마 04	□ □ □		기출테마 04	□ □ □		기출테마 04	□ □ □
DAY 5	기출테마 05	□ □ □		기출테마 05, 06	□ □ □		기출테마 05	□ □ □
DAY 6	기출테마 06	□ □ □		기출테마 07	□ □ □		기출테마 06	□ □ □
DAY 7	기출테마 07	□ □ □		기출테마 08	□ □ □		기출테마 07	□ □ □
DAY 8	기출테마 08	□ □ □		기출테마 09	□ □ □		기출테마 08	□ □ □
DAY 9	기출테마 09	□ □ □		기출테마 10	□ □ □		기출테마 09	□ □ □
DAY 10	기출테마 10	□ □ □		기출테마 11, 12	□ □ □		기출테마 10	□ □ □
DAY 11	기출테마 11	□ □ □		기출테마 13, 14	□ □ □		기출테마 11	□ □ □
DAY 12	기출테마 12	□ □ □		기출테마 15	□ □ □		기출테마 12	□ □ □
DAY 13	기출테마 13	□ □ □		기출테마 16	□ □ □		기출테마 13	□ □ □
DAY 14	기출테마 14	□ □ □		기출테마 17	□ □ □		기출테마 14	□ □ □
DAY 15	기출테마 15	□ □ □		기출테마 18, 19	□ □ □		기출테마 15	□ □ □
DAY 16	기출테마 16	□ □ □		기출테마 20	□ □ □		기출테마 16	□ □ □
DAY 17	기출테마 17	□ □ □		기출테마 21	□ □ □		기출테마 17	□ □ □
DAY 18	기출테마 18	□ □ □		기출테마 22	□ □ □		기출테마 18	□ □ □
DAY 19	기출테마 19	□ □ □		기출테마 23	□ □ □		기출테마 19	□ □ □
DAY 20	기출테마 20	□ □ □		기출테마 24	□ □ □		기출테마 20	□ □ □
DAY 21	기출테마 21	□ □ □		기출테마 25, 26	□ □ □		기출테마 21	□ □ □
DAY 22	기출테마 22	□ □ □		기출테마 27, 28	□ □ □		기출테마 22	□ □ □
DAY 23	기출테마 23	□ □ □		기출테마 29, 30	□ □ □		기출테마 23	□ □ □
DAY 24	기출테마 24	□ □ □		기출테마 31	□ □ □		기출테마 24	□ □ □
DAY 25	기출테마 25	□ □ □		기출테마 32	□ □ □		기출테마 25	□ □ □
DAY 26	기출테마 26	□ □ □		기출테마 33	□ □ □		기출테마 26	□ □ □
DAY 27	기출테마 27	□ □ □		기출테마 34	□ □ □		기출테마 27	□ □ □
DAY 28	기출테마 28	□ □ □		기출테마 35	□ □ □		기출테마 28	□ □ □
DAY 29	기출테마 29	□ □ □		기출테마 36	□ □ □		기출테마 29	□ □ □
DAY 30	기출테마 30	□ □ □		기출테마 37	□ □ □		기출테마 30	□ □ □

PLANNER

우선끝장 민개공 셀프 플랜

민법, 개론, 공법을 내 흐름에 맞게 직접 계획해서 학습합시다.

구분					
민법	기출테마 01 ☑ 월 일	기출테마 02 ☐ 월 일	기출테마 03 ☐ 월 일	기출테마 04 ☐ 월 일	기출테마 05 ☐ 월 일
	기출테마 06 ☐ 월 일	기출테마 07 ☐ 월 일	기출테마 08 ☐ 월 일	기출테마 09 ☐ 월 일	기출테마 10 ☐ 월 일
	기출테마 11 ☐ 월 일	기출테마 12 ☐ 월 일	기출테마 13 ☐ 월 일	기출테마 14 ☐ 월 일	기출테마 15 ☐ 월 일
	기출테마 16 ☐ 월 일	기출테마 17 ☐ 월 일	기출테마 18 ☐ 월 일	기출테마 19 ☐ 월 일	기출테마 20 ☐ 월 일
	기출테마 21 ☐ 월 일	기출테마 22 ☐ 월 일	기출테마 23 ☐ 월 일	기출테마 24 ☐ 월 일	기출테마 25 ☐ 월 일
	기출테마 26 ☐ 월 일	기출테마 27 ☐ 월 일	기출테마 28 ☐ 월 일	기출테마 29 ☐ 월 일	기출테마 30 ☐ 월 일
개론	기출테마 01 ☐ 월 일	기출테마 02 ☐ 월 일	기출테마 03 ☐ 월 일	기출테마 04 ☐ 월 일	기출테마 05 ☐ 월 일
	기출테마 06 ☐ 월 일	기출테마 07 ☐ 월 일	기출테마 08 ☐ 월 일	기출테마 09 ☐ 월 일	기출테마 10 ☐ 월 일
	기출테마 11 ☐ 월 일	기출테마 12 ☐ 월 일	기출테마 13 ☐ 월 일	기출테마 14 ☐ 월 일	기출테마 15 ☐ 월 일
	기출테마 16 ☐ 월 일	기출테마 17 ☐ 월 일	기출테마 18 ☐ 월 일	기출테마 19 ☐ 월 일	기출테마 20 ☐ 월 일
	기출테마 21 ☐ 월 일	기출테마 22 ☐ 월 일	기출테마 23 ☐ 월 일	기출테마 24 ☐ 월 일	기출테마 25 ☐ 월 일
	기출테마 26 ☐ 월 일	기출테마 27 ☐ 월 일	기출테마 28 ☐ 월 일	기출테마 29 ☐ 월 일	기출테마 30 ☐ 월 일
	기출테마 31 ☐ 월 일	기출테마 32 ☐ 월 일	기출테마 33 ☐ 월 일	기출테마 34 ☐ 월 일	기출테마 35 ☐ 월 일
	기출테마 36 ☐ 월 일	기출테마 37 ☐ 월 일			
공법	기출테마 01 ☐ 월 일	기출테마 02 ☐ 월 일	기출테마 03 ☐ 월 일	기출테마 04 ☐ 월 일	기출테마 05 ☐ 월 일
	기출테마 06 ☐ 월 일	기출테마 07 ☐ 월 일	기출테마 08 ☐ 월 일	기출테마 09 ☐ 월 일	기출테마 10 ☐ 월 일
	기출테마 11 ☐ 월 일	기출테마 12 ☐ 월 일	기출테마 13 ☐ 월 일	기출테마 14 ☐ 월 일	기출테마 15 ☐ 월 일
	기출테마 16 ☐ 월 일	기출테마 17 ☐ 월 일	기출테마 18 ☐ 월 일	기출테마 19 ☐ 월 일	기출테마 20 ☐ 월 일
	기출테마 21 ☐ 월 일	기출테마 22 ☐ 월 일	기출테마 23 ☐ 월 일	기출테마 24 ☐ 월 일	기출테마 25 ☐ 월 일
	기출테마 26 ☐ 월 일	기출테마 27 ☐ 월 일	기출테마 28 ☐ 월 일	기출테마 29 ☐ 월 일	기출테마 30 ☐ 월 일

ENERGY

시작하는 방법은

말을 멈추고

즉시 행동하는 것이다.

– 월트 디즈니(Walt Disney)

개정법령 원스톱 서비스!

법령개정이 잦은 공인중개사 시험, 일일이 찾아보지 마세요!
에듀윌에서는 필요한 개정법령만을 빠르게! 한번에! 제공해 드립니다.

* 에듀윌 도서몰 book.eduwill.net → 도서자료실

개정법령 확인하기 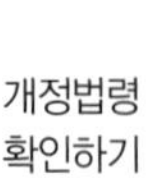

2022

에듀윌 공인중개사

우선끝장 민 개 공

부동산공법

NEWS

공인중개사 1, 2차 시험 동시 접수자 약 47%*
점점 증가하는 동차 준비생!

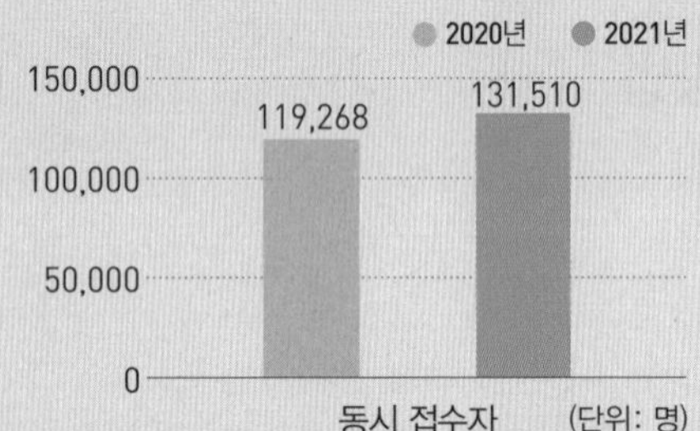

(단위: 명)

구분	2020년	2021년	증감
1, 2차 시험 동시 접수자	119,268	131,510	▲12,242

* 제32회 시험(2021년) 기준 실제 접수인원 276,982명 중 1, 2차 동시 접수자 131,510명(약 47%)

그러나 동차합격에 대한 수험생의 고민은?

"민개공이 자꾸 발목을 잡아요."
"민개공 학습량이 너무 많아서, 많은 시간을 투자해야 점수가 나와요."
"민개공, 도대체 어떻게 공부해야 하나요?"
"민개공 때문에 동차합격이 어려워요."

동차합격,
한 번에 가능할까요?

왜 우선순위 과목 민개공부터 완성해야 할까요?

Q '민개공'이 뭔가요?

민법 및 민사특별법, 부동산학개론, 부동산공법의 줄임말로, 수험생이 가장 어려워하는 과목이지만 시험 합격을 위해서는 가장 중요한 핵심 과목입니다.

구분	시험과목	만점	합격전략점수	평균점수
1차	부동산학개론	100	60	60
	민법 및 민사특별법	100	60	
2차	부동산공법	100	50	
	공인중개사법령 및 중개실무	100	70	
	부동산공시법	60	35	
	부동산세법	40	25	

공인중개사 시험은 평균 60점만 받으면 합격할 수 있는 시험으로, 1차 2과목 + 2차에서 가장 학습기간이 긴 공법을 먼저 학습해야 동차합격이 가능합니다.

Q 우선끝장 민개공, 누가 보면 좋나요?

동차합격을
노리는 수험생

민개공의 방대한
학습량이 힘든 수험생

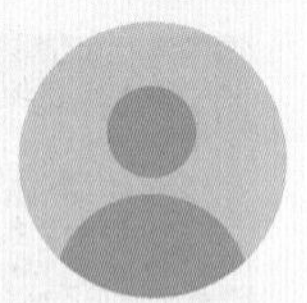

단기에 한권으로 학습을
끝내려는 수험생

합격점 달성을 위해
전략적으로 학습하려는
수험생

Q 왜 '민개공' 우선 학습이 필요한가요?

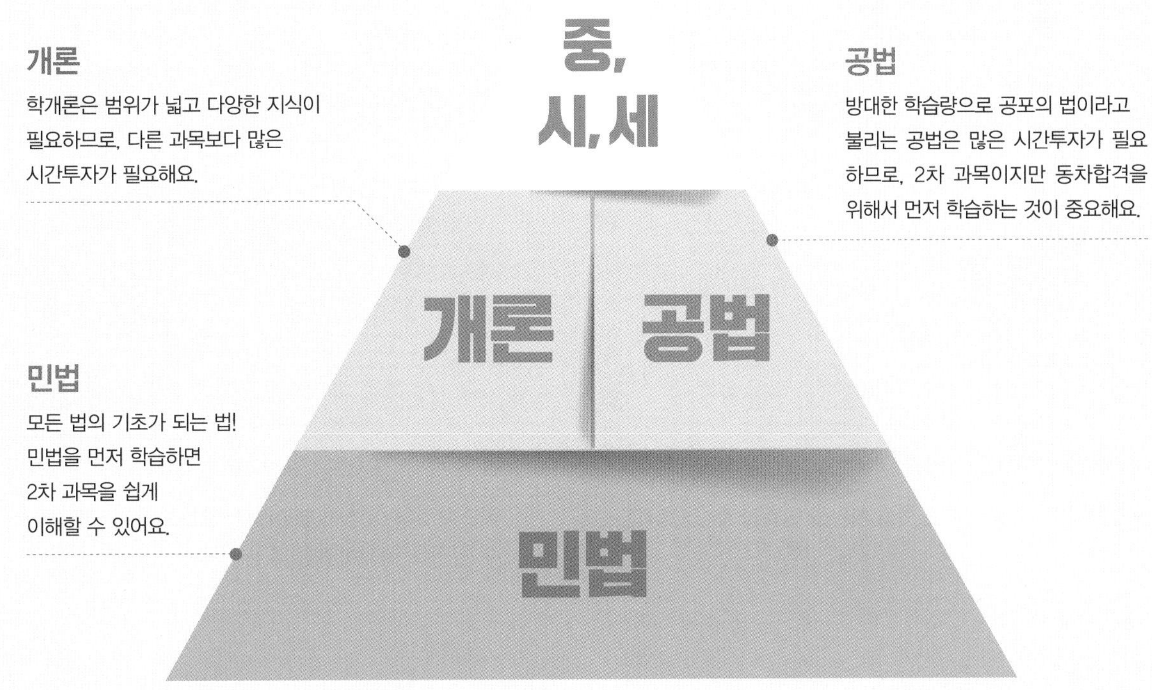

결국, 민개공을 잡으면 합격할 수 있습니다.

교재 구성

1단계 | 핵심 기출테마

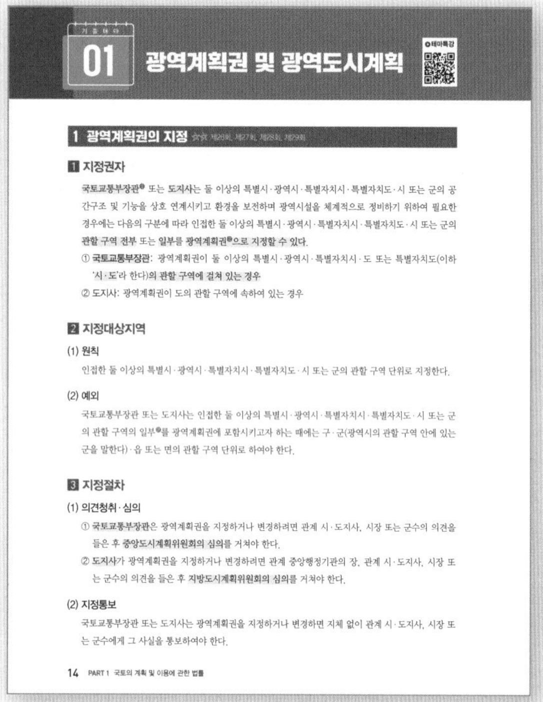
기출테마

01 광역계획권 및 광역도시계획

1 광역계획권의 지정 ☆☆☆ 제26회, 제27회, 제28회, 제29회

1 지정권자

국토교통부장관[1] 또는 도지사는 둘 이상의 특별시·광역시·특별자치시·특별자치도·시 또는 군의 공간구조 및 기능을 상호 연계시키고 환경을 보전하며 광역시설을 체계적으로 정비하기 위하여 필요한 경우에는 다음의 구분에 따라 인접한 둘 이상의 특별시·광역시·특별자치시·특별자치도·시 또는 군의 관할 구역 전부 또는 일부를 광역계획권[2]으로 지정할 수 있다.

① 국토교통부장관: 광역계획권이 둘 이상의 특별시·광역시·특별자치시·도 또는 특별자치도(이하 '시·도'라 한다)의 관할 구역에 걸쳐 있는 경우

② 도지사: 광역계획권이 도의 관할 구역에 속하여 있는 경우

2 지정대상지역

(1) 원칙

인접한 둘 이상의 특별시·광역시·특별자치시·특별자치도·시 또는 군의 관할 구역 단위로 지정한다.

(2) 예외

국토교통부장관 또는 도지사는 인접한 둘 이상의 특별시·광역시·특별자치시·특별자치도·시 또는 군의 관할 구역의 일부[3]를 광역계획권에 포함시키고자 하는 때에는 구·군(광역시의 관할 구역 안에 있는 군을 말한다)·읍 또는 면의 관할 구역 단위로 하여야 한다.

3 지정절차

(1) 의견청취·심의

① 국토교통부장관은 광역계획권을 지정하거나 변경하려면 관계 시·도지사, 시장 또는 군수의 의견을 들은 후 중앙도시계획위원회의 심의를 거쳐야 한다.

② 도지사가 광역계획권을 지정하거나 변경하려면 관계 중앙행정기관의 장, 관계 시·도지사, 시장 또는 군수의 의견을 들은 후 지방도시계획위원회의 심의를 거쳐야 한다.

(2) 지정통보

국토교통부장관 또는 도지사는 광역계획권을 지정하거나 변경하면 지체 없이 관계 시·도지사, 시장 또는 군수에게 그 사실을 통보하여야 한다.

14 PART 1 국토의 계획 및 이용에 관한 법률

핵심만 뽑은 기출테마로 학습 시간을 단축할 수 있습니다.

2단계 | 기출지문 끝장

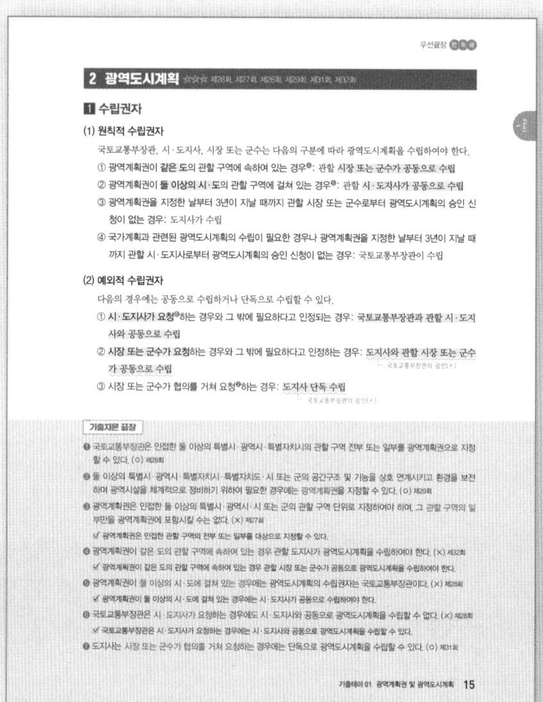
우선끝장

2 광역도시계획 ☆☆☆ 제26회, 제27회, 제28회, 제29회, 제31회, 제32회

1 수립권자

(1) 원칙적 수립권자

국토교통부장관, 시·도지사, 시장 또는 군수는 다음의 구분에 따라 광역도시계획을 수립하여야 한다.

① 광역계획권이 같은 도의 관할 구역에 속하여 있는 경우[4]: 관할 시장 또는 군수가 공동으로 수립

② 광역계획권이 둘 이상의 시·도의 관할 구역에 걸쳐 있는 경우[5]: 관할 시·도지사가 공동으로 수립

③ 광역계획권을 지정한 날부터 3년이 지날 때까지 관할 시장 또는 군수로부터 광역도시계획의 승인 신청이 없는 경우: 도지사가 수립

④ 국가계획과 관련된 광역도시계획의 수립이 필요한 경우나 광역계획권을 지정한 날부터 3년이 지날 때까지 관할 시·도지사로부터 광역도시계획의 승인 신청이 없는 경우: 국토교통부장관이 수립

(2) 예외적 수립권자

다음의 경우에는 공동으로 수립하거나 단독으로 수립할 수 있다.

① 시·도지사가 요청[6]하는 경우와 그 밖에 필요하다고 인정되는 경우: 국토교통부장관과 관할 시·도지사와 공동으로 수립

② 시장 또는 군수가 요청하는 경우와 그 밖에 필요하다고 인정하는 경우: 도지사와 관할 시장 또는 군수가 공동으로 수립

└ 국토교통부장관의 승인(×)

③ 시장 또는 군수가 협의를 거쳐 요청[7]하는 경우: 도지사 단독 수립

└ 국토교통부장관의 승인(×)

기출지문 끝장

❶ 국토교통부장관은 인접한 둘 이상의 특별시·광역시·특별자치시의 관할 구역 전부 또는 일부를 광역계획권으로 지정할 수 있다. (○) 제28회

❷ 둘 이상의 특별시·광역시·특별자치시·특별자치도·시 또는 군의 공간구조 및 기능을 상호 연계시키고 환경을 보전하며 광역시설을 체계적으로 정비하기 위하여 필요한 경우에는 광역계획권을 지정할 수 있다. (○) 제29회

❸ 광역계획권은 인접한 둘 이상의 특별시·광역시·시 또는 군의 관할 구역 단위로 지정하여야 하며, 그 관할 구역의 일부만을 광역계획권에 포함시킬 수는 없다. (×) 제27회

✓ 광역계획권은 인접한 관할 구역의 전부 또는 일부를 대상으로 지정할 수 있다.

❹ 광역계획권이 같은 도의 관할 구역에 속하여 있는 경우 관할 도지사가 광역도시계획을 수립하여야 한다. (×) 제32회

✓ 광역계획권이 같은 도의 관할 구역에 속하여 있는 경우 관할 시장 또는 군수가 공동으로 광역도시계획을 수립하여야 한다.

❺ 광역계획권이 둘 이상의 시·도에 걸쳐 있는 경우에는 광역도시계획의 수립권자는 국토교통부장관이다. (×) 제28회

✓ 광역계획권이 둘 이상의 시·도에 걸쳐 있는 경우에는 시·도지사가 공동으로 수립하여야 한다.

❻ 국토교통부장관은 시·도지사가 요청하는 경우에도 시·도지사와 공동으로 광역도시계획을 수립할 수 없다. (×) 제28회

✓ 국토교통부장관은 시·도지사가 요청하는 경우에는 시·도지사와 공동으로 광역도시계획을 수립할 수 있다.

❼ 도지사는 시장 또는 군수가 협의를 거쳐 요청하는 경우에는 단독으로 광역도시계획을 수립할 수 있다. (○) 제31회

기출테마 01 광역계획권 및 광역도시계획 15

학습한 이론이 실제로 어떻게 출제되는지 바로 확인할 수 있도록 매칭하였습니다.

⊕ 민개공 부가서비스

에듀윌 대표저자 직강, 기출테마 무료특강

보충학습에 필요한 부분에 대한 강의를 무료로 들을 수 있습니다.
유튜브에서 민개공 기출테마 무료특강을 검색해 보세요.

#에듀윌 #우선끝장민개공 #기출테마무료특강

3단계 | 기출문제 끝장

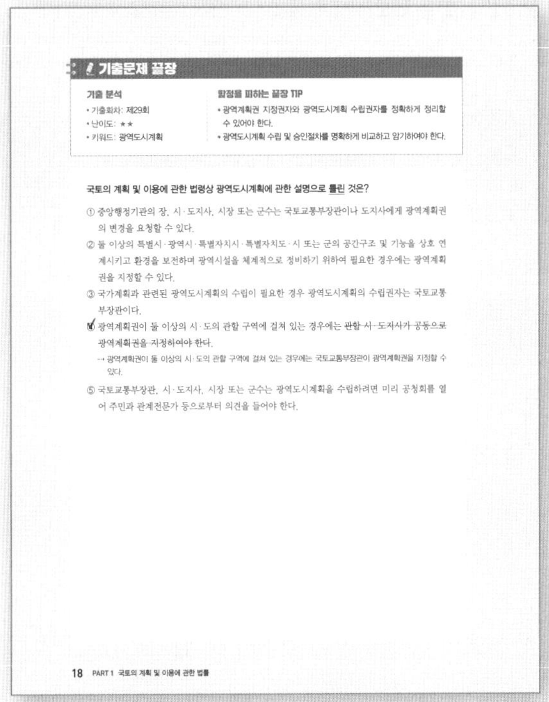
기출문제 끝장

기출 분석	함정을 피하는 끝장 TIP
• 기출회차: 제29회 • 난이도: ★★ • 키워드: 광역도시계획	• 광역계획권 지정권자와 광역도시계획 수립권자를 정확하게 정리할 수 있어야 한다. • 광역도시계획 수립 및 승인절차를 명확하게 비교하고 암기하여야 한다.

국토의 계획 및 이용에 관한 법령상 광역도시계획에 관한 설명으로 틀린 것은?

① 중앙행정기관의 장, 시·도지사, 시장 또는 군수는 국토교통부장관이나 도지사에게 광역계획권의 변경을 요청할 수 있다.

② 둘 이상의 특별시·광역시·특별자치시·특별자치도·시 또는 군의 공간구조 및 기능을 상호 연계시키고 환경을 보전하며 광역시설을 체계적으로 정비하기 위하여 필요한 경우에는 광역계획권을 지정할 수 있다.

③ 국가계획과 관련된 광역도시계획의 수립이 필요한 경우 광역도시계획의 수립권자는 국토교통부장관이다.

④ 광역계획권이 둘 이상의 시·도의 관할 구역에 걸쳐 있는 경우에는 관할 시·도지사가 공동으로 광역계획권을 지정하여야 한다.

→ 광역계획권이 둘 이상의 시·도의 관할 구역에 걸쳐 있는 경우에는 국토교통부장관이 광역계획권을 지정할 수 있다.

⑤ 국토교통부장관, 시·도지사, 시장 또는 군수는 광역도시계획을 수립하려면 미리 공청회를 열어 주민과 관계전문가 등으로부터 의견을 들어야 한다.

18 PART 1 국토의 계획 및 이용에 관한 법률

정확한 기출분석과 친절한 첨삭해설을 넣은 대표기출문제를 수록하였습니다.

+ 특별부록

❶ 공법 암기노트 필수 비교정리표

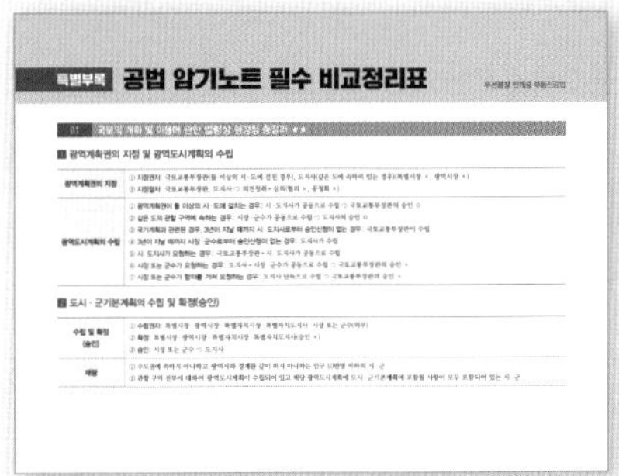

❷ 합격플래너(2종)

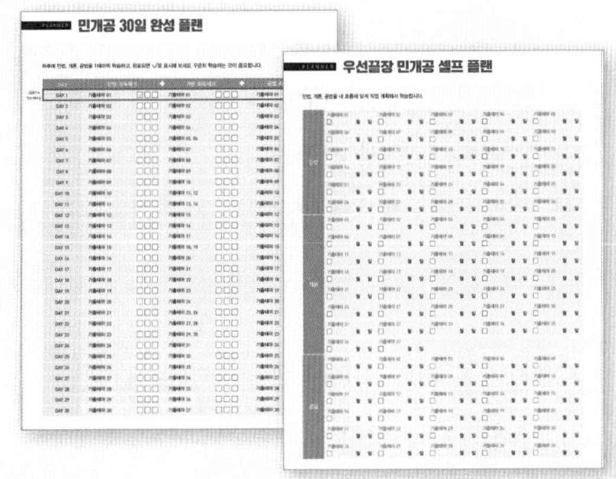

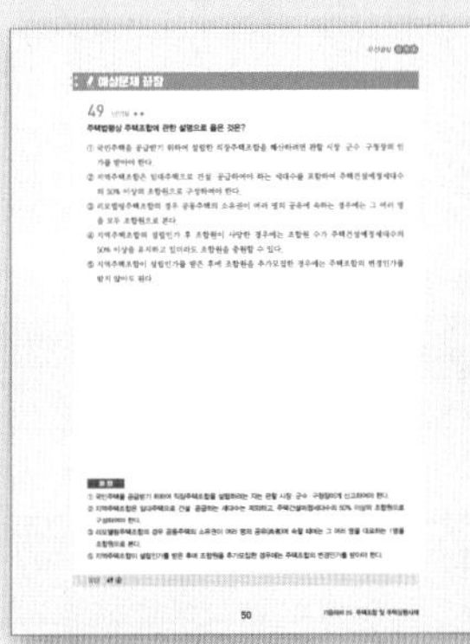

예상문제 끝장 (PDF 제공)

기출문제 학습 후 스스로 연습해 볼 수 있는 출제 예상문제를 제공합니다.

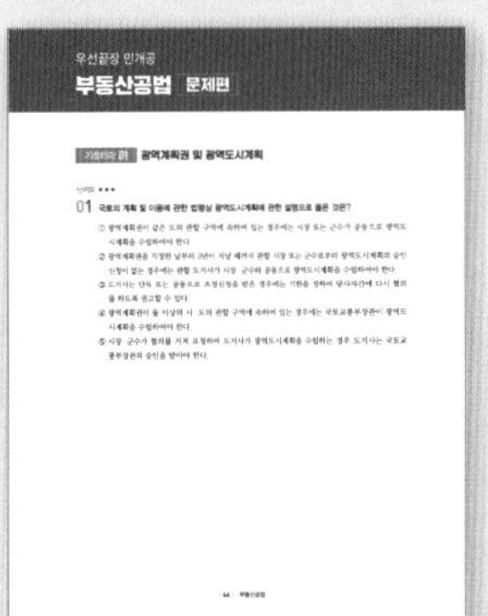

민개공 모의고사 1회분 (PDF 제공)

엄선한 모의고사 문제를 통해 민, 개, 공 학습을 완벽하게 마무리할 수 있습니다.

PDF 다운로드 경로 | 에듀윌 도서몰(http://book.eduwill.net/) → 도서자료실 → 부가학습자료

PREFACE

머리말

우선 민개공을 잡아야 합격이 쉬워집니다.

〈2022 에듀윌 공인중개사 우선끝장 민개공〉은 공인중개사 시험을 준비하는 분들이 가장 어려워하는 '민개공' 과목을 '만점이 아닌 합격점수를 넘기는 것'을 목표로 전략적 학습이 가능하도록 만들었습니다. 공인중개사 시험 과목 중 부동산공법은 그 내용이 방대하고 복잡할 뿐만 아니라 자주 개정되는 법률이기 때문에 쉽게 접근하기 어려운 과목이라는 것이 수험생들의 일반적인 생각입니다. 하지만 부동산공법 또한 기출을 중심으로 효율적으로 공부한다면 충분히 정복할 수 있습니다.

이에, 〈2022 에듀윌 공인중개사 우선끝장 민개공 부동산공법〉은 이렇게 구성하였습니다.
첫째, 기출문제를 철저하게 분석하여 도출한 기출테마 30개를 선정하여, 시험에 나오는 이론만을 학습할 수 있도록 하였습니다.
둘째, 본문과 연계되는 기출지문을 수록하여 학습한 이론이 어떻게 지문으로 변형되어 출제되는지 확인할 수 있도록 하였습니다.
셋째, 기출테마에 해당하는 대표기출문제를 수록하여 동일한 유형의 문제를 반복 학습할 수 있도록 하였습니다.

합격을 위해 최적화된 이 교재로 공부하신 수험생 여러분들의 값진 노력이 합격의 기쁨으로 이어지길 진심으로 기원합니다.

2022년 3월 저자 김희상

약력

- 現 에듀윌 부동산공법 전임 교수
- 前 방송대학TV 부동산공법 강사
- 前 삼성 SDI e-campus 부동산공법 강사
- 前 한국자산관리공사 공법 특강 강사
- 前 주요 공인중개사학원 부동산공법 강사

저서

에듀윌 공인중개사 부동산공법 기초서, 기본서,
단원별/회차별 기출문제집,
핵심요약집, 출제예상문제집+필수기출,
실전모의고사, 공법 체계도, 공법 합격노트,
한손끝장 부동산공법, 우선끝장 민개공 집필

CONTENTS

차 례

※ ▶ 기출테마 무료특강이 제공되는 테마입니다.

PART 01 국토의 계획 및 이용에 관한 법률

PART 02 도시개발법

PART 03 도시 및 주거환경정비법

PART 04 건축법

PART 05 주택법

PART 06 농지법

부가서비스

+ 예상문제 끝장(PDF)
+ 민개공 모의고사(PDF)

PDF 다운로드 경로 에듀윌 도서몰(http://book.eduwill.net/) → 도서자료실 → 부가학습자료

우선끝장 민개공

부동산공법

국토의 계획 및 이용에 관한 법률

광역계획권 및 광역도시계획

1 광역계획권의 지정 ☆☆ 제26회, 제27회, 제28회, 제29회

1 지정권자

국토교통부장관❶ 또는 도지사는 둘 이상의 특별시·광역시·특별자치시·특별자치도·시 또는 군의 공간구조 및 기능을 상호 연계시키고 환경을 보전하며 광역시설을 체계적으로 정비하기 위하여 필요한 경우에는 다음의 구분에 따라 인접한 둘 이상의 특별시·광역시·특별자치시·특별자치도·시 또는 군의 관할 구역 전부 또는 일부를 광역계획권❷으로 지정할 수 있다.

① 국토교통부장관: 광역계획권이 둘 이상의 특별시·광역시·특별자치시·도 또는 특별자치도(이하 '시·도'라 한다)의 관할 구역에 걸쳐 있는 경우

② 도지사: 광역계획권이 도의 관할 구역에 속하여 있는 경우

2 지정대상지역

(1) 원칙

인접한 둘 이상의 특별시·광역시·특별자치시·특별자치도·시 또는 군의 관할 구역 단위로 지정한다.

(2) 예외

국토교통부장관 또는 도지사는 인접한 둘 이상의 특별시·광역시·특별자치시·특별자치도·시 또는 군의 관할 구역의 일부❸를 광역계획권에 포함시키고자 하는 때에는 구·군(광역시의 관할 구역 안에 있는 군을 말한다)·읍 또는 면의 관할 구역 단위로 하여야 한다.

3 지정절차

(1) 의견청취·심의

① 국토교통부장관은 광역계획권을 지정하거나 변경하려면 관계 시·도지사, 시장 또는 군수의 의견을 들은 후 중앙도시계획위원회의 심의를 거쳐야 한다.

② 도지사가 광역계획권을 지정하거나 변경하려면 관계 중앙행정기관의 장, 관계 시·도지사, 시장 또는 군수의 의견을 들은 후 지방도시계획위원회의 심의를 거쳐야 한다.

(2) 지정통보

국토교통부장관 또는 도지사는 광역계획권을 지정하거나 변경하면 지체 없이 관계 시·도지사, 시장 또는 군수에게 그 사실을 통보하여야 한다.

2 광역도시계획 ☆☆☆ 제26회, 제27회, 제28회, 제29회, 제31회, 제32회

1 수립권자

(1) 원칙적 수립권자

국토교통부장관, 시·도지사, 시장 또는 군수는 다음의 구분에 따라 광역도시계획을 수립하여야 한다.

① 광역계획권이 같은 도의 관할 구역에 속하여 있는 경우❹: 관할 시장 또는 군수가 공동으로 수립

② 광역계획권이 둘 이상의 시·도의 관할 구역에 걸쳐 있는 경우❺: 관할 시·도지사가 공동으로 수립

③ 광역계획권을 지정한 날부터 3년이 지날 때까지 관할 시장 또는 군수로부터 광역도시계획의 승인 신청이 없는 경우: 도지사가 수립

④ 국가계획과 관련된 광역도시계획의 수립이 필요한 경우나 광역계획권을 지정한 날부터 3년이 지날 때까지 관할 시·도지사로부터 광역도시계획의 승인 신청이 없는 경우: 국토교통부장관이 수립

(2) 예외적 수립권자

다음의 경우에는 공동으로 수립하거나 단독으로 수립할 수 있다.

① 시·도지사가 요청❻하는 경우와 그 밖에 필요하다고 인정되는 경우: 국토교통부장관과 관할 시·도지사와 공동으로 수립

② 시장 또는 군수가 요청하는 경우와 그 밖에 필요하다고 인정하는 경우: 도지사와 관할 시장 또는 군수가 공동으로 수립
└ 국토교통부장관의 승인(×)

③ 시장 또는 군수가 협의를 거쳐 요청❼하는 경우: 도지사 단독 수립
└ 국토교통부장관의 승인(×)

기출지문 끝장

❶ 국토교통부장관은 인접한 둘 이상의 특별시·광역시·특별자치시의 관할 구역 전부 또는 일부를 광역계획권으로 지정할 수 있다. (○) 제28회

❷ 둘 이상의 특별시·광역시·특별자치시·특별자치도·시 또는 군의 공간구조 및 기능을 상호 연계시키고 환경을 보전하며 광역시설을 체계적으로 정비하기 위하여 필요한 경우에는 광역계획권을 지정할 수 있다. (○) 제29회

❸ 광역계획권은 인접한 둘 이상의 특별시·광역시·시 또는 군의 관할 구역 단위로 지정하여야 하며, 그 관할 구역의 일부만을 광역계획권에 포함시킬 수는 없다. (×) 제27회

☑ 광역계획권은 인접한 관할 구역의 전부 또는 일부를 대상으로 지정할 수 있다.

❹ 광역계획권이 같은 도의 관할 구역에 속하여 있는 경우 관할 도지사가 광역도시계획을 수립하여야 한다. (×) 제32회

☑ 광역계획권이 같은 도의 관할 구역에 속하여 있는 경우 관할 시장 또는 군수가 공동으로 광역도시계획을 수립하여야 한다.

❺ 광역계획권이 둘 이상의 시·도에 걸쳐 있는 경우에는 광역도시계획의 수립권자는 국토교통부장관이다. (×) 제28회

☑ 광역계획권이 둘 이상의 시·도에 걸쳐 있는 경우에는 시·도지사가 공동으로 수립하여야 한다.

❻ 국토교통부장관은 시·도지사가 요청하는 경우에도 시·도지사와 공동으로 광역도시계획을 수립할 수 없다. (×) 제28회

☑ 국토교통부장관은 시·도지사가 요청하는 경우에는 시·도지사와 공동으로 광역도시계획을 수립할 수 있다.

❼ 도지사는 시장 또는 군수가 협의를 거쳐 요청하는 경우에는 단독으로 광역도시계획을 수립할 수 있다. (○) 제31회

2 광역도시계획의 조정

(1) 조정신청

광역도시계획을 공동으로 수립하는 시·도지사는 그 내용에 관하여 서로 협의가 되지 아니하면 공동이나 단독으로 국토교통부장관에게 조정(調停)을 신청할 수 있다.

(2) 재협의 권고

국토교통부장관은 단독(공동 ×)으로 조정신청을 받은 경우에는 기한을 정하여 당사자간에 다시 협의를 하도록 권고할 수 있으며, 기한까지 협의가 이루어지지 아니하는 경우에는 직접 조정할 수 있다.

(3) 심의 및 의견진술

국토교통부장관은 조정의 신청을 받거나 직접 조정하려는 경우에는 중앙도시계획위원회의 심의를 거쳐 광역도시계획의 내용을 조정하여야 한다. 이 경우 이해관계를 가진 지방자치단체의 장은 중앙도시계획위원회의 회의에 출석하여 의견을 진술할 수 있다.

(4) 조정결과의 반영

광역도시계획을 수립하는 자는 조정결과를 광역도시계획에 반영하여야 한다.

(5) 도지사의 조정

① 광역도시계획을 공동으로 수립하는 시장 또는 군수는 그 내용에 관하여 서로 협의가 되지 아니하면 공동이나 단독으로 도지사에게 조정을 신청할 수 있다.

② 도지사가 광역도시계획을 조정하는 경우에는 위 (2)부터 (4)의 규정을 준용한다.

3 광역도시계획의 수립 및 승인절차

(1) 기초조사

① 의무사항: 국토교통부장관, 시·도지사, 시장 또는 군수는 광역도시계획을 수립하거나 변경하려면 미리 인구, 경제, 사회, 문화, 토지 이용, 환경, 교통, 주택, 그 밖에 대통령령으로 정하는 사항 중 그 광역도시계획의 수립 또는 변경에 필요한 사항을 조사하거나 측량하여야 한다.

② 정보현황의 확인: 국토교통부장관, 시·도지사, 시장 또는 군수는 기초조사정보체계를 구축한 경우에는 등록된 정보의 현황을 5년마다 확인하고 변동사항을 반영하여야 한다.

(2) 공청회의 개최

① 공청회(생략 ×): 국토교통부장관, 시·도지사, 시장 또는 군수는 광역도시계획을 수립하거나 변경하려면 미리 공청회를 열어 주민과 관계 전문가 등으로부터 의견을 들어야 하며, 공청회에서 제시된 의견이 타당하다고 인정하면 광역도시계획에 반영하여야 한다. 이 경우 일간신문, 관보, 공보, 인터넷 홈페이지 또는 방송 등의 방법으로 공청회 개최예정일 14일 전까지 1회 이상 공고하여야 한다.

② 구분 개최: 공청회는 광역계획권 단위로 개최하되, 필요한 경우에는 광역계획권을 여러 개의 지역으로 구분하여 개최할 수 있다.

(3) 지방의회와 지방자치단체의 의견청취

① 시·도지사, 시장 또는 군수 수립 시: 시·도지사, 시장 또는 군수는 광역도시계획을 수립하거나 변경하려면 미리 관계 시·도, 시 또는 군의 의회와 관계 시장 또는 군수의 의견을 들어야 한다.

② 의견제시 기한: 관계 시·도, 시 또는 군의 의회와 관계 시장 또는 군수는 특별한 사유가 없으면 30일 이내에 시·도지사, 시장 또는 군수에게 의견을 제시하여야 한다.

(4) 승인

① 국토교통부장관의 승인: 시·도지사는 광역도시계획을 수립하거나 변경하려면 국토교통부장관의 승인을 받아야 한다. 다만, 도지사가 관할 시장 또는 군수와 공동으로 수립하는 경우와 시장 또는 군수가 협의를 거쳐 요청하여 도지사가 단독으로 수립하는 경우에는 국토교통부장관의 승인을 받지 않아도 된다.

② 협의 및 심의

㉠ 국토교통부장관은 광역도시계획을 승인하거나 직접 광역도시계획을 수립 또는 변경(시·도지사와 공동으로 수립하거나 변경하는 경우를 포함)하려면 관계 중앙행정기관과 협의한 후 중앙도시계획위원회의 심의를 거쳐야 한다.

㉡ 협의 요청을 받은 관계 중앙행정기관의 장은 특별한 사유가 없으면 그 요청을 받은 날부터 30일 이내에 국토교통부장관에게 의견을 제시하여야 한다.

③ 도지사의 승인

㉠ 시장 또는 군수는 광역도시계획을 수립하거나 변경하려면 도지사의 승인을 받아야 한다.

㉡ 도지사가 광역도시계획을 승인하거나 직접 광역도시계획을 수립 또는 변경(시장·군수와 공동으로 수립하거나 변경하는 경우를 포함)하려면 위 ②의 협의 및 심의에 관한 규정을 준용한다.

(5) 공고 및 열람

국토교통부장관은 직접 광역도시계획을 수립 또는 변경하거나 승인하였을 때에는 관계 중앙행정기관의 장과 시·도지사에게 관계 서류를 송부하여야 하며, 관계 서류를 받은 시·도지사는 지체 없이 이를 해당 시·도의 공보와 인터넷 홈페이지에 게재하는 방법으로 그 내용을 공고하며, 관계 서류를 30일 이상 일반이 열람할 수 있도록 하여야 한다.

기출문제 끝장

기출 분석

- 기출회차: 제29회
- 난이도: ★★
- 키워드: 광역도시계획

함정을 피하는 끝장 TIP

- 광역계획권 지정권자와 광역도시계획 수립권자를 정확하게 정리할 수 있어야 한다.
- 광역도시계획 수립 및 승인절차를 명확하게 비교하고 암기하여야 한다.

국토의 계획 및 이용에 관한 법령상 광역도시계획에 관한 설명으로 틀린 것은?

① 중앙행정기관의 장, 시·도지사, 시장 또는 군수는 국토교통부장관이나 도지사에게 광역계획권의 변경을 요청할 수 있다.

② 둘 이상의 특별시·광역시·특별자치시·특별자치도·시 또는 군의 공간구조 및 기능을 상호 연계시키고 환경을 보전하며 광역시설을 체계적으로 정비하기 위하여 필요한 경우에는 광역계획권을 지정할 수 있다.

③ 국가계획과 관련된 광역도시계획의 수립이 필요한 경우 광역도시계획의 수립권자는 국토교통부장관이다.

✔④ 광역계획권이 둘 이상의 시·도의 관할 구역에 걸쳐 있는 경우에는 ~~관할 시·도지사가 공동으로 광역계획권을 지정하여야 한다~~.

→ 광역계획권이 둘 이상의 시·도의 관할 구역에 걸쳐 있는 경우에는 국토교통부장관이 광역계획권을 지정할 수 있다.

⑤ 국토교통부장관, 시·도지사, 시장 또는 군수는 광역도시계획을 수립하려면 미리 공청회를 열어 주민과 관계전문가 등으로부터 의견을 들어야 한다.

기출테마

02 도시·군기본계획

1 도시·군기본계획의 수립 및 확정(승인) ☆☆ 제27회, 제31회, 제32회

1 도시·군기본계획의 수립

(1) 수립권자와 대상지역

특별시장·광역시장·특별자치시장·특별자치도지사·시장 또는 군수는 관할 구역에 대하여 도시·군기본계획을 수립하여야 한다. 다만, 시 또는 군의 위치, 인구의 규모, 인구감소율 등을 고려하여 다음의 시 또는 군은 도시·군기본계획을 수립하지 아니할 수 있다.

① 「수도권정비계획법」의 규정에 의한 수도권에 속하지 아니하고❶ 광역시와 경계를 같이하지 아니한 시 또는 군으로서 인구 10만명 이하인 시 또는 군

② 관할 구역 전부에 대하여 광역도시계획이 수립되어 있는 시 또는 군으로서 해당 광역도시계획에 도시·군기본계획에 포함될 사항이 모두 포함되어 있는 시 또는 군

(2) 도시·군기본계획의 연계수립

특별시장·광역시장·특별자치시장·특별자치도지사·시장 또는 군수는 지역 여건상 필요하다고 인정되면 인접한 특별시·광역시·특별자치시·특별자치도·시 또는 군의 관할 구역 전부 또는 일부를 포함하여 도시·군기본계획을 수립할 수 있다.

(3) 수립내용

① 지역적 특성 및 계획의 방향·목표에 관한 사항, ② 공간구조, 생활권의 설정 및 인구의 배분에 관한 사항, ③ 토지의 이용 및 개발에 관한 사항, ④ 토지의 용도별 수요 및 공급에 관한 사항, ⑤ 환경의 보전 및 관리에 관한 사항, ⑥ 기반시설에 관한 사항, ⑦ 공원·녹지에 관한 사항, ⑧ 경관에 관한 사항

(4) 수립기준

도시·군기본계획의 수립기준 등은 대통령령으로 정하는 바에 따라 종합적으로 고려하여 국토교통부장관이 정한다.

기출지문 끝장

❶ 「수도권정비계획법」에 의한 수도권에 속하고 광역시와 경계를 같이하지 아니한 시로서 인구 20만명 이하인 시는 도시·군기본계획을 수립하지 아니할 수 있다. (×) 제32회

☑ 「수도권정비계획법」에 의한 수도권에 속하지 아니하고 광역시와 경계를 같이하지 아니한 시로서 인구 10만명 이하인 시는 도시·군기본계획을 수립하지 아니할 수 있다.

2 도시·군기본계획의 수립·확정(승인)절차

(1) 기초조사 및 공청회

① 도시·군기본계획을 수립하거나 변경하는 경우에는 광역도시계획의 수립을 위한 기초조사·공청회에 관한 규정을 준용한다.

핵심 끌장 **공청회 개최의무**

특별시장·광역시장·특별자치시장·특별자치도지사·시장 또는 군수는 도시·군기본계획을 수립하거나 변경하는 경우에는 공청회를 생략할 수 없다.

② 시·도지사, 시장 또는 군수는 기초조사의 내용에 국토교통부장관이 정하는 바에 따라 실시하는 토지의 토양, 입지, 활용가능성 등 토지의 적성에 대한 평가(이하 '토지적성평가'라 한다)와 재해취약성에 관한 분석(이하 '재해취약성분석'이라 한다)을 포함하여야 한다.

③ 도시·군기본계획 입안일부터 5년 이내에 토지적성평가를 실시한 경우 등 대통령령으로 정하는 경우에는 토지적성평가 또는 재해취약성분석을 하지 아니할 수 있다.

핵심 끌장 **토지적성평가 또는 재해취약성분석을 생략할 수 있는 경우**

1. 도시·군기본계획 입안일부터 5년 이내[1]에 토지적성평가를 실시한 경우 토지적성평가를 하지 않을 수 있다.
2. 도시·군기본계획 입안일부터 5년 이내에 재해취약성분석을 실시한 경우 재해취약성분석을 하지 않을 수 있다.

(2) 지방의회의 의견청취

① 특별시장·광역시장·특별자치시장·특별자치도지사·시장 또는 군수는 도시·군기본계획을 수립하거나 변경하려면 미리 그 특별시·광역시·특별자치시·특별자치도·시 또는 군 의회의 의견을 들어야 한다.

② 특별시·광역시·특별자치시·특별자치도·시 또는 군의 의회는 특별한 사유가 없으면 30일 이내에 특별시장·광역시장·특별자치시장·특별자치도지사·시장 또는 군수에게 의견을 제시하여야 한다.

(3) 도시·군기본계획의 확정과 승인

① 특별시·광역시·특별자치시·특별자치도의 도시·군기본계획의 확정(승인 ×)

㉠ 특별시장·광역시장·특별자치시장 또는 특별자치도지사는 도시·군기본계획을 수립하거나 변경하려면 관계 행정기관의 장(국토교통부장관을 포함)과 협의한 후 지방도시계획위원회의 심의를 거쳐야 한다.[2]

㉡ 협의 요청을 받은 관계 행정기관의 장은 특별한 사유가 없으면 그 요청을 받은 날부터 30일 이내에 특별시장·광역시장·특별자치시장 또는 특별자치도지사에게 의견을 제시하여야 한다.

ⓒ 특별시장·광역시장·특별자치시장 또는 특별자치도지사는 도시·군기본계획을 수립하거나 변경한 경우에는 관계 행정기관의 장에게 관계 서류를 송부하여야 하며, 그 계획을 공고하고 일반인이 30일 이상 열람할 수 있도록 하여야 한다.

② 시·군의 도시·군기본계획의 승인

㉠ 시장 또는 군수는 도시·군기본계획을 수립하거나 변경❸하려면 대통령령으로 정하는 바에 따라 도지사의 승인을 받아야 한다.

㉡ 도지사는 도시·군기본계획을 승인하려면 관계 행정기관의 장과 협의한 후 지방도시계획위원회의 심의를 거쳐야 한다.

㉢ 협의 요청을 받은 관계 행정기관의 장은 특별한 사유가 없으면 그 요청을 받은 날부터 30일 이내에 도지사에게 의견을 제시하여야 한다.

㉣ 도지사는 도시·군기본계획을 승인하면 관계 행정기관의 장과 시장 또는 군수에게 관계 서류를 송부하여야 하며, 관계 서류를 받은 시장 또는 군수는 그 계획을 공고하고 일반인이 30일 이상 열람할 수 있도록 하여야 한다.

3 도시·군기본계획의 정비

(1) 타당성 검토

특별시장·광역시장·특별자치시장·특별자치도지사·시장 또는 군수는 5년마다 관할 구역의 도시·군기본계획에 대하여 그 타당성을 전반적으로 재검토❹하여 정비하여야 한다.

(2) 상위계획과의 관계

특별시장·광역시장·특별자치시장·특별자치도지사·시장 또는 군수는 도시·군기본계획의 내용에 우선하는 광역도시계획의 내용 및 도시·군기본계획에 우선하는 국가계획의 내용을 도시·군기본계획에 반영하여야 한다.

기출지문 끝장

❶ 도시·군기본계획 입안일부터 **5년 이내**에 토지적성평가를 실시한 경우에는 토지적성평가를 하지 아니할 수 있다. (○) 제31회

❷ 특별시장·광역시장·특별자치시장 또는 특별자치도지사는 도시·군기본계획을 변경하려면 관계 행정기관의 장(국토교통부장관을 포함)과 **협의한 후 지방도시계획위원회의 심의를 거쳐야 한다.** (○) 제32회

❸ 시장 또는 군수는 **도시·군기본계획을 변경**하려면 도지사와 협의한 후 지방도시계획위원회의 심의를 거쳐야 한다. (×) 제31회

☑ 시장 또는 군수는 도시·군기본계획을 수립하거나 변경하려면 도지사의 승인을 받아야 한다. 도지사는 도시·군기본계획을 승인하려면 관계 행정기관의 장과 협의한 후 지방도시계획위원회의 심의를 거쳐야 한다.

❹ 특별시장·광역시장·특별자치시장·특별자치도지사·시장 또는 군수는 **5년마다** 관할 구역의 도시·군기본계획에 대하여 그 **타당성**을 전반적으로 **재검토**하여 정비하여야 한다. (○) 제27회, 제31회, 제32회

기출문제 끝장

기출 분석

- 기출회차: 제31회
- 난이도: ★★
- 키워드: 도시·군기본계획

함정을 피하는 끝장 TIP

- 도시·군기본계획의 재량적 지정대상지역과 연계수립에 관한 내용을 정확하게 숙지하여야 한다.
- 도시·군기본계획의 수립절차와 확정(승인) 절차를 정확하게 비교하고 암기하여야 한다.
- 도시·군기본계획의 타당성 검토 규정을 숙지하여야 한다.

국토의 계획 및 이용에 관한 법령상 도시·군기본계획에 관한 설명으로 틀린 것은?

① 시장 또는 군수는 인접한 시 또는 군의 관할 구역을 포함하여 도시·군기본계획을 수립하려면 미리 그 시장 또는 군수와 협의하여야 한다.

② 도시·군기본계획 입안일부터 5년 이내에 토지적성평가를 실시한 경우에는 토지적성평가를 하지 아니할 수 있다.

③ 시장 또는 군수는 도시·군기본계획을 수립하려면 미리 그 시 또는 군 의회의 의견을 들어야 한다.

④ 시장 또는 군수는 도시·군기본계획을 변경하려면 ~~도지사와 협의한 후 지방도시계획위원회의 심의를 거쳐야 한다~~.

⋯→ 시장 또는 군수는 도시·군기본계획을 수립하거나 변경하려면 대통령령으로 정하는 바에 따라 도지사의 승인을 받아야 한다. 도지사는 도시·군기본계획을 승인하려면 관계 행정기관의 장과 협의한 후 지방도시계획위원회의 심의를 거쳐야 한다.

⑤ 시장 또는 군수는 5년마다 관할 구역의 도시·군기본계획에 대하여 타당성을 전반적으로 재검토하여 정비하여야 한다.

기출테마

03 도시·군관리계획

1 도시·군관리계획의 입안 ☆☆☆ 제26회, 제27회, 제28회, 제29회, 제30회, 제32회

1 도시·군관리계획의 입안

(1) 도시·군관리계획의 입안권자

① 원칙: 특별시장·광역시장·특별자치시장·특별자치도지사·시장 또는 군수

㉠ 단독입안: 특별시장·광역시장·특별자치시장·특별자치도지사·시장 또는 군수는 관할 구역에 대하여 도시·군관리계획을 입안하여야 한다(예외 ×).

㉡ 연계입안: 특별시장·광역시장·특별자치시장·특별자치도지사·시장 또는 군수는 다음의 어느 하나에 해당하면 인접한 특별시·광역시·특별자치시·특별자치도·시 또는 군의 관할 구역 전부 또는 일부를 포함하여 도시·군관리계획을 입안할 수 있다.

ⓐ 지역 여건상 필요하다고 인정하여 미리 인접한 특별시장·광역시장·특별자치시장·특별자치도지사·시장 또는 군수와 협의한 경우

ⓑ 인접한 특별시·광역시·특별자치시·특별자치도·시 또는 군의 관할 구역을 포함하여 도시·군기본계획을 수립한 경우

② 예외

㉠ 국토교통부장관: 국토교통부장관(수산자원보호구역의 경우 해양수산부장관)은 다음의 어느 하나에 해당하는 경우에는 직접 또는 관계 중앙행정기관의 장의 요청에 의하여 도시·군관리계획을 입안할 수 있다.

ⓐ 국가계획과 관련된 경우

토지를 경제적·효율적으로 이용하고 공공복리의 증진을 도모하기 위하여 서로 중복되지 아니하게 도시·군관리계획으로 결정하는 지역

ⓑ 둘 이상의 시·도에 걸쳐 지정되는 용도지역·용도지구 또는 용도구역과 둘 이상의 시·도에 걸쳐 이루어지는 사업의 계획 중 도시·군관리계획으로 결정하여야 할 사항이 있는 경우

ⓒ 특별시장·광역시장·특별자치시장·특별자치도지사·시장 또는 군수가 조정기한까지 국토교통부장관의 도시·군관리계획 조정 요구에 따라 도시·군관리계획을 정비하지 아니하는 경우

㉡ 도지사: 도지사는 다음의 어느 하나에 해당하는 경우에는 직접 또는 시장이나 군수의 요청에 의하여 도시·군관리계획을 입안할 수 있다.

ⓐ 둘 이상의 시·군에 걸쳐 지정되는 용도지역·용도지구 또는 용도구역과 둘 이상의 시·군에 걸쳐 이루어지는 사업의 계획 중 도시·군관리계획으로 결정하여야 할 사항이 포함되어 있는 경우

ⓑ 도지사가 직접 수립하는 사업의 계획으로서 도시·군관리계획으로 결정하여야 할 사항이 포함되어 있는 경우

(2) 도시·군관리계획 입안의 기준

① 상위계획과의 관계: 도시·군관리계획은 광역도시계획과 도시·군기본계획에 부합되어야 한다.

② 수립기준: 도시·군관리계획의 수립기준, 도시·군관리계획도서 및 계획설명서의 작성기준·작성방법 등은 대통령령으로 정하는 바에 따라 국토교통부장관이 정한다.

(3) 도시·군관리계획 입안의 제안

① 제안대상: 주민(이해관계자를 포함)은 다음의 사항에 대하여 도시·군관리계획을 입안할 수 있는 자에게 도시·군관리계획의 입안을 제안할 수 있다. 이 경우 제안서에는 도시·군관리계획도서와 계획설명서를 첨부하여야 한다.

㉠ 기반시설의 설치·정비 또는 개량에 관한 사항

토지 이용을 합리화하고 그 기능을 증진시키며 미관을 개선하고 양호한 환경을 확보하며, 그 지역을 체계적·계획적으로 관리하기 위하여 수립하는 도시·군관리계획

㉡ 지구단위계획구역의 지정 및 변경과 지구단위계획의 수립 및 변경에 관한 사항

㉢ 개발진흥지구 중 산업·유통개발진흥지구의 지정 및 변경에 관한 사항❶

㉣ 용도지구 중 해당 용도지구에 따른 건축물이나 그 밖의 시설의 용도·종류 및 규모 등의 제한을 지구단위계획으로 대체하기 위한 용도지구의 지정 및 변경에 관한 사항

㉤ 입지규제최소구역의 지정 및 변경과 입지규제최소구역계획의 수립 및 변경에 관한 사항

② 토지소유자의 동의: 도시·군관리계획의 입안을 제안하려는 자는 다음의 구분에 따라 토지소유자의 동의를 받아야 한다. 이 경우 동의 대상 토지면적에서 국공유지는 제외❷한다.

㉠ 기반시설의 설치·정비 또는 개량에 관한 사항: 토지면적의 5분의 4 이상

㉡ 지구단위계획구역의 지정 및 변경과 지구단위계획의 수립 및 변경에 관한 사항: 토지면적의 3분의 2 이상

㉢ 개발진흥지구 중 산업·유통개발진흥지구의 지정 및 변경에 관한 사항: 토지면적의 3분의 2 이상

㉣ 용도지구에 따른 건축물이나 그 밖의 시설의 용도·종류 및 규모 등의 제한을 지구단위계획으로 대체하기 위한 용도지구의 지정 및 변경에 관한 사항: 토지면적의 3분의 2 이상

㉤ 입지규제최소구역의 지정 및 변경과 입지규제최소구역계획의 수립 및 변경에 관한 사항: 토지면적의 3분의 2 이상

③ 개발진흥지구의 지정요건: 산업·유통개발진흥지구의 지정을 제안할 수 있는 대상지역은 다음의 요건을 모두 갖춘 지역으로 한다.

㉠ 지정 대상지역의 면적은 1만m^2 이상 3만m^2 미만일 것

㉡ 지정 대상지역이 자연녹지지역·계획관리지역 또는 생산관리지역일 것

㉢ 지정 대상지역의 전체 면적에서 계획관리지역의 면적이 차지하는 비율이 100분의 50 이상일 것

④ 결과통보: 도시·군관리계획입안의 제안을 받은 국토교통부장관, 시·도지사, 시장 또는 군수는 제안일부터 45일 이내에 도시·군관리계획입안에의 반영 여부를 제안자에게 통보하여야 한다. 다만, 부득이한 사정이 있는 경우에는 1회에 한하여 30일을 연장할 수 있다.

⑤ 비용부담: 도시·군관리계획의 입안을 제안받은 자는 제안자와 협의하여 제안된 도시·군관리계획의 입안 및 결정에 필요한 비용의 전부 또는 일부를 제안자에게 부담시킬 수 있다.

(4) 도시·군관리계획의 입안절차

① 기초조사

㉠ 기초조사의 의무: 도시·군관리계획을 입안하는 경우에는 광역도시계획 수립을 위한 기초조사에 관한 규정을 준용한다. 다만, 대통령령으로 정하는 경미한 사항을 입안하는 경우에는 그러하지 아니하다.

㉡ 환경성 검토: 국토교통부장관(수산자원보호구역의 경우 해양수산부장관), 시·도지사, 시장 또는 군수는 기초조사의 내용에 도시·군관리계획이 환경에 미치는 영향 등에 대한 환경성 검토를 포함하여야 한다.

㉢ 토지적성평가와 재해취약성분석: 국토교통부장관, 시·도지사, 시장 또는 군수는 기초조사의 내용에 토지적성평가와 재해취약성분석을 포함하여야 한다.

㉣ 기초조사 등의 생략: 도시·군관리계획으로 입안하려는 지역이 도심지에 위치하거나 개발이 끝나 나대지가 없는 등 다음의 요건에 해당하면 기초조사, 환경성 검토, 토지적성평가 또는 재해취약성분석을 하지 아니할 수 있다.

핵심 끝장 **기초조사 등의 생략 가능 사유**

1. 기초조사를 실시하지 아니할 수 있는 요건(전부 생략)

① 해당 지구단위계획구역이 도심지(상업지역과 상업지역에 연접한 지역을 말한다)에 위치하는 경우
② 해당 지구단위계획구역 안의 나대지 면적이 구역 면적의 2%에 미달하는 경우
③ 해당 지구단위계획구역 또는 도시·군계획시설부지가 다른 법률에 따라 지역·지구 등으로 지정되거나 개발계획이 수립된 경우
④ 해당 지구단위계획구역의 지정목적이 해당 구역을 정비 또는 관리하고자 하는 경우로서 지구단위계획의 내용에 너비 12m 이상 도로의 설치계획이 없는 경우
⑤ 기존의 용도지구를 폐지하고 지구단위계획을 수립 또는 변경하여 그 용도지구에 따른 건축물이나 그 밖의 시설의 용도·종류 및 규모 등의 제한을 그대로 대체하려는 경우
⑥ 해당 도시·군계획시설의 결정을 해제하려는 경우

2. 환경성 검토의 생략 사유

① 위 1.의 ①부터 ⑥까지의 어느 하나에 해당하는 경우
② 「환경영향평가법」에 따른 전략환경영향평가 대상인 도시·군관리계획을 입안하는 경우

기출지문 끝장

❶ 산업·유통개발진흥지구의 지정 및 변경에 관한 사항은 입안제안의 대상에 해당하지 않는다. (×) 제30회, 제32회

☑ 산업·유통개발진흥지구의 지정 및 변경에 관한 사항은 입안제안의 대상에 해당한다.

❷ 도시·군관리계획의 입안을 제안하려는 자가 토지소유자의 동의를 받아야 하는 경우 국공유지는 동의 대상 토지면적에서 제외된다. (○) 제30회

3. 토지적성평가의 생략 사유

① 위 1.의 ①부터 ⑥까지의 어느 하나에 해당하는 경우
② 도시·군관리계획 입안일부터 5년 이내에 토지적성평가를 실시한 경우
③ 주거지역·상업지역 또는 공업지역에 도시·군관리계획을 입안하는 경우
④ 법 또는 다른 법령에 따라 조성된 지역에 도시·군관리계획을 입안하는 경우
⑤ 개발제한구역 안에 기반시설을 설치하는 경우
⑥ 「도시개발법」에 따른 도시개발사업의 경우
⑦ 지구단위계획구역 또는 도시·군계획시설부지에서 도시·군관리계획을 입안하는 경우

4. 재해취약성분석의 생략 사유

① 위 1.의 ①부터 ⑥까지의 어느 하나에 해당하는 경우❶
② 도시·군관리계획 입안일부터 5년 이내에 재해취약성분석을 실시한 경우

② 주민 및 지방의회의 의견청취

㉠ 주민의 의견청취: 국토교통부장관(수산자원보호구역의 경우 해양수산부장관), 시·도지사, 시장 또는 군수는 도시·군관리계획을 입안할 때에는 주민의 의견을 들어야 하며, 그 의견이 타당하다고 인정되면 도시·군관리계획안에 반영하여야 한다. 다만, 국방상 또는 국가안전보장상 기밀을 지켜야 할 필요가 있는 사항(관계 중앙행정기관의 장이 요청하는 것만 해당)이거나 경미한 사항(도시지역 축소에 따른 용도지역·용도지구·용도구역 또는 지구단위계획구역의 변경)인 경우에는 그러하지 아니하다.

ⓐ 공고 및 열람: 특별시장·광역시장·특별자치시장·특별자치도지사·시장 또는 군수는 도시·군관리계획의 입안에 관하여 주민의 의견을 청취하고자 하는 때에는 도시·군관리계획안의 주요내용을 전국 또는 해당 특별시·광역시·특별자치시·특별자치도·시 또는 군의 지역을 주된 보급지역으로 하는 2 이상의 일간신문과 해당 특별시·광역시·특별자치시·특별자치도·시 또는 군의 인터넷 홈페이지 등에 공고하고 도시·군관리계획안을 14일 이상 일반이 열람할 수 있도록 하여야 한다.

ⓑ 의견제출: 공고된 도시·군관리계획안의 내용에 대하여 의견이 있는 자는 열람기간 내에 특별시장·광역시장·특별자치시장·특별자치도지사·시장 또는 군수에게 의견서를 제출할 수 있다.

ⓒ 결과통보: 국토교통부장관, 시·도지사, 시장 또는 군수는 제출된 의견을 도시·군관리계획안에 반영할 것인지 여부를 검토하여 그 결과를 열람기간이 종료된 날부터 60일 이내에 해당 의견을 제출한 자에게 통보하여야 한다.

㉡ 지방의회의 의견청취: 국토교통부장관, 시·도지사, 시장 또는 군수는 도시·군관리계획을 입안하려면 용도지역·용도지구 또는 용도구역의 지정 또는 변경지정 등에 대하여 해당 지방의회의 의견을 들어야 한다.

(5) 입안의 특례(동시입안)

국토교통부장관, 시·도지사, 시장 또는 군수는 도시·군관리계획을 조속히 입안해야 할 필요가 있다고 인정되면 광역도시계획이나 도시·군기본계획을 수립할 때 도시·군관리계획을 함께 입안할 수 있다.

2 도시·군관리계획의 결정 ☆☆☆ 제25회, 제26회, 제27회, 제28회, 제29회, 제30회, 제31회, 제32회

1 도시·군관리계획의 결정

(1) 도시·군관리계획의 결정권자

① 원칙: 시·도지사 또는 대도시 시장

도시·군관리계획은 시·도지사가 직접 또는 시장·군수의 신청에 따라 결정한다. 다만, 「지방자치법」에 따른 서울특별시와 광역시 및 특별자치시를 제외한 인구 50만 이상의 대도시(이하 '대도시'라 한다)의 경우에는 해당 대도시 시장이 직접 결정하고, 시장 또는 군수가 입안한 지구단위계획구역의 지정·변경❷과 지구단위계획의 수립·변경❸에 관한 도시·군관리계획은 해당 시장 또는 군수가 직접 결정한다.

② 예외: 다음의 도시·군관리계획은 국토교통부장관(㉣의 경우에는 해양수산부장관)이 결정한다.

㉠ 국토교통부장관이 입안한 도시·군관리계획

㉡ 개발제한구역의 지정 및 변경에 관한 도시·군관리계획

㉢ 국가계획과 연계하여 지정할 필요가 있는 경우에 따른 시가화조정구역의 지정 및 변경에 관한 도시·군관리계획❹

㉣ 수산자원보호구역의 지정 및 변경에 관한 도시·군관리계획

(2) 결정절차

① 협의: 시·도지사는 도시·군관리계획을 결정하려면 관계 행정기관의 장과 미리 협의하여야 하며, 국토교통부장관(수산자원보호구역의 경우 해양수산부장관)이 도시·군관리계획을 결정하려면 관계

기출지문 끝장

❶ 도시·군관리계획으로 입안하려는 지구단위계획구역이 **상업지역에 위치하는 경우**에는 재해취약성분석을 하지 아니할 수 있다. (O) 제32회

❷ **시장 또는 군수가 입안한 지구단위계획구역의 지정·변경**에 관한 도시·군관리계획은 해당 시장 또는 군수가 직접 결정한다. (O) 제31회, 제32회

❸ **시장 또는 군수가 입안한 지구단위계획의 수립·변경**에 관한 도시·군관리계획은 해당 시장 또는 군수가 직접 결정한다. (O) 제25회, 제32회

❹ **국가계획과 연계**하여 시가화조정구역의 지정이 필요한 경우 **국토교통부장관**이 직접 그 지정을 도시·군관리계획으로 결정할 수 있다. (O) 제28회

중앙행정기관의 장과 미리 협의하여야 한다. 이 경우 협의 요청을 받은 기관의 장은 특별한 사유가 없으면 그 요청을 받은 날부터 30일 이내에 의견을 제시하여야 한다.

② 심의: 시·도지사가 지구단위계획(지구단위계획과 지구단위계획구역을 동시에 결정할 때에는 지구단위계획구역의 지정 또는 변경에 관한 사항을 포함할 수 있다)이나 지구단위계획으로 대체하는 용도지구 폐지에 관한 사항을 결정하려면 「건축법」에 따라 시·도에 두는 건축위원회와 도시계획위원회가 공동으로 하는 심의를 거쳐야 한다.

③ 협의와 심의절차의 생략: 국토교통부장관이나 시·도지사는 국방상 또는 국가안전보장상 기밀을 지켜야 할 필요가 있다고 인정되면(관계 중앙행정기관의 장이 요청할 때만 해당) 그 도시·군관리계획의 전부 또는 일부에 대하여 협의와 심의절차를 생략할 수 있다.

④ 고시 및 열람: 국토교통부장관이나 시·도지사는 도시·군관리계획을 결정하면 그 결정을 고시하고, 국토교통부장관이나 도지사는 관계 서류를 관계 특별시장·광역시장·특별자치시장·특별자치도지사·시장 또는 군수에게 송부하여 일반이 열람할 수 있도록 하여야 하며, 특별시장·광역시장·특별자치시장·특별자치도지사는 관계 서류를 일반이 열람할 수 있도록 하여야 한다.

2 도시·군관리계획 결정의 효력

(1) 효력발생시기

도시·군관리계획 결정의 효력은 지형도면을 고시한 날부터 발생한다.❶

다음 날(×)

(2) 기득권 보호

시가화조정구역이나 수산자원보호구역의 지정에 관한 도시·군관리계획 결정이 있는 경우에는 도시·군관리계획 결정의 고시일부터 3개월 이내에 그 사업 또는 공사의 내용을 관할 특별시장·광역시장·특별자치시장·특별자치도지사·시장 또는 군수에게 신고하고 그 사업이나 공사를 계속할 수 있다.

⇨ 착수+3개월 이내 신고

(3) 지형도면의 고시

국토교통부장관, 시·도지사, 시장 또는 군수는 직접 지형도면을 작성하거나 지형도면을 승인한 경우에는 이를 고시하여야 한다.

(4) 도시·군관리계획의 정비

특별시장·광역시장·특별자치시장·특별자치도지사·시장 또는 군수는 5년마다 관할 구역의 도시·군관리계획에 대하여 대통령령으로 정하는 바에 따라 그 타당성을 전반적으로 재검토하여 정비하여야 한다.

기출지문 끝장

❶ 도시·군관리계획 결정의 효력은 지형도면을 고시한 날의 다음 날부터 발생한다. (×) 제26회, 제32회

☑ 도시·군관리계획 결정의 효력은 지형도면을 고시한 날부터 효력이 발생한다.

기출문제 끝장

기출 분석

- 기출회차: 제32회
- 난이도: ★★
- 키워드: 도시·군관리계획

함정을 피하는 끝장 TIP

- 주민의 입안제안과 입안절차에 관한 내용을 정확하게 숙지하여야 한다.
- 환경성 검토, 토지적성평가, 재해취약성분석을 생략할 수 있는 사유를 정확하게 비교하고 암기하여야 한다.
- 도시·군관리계획의 효력발생시기와 타당성 검토 규정을 정확하게 숙지하여야 한다.

PART 1

국토의 계획 및 이용에 관한 법령상 도시·군관리계획에 관한 설명으로 틀린 것은?

① 국토교통부장관은 국가계획과 관련된 경우 직접 도시·군관리계획을 입안할 수 있다.

② 주민은 산업·유통개발진흥지구의 지정에 관한 사항에 대하여 도시·군관리계획의 입안권자에게 도시·군관리계획의 입안을 제안할 수 있다.

③ 도시·군관리계획으로 입안하려는 지구단위계획구역이 상업지역에 위치하는 경우에는 재해취약성분석을 하지 아니할 수 있다.

✔④ 도시·군관리계획 결정의 효력은 지형도면을 고시한 ~~다음 날부터~~ 발생한다.

→ 도시·군관리계획 결정의 효력은 지형도면을 고시한 날부터 발생한다.

⑤ 인접한 특별시·광역시·특별자치시·특별자치도·시 또는 군의 관할 구역에 대한 도시·군관리계획은 관계 특별시장·광역시장·특별자치시장·특별자치도지사·시장 또는 군수가 협의하여 공동으로 입안하거나 입안할 자를 정한다.

기출테마

04 용도지역

1 용도지역의 종류와 지정절차 ☆ 제24회, 제26회, 제29회, 제30회

1 용도지역의 종류

(1) 용도지역의 종류

① 도시지역: 인구와 산업이 밀집되어 있거나 밀집이 예상되어 그 지역에 대하여 체계적인 개발·정비·관리·보전 등이 필요한 지역

주거지역	거주의 안녕과 건전한 생활환경의 보호를 위하여 필요한 지역
상업지역	상업이나 그 밖의 업무의 편익을 증진하기 위하여 필요한 지역
공업지역	공업의 편익을 증진하기 위하여 필요한 지역
녹지지역	자연환경·농지 및 산림의 보호, 보건위생, 보안과 도시의 무질서한 확산을 방지하기 위하여 녹지의 보전이 필요한 지역

② 관리지역: 도시지역의 인구와 산업을 수용하기 위하여 도시지역에 준하여 체계적으로 관리하거나 농림업의 진흥, 자연환경 또는 산림의 보전을 위하여 농림지역 또는 자연환경보전지역에 준하여 관리할 필요가 있는 지역

보전관리지역	자연환경 보호, 산림 보호, 수질오염 방지, 녹지공간 확보 및 생태계 보전 등을 위하여 보전이 필요하나, 주변 용도지역과의 관계 등을 고려할 때 자연환경보전지역으로 지정하여 관리하기가 곤란한 지역
생산관리지역	농업·임업·어업생산 등을 위하여 관리가 필요하나, 주변의 용도지역과의 관계 등을 고려할 때 농림지역으로 지정하여 관리하기가 곤란한 지역
계획관리지역	도시지역으로의 편입이 예상되는 지역이나 자연환경을 고려하여 제한적인 이용·개발을 하려는 지역으로서 계획적·체계적인 관리가 필요한 지역

③ 농림지역: 도시지역에 속하지 아니하는 「농지법」에 따른 농업진흥지역 또는 「산지관리법」에 따른 보전산지 등으로서 농림업을 진흥시키고 산림을 보전하기 위하여 필요한 지역

④ 자연환경보전지역: 자연환경·수자원·해안·생태계·상수원 및 문화재의 보전과 수산자원의 보호·육성 등을 위하여 필요한 지역

PART 1

(2) 용도지역의 세분

법률	대통령령		구체적 내용
주거지역	전용주거지역	제1종 전용주거지역	단독주택 중심의 양호한 주거환경을 보호하기 위하여 필요한 지역
		제2종 전용주거지역❶	공동주택 중심의 양호한 주거환경을 보호하기 위하여 필요한 지역
	일반주거지역	제1종 일반주거지역	저층주택[4층 이하(단지형 연립주택 및 단지형 다세대주택인 경우에는 5층 이하)]을 중심으로 편리한 주거환경을 조성하기 위하여 필요한 지역
		제2종 일반주거지역	중층주택을 중심으로 편리한 주거환경을 조성하기 위하여 필요한 지역
		제3종 일반주거지역❷	중·고층주택을 중심으로 편리한 주거환경을 조성하기 위하여 필요한 지역
	준주거지역		주거기능을 위주로 이를 지원하는 일부 상업기능·업무기능을 보완하기 위하여 필요한 지역
상업지역	중심상업지역		도심·부도심의 상업기능 및 업무기능의 확충을 위하여 필요한 지역
	일반상업지역		일반적인 상업·업무기능을 담당하게 하기 위하여 필요한 지역
	유통상업지역		도시 내 및 지역 간 유통기능의 증진을 위하여 필요한 지역
	근린상업지역		근린지역에서의 일용품 및 서비스의 공급을 위하여 필요한 지역
공업지역	전용공업지역		주로 중화학공업·공해성 공업 등을 수용하기 위하여 필요한 지역
	일반공업지역		환경을 저해하지 아니하는 공업의 배치를 위하여 필요한 지역
	준공업지역		경공업 그 밖의 공업을 수용하되, 주거기능·상업기능 및 업무기능의 보완이 필요한 지역
녹지지역	보전녹지지역		도시의 자연환경·경관·산림·녹지공간을 보전할 필요가 있는 지역
	생산녹지지역		주로 농업적 생산을 위하여 개발을 유보할 필요가 있는 지역
	자연녹지지역		도시의 녹지공간의 확보, 도시확산의 방지, 장래 도시용지의 공급 등을 위하여 보전할 필요가 있는 지역으로 불가피한 경우에 한하여 제한적인 개발이 허용되는 지역

기출지문 끝장

❶ **제2종 전용주거지역**은 아파트를 건축할 수 있는 용도지역에 해당한다. (O) 제29회

❷ 중층주택 중심의 편리한 주거환경을 조성하기 위하여 필요한 지역은 **제3종 일반주거지역**으로 지정한다. (×) 제24회

☑ 제3종 일반주거지역은 중·고층주택 중심의 편리한 주거환경을 조성하기 위하여 지정한다.

2 용도지역의 지정절차

(1) 원칙

국토교통부장관, 시·도지사 또는 대도시 시장은 용도지역의 지정 또는 변경을 도시·군관리계획으로 결정한다.

(2) 예외(용도지역 지정절차상의 특례)

① 용도지역의 지정 의제

㉠ 공유수면(바다만 해당)의 매립 목적이 그 매립구역과 이웃하고 있는 용도지역의 내용과 같으면 도시·군관리계획의 입안 및 결정 절차 없이 그 매립준공구역은 그 매립의 준공인가일부터 이와 이웃하고 있는 용도지역으로 지정된 것으로 본다. 이 경우 관계 특별시장·광역시장·특별자치시장·특별자치도지사·시장 또는 군수는 그 사실을 지체 없이 고시하여야 한다.

㉡ 공유수면의 매립 목적이 그 매립구역과 이웃하고 있는 용도지역의 내용과 다른 경우 및 그 매립구역이 둘 이상의 용도지역에 걸쳐 있거나 이웃하고 있는 경우 그 매립구역이 속할 용도지역은 도시·군관리계획결정으로 지정하여야 한다.

② 용도지역의 결정·고시의 의제

㉠ 도시지역으로 결정·고시 의제: 다음의 어느 하나의 구역 등으로 지정·고시된 지역은 「국토의 계획 및 이용에 관한 법률」에 따른 도시지역으로 결정·고시된 것으로 본다.

ⓐ 「항만법」에 따른 항만구역으로서 도시지역에 연접한 공유수면

ⓑ 「어촌·어항법」에 따른 어항구역으로서 도시지역에 연접한 공유수면

ⓒ 「산업입지 및 개발에 관한 법률」에 따른 국가산업단지, 일반산업단지 및 도시첨단산업단지

ⓓ 「택지개발촉진법」에 따른 택지개발지구

ⓔ 「전원개발촉진법」에 따른 전원개발사업구역 및 예정구역(수력발전소 또는 송변전설비만 설치하기 위한 경우는 제외)

㉡ 관리지역에서의 결정·고시 의제: 관리지역에서 「농지법」에 따른 농업진흥지역으로 지정·고시된 지역은 「국토의 계획 및 이용에 관한 법률」에 따른 농림지역[1]으로, 관리지역의 산림 중 「산지관리법」에 따라 보전산지로 지정·고시된 지역은 그 고시에서 구분하는 바에 따라 「국토의 계획 및 이용에 관한 법률」에 따른 농림지역 또는 자연환경보전지역으로 결정·고시된 것으로 본다.

2 용도지역에서의 행위제한 ☆☆☆ 제26회, 제27회, 제28회, 제29회, 제30회, 제31회, 제32회

1 용도지역 지정의 효과

(1) 용도지역에서의 행위제한

① 건축물의 건축제한: 용도지역에서의 건축물이나 그 밖의 시설의 용도·종류 및 규모 등의 제한에 관한 사항은 대통령령으로 정한다.

용도지역	허용 여부
제1종 일반주거지역(허용)	단독주택, 공동주택(아파트는 제외), 제1종 근린생활시설, 교육연구시설 중 유치원·초등학교·중학교 및 고등학교, 노유자시설을 건축할 수 있다.
제2종·제3종 일반주거지역(허용)	제1종 일반주거지역에서 허용되는 건축물+공동주택(아파트를 포함), 종교시설을 건축할 수 있다.
자연환경보전지역(허용)	농어가주택, 초등학교를 건축할 수 있다.
자연취락지구(4층 이하 ⇨ 허용)	단독주택, 제1종 근린생활시설, 제2종 근린생활시설(휴게음식점, 일반음식점, 단란주점, 안마시술소는 제외), 운동시설, 농업(임업·축산업·수산업)용 창고, 동물 및 식물 관련 시설, 교정 및 국방·군사시설, 방송통신시설, 발전시설, 노래연습장을 건축할 수 있다.

대지면적에 대한 건축면적의 비율

(2) 건폐율 제한

① 용도지역에서의 건폐율

용도지역	세분된 용도지역		건폐율
도시지역	주거지역	제1종 전용주거지역	50% 이하
		제2종 전용주거지역	50% 이하
		제1종 일반주거지역	60% 이하
		제2종 일반주거지역	60% 이하
		제3종 일반주거지역	50% 이하
		준주거지역	70% 이하
	상업지역	중심상업지역	90% 이하
		일반상업지역	80% 이하
		유통상업지역	80% 이하
		근린상업지역❷	70% 이하

기출지문 끝장

❶ 관리지역에서 「농지법」에 따른 농업진흥지역으로 지정·고시된 지역은 **농림지역**으로 결정·고시된 것으로 본다. (○) 제26회

❷ **근린상업지역**에서의 용적률의 최대한도는 900%이고, **건폐율**의 최대한도는 80%이다. (×) 제27회

☑ 근린상업지역에서의 용적률의 최대한도는 900%이고, 건폐율의 최대한도는 70%이다.

도시지역	공업지역	전용공업지역	70% 이하
		일반공업지역	70% 이하
		준공업지역	70% 이하
	녹지지역	보전녹지지역	20% 이하
		생산녹지지역	20% 이하
		자연녹지지역	20% 이하
관리지역	보전관리지역	–	20% 이하
	생산관리지역	–	20% 이하
	계획관리지역	–	40% 이하
농림지역	–	–	20% 이하
자연환경보전지역	–	–	20% 이하

② 건폐율에 관한 특별규정: 다음의 지역에서의 건폐율은 다음에서 정한 범위에서 특별시·광역시·특별자치시·특별자치도·시 또는 군의 도시·군계획조례로 정하는 비율 이하로 한다.

㉠ 취락지구: 60% 이하(집단취락지구에 대하여는 개발제한구역의 지정 및 관리에 관한 특별조치법령이 정하는 바에 의한다)

㉡ 도시지역 외의 지역에 지정된 개발진흥지구: 40% 이하

㉢ 자연녹지지역에 지정된 개발진흥지구: 30% 이하

㉣ 수산자원보호구역: 40% 이하

㉤ 「자연공원법」에 따른 자연공원: 60% 이하

㉥ 「산업입지 및 개발에 관한 법률」에 따른 농공단지: 70% 이하

㉦ 공업지역에 있는 「산업입지 및 개발에 관한 법률」에 따른 국가산업단지, 일반산업단지, 도시첨단산업단지 및 준산업단지: 80% 이하

대지면적에 대한 연면적의 비율

(3) 용적률 제한

① 용도지역에서의 용적률

용도지역	세분된 용도지역		용적률
도시지역	주거지역	제1종 전용주거지역	50% 이상 100% 이하
		제2종 전용주거지역	50% 이상 150% 이하
		제1종 일반주거지역	100% 이상 200% 이하
		제2종 일반주거지역	100% 이상 250% 이하
		제3종 일반주거지역	100% 이상 300% 이하

도시지역	주거지역	준주거지역	200% 이상 500% 이하
	상업지역	중심상업지역	200% 이상 1,500% 이하
		일반상업지역	200% 이상 1,300% 이하
		유통상업지역	200% 이상 1,100% 이하
		근린상업지역	200% 이상 900% 이하
	공업지역	전용공업지역	150% 이상 300% 이하
		일반공업지역	150% 이상 350% 이하
		준공업지역	150% 이상 400% 이하
	녹지지역	보전녹지지역	50% 이상 80% 이하
		생산녹지지역	50% 이상 100% 이하
		자연녹지지역	50% 이상 100% 이하
관리지역	보전관리지역	–	50% 이상 80% 이하
	생산관리지역	–	50% 이상 80% 이하
	계획관리지역	–	50% 이상 100% 이하
농림지역	–	–	50% 이상 80% 이하
자연환경보전지역	–	–	50% 이상 80% 이하

② **용적률에 관한 특별규정**: 다음의 지역 안에서의 용적률은 다음에서 정한 범위 안에서 도시·군계획 조례가 정하는 비율을 초과하여서는 아니 된다.

㉠ **도시지역 외의 지역에 지정된 개발진흥지구**: 100% 이하

㉡ **수산자원보호구역**: 80% 이하

㉢ **「자연공원법」에 따른 자연공원**: 100% 이하

㉣ **「산업입지 및 개발에 관한 법률」에 따른 농공단지(도시지역 외의 지역에 지정된 농공단지에 한함)**: 150% 이하

(4) 용도지역 미지정 또는 미세분 지역에서의 행위제한 등

① **용도지역이 미지정된 지역**: 도시지역·관리지역·농림지역 또는 자연환경보전지역으로 용도가 지정되지 아니한 지역에 대하여는 건축물의 건축제한, 건폐율, 용적률의 규정을 적용할 때에 자연환경보전지역에 관한 규정을 적용한다.

② **용도지역이 미세분된 지역**: 도시지역 또는 관리지역이 세부용도지역으로 지정되지 아니한 경우에는 건축물의 건축제한, 건폐율, 용적률의 규정을 적용할 때에 해당 용도지역이 도시지역인 경우에는 보전녹지지역에 관한 규정을 적용하고, 관리지역인 경우에는 보전관리지역에 관한 규정을 적용한다.

기출문제 끝장

기출 분석

- 기출회차: 제30회
- 난이도: ★★★
- 키워드: 용도지역에서의 건축제한

함정을 피하는 끝장 TIP

- 용도지역의 세분과 지정절차상의 특례에 관한 내용을 정확하게 숙지하여야 한다.
- 주거지역을 중심으로 용도지역에서의 건축제한을 정확하게 비교하고 암기하여야 한다.
- 건폐율과 용적률의 최대한도를 정확하게 암기하여야 한다.

국토의 계획 및 이용에 관한 법령상 제3종 일반주거지역 안에서 도시·군계획조례가 정하는 바에 의하여 건축할 수 있는 건축물은? (단, 건축물의 종류는 건축법 시행령 별표 1에 규정된 용도별 건축물의 종류에 따름)

① 제2종 근린생활시설 중 단란주점

② 의료시설 중 격리병원

③ 문화 및 집회시설 중 관람장

④ 위험물 저장 및 처리시설 중 액화가스 취급소·판매소

⋯ 위험물 저장 및 처리시설 중 액화가스 취급소·판매소는 제3종 일반주거지역 안에서 도시·군계획조례가 정하는 바에 의하여 건축할 수 있는 건축물에 해당한다.

⑤ 업무시설로서 그 용도에 쓰이는 바닥면적의 합계가 4천m^2인 것

용도지구 및 용도구역

1 용도지구 ☆☆☆ 제25회, 제28회, 제29회, 제30회, 제31회

1 용도지구의 지정

(1) 용도지구의 종류

종류	내용
경관지구	경관의 보전·관리 및 형성을 위하여 필요한 지구
보호지구	문화재, 중요 시설물(항만, 공항, 공공업무시설, 교정시설·군사시설) 및 문화적·생태적으로 보존가치가 큰 지역의 보호와 보존을 위하여 필요한 지구
복합용도지구	① 지역의 토지 이용 상황, 개발 수요 및 주변 여건 등을 고려하여 효율적이고 복합적인 토지 이용을 도모하기 위하여 특정시설의 입지를 완화할 필요가 있는 지구 ② 시·도지사 또는 대도시 시장은 일반주거지역, 일반공업지역, 계획관리지역에 복합용도지구를 지정할 수 있다.
개발진흥지구	주거기능·상업기능·공업기능·유통물류기능·관광기능·휴양기능 등을 집중적으로 개발·정비할 필요가 있는 지구
고도지구	쾌적한 환경 조성 및 토지의 효율적 이용을 위하여 건축물 높이의 최고한도를 규제할 필요가 있는 지구
취락지구	녹지지역·관리지역·농림지역·자연환경보전지역·개발제한구역 또는 도시자연공원구역의 취락을 정비하기 위한 지구
방재지구	풍수해, 산사태, 지반의 붕괴, 그 밖의 재해를 예방하기 위하여 필요한 지구
방화지구	화재의 위험을 예방하기 위하여 필요한 지구
특정용도제한지구	주거 및 교육환경 보호나 청소년 보호 등의 목적으로 오염물질 배출시설, 청소년 유해시설 등 특정시설의 입지를 제한할 필요가 있는 지구

(2) 용도지구의 세분

① 대통령령에 의한 세분

㉠ 경관지구 (자, 시, 특)

자연경관지구	산지·구릉지 등 자연경관을 보호하거나 유지하기 위하여 필요한 지구
시가지경관지구	지역 내 주거지, 중심지 등 시가지의 경관을 보호 또는 유지하거나 형성하기 위하여 필요한 지구

특화경관지구	지역 내 주요 수계의 수변 또는 문화적 보존가치가 큰 건축물 주변의 경관 등 특별한 경관을 보호 또는 유지하거나 형성하기 위하여 필요한 지구

ⓛ 보호지구❶ (역, 중, 생)

역사문화환경 보호지구	문화재·전통사찰 등 역사·문화적으로 보존가치가 큰 시설 및 지역의 보호와 보존을 위하여 필요한 지구
중요시설물 보호지구	중요시설물(항만·공항·공용시설·교정시설·군사시설)의 보호와 기능의 유지 및 증진 등을 위하여 필요한 지구
생태계보호지구	야생동식물서식처 등 생태적으로 보존가치가 큰 지역의 보호와 보존을 위하여 필요한 지구

ⓒ 개발진흥지구 (주, 산, 관, 복, 특)

주거개발진흥지구	주거기능을 중심으로 개발·정비할 필요가 있는 지구
산업·유통 개발진흥지구❷	공업기능 및 유통·물류기능을 중심으로 개발·정비할 필요가 있는 지구
관광·휴양 개발진흥지구	관광·휴양기능을 중심으로 개발·정비할 필요가 있는 지구
복합개발 진흥지구	주거기능, 공업기능, 유통·물류기능 및 관광·휴양기능 중 2 이상의 기능을 중심으로 개발·정비할 필요가 있는 지구
특정개발 진흥지구	주거기능, 공업기능, 유통·물류기능 및 관광·휴양기능 외의 기능을 중심으로 특정한 목적을 위하여 개발·정비할 필요가 있는 지구

ⓓ 취락지구 (자연, 집단)

자연취락지구	녹지지역·관리지역·농림지역 또는 자연환경보전지역 안의 취락을 정비하기 위하여 필요한 지구
집단취락지구	개발제한구역 안의 취락을 정비하기 위하여 필요한 지구

ⓔ 방재지구 (시가지, 자연)

시가지방재지구	건축물·인구가 밀집되어 있는 지역으로서 시설 개선 등을 통하여 재해 예방이 필요한 지구
자연방재지구	토지의 이용도가 낮은 해안변, 하천변, 급경사지 주변 등의 지역으로서 건축제한 등을 통하여 재해 예방이 필요한 지구

2 용도지구에서의 행위제한

(1) 건축제한의 원칙

용도지구에서의 건축물이나 그 밖의 시설의 용도·종류 및 규모 등의 제한에 관한 사항은 「국토의 계획 및 이용에 관한 법률」 또는 다른 법률에 특별한 규정이 있는 경우 외에는 대통령령으로 정하는 기준에 따라 특별시·광역시·특별자치시·특별자치도·시 또는 군의 조례로 정할 수 있다.

(2) 건축제한의 예외

① 고도지구: 도시·군관리계획

② 복합용도지구

㉠ 일반주거지역: 안마시술소, 관람장, 공장, 위험물 저장 및 처리시설, 동물 및 식물 관련 시설, 장례시설을 건축할 수 없다. ⇨ 암기Tip 마장동 공장물

㉡ 일반공업지역: 아파트, 단란주점 및 안마시술소, 노유자시설을 건축할 수 없다. ⇨ 암기Tip 노란파마

㉢ 계획관리지역: 판매시설, 유원시설업의 시설을 건축할 수 있다.

③ 개발진흥지구

㉠ 지구단위계획 또는 개발계획을 수립하는 경우 ⇨ 지구단위계획 또는 개발계획

㉡ 지구단위계획 또는 개발계획이 수립되기 전 ⇨ 조례

㉢ 지구단위계획 또는 개발계획이 수립되지 아니한 경우 ⇨ 해당 용도지역에 허용되는 건축물을 건축할 수 있다.

④ 자연취락지구❸: 4층 이하의 건축물로서 다음에 해당하는 건축물은 건축할 수 있다.

㉠ 단독주택, 제1종 근린생활시설, 제2종 근린생활시설(휴게음식점, 제과점, 일반음식점, 단란주점, 안마시술소는 제외)

㉡ 운동시설, 창고(농업·임업·축산업·수산업용만 해당), 동물 및 식물 관련 시설

㉢ 교정 및 국방·군사시설, 방송통신시설, 발전시설

⑤ 집단취락지구: 개발제한구역의 지정 및 관리에 관한 특별조치법령

기출지문 끝장

❶ **보호지구**는 역사문화환경보호지구, 중요시설물보호지구, 생태계보호지구로 세분하여 지정할 수 있다. (○) 제30회

❷ 공업기능 및 유통·물류기능을 중심으로 개발·정비할 필요가 있는 용도지구는 **산업·유통개발진흥지구**이다. (○) 제31회

❸ **자연취락지구** 안에서는 4층 이하의 범위에서 동물 전용의 장례식장을 건축할 수 있다. (×) 제31회

☑ 자연취락지구에서는 4층 이하의 범위에서 동물 전용의 장례식장을 건축할 수 없다.

2 용도구역 ☆☆ 제28회, 제29회, 제30회, 제31회, 제32회

1 개발제한구역

(1) 개발제한구역의 지정❶

국토교통부장관은 도시의 무질서한 확산을 방지하고 도시주변의 자연환경을 보전하여 도시민의 건전한 생활환경을 확보하기 위하여 도시의 개발을 제한할 필요가 있거나 국방부장관의 요청이 있어 보안상 도시의 개발을 제한할 필요가 있다고 인정되면 개발제한구역의 지정 또는 변경을 도시·군관리계획으로 결정할 수 있다.

(2) 행위제한 등

개발제한구역의 행위제한이나 그 밖에 개발제한구역의 관리에 필요한 사항은 따로 법률로 정한다.

2 도시자연공원구역

(1) 도시자연공원구역의 지정

시·도지사 또는 대도시 시장은 도시의 자연환경 및 경관을 보호하고 도시민에게 건전한 여가·휴식공간을 제공하기 위하여 도시지역 안에서 식생(植生)이 양호한 산지(山地)의 개발을 제한할 필요가 있다고 인정하면 도시자연공원구역의 지정 또는 변경을 도시·군관리계획으로 결정할 수 있다.

(2) 행위제한 등

도시자연공원구역의 행위제한이나 그 밖에 도시자연공원구역의 관리에 필요한 사항은 따로 법률로 정한다.

3 시가화조정구역

(1) 지정권자

시·도지사는 직접 또는 관계 행정기관의 장의 요청을 받아 도시지역과 그 주변지역의 무질서한 시가화를 방지하고 계획적·단계적인 개발을 도모하기 위하여 대통령령으로 정하는 기간 동안 시가화를 유보할 필요가 있다고 인정되면 시가화조정구역의 지정 또는 변경을 도시·군관리계획으로 결정할 수 있다. 다만, 국가계획과 연계하여 시가화조정구역의 지정 또는 변경이 필요한 경우에는 국토교통부장관이 직접 시가화조정구역의 지정 또는 변경을 도시·군관리계획으로 결정할 수 있다.

(2) 시가화 유보기간

① 시가화조정구역을 지정 또는 변경하고자 하는 때에는 해당 도시지역과 그 주변지역의 인구의 동태, 토지의 이용상황, 산업발전상황 등을 고려하여 5년 이상 20년 이내의 범위 안에서 도시·군관리계획으로 시가화 유보기간을 정하여야 한다.

② 시가화조정구역의 지정에 관한 도시·군관리계획의 결정은 시가화 유보기간이 끝난 날의 다음 날부터 그 효력을 잃는다. 이 경우 국토교통부장관 또는 시·도지사는 대통령령으로 정하는 바에 따라 그 사실을 고시하여야 한다.

(3) 지정의 효과(행위제한)

① 도시·군계획사업의 시행 ⇨ 허가 ×

시가화조정구역 안에서의 도시·군계획사업은 대통령령으로 정하는 사업(국방상 또는 공익상 시가화조정구역 안에서의 사업시행이 불가피한 것으로서 관계 중앙행정기관의 장의 요청에 의하여 국토교통부장관이 시가화조정구역의 지정목적 달성에 지장이 없다고 인정하는 도시·군계획사업)만 시행할 수 있다.

② 허가사항(비도시·군계획사업) ⇨ 허가 ○

시가화조정구역 안에서는 도시·군계획사업의 경우 외에는 다음의 어느 하나에 해당하는 행위에 한정하여 특별시장·광역시장·특별자치시장·특별자치도지사·시장 또는 군수의 허가를 받아 그 행위를 할 수 있다.

㉠ 주택 및 그 부속건축물의 건축으로서 다음에 해당하는 행위

ⓐ 주택의 증축(기존주택의 면적을 포함하여 100m² 이하)

ⓑ 부속건축물의 건축(주택 또는 이에 준하는 건축물에 부속되는 것에 한하되, 기존 건축물의 면적을 포함하여 33m² 이하)

㉡ 공익시설·공용시설 및 공공시설 등의 설치로서 다음에 해당하는 행위

ⓐ 「공익사업을 위한 토지 등의 취득 및 보상에 관한 법률」에 해당하는 공익사업을 위한 시설의 설치

ⓑ 문화재의 복원과 문화재관리용 건축물의 설치

ⓒ 보건소, 경찰파출소, 119 안전센터, 우체국 및 읍·면·동사무소의 설치

4 수산자원보호구역

(1) 수산자원보호구역의 지정

해양수산부장관은 직접 또는 관계 행정기관의 장의 요청을 받아 수산자원을 보호·육성하기 위하여 필요한 공유수면이나 그에 인접한 토지에 대한 수산자원보호구역의 지정 또는 변경을 도시·군관리계획으로 결정할 수 있다.

(2) 행위제한

수산자원보호구역 안에서의 건축제한에 관하여는 「수산자원관리법」에서 정하는 바에 의한다.

기출지문 끝장

❶ 개발제한구역의 지정에 관한 도시·군관리계획은 국토교통부장관이 결정한다. (○) 제31회

5 입지규제최소구역

(1) 입지규제최소구역의 지정

도시·군관리계획의 결정권자는 도시지역에서 복합적인 토지 이용을 증진시켜 도시 정비를 촉진하고 지역 거점을 육성할 필요가 있다고 인정되면 다음에 해당하는 지역과 주변지역의 전부 또는 일부를 입지규제최소구역으로 지정할 수 있다.

① 도시·군기본계획에 따른 도심·부도심 또는 생활권의 중심지역

② 철도역사, 터미널, 항만, 공공청사, 문화시설 등의 기반시설 중 지역의 거점 역할을 수행하는 시설을 중심으로 주변지역을 집중적으로 정비할 필요가 있는 지역

③ 세 개 이상의 노선이 교차하는 대중교통 결절지로부터 1km 이내에 위치한 지역

④「도시 및 주거환경정비법」에 따른 노후·불량건축물이 밀집한 주거지역 또는 공업지역으로 정비가 시급한 지역

공~주

⑤「도시재생 활성화 및 지원에 관한 특별법」에 따른 도시재생 활성화지역 중 도시경제기반형 활성화계획을 수립하는 지역

⑥ 도시첨단산업단지, 소규모주택정비사업의 시행구역, 근린재생형 활성화계획을 수립하는 지역

(2) 입지규제최소구역계획

① 내용: 입지규제최소구역계획에는 입지규제최소구역의 지정목적을 이루기 위하여 다음에 관한 사항이 포함되어야 한다.

㉠ 건축물의 용도·종류 및 규모 등에 관한 사항

㉡ 건축물의 건폐율·용적률·높이에 관한 사항

㉢ 간선도로 등 주요 기반시설의 확보에 관한 사항

㉣ 용도지역·용도지구, 도시·군계획시설 및 지구단위계획의 결정에 관한 사항

② 지정제한: 다른 법률에서 도시·군관리계획의 결정을 의제하고 있는 경우에도「국토의 계획 및 이용에 관한 법률」에 따르지 아니하고 입지규제최소구역의 지정과 입지규제최소구역계획을 결정할 수 없다.[1]

③ 협의기간: 도시·군관리계획의 결정권자가 도시·군관리계획을 결정하기 위하여 관계 행정기관의 장과 협의하는 경우 협의 요청을 받은 기관의 장은 그 요청을 받은 날부터 10일(근무일 기준) 이내에 의견을 회신하여야 한다.

④ 수립기준: 입지규제최소구역계획의 수립기준 등 입지규제최소구역의 지정 및 변경과 입지규제최소구역계획의 수립 및 변경에 관한 세부적인 사항은 국토교통부장관이 정하여 고시한다.

(3) 입지규제최소구역에서의 다른 법률의 적용특례

① 적용배제: 입지규제최소구역에 대하여는 다음의 법률 규정을 적용하지 아니할 수 있다.

㉠ 「주택법」에 따른 주택의 배치, 부대시설 · 복리시설의 설치기준 및 대지조성기준

㉡ 「주차장법」에 따른 부설주차장의 설치❷

㉢ 「문화예술진흥법」에 따른 건축물에 대한 미술작품의 설치

㉣ 「건축법」에 따른 공개공지 등의 확보

② 지정의제: 입지규제최소구역으로 지정된 지역은 「건축법」에 따른 특별건축구역으로 지정된 것으로 본다.

기출지문 끝장

❶ 다른 법률에서 도시 · 군관리계획의 결정을 의제하고 있는 경우에는 「국토의 계획 및 이용에 관한 법률」에 따르지 아니하고 입지규제최소구역을 지정할 수 있다. (×) 제31회

☑ 다른 법률에서 도시 · 군관리계획의 결정을 의제하고 있는 경우에도 「국토의 계획 및 이용에 관한 법률」에 따르지 아니하고 입지규제최소구역을 지정할 수 없다.

❷ 입지규제최소구역에 대하여는 「주차장법」에 따른 부설주차장의 설치에 관한 규정을 적용하지 아니할 수 있다. (○) 제31회

기출문제 끝장

기출 분석

- 기출회차: 제31회
- 난이도: ★★
- 키워드: 입지규제최소구역

함정을 피하는 끝장 TIP

- 용도지구의 종류와 세분에 관한 내용을 정확하게 숙지하여야 한다.
- 용도지구에서의 건축제한과 자연취락지구에서의 건축제한을 비교하고 암기하여야 한다.
- 용도구역의 지정권자와 입지규제최소구역에 관한 내용을 정리하여야 한다.

국토의 계획 및 이용에 관한 법령상 입지규제최소구역에 관한 설명으로 옳은 것을 모두 고른 것은?

㉠ 도시·군관리계획의 결정권자는 도시·군기본계획에 따른 도심·부도심 또는 생활권의 중심지역과 그 주변지역의 전부 또는 일부를 입지규제최소구역으로 지정할 수 있다.
㉡ 입지규제최소구역에 대하여는 「주차장법」에 따른 부설주차장의 설치에 관한 규정을 적용하지 아니할 수 있다.
㉢ 다른 법률에서 도시·군관리계획의 결정을 의제하고 있는 경우에는 「국토의 계획 및 이용에 관한 법률」에 따르지 아니하고 입지규제최소구역을 지정할 수 있다.
⋯→ 다른 법률에서 도시·군관리계획의 결정을 의제하고 있는 경우에도 「국토의 계획 및 이용에 관한 법률」에 따르지 아니하고 입지규제최소구역을 지정할 수 없다.

① ㉠
② ㉠, ㉡
③ ㉠, ㉢
④ ㉡, ㉢
⑤ ㉠, ㉡, ㉢

기출테마

06 기반시설과 도시·군계획시설

1 기반시설과 도시·군계획시설 ☆☆☆ 제25회, 제26회, 제27회, 제28회, 제29회, 제30회, 제31회, 제32회

1 기반시설의 설치·관리

(1) 기반시설의 종류

기반시설이라 함은 다음의 시설을 말한다.

교통시설	도로·철도·항만·공항·주차장·자동차정류장·궤도·차량 검사 및 면허시설
공간시설	광장·공원·녹지·유원지·공공공지
유통·공급시설	유통업무설비, 수도·전기·가스·열공급설비, 방송·통신시설, 공동구·시장, 유류저장 및 송유설비
공공·문화 체육시설	학교·공공청사·문화시설·공공필요성이 인정되는 체육시설·연구시설·사회복지시설·공공직업훈련시설·청소년수련시설
방재시설	하천·유수지·저수지·방화설비·방풍설비·방수설비·사방설비·방조설비
보건위생시설	장사시설·도축장·종합의료시설
환경기초시설	하수도, 폐기물처리 및 재활용시설❶, 빗물저장 및 이용시설·수질오염방지시설·폐차장

(2) 도시·군계획시설

기반시설 중 도시·군관리계획으로 결정된 시설을 말한다.

(3) 기반시설의 설치

① 원칙: 지상·수상·공중·수중 또는 지하에 기반시설을 설치하려면 그 시설의 종류·명칭·위치·규모 등을 미리 도시·군관리계획으로 결정하여야 한다.

② 예외: 용도지역·기반시설의 특성 등을 고려하여 주차장, 차량검사 및 면허시설, 시장, 공공청사, 사회복지시설, 장사시설, 종합의료시설, 빗물저장 및 이용시설, 폐차장은 그러하지 아니하다.

암기Tip ㉮㉯㉰이 ㉱일 ㉲맞고 폐차장에 서있다.

기출지문 끝장

❶ 폐기물처리 및 재활용시설은 기반시설 중 보건위생시설에 해당한다. (×) 제32회

☑ 폐기물처리 및 재활용시설은 기반시설 중 환경기초시설에 해당한다.

2 공동구의 설치·관리

(1) 공동구의 의의

공동구라 함은 전기·가스·수도 등의 공급설비, 통신시설, 하수도시설 등 지하매설물을 공동 수용함으로써 미관의 개선, 도로구조의 보전 및 교통의 원활한 소통을 위하여 지하에 설치하는 시설물을 말한다.

(2) 공동구의 설치

① **공동구 설치의무자**: 다음에 해당하는 지역·지구·구역 등(이하 '지역 등'이라 한다)이 200만m²를 초과하는 경우에는 해당 지역 등에서 개발사업을 시행하는 자(이하 '사업시행자'라 한다)는 공동구❶를 설치하여야 한다.

㉠「도시개발법」에 따른 도시개발구역

㉡「택지개발촉진법」에 따른 택지개발지구

㉢「경제자유구역의 지정 및 운영에 관한 특별법」에 따른 경제자유구역

㉣「도시 및 주거환경정비법」에 따른 정비구역

㉤「공공주택 특별법」에 따른 공공주택지구

㉥「도청이전을 위한 도시건설 및 지원에 관한 특별법」에 따른 도청이전신도시

② **수용의무**: 공동구가 설치된 경우에는 대통령령으로 정하는 바에 따라 공동구에 수용하여야 할 시설이 모두 수용되도록 하여야 한다.

③ **비용 부담**: 공동구의 설치(개량하는 경우를 포함)에 필요한 비용은「국토의 계획 및 이용에 관한 법률」 또는 다른 법률에 특별한 규정이 있는 경우를 제외하고는 공동구 점용예정자와 사업시행자가 부담한다.

④ **부담시기**: 공동구 점용 예정자는 공동구 설치공사가 착수되기 전에 부담액의 3분의 1 이상을 납부하여야 하며, 나머지 금액은 공사기간 만료일 전까지 납부하여야 한다.

(3) 공동구의 관리·운영 등

① **관리의무**: 공동구는 특별시장·광역시장·특별자치시장·특별자치도지사·시장 또는 군수(이하 '공동구관리자'라 한다)가 관리한다. 다만, 공동구의 효율적인 관리·운영을 위하여 필요하다고 인정하는 경우에는 대통령령으로 정하는 기관에 그 관리·운영을 위탁할 수 있다.

② **안전 및 유지관리계획**: 공동구관리자는 5년마다 해당 공동구의 안전 및 유지관리계획을 대통령령으로 정하는 바에 따라 수립·시행하여야 한다.

③ **안전점검**: 공동구관리자는 대통령령으로 정하는 바에 따라 1년에 1회 이상 공동구의 안전점검을 실시하여야 하며, 안전점검결과 이상이 있다고 인정되는 때에는 지체 없이 정밀안전진단·보수·보강 등 필요한 조치를 하여야 한다.

④ **공동구협의회의 심의대상**: 공동구가 설치된 경우에는 가스관 및 하수도관의 시설은 공동구협의회의 심의를 거쳐 수용할 수 있다.

3 도시·군계획시설사업의 시행

(1) 단계별 집행계획의 수립

① 수립권자(입안권자)

㉠ 원칙: 특별시장·광역시장·특별자치시장·특별자치도지사·시장 또는 군수는 도시·군계획시설에 대하여 도시·군계획시설결정의 고시일부터 3개월 이내에 대통령령으로 정하는 바에 따라 재원조달계획, 보상계획 등을 포함하는 단계별 집행계획을 수립하여야 한다. 다만, 대통령령으로 정하는 법률(도시 및 주거환경정비법 등)에 따라 도시·군관리계획의 결정이 의제되는 경우에는 해당 도시·군계획시설결정의 고시일부터 2년 이내에 단계별 집행계획을 수립할 수 있다.

㉡ 예외: 국토교통부장관이나 도지사가 직접 입안한 도시·군관리계획인 경우 국토교통부장관이나 도지사는 단계별 집행계획을 수립할 수 있다.

② 단계별 집행계획의 구분

제1단계 집행계획에 포함	3년 이내에 시행하는 도시·군계획시설사업
제2단계 집행계획에 포함	3년 이후에 시행하는 도시·군계획시설사업

③ 수립절차

㉠ 협의 및 지방의회 의견청취(심의 ×): 특별시장·광역시장·특별자치시장·특별자치도지사·시장 또는 군수는 단계별 집행계획을 수립하고자 하는 때에는 미리 관계 행정기관의 장과 협의하여야 하며, 해당 지방의회의 의견을 들어야 한다.

㉡ 공고: 특별시장·광역시장·특별자치시장·특별자치도지사·시장 또는 군수는 단계별 집행계획을 수립하거나 송부받은 때에는 해당 지방자치단체의 공보와 인터넷 홈페이지에 게재하는 방법에 의하며, 필요한 경우 전국 또는 해당 지방자치단체를 주된 보급지역으로 하는 일간신문에 게재하는 방법이나 방송 등의 방법을 병행할 수 있다.

(2) 도시·군계획시설사업의 시행자

① 행정청인 시행자

㉠ 원칙: 특별시장·광역시장·특별자치시장·특별자치도지사·시장 또는 군수

ⓐ 특별시장·광역시장·특별자치시장·특별자치도지사·시장 또는 군수는 「국토의 계획 및 이용에 관한 법률」 또는 다른 법률에 특별한 규정이 있는 경우 외에는 관할 구역의 도시·군계획시설사업을 시행한다.

기출지문 끝장

❶ 「산업입지 및 개발에 관한 법률」에 따른 일반산업단지의 규모가 200만m²를 초과하는 경우 해당 구역의 개발사업 시행자는 공동구를 설치하여야 한다. (×) 제31회

☑ 「산업입지 및 개발에 관한 법률」에 따른 일반산업단지는 공동구를 설치하여야 하는 대상지역에 해당하지 않는다.

ⓑ 도시·군계획시설사업이 둘 이상의 특별시·광역시·특별자치시·특별자치도·시 또는 군의 관할 구역에 걸쳐 시행되는 경우에는 관계 특별시장·광역시장·특별자치시장·특별자치도지사·시장 또는 군수가 서로 협의하여 시행자를 정한다.

ⓒ 협의가 성립되지 아니하는 경우 도시·군계획시설사업을 시행하려는 구역이 같은 도의 관할 구역에 속하는 경우에는 관할 도지사가 시행자를 지정하고, 둘 이상의 시·도의 관할 구역에 걸치는 경우에는 국토교통부장관이 시행자를 지정한다.

㉡ 예외: 국토교통부장관 또는 도지사

ⓐ 국토교통부장관은 국가계획과 관련되거나 그 밖에 특히 필요하다고 인정되는 경우에는 관계 특별시장·광역시장·특별자치시장·특별자치도지사·시장 또는 군수의 의견을 들어 직접 도시·군계획시설사업을 시행할 수 있다.

ⓑ 도지사는 광역도시계획과 관련되거나 특히 필요하다고 인정되는 경우에는 관계 시장 또는 군수의 의견을 들어 직접 도시·군계획시설사업을 시행할 수 있다.

② 비행정청인 시행자

㉠ 지정시행자: 국토교통부장관, 시·도지사, 시장·군수 외의 자는 대통령령으로 정하는 바에 따라 국토교통부장관, 시·도지사, 시장 또는 군수로부터 시행자로 지정을 받아 도시·군계획시설사업을 시행할 수 있다.

㉡ 민간시행자의 지정요건: 도시·군계획시설사업의 시행자로 지정을 받으려면 도시·군계획시설사업의 대상인 토지(국공유지는 제외)면적의 3분의 2 이상에 해당하는 토지를 소유하고, 토지소유자 총수의 2분의 1 이상에 해당하는 자의 동의를 얻어야 한다.

③ 행정심판: 「국토의 계획 및 이용에 관한 법률」에 따른 도시·군계획시설사업 시행자의 처분에 대하여는 「행정심판법」에 따라 행정심판을 제기할 수 있다. 이 경우 행정청이 아닌 시행자의 처분에 대하여는 그 시행자를 지정한 자(시행자 ×)에게 행정심판을 제기하여야 한다.

(3) 실시계획

① 실시계획의 작성

㉠ 도시·군계획시설사업의 시행자는 도시·군계획시설사업에 관한 실시계획을 작성하여야 한다.

㉡ 실시계획에는 사업시행에 필요한 설계도서, 자금계획, 시행기간, 그 밖에 대통령령으로 정하는 사항을 자세히 밝히거나 첨부하여야 한다.

㉢ 도시·군계획시설사업을 분할시행하는 때에는 분할된 지역별로 실시계획을 작성할 수 있다.

② 실시계획의 인가

㉠ 인가권자: 도시·군계획시설사업의 시행자(국토교통부장관, 시·도지사와 대도시 시장은 제외)는 실시계획을 작성하면 국토교통부장관이 지정한 시행자는 국토교통부장관의 인가를 받아야 하며, 그 밖의 시행자는 시·도지사 또는 대도시 시장의 인가를 받아야 한다.

ⓛ 조건부 인가: 국토교통부장관, 시·도지사 또는 대도시 시장은 기반시설의 설치나 그에 필요한 용지의 확보, 위해 방지, 환경오염 방지, 경관 조성, 조경 등의 조치를 할 것을 조건으로 실시계획을 인가할 수 있다.

ⓒ 경미한 변경: 인가받은 실시계획을 변경하거나 폐지하는 경우에는 인가를 받아야 한다. 다만, 구역경계의 변경이 없는 범위 안에서 행하는 건축물의 연면적 10% 미만의 변경과 「학교시설사업 촉진법」에 의한 학교시설의 변경인 경우에는 인가를 받지 않아도 된다.

③ 실시계획의 인가절차: 국토교통부장관, 시·도지사 또는 대도시 시장은 실시계획을 인가하려면 미리 그 사실을 공고하고, 관계 서류의 사본을 14일 이상 일반이 열람할 수 있도록 하여야 한다.

④ 실시계획의 고시: 국토교통부장관, 시·도지사 또는 대도시 시장은 실시계획을 인가한 경우에는 그 내용을 고시하여야 한다.

(4) 사업시행을 위한 조치

① 분할시행: 도시·군계획시설사업의 시행자는 도시·군계획시설사업을 효율적으로 추진하기 위하여 필요하다고 인정되면 사업시행대상지역 또는 대상시설을 둘 이상으로 분할하여 도시·군계획시설사업을 시행할 수 있다.

② 무료 열람: 도시·군계획시설사업의 시행자는 도시·군계획시설사업을 시행하기 위하여 필요하면 등기소나 관계 행정기관의 장에게 필요한 서류의 열람 또는 복사나 그 등본 또는 초본의 발급을 무료로 청구할 수 있다.

③ 공시송달❶: 도시·군계획시설사업의 시행자는 서류를 송달할 필요가 있으나 이해관계인의 주소 또는 거소가 불분명하거나 그 밖의 사유로 서류를 송달할 수 없는 경우에는 그 서류의 송달을 갈음하여 그 내용을 공시할 수 있다.

④ 토지 등의 수용 및 사용

㉠ 수용 및 사용: 도시·군계획시설사업의 시행자는 도시·군계획시설사업에 필요한 다음의 물건 또는 권리를 수용하거나 사용할 수 있다.

ⓐ 토지·건축물 또는 그 토지에 정착된 물건

ⓑ 토지·건축물 또는 그 토지에 정착된 물건에 관한 소유권 외의 권리

ⓛ 일시 사용: 도시·군계획시설사업의 시행자는 사업시행을 위하여 특히 필요하다고 인정되면 도시·군계획시설에 인접한 다음의 물건 또는 권리를 일시 사용(수용 ×)할 수 있다.

ⓐ 토지·건축물 또는 그 토지에 정착된 물건

ⓑ 토지·건축물 또는 그 토지에 정착된 물건에 관한 소유권 외의 권리

기출지문 끝장

❶ 행정청인 시행자는 이해관계인의 주소 또는 거소(居所)가 불분명하여 서류를 송달할 수 없는 경우 그 서류의 송달을 갈음하여 그 내용을 **공시**할 수 있다. (○) 제28회

⑤ 「공익사업을 위한 토지 등의 취득 및 보상에 관한 법률」의 특례

㉠ 사업인정 및 고시의 의제: 실시계획을 고시한 경우에는 「공익사업을 위한 토지 등의 취득 및 보상에 관한 법률」에 따른 사업인정 및 그 고시가 있었던 것으로 본다.

㉡ 재결신청기간: 재결신청은 실시계획에서 정한 도시·군계획시설사업의 시행기간에 하여야 한다.

⑥ 국공유지의 처분제한: 도시·군관리계획결정을 고시한 경우에는 국공유지로서 도시·군계획시설사업에 필요한 토지는 그 도시·군관리계획으로 정하여진 목적 외의 목적으로 매각하거나 양도할 수 없다. ⇨ 위반 시 무효

2 매수청구 및 실효 등 ☆☆☆ 제23회, 제24회, 제26회, 제27회, 제28회, 제29회, 제30회, 제32회

1 장기미집행 도시·군계획시설부지의 매수청구

(1) 매수청구권자 및 매수의무자

① 매수청구권자: 도시·군계획시설에 대한 도시·군관리계획 결정의 고시일부터 10년 이내에 그 도시·군계획시설의 설치에 관한 도시·군계획시설사업이 시행되지 아니하는 경우(실시계획의 인가나 그에 상당하는 절차가 진행된 경우는 제외) 그 도시·군계획시설의 부지로 되어 있는 토지 중 지목(地目)이 대(垈)인 토지(그 토지에 있는 건축물 및 정착물을 포함)의 소유자

② 매수의무자

㉠ 특별시장·광역시장·특별자치시장·특별자치도지사·시장 또는 군수

㉡ 「국토의 계획 및 이용에 관한 법률」에 따라 해당 도시·군계획시설사업의 시행자가 정하여진 경우에는 그 시행자

㉢ 「국토의 계획 및 이용에 관한 법률」 또는 다른 법률에 따라 도시·군계획시설을 설치하거나 관리하여야 할 의무가 있는 자가 있으면 그 의무가 있는 자. 이 경우 도시·군계획시설을 설치하거나 관리하여야 할 의무가 있는 자가 서로 다른 경우에는 설치하여야 할 의무가 있는 자

(2) 매수절차

① 매수 여부의 결정: 매수의무자는 매수청구를 받은 날부터 6개월 이내에 매수 여부를 결정하여 토지 소유자와 특별시장·광역시장·특별자치시장·특별자치도지사·시장 또는 군수에게 알려야 하며, 매수하기로 결정한 토지는 매수 결정을 알린 날부터 2년 이내에 매수하여야 한다.

② 토지의 매수가격: 매수청구된 토지의 매수가격·매수절차 등에 관하여 「국토의 계획 및 이용에 관한 법률」에 특별한 규정이 있는 경우 외에는 「공익사업을 위한 토지 등의 취득 및 보상에 관한 법률」을 준용한다.

(3) 매수방법

① 원칙: 매수의무자는 매수청구를 받은 토지를 매수하는 때에는 현금으로 그 대금을 지급한다.

② 예외: 다음에 해당하는 경우로서 매수의무자가 지방자치단체인 경우에는 채권(이하 '도시 · 군계획시설채권'이라 한다)을 발행하여 지급할 수 있다.

㉠ 토지소유자가 원하는 경우

㉡ 부재부동산 소유자의 토지 또는 비업무용 토지로서 매수대금이 3천만원을 초과하는 경우 그 초과하는 금액을 지급하는 경우

③ 상환기간 · 이율: 도시 · 군계획시설채권의 상환기간❶은 10년 이내로 하며, 그 이율은 채권 발행 당시 은행이 적용하는 1년 만기 정기예금금리의 평균 이상이어야 하며, 구체적인 상환기간과 이율은 조례로 정한다.

④ 준용 법률: 도시 · 군계획시설채권의 발행절차에 관하여 「국토의 계획 및 이용에 관한 법률」에 특별한 규정이 있는 경우 외에는 「지방재정법」에서 정하는 바에 따른다.

(4) 매수거부 또는 지연 시 조치

매수청구를 한 토지의 소유자는 매수의무자가 매수하지 아니하기로 결정한 경우❷ 또는 매수결정을 알린 날부터 2년이 지날 때까지 해당 토지를 매수하지 아니하는 경우 허가를 받아 다음의 건축물 또는 공작물을 설치할 수 있다. 이 경우 개발행위허가의 기준을 적용하지 아니한다.

① 단독주택(다중주택 · 다가구주택 · 공관은 제외)으로서 3층 이하인 것

② 제1종 근린생활시설로서 3층 이하인 것

③ 제2종 근린생활시설(단란주점, 안마시술소, 노래연습장 및 다중생활시설은 제외)로서 3층 이하인 것

④ 공작물

기출지문 끝장

❶ 도시 · 군계획시설채권의 **상환기간**은 5년 이상 10년 이내로 한다. (×) 제26회, 제32회

☑ 도시 · 군계획시설채권의 상환기간은 10년 이내에서 조례로 정한다.

❷ 매수청구를 받은 매수의무자가 **매수하지 아니하기로 결정한 경우** 매수청구자는 개발행위허가를 받아 2층의 다세대주택을 건축할 수 있다. (×) 제27회

☑ 매수청구를 받은 매수의무자가 매수를 거부한 경우에는 허가를 받아 3층 이하의 단독주택, 3층 이하의 제1종 근린생활시설, 3층 이하의 제2종 근린생활시설(단란주점, 안마시술소, 노래연습장 및 다중생활시설은 제외), 공작물을 설치할 수 있다.

2 도시·군계획시설결정의 실효 등

(1) 실효사유

도시·군계획시설결정이 고시된 도시·군계획시설에 대하여 그 고시일부터 20년이 지날 때까지 그 시설의 설치에 관한 도시·군계획시설사업이 시행되지 아니하는 경우 그 도시·군계획시설결정은 그 고시일부터 20년이 되는 날의 다음 날❶에 그 효력을 잃는다.

(2) 지방의회의 해제권고

① 미집행 도시·군계획시설의 보고

㉠ 특별시장·광역시장·특별자치시장·특별자치도지사·시장 또는 군수는 도시·군계획시설결정이 고시된 도시·군계획시설(국토교통부장관이 결정·고시한 도시·군계획시설 중 관계 중앙행정기관의 장이 직접 설치하기로 한 시설은 제외)을 설치할 필요성이 없어진 경우 또는 그 고시일부터 10년이 지날 때까지 해당 시설의 설치에 관한 도시·군계획시설사업이 시행되지 아니하는 경우에는 그 현황과 단계별 집행계획을 해당 지방의회의 정례회 또는 임시회의 기간 중에 보고하여야 한다.

㉡ 지방자치단체의 장은 지방의회에 보고한 장기미집행 도시·군계획시설 등 중 도시·군계획시설결정이 해제되지 아니한 장기미집행 도시·군계획시설 등에 대하여 최초로 지방의회에 보고한 때부터 2년마다 지방의회에 보고하여야 한다.

② 지방의회의 해제권고

㉠ 보고를 받은 지방의회는 해당 특별시장·광역시장·특별자치시장·특별자치도지사·시장 또는 군수에게 도시·군계획시설결정의 해제를 권고할 수 있다.

㉡ 지방의회는 장기미집행 도시·군계획시설 등에 대하여 해제를 권고하는 경우에는 보고가 지방의회에 접수된 날부터 90일 이내에 해제를 권고하는 서면을 지방자치단체의 장에게 보내야 한다.

③ 해제를 위한 도시·군관리계획의 결정

㉠ 장기미집행 도시·군계획시설 등의 해제권고를 받은 날부터 1년 이내에 해제를 위한 도시·군관리계획을 결정하여야 한다. 이 경우 지방자치단체의 장은 지방의회에 해제할 수 없다고 인정하는 특별한 사유를 해제권고를 받은 날부터 6개월 이내에 소명하여야 한다.

㉡ 시장 또는 군수는 도지사가 결정한 도시·군관리계획의 해제가 필요한 경우에는 도지사에게 그 결정을 신청하여야 한다.

㉢ 도시·군계획시설결정의 해제를 신청받은 도지사는 특별한 사유가 없으면 신청을 받은 날부터 1년 이내에 해당 도시·군계획시설의 해제를 위한 도시·군관리계획결정을 하여야 한다.

기출지문 끝장

❶ 도시·군계획시설결정의 고시일부터 20년이 지날 때까지 그 시설의 설치에 관한 도시·군계획시설사업이 시행되지 아니하는 경우, 그 도시·군계획시설결정은 그 **고시일부터 20년이 되는 날의 다음 날**에 효력을 잃는다. (O) 제27회, 제30회

기출문제 끝장

기출 분석

- 기출회차: 제32회
- 난이도: ★★
- 키워드: 도시·군계획시설

함정을 피하는 끝장 TIP

- 공동구와 광역시설의 설치·관리에 관하여 정확하게 숙지하여야 한다.
- 도시·군계획시설사업의 시행자와 사업시행을 위한 조치를 정리하여야 한다.
- 도시·군계획시설부지에서의 매수청구와 실효규정에 대하여 정확하게 숙지하여야 한다.

국토의 계획 및 이용에 관한 법령상 도시·군계획시설에 관한 설명으로 틀린 것은? (단, 조례는 고려하지 않음)

① 도시·군계획시설부지의 매수의무자인 지방공사는 도시·군계획시설채권을 발행하여 그 대금을 지급할 수 있다.

→ 도시·군계획시설부지의 매수의무자가 지방자치단체인 경우에 도시·군계획시설채권을 발행하여 그 대금을 지급할 수 있다. 지방공사는 지방자치단체가 아니므로 도시·군계획시설 부지의 매수의무자인 지방공사는 도시·군계획시설채권을 발행하여 그 대금을 지급할 수 없다.

② 도시·군계획시설부지의 매수의무자는 매수하기로 결정한 토지를 매수 결정을 알린 날부터 2년 이내에 매수하여야 한다.

③ 200만m^2를 초과하는 「도시개발법」에 따른 도시개발구역에서 개발사업을 시행하는 자는 공동구를 설치하여야 한다.

④ 국가계획으로 설치하는 광역시설은 그 광역시설의 설치·관리를 사업종목으로 하여 다른 법률에 따라 설립된 법인이 설치·관리할 수 있다.

⑤ 도시·군계획시설채권의 상환기간은 10년 이내로 한다.

기출테마

07 지구단위계획구역과 지구단위계획

1 지구단위계획구역 ★★★ 제25회, 제26회, 제27회, 제28회, 제29회, 제32회

(1) 재량적 지정대상지역

국토교통부장관, 시·도지사, 시장 또는 군수는 다음의 어느 하나에 해당하는 지역의 전부 또는 일부에 대하여 지구단위계획구역을 지정할 수 있다.

① 용도지구

② 「도시개발법」에 따라 지정된 도시개발구역

③ 「도시 및 주거환경정비법」에 따라 지정된 정비구역

④ 「택지개발촉진법」에 따라 지정된 택지개발지구

⑤ 「주택법」에 따른 대지조성사업지구

⑥ 「산업입지 및 개발에 관한 법률」의 산업단지와 준산업단지

암기Tip 공개도시

⑦ 「관광진흥법」에 따라 지정된 관광단지와 같은 법에 따라 지정된 관광특구

⑧ 개발제한구역·도시자연공원구역·시가화조정구역 또는 공원에서 해제되는 구역, 녹지지역에서 주거·상업·공업지역으로 변경되는 구역과 새로 도시지역으로 편입되는 구역 중 계획적인 개발 또는 관리가 필요한 지역

⑨ 세 개 이상의 노선이 교차하는 대중교통 결절지로부터 1km 이내에 위치한 지역

(2) 의무적 지정대상지역

국토교통부장관, 시·도지사, 시장 또는 군수는 다음의 어느 하나에 해당하는 지역은 지구단위계획구역으로 지정하여야 한다. 다만, 관계 법률에 따라 그 지역에 토지 이용과 건축에 관한 계획이 수립되어 있는 경우에는 그러하지 아니하다.

암기Tip 정택이는 10년 지난 친구!

① 정비구역 및 택지개발지구에서 시행되는 사업이 끝난 후 10년이 지난 지역[1]

② 다음에 해당하는 지역으로서 체계적·계획적인 개발 또는 관리가 필요한 지역으로서 그 면적이 30만㎡ 이상인 지역

㉠ 시가화조정구역 또는 공원에서 해제되는 지역. 다만, 녹지지역으로 지정 또는 존치되거나 법 또는 다른 법령에 의하여 도시·군계획사업 등 개발계획이 수립되지 아니하는 경우를 제외한다.

㉡ 녹지지역에서 주거지역·상업지역 또는 공업지역으로 변경되는 지역

(3) 도시지역 외 지역 중 지정대상지역

도시지역 외의 지역을 지구단위계획구역으로 지정하려는 경우 다음의 어느 하나에 해당하여야 한다.

① 지정하려는 구역 면적의 50% 이상이 계획관리지역으로서 다음에 해당하는 지역

㉠ 계획관리지역 외 지구단위계획구역으로 포함할 수 있는 나머지 용도지역은 생산관리지역 또는 보전관리지역일 것

㉡ 지구단위계획구역에 보전관리지역을 포함하는 경우 해당 보전관리지역의 면적은 다음의 구분에 따른 면적 요건을 충족하여야 할 것

ⓐ 전체 지구단위계획구역 면적이 10만m^2 이하: 지구단위계획구역 면적의 20% 이내

ⓑ 전체 지구단위계획구역 면적이 10만m^2 초과 20만m^2 이하인 경우: 2만m^2

ⓒ 전체 지구단위계획구역 면적이 20만m^2 초과: 지구단위계획구역 면적의 10% 이내

㉢ 지구단위계획구역으로 지정하고자 하는 토지의 면적이 다음에 규정된 면적 요건에 해당할 것

ⓐ 아파트 또는 연립주택 건설계획이 포함된 경우에는 30만m^2 이상일 것

ⓑ 아파트 또는 연립주택 건설계획이 포함된 경우로서 자연보전권역: 10만m^2 이상

ⓒ 아파트 또는 연립주택 건설계획이 포함되지 않은 경우에는 3만m^2 이상일 것

㉣ 해당 지역에 도로·수도공급설비·하수도 등 기반시설을 공급할 수 있을 것

㉤ 자연환경·경관·미관 등을 해치지 아니하고 문화재의 훼손 우려가 없을 것

② 개발진흥지구로서 다음의 요건에 해당하는 지역

㉠ 계획관리지역에서의 요건에 해당할 것

㉡ 해당 개발진흥지구가 다음의 지역에 위치할 것

ⓐ 주거, 특정, 복합개발진흥지구(주거기능을 포함) ⇨ 계획관리지역

ⓑ 산업·유통, 복합개발진흥지구(주거기능이 포함되지 않는 경우) ⇨ 계획관리지역, 생산관리지역, 농림지역

ⓒ 관광·휴양개발진흥지구 ⇨ 도시지역 외의 지역

③ 용도지구를 폐지하고 그 용도지구에서의 행위제한 등을 지구단위계획으로 대체하려는 지역❷

기출지문 끝장

❶ **정비구역과 택지개발지구**에서 사업이 끝난 후 5년이 지난 지역은 지구단위계획구역으로 지정하여야 한다. (×) 제27회

☑ 「도시 및 주거환경정비법」에 따른 정비구역과 「택지개발촉진법」에 따라 지정된 택지개발지구에서 시행되는 사업이 끝난 후 10년이 지난 지역으로서 관계 법률에 따른 토지 이용과 건축에 관한 계획이 수립되어 있지 않은 지역은 지구단위계획구역으로 지정하여야 한다.

❷ 도시지역 외의 지역으로서 용도지구를 폐지하고 그 용도지구에서의 행위제한 등을 **지구단위계획으로 대체하려는 지역**은 지구단위계획구역으로 지정될 수 있다. (○) 제25회

2 지구단위계획 ☆☆ 제25회, 제26회, 제27회, 제28회, 제29회

(1) 지구단위계획의 수립

지구단위계획의 수립기준 등은 대통령령으로 정하는 바에 따라 국토교통부장관이 정한다.

└ 도시·군계획수립대상지역의 일부

(2) 지구단위계획의 내용

지구단위계획구역의 지정목적을 이루기 위하여 지구단위계획에는 다음의 ③과 ⑤의 사항을 포함한 둘 이상의 사항이 포함되어야 한다. 다만, ②를 내용으로 하는 지구단위계획의 경우에는 그러하지 아니하다.

① 용도지역이나 용도지구를 대통령령으로 정하는 범위에서 세분하거나 변경하는 사항

② 기존의 용도지구를 폐지하고 그 용도지구에서의 건축물이나 그 밖의 시설의 용도·종류 및 규모 등의 제한을 대체하는 사항

③ 대통령령으로 정하는 기반시설의 배치와 규모

④ 도로로 둘러싸인 일단의 지역 또는 계획적인 개발·정비를 위하여 구획된 일단의 토지의 규모와 조성계획

⑤ 건축물의 용도제한, 건축물의 건폐율 또는 용적률, 건축물 높이의 최고한도 또는 최저한도

⑥ 건축물의 배치·형태·색채 또는 건축선에 관한 계획

⑦ 환경관리계획 또는 경관계획

⑧ 보행안전 등을 고려한 교통처리계획

(3) 법률규정의 완화 적용

지구단위계획구역에서는 다음의 규정에 관하여 대통령령으로 정하는 범위에서 지구단위계획으로 정하는 바에 따라 완화하여 적용할 수 있다. 다만, 개발진흥지구(계획관리지역에 지정된 개발진흥지구는 제외)에 지정된 지구단위계획구역에 대하여는 공동주택 중 아파트 및 연립주택은 허용되지 아니한다.❶

도시지역 내 지구단위계획구역	① 용도지역 안에서의 건축제한 ② 용도지역 안에서의 건폐율(150%) ③ 용도지역 안에서의 용적률(200%) ④ 건축물의 높이 제한(120%)❷ ⑤ 주차장 설치기준(100%)❸ ⑥ 역세권개발구역 등에 지정된 지구단위계획구역 내 준주거지역: 채광 등의 확보를 위한 건축물 높이 제한을 200% 범위에서 완화
도시지역 외 지구단위계획구역	① 용도지역 안에서의 건축제한 ② 용도지역 또는 개발진흥지구에 적용되는 건폐율(150%) ③ 용도지역 또는 개발진흥지구에 적용되는 용적률(200%)

(4) 지구단위계획구역의 지정 및 지구단위계획의 실효

① **지구단위계획구역의 실효:** 지구단위계획구역의 지정에 관한 도시·군관리계획결정의 고시일부터 3년 이내에 그 지구단위계획구역에 관한 지구단위계획이 결정·고시되지 아니하면 그 3년이 되는 날의 다음 날에 그 지구단위계획구역의 지정에 관한 도시·군관리계획결정은 효력을 잃는다.

② **지구단위계획의 실효:** 지구단위계획(주민이 입안을 제안한 것에 한정)에 관한 도시·군관리계획결정의 고시일부터 5년 이내에 「국토의 계획 및 관리에 관한 법률」 또는 다른 법률에 따라 허가·인가·승인 등을 받아 사업이나 공사에 착수하지 아니하면 그 5년이 된 날의 다음 날에 그 지구단위계획에 관한 도시·군관리계획결정은 효력을 잃는다. 이 경우 지구단위계획과 관련한 도시·군관리계획결정에 관한 사항은 해당 지구단위계획구역 지정 당시의 도시·군관리계획으로 환원된 것으로 본다.

③ **실효고시:** 국토교통부장관, 시·도지사, 시장 또는 군수는 지구단위계획구역 지정 및 지구단위계획 결정이 효력을 잃으면 대통령령으로 정하는 바에 따라 지체 없이 그 사실을 고시하여야 한다.

(5) 지구단위계획구역에서의 건축

지구단위계획구역에서 건축물(일정 기간 내 철거가 예상되는 경우 등 대통령령으로 정하는 가설건축물은 제외)을 건축 또는 용도변경하거나 공작물을 설치하려면 그 지구단위계획에 맞게 하여야 한다. 다만, 지구단위계획이 수립되어 있지 아니한 경우에는 그러하지 아니하다.

기출지문 끝장

❶ 계획관리지역 외의 지역에 지정된 개발진흥지구 내의 지구단위계획구역에서는 건축물의 용도·종류 및 규모 등을 완화하여 적용할 경우 **아파트 및 연립주택**은 허용되지 아니한다. (○) 제29회

❷ 도시지역 외의 지구단위계획구역에 대해서는 해당 용도지역에 적용되는 건축물 높이의 **120% 이내에서 높이 제한을 완화**하여 적용할 수 있다. (×) 제29회

☑ 해당 용도지역에 적용되는 건축물 높이의 120% 이내에서 높이 제한을 완화하여 적용할 수 있는 지역은 도시지역 내에 지정하는 지구단위계획구역에서 적용되는 규정이다.

❸ 도시지역 내 지구단위계획구역의 지정이 한옥마을의 보존을 목적으로 하는 경우 지구단위계획으로 「주차장법」 제19조 제3항에 의한 **주차장 설치기준을 100%까지 완화**하여 적용할 수 있다. (○) 제26회

기출문제 끝장

기출 분석

- 기출회차: 제29회
- 난이도: ★★★
- 키워드: 완화규정

함정을 피하는 끝장 TIP

- 지구단위계획구역의 지정대상지역(재량, 의무, 도시지역 외의 지역)을 정확하게 숙지하여야 한다.
- 지구단위계획에 의무적으로 포함되어야 하는 사항을 암기하여야 한다.
- 지구단위계획으로 완화할 수 있는 규정을 도시지역과 도시지역 외의 지역으로 구별하여 정리하여야 한다.

국토의 계획 및 이용에 관한 법령상 도시지역 외 지구단위계획구역에서 지구단위계획에 의한 건폐율 등의 완화적용에 관한 설명으로 틀린 것은?

① 해당 용도지역 또는 개발진흥지구에 적용되는 건폐율의 150% 이내에서 건폐율을 완화하여 적용할 수 있다.

② 해당 용도지역 또는 개발진흥지구에 적용되는 용적률의 200% 이내에서 용적률을 완화하여 적용할 수 있다.

✔③ 해당 용도지역에 적용되는 건축물 높이의 120% 이내에서 높이 제한을 완화하여 적용할 수 있다.

⋯ 해당 용도지역에 적용되는 건축물 높이의 120% 이내에서 높이 제한을 완화하여 적용할 수 있는 지역은 도시지역 내에 지정하는 지구단위계획구역에서 적용되는 규정이다.

④ 계획관리지역에 지정된 개발진흥지구 내의 지구단위계획구역에서는 건축물의 용도·종류 및 규모 등을 완화하여 적용할 수 있다.

⑤ 계획관리지역 외의 지역에 지정된 개발진흥지구 내의 지구단위계획구역에서는 건축물의 용도·종류 및 규모 등을 완화하여 적용할 경우 아파트 및 연립주택은 허용되지 아니한다.

기출테마

08 개발행위의 허가

1 허가대상 개발행위 ☆☆☆ 제23회, 제24회, 제25회, 제26회, 제30회, 제31회

1 허가대상 개발행위

(1) 허가권자

다음에 해당하는 개발행위를 하려는 자는 특별시장·광역시장·특별자치시장·특별자치도지사·시장 또는 군수의 허가를 받아야 한다. 다만, 도시·군계획사업(도시·군계획시설사업+도시개발사업+정비사업, 다른 법률에 따라 도시·군계획사업을 의제한 사업 포함)에 의한 행위는 그러하지 아니하다.

① 건축물의 건축 또는 공작물의 설치

㉠ 건축물의 건축: 「건축법」에 따른 건축물의 건축

㉡ 공작물의 설치: 인공을 가하여 제작한 시설물(건축법에 따른 건축물은 제외)의 설치

② 토지의 형질변경: 절토(땅깎기)·성토(흙쌓기)·정지(땅고르기)·포장 등의 방법으로 토지의 형상을 변경하는 행위와 공유수면의 매립(경작을 위한 토지의 형질변경은 제외)

③ 토석채취: 흙·모래·자갈·바위 등의 토석을 채취하는 행위. 다만, 토지의 형질변경을 목적으로 하는 것은 제외한다.

④ 토지분할: 다음의 어느 하나에 해당하는 토지의 분할(건축법에 따른 건축물이 있는 대지는 제외)

㉠ 녹지지역·관리지역·농림지역 및 자연환경보전지역 안에서 관계 법령에 따른 허가·인가 등을 받지 아니하고 행하는 토지의 분할

㉡ 「건축법」에 따른 분할제한면적 미만으로의 토지의 분할

㉢ 관계 법령에 의한 허가·인가 등을 받지 아니하고 행하는 너비 5m 이하로의 토지의 분할

⑤ 물건을 쌓아놓는 행위: 녹지지역·관리지역 또는 자연환경보전지역 안에서 건축물의 울타리 안(적법한 절차에 의하여 조성된 대지에 한정)에 위치하지 아니한 토지에 물건을 1개월 이상 쌓아놓는 행위

(2) 경미한 사항의 변경

개발행위허가를 받은 사항을 변경하는 경우에는 개발행위허가에 관한 규정을 준용한다. 다만, 개발행위허가를 받은 자는 다음에 해당하는 경우(다른 사항에 저촉되지 않는 경우로 한정)에는 지체 없이 그 사실을 특별시장·광역시장·특별자치시장·특별자치도지사·시장 또는 군수에게 통지하여야 한다.

① 사업기간을 단축하는 경우 ⇨ 연장의 경우에는 허가를 받아야 한다.

② 부지면적 또는 건축물 연면적을 5% 범위에서 축소[1][공작물의 무게, 부피 또는 수평투영면적(하늘에서 내려다보이는 수평면적을 말한다) 또는 토석채취량을 5% 범위에서 축소하는 경우를 포함]하는 경우

2 허가를 요하지 아니하는 개발행위

다음에 해당하는 행위는 개발행위허가를 받지 아니하고 할 수 있다.

(1) 재해복구나 재난수습을 위한 응급조치

응급조치[2]를 한 경우에는 1개월 이내에 특별시장·광역시장·특별자치시장·특별자치도지사·시장 또는 군수에게 신고하여야 한다.

(2) 대통령령으로 정하는 다음의 경미한 행위

① **공작물의 설치:** 녹지지역·관리지역 또는 농림지역 안에서의 농림어업용 비닐하우스(비닐하우스 안에 설치하는 육상어류양식장은 제외)의 설치

② **토지분할**

㉠ 「사도법」에 의한 사도개설허가를 받은 토지의 분할

㉡ 토지의 일부를 공공용지 또는 공용지로 하기 위한 토지의 분할

㉢ 행정재산 중 용도폐지되는 부분의 분할 또는 일반 재산을 매각·교환 또는 양여하기 위한 분할

㉣ 토지의 일부가 도시·군계획시설로 지형도면고시가 된 해당 토지의 분할

㉤ 너비 5m 이하로 이미 분할된 토지의 「건축법」에 따른 분할제한면적 이상으로의 분할

3 개발행위허가의 절차

(1) 개발행위허가의 신청

① **원칙:** 개발행위를 하려는 자는 그 개발행위에 따른 기반시설의 설치나 그에 필요한 용지의 확보, 위해(危害)방지, 환경오염 방지, 경관, 조경 등에 관한 계획서를 첨부한 신청서를 개발행위허가권자에게 제출하여야 한다.

② **예외:** 개발밀도관리구역 안에서는 기반시설의 설치나 그에 필요한 용지의 확보에 관한 계획서를 제출하지 아니한다.

(2) 개발행위허가의 절차

① **시행자의 의견청취:** 특별시장·광역시장·특별자치시장·특별자치도지사·시장 또는 군수는 개발행위허가 또는 변경허가를 하려면 그 개발행위가 도시·군계획사업의 시행에 지장을 주는지에 관하여 해당 지역에서 시행되는 도시·군계획사업의 시행자의 의견을 들어야 한다.

② **관리청의 의견청취**: 특별시장·광역시장·특별자치시장·특별자치도지사·시장 또는 군수는 공공시설의 귀속에 관한 사항이 포함된 개발행위허가를 하려면 미리 해당 공공시설이 속한 관리청의 의견을 들어야 한다.

(3) 도시계획위원회의 심의

① **원칙**: 관계 행정기관의 장은 건축물의 건축, 공작물의 설치, 토지의 형질변경, 토석의 채취에 해당하는 행위로서 부피 3만m^3 이상의 토석채취를 「국토의 계획 및 이용에 관한 법률」에 따라 허가 또는 변경허가를 하려면 대통령령으로 정하는 바에 따라 중앙도시계획위원회나 지방도시계획위원회의 심의를 거쳐야 한다.

② **예외**: 다음의 어느 하나에 해당하는 개발행위는 중앙도시계획위원회와 지방도시계획위원회의 심의를 거치지 아니한다.

㉠ 지구단위계획 또는 성장관리계획을 수립한 지역에서 하는 개발행위

㉡ 「환경영향평가법」에 따라 환경영향평가를 받은 개발행위

㉢ 「도시교통정비 촉진법」에 따라 교통영향평가에 대한 검토를 받은 개발행위

(4) 허가 또는 불허가처분

① 특별시장·광역시장·특별자치시장·특별자치도지사·시장 또는 군수는 개발행위허가의 신청에 대하여 특별한 사유가 없으면 15일(도시계획위원회의 심의를 거쳐야 하거나 관계 행정기관의 장과 협의를 하여야 하는 경우에는 심의 또는 협의기간은 제외) 이내에 허가 또는 불허가의 처분을 하여야 한다.

② 특별시장·광역시장·특별자치시장·특별자치도지사·시장 또는 군수는 허가 또는 불허가의 처분을 할 때에는 지체 없이 그 신청인에게 허가내용이나 불허가처분의 사유를 서면 또는 국토이용정보체계를 통하여 알려야 한다.

(5) 조건부 허가

① 특별시장·광역시장·특별자치시장·특별자치도지사·시장 또는 군수는 개발행위허가를 하는 경우에는 그 개발행위에 따른 기반시설의 설치 또는 그에 필요한 용지의 확보, 위해 방지, 환경오염 방지, 경관, 조경 등에 관한 조치를 할 것을 조건으로 개발행위허가를 할 수 있다.

기출지문 끝장

❶ 개발행위허가를 받은 **사업면적을 5% 범위 안에서 축소**하거나 확장하는 경우에는 별도의 변경허가를 받을 필요가 없다. (×) 제24회

☑ 개발행위허가를 받은 사업면적을 5% 범위 안에서 축소하는 경우에는 변경허가를 받을 필요가 없지만, 사업면적을 확장하는 경우에는 변경허가를 받아야 한다.

❷ **재해복구를 위한 응급조치**로서 공작물의 설치를 하려는 자는 도시·군계획사업에 의한 행위가 아닌 한 개발행위허가를 받아야 한다. (×) 제30회

☑ 재해복구를 위한 응급조치로서 공작물의 설치를 하려는 자는 도시·군계획사업에 의한 행위가 아니더라도 개발행위허가를 받지 않아도 된다.

② 특별시장·광역시장·특별자치시장·특별자치도지사·시장 또는 군수는 개발행위허가에 조건을 붙이려는 때에는 미리 개발행위허가를 신청한 자의 의견❶을 들어야 한다.

(6) 이행보증금 예치

① **예치대상 및 사유**: 특별시장·광역시장·특별자치시장·특별자치도지사·시장 또는 군수는 기반시설의 설치나 그에 필요한 용지의 확보, 위해 방지, 환경오염 방지, 경관, 조경 등을 위하여 필요하다고 인정되는 경우로서 이의 이행을 보증하기 위하여 개발행위허가를 받는 자로 하여금 이행보증금을 예치하게 할 수 있다. 다만, 다음의 경우에는 그러하지 아니하다.

㉠ 국가 또는 지방자치단체가 시행하는 개발행위❷

㉡ 「공공기관의 운영에 관한 법률」에 따른 공공기관 중 대통령령으로 정하는 기관이 시행하는 개발행위

㉢ 그 밖에 해당 지방자치단체의 조례가 정하는 공공단체가 시행하는 개발행위

② **예치금액**: 이행보증금의 예치금액은 기반시설의 설치나 그에 필요한 용지의 확보, 위해의 방지, 환경오염의 방지, 경관 및 조경에 필요한 비용의 범위 안에서 산정하되 총공사비의 20% 이내가 되도록 하고, 그 산정에 관한 구체적인 사항 및 예치방법은 특별시·광역시·특별자치시·특별자치도·시 또는 군의 도시·군계획조례로 정한다.

③ **반환시기**: 이행보증금은 개발행위허가를 받은 자가 준공검사를 받은 때에는 즉시 반환하여야 한다.

2 개발행위허가 기준 ☆☆ 제23회, 제25회, 제29회, 제31회

1 개발행위허가의 기준

(1) 일반적 기준 (자금 ×)

① 용도지역별 특성을 고려하여 다음에서 정하는 개발행위의 규모에 적합할 것

㉠ 도시지역

ⓐ 주거지역·상업지역·자연녹지지역·생산녹지지역 ⇨ 1만m^2 미만

ⓑ 공업지역 ⇨ 3만m^2 미만

ⓒ 보전녹지지역 ⇨ 5,000m^2 미만

㉡ **관리지역**: 3만m^2 미만

㉢ **농림지역**: 3만m^2 미만

㉣ **자연환경보전지역**: 5,000m^2 미만

② 도시·군관리계획 및 성장관리계획의 내용에 어긋나지 아니할 것

③ 도시·군계획사업의 시행에 지장이 없을 것

④ 주변지역의 토지이용실태 또는 토지이용계획, 건축물의 높이, 토지의 경사도, 수목의 상태, 물의 배수, 하천·호소·습지의 배수 등 주변환경이나 경관과 조화를 이룰 것

⑤ 해당 개발행위에 따른 기반시설의 설치나 그에 필요한 용지의 확보계획이 적절할 것

(2) 2 이상의 용도지역에 걸치는 경우

개발행위허가의 대상인 토지가 2 이상의 용도지역에 걸치는 경우에는 각각의 용도지역에 위치하는 토지부분에 대하여 각각의 용도지역의 개발행위의 규모에 관한 규정을 적용한다. 다만, 총면적이 걸쳐 있는 용도지역 중 규모가 가장 큰 용도지역의 개발행위의 규모를 초과하여서는 아니 된다.

(3) 용도별 기준

개발행위를 허가할 수 있는 경우 그 허가의 기준은 지역의 특성, 지역의 개발상황, 기반시설의 현황 등을 고려하여 다음의 구분에 따라 대통령령으로 정한다.

① **시가화 용도**: 토지의 이용 및 건축물의 용도·건폐율·용적률·높이 등에 대한 용도지역의 제한에 따라 개발행위허가의 기준을 적용하는 주거지역·상업지역 및 공업지역

② **유보 용도**: 도시계획위원회의 심의를 통하여 개발행위허가의 기준을 강화 또는 완화하여 적용할 수 있는 계획관리지역·생산관리지역 및 자연녹지지역

③ **보전 용도**: 도시계획위원회의 심의를 통하여 개발행위허가의 기준을 강화하여 적용할 수 있는 보전관리지역·농림지역·자연환경보전지역 및 녹지지역 중 생산녹지지역 및 보전녹지지역

2 성장관리계획구역 및 성장관리계획

(1) 성장관리계획구역

① **지정대상지역**: 특별시장·광역시장·특별자치시장·특별자치도지사·시장 또는 군수는 녹지지역, 관리지역, 농림지역 및 자연환경보전지역 중 다음의 어느 하나에 해당하는 지역의 전부 또는 일부에 대하여 성장관리계획구역을 지정할 수 있다.

㉠ 개발수요가 많아 무질서한 개발이 진행되고 있거나 진행될 것으로 예상되는 지역

㉡ 주변의 토지 이용이나 교통 여건 변화 등으로 향후 시가화가 예상되는 지역

㉢ 주변지역과 연계하여 체계적인 관리가 필요한 지역

㉣ 「토지이용규제 기본법」에 따른 지역·지구 등의 변경으로 토지 이용에 대한 행위제한이 완화되는 지역

기출지문 끝장

❶ 환경오염 방지조치를 할 것을 조건으로 개발행위허가를 하려는 경우에는 미리 개발행위허가를 **신청한 자의 의견**을 들어야 한다. (○) 제30회

❷ **국가나 지방자치단체가 시행하는 개발행위**에도 **이행보증금을 예치**하게 하여야 한다. (×) 제30회

☑ 국가나 지방자치단체는 이행보증금 예치대상에서 제외된다.

② 지정절차

㉠ 의견청취+협의+심의: 특별시장·광역시장·특별자치시장·특별자치도지사·시장 또는 군수는 성장관리계획구역을 지정하거나 이를 변경하려면 대통령령으로 정하는 바에 따라 미리 주민과 해당 지방의회의 의견을 들어야 하며, 관계 행정기관과의 협의 및 지방도시계획위원회의 심의를 거쳐야 한다. 다만, 대통령령으로 정하는 경미한 사항을 변경하는 경우에는 그러하지 아니하다.

㉡ 지방의회 의견제시: 특별시·광역시·특별자치시·특별자치도·시 또는 군의 의회는 특별한 사유가 없으면 60일 이내에 특별시장·광역시장·특별자치시장·특별자치도지사·시장 또는 군수에게 의견을 제시하여야 하며, 그 기한까지 의견을 제시하지 아니하면 의견이 없는 것으로 본다.

㉢ 협의기간: 협의 요청을 받은 관계 행정기관의 장은 특별한 사유가 없으면 요청을 받은 날부터 30일 이내에 특별시장·광역시장·특별자치시장·특별자치도지사·시장 또는 군수에게 의견을 제시하여야 한다.

㉣ 지정고시: 특별시장·광역시장·특별자치시장·특별자치도지사·시장 또는 군수가 성장관리계획구역을 지정하거나 이를 변경한 경우에는 관계 행정기관의 장에게 관계 서류를 송부하여야 하며, 대통령령으로 정하는 바에 따라 이를 고시하고 일반인이 열람할 수 있도록 하여야 한다.

(2) 성장관리계획

① 내용: 특별시장·광역시장·특별자치시장·특별자치도지사·시장 또는 군수는 성장관리계획구역을 지정할 때에는 다음의 사항 중 그 성장관리계획구역의 지정목적을 이루는 데 필요한 사항을 포함하여 성장관리계획을 수립하여야 한다.

㉠ 도로, 공원 등 기반시설의 배치와 규모에 관한 사항

㉡ 건축물의 용도제한, 건축물의 건폐율 또는 용적률

㉢ 건축물의 배치, 형태, 색채 및 높이

㉣ 환경관리 및 경관계획

② 건폐율 완화규정: 성장관리계획구역에서는 다음의 구분에 따른 범위에서 성장관리계획으로 정하는 바에 따라 특별시·광역시·특별자치시·특별자치도·시 또는 군의 조례로 정하는 비율까지 건폐율을 완화하여 적용할 수 있다.

㉠ 계획관리지역: 50% 이하

㉡ 생산관리지역·농림지역 및 자연녹지지역·생산녹지지역: 30% 이하

③ 용적률 완화규정: 성장관리계획구역 내 계획관리지역에서는 125% 이하의 범위에서 성장관리계획으로 정하는 바에 따라 특별시·광역시·특별자치시·특별자치도·시 또는 군의 조례로 정하는 비율까지 용적률을 완화하여 적용할 수 있다.

④ 타당성 검토: 특별시장·광역시장·특별자치시장·특별자치도지사·시장 또는 군수는 5년마다 관할 구역 내 수립된 성장관리계획에 대하여 대통령령으로 정하는 바에 따라 그 타당성 여부를 전반적으로 재검토하여 정비하여야 한다.

(3) 성장관리계획구역에서의 개발행위 등

성장관리계획구역에서 개발행위 또는 건축물의 용도변경을 하려면 그 성장관리계획에 맞게 하여야 한다.

3 개발행위허가의 제한

국토교통부장관, 시·도지사, 시장 또는 군수는 다음의 어느 하나에 해당되는 지역으로서 도시·군관리계획상 특히 필요하다고 인정되는 지역에 대해서는 대통령령으로 정하는 바에 따라 중앙도시계획위원회나 지방도시계획위원회의 심의를 거쳐 한 차례만 3년 이내의 기간 동안 개발행위허가를 제한할 수 있다. 다만, 다음의 ③부터 ⑤까지에 해당하는 지역에 대해서는 중앙도시계획위원회나 지방도시계획위원회의 심의를 거치지 아니하고 한 차례만 2년 이내의 기간 동안 개발행위허가의 제한을 연장할 수 있다.

① 녹지지역이나 계획관리지역으로서 수목이 집단적으로 자라고 있거나 조수류 등이 집단적으로 서식하고 있는 지역 또는 우량 농지 등으로 보전할 필요가 있는 지역

② 개발행위로 인하여 주변의 환경·경관·미관·문화재 등이 크게 오염되거나 손상될 우려가 있는 지역

③ 도시·군기본계획이나 도시·군관리계획을 수립하고 있는 지역으로서 그 도시·군기본계획이나 도시·군관리계획이 결정될 경우 용도지역·용도지구 또는 용도구역의 변경이 예상되고 그에 따라 개발행위허가의 기준이 크게 달라질 것으로 예상되는 지역

④ 지구단위계획구역으로 지정된 지역

⑤ 기반시설부담구역으로 지정된 지역❶

4 준공검사

다음의 개발행위허가를 받은 자는 그 개발행위를 마치면 국토교통부령으로 정하는 바에 따라 특별시장·광역시장·특별자치시장·특별자치도지사·시장 또는 군수의 준공검사를 받아야 한다.

① 건축물의 건축 또는 공작물의 설치(건축법에 따른 건축물의 사용승인을 받은 경우에는 제외)

② 토지의 형질변경

③ 토석의 채취

Tip 토지분할과 물건을 1개월 이상 쌓아놓는 행위는 준공검사 대상이 아니다.

기출지문 끝장

❶ 국토교통부장관이 기반시설부담구역으로 지정된 지역에 대해 개발행위허가를 제한하였다가 이를 연장하는 경우에는 중앙도시계획위원회의 심의를 거치지 않아도 된다. (O) 제25회

기출문제 끝장

기출 분석

- 기출회차: 제30회
- 난이도: ★
- 키워드: 개발행위허가

함정을 피하는 끝장 TIP

- 허가대상과 허가절차 중 조건부 허가와 이행보증금에 관한 내용을 정확하게 숙지하여야 한다.
- 성장관리계획구역의 수립대상지역, 완화 규정, 타당성 검토 규정을 정확하게 암기하여야 한다.
- 개발행위허가제한 대상지역 및 기간과 공공시설의 귀속에 관한 내용을 정리하여야 한다.

국토의 계획 및 이용에 관한 법령상 개발행위허가에 관한 설명으로 옳은 것은? (단, 다른 법령은 고려하지 않음)

① 재해복구를 위한 응급조치로서 공작물의 설치를 하려는 자는 도시·군계획사업에 의한 행위가 아닌 한 개발행위허가를 ~~받아야 한다~~.

⋯› 재해복구를 위한 응급조치로서 공작물의 설치를 하려는 자는 도시·군계획사업에 의한 행위가 아니더라도 개발행위허가를 받지 않아도 된다.

② 국가나 지방자치단체가 시행하는 개발행위에도 이행보증금을 ~~예치하게 하여야 한다~~.

⋯› 국가나 지방자치단체가 시행하는 개발행위에는 이행보증금을 예치하지 않아도 된다.

③ 환경오염 방지조치를 할 것을 조건으로 개발행위허가를 하려는 경우에는 미리 개발행위허가를 신청한 자의 의견을 들어야 한다.

④ 개발행위허가를 받은 자가 행정청인 경우, 그가 기존의 공공시설에 대체되는 공공시설을 설치하면 기존의 공공시설은 대체되는 공공시설의 설치비용에 ~~상당하는 범위 안에서~~ 개발행위허가를 받은 자에게 무상으로 양도될 수 있다.

⋯› 개발행위허가를 받은 자가 행정청인 경우, 그가 기존의 공공시설에 대체되는 공공시설을 설치하면 기존의 공공시설은 개발행위허가를 받은 자에게 전부 무상으로 귀속된다.

⑤ 개발행위허가를 받은 자가 행정청이 아닌 경우, 개발행위로 용도가 폐지되는 공공시설은 개발행위허가를 받은 자에게 ~~전부 무상으로 귀속된다~~.

⋯› 개발행위허가를 받은 자가 행정청이 아닌 경우, 개발행위로 용도가 폐지되는 공공시설은 새로 설치한 공공시설의 설치비용에 상당하는 범위 안에서 개발행위허가를 받은 자에게 무상으로 양도될 수 있다.

개발밀도관리구역과 기반시설부담구역

1 개발밀도관리구역 ☆☆ 제24회, 제29회, 제30회, 제32회

(1) 지정권자

승인(×)

특별시장·광역시장·특별자치시장·특별자치도지사·시장 또는 군수는 주거·상업 또는 공업지역에서의 개발행위로 기반시설(도시·군계획시설을 포함)의 처리·공급 또는 수용능력이 부족할 것으로 예상되는 지역 중 기반시설의 설치가 곤란한 지역을 개발밀도관리구역으로 지정할 수 있다.❶

(2) 지정기준

개발밀도관리구역의 지정기준, 개발밀도관리구역의 관리 등에 관하여 필요한 사항은 다음의 사항을 종합적으로 고려하여 국토교통부장관이 정한다.

① 개발밀도관리구역은 도로·수도공급설비·하수도·학교 등 기반시설의 용량이 부족할 것으로 예상되는 지역 중 기반시설의 설치가 곤란한 지역으로서 다음의 해당 지역에 대하여 지정할 수 있도록 할 것
- ㉠ 해당 지역의 도로서비스 수준이 매우 낮아 차량통행이 현저하게 지체되는 지역
- ㉡ 해당 지역의 도로율이 국토교통부령이 정하는 용도지역별 도로율에 20% 이상 미달하는 지역
- ㉢ 향후 2년 이내에 해당 지역의 수도에 대한 수요량이 수도시설의 시설용량을 초과할 것으로 예상되는 지역
- ㉣ 향후 2년 이내에 해당 지역의 하수발생량이 하수시설의 시설용량을 초과할 것으로 예상되는 지역
- ㉤ 향후 2년 이내에 해당 지역의 학생 수가 학교수용능력을 20% 이상 초과할 것으로 예상되는 지역

② 개발밀도관리구역의 경계는 도로·하천 그 밖에 특색 있는 지형지물을 이용하거나 용도지역의 경계선을 따라 설정하는 등 경계선이 분명하게 구분되도록 할 것

③ 용적률의 강화범위는 해당 용도지역에 적용되는 용적률의 최대한도의 50% 범위❷ 안에서 기반시설의 부족 정도를 감안하여 결정할 것

기출지문 끝장

❶ 주거지역·상업지역에서의 개발행위로 인하여 기반시설의 수용능력이 부족할 것으로 예상되는 지역 중 **기반시설의 설치가 곤란한 지역**은 기반시설부담구역으로 지정할 수 있다. (×) 제29회

☑ 주거지역·상업지역에서의 개발행위로 인하여 기반시설의 수용능력이 부족할 것으로 예상되는 지역 중 기반시설의 설치가 곤란한 지역은 개발밀도관리구역으로 지정할 수 있다.

❷ 개발밀도관리구역에서는 해당 용도지역에 적용되는 **용적률의 최대한도의 50%** 범위에서 용적률을 강화하여 적용한다. (○) 제24회, 제32회

④ 개발밀도관리구역 안의 기반시설의 변화를 주기적으로 검토하여 용적률을 강화 또는 완화하거나 개발밀도관리구역을 해제하는 등 필요한 조치를 취하도록 할 것

(3) 지정절차(주민의 의견청취 ×)

① **도시계획위원회의 심의:** 특별시장·광역시장·특별자치시장·특별자치도지사·시장 또는 군수는 개발밀도관리구역을 지정하거나 변경하려면 지방도시계획위원회의 심의[1]를 거쳐야 한다.

② **지정(변경)의 고시:** 특별시장·광역시장·특별자치시장·특별자치도지사·시장 또는 군수는 개발밀도관리구역을 지정하거나 변경한 경우에는 그 사실을 지방자치단체의 공보에 게재하는 방법에 의하여 고시하여야 한다.

(4) 지정의 효과

① 특별시장·광역시장·특별자치시장·특별자치도지사·시장 또는 군수는 개발밀도관리구역에서는 대통령령으로 정하는 범위에서 건폐율 또는 용적률을 강화하여 적용한다.

② '대통령령으로 정하는 범위'라 함은 해당 용도지역에 적용되는 용적률의 최대한도의 50%를 강화하여 적용하는 것을 말한다.

└ 건폐율(×)

2 기반시설부담구역 ☆☆☆ 제24회, 제25회, 제27회, 제28회, 제29회, 제30회, 제31회, 제32회

1 기반시설부담구역

(1) 기반시설부담구역의 지정 ⇨ 개발밀도관리구역과 기반시설부담구역은 중복하여 지정할 수 없다.[2]

① **의무적 지정대상지역:** 특별시장·광역시장·특별자치시장·특별자치도지사·시장 또는 군수는 다음의 어느 하나에 해당하는 지역에 대하여는 기반시설부담구역으로 지정하여야 한다.

└ 승인(×)

㉠「국토의 계획 및 이용에 관한 법률」또는 다른 법령의 제정·개정으로 인하여 행위제한이 완화되거나 해제되는 지역

㉡「국토의 계획 및 이용에 관한 법률」또는 다른 법령에 따라 지정된 용도지역 등이 변경되거나 해제되어 행위제한이 완화되는 지역

㉢ 해당 지역의 전년도 개발행위허가 건수가 전전년도 개발행위허가 건수보다 20% 이상 증가한 지역

㉣ 해당 지역의 전년도 인구증가율이 그 지역이 속하는 특별시·광역시·특별자치시·특별자치도·시 또는 군(광역시의 관할 구역에 있는 군은 제외)의 전년도 인구증가율보다 20% 이상 높은 지역

② **재량적 지정대상지역:** 개발행위가 집중되어 특별시장·광역시장·특별자치시장·특별자치도지사·시장 또는 군수가 해당 지역의 계획적 관리를 위하여 필요하다고 인정하면 위 ①에 해당하지 아니하는 경우라도 기반시설부담구역으로 지정할 수 있다.

(2) 지정절차

특별시장·광역시장·특별자치시장·특별자치도지사·시장 또는 군수는 기반시설부담구역을 지정 또는 변경하려면 주민의 의견을 들어야 하며, 해당 지방자치단체에 설치된 지방도시계획위원회의 심의를 거쳐 해당 지방자치단체의 공보와 인터넷 홈페이지에 고시하여야 한다.

(3) 기반시설설치계획

특별시장·광역시장·특별자치시장·특별자치도지사·시장 또는 군수는 기반시설부담구역이 지정되면 대통령령으로 정하는 바에 따라 기반시설설치계획❸을 수립하여야 하며, 이를 도시·군관리계획에 반영하여야 한다.

(4) 기반시설부담구역의 해제

기반시설부담구역의 지정고시일부터 1년이 되는 날까지 기반시설설치계획을 수립하지 아니하면 그 1년이 되는 날의 다음 날에 기반시설부담구역의 지정은 해제❹된 것으로 본다.

(5) 기반시설부담구역의 지정기준

기반시설부담구역의 지정기준 등에 관하여 필요한 사항은 대통령령으로 정하는 바에 따라 국토교통부장관이 정한다.

① 기반시설부담구역은 기반시설이 적절하게 배치될 수 있는 규모로서 최소 10만m^2 이상의 규모가 되도록 지정할 것

② 소규모 개발행위가 연접하여 시행될 것으로 예상되는 지역의 경우에는 하나의 단위구역으로 묶어서 기반시설부담구역을 지정할 것

③ 기반시설부담구역의 경계는 도로, 하천, 그 밖의 특색 있는 지형지물을 이용하는 등 경계선이 분명하게 구분되도록 할 것

기출지문 끝장

❶ 군수가 개발밀도관리구역을 지정하려면 **지방도시계획위원회의 심의**를 거쳐 도지사의 승인을 받아야 한다. (×) 제29회

☑ 군수가 개발밀도관리구역을 지정하려는 경우에는 도지사의 승인을 받지 않아도 된다.

❷ 동일한 지역에 대해 기반시설부담구역과 개발밀도관리구역은 **중복하여 지정**할 수 있다. (×) 제24회, 제27회

☑ 동일한 지역에 대해 기반시설부담구역과 개발밀도관리구역은 중복하여 지정할 수 없다.

❸ 시장은 기반시설부담구역을 지정하면 **기반시설설치계획**을 수립하여야 하며, 이를 도시·군관리계획에 반영하여야 한다. (○) 제29회

❹ 기반시설부담구역의 지정고시일부터 2년이 되는 날까지 기반시설설치계획을 수립하지 아니하면 그 2년이 되는 날의 다음 날에 기반시설부담구역의 지정은 **해제**된 것으로 본다. (×) 제25회, 제32회

☑ 기반시설부담구역의 지정고시일부터 1년이 되는 날까지 기반시설설치계획을 수립하지 아니하면 그 1년이 되는 날의 다음 날에 기반시설부담구역의 지정은 해제된 것으로 본다.

2 기반시설설치비용

(1) 부과대상 및 산정기준

① **부과대상**: 기반시설부담구역에서 기반시설설치비용의 부과대상인 건축행위는 단독주택 및 숙박시설 등 대통령령으로 정하는 시설로서 200m²(기존 건축물의 연면적을 포함)를 초과하는 건축물의 신축·증축 행위로 한다. 다만, 기존 건축물을 철거하고 신축하는 경우에는 기존 건축물의 건축 연면적을 초과하는 건축행위만 부과대상으로 한다.

② **민간사업자의 부담률**: 민간 개발사업자가 부담하는 부담률은 100분의 20으로 하며, 특별시장·광역시장·특별자치시장·특별자치도지사·시장 또는 군수가 건물의 규모, 지역 특성 등을 고려하여 100분의 25의 범위에서 부담률을 가감할 수 있다.

③ **기반시설유발계수**: 위락시설(2.1), 관광휴게시설(1.9), 제2종 근린생활시설(1.6), 종교시설, 운수시설, 문화 및 집회시설, 자원순환관련시설(1.4), 제1종 근린생활시설, 판매시설(1.3), 숙박시설(1.0), 의료시설(0.9), 방송통신시설(0.8), 단독주택, 공동주택, 교육연구시설, 수련시설, 운동시설, 업무시설(0.7)

암기Tip 위관이가 종일숙병원 간 것을 방송으로 알리자!

(2) 납부 및 체납처분

① **납부의무자**: 기반시설부담구역에서 기반시설설치비용의 부과대상인 건축행위를 하는 자(건축행위의 위탁자 또는 지위의 승계자 등 대통령령으로 정하는 자를 포함한다. 이하 '납부의무자'라 한다)는 기반시설설치비용을 내야 한다.

② **납부시기 및 방법**

㉠ **납부시기**: 특별시장·광역시장·특별자치시장·특별자치도지사·시장 또는 군수는 납부의무자가 국가 또는 지방자치단체로부터 건축허가를 받은 날부터 2개월 이내에 기반시설설치비용을 부과하여야 하고, 납부의무자는 사용승인 신청 시까지 이를 내야 한다.

㉡ **납부방법**: 기반시설설치비용은 현금, 신용카드 또는 직불카드로 납부하도록 하되, 부과대상 토지 및 이와 비슷한 토지로 하는 납부(이하 '물납'이라 한다)를 인정할 수 있다.

③ **강제징수**: 특별시장·광역시장·특별자치시장·특별자치도지사·시장 또는 군수는 납부의무자가 기반시설설치비용을 내지 아니하는 경우에는 「지방행정제재·부과금의 징수 등에 관한 법률」에 따라 징수할 수 있다.

기출문제 끝장

기출 분석

- 기출회차: 제29회
- 난이도: ★★
- 키워드: 개발밀도관리구역 및 기반시설부담구역

함정을 피하는 끝장 TIP

- 개발밀도관리구역의 지정권자와 지정의 효과에 관한 내용을 정확하게 숙지하여야 한다.
- 기반시설부담구역의 지정대상지역, 지정절차, 해제에 관한 내용을 정확하게 정리하여야 한다.
- 기반시설설치비용 부과대상, 납부방법, 기반시설유발계수에 관한 내용을 암기하여야 한다.

PART 1

국토의 계획 및 이용에 관한 법령상 개발밀도관리구역 및 기반시설부담구역에 관한 설명으로 옳은 것은?

① 개발밀도관리구역에서는 해당 용도지역에 적용되는 건폐율 또는 용적률을 강화 ~~또는 완화하여~~ 적용할 수 있다.

→ 개발밀도관리구역에서는 해당 용도지역에 적용되는 건폐율 또는 용적률을 강화하여 적용한다.

② 군수가 개발밀도관리구역을 지정하려면 지방도시계획위원회의 심의를 거쳐 ~~도지사의 승인을 받아야 한다~~.

→ 군수가 개발밀도관리구역을 지정하려면 도지사의 승인을 받지 않아도 된다.

③ 주거·상업지역에서의 개발행위로 기반시설의 수용능력이 부족할 것으로 예상되는 지역 중 기반시설의 설치가 곤란한 지역은 ~~기반시설부담구역~~으로 지정할 수 있다.

→ 주거·상업지역에서의 개발행위로 기반시설의 수용능력이 부족할 것으로 예상되는 지역 중 기반시설의 설치가 곤란한 지역은 개발밀도관리구역으로 지정할 수 있다.

✔④ 시장은 기반시설부담구역을 지정하면 기반시설설치계획을 수립하여야 하며, 이를 도시·군관리계획에 반영하여야 한다.

⑤ 기반시설부담구역에서 ~~개발행위를 허가받고자 하는 자에게는 기반시설설치비용을 부과하여야 한다~~.

→ 기반시설부담구역에서 기반시설설치비용의 부과대상인 건축행위는 단독주택 및 숙박시설 등 대통령령으로 정하는 시설로서 200m²를 초과하는 건축물의 신축·증축 행위로 한다. 다만, 기존 건축물을 철거하고 신축하는 경우에는 기존 건축물의 건축연면적을 초과하는 건축행위만 부과대상으로 한다.

우선끝장 민개공

부동산공법

도시개발법

기출테마

10 개발계획 및 도시개발구역

1 개발계획의 수립 ☆☆ 제22회, 제26회, 제28회, 제30회, 제31회

1 개발계획의 수립시기

(1) 원칙: 도시개발구역 지정 전

지정권자는 도시개발구역을 지정하려면 해당 도시개발구역에 대한 도시개발사업의 계획(이하 '개발계획'이라 한다)을 수립하여야 한다.

(2) 예외: 도시개발구역 지정 후❶

개발계획을 공모하거나 다음의 어느 하나에 해당하는 지역에 도시개발구역을 지정할 때에는 도시개발구역을 지정한 후에 개발계획을 수립할 수 있다.

① 자연녹지지역

② 생산녹지지역(생산녹지지역이 도시개발구역 지정면적의 100분의 30 이하인 경우만 해당)

③ 도시지역 외의 지역

④ 국토교통부장관이 국가균형발전을 위하여 관계 중앙행정기관의 장과 협의하여 도시개발구역으로 지정하려는 지역(자연환경보전지역은 제외)

⑤ 해당 도시개발구역에 포함되는 주거지역·상업지역·공업지역의 면적의 합계가 전체 도시개발구역 지정면적의 100분의 30 이하인 지역

(3) 개발계획의 변경

지정권자는 직접 또는 관계 중앙행정기관의 장 또는 시장(대도시 시장은 제외)·군수·구청장 또는 도시개발사업의 시행자의 요청을 받아 개발계획을 변경할 수 있다.

2 개발계획의 수립 동의(환지방식)

(1) 원칙

지정권자는 환지방식의 도시개발사업에 대한 개발계획을 수립하려면 환지방식이 적용되는 지역의 토지면적의 3분의 2 이상에 해당하는 토지소유자와 그 지역의 토지소유자 총수의 2분의 1 이상의 동의를 받아야 한다. 환지방식으로 시행하기 위하여 개발계획을 변경(대통령령으로 정하는 경미한 사항의 변경은 제외)하려는 경우에도 동의를 받아야 한다.

① 너비 12m 이상인 도로를 신설 또는 폐지
② 분할 또는 통합하는 경우
③ 기반시설을 제외한 용적률이 100분의 5 이상 증가하는 경우

(2) 예외

지정권자는 도시개발사업을 환지방식으로 시행하려고 개발계획을 수립하거나 변경할 때에 도시개발사업의 시행자가 '국가 또는 지방자치단체'❷인 경우에는 토지소유자의 동의를 받을 필요가 없다.

(3) 동의자 수의 산정방법

① 도시개발구역의 토지면적을 산정하는 경우 ⇨ 국공유지를 포함할 것❸

② 토지소유권을 여러 명이 공유하는 경우 ⇨ 다른 공유자의 동의를 받은 대표 공유자 1명만을 해당 토지소유자로 볼 것. 다만, 「집합건물의 소유 및 관리에 관한 법률」에 따른 구분소유자는 각각을 토지소유자 1명으로 본다.

③ 1인이 둘 이상의 필지를 단독으로 소유한 경우 ⇨ 토지소유자를 1인으로 볼 것

④ 도시개발구역의 지정이 제안되기 전 또는 개발계획의 변경을 요청받기 전에 동의를 철회하는 사람이 있는 경우 ⇨ 그 사람은 동의자 수에서 제외할 것

⑤ 개발계획이 수립 또는 변경되기 전에 토지소유자가 변경된 경우 ⇨ 기존 토지소유자의 동의서를 기준으로 할 것

3 개발계획의 내용

개발계획에는 다음의 사항이 포함되어야 한다. 다만, 다음의 ⑥부터 ⑨에 해당하는 사항은 도시개발구역을 지정한 후에 개발계획에 포함시킬 수 있다.

① 도시개발구역의 명칭·위치 및 면적

② 도시개발사업의 시행방식

③ 인구수용계획, 교통처리계획, 환경보전계획

④ 원형지로 공급될 대상 토지 및 개발 방향

⑤ 보건의료시설 및 복지시설의 설치계획

⑥ 도시개발구역 밖의 지역에 기반시설을 설치하여야 하는 경우에는 그 시설의 설치에 필요한 비용의 부담 계획

기출지문 끝장

❶ 계획관리지역에 도시개발구역을 지정할 때에는 **도시개발구역을 지정한 후**에 개발계획을 수립할 수 있다. (○) 제30회

❷ 지정권자는 도시개발사업을 환지방식으로 시행하려고 개발계획을 수립할 때에 시행자가 **지방자치단체**이면 토지소유자의 동의를 받을 필요가 없다. (○) 제31회

❸ 도시개발구역의 토지면적을 산정하는 경우 **국공유지**는 제외한다. (×) 제22회

☑ 도시개발구역의 토지면적을 산정하는 경우 국공유지를 포함하여 산정한다.

⑦ 수용(收用) 또는 사용의 대상이 되는 토지·건축물 또는 토지에 정착한 물건과 이에 관한 소유권 외의 권리, 광업권, 어업권, 양식업권, 물의 사용에 관한 권리가 있는 경우에는 그 세부목록

⑧ 임대주택건설계획 등 세입자 등의 주거 및 생활 안정 대책

⑨ 순환개발 등 단계적 사업추진이 필요한 경우 사업추진 계획 등에 관한 사항

2 도시개발구역의 지정 ☆☆☆ 제25회, 제26회, 제29회, 제30회, 제31회, 제32회

1 도시개발구역의 지정권자

(1) 원칙: 시·도지사 또는 대도시 시장

① 특별시장·광역시장·도지사·특별자치도지사(이하 '시·도지사'라 한다)

②「지방자치법」에 따른 서울특별시와 광역시를 제외한 인구 50만 이상의 대도시의 시장(이하 '대도시 시장'이라 한다)

(2) 예외: 국토교통부장관

① 국가가 도시개발사업을 실시할 필요가 있는 경우

② 관계 중앙행정기관의 장이 요청하는 경우❶

③ 공공기관의 장(지방공사 ×) 또는 정부출연기관의 장이 30만m² 이상으로서 국가계획과 밀접한 관련이 있는 도시개발구역의 지정을 제안하는 경우

④ 둘 이상의 시·도 또는 대도시의 행정구역에 걸치는 경우로서 시·도지사 또는 대도시 시장의 협의가 성립되지 아니하는 경우

⑤ 천재지변, 그 밖의 사유로 인하여 도시개발사업을 긴급하게 할 필요가 있는 경우

(3) 도시개발구역의 분할 및 결합

① 도시개발구역의 지정권자는 도시개발사업의 효율적인 추진과 도시의 경관 보호 등을 위하여 필요하다고 인정하는 경우에는 도시개발구역을 둘 이상의 사업시행지구로 분할하거나 서로 떨어진 둘 이상의 지역을 결합하여 하나의 도시개발구역으로 지정할 수 있다.

② 도시개발구역을 둘 이상의 사업시행지구로 분할할 수 있는 경우는 지정권자가 도시개발사업의 효율적인 추진을 위하여 필요하다고 인정하는 경우로서 분할 후 각 사업시행지구의 면적이 각각 1만m² 이상인 경우로 한다.❷

2 도시개발구역의 지정규모

도시개발구역으로 지정할 수 있는 대상지역 및 규모는 다음과 같다.

도시지역	① 주거지역 및 상업지역: 1만m^2 이상 ② 공업지역: 3만m^2 이상 ③ 자연녹지지역: 1만m^2 이상 ④ 생산녹지지역(생산녹지지역이 도시개발구역 지정면적의 100분의 30 이하인 경우만 해당): 1만m^2 이상

3 도시개발구역의 해제

① 도시개발구역의 지정은 다음에 규정된 날의 다음 날에 해제된 것으로 본다.

㉠ 도시개발구역이 지정·고시된 날부터 3년이 되는 날까지 실시계획의 인가를 신청하지 아니하는 경우에는 그 3년이 되는 날

㉡ 도시개발사업의 공사 완료(환지방식에 따른 사업인 경우에는 그 환지처분)의 공고일

② 도시개발구역을 지정한 후 개발계획을 수립하는 경우에는 다음에 규정된 날의 다음 날에 도시개발구역의 지정이 해제된 것으로 본다.

㉠ 도시개발구역이 지정·고시된 날부터 2년이 되는 날까지 개발계획을 수립·고시하지 아니하는 경우에는 그 2년이 되는 날. 다만, 도시개발구역의 면적이 330만m^2 이상인 경우에는 5년으로 한다.

㉡ 개발계획을 수립·고시한 날부터 3년이 되는 날까지 실시계획 인가를 신청하지 아니하는 경우에는 그 3년이 되는 날.❸ 다만, 도시개발구역의 면적이 330만m^2 이상인 경우에는 5년으로 한다.

4 해제의제 효과(용도지역 등의 환원 및 폐지)

도시개발구역의 지정이 해제의제된 경우에는 그 도시개발구역에 대한 「국토의 계획 및 이용에 관한 법률」에 따른 용도지역 및 지구단위계획구역은 해당 도시개발구역 지정 전의 용도지역 및 지구단위계획구역으로 각각 환원되거나 폐지된 것으로 본다. 다만, 도시개발사업의 공사완료(환지방식에 따른 사업인 경우에는 그 환지처분)로 도시개발구역의 지정이 해제의제된 경우에는 환원되거나 폐지된 것으로 보지 아니한다.

기출지문 끝장

❶ 산업통상자원부장관이 10만m^2 규모로 도시개발구역의 지정을 요청하는 경우에는 **국토교통부장관이 도시개발구역을 지정할** 수 있다. (○) 제26회

❷ 도시개발구역의 총면적이 1만m^2 미만인 경우 둘 이상의 사업시행지구로 **분할하여 지정**할 수 있다. (×) 제30회

☑ 도시개발구역을 둘 이상의 사업시행지구로 분할하는 경우 분할 후 사업시행지구의 면적은 각각 1만m^2 이상이어야 한다.

❸ 도시개발구역이 지정·고시된 날부터 3년이 되는 날까지 실시계획의 인가를 신청하지 아니하는 경우에는 **3년이 되는 날의 다음 날**에 도시개발구역의 지정이 해제된 것으로 본다. (○) 제31회

기출문제 끝장

기출 분석

- 기출회차: 제30회
- 난이도: ★★
- 키워드: 도시개발구역

함정을 피하는 끝장 TIP

- 개발계획의 수립시기, 동의요건, 동의자 수의 산정방법에 관한 내용을 정확하게 숙지하여야 한다.
- 도시개발구역의 지정권자와 지정규모를 정확하게 정리하여야 한다.
- 도시개발구역에서의 행위제한과 도시개발구역의 해제 사유를 확실하게 암기하여야 한다.

도시개발법령상 도시개발구역의 지정에 관한 설명으로 옳은 것은? (단, 특례는 고려하지 않음)

① 대도시 시장은 직접 도시개발구역을 지정할 수 ~~없고, 도지사에게 그 지정을 요청하여야 한다~~.

⋯→ 대도시 시장은 직접 도시개발구역을 지정할 수 있다.

② 도시개발사업이 필요하다고 인정되는 지역이 둘 이상의 도의 행정구역에 걸치는 경우에는 ~~해당 면적이 더 넓은 행정구역의 도지사가 도시개발구역을 지정하여야 한다~~.

⋯→ 도시개발사업이 필요하다고 인정되는 지역이 둘 이상의 도의 행정구역에 걸치는 경우에는 도지사가 협의하여 지정할 자를 정한다.

③ 천재지변으로 인하여 도시개발사업을 긴급하게 할 필요가 있는 경우 국토교통부장관이 도시개발구역을 지정할 수 있다.

④ 도시개발구역의 총면적이 1만m² 미만인 경우 둘 이상의 사업시행지구로 분할하여 지정할 수 있다.

⋯→ 도시개발구역을 둘 이상의 사업시행지구로 분할하는 경우 분할 후 사업시행지구의 면적은 각각 1만m² 이상이어야 한다.

⑤ 자연녹지지역에서 도시개발구역을 지정한 이후 도시개발사업의 계획을 수립하는 것은 ~~허용하지 아니한다~~.

⋯→ 자연녹지지역에서 도시개발구역을 지정한 이후에 도시개발사업의 계획을 수립하는 것은 허용된다.

11 도시개발사업의 시행자

1 시행자의 지정 등 ☆☆☆ 제22회, 제25회, 제27회, 제28회, 제29회, 제30회, 제31회

1 지정권자의 지정

도시개발사업의 시행자는 다음의 자 중에서 지정권자가 지정한다.

종류	시행자가 될 수 있는 자
공공사업 시행자	① 국가나 지방자치단체 ② 대통령령으로 정하는 공공기관(한국토지주택공사 등) ③ 대통령령으로 정하는 정부출연기관 ④「지방공기업법」에 따라 설립된 지방공사
민간사업 시행자	⑤ 도시개발구역의 토지소유자 ⑥ 도시개발조합❶(도시개발사업의 전부를 환지방식으로 시행하는 경우에만 해당) ⑦ 과밀억제권역에서 수도권 외의 지역으로 이전하는 법인 ⑧「주택법」에 따라 등록한 자 중 도시개발사업을 시행할 능력이 있다고 인정되는 자 ⑨ 토목공사업 또는 토목건축공사업의 면허를 받는 등 개발계획에 맞게 도시개발사업을 시행할 능력이 있다고 인정되는 자 ⑩ 자기관리부동산투자회사 또는 위탁관리부동산투자회사

— 인구 및 산업이 지나치게 집중되었거나 집중될 우려가 있어 그 이전 또는 정비가 필요한 지역

2 전부 환지방식의 시행자

(1) 원칙: 토지소유자 또는 조합

도시개발구역의 전부를 환지방식으로 시행하는 경우에는 토지소유자나 조합을 시행자로 지정한다.

(2) 예외: 지방자치단체 등의 지정

지정권자는 다음에 해당하는 사유가 있으면 지방자치단체나 한국토지주택공사, 지방공사와 신탁업자(이하 '지방자치단체 등'이라 한다)를 시행자로 지정할 수 있다.

기출지문 끝장

❶ 조합은 도시개발사업 전부를 환지방식으로 시행하는 경우에 도시개발사업의 시행자가 될 수 있다. (○) 제27회, 제31회

① 토지소유자나 조합이 개발계획의 수립·고시일부터 1년(다만, 지정권자가 시행자 지정 신청기간의 연장이 불가피하다고 인정하여 6개월의 범위에서 연장한 경우에는 그 연장된 기간) 이내에 시행자 지정을 신청하지 아니한 경우 또는 지정권자가 신청된 내용이 위법하거나 부당하다고 인정한 경우

② 지방자치단체의 장이 집행하는 공공시설에 관한 사업과 병행하여 시행할 필요가 있다고 인정한 경우

③ 도시개발구역의 국공유지를 제외한 토지면적의 2분의 1 이상에 해당하는 토지소유자 및 토지소유자 총수의 2분의 1 이상이 지방자치단체 등의 시행에 동의한 경우

3 시행자의 변경

지정권자는 다음에 해당하는 경우에는 시행자를 변경할 수 있다.

① 도시개발사업에 관한 실시계획의 인가를 받은 후 2년 이내에 사업을 착수하지 아니하는 경우❶

② 행정처분으로 시행자의 지정이나 실시계획의 인가가 취소된 경우

③ 시행자의 부도·파산, 그 밖에 이와 유사한 사유로 도시개발사업의 목적을 달성하기 어렵다고 인정되는 경우

④ 도시개발구역의 전부를 환지방식으로 시행하는 시행자(토지소유자 또는 조합)가 도시개발구역 지정의 고시일부터 1년(6개월의 범위에서 연장한 경우에는 그 연장된 기간) 이내에 도시개발사업에 관한 실시계획의 인가를 신청하지 아니하는 경우

4 도시개발구역의 지정제안

(1) 제안의 주체

국가, 지방자치단체, 도시개발조합을 제외한 사업시행자로 지정될 수 있는 자는 특별자치도지사·시장·군수·구청장에게 도시개발구역의 지정을 제안할 수 있다.

(2) 서류의 제출

도시개발구역의 지정을 제안하려는 지역이 둘 이상의 시·군 또는 구의 행정구역에 걸쳐 있는 경우에는 그 지역에 포함된 면적이 가장 큰 행정구역의 시장·군수 또는 구청장에게 서류를 제출하여야 한다.

(3) 제안의 동의

민간사업시행자가 도시개발구역의 지정을 제안하려는 경우에는 대상구역 토지면적의 3분의 2 이상에 해당하는 토지소유자(지상권자를 포함)의 동의를 받아야 한다.

(4) 비용부담

특별자치도지사·시장·군수 또는 구청장은 제안자와 협의하여 도시개발구역의 지정을 위하여 필요한 비용의 전부 또는 일부를 제안자에게 부담시킬 수 있다.

(5) 결과통보

도시개발구역지정의 제안을 받은 국토교통부장관·특별자치도지사·시장·군수 또는 구청장은 제안 내용의 수용 여부를 1개월 이내에 제안자에게 통보하여야 한다. 다만, 관계 기관과의 협의가 지연되는 등 불가피한 사유가 있는 경우에는 1개월 이내의 범위에서 통보기간을 연장할 수 있다.

5 도시개발사업의 대행

공공사업시행자는 도시개발사업을 효율적으로 시행하기 위하여 필요한 경우에는 다음에서 정하는 바에 따라 설계·분양 등 도시개발사업의 일부를 「주택법」에 따른 주택건설사업자 등으로 하여금 대행하게 할 수 있다.

① 실시설계
② 부지조성공사
③ 기반시설공사
④ 조성된 토지의 분양❷

2 도시개발조합 ☆☆☆ 제23회, 제25회, 제27회, 제29회, 제31회

1 도시개발조합의 설립

(1) 조합설립의 인가

① 설립인가: 조합을 설립하려면 도시개발구역의 토지소유자 7명 이상이 정관을 작성하여 지정권자에게 조합설립의 인가를 받아야 한다.

② 변경인가: 조합이 인가를 받은 사항을 변경하려면 지정권자로부터 변경인가를 받아야 한다. 다만, 대통령령으로 정하는 경미한 사항(㉠ 주된 사무소의 소재지를 변경, ㉡ 공고방법을 변경)을 변경하려는 경우에는 신고하여야 한다.

기출지문 끝장

❶ 지정권자는 시행자가 도시개발사업에 관한 실시계획의 인가를 받은 후 2년 이내에 사업을 착수하지 아니하는 경우 시행자를 변경할 수 있다. (○) 제28회, 제29회

❷ 사업주체인 지방자치단체는 **조성된 토지의 분양**을 「주택법」에 따른 주택건설사업자에게 대행하게 할 수 없다. (×) 제29회

☑ 사업주체인 지방자치단체는 조성된 토지의 분양을 「주택법」에 따른 주택건설사업자에게 대행하게 할 수 있다.

(2) 조합설립의 동의

조합설립의 인가[1]를 신청하려면 해당 도시개발구역의 토지면적의 3분의 2 이상에 해당하는 토지소유자와 그 구역의 토지소유자 총수의 2분의 1 이상의 동의를 받아야 한다.

(3) 동의자 수의 산정방법

조합설립을 위한 동의자 수의 산정방법 및 동의절차는 다음과 같다.

① **도시개발구역의 토지면적을 산정하는 경우**: 국공유지를 포함하여 산정할 것

② 국공유지를 제외한 전체 사유 토지면적 및 토지소유자에 대하여 동의요건 이상으로 동의를 받은 후에 그 토지면적 및 토지소유자 수가 법적 동의요건에 미달하게 된 경우에는 국공유지 관리청의 동의를 받아야 한다.

③ 토지소유자는 조합설립인가의 신청 전에 동의를 철회할 수 있다. 이 경우 그 토지소유자는 동의자 수에서 제외한다.

2 조합의 법적 성격

(1) 법인

조합은 법인으로 한다.

(2) 성립 시기

조합은 그 주된 사무소의 소재지에서 등기(30일 이내)를 하면 성립한다.

(3) 준용규정

조합에 관하여 「도시개발법」으로 규정한 것 외에는 「민법」 중 사단법인에 관한 규정을 준용한다.

3 조합원 등

(1) 조합원의 자격

조합의 조합원[2]은 도시개발구역의 토지소유자로 한다.

└ 동의 여부에 관계없이 조합원이 된다.

(2) 조합원의 권리와 의무

① **권리**: 보유토지의 면적과 관계 없는 평등한 의결권

② **의무**: 정관에서 정한 조합의 운영 및 도시개발사업의 시행에 필요한 경비의 부담 ⇨ 조합의 경비부과 ⇨ 체납하는 자 ⇨ 강제징수 위탁

4 조합의 임원

(1) 임원의 구성 및 선임

① 구성: 조합에는 다음의 임원을 둔다.

㉠ 조합장 1명

㉡ 이사

㉢ 감사

② 선임: 조합의 임원은 의결권을 가진 조합원이어야 하고, 정관으로 정한 바에 따라 총회에서 선임한다.

(2) 임원의 겸직금지

① 조합의 임원은 그 조합의 다른 임원이나 직원을 겸할 수 없다.

② 조합의 임원은 같은 목적의 사업을 하는 다른 조합의 임원 또는 직원을 겸할 수 없다.

(3) 임원의 결격사유

조합원은 될 수 있다.

다음에 해당하는 자는 조합의 임원이 될 수 없다.

① 피성년후견인, 피한정후견인 또는 미성년자

② 파산선고를 받은 자로서 복권되지 아니한 자

③ 금고 이상의 형을 선고받고 그 집행이 끝나거나 집행을 받지 아니하기로 확정된 후 2년이 지나지 아니한 자

④ 금고 이상의 형의 집행유예를 받고 그 유예기간 중에 있는 자

(4) 임원의 자격상실

조합의 임원으로 선임된 자가 결격사유에 해당하게 된 경우에는 그 다음 날부터 임원의 자격을 상실한다.

(5) 임원의 직무

① 조합장은 조합을 대표하고 그 사무를 총괄하며, 총회·대의원회 또는 이사회의 의장이 된다.

② 조합장 또는 이사의 자기를 위한 조합과의 계약이나 소송에 관하여는 감사가 조합을 대표한다.

기출지문 끝장

❶ 조합설립의 인가를 신청하려면 해당 도시개발구역의 토지면적의 2분의 1 이상에 해당하는 토지소유자와 그 구역의 토지소유자 총수의 3분의 2 이상의 동의를 받아야 한다. (×) 제29회, 제31회

☑ 조합설립의 인가를 신청하려면 해당 도시개발구역의 토지면적의 3분의 2 이상에 해당하는 토지소유자와 그 구역의 토지소유자 총수의 2분의 1 이상의 동의를 받아야 한다.

❷ 도시개발구역의 토지소유자가 미성년자인 경우에는 조합의 조합원이 될 수 없다. (×) 제31회

☑ 도시개발구역의 토지소유자가 미성년자인 경우에도 조합의 조합원이 될 수 있다.

5 총회 및 대의원회

(1) 총회(최고의결기관, 필수기관)

다음의 사항은 총회의 의결을 거쳐야 한다.

① 정관의 변경

② 개발계획 및 실시계획의 수립 및 변경

③ 자금의 차입과 그 방법·이율 및 상환방법

④ 조합의 수지예산

⑤ 부과금의 금액 또는 징수방법

(2) 대의원회(의결대행기관, 임의기관)

① 임의적 기관: 의결권을 가진 조합원의 수가 50인 이상인 조합은 총회의 권한을 대행하게 하기 위하여 대의원회❶를 둘 수 있다.

② 대의원의 수: 대의원회에 두는 대의원의 수는 의결권을 가진 조합원 총수의 100분의 10 이상으로 하고, 대의원은 의결권을 가진 조합원 중에서 정관에서 정하는 바에 따라 선출한다.

③ 대의원회의 권한: 대의원회는 총회의 의결사항 중 다음의 사항을 제외한 총회의 권한을 대행할 수 있다.

㉠ 정관의 변경

㉡ 개발계획의 수립 및 변경(개발계획의 경미한 변경 및 실시계획의 수립·변경은 대행 ○)

㉢ 환지계획의 작성(환지계획의 경미한 변경은 제외)

㉣ 조합임원(조합장, 이사, 감사)의 선임

㉤ 조합의 합병 또는 해산(청산금의 징수·교부를 완료한 후 조합해산은 제외)에 관한 사항

기출지문 끝장

❶ 의결권을 가진 조합원의 수가 100인인 조합은 총회의 권한을 대행하게 하기 위하여 **대의원회**를 둘 수 있다. (○) 제29회

기출문제 끝장

기출 분석

- 기출회차: 제31회
- 난이도: ★
- 키워드: 도시개발조합

함정을 피하는 끝장 TIP

- 전부 환지방식의 시행자, 시행자 변경사유, 대행에 관한 내용을 정확하게 숙지하여야 한다.
- 도시개발조합의 동의요건, 조합원의 자격, 조합임원에 관한 사항을 정확하게 정리하여야 한다.
- 대의원회의 구성과 권한을 확실하게 암기하여야 한다.

PART 2

도시개발법령상 도시개발조합에 관한 설명으로 옳은 것은?

① 도시개발구역의 토지소유자가 미성년자인 경우에는 조합의 조합원이 될 수 없다.

⋯▸ 도시개발구역의 토지소유자가 미성년자인 경우에도 조합의 조합원이 될 수 있다.

② 조합원은 보유토지의 면적과 관계없는 평등한 의결권을 가지므로, 공유 토지의 경우 ~~공유자별로 의결권이 있다~~.

⋯▸ 공유 토지의 경우에는 공유자의 동의를 받은 대표공유자 1명만 의결권이 있다.

③ 조합은 도시개발사업 전부를 환지방식으로 시행하는 경우에 도시개발사업의 시행자가 될 수 있다.

④ 조합설립의 인가를 신청하려면 해당 도시개발구역의 토지면적의 ~~2분의 1~~ 이상에 해당하는 토지소유자와 그 구역의 토지소유자 총수의 ~~3분의 2~~ 이상의 동의를 받아야 한다.

⋯▸ 조합설립의 인가를 신청하려면 해당 도시개발구역의 토지면적의 3분의 2 이상에 해당하는 토지소유자와 그 구역의 토지소유자 총수의 2분의 1 이상의 동의를 받아야 한다.

⑤ 토지소유자가 조합설립인가 신청에 동의하였다면 이후 조합설립인가의 신청 전에 그 동의를 철회하였더라도 ~~그 토지소유자는 동의자 수에 포함된다~~.

⋯▸ 토지소유자는 조합설립인가의 신청 전에 동의를 철회할 수 있다. 이 경우 그 토지소유자는 동의자 수에서 제외한다.

기출테마

12 실시계획 및 수용 또는 사용방식

1 실시계획의 작성 및 인가 ☆☆ 제23회, 제25회, 제26회, 제27회, 제29회, 제31회

1 실시계획의 작성

① 시행자는 도시개발사업에 관한 실시계획을 작성하여야 한다. 이 경우 실시계획에는 지구단위계획[1]이 포함되어야 한다.

② 실시계획은 개발계획에 맞게 작성하여야 한다.

2 실시계획의 내용

실시계획에는 사업시행에 필요한 설계도서, 자금계획, 시행기간 그 밖에 대통령령으로 정하는 사항과 서류를 명시하거나 첨부하여야 한다.

3 지정권자의 인가

시행자(지정권자가 시행자인 경우는 제외)는 작성된 실시계획에 관하여 지정권자의 인가를 받아야 한다. 인가를 받은 실시계획을 변경하거나 폐지하는 경우에도 인가를 받아야 한다. 다만, 국토교통부령으로 정하는 경미한 사항을 변경(① 사업시행지역의 변동이 없는 범위에서의 착오·누락 등에 따른 사업시행면적의 정정, ② 사업시행면적의 100분의 10의 범위에서의 면적의 감소[2], ③ 사업비의 100분의 10의 범위에서의 사업비의 증감)하는 경우에는 인가를 받지 않아도 된다.

4 작성 및 인가절차(의견청취)

지정권자가 실시계획을 작성하거나 인가하는 경우 국토교통부장관이 지정권자이면 시·도지사 또는 대도시 시장의 의견[3]을, 시·도지사가 지정권자이면 시장(대도시 시장은 제외)·군수 또는 구청장의 의견을 미리 들어야 한다.

5 실시계획 고시의 효과

실시계획을 고시한 경우 그 고시된 내용 중 「국토의 계획 및 이용에 관한 법률」에 따라 도시·군관리계획(지구단위계획을 포함)으로 결정하여야 하는 사항은 같은 법에 따른 도시·군관리계획이 결정되어 고시된 것으로 본다. 이 경우 종전에 도시·군관리계획으로 결정된 사항 중 고시 내용에 저촉되는 사항은 고시된 내용으로 변경된 것으로 본다.

2 수용 또는 사용방식에 의한 사업시행 ☆☆☆ 제25회, 제26회, 제27회, 제30회, 제32회

1 토지 등의 수용 또는 사용

(1) 수용의 주체

시행자는 도시개발사업에 필요한 토지 등을 수용하거나 사용❹할 수 있다.

(2) 수용 등에 대한 동의

민간사업시행자는 사업대상 토지면적의 3분의 2 이상에 해당하는 토지를 소유하고 토지소유자 총수의 2분의 1 이상에 해당하는 자의 동의를 받아야 한다.❺

공공(×)

(3) 「공익사업을 위한 토지 등의 취득 및 보상에 관한 법률」의 준용 및 특례

① 준용 법률: 토지 등의 수용 또는 사용에 관하여 「도시개발법」에 특별한 규정이 있는 경우 외에는 「공익사업을 위한 토지 등의 취득 및 보상에 관한 법률」을 준용한다.

② 「공익사업을 위한 토지 등의 취득 및 보상에 관한 법률」의 특례

㉠ 사업인정 및 고시의 의제: 「공익사업을 위한 토지 등의 취득 및 보상에 관한 법률」을 준용할 때 수용 또는 사용의 대상이 되는 토지의 세부목록을 고시한 경우에는 「공익사업을 위한 토지 등의 취득 및 보상에 관한 법률」에 따른 사업인정 및 그 고시가 있었던 것으로 본다.

㉡ 재결신청기간: 재결신청은 개발계획에서 정한 도시개발사업의 시행기간 종료일까지 하여야 한다.

기출지문 끝장

❶ 시행자가 작성하는 실시계획에는 **지구단위계획**이 포함되어야 한다. (○) 제23회, 제31회

❷ 시행자는 인가를 받은 실시계획 중 사업시행면적의 100분의 20이 감소된 경우 지정권자의 **변경인가**를 받을 필요가 없다. (×) 제29회

☑ 시행자는 인가를 받은 실시계획 중 사업시행면적의 100분의 10의 범위에서의 면적이 감소된 경우 지정권자의 변경인가를 받을 필요가 없다.

❸ 지정권자인 국토교통부장관이 실시계획을 작성하는 경우 시·도지사 또는 **대도시 시장의 의견**을 미리 들어야 한다. (○) 제31회

❹ **시행자**가 아닌 지정권자는 도시개발사업에 필요한 토지 등을 **수용**할 수 있다. (×) 제27회

☑ 시행자가 아닌 지정권자는 도시개발사업에 필요한 토지 등을 수용할 수 없다.

❺ 도시개발사업을 시행하는 **정부출연기관**이 그 사업에 필요한 토지를 수용하려면 사업대상 토지면적의 3분의 2 이상에 해당하는 토지를 소유하고 토지소유자 총수의 2분의 1 이상에 해당하는 자의 동의를 받아야 한다. (×) 제32회

☑ 도시개발사업을 시행하는 정부출연기관이 그 사업에 필요한 토지를 수용하려는 경우에는 사업대상 토지면적의 3분의 2 이상에 해당하는 토지를 소유하지 않아도 되고, 토지소유자 총수의 2분의 1 이상에 해당하는 자의 동의를 받지 않아도 된다.

2 토지상환채권

(1) 토지상환채권의 발행

① 발행권자: 시행자는 토지소유자가 원하면 토지 등의 매수 대금의 일부를 지급하기 위하여 대통령령으로 정하는 바에 따라 사업시행으로 조성된 토지 · 건축물로 상환하는 채권(이하 '토지상환채권'이라 한다)을 발행할 수 있다.❶

핵심 끌장 토지상환채권의 발행규모

토지상환채권의 발행규모는 그 토지상환채권으로 상환할 토지 · 건축물이 해당 도시개발사업으로 조성되는 분양토지 또는 분양건축물 면적의 2분의 1을 초과하지 아니하도록 하여야 한다.

② 지급보증❷: 민간시행자와 공동출자법인인 시행자(도시개발법 제11조 제1항 제5호부터 제11호에 해당하는 자)는 대통령령으로 정하는 금융기관 등(은행법에 따른 은행과 보험업법에 따른 보험회사 및 건설산업기본법에 따른 공제조합)으로부터 지급보증을 받은 경우에만 이를 발행할 수 있다.

③ 지정권자의 승인: 시행자(지정권자가 시행자인 경우는 제외)는 토지상환채권을 발행하려면 대통령령으로 정하는 바에 따라 토지상환채권의 발행계획을 작성하여 미리 지정권자의 승인을 받아야 한다.

④ 이율: 토지상환채권의 이율은 발행 당시의 은행의 예금금리 및 부동산 수급상황을 고려하여 발행자가 정한다. ⇨ 암기Tip 이발

⑤ 발행방법: 토지상환채권은 기명식 증권으로 한다. ⇨ 양도 가능

(2) 토지상환채권의 이전 등

① 이전과 대항력: 토지상환채권을 이전하는 경우 취득자는 그 성명과 주소를 토지상환채권원부에 기재하여 줄 것을 요청하여야 하며, 취득자의 성명과 주소가 토지상환채권에 기재되지 아니하면 취득자는 발행자 및 그 밖의 제3자에게 대항하지 못한다.

② 질권설정과 대항력: 토지상환채권을 질권의 목적으로 하는 경우에는 질권자의 성명과 주소가 토지상환채권원부에 기재되지 아니하면 질권자는 발행자 및 그 밖의 제3자에게 대항하지 못한다.

3 선수금

① 시행자는 조성토지 등과 도시개발사업으로 조성되지 아니한 상태의 토지(이하 '원형지'라 한다)를 공급받거나 이용하려는 자로부터 대통령령으로 정하는 바에 따라 해당 대금의 전부 또는 일부를 미리 받을 수 있다.

② 시행자(지정권자가 시행자인 경우는 제외)는 해당 대금의 전부 또는 일부를 미리 받으려면 지정권자의 승인을 받아야 한다.

4 원형지의 공급과 개발

(1) 원형지의 공급

시행자는 도시를 자연친화적으로 개발하거나 복합적·입체적으로 개발하기 위하여 필요한 경우에는 대통령령으로 정하는 절차에 따라 미리 지정권자의 승인을 받아 다음의 어느 하나에 해당하는 자에게 원형지를 공급하여 개발하게 할 수 있다. 이 경우 공급될 수 있는 원형지의 면적❸은 도시개발구역 전체 토지면적의 3분의 1 이내로 한정한다.

① 국가 또는 지방자치단체
② 「공공기관의 운영에 관한 법률」에 따른 공공기관
③ 「지방공기업법」에 따라 설립된 지방공사
④ 국가 또는 지방자치단체 또는 대통령령으로 정하는 공공기관인 시행자가 복합개발 등을 위하여 실시한 공모에서 선정된 자
⑤ 원형지를 학교나 공장 등의 부지로 직접 사용하는 자

(2) 조건부 승인

지정권자는 승인을 할 때에는 용적률 등 개발밀도, 토지용도별 면적 및 배치, 교통처리계획 및 기반시설의 설치 등에 관한 이행조건을 붙일 수 있다.

(3) 원형지의 매각금지

원형지개발자(국가 및 지방자치단체는 제외)는 10년의 범위에서 대통령령으로 정하는 기간(원형지에 대한 공사완료 공고일부터 5년 또는 원형지 공급계약일부터 10년 중 먼저 끝나는 기간) 안에는 원형지를 매각할 수 없다.

(4) 원형지개발자의 선정방법

원형지개발자의 선정은 수의계약의 방법으로 한다. 다만, 학교용지 또는 공장용지에 해당하는 원형지개발자의 선정은 경쟁입찰의 방식으로 하며, 경쟁입찰이 2회 이상 유찰된 경우에는 수의계약의 방법으로 할 수 있다.

기출지문 끝장

❶ 도시개발사업을 시행하는 **공공기관**은 토지상환채권을 발행할 수 없다. (×) 제32회
☑ 도시개발사업을 시행하는 공공기관은 토지상환채권을 발행할 수 있다.

❷ 지방자치단체가 시행자인 경우 **지급보증** 없이 토지상환채권을 발행할 수 있다. (○) 제30회

❸ **원형지의 면적**은 도시개발구역 전체 토지면적의 3분의 1을 초과하여 공급될 수 있다. (×) 제30회
☑ 원형지의 면적은 도시개발구역 전체 토지면적의 3분의 1 이내로 한정한다.

(5) 원형지 공급가격

원형지 공급가격은 개발계획이 반영된 원형지의 감정가격에 시행자가 원형지에 설치한 기반시설 등의 공사비를 더한 금액을 기준으로 시행자와 원형지개발자가 협의하여 결정한다.

5 조성토지 등의 공급

(1) 공급계획의 승인

시행자는 조성토지 등을 공급하려고 할 때에는 조성토지 등의 공급계획을 작성하여야 하며, 지정권자가 아닌 시행자는 작성한 조성토지 등의 공급계획에 대하여 지정권자의 승인을 받아야 한다. 조성토지 등의 공급계획을 변경하려는 경우에도 또한 같다.

(2) 조성토지 등의 가격평가

산술평균한 금액

① **원칙**: 조성토지 등의 가격평가는 감정가격으로 한다.

② **예외**: 시행자는 학교, 폐기물처리시설, 임대주택, 그 밖에 다음의 대통령령으로 정하는 시설을 설치하기 위한 조성토지 등과 이주단지의 조성을 위한 토지를 공급하는 경우에는 해당 토지의 가격을 「감정평가 및 감정평가사에 관한 법률」에 따른 감정평가법인등이 감정평가한 가격 이하로 정할 수 있다. 다만, 공공사업시행자에게 임대주택 건설용지를 공급하는 경우에는 해당 토지의 가격을 감정평가한 가격 이하로 정하여야 한다.

㉠ 공공청사

㉡ 사회복지시설. 다만, 「사회복지사업법」에 따른 사회복지시설의 경우에는 유료시설을 제외한 시설로서 관할 지방자치단체의 장의 추천을 받은 경우로 한정한다.

㉢ 임대주택

㉣ 「관광진흥법」에 따른 호텔업 시설. 다만, 공공사업시행자가 200실 이상의 객실을 갖춘 호텔의 부지로 토지를 공급하는 경우로 한정한다.

㉤ 행정청이 직접 설치하는 시장 · 자동차 정류장 · 종합의료시설

(3) 조성토지 등의 공급기준 및 방법

① **공급기준**: 시행자는 조성토지 등을 고시된 실시계획(지구단위계획을 포함)에 따라 공급하여야 한다. 이 경우 시행자는 「국토의 계획 및 이용에 관한 법률」에 따른 기반시설의 원활한 설치를 위하여 필요하면 공급대상자의 자격을 제한하거나 공급조건을 부여할 수 있다.

② 공급방법

㉠ 경쟁입찰의 방법: 조성토지 등의 공급은 경쟁입찰의 방법에 따른다.

㉡ 추첨의 방법: 다음에 해당하는 경우에는 추첨의 방법으로 분양할 수 있다. 다만, 공공사업시행자가 국민주택규모 이하의 주택건설용지 중 임대주택 건설용지를 공급하는 경우에는 추첨의 방법으로 분양하여야 한다.

ⓐ 「주택법」에 따른 국민주택규모 이하의 주택건설용지

ⓑ 「주택법」에 따른 공공택지

ⓒ 330m² 이하의 단독주택용지 및 공장용지

Tip 수의계약의 방법으로 조성토지를 공급하기로 하였으나 공급신청량이 공급계획에서 계획된 면적을 초과하는 경우에는 추첨의 방법에 따른다.

㉢ 수의계약의 방법: 시행자는 다음에 해당하는 경우에는 수의계약의 방법으로 조성토지 등을 공급할 수 있다.

ⓐ 학교용지, 공공청사용지 등 일반에게 분양할 수 없는 공공용지를 국가, 지방자치단체, 그 밖의 법령에 따라 해당 시설을 설치할 수 있는 자에게 공급하는 경우

ⓑ 토지상환채권에 의하여 토지를 상환하는 경우

ⓒ 경쟁입찰 또는 추첨의 결과 2회 이상 유찰된 경우

기출문제 끝장

기출 분석

- 기출회차: 제32회
- 난이도: ★★★
- 키워드: 수용 또는 사용의 방식

함정을 피하는 끝장 TIP

- 실시계획의 내용, 인가 절차, 경미한 변경, 고시의 효과에 관한 내용을 정확하게 숙지하여야 한다.
- 수용의 주체, 사업인정 의제, 토지상환채권, 선수금에 관한 사항을 정확하게 정리하여야 한다.
- 원형지와 조성토지의 공급가격과 공급방법을 정확하게 비교하여 암기하여야 한다.

도시개발법령상 토지등의 수용 또는 사용의 방식에 따른 사업시행에 관한 설명으로 옳은 것은?

① 도시개발사업을 시행하는 지방자치단체는 도시개발구역지정 이후 그 시행방식을 혼용방식에서 수용 또는 사용방식으로 변경할 수 있다.

··· 도시개발사업을 시행하는 지방자치단체는 도시개발구역지정 이후 그 시행방식을 혼용방식에서 수용 또는 사용방식으로 변경할 수 없다.

② 도시개발사업을 시행하는 정부출연기관이 그 사업에 필요한 토지를 수용하려면 사업대상 토지면적의 3분의 2 이상에 해당하는 토지를 소유하고 토지소유자 총수의 2분의 1 이상에 해당하는 자의 동의를 받아야 한다.

··· 도시개발사업을 시행하는 정부출연기관이 그 사업에 필요한 토지를 수용하려는 경우에는 사업대상 토지면적의 3분의 2 이상에 해당하는 토지를 소유하지 않아도 되고, 토지소유자 총수의 2분의 1 이상에 해당하는 자의 동의를 받지 않아도 된다.

③ 도시개발사업을 시행하는 공공기관은 토지상환채권을 발행할 수 없다.

··· 도시개발사업을 시행하는 공공기관은 토지상환채권을 발행할 수 있다.

④ 원형지를 공급받아 개발하는 지방공사는 원형지에 대한 공사완료 공고일부터 5년이 지난 시점이라면 해당 원형지를 매각할 수 있다.

⑤ 원형지가 공공택지 용도인 경우 원형지개발자의 선정은 추첨의 방법으로 할 수 있다.

··· 원형지가 아니라 조성토지 등이 공공택지인 경우에 추첨의 방법으로 분양할 수 있다.

13 환지방식에 의한 사업시행

1 환지계획 ☆☆☆ 제25회, 제26회, 제27회, 제28회, 제29회, 제30회, 제31회, 제32회

1 환지계획

(1) 환지계획의 내용

시행자는 도시개발사업의 전부 또는 일부를 환지방식으로 시행하려면 다음의 사항이 포함된 환지계획❶을 작성하여야 한다.

① 환지 설계, ② 필지별로 된 환지 명세, ③ 필지별과 권리별로 된 청산 대상 토지 명세, ④ 체비지(替費地) 또는 보류지(保留地)의 명세, ⑤ 입체 환지를 계획하는 경우에는 입체 환지용 건축물의 명세와 공급 방법·규모에 관한 사항

입체 환지: 환지 전 토지나 건축물에 대한 권리를 도시개발사업으로 건설되는 구분 건축물에 이전하는 방식

(2) 환지계획의 작성

① 작성기준: 환지계획은 종전의 토지와 환지의 위치·지목·면적·토질·수리(水利)·이용 상황·환경, 그 밖의 사항을 종합적으로 고려하여 합리적으로 정하여야 한다.

② 작성의 특례

㉠ 신청 또는 동의에 의한 환지부지정: 토지소유자가 신청하거나 동의하면 해당 토지의 전부 또는 일부에 대하여 환지를 정하지 아니할 수 있다. 다만, 해당 토지에 관하여 임차권자 등이 있는 경우에는 그 동의를 받아야 한다.

㉡ 증환지·감환지: 시행자는 토지면적의 규모를 조정할 특별한 필요가 있으면 면적이 작은 토지는 과소(過小) 토지가 되지 아니하도록 면적을 늘려 환지를 정하거나 환지대상에서 제외할 수 있고, 면적이 넓은 토지는 그 면적을 줄여서 환지를 정할 수 있다.

㉢ 입체 환지

ⓐ 입체 환지의 신청: 시행자는 도시개발사업을 원활히 시행하기 위하여 특히 필요한 경우에는 토지 또는 건축물 소유자의 신청을 받아 건축물의 일부와 그 건축물이 있는 토지의 공유지분을 부여할 수 있다.

ⓑ 입체 환지 신청기간: 입체 환지의 신청기간은 통지한 날부터 30일 이상 60일 이하로 하여야 한다. 다만, 시행자는 환지계획의 작성에 지장이 없다고 판단하는 경우에는 20일의 범위에서 그 신청기간을 연장할 수 있다.

기출지문 끝장

❶ 환지계획에는 필지별로 된 환지 명세와 필지별과 권리별로 된 청산 대상 토지 명세가 포함되어야 한다. (○) 제30회

ⓒ 입체 환지계획의 작성에 관하여 필요한 사항은 국토교통부장관이 정할 수 있다.

㉣ **공공시설의 용지에 대한 환지:** 「공익사업을 위한 토지 등의 취득 및 보상에 관한 법률」에 해당하는 공공시설의 용지에 대하여는 환지계획을 정할 때 그 위치·면적 등에 관하여 환지계획 작성기준을 적용하지 아니할 수 있다.

㉤ 체비지·보류지

ⓐ 시행자는 도시개발사업에 필요한 경비에 충당하거나 규약·정관·시행규정 또는 실시계획으로 정하는 목적을 위하여 일정한 토지를 환지로 정하지 아니하고 보류지로 정할 수 있으며, 그중 일부를 체비지로 정하여 도시개발사업에 필요한 경비에 충당할 수 있다.

ⓑ 특별자치도지사·시장·군수 또는 구청장은 「주택법」에 따른 공동주택의 건설을 촉진하기 위하여 필요하다고 인정하면 체비지 중 일부를 같은 지역에 집단으로 정하게 할 수 있다.

(3) 조성토지 등의 가격평가

① 시행자는 환지방식이 적용되는 도시개발구역에 있는 조성토지 등의 가격을 평가할 때에는 토지평가협의회의 심의를 거쳐 결정하되, 그에 앞서 감정평가법인등이 평가하게 하여야 한다.

② 토지평가협의회의 구성 및 운영 등에 필요한 사항은 해당 규약·정관 또는 시행규정으로 정한다.

③ 환지계획의 작성에 따른 환지계획의 기준, 보류지(체비지·공공시설 용지)의 책정 기준 등에 관하여 필요한 사항은 국토교통부령으로 정할 수 있다.

2 환지계획 인가

행정청이 아닌 시행자가 환지계획을 작성한 경우에는 특별자치도지사·시장·군수 또는 구청장의 인가❶를 받아야 한다. 인가받은 내용을 변경하려는 경우에도 이를 준용한다. 다만, 다음의 경미한 사항을 변경하는 경우에는 그러하지 아니하다.

① 종전 토지의 합필 또는 분필로 환지 명세가 변경되는 경우❷

② 「공간정보의 구축 및 관리 등에 관한 법률」에 따른 지적측량의 결과를 반영하기 위하여 환지계획을 변경하는 경우

③ 환지로 지정된 토지나 건축물을 금전으로 청산하는 경우

2 환지 예정지 및 환지처분 ☆☆☆ 제23회, 제24회, 제25회, 제26회, 제28회, 제30회, 제31회, 제32회

1 환지 예정지의 지정

(1) 시행자의 지정

시행자는 도시개발사업의 시행을 위하여 필요하면 도시개발구역의 토지에 대하여 환지 예정지를 지정할 수 있다. 이 경우 종전의 토지에 대한 임차권자 등이 있으면 해당 환지 예정지에 대하여 해당 권리의 목적인 토지 또는 그 부분을 아울러 지정하여야 한다.

(2) 환지 예정지 지정의 효과

① 사용·수익권의 이전: 환지 예정지가 지정되면 종전의 토지의 소유자와 임차권자 등은 환지 예정지 지정의 효력발생일부터 환지 처분이 공고되는 날까지 환지 예정지나 해당 부분에 대하여 종전과 같은 내용의 권리를 행사할 수 있으며 종전의 토지는 사용하거나 수익할 수 없다.

② 체비지의 사용·수익·처분: 시행자는 체비지의 용도로 환지 예정지가 지정된 경우에는 도시개발사업에 드는 비용을 충당하기 위하여 이를 사용 또는 수익하게 하거나 처분할 수 있다.

매입한 자가 소유권이전등기를 마친 때에 소유권을 취득한다.

2 환지처분

(1) 환지처분의 절차

① 공사완료공고 및 공람: 시행자는 환지방식으로 도시개발사업에 관한 공사를 끝낸 경우에는 지체 없이 이를 관보 또는 공보에 공고하고 공사 관계 서류를 일반인에게 14일 이상 공람시켜야 한다.

② 준공검사 또는 공사완료: 시행자는 공람 기간에 의견서의 제출이 없거나 제출된 의견서에 따라 필요한 조치를 한 경우에는 지정권자에 의한 준공검사를 신청하거나 도시개발사업의 공사를 끝내야 한다.

③ 환지처분시기: 시행자는 지정권자에 의한 준공검사를 받은 경우(지정권자가 시행자인 경우에는 공사완료공고가 있는 때)에는 60일 이내에 환지처분을 하여야 한다.

④ 환지처분공고: 시행자는 환지처분을 하려는 경우에는 환지계획에서 정한 사항을 토지소유자에게 알리고 관보나 공보에 공고하여야 한다.

(2) 환지처분의 효과

① 원칙

㉠ 권리의 이전: 환지계획에서 정하여진 환지는 그 환지처분이 공고된 날의 다음 날부터 종전의 토지로 보며, 환지계획에서 환지를 정하지 아니한 종전의 토지에 있던 권리는 그 환지처분이 공고된 날이 끝나는 때에 소멸❸한다.

기출지문 끝장

❶ **행정청이 아닌 시행자**가 환지계획을 작성한 경우에는 특별자치도지사, 시·도지사의 **인가**를 받아야 한다. (×) 제25회

☑ 행정청이 아닌 시행자가 환지계획을 작성한 경우에는 특별자치도지사·시장·군수 또는 구청장의 인가를 받아야 한다.

❷ 행정청이 아닌 시행자가 인가받은 환지계획의 내용 중 종전 토지의 합필 또는 분필로 **환지 명세가 변경**되는 경우에는 변경인가를 받아야 한다. (×) 제31회

☑ 행정청이 아닌 시행자가 인가받은 환지계획의 내용 중 종전 토지의 합필 또는 분필로 환지 명세가 변경되는 경우에는 변경인가를 받지 않아도 된다.

❸ 환지계획에서 환지를 정하지 아니한 **종전의 토지에 있던 권리**는 그 환지처분이 공고된 날의 다음 날이 끝나는 때에 소멸한다. (×) 제25회

☑ 환지계획에서 환지를 정하지 아니한 종전의 토지에 있던 권리는 그 환지처분이 공고된 날이 끝나는 때에 소멸한다.

㉡ **입체 환지처분**: 환지계획에 따라 환지처분을 받은 자는 환지처분이 공고된 날의 다음 날에 환지계획으로 정하는 바에 따라 건축물의 일부와 해당 건축물이 있는 토지의 공유지분을 취득한다. 이 경우 종전의 토지에 대한 저당권은 환지처분이 공고된 날의 다음 날부터 해당 건축물의 일부와 해당 건축물이 있는 토지의 공유지분에 존재하는 것으로 본다.

㉢ **체비지·보류지의 소유권**: 체비지는 시행자가, 보류지는 환지계획에서 정한 자가 각각 환지처분이 공고된 날의 다음 날[1]에 해당 소유권을 취득한다. 다만, 환지 예정지 지정에 따라 이미 처분된 체비지는 그 체비지를 매입한 자가 소유권이전등기를 마친 때에 소유권을 취득한다.

② 예외

㉠ **지역권**: 도시개발구역의 토지에 대한 지역권은 종전의 토지에 존속한다. 다만, 도시개발사업의 시행으로 행사할 이익이 없어진 지역권은 환지처분이 공고된 날이 끝나는 때[2]에 소멸한다.

㉡ **행정상·재판상 처분**: 행정상 처분이나 재판상의 처분으로서 종전의 토지에 전속하는 것에 관하여는 영향을 미치지 아니한다.

③ 청산금

㉠ **청산금의 결정**: 청산금은 환지처분을 하는 때에 결정하여야 한다. 다만, 환지대상에서 제외한 토지 등에 대하여는 청산금을 교부하는 때에 청산금을 결정할 수 있다.

㉡ **청산금의 확정**: 청산금은 환지처분이 공고된 날의 다음 날에 확정된다.

㉢ **청산금의 징수·교부**

ⓐ **징수·교부시기**: 시행자는 환지처분이 공고된 후에 확정된 청산금을 징수하거나 교부하여야 한다. 다만, 환지를 정하지 아니하는 토지에 대하여는 환지처분 전이라도 청산금을 교부할 수 있다.

ⓑ **분할징수·교부**: 청산금은 대통령령으로 정하는 바에 따라 이자를 붙여 분할징수하거나 분할교부할 수 있다.

ⓒ **강제징수 등**: 행정청인 시행자는 청산금을 내야 할 자가 이를 내지 아니하면 국세 또는 지방세 체납처분의 예에 따라 징수할 수 있으며, 행정청이 아닌 시행자는 특별자치도지사·시장·군수 또는 구청장에게 청산금의 징수를 위탁할 수 있다.

㉣ **청산금의 소멸시효**: 청산금을 받을 권리나 징수할 권리를 5년간 행사하지 아니하면 시효로 소멸한다.

기출지문 끌장

❶ 체비지로 정해지지 않은 **보류지**는 환지계획에서 정한 자가 **환지처분이 공고된 날의 다음 날**에 해당 소유권을 취득한다. (○) 제28회

❷ 도시개발구역의 토지에 대한 **지역권**은 도시개발사업의 시행으로 행사할 이익이 없어진 경우 **환지처분이 공고된 날이 끝나는** 때에 소멸한다. (○) 제26회, 제30회

기출문제 끌장

기출 분석

- 기출회차: 제32회
- 난이도: ★★★
- 키워드: 환지방식

함정을 피하는 끌장 TIP

- 환지계획의 내용, 환지부지정, 조성토지 등의 가격평가, 인가권자를 정확하게 암기하여야 한다.
- 환지 예정지 지정의 효과, 체비지 처분에 관한 사항을 정확하게 정리하여야 한다.
- 환지처분의 절차, 권리의 이전과 소멸, 체비지·보류지의 소유권 취득, 청산금에 관한 내용을 정확하게 숙지하여야 한다.

PART 2

도시개발법령상 환지방식에 의한 사업시행에 관한 설명으로 틀린 것은?

① 도시개발사업을 입체 환지방식으로 시행하는 경우에는 환지계획에 건축계획이 포함되어야 한다.

② 시행자는 토지면적의 규모를 조정할 특별한 필요가 있으면 면적이 넓은 토지는 그 면적을 줄여서 환지를 정하거나 ~~환지대상에서 제외할 수~~ 있다.

···› 시행자는 토지면적의 규모를 조정할 특별한 필요가 있으면 면적이 넓은 토지는 그 면적을 줄여서 환지를 정할 수 있지만, 환지대상에서 제외할 수는 없다.

③ 도시개발구역 지정권자가 정한 기준일의 다음 날부터 단독주택이 다세대주택으로 전환되는 경우 시행자는 해당 건축물에 대하여 금전으로 청산하거나 환지 지정을 제한할 수 있다.

④ 시행자는 환지 예정지를 지정한 경우에 해당 토지를 사용하거나 수익하는 데에 장애가 될 물건이 그 토지에 있으면 그 토지의 사용 또는 수익을 시작할 날을 따로 정할 수 있다.

⑤ 시행자는 환지를 정하지 아니하기로 결정된 토지소유자나 임차권자등에게 날짜를 정하여 그날부터 해당 토지 또는 해당 부분의 사용 또는 수익을 정지시킬 수 있다.

에듀윌이
너를
지지할게

ENERGY

비가 와야 무지개가 뜨고
밤이 깊어야 새벽이 오고
산고를 겪어야 아기가 태어납니다.
감동은 고난의 열매입니다.

– 조정민, 『인생은 선물이다』, 두란노

우선끝장 민개공

부동산공법

도시 및 주거환경 정비법

기출테마

14 용어의 정의 및 기본계획

1 용어의 정의 ☆☆☆ 제23회, 제24회, 제25회, 제27회, 제28회, 제29회, 제32회

(1) 정비구역

'정비구역'이란 정비사업을 계획적으로 시행하기 위하여 지정·고시된 구역을 말한다.

(2) 정비사업

'정비사업'이란 법에서 정한 절차에 따라 도시기능을 회복하기 위하여 정비구역에서 정비기반시설을 정비하거나 주택 등 건축물을 개량 또는 건설하는 다음의 사업을 말한다.

주거환경개선사업	도시저소득 주민이 집단거주하는 지역으로서 정비기반시설이 극히 열악하고 노후·불량건축물이 과도하게 밀집한 지역의 주거환경을 개선하거나 단독주택 및 다세대주택이 밀집한 지역에서 정비기반시설과 공동이용시설 확충을 통하여 주거환경을 보전·정비·개량하기 위한 사업
재개발사업	정비기반시설이 열악하고 노후·불량건축물이 밀집한 지역에서 주거환경을 개선하거나 상업지역·공업지역 등에서 도시기능의 회복 및 상권활성화 등을 위하여 도시환경을 개선하기 위한 사업. 이 경우 다음의 요건을 모두 갖추어 시행하는 재개발사업을 '공공재개발사업'이라 한다. ① 시장·군수등 또는 토지주택공사등(조합과 공동으로 시행하는 경우를 포함)이 주거환경개선사업의 시행자, 재개발사업의 시행자나 재개발사업의 대행자일 것 ② 건설·공급되는 주택의 전체 세대수 또는 전체 연면적 중 토지등소유자 대상 분양분(지분형 주택은 제외)을 제외한 나머지 주택의 세대수 또는 연면적의 100분의 50 이상을 지분형 주택, 공공임대주택 또는 공공지원민간임대주택으로 건설·공급할 것
재건축사업	정비기반시설은 양호하나 노후·불량건축물에 해당하는 공동주택이 밀집한 지역에서 주거환경을 개선하기 위한 사업. 이 경우 다음의 요건을 모두 갖추어 시행하는 재건축사업을 '공공재건축사업'이라 한다. ① 시장·군수등 또는 토지주택공사등(조합과 공동으로 시행하는 경우를 포함)이 재건축사업의 시행자나 재건축사업의 대행자일 것 ② 종전의 용적률, 토지면적, 기반시설 현황 등을 고려하여 대통령령으로 정하는 세대수 이상을 건설·공급할 것. 다만, 정비구역의 지정권자가 「국토의 계획 및 이용에 관한 법률」에 따른 도시·군기본계획, 토지 이용 현황 등 대통령령으로 정하는 불가피한 사유로 해당하는 세대수를 충족할 수 없다고 인정하는 경우에는 그러하지 아니하다.

(3) 노후 · 불량건축물

① 건축물이 훼손되거나 일부가 멸실되어 붕괴 그 밖의 안전사고의 우려가 있는 건축물❶

② 도시미관을 저해하거나 노후화된 건축물로서 대통령령으로 정하는 바에 따라 시 · 도조례로 정하는 다음의 어느 하나에 해당하는 건축물

㉠ 준공된 후 20년 이상 30년 이하의 범위에서 조례로 정하는 기간이 지난 건축물

㉡ 「국토의 계획 및 이용에 관한 법률」의 규정에 따른 도시 · 군기본계획의 경관에 관한 사항에 어긋나는 건축물

(4) 정비기반시설

'정비기반시설'이란 도로 · 상하수도 · 구거(도랑) · 공원 · 공용주차장 · 공동구(국토의 계획 및 이용에 관한 법률에 따른 공동구를 말한다), 그 밖에 주민의 생활에 필요한 열 · 가스 등의 공급시설로서 대통령령으로 정하는 시설을 말한다.

(5) 공동이용시설

'공동이용시설'이란 주민이 공동으로 사용하는 놀이터 · 마을회관 · 공동작업장, 탁아소 · 어린이집 · 경로당 등 노유자시설을 말한다.❷

(6) 대지

'대지'란 정비사업으로 조성된 토지를 말한다.

(7) 주택단지

'주택단지'란 주택 및 부대시설 · 복리시설을 건설하거나 대지로 조성되는 일단의 토지로서 다음의 어느 하나에 해당하는 일단의 토지를 말한다.

① 「주택법」에 따른 사업계획승인을 받아 주택 및 부대시설 · 복리시설을 건설한 일단의 토지

② 「건축법」에 따라 건축허가를 받아 아파트 또는 연립주택을 건설한 일단의 토지

기출지문 끝장

❶ 건축물이 훼손되거나 일부가 멸실되어 붕괴 그 밖의 **안전사고의 우려가 있는 건축물**은 **노후 · 불량건축물**에 해당한다. (O) 제23회

❷ 주민이 공동으로 사용하는 **공동이용시설**에는 놀이터, 마을회관, 공동작업장, 탁아소, 어린이집, 경로당 등 노유자시설과 공원, 광장, 공동구, 공용주차장이 해당한다. (×) 제24회, 제29회

☑ 공원, 광장, 공동구, 공용주차장은 정비기반시설에 해당한다.

(8) 토지등소유자

① 주거환경개선사업·재개발사업의 경우에는 정비구역에 위치한 토지 또는 건축물의 소유자 또는 그 지상권자

② 재건축사업의 경우에는 정비구역에 위치한 건축물 및 그 부속토지의 소유자❶

지상권자(×)

(9) 토지주택공사등

'토지주택공사등'이란 「한국토지주택공사법」에 따라 설립된 한국토지주택공사 또는 「지방공기업법」에 따라 주택사업을 수행하기 위하여 설립된 지방공사를 말한다.

2 도시·주거환경정비기본계획(기본계획) ☆☆ 제26회, 제27회, 제29회, 제30회

1 수립권자

군수(×)

특별시장·광역시장·특별자치시장·특별자치도지사 또는 시장은 도시·주거환경정비기본계획❷(이하 '기본계획'이라 한다)을 10년 단위로 수립하여야 한다. 다만, 도지사가 대도시가 아닌 시❸로서 기본계획을 수립할 필요가 없다고 인정하는 시에 대하여는 기본계획을 수립하지 아니할 수 있다.

2 타당성 검토

특별시장·광역시장·특별자치시장·특별자치도지사 또는 시장(이하 '기본계획의 수립권자'라 한다)은 기본계획에 대하여 5년마다 타당성을 검토하여 그 결과를 기본계획에 반영하여야 한다.

3 수립절차

(1) 공람 및 지방의회 의견청취

① 공람: 기본계획의 수립권자는 기본계획을 수립하거나 변경하려는 경우에는 14일 이상 주민에게 공람하여 의견을 들어야 하며, 제시된 의견이 타당하다고 인정되면 이를 기본계획에 반영하여야 한다.

② 지방의회 의견청취: 기본계획의 수립권자는 공람과 함께 지방의회의 의견을 들어야 한다. 이 경우 지방의회는 기본계획의 수립권자가 기본계획을 통지한 날부터 60일 이내에 의견을 제시하여야 하며, 의견제시 없이 60일이 지난 경우 이의가 없는 것으로 본다.

③ 경미한 변경: 다음의 경미한 사항을 변경하는 경우에는 주민공람과 지방의회 의견청취 절차를 거치지 아니할 수 있다.

㉠ 정비사업의 계획기간을 단축하는 경우❹

㉡ 단계별 정비사업 추진계획을 변경하는 경우

㉢ 공동이용시설에 대한 설치계획을 변경하는 경우

㉣ 사회복지시설 및 주민문화시설 등에 대한 설치계획을 변경하는 경우

ⓜ 정비예정구역의 면적을 20% 미만의 범위에서 변경하는 경우
ⓑ 건폐율 및 용적률을 20% 미만의 범위에서 변경하는 경우
숫자 암기!
ⓢ 정비사업의 시행을 위하여 필요한 재원조달에 관한 사항을 변경하는 경우
ⓞ「국토의 계획 및 이용에 관한 법률」에 따른 도시·군기본계획의 변경에 따라 기본계획을 변경하는 경우

(2) 기본계획의 확정 및 고시

① 기본계획의 확정: 기본계획의 수립권자(대도시의 시장이 아닌 시장은 제외)는 기본계획을 수립하거나 변경하려면 관계 행정기관의 장과 협의한 후 지방도시계획위원회의 심의를 거쳐야 한다. 다만, 경미한 변경인 경우에는 관계 행정기관의 장과의 협의 및 지방도시계획위원회의 심의를 거치지 아니한다.

② 기본계획의 승인: 대도시의 시장이 아닌 시장은 기본계획을 수립하거나 변경하려면 도지사의 승인을 받아야 하며, 도지사가 이를 승인하려면 관계 행정기관의 장과 협의한 후 지방도시계획위원회의 심의를 거쳐야 한다. 다만, 경미한 변경인 경우에는 도지사의 승인을 받지 아니할 수 있다.

(3) 고시 및 보고

① 고시: 기본계획의 수립권자는 기본계획을 수립하거나 변경한 때에는 지체 없이 이를 해당 지방자치단체의 공보에 고시하고 일반인이 열람할 수 있도록 하여야 한다.

② 보고: 기본계획의 수립권자는 기본계획을 고시한 때에는 국토교통부령으로 정하는 방법 및 절차에 따라 국토교통부장관에게 보고하여야 한다.

기출지문 끝장

❶ 재건축사업에 있어서 **토지등소유자**는 정비구역에 있는 **토지 또는 건축물 소유자** 또는 지상권자이다. (×) 제25회

☑ 재건축사업에 있어서 토지등소유자는 건축물 및 부속토지의 소유자이다. 지상권자는 포함되지 않는다.

❷ 특별시장·광역시장·특별자치시장·특별자치도지사 또는 시장은 **기본계획**을 20년 단위로 수립하여야 하며, 5년마다 그 타당성 여부를 검토하여야 한다. (×) 제26회

☑ 특별시장·광역시장·특별자치시장·특별자치도지사 또는 시장은 기본계획을 10년 단위로 수립하여야 하며, 5년마다 타당성 여부를 검토하여야 한다.

❸ 도지사가 **대도시가 아닌 시**로서 기본계획을 수립할 필요가 없다고 인정하는 시에 대하여는 기본계획을 수립하지 아니할 수 있다. (○) 제27회, 제29회

❹ 대도시의 시장이 아닌 시장은 기본계획의 내용 중 **정비사업의 계획기간을 단축**하는 경우 도지사의 변경승인을 받지 아니할 수 있다. (○) 제29회

기출문제 끝장

기출 분석

- 기출회차: 제30회
- 난이도: ★★★
- 키워드: 경미한 변경

함정을 피하는 끝장 TIP

- 정비사업의 종류, 공동이용시설, 토지등소유자에 관한 개념을 정확하게 정리하여야 한다.
- 기본계획의 수립권자와 수립단위, 타당성 검토에 관한 규정을 암기하여야 한다.
- 기본계획의 수립절차 중 공람기간, 도지사의 승인, 경미한 변경을 정확하게 숙지하여야 한다.

도시 및 주거환경정비법령상 도시·주거환경정비기본계획을 변경할 때 지방의회의 의견청취를 생략할 수 있는 경우가 아닌 것은?

① 공동이용시설에 대한 설치계획을 변경하는 경우

② 정비사업의 계획기간을 단축하는 경우

③ 사회복지시설 및 주민문화시설 등에 대한 설치계획을 변경하는 경우

④ 구체적으로 명시된 정비예정구역 면적의 25%를 변경하는 경우

→ 구체적으로 명시된 정비예정구역 면적의 20% 미만의 범위에서 변경하는 경우

⑤ 정비사업의 시행을 위하여 필요한 재원조달에 관한 사항을 변경하는 경우

해 설

도시·주거환경정비기본계획을 변경할 때 주민 및 지방의회 의견청취를 생략할 수 있는 사유는 다음과 같다.

1. 정비사업의 계획기간을 단축하는 경우
2. 단계별 정비사업 추진계획을 변경하는 경우
3. 공동이용시설에 대한 설치계획을 변경하는 경우
4. 사회복지시설 및 주민문화시설 등에 대한 설치계획을 변경하는 경우
5. 구체적으로 면적이 명시된 정비예정구역의 면적을 20% 미만의 범위에서 변경하는 경우
6. 건폐율 및 용적률을 20% 미만의 범위에서 변경하는 경우
7. 정비사업의 시행을 위하여 필요한 재원조달에 관한 사항을 변경하는 경우
8. 「국토의 계획 및 이용에 관한 법률」에 따른 도시·군기본계획의 변경에 따라 기본계획을 변경하는 경우

기 출 테 마

15 안전진단 및 정비구역의 지정

1 재건축사업의 안전진단 등 ☆☆ 제22회, 제28회

(1) 안전진단의 실시

① 정비계획의 입안권자(특별자치시장, 특별자치도지사, 시장, 군수 또는 구청장)는 재건축사업 정비계획의 입안을 위하여 정비예정구역별 정비계획의 수립시기가 도래한 때에 안전진단을 실시하여야 한다.

② 정비계획의 입안권자는 다음의 어느 하나에 해당하는 경우에는 안전진단을 실시하여야 한다. 이 경우 정비계획의 입안권자는 안전진단에 드는 비용을 해당 안전진단의 실시를 요청하는 자에게 부담하게 할 수 있다.

㉠ 정비계획의 입안을 제안하려는 자가 입안을 제안하기 전에 해당 정비예정구역에 위치한 건축물 및 그 부속토지의 소유자 10분의 1 이상의 동의를 받아 안전진단의 실시를 요청하는 경우

㉡ 정비예정구역을 지정하지 아니한 지역에서 재건축사업을 하려는 자가 사업예정구역에 있는 건축물 및 그 부속토지의 소유자 10분의 1 이상의 동의를 받아 안전진단의 실시를 요청하는 경우

(2) 안전진단의 대상

① 재건축사업의 안전진단은 주택단지의 건축물을 대상으로 한다. 다만, 다음에 해당하는 건축물의 경우에는 안전진단 대상에서 제외할 수 있다.

㉠ 천재지변 등으로 주택이 붕괴되어 신속히 재건축을 추진할 필요가 있다고 정비계획 입안권자가 인정하는 것

㉡ 주택의 구조안전상 사용금지가 필요하다고 정비계획의 입안권자가 인정하는 것

㉢ 노후·불량건축물 수에 관한 기준을 충족한 경우 잔여 건축물

㉣ 진입도로 등 기반시설 설치를 위하여 불가피하게 정비구역에 포함된 것으로 정비계획의 입안권자가 인정하는 건축물❶

㉤ 안전등급이 D(미흡) 또는 E(불량)인 건축물

② 정비계획의 입안권자는 안전진단의 요청이 있는 때에는 요청일부터 30일 이내에 국토교통부장관이 정하는 바에 따라 안전진단의 실시 여부를 결정하여 요청인에게 통보하여야 한다.

기출지문 끝장

❶ 진입도로 등 기반시설 설치를 위하여 불가피하게 정비구역에 포함된 것으로 정비계획 입안권자가 인정하는 주택단지 내의 건축물은 **안전진단 대상**에서 제외할 수 있다. (○) 제28회

③ 정비계획의 입안권자는 현지조사 등을 통하여 안전진단의 요청이 있는 공동주택이 노후·불량건축물에 해당하지 아니함이 명백하다고 인정하는 경우에는 안전진단의 실시가 필요하지 아니하다고 결정할 수 있다.

④ 정비계획의 입안권자는 현지조사 등을 통하여 해당 건축물의 구조안전성, 건축마감, 설비노후도 및 주거환경 적합성 등을 심사하여 안전진단의 실시 여부를 결정하여야 하며, 안전진단의 실시가 필요하다고 결정한 경우에는 다음에 해당하는 안전진단기관에 안전진단을 의뢰하여야 한다.

㉠ 「시설물의 안전 및 유지관리에 관한 특별법」의 규정에 따른 안전진단전문기관

㉡ 「과학기술분야 정부출연연구기관 등의 설립·운영 및 육성에 관한 법률」의 규정에 따른 한국건설기술연구원

㉢ 「국토안전관리원법」에 따른 국토안전관리원

(3) 정비계획의 입안 여부 결정

정비계획의 입안권자는 안전진단의 결과와 도시계획 및 지역 여건 등을 종합적으로 검토하여 정비계획의 입안 여부를 결정하여야 한다.

(4) 시행결정 취소 등의 요청

① 정비계획의 입안권자(특별자치시장 및 특별자치도지사는 제외)는 정비계획의 입안 여부를 결정한 경우에는 지체 없이 특별시장·광역시장·도지사에게 결정내용과 해당 안전진단 결과보고서를 제출하여야 한다.❶

② 시·도지사는 필요한 경우 「국토안전관리원법」에 따른 국토안전관리원 또는 「과학기술분야 정부출연연구기관 등의 설립·운영 및 육성에 관한 법률」에 따른 한국건설기술연구원에 안전진단 결과의 적정성에 대한 검토를 의뢰할 수 있다.❷

③ 시·도지사는 적정성에 대한 검토결과에 따라 정비계획의 입안권자에게 정비계획 입안결정의 취소 등 필요한 조치를 요청할 수 있으며, 정비계획의 입안권자는 특별한 사유가 없으면 그 요청에 따라야 한다. 다만, 특별자치시장 및 특별자치도지사는 직접 정비계획의 입안결정의 취소 등 필요한 조치를 할 수 있다.

2 정비구역에서의 행위제한 등 ☆☆☆ 제22회, 제24회, 제25회, 제28회, 제29회, 제30회

(1) 허가대상 개발행위

정비구역에서 다음의 행위를 하고자 하는 자는 시장·군수등의 허가를 받아야 한다. 허가받은 사항을 변경하고자 하는 때에도 또한 같다.

① 건축물의 건축 등: 「건축법」에 따른 건축물(가설건축물을 포함)의 건축, 용도변경 (대수선(×))

② 공작물의 설치: 인공을 가하여 제작한 시설물의 설치

③ **토지의 형질변경**: 절토(땅깎기)·성토(흙쌓기)·정지(땅고르기)·포장 등의 방법으로 토지의 형상을 변경하는 행위, 토지의 굴착 또는 공유수면의 매립

④ **토석의 채취**: 흙·모래·자갈·바위 등의 토석을 채취하는 행위

⑤ 토지분할

⑥ **물건을 쌓아놓는 행위**: 이동이 쉽지 아니한 물건을 1개월 이상 쌓아놓는 행위❸

⑦ 죽목의 벌채 및 식재

(2) 허용사항

다음의 어느 하나에 해당하는 행위는 허가를 받지 아니하고 이를 할 수 있다.

① 재해복구 또는 재난수습에 필요한 응급조치를 위하여 하는 행위

② 기존 건축물의 붕괴 등 안전사고의 우려가 있는 경우 해당 건축물에 대한 안전조치를 위한 행위

③ 농림수산물의 생산에 직접 이용되는 것으로서 국토교통부령이 정하는 간이공작물(비닐하우스, 퇴비장, 탈곡장)의 설치

④ 경작을 위한 토지의 형질변경

⑤ 정비구역의 개발에 지장을 주지 아니하고 자연경관을 손상하지 아니하는 범위에서의 토석의 채취

⑥ 정비구역에 존치하기로 결정된 대지에 물건을 쌓아놓는 행위

⑦ 관상용 죽목의 임시식재(경작지에서의 임시식재는 제외)

(3) 정비구역의 해제사유(의무)

정비구역의 지정권자는 다음의 어느 하나에 해당하는 경우에는 정비예정구역 또는 정비구역(이하 '정비구역등'이라 한다)을 해제하여야 한다.

① 정비예정구역에 대하여 기본계획에서 정한 정비구역 지정 예정일부터 3년이 되는 날까지❹ 특별자치시장, 특별자치도지사, 시장 또는 군수가 정비구역을 지정하지 아니하거나 구청장등이 정비구역의 지정을 신청하지 아니하는 경우

기출지문 끝장

❶ 정비계획의 입안권자(특별자치시장 및 특별자치도지사는 제외)는 정비계획의 입안 여부를 결정한 경우에는 지체 없이 국토교통부장관에게 결정내용과 해당 **안전진단 결과보고서를 제출**하여야 한다. (×) 제28회

☑ 정비계획의 입안권자(특별자치시장 및 특별자치도지사는 제외)는 정비계획의 입안 여부를 결정한 경우에는 지체 없이 특별시장·광역시장·도지사에게 결정내용과 해당 안전진단 결과보고서를 제출하여야 한다.

❷ 시·도지사는 필요한 경우 국토안전관리원에 **안전진단 결과의 적정성** 여부에 대한 검토를 의뢰할 수 있다. (○) 제28회

❸ 정비구역에서 이동이 용이하지 아니한 **물건을** 14일 동안 **쌓아놓는 행위**는 시장·군수등의 허가를 받아야 한다. (×) 제30회

☑ 정비구역에서 이동이 용이하지 아니한 물건을 1개월 이상 쌓아놓는 행위는 시장·군수등의 허가를 받아야 한다.

❹ 정비예정구역에 대하여 기본계획에서 정한 정비구역 지정 예정일부터 **3년이 되는 날까지** 구청장등이 정비구역 지정을 신청하지 아니하는 경우 정비구역의 지정권자는 정비구역등을 해제하여야 한다. (○) 제24회

② 재개발사업 · 재건축사업(조합이 시행하는 경우로 한정)

㉠ 토지등소유자가 정비구역으로 지정 · 고시된 날부터 2년이 되는 날까지 추진위원회의 승인을 신청하지 아니하는 경우

㉡ 추진위원회가 추진위원회 승인일부터 2년이 되는 날까지 조합설립인가를 신청하지 아니하는 경우

㉢ 조합이 조합설립인가를 받은 날부터 3년이 되는 날까지 사업시행계획인가를 신청하지 아니하는 경우

③ 토지등소유자가 시행하는 재개발사업으로서 토지등소유자가 정비구역으로 지정 · 고시된 날부터 5년이 되는 날까지 사업시행계획인가를 신청하지 아니하는 경우

(4) 정비사업의 시행방법

주거환경 개선사업	주거환경개선사업은 다음에 해당하는 방법 또는 이를 혼용하는 방법에 따른다. ① 시행자가 정비구역 안에서 정비기반시설 및 공동이용시설을 새로 설치하거나 확대하고 토지등소유자가 스스로 주택을 보전 · 정비하거나 개량하는 방법(현지개량방법) ② 시행자가 정비구역의 전부 또는 일부를 수용하여 주택을 건설한 후 토지등소유자에게 우선 공급하거나 대지를 토지등소유자 또는 토지등소유자 외의 자에게 공급하는 방법(수용방법) ③ 시행자가 환지로 공급하는 방법(환지방법) ④ 시행자가 정비구역에서 인가받은 관리처분계획에 따라 주택 및 부대시설 · 복리시설을 건설하여 공급하는 방법(관리처분방법) └ 오피스텔(×)
재개발사업	재개발사업은 정비구역에서 인가받은 관리처분계획에 따라 건축물을 건설하여 공급하거나 환지로 공급하는 방법으로 한다.
재건축사업	재건축사업은 정비구역에서 인가받은 관리처분계획에 따라 주택, 부대시설 · 복리시설 및 오피스텔(준주거지역 및 상업지역에서만 건설할 수 있으며, 오피스텔의 연면적은 전체 건축물 연면적의 100분의 30 이하이어야 한다)을 건설하여 공급하는 방법으로 한다.❶

└ 정비기반시설은 양호하나 노후 · 불량건축물에 해당하는 공동주택이 밀집한 지역에서 주거환경을 개선하기 위한 사업

└ 정비기반시설이 열악하고 노후 · 불량건축물이 밀집한 지역에서 주거환경을 개선하거나, 상업지역 · 공업지역 등에서 도시환경을 개선하기 위한 사업

기출지문 끝장

❶ 주거환경개선사업은 사업시행자가 정비구역에서 인가받은 **관리처분계획**에 따라 주택, 부대시설 · 복리시설 및 **오피스텔**을 건설하여 공급하는 방법으로 사업을 시행할 수 있다. (×) 제28회, 제29회

☑ 재건축사업은 사업시행자가 정비구역에서 인가받은 관리처분계획에 따라 주택, 부대시설 · 복리시설 및 오피스텔을 건설하여 공급하는 방법으로 사업을 시행할 수 있다.

기출문제 끝장

기출 분석

- 기출회차: 제30회
- 난이도: ★★
- 키워드: 도시 · 주거환경정비기본계획의 수립 및 정비구역의 지정

함정을 피하는 끝장 TIP

- 안전진단 요청, 안전진단 대상, 안전진단 결과보고서 제출에 관한 내용을 정확하게 정리하여야 한다.
- 정비구역에서 허가대상과 허용사항, 기득권 보호에 관한 내용을 정확하게 암기하여야 한다.
- 정비구역의 의무적 해제사유와 정비사업의 시행방법을 정확하게 숙지하여야 한다.

PART 3

도시 및 주거환경정비법령상 도시 · 주거환경정비기본계획의 수립 및 정비구역의 지정에 관한 설명으로 틀린 것은?

① 기본계획의 수립권자는 기본계획을 수립하려는 경우에는 14일 이상 주민에게 공람하여 의견을 들어야 한다.

② 기본계획의 수립권자는 기본계획을 수립한 때에는 지체 없이 이를 해당 지방자치단체의 공보에 고시하고 일반인이 열람할 수 있도록 하여야 한다.

③ 정비구역의 지정권자는 정비구역의 진입로 설치를 위하여 필요한 경우에는 진입로 지역과 그 인접지역을 포함하여 정비구역을 지정할 수 있다.

④ 정비구역에서는 「주택법」에 따른 지역주택조합의 조합원을 모집해서는 아니 된다.

⑤ 정비구역에서 이동이 쉽지 아니한 물건을 ~~14일 동안~~ 쌓아두기 위해서는 시장 · 군수등의 허가를 받아야 한다.

→ 정비구역에서 이동이 쉽지 아니한 물건을 1개월 이상 쌓아두기 위해서는 시장 · 군수등의 허가를 받아야 한다. 따라서 이동이 쉽지 아니한 물건을 14일 동안 쌓아두는 행위는 허가를 받지 않아도 된다.

기출테마

16 정비사업조합

1 조합설립추진위원회 ☆☆☆ 제24회, 제25회, 제26회, 제27회, 제29회, 제31회, 제32회

1 조합설립추진위원회

(1) 조합설립추진위원회의 구성

조합을 설립하려는 경우에는 정비구역 지정·고시 후 다음의 사항에 대하여 토지등소유자 과반수의 동의를 받아 조합설립을 위한 추진위원회를 구성하여 국토교통부령으로 정하는 방법과 절차에 따라 시장·군수등의 승인을 받아야 한다.

① 추진위원장을 포함한 5명 이상의 추진위원회 위원(추진위원)

② 운영규정

(2) 추진위원회의 업무

① 정비사업전문관리업자의 선정[경쟁입찰 또는 수의계약(2회 이상 경쟁입찰이 유찰된 경우로 한정)의 방법으로 선정]

② 설계자의 선정 및 변경

③ 개략적인 정비사업 시행계획서의 작성

④ 조합의 설립인가를 받기 위한 준비업무

⑤ 추진위원회 운영규정의 작성

⑥ 토지등소유자의 동의서 접수

⑦ 조합의 설립을 위한 창립총회의 개최

⑧ 조합정관의 초안 작성

(3) 창립총회 개최의무

① **창립총회의 개최**: 추진위원회는 조합설립인가를 신청하기 전에 대통령령으로 정하는 방법 및 절차에 따라 조합설립을 위한 창립총회를 개최하여야 한다.

② **창립총회의 업무**: 창립총회에서는 다음의 업무를 처리한다.

㉠ 조합정관의 확정

㉡ 조합임원의 선임

㉢ 대의원의 선임

③ **창립총회의 의사결정**: 창립총회의 의사결정은 토지등소유자(재건축사업의 경우 조합설립에 동의한 토지등소유자로 한정)의 과반수 출석과 출석한 토지등소유자의 과반수 찬성으로 결의한다.

(4) 추진위원회의 조직 및 승계

① 조직: 추진위원회는 추진위원회를 대표하는 추진위원장 1인과 감사(이사 ×)를 두어야 한다.

② 승계: 추진위원회는 수행한 업무를 총회에 보고하여야 하며, 그 업무와 관련된 권리와 의무는 조합이 포괄승계한다.

2 동의요건

(1) 재개발사업의 동의요건 ⇨ 필수 암기사항!

재개발사업의 추진위원회(추진위원회를 구성하지 아니하는 경우에는 토지등소유자를 말한다)가 조합을 설립하려면 토지등소유자의 4분의 3 이상 및 토지면적의 2분의 1 이상❶의 토지소유자의 동의를 받아 시장·군수등의 인가를 받아야 한다.

(2) 재건축사업의 동의요건 ⇨ 필수 암기사항!

① 재건축사업의 추진위원회(추진위원회를 구성하지 아니하는 경우에는 토지등소유자를 말한다)가 조합을 설립하려는 때에는 주택단지의 공동주택의 각 동(복리시설의 경우에는 주택단지의 복리시설 전체를 하나의 동으로 본다)별 구분소유자의 과반수 동의(공동주택의 각 동별 구분소유자가 5 이하인 경우는 제외)와 주택단지의 전체 구분소유자의 4분의 3 이상 및 토지면적의 4분의 3 이상❷의 토지소유자의 동의를 받아 시장·군수등의 인가를 받아야 한다.

② 주택단지가 아닌 지역이 정비구역에 포함된 때에는 주택단지가 아닌 지역의 토지 또는 건축물 소유자의 4분의 3 이상 및 토지면적의 3분의 2 이상의 토지소유자의 동의를 받아야 한다.

(3) 변경에 대한 동의요건

조합이 인가받은 사항을 변경하고자 하는 때에는 총회에서 조합원의 3분의 2 이상의 찬성으로 의결하고, 시장·군수등의 인가를 받아야 한다. 다만, 대통령령으로 정하는 다음의 경미한 사항을 변경하려는 때에는 총회의 의결 없이 시장·군수등에게 신고하고 변경할 수 있다.

① 조합의 명칭 및 주된 사무소 소재지와 조합장의 성명 및 주소(조합장의 변경이 없는 경우로 한정)

② 토지 또는 건축물의 매매 등으로 인하여 조합원의 권리가 이전된 경우의 조합원의 교체 또는 신규가입

③ 조합임원 또는 대의원의 변경

④ 정비사업비의 변경

기출지문 끝장

❶ 재개발사업의 추진위원회가 조합을 설립하고자 하는 때에는 **토지등소유자 4분의 3 이상 및 토지면적 2분의 1 이상**의 토지소유자의 동의를 받아야 한다. (○) 제29회, 제31회

❷ 재건축사업의 추진위원회가 조합을 설립하고자 하는 때에는 주택단지 안의 공동주택의 각 **동별 구분소유자의 과반수** 동의와 주택단지 안의 **전체 구분소유자의 4분의 3 이상** 및 **토지면적의 4분의 3 이상**의 토지소유자의 동의를 받아야 한다. (○) 제31회

3 토지등소유자의 동의방법

(1) 동의방법

동의(동의한 사항의 철회 또는 반대의 의사표시를 포함)는 서면동의서에 토지등소유자가 성명을 적고 지장(指章)을 날인하는 방법으로 하며, 주민등록증, 여권 등 신원을 확인할 수 있는 신분증명서의 사본을 첨부하여야 한다.

(2) 산정방법

토지등소유자(토지면적에 관한 동의자 수를 산정하는 경우에는 토지소유자를 말한다)의 동의는 다음의 기준에 따라 산정한다.

① 주거환경개선사업, 재개발사업의 경우에는 다음의 기준에 의할 것

㉠ 1필지의 토지 또는 하나의 건축물을 여럿이서 공유하는 때에는 그 여럿을 대표하는 1인을 토지등소유자로 산정할 것

㉡ 토지에 지상권이 설정되어 있는 경우 토지의 소유자와 해당 토지의 지상권자를 대표하는 1인을 토지등소유자로 산정할 것

㉢ 1인이 다수 필지의 토지 또는 다수의 건축물을 소유하고 있는 경우에는 필지나 건축물의 수에 관계없이 토지등소유자를 1인으로 산정할 것

② 추진위원회의 구성 또는 조합의 설립에 동의한 자로부터 토지 또는 건축물을 취득한 자는 추진위원회의 구성 또는 조합의 설립에 동의한 것으로 볼 것

③ 국공유지에 대해서는 그 재산관리청을 각각 토지등소유자로 산정할 것

(3) 효력 발생

동의의 철회나 반대의 의사표시는 철회서가 동의의 상대방에게 도달한 때 또는 시장·군수등이 동의의 상대방에게 철회서가 접수된 사실을 통지한 때 중 빠른 때에 효력이 발생한다.

2 정비사업조합 ☆☆☆ 제25회, 제26회, 제28회, 제29회, 제30회, 제32회

1 조합원의 자격 등

(1) 조합의 법인격

① 법적 성격: 조합은 법인으로 한다.

② 성립시기: 조합은 조합설립의 인가를 받은 날부터 30일 이내에 주된 사무소의 소재지에서 등기함으로써 성립한다.

③ 「민법」의 준용: 조합에 관하여는 「도시 및 주거환경정비법」에 규정된 것을 제외하고는 「민법」 중 사단법인에 관한 규정을 준용한다.

④ 조합의 명칭: 조합은 명칭에 '정비사업조합'이라는 문자를 사용해야 한다.

(2) 조합원의 자격

정비사업의 조합원(사업시행자가 신탁업자인 경우에는 위탁자를 말한다)은 토지등소유자(재건축사업의 경우에는 재건축사업에 동의한 자만 해당)로 하되, 다음의 어느 하나에 해당하는 때에는 그 여러 명을 대표하는 1명을 조합원으로 본다.

① 토지 또는 건축물의 소유권과 지상권이 여러 명의 공유에 속하는 때

② 여러 명의 토지등소유자가 1세대에 속하는 때

2 조합의 임원

(1) 조합의 임원

조합은 다음의 어느 하나의 요건을 갖춘 조합장 1명과 이사, 감사를 임원으로 둔다. 이 경우 조합장은 선임일부터 관리처분계획인가를 받을 때까지는 해당 정비구역에서 거주하여야 한다.

① 정비구역에서 거주하고 있는 자로서 선임일 직전 3년 동안 정비구역 내 거주 기간이 1년 이상일 것

② 정비구역에 위치한 건축물 또는 토지(재건축사업의 경우에는 건축물과 그 부속토지를 말한다)를 5년 이상 소유하고 있을 것

(2) 조합임원의 수 및 임기

① 조합에 두는 이사의 수는 3명 이상으로 하고, 감사의 수는 1명 이상 3명 이하로 한다. 다만, 토지등소유자의 수가 100인을 초과하는 경우에는 이사의 수를 5명 이상으로 한다.❶

② 조합임원의 임기는 3년 이하의 범위에서 정관으로 정하되, 연임할 수 있다.

3 조합임원의 직무

① 조합장은 조합을 대표하고, 그 사무를 총괄하며, 총회 또는 대의원회의 의장이 된다.

② 조합장 또는 이사가 자기를 위하여 조합과 계약이나 소송을 할 때에는 감사가 조합을 대표한다.❷

③ 조합임원은 같은 목적의 정비사업을 하는 다른 조합의 임원 또는 직원을 겸할 수 없다.

기출지문 끝장

❶ 조합설립추진위원회는 토지등소유자의 수가 200인인 경우 **5명 이상의 이사**를 두어야 한다. (×) 제32회

☑ 토지등소유자의 수가 100명을 초과하는 경우 이사의 수를 5명 이상으로 두어야 하는 경우는 조합설립추진위원회가 아니라 조합에 해당하는 내용이다.

❷ 조합장이 **자기를 위한 조합과의 계약이나 소송**에 관하여는 이사가 조합을 대표한다. (×) 제30회

☑ 조합장이 자기를 위한 조합과의 계약이나 소송에 관하여는 감사가 조합을 대표한다.

4 조합임원 또는 전문조합관리인의 결격사유 등

(1) 결격사유

다음에 해당하는 자는 조합의 임원 또는 전문조합관리인이 될 수 없다.

① 미성년자·피성년후견인 또는 피한정후견인

② 파산선고를 받고 복권되지 아니한 자

③ 금고 이상의 실형의 선고를 받고 그 집행이 종료되거나 집행이 면제된 날부터 2년이 지나지 아니한 자

④ 금고 이상의 형의 집행유예를 받고 그 유예기간 중에 있는 자

⑤ 「도시 및 주거환경정비법」을 위반하여 벌금 100만원 이상의 형을 선고받고 10년이 지나지 아니한 자

(2) 임원의 퇴임

조합임원이 다음의 어느 하나에 해당하는 경우에는 당연 퇴임한다.

① 결격사유에 해당하게 되거나 선임 당시 그에 해당하는 자이었음이 밝혀진 경우

② 조합임원이 자격요건을 갖추지 못한 경우

(3) 퇴임 전 행위의 효력

퇴임된 임원이 퇴임 전에 관여한 행위는 그 효력을 잃지 아니한다.

(4) 조합임원의 해임

조합임원은 조합원 10분의 1 이상의 요구로 소집된 총회에서 조합원 과반수의 출석과 출석 조합원 과반수의 동의를 받아 해임할 수 있다.

5 총회개최 및 의결사항

(1) 총회의 소집(총회 개최 7일 전까지 통지)

총회는 조합장의 직권 또는 조합원 5분의 1 이상(정관의 기재사항 중 조합임원의 권리·의무·보수·선임방법·변경 및 해임에 관한 사항을 변경하기 위한 총회의 경우는 10분의 1 이상) 또는 대의원 3분의 2 이상의 요구로 조합장이 소집한다.

(2) 총회의 의결사항

① 정관의 변경(다만, ㉠ 조합원의 자격❶, ㉡ 조합원의 제명·탈퇴 및 교체, ㉢ 조합의 비용부담 및 조합의 회계, ㉣ 시공자 및 설계자의 선정, ㉤ 정비구역의 위치 및 면적에 관한 사항은 조합원 3분의 2 이상의 찬성으로 한다)

② 조합임원의 선임 및 해임

③ 정비사업비의 조합원별 분담내역

④ 사업시행계획서의 작성 및 변경(정비사업의 중지·폐지에 관한 사항을 포함하며, 경미한 변경은 제외)

⑤ 관리처분계획의 수립 및 변경(경미한 변경은 제외)

(3) 총회의 의결정족수

① 총회의 의결은 「도시 및 주거환경정비법」 또는 정관에 다른 규정이 없으면 조합원 과반수의 출석과 출석 조합원의 과반수 찬성으로 한다.

② 사업시행계획서의 작성 및 변경과 관리처분계획의 수립 및 변경의 경우에는 조합원 과반수의 찬성으로 의결한다. 다만, 정비사업비가 100분의 10(생산자물가상승률분, 손실보상금액은 제외) 이상 늘어나는 경우에는 조합원 3분의 2 이상의 찬성으로 의결하여야 한다.

(4) 총회의 소집절차

총회의 의결은 조합원의 100분의 10 이상이 직접 출석하여야 한다. 다만, 창립총회, 사업시행계획서의 작성 및 변경, 관리처분계획의 수립 및 변경을 의결하는 총회 등 대통령령으로 정하는 총회의 경우에는 조합원의 100분의 20 이상이 직접 출석하여야 한다.

6 대의원회

(1) 대의원회 설치(필수기관)

조합원의 수가 100명 이상인 조합은 대의원회를 두어야 한다.

(2) 대의원의 자격

① 조합장이 아닌 조합임원(이사, 감사)은 대의원이 될 수 없다.

② 대의원은 조합원 중에서 선출하며, 대의원회의 의장은 조합장이 된다.

(3) 대의원회 권한

대의원회는 총회의 의결사항 중 다음의 사항은 총회의 권한을 대행할 수 없다.

① 자금의 차입과 그 방법·이자율 및 상환방법에 관한 사항

② 예산으로 정한 사항 외에 조합원에게 부담이 되는 계약에 관한 사항

③ 조합임원의 선임 및 해임과 대의원의 선임 및 해임에 관한 사항.❷ 다만, 정관으로 정하는 바에 따라 임기 중 궐위된 자(조합장은 제외)를 보궐선임하는 경우를 제외한다.

④ 조합의 합병 또는 해산에 관한 사항. 다만, 사업완료로 인한 해산의 경우는 제외한다.

⑤ 정비사업비의 변경에 관한 사항

기출지문 끝장

❶ **조합원의 자격에 관한 사항**에 대하여 정관을 변경하고자 하는 경우 총회에서 조합원 3분의 2 이상의 찬성으로 한다. (O) 제25회, 제29회

❷ 조합의 이사는 대의원회에서 **해임**될 수 있다. (×) 제25회

☑ 조합의 이사는 대의원회에서 해임될 수 없다.

기출문제 끝장

기출 분석

- 기출회차: 제30회
- 난이도: ★★
- 키워드: 정비사업의 시행

함정을 피하는 끝장 TIP

- 재개발사업과 재건축사업의 조합설립인가를 받기 위한 동의요건을 정확하게 암기하여야 한다.
- 정관의 기재사항 및 정관의 변경을 위한 동의요건을 정확하게 암기하여야 한다.
- 조합임원의 결격사유, 직무, 퇴임, 대의원회 자격 및 권한을 정확하게 숙지하여야 한다.

도시 및 주거환경정비법령상 정비사업의 시행에 관한 설명으로 옳은 것은?

① 조합의 정관에는 정비구역의 위치 및 면적이 포함되어야 한다.

② 조합설립인가 후 시장·군수등이 토지주택공사등을 사업시행자로 지정·고시한 때에는 그 고시일에 조합설립인가가 취소된 것으로 본다.

⋯ 조합설립인가 후 시장·군수등이 토지주택공사등을 사업시행자로 지정·고시한 때에는 그 고시일 다음 날에 조합설립인가가 취소된 것으로 본다.

③ 조합은 명칭에 '정비사업조합'이라는 문자를 ~~사용하지 않아도 된다~~.

⋯ 조합은 명칭에 '정비사업조합'이라는 문자를 사용하여야 한다.

④ 조합장이 자기를 위하여 조합과 소송을 할 때에는 ~~이사가~~ 조합을 대표한다.

⋯ 조합장이 자기를 위하여 조합과 소송을 할 때에는 감사가 조합을 대표한다.

⑤ 재건축사업을 하는 정비구역에서 오피스텔을 건설하여 공급하는 경우에는 「국토의 계획 및 이용에 관한 법률」에 따른 준주거지역 및 ~~상업지역 이외의 지역에서~~ 오피스텔을 건설할 수 있다.

⋯ 재건축사업을 하는 정비구역에서 오피스텔을 건설하여 공급하는 경우에는 「국토의 계획 및 이용에 관한 법률」에 따른 준주거지역 및 상업지역에서만 오피스텔을 건설할 수 있다.

기출테마

17 관리처분계획 및 준공인가 등

1 관리처분계획 등 ☆☆☆ 제24회, 제26회, 제27회, 제28회, 제29회, 제30회, 제31회, 제32회

1 관리처분계획의 수립

(1) 관리처분계획의 내용

사업시행자는 분양신청기간이 종료된 때에는 분양신청의 현황을 기초로 관리처분계획을 수립하여 시장·군수등의 인가를 받아야 하며, 관리처분계획을 변경·중지 또는 폐지하려는 경우에도 또한 같다. 다만, 대통령령으로 정하는 경미한 사항을 변경[① 계산착오·오기·누락 등에 따른 조서의 단순정정인 경우(불이익을 받는 자가 없는 경우❶에만 해당), ② 정관 및 사업시행계획인가의 변경에 따라 관리처분계획을 변경하는 경우, ③ 매도청구에 대한 판결에 따라 관리처분계획을 변경하는 경우, ④ 사업시행자의 변동에 따른 권리·의무의 변동이 있는 경우로서 분양설계의 변경을 수반하지 아니하는 경우, ⑤ 주택분양에 관한 권리를 포기하는 토지등소유자에 대한 임대주택의 공급에 따라 관리처분계획을 변경하는 경우]하려는 경우에는 시장·군수등에게 신고하여야 한다.

(2) 관리처분계획의 수립기준

관리처분계획의 내용은 다음의 기준에 따른다.

① 작성기준: 종전의 토지 또는 건축물의 면적·이용상황·환경 그 밖의 사항을 종합적으로 고려하여 대지 또는 건축물이 균형있게 분양신청자에게 배분되고 합리적으로 이용되도록 한다.

② 증·감환지: 지나치게 좁거나 넓은 토지 또는 건축물에 대하여 필요한 경우에는 이를 증가하거나 감소시켜 대지 또는 건축물이 적정 규모가 되도록 한다.

③ 환지부지정: 너무 좁은 토지 또는 건축물이나 정비구역 지정 후 분할된 토지를 취득한 자에 대하여는 현금으로 청산할 수 있다.

④ 위해방지를 위한 조치: 재해 또는 위생상의 위해를 방지하기 위하여 토지의 규모를 조정할 특별한 필요가 있는 때에는 너무 좁은 토지를 넓혀 토지를 갈음하여 보상을 하거나 건축물의 일부와 그 건축물이 있는 대지의 공유지분을 교부할 수 있다.

⑤ 분양설계 작성기준: 분양설계에 관한 계획은 분양신청기간이 만료되는 날을 기준으로 하여 수립한다.

기출지문 끝장

❶ 계산착오·오기·누락 등에 따른 조서의 단순정정인 경우로서 불이익을 받는 자가 있는 경우에는 관리처분계획을 변경하고자 할 때 시장·군수등에게 신고하여야 한다. (×) 제29회

☑ 불이익을 받는 자가 있는 경우에는 시장·군수등의 인가를 받아야 한다.

⑥ **1주택 공급원칙**: 1세대 또는 1명이 하나 이상의 주택 또는 토지를 소유한 경우 1주택을 공급하고, 같은 세대에 속하지 아니하는 2명 이상이 1주택 또는 1토지를 공유한 경우에는 1주택만 공급한다. 다만, 다음의 경우에는 다음의 방법에 따라 주택을 공급할 수 있다.

㉠ **소유한 주택 수만큼 공급**: 다음의 어느 하나에 해당하는 토지등소유자에게는 소유한 주택의 수만큼 공급할 수 있다.

ⓐ 과밀억제권역에 위치하지 아니한 재건축사업의 토지등소유자. 다만, 투기과열지구 또는 「주택법」에 따라 지정된 조정대상지역에서 사업시행계획인가(최초 사업시행계획인가를 말한다)를 신청하는 재건축사업의 경우에는 그러하지 아니하다.

ⓑ 근로자(공무원인 근로자를 포함) 숙소, 기숙사 용도로 주택을 소유하고 있는 토지등소유자

ⓒ 국가, 지방자치단체 및 토지주택공사등

㉡ **2주택 공급**: 분양대상자별 종전의 토지 또는 건축물 명세 및 사업시행계획인가의 고시가 있은 날을 기준으로 한 가격의 범위 또는 종전 주택의 주거전용면적의 범위에서 2주택을 공급할 수 있고, 이 중 1주택은 주거전용면적을 $60m^2$ 이하로 한다. 다만, $60m^2$ 이하로 공급받은 1주택은 이전고시일 다음 날부터 3년이 지나기 전에는 주택을 전매(매매·증여나 그 밖에 권리의 변동을 수반하는 모든 행위를 포함하되 상속의 경우는 제외)하거나 전매를 알선할 수 없다.

㉢ **3주택 공급**: 과밀억제권역에 위치한 재건축사업의 경우에는 토지등소유자가 소유한 주택 수의 범위에서 3주택까지 공급할 수 있다. 다만, 투기과열지구 또는 「주택법」에 따라 지정된 조정대상지역에서 사업시행계획인가(최초 사업시행계획인가를 말한다)를 신청하는 재건축사업의 경우에는 그러하지 아니하다.

㉠의 ⓐ 단서에도 불구하고 과밀억제권역 외의 조정대상지역 또는 투기과열지구에서 조정대상지역 또는 투기과열지구로 지정되기 전에 1명의 토지등소유자로부터 토지 또는 건축물의 소유권을 양수하여 여러 명이 소유하게 된 경우에는 양도인과 양수인에게 각각 1주택을 공급할 수 있다.

2 관리처분계획에 따른 처분

(1) 조성된 대지 등의 처분

① 정비사업의 시행으로 조성된 대지 및 건축물은 관리처분계획에 따라 처분 또는 관리하여야 한다.

② 사업시행자는 정비사업의 시행으로 건설된 건축물을 인가받은 관리처분계획에 따라 토지등소유자에게 공급하여야 한다.

(2) 잔여분에 대한 처리

사업시행자는 분양신청을 받은 후 잔여분이 있는 경우에는 정관등 또는 사업시행계획으로 정하는 목적을 위하여 그 잔여분을 보류지(건축물을 포함)로 정하거나 조합원 또는 토지등소유자 이외의 자에게 분양할 수 있다.❶

(3) 임대주택 인수의무

국토교통부장관, 시·도지사, 시장, 군수, 구청장 또는 토지주택공사등은 조합이 요청하는 경우 재개발사업의 시행으로 건설된 임대주택을 인수하여야 한다.

시·도지사 또는 시장, 군수, 구청장이 우선하여 인수하여야 한다.

(4) 지분형 주택

① 지분형 주택의 규모는 주거전용면적 60m² 이하인 주택으로 한정한다.

② 지분형 주택의 공동 소유기간은 소유권을 취득한 날부터 10년의 범위에서 사업시행자가 정하는 기간으로 한다.

(5) 토지임대부 분양주택

국토교통부장관, 시·도지사, 시장, 군수, 구청장 또는 토지주택공사등은 ① 정비구역에 세입자와 ② 면적이 90m² 미만의 토지를 소유한 자로서 건축물을 소유하지 아니한 자, ③ 바닥면적이 40m² 미만의 사실상 주거를 위하여 사용하는 건축물을 소유한 자로서 토지를 소유하지 아니한 자의 요청이 있는 경우에는 인수한 임대주택의 일부를 「주택법」에 따른 토지임대부 분양주택으로 전환하여 공급하여야 한다.

3 관리처분계획 고시의 효과

(1) 사용·수익의 정지

종전의 토지 또는 건축물의 소유자·지상권자·전세권자·임차권자 등 권리자는 관리처분계획인가의 고시가 있은 때에는 소유권이전고시가 있는 날까지 종전의 토지 또는 건축물을 사용하거나 수익할 수 없다. 다만, 다음의 어느 하나에 해당하는 경우에는 그러하지 아니하다.

① 사업시행자의 동의를 받은 경우❷

② 「공익사업을 위한 토지 등의 취득 및 보상에 관한 법률」에 따른 손실보상이 완료되지 아니한 경우

(2) 건축물의 철거

① 원칙: 사업시행자는 관리처분계획의 인가를 받은 후 기존의 건축물을 철거하여야 한다.

② 예외: 사업시행자는 다음에 해당하는 경우에는 기존 건축물 소유자의 동의 및 시장·군수등의 허가를 받아 해당 건축물을 철거할 수 있다. 이 경우 건축물의 철거는 토지등소유자로서의 권리·의무에 영향을 주지 아니한다.

㉠ 「재난 및 안전관리 기본법」, 「주택법」, 「건축법」 등 관계 법령에서 정하는 기존 건축물의 붕괴 등 안전사고의 우려가 있는 경우

㉡ 폐공가(廢空家)의 밀집으로 범죄발생의 우려가 있는 경우

기출지문 끝장

❶ 사업시행자는 분양신청을 받은 후 **잔여분**이 있는 경우에는 사업시행계획으로 정하는 목적을 위하여 그 잔여분을 조합원 또는 토지등소유자 이외의 자에게 분양할 수 있다. (O) 제31회

❷ 관리처분계획의 인가·고시가 있은 때에는 종전의 토지의 임차권자는 **사업시행자의 동의**를 받더라도 소유권의 이전고시가 있은 날까지 종전의 토지를 사용할 수 없다. (×) 제27회

☑ 관리처분계획의 인가·고시가 있은 때에는 종전의 토지의 임차권자는 사업시행자의 동의를 받은 경우에는 소유권의 이전고시가 있는 날까지 종전의 토지를 사용할 수 있다.

2 공사완료에 따른 조치 등 ☆☆ 제26회, 제29회, 제31회, 제32회

1 정비사업의 준공인가

(1) 시장·군수등의 준공인가

시장·군수등이 아닌 사업시행자가 정비사업 공사를 완료한 때에는 대통령령으로 정하는 방법 및 절차에 따라 시장·군수등의 준공인가를 받아야 한다. 다만, 사업시행자(공동시행자인 경우를 포함)가 토지주택공사(지방공사 ×)인 경우로서 「한국토지주택공사법」 및 동법 시행령에 따라 준공인가 처리결과를 시장·군수등에게 통보한 경우는 그러하지 아니한다.

(2) 준공인가에 따른 정비구역의 해제

① 정비구역의 지정은 준공인가의 고시가 있은 날(관리처분계획을 수립하는 경우에는 이전고시가 있은 때를 말한다)의 다음 날에 해제된 것으로 본다. 이 경우 지방자치단체는 해당 지역을 「국토의 계획 및 이용에 관한 법률」에 따른 지구단위계획으로 관리하여야 한다.

② 위 ①에 따른 정비구역의 해제는 조합의 존속에 영향을 주지 아니한다.❶

2 소유권이전고시 등

(1) 소유권이전의 절차

사업시행자는 공사완료 고시가 있은 때에는 지체 없이 대지확정측량을 하고 토지의 분할절차를 거쳐 관리처분계획에서 정한 사항을 분양받을 자에게 통지하고 대지 또는 건축물의 소유권을 이전하여야 한다. 다만, 정비사업의 효율적인 추진을 위하여 필요한 경우에는 해당 정비사업에 관한 공사가 전부 완료되기 전이라도 완공된 부분은 준공인가를 받아 대지 또는 건축물별로 분양받을 자에게 소유권을 이전할 수 있다.❷

(2) 이전고시와 소유권 취득

사업시행자는 대지 및 건축물의 소유권을 이전하려는 때에는 그 내용을 해당 지방자치단체의 공보에 고시한 후 시장·군수등에게 보고하여야 한다. 이 경우 대지 또는 건축물을 분양받을 자는 고시가 있은 날의 다음 날에 그 대지 또는 건축물의 소유권을 취득한다.

3 이전등기 및 다른 등기의 제한

(1) 이전의 등기

사업시행자는 소유권이전고시가 있은 때에는 지체 없이 대지 및 건축물에 관한 등기를 지방법원지원 또는 등기소에 촉탁 또는 신청하여야 한다.

(2) 다른 등기의 제한

정비사업에 관하여 소유권이전고시가 있은 날부터 소유권이전등기가 있을 때까지는 저당권 등의 다른 등기를 하지 못한다.❸

4 청산금

(1) 청산금의 징수 및 지급방법

① 분할징수·분할지급: 정관등에서 분할징수 및 분할지급에 대하여 정하고 있거나 총회의 의결을 거쳐 따로 정한 경우에는 관리처분계획인가 후부터 소유권이전고시가 있은 날까지 일정 기간별로 분할징수하거나 분할지급할 수 있다.

② 청산금 산정기준: 사업시행자는 종전에 소유하고 있던 토지 또는 건축물의 가격과 분양받은 대지 또는 건축물의 가격을 평가하는 경우 그 토지 또는 건축물의 규모·위치·용도·이용 상황·정비사업비 등을 참작하여 평가하여야 한다.

③ 강제징수 및 징수위탁: 시장·군수등인 사업시행자는 청산금을 납부할 자가 이를 납부하지 아니하는 경우 지방세 체납처분의 예에 따라 징수(분할징수를 포함)할 수 있으며, 시장·군수등이 아닌 사업시행자는 시장·군수등에게 청산금의 징수를 위탁할 수 있다. 이 경우 사업시행자는 징수한 금액의 100분의 4에 해당하는 금액을 해당 시장·군수등에게 교부하여야 한다.

④ 청산금의 공탁: 청산금을 지급받을 자가 받을 수 없거나 받기를 거부한 때에는 사업시행자는 그 청산금을 공탁할 수 있다.

(2) 청산금의 소멸시효

청산금을 지급(분할지급을 포함)받을 권리 또는 이를 징수할 권리는 소유권이전고시일의 다음 날부터 5년간 행사하지 아니하면 소멸한다.

(3) 물상대위

정비구역에 있는 토지 또는 건축물에 저당권을 설정한 권리자는 사업시행자가 저당권이 설정된 토지 또는 건축물의 소유자에게 청산금을 지급하기 전에 압류절차를 거쳐 저당권을 행사할 수 있다.

기출지문 끝장

❶ 준공인가에 따라 정비구역의 지정이 해제되면 조합도 해산된 것으로 본다. (×) 제29회, 제31회

☑ 정비구역의 해제는 조합의 존속에 영향을 주지 아니한다.

❷ 정비사업의 효율적인 추진을 위하여 필요한 경우에는 해당 정비사업에 관한 공사가 전부 완료되기 전이라도 완공된 부분은 준공인가를 받아 대지 또는 건축물별로 분양받을 자에게 소유권을 이전할 수 있다. (○) 제31회

❸ 정비사업에 관하여 소유권의 이전고시가 있은 날부터는 대지 및 건축물에 관한 등기가 없더라도 저당권 등의 다른 등기를 할 수 있다. (×) 제31회

☑ 정비사업에 관하여 소유권이전고시가 있은 날부터 소유권이전등기가 있을 때까지는 저당권 등의 다른 등기를 하지 못한다.

기출문제 끝장

기출 분석

- 기출회차: 제31회
- 난이도: ★★
- 키워드: 관리처분계획

함정을 피하는 끝장 TIP

- 관리처분계획의 경미한 변경, 관리처분계획에 따른 처분, 고시의 효과를 정확하게 암기하여야 한다.
- 정비업의 준공인가, 정비구역의 해제, 소유권이전에 관한 사항을 정확하게 숙지하여야 한다.
- 청산금의 분할징수 및 지급, 징수방법, 소멸시효, 물상대위를 정확하게 정리하여야 한다.

도시 및 주거환경정비법령상 관리처분계획에 따른 처분 등에 관한 설명으로 틀린 것은?

① 정비사업의 시행으로 조성된 대지 및 건축물은 관리처분계획에 따라 처분 또는 관리하여야 한다.

② 사업시행자는 정비사업의 시행으로 건설된 건축물을 관리처분계획에 따라 토지등소유자에게 공급하여야 한다.

③ 환지를 공급하는 방법으로 시행하는 주거환경개선사업의 사업시행자가 정비구역에 주택을 건설하는 경우 주택의 공급 방법에 관하여 「주택법」에도 불구하고 시장·군수등의 승인을 받아 따로 정할 수 있다.

④ 사업시행자는 분양신청을 받은 후 잔여분이 있는 경우에는 사업시행계획으로 정하는 목적을 위하여 그 잔여분을 조합원 또는 토지등소유자 이외의 자에게 분양할 수 있다.

✔⑤ 조합이 재개발임대주택의 인수를 요청하는 경우 ~~국토교통부장관~~이 우선하여 인수하여야 한다.

··· 조합이 재개발임대주택의 인수를 요청하는 경우 시·도지사, 시장, 군수, 구청장이 우선하여 인수하여야 한다.

memo

우선끝장 민개공

부동산공법

건축법

기출테마

18 용어의 정의 및 적용대상물

1 용어의 정의 ☆☆☆ 제23회, 제24회, 제26회, 제27회, 제28회, 제29회, 제31회, 제32회

(1) 지하층

'지하층'이란 건축물의 바닥이 지표면 아래에 있는 층으로서 바닥에서 지표면까지 평균높이가 해당 층 높이의 2분의 1 이상인 것을 말한다.

(2) 주요구조부

'주요구조부'란 내력벽(耐力壁), 기둥, 바닥, 보, 지붕틀 및 주계단(主階段)을 말한다.[1] 다만, 사이 기둥, 최하층 바닥, 작은 보, 차양, 옥외 계단, 그 밖에 이와 유사한 것으로 건축물의 구조상 중요하지 아니한 부분은 제외한다.

(3) 리모델링

'리모델링'이란 건축물의 노후화를 억제하거나 기능 향상 등을 위하여 대수선하거나 일부 증축 또는 개축하는 행위를 말한다.

(4) 도로

'도로'란 보행과 자동차 통행이 가능한 너비 4m 이상의 도로로서 다음의 어느 하나에 해당하는 도로나 그 예정도로를 말한다.

① 「국토의 계획 및 이용에 관한 법률」, 「도로법」, 「사도법」, 그 밖의 관계 법령에 따라 신설 또는 변경에 관한 고시가 된 도로

② 건축허가 또는 신고 시에 시·도지사 또는 시장·군수·구청장이 위치를 지정하여 공고하는 도로

건축허가: 건축물의 건축·대수선 또는 용도변경에 관한 일반적·상대적 금지를 일정한 요건 아래에 해제하여 자연적 권리를 회복시켜 주는 행정기관의 처분

(5) 고층건축물

'고층건축물'[2]이란 층수가 30층 이상이거나 높이가 120m 이상인 건축물을 말한다.

(6) 초고층 건축물

'초고층 건축물'이란 층수가 50층 이상이거나 높이가 200m 이상인 건축물을 말한다.

(7) 다중이용 건축물[3]

① 다음에 해당하는 용도로 쓰는 바닥면적의 합계가 5,000m² 이상인 건축물

㉠ 문화 및 집회시설(동물원·식물원은 제외)

㉡ 종교시설

㉢ 판매시설

ⓡ 운수시설 중 여객용 시설

ⓜ 의료시설 중 종합병원

ⓑ 숙박시설 중 관광숙박시설

② 16층 이상인 건축물

(8) 준다중이용 건축물

'준다중이용 건축물'이란 다중이용 건축물 외의 건축물로서 다음의 어느 하나에 해당하는 용도로 쓰는 바닥면적의 합계가 1,000m² 이상인 건축물을 말한다.

① 문화 및 집회시설(동물원·식물원은 제외)

② 종교시설

③ 판매시설

④ 운수시설 중 여객용 시설

⑤ 의료시설 중 종합병원

⑥ 교육연구시설

⑦ 노유자시설

⑧ 운동시설

⑨ 숙박시설 중 관광숙박시설

⑩ 위락시설

⑪ 관광휴게시설

⑫ 장례시설

(9) 특수구조 건축물

① 한쪽 끝은 고정되고 다른 끝은 지지(支持)되지 아니한 구조로 된 보·차양 등이 외벽의 중심선으로부터 3m 이상 돌출된 건축물

② 기둥과 기둥 사이의 거리가 20m 이상인 건축물

③ 특수한 설계·시공·공법 등이 필요한 건축물로서 국토교통부장관이 정하여 고시하는 구조로 된 건축물

기출지문 끝장

❶ 건축물의 **주요구조부**란 내력벽, 기둥, 바닥, 보, 지붕틀 및 주계단을 말한다. (○) 제24회

❷ **고층건축물**에 해당하려면 건축물의 층수가 30층 이상이고 높이가 120m 이상이어야 한다. (×) 제31회

☑ 고층건축물에 해당하려면 건축물의 층수가 30층 이상 또는 높이가 120m 이상이어야 한다.

❸ 관광휴게시설로 사용하는 바닥면적의 합계가 5,000m² 이상인 건축물은 **다중이용 건축물**에 해당한다. (×) 제29회

☑ 관광휴게시설로 사용하는 바닥면적의 합계가 5,000m² 이상인 건축물은 다중이용 건축물에 해당하지 않는다.

2 건축법 적용대상물 ☆☆☆ 제26회, 제27회, 제28회, 제29회, 제30회, 제31회

1 건축물

건축물이란 토지에 정착하는 공작물 중 지붕과 기둥 또는 벽이 있는 것과 이에 딸린 시설물, 지하나 고가의 공작물에 설치하는 사무소·공연장·점포·차고·창고, 그 밖에 대통령령으로 정하는 것을 말한다.

핵심 끌장 「건축법」의 적용대상에서 제외되는 건축물❶

1. 「문화재보호법」에 따른 지정문화재나 임시지정문화재
2. 철도나 궤도의 선로 부지에 있는 다음의 시설
   ① 운전보안시설
   ② 철도선로의 위나 아래를 가로지르는 보행시설
   ③ 플랫폼
   ④ 철도 또는 궤도사업용 급수·급탄 및 급유시설
3. 고속도로 통행료 징수시설
4. 컨테이너를 이용한 간이창고(공장의 용도로만 사용되는 건축물의 대지 안에 설치하는 것으로서 이동이 쉬운 것에 한함)❷
5. 「하천법」에 따른 하천구역 내의 수문조작실

2 대지

대지란 「공간정보의 구축 및 관리 등에 관한 법률」에 따라 각 필지로 나눈 토지를 말한다. 다만, 다음의 토지는 둘 이상의 필지를 하나의 대지로 하거나 하나 이상의 필지의 일부를 하나의 대지로 할 수 있다.

① 둘 이상의 필지를 하나의 대지로 보는 경우

㉠ 하나의 건축물을 두 필지 이상에 걸쳐 건축하는 경우 ⇨ 그 건축물이 건축되는 각 필지의 토지를 합한 토지

㉡ 「공간정보의 구축 및 관리 등에 관한 법률」에 따라 합병이 불가능한 경우 중 다음의 어느 하나에 해당하는 경우 ⇨ 그 합병이 불가능한 필지의 토지를 합한 토지. 다만, 토지의 소유자가 서로 다르거나 소유권 외의 권리관계가 서로 다른 경우는 제외한다.

ⓐ 각 필지의 지번부여지역이 서로 다른 경우

ⓑ 각 필지의 도면의 축척이 다른 경우

ⓒ 서로 인접하고 있는 필지로서 각 필지의 지반이 연속되지 아니한 경우

㉢ 「국토의 계획 및 이용에 관한 법률」에 따른 도시·군계획시설에 해당하는 건축물을 건축하는 경우 ⇨ 그 도시·군계획시설이 설치되는 일단의 토지

㉣ 「주택법」에 따른 사업계획승인을 받아 주택과 그 부대시설 및 복리시설을 건축하는 경우 ⇨ 주택단지

㉤ 도로의 지표 아래에 건축하는 건축물의 경우 ⇨ 특별시장·광역시장·특별자치시장·특별자치도지사·시장·군수 또는 구청장이 그 건축물이 건축되는 토지로 정하는 토지(지하상가)

ⓑ 건축물에 따른 사용승인을 신청할 때, 둘 이상의 필지를 하나의 필지로 합칠 것을 조건으로 건축허가를 하는 경우 ⇨ 그 필지가 합쳐지는 토지. 다만, 토지의 소유자가 서로 다른 경우는 제외한다.

② 하나 이상의 필지의 일부를 하나의 대지로 할 수 있는 경우

㉠ 하나 이상의 필지의 일부에 대하여 도시·군계획시설이 결정·고시된 경우 ⇨ 그 결정·고시된 부분의 토지

㉡ 하나 이상의 필지의 일부에 대하여 「농지법」에 따른 농지전용허가를 받은 경우 ⇨ 그 허가받은 부분의 토지

㉢ 하나 이상의 필지의 일부에 대하여 「산지관리법」에 따른 산지전용허가를 받은 경우 ⇨ 그 허가받은 부분의 토지

㉣ 하나 이상의 필지의 일부에 대하여 「국토의 계획 및 이용에 관한 법률」에 따른 개발행위허가를 받은 경우 ⇨ 그 허가받은 부분의 토지

㉤ 「건축법」에 따른 사용승인을 신청할 때 필지를 나눌 것을 조건으로 건축허가를 하는 경우 ⇨ 그 필지가 나누어지는 토지

PART 4

3 신고대상 공작물

① 높이 2m를 넘는 옹벽 또는 담장

② 높이 4m를 넘는 장식탑, 기념탑, 첨탑, 광고탑, 광고판❸

③ 높이 6m를 넘는 굴뚝

④ 높이 6m를 넘는 골프연습장 등의 운동시설을 위한 철탑과 주거지역·상업지역에 설치하는 통신용 철탑

⑤ 높이 8m를 넘는 고가수조

⑥ 높이 8m(위험방지를 위한 난간의 높이는 제외) 이하의 기계식 주차장 및 철골 조립식 주차장으로서 외벽이 없는 것

⑦ 바닥면적 30m²를 넘는 지하대피호

⑧ 높이 5m를 넘는 태양에너지를 이용하는 발전설비

기출지문 끝장

❶ 지정문화재, 플랫폼, 운전보안시설, 철도선로의 위나 아래를 가로지르는 보행시설, 철도사업용 급수·급탄 및 급유시설, 고속도로 통행료 징수시설은 「건축법」의 적용을 받지 않는다. (○) 제28회, 제30회

❷ 대지에 정착된 컨테이너를 이용한 주택은 「건축법」을 적용받는 건축물에 해당한다. (○) 제28회

❸ 높이 3m의 광고탑은 특별자치시장·특별자치도지사 또는 시장·군수·구청장에게 신고하고 축조하여야 하는 공작물에 해당한다. (×) 제31회

☑ 높이 4m를 넘는 광고탑은 특별자치시장·특별자치도지사 또는 시장·군수·구청장에게 신고하고 축조하여야 하는 공작물에 해당한다.

기출문제 끝장

기출 분석

- 기출회차: 제28회
- 난이도: ★
- 키워드: 건축법령상 용어의 정의

함정을 피하는 끝장 TIP

- 건축물, 주요구조부, 고층건축물, 다중이용 건축물에 대한 용어를 정확하게 숙지하여야 한다.
- 「건축법」 적용대상에서 제외되는 건축물과 신고대상 공작물을 정확하게 암기하여야 한다.

건축법령상 용어에 관한 설명으로 틀린 것은?

① 내력벽을 수선하더라도 수선되는 벽면적의 합계가 $30m^2$ 미만인 경우에는 '대수선'에 포함되지 않는다.

② 지하의 공작물에 설치하는 점포는 '건축물'에 해당하지 않는다.

→ 건축물이란 토지에 정착(定着)하는 공작물 중 지붕과 기둥 또는 벽이 있는 것과 이에 딸린 시설물, 지하나 고가(高架)의 공작물에 설치하는 사무소 · 공연장 · 점포 · 차고 · 창고, 그 밖에 대통령령으로 정하는 것을 말한다. 따라서 지하의 공작물에 설치하는 점포는 건축물에 해당한다.

③ 구조 계산서와 시방서는 '설계도서'에 해당한다.

④ '막다른 도로'의 구조와 너비는 '막다른 도로'가 '도로'에 해당하는지 여부를 판단하는 기준이 된다.

⑤ '고층건축물'이란 층수가 30층 이상이거나 높이가 120m 이상인 건축물을 말한다.

19 건축법 적용대상행위

1 건축 및 대수선 ☆☆ 제23회, 제25회, 제31회

(1) 건축

'건축'이란 건축물을 신축·증축·개축·재축(再築)하거나 건축물을 이전하는 것을 말한다.

신축❶	건축물이 없는 대지(기존 건축물이 해체되거나 멸실된 대지를 포함)에 새로 건축물을 축조(築造)하는 것[부속건축물만 있는 대지에 새로 주된 건축물을 축조하는 것을 포함하되, 개축(改築) 또는 재축(再築)하는 것은 제외]을 말한다.
증축❷	기존 건축물이 있는 대지에서 건축물의 건축면적, 연면적, 층수 또는 높이를 늘리는 것을 말한다.
개축	기존 건축물의 전부 또는 일부[내력벽·기둥·보·지붕틀(한옥의 경우에는 지붕틀의 범위에서 서까래는 제외) 중 셋 이상이 포함되는 경우를 말한다]를 해체하고 그 대지에 종전과 같은 규모의 범위에서 건축물을 다시 축조하는 것을 말한다.
재축	건축물이 천재지변이나 그 밖의 재해(災害)로 멸실된 경우 그 대지에 다음의 요건을 모두 갖추어 다시 축조하는 것을 말한다. ① 연면적 합계는 종전 규모 이하로 할 것 ② 동수, 층수 및 높이가 모두 종전 규모 이하일 것
이전❸	건축물의 주요구조부를 해체하지 아니하고 같은 대지의 다른 위치로 옮기는 것을 말한다.

(2) 대수선

'대수선'이란 다음의 어느 하나에 해당하는 것으로서 증축·개축 또는 재축에 해당하지 아니하는 것을 말한다.

① 내력벽을 증설 또는 해체하거나 그 벽면적 $30m^2$ 이상을 수선 또는 변경하는 것

② 기둥을 증설 또는 해체하거나 세 개 이상 수선 또는 변경하는 것

기출지문 끝장

❶ 건축물이 천재지변으로 멸실된 경우 그 대지에 종전 규모보다 연면적의 합계를 늘려 건축물을 다시 축조하는 것은 재축에 해당한다. (×) 제31회

☑ 종전 규모보다 연면적의 합계를 늘려 건축물을 다시 축조하는 것은 신축에 해당한다.

❷ 기존 건축물이 있는 대지에서 건축물의 내력벽을 증설하여 건축면적을 늘리는 것은 대수선에 해당한다. (×) 제31회

☑ 기존 건축물이 있는 대지에서 건축물의 내력벽을 증설하여 건축면적을 늘리는 것은 증축에 해당한다.

❸ 건축물의 내력벽을 해체하여 같은 대지의 다른 위치로 옮기는 것은 이전에 해당한다. (×) 제31회

☑ 건축물의 내력벽을 해체하지 아니하고 같은 대지의 다른 위치로 옮기는 것은 이전에 해당한다.

③ 보를 증설 또는 해체하거나 세 개 이상 수선 또는 변경하는 것

④ 지붕틀(한옥의 경우에는 지붕틀의 범위에서 서까래는 제외)을 증설 또는 해체하거나 세 개 이상 수선 또는 변경하는 것

⑤ 방화벽 또는 방화구획을 위한 바닥 또는 벽을 증설 또는 해체하거나 수선 또는 변경하는 것

⑥ 주계단·피난계단 또는 특별피난계단을 증설 또는 해체하거나 수선 또는 변경하는 것

⑦ 다가구주택의 가구 간 경계벽 또는 다세대주택의 세대 간 경계벽을 증설 또는 해체하거나 수선 또는 변경하는 것

⑧ 건축물의 외벽에 사용하는 마감재료를 증설 또는 해체하거나 벽면적 30m² 이상 수선 또는 변경하는 것

2 건축물의 용도변경 ☆☆☆ 제22회, 제23회, 제24회, 제25회, 제29회, 제31회

핵심 끌장 용도별 건축물의 종류

용도	건축물의 종류
단독주택	① 단독주택 ② 다중주택 ③ 다가구주택 ④ 공관
공동주택	① 아파트: 주택으로 쓰는 층수가 5개 층 이상인 주택 ② 연립주택: 주택으로 쓰는 1개 동의 바닥면적(2개 이상의 동을 지하주차장으로 연결하는 경우에는 각각의 동으로 본다)의 합계가 660m²를 초과하고, 층수가 4개 층 이하인 주택 ③ 다세대주택: 주택으로 쓰는 1개 동의 바닥면적의 합계가 660m² 이하이고, 층수가 4개 층 이하인 주택(2개 이상의 동을 지하주차장으로 연결하는 경우에는 각각의 동으로 본다) ④ 기숙사
제1종 근린생활시설	① 이용원, 미용원, 목욕장, 세탁소 ② 의원, 치과의원, 한의원, 침술원, 접골원(接骨院), 조산원, 안마원, 산후조리원 등 주민의 진료·치료 등을 위한 시설 ③ 탁구장, 체육도장으로서 같은 건축물에 해당 용도로 쓰는 바닥면적의 합계가 500m² 미만인 것 ④ 마을회관, 마을공동작업소, 마을공동구판장, 공중화장실, 대피소, 지역아동센터 등 주민이 공동으로 이용하는 시설
제2종 근린생활시설	① 공연장(극장, 영화관, 연예장, 음악당, 서커스장, 비디오물감상실, 비디오물소극장, 그 밖에 이와 비슷한 것)으로서 같은 건축물에 해당 용도로 쓰는 바닥면적의 합계가 500m² 미만인 것 ② 총포판매소, 안마시술소, 노래연습장 ③ 사진관, 표구점, 일반음식점, 독서실, 기원 ④ 장의사, 동물병원, 동물미용실 ⑤ 다중생활시설로서 같은 건축물에 해당 용도로 쓰는 바닥면적의 합계가 500m² 미만인 것 ⑥ 단란주점으로서 같은 건축물에 해당 용도로 쓰는 바닥면적의 합계가 150m² 미만인 것

핵심 끝장 건축물의 시설군과 세부 용도

시설군	세부 용도	
1. 자동차 관련 시설군	자동차 관련 시설	
2. 산업 등의 시설군	① 운수시설 ③ 공장 ⑤ 자원순환 관련 시설 ⑦ 장례시설	② 창고시설 ④ 위험물 저장 및 처리 시설 ⑥ 묘지 관련 시설
3. 전기통신시설군	① 방송통신시설	② 발전시설
4. 문화 및 집회시설군	① 문화 및 집회시설 ③ 위락시설	② 종교시설 ④ 관광휴게시설
5. 영업시설군	① 판매시설 ③ 숙박시설	② 운동시설 ④ 제2종 근린생활시설 중 다중생활시설
6. 교육 및 복지시설군	① 의료시설 ③ 노유자시설 ⑤ 야영장시설	② 교육연구시설 ④ 수련시설
7. 근린생활시설군	① 제1종 근린생활시설 ② 제2종 근린생활시설(다중생활시설은 제외)	
8. 주거업무시설군	① 단독주택 ③ 업무시설	② 공동주택 ④ 교정 및 군사시설
9. 그 밖의 시설군	동물 및 식물 관련 시설	

(1) 용도변경의 허가·신고

사용승인을 받은 건축물의 용도를 변경하려는 자는 다음의 구분에 따라 특별자치시장·특별자치도지사 또는 시장·군수·구청장의 허가를 받거나 신고를 하여야 한다.

허가대상	각 시설군에 속하는 건축물의 용도를 상위군에 해당하는 용도로 변경하는 경우
신고대상	각 시설군에 속하는 건축물의 용도를 하위군에 해당하는 용도로 변경하는 경우

(2) 건축물대장 기재내용 변경신청

시설군 중 같은 시설군 안에서 용도를 변경하려는 자는 국토교통부령으로 정하는 바에 따라 특별자치시장·특별자치도지사 또는 시장·군수·구청장에게 건축물대장 기재내용의 변경을 신청하여야 한다. 다만, 다음에 해당하는 건축물 상호간의 용도변경의 경우에는 그러하지 아니하다.

① 같은 호에 속하는 건축물 상호간의 용도변경

② 「국토의 계획 및 이용에 관한 법률」이나 그 밖의 관계 법령에서 정하는 용도제한에 적합한 범위에서 제1종 근린생활시설과 제2종 근린생활시설 상호간의 용도변경

(3) 규정의 준용

① 사용승인: 허가나 신고대상인 경우로서 용도변경하려는 부분의 바닥면적의 합계가 100m² 이상인 경우의 사용승인에 관하여는 사용승인에 관한 규정을 준용한다. 다만, 용도변경하려는 부분의 바닥면적의 합계가 500m² 미만으로서 대수선에 해당되는 공사를 수반하지 아니하는 경우에는 그러하지 아니하다.

② 건축사 설계: 허가대상인 경우로서 용도변경하려는 부분의 바닥면적의 합계가 500m² 이상인 용도변경(1층인 축사를 공장으로 용도변경하는 경우로서 증축·개축 또는 대수선이 수반되지 아니하고 구조 안전이나 피난 등에 지장이 없는 경우는 제외)의 설계에 관하여는 건축사 설계에 관한 규정을 준용한다.

기출문제 끝장

기출 분석

- 기출회차: 제31회
- 난이도: ★★★
- 키워드: 용도변경

함정을 피하는 끝장 TIP

- 건축물의 건축과 대수선에 관한 내용을 정확하게 숙지하여야 한다.
- 건축물의 시설군과 세부 용도, 허가대상, 신고대상과 사용승인의 준용에 관한 내용을 정확하게 암기하여야 한다.

甲은 A도 B군에서 숙박시설로 사용승인을 받은 바닥면적의 합계가 3천m²인 건축물의 용도를 변경하려고 한다. 건축법령상 이에 관한 설명으로 틀린 것은?

① 의료시설로 용도를 변경하려는 경우에는 용도변경 신고를 하여야 한다.

② 종교시설로 용도를 변경하려는 경우에는 용도변경 허가를 받아야 한다.

③ 甲이 바닥면적의 합계 1천m²의 부분에 대해서만 업무시설로 용도를 변경하는 경우에는 사용승인을 받지 않아도 된다.

→ 甲이 바닥면적의 합계 1천m²의 부분에 대해서만 업무시설로 용도를 변경하는 경우에는 사용승인을 받아야 한다. 허가나 신고대상인 경우로서 용도변경을 하려는 부분의 바닥면적의 합계가 100m² 이상인 경우에는 사용승인에 관한 규정을 준용하기 때문이다.

④ A도지사는 도시·군계획에 특히 필요하다고 인정하면 B군수의 용도변경 허가를 제한할 수 있다.

⑤ B군수는 甲이 판매시설과 위락시설의 복수 용도로 용도변경 신청을 한 경우 지방건축위원회의 심의를 거쳐 이를 허용할 수 있다.

기출테마

20 건축허가 및 건축신고

1 건축허가 ☆☆☆ 제25회, 제26회, 제28회, 제29회, 제30회, 제31회, 제32회

1 건축 관련 입지와 규모의 사전결정

(1) 사전결정의 신청

허가대상 건축물을 건축하려는 자는 건축허가를 신청하기 전에 허가권자에게 그 건축물을 해당 대지에 건축하는 것이 법이나 다른 법령에서 허용되는지에 대한 사전결정을 신청할 수 있다.

(2) 동시신청

사전결정을 신청하는 자는 건축위원회 심의와 「도시교통정비 촉진법」에 따른 교통영향평가서의 검토를 동시에 신청할 수 있다.

(3) 사전협의

허가권자는 사전결정이 신청된 건축물의 대지면적이 「환경영향평가법」에 따른 소규모 환경영향평가 대상사업인 경우 환경부장관이나 지방환경관서의 장과 소규모 환경영향평가에 관한 협의를 하여야 한다.

(4) 결정의 통지 ⇨ 공고 ×

허가권자는 사전결정신청을 받으면 입지, 건축물의 규모, 용도 등을 사전결정한 후 사전결정신청자에게 알려야 한다. 허가권자는 사전결정을 한 후 사전결정서를 사전결정일부터 7일 이내에 사전결정을 신청한 자에게 송부하여야 한다.

(5) 통지의 효과

사전결정 통지를 받은 경우에는 다음의 허가를 받거나 신고 또는 협의를 한 것으로 본다.

① 「국토의 계획 및 이용에 관한 법률」에 따른 개발행위허가

② 「산지관리법」에 따른 산지전용허가와 산지전용신고, 산지일시사용허가·신고. 다만, 보전산지인 경우에는 도시지역만 해당된다.

③ 「농지법」에 따른 농지전용허가·신고 및 협의

④ 「하천법」에 따른 하천점용허가

(6) 건축허가 신청의무

사전결정신청자는 사전결정을 통지받은 날부터 2년 이내에 건축허가[1]를 신청하여야 하며, 이 기간에 건축허가를 신청하지 아니하면 사전결정의 효력이 상실된다.

2 허가권자 등

(1) 허가권자

① 원칙: 특별자치시장·특별자치도지사 또는 시장·군수·구청장
건축물을 건축하거나 대수선하려는 자는 특별자치시장·특별자치도지사 또는 시장·군수·구청장의 허가를 받아야 한다.

② 예외: 특별시장 또는 광역시장
층수가 21층 이상이거나 연면적의 합계가 10만m^2 이상인 건축물(연면적의 10분의 3 이상을 증축하여 층수가 21층 이상으로 되거나 연면적의 합계가 10만m^2 이상으로 되는 경우를 포함)을 특별시나 광역시에 건축하려면 특별시장이나 광역시장의 허가를 받아야 한다. 다만, 다음의 어느 하나에 해당하는 건축물의 건축은 제외한다.

㉠ 공장(특별시장·광역시장의 허가 ×)
㉡ 창고❷(특별시장·광역시장의 허가 ×)
㉢ 지방건축위원회의 심의를 거친 건축물(초고층 건축물은 특별시장·광역시장의 허가 ○)

(2) 도지사의 사전승인

시장·군수는 다음에 해당하는 각 건축물의 건축을 허가하려면 미리 건축계획서와 기본설계도서를 첨부하여 도지사의 승인을 받아야 한다. 도지사는 50일 이내에 승인 여부를 시장·군수에게 통보하여야 한다.

① 층수가 21층 이상이거나 연면적의 합계가 10만m^2 이상인 건축물(연면적의 10분의 3 이상을 증축하여 층수가 21층 이상으로 되거나 연면적의 합계가 10만m^2 이상으로 되는 경우를 포함). 다만, 다음에 해당하는 건축물은 제외한다.

㉠ 공장(도지사의 사전승인 ×)
㉡ 창고(도지사의 사전승인 ×)
㉢ 지방건축위원회의 심의를 거친 건축물(초고층 건축물은 도지사의 승인 ○)

기출지문 끝장

❶ 사전결정신청자는 사전결정을 통지받은 날부터 2년 이내에 착공신고를 하여야 하며, 이 기간에 착공신고를 하지 아니하면 사전결정의 효력이 상실된다. (×) 제28회

☑ 사전결정신청자는 사전결정을 통지받은 날부터 2년 이내에 건축허가를 신청하여야 하며, 이 기간에 건축허가를 신청하지 아니하면 사전결정의 효력이 상실된다.

❷ 연면적의 10분의 3을 증축하여 연면적의 합계가 10만m^2가 되는 창고를 광역시에 건축하고자 하는 자는 광역시장의 허가를 받아야 한다. (×) 제25회

☑ 창고와 공장은 광역시장의 허가대상이 아니다.

② 자연환경이나 수질을 보호하기 위하여 도지사가 지정·공고한 구역에 건축하는 3층 이상 또는 연면적의 합계가 1,000m² 이상인 건축물[㉠ 공동주택, ㉡ 제2종 근린생활시설(일반음식점에 한함), ㉢ 업무시설(일반업무시설에 한함), ㉣ 숙박시설, ㉤ 위락시설]

③ 주거환경이나 교육환경 등 주변 환경을 보호하기 위하여 필요하다고 인정하여 도지사가 지정·공고한 구역에 건축하는 위락시설 및 숙박시설에 해당하는 건축물

3 건축허가의 거부

허가권자는 다음의 어느 하나에 해당하는 경우에는 「건축법」이나 다른 법률에도 불구하고 건축위원회의 심의를 거쳐 건축허가를 하지 아니할 수 있다.

① 위락시설이나 숙박시설에 해당하는 건축물의 건축을 허가하는 경우 해당 대지에 건축하려는 건축물의 용도·규모·형태가 주거환경이나 교육환경 등 주변 환경을 고려할 때 부적합하다고 인정되는 경우

② 「국토의 계획 및 이용에 관한 법률」에 따른 방재지구 및 「자연재해대책법」에 따른 자연재해위험개선지구 등 상습적으로 침수되거나 침수가 우려되는 지역에 건축하려는 건축물에 대하여 지하층 등 일부 공간을 주거용으로 사용하거나 거실을 설치하는 것이 부적합하다고 인정되는 경우

4 건축허가 및 착공의 제한

(1) 제한권자

① **국토교통부장관의 제한**: 국토교통부장관은 국토관리를 위하여 특히 필요하다고 인정하거나 주무부장관이 국방, 문화재보존, 환경보전 또는 국민경제를 위하여 특히 필요하다고 인정하여 요청하면 허가권자의 건축허가나 허가를 받은 건축물의 착공을 제한[1]할 수 있다.

② **특별시장·광역시장·도지사의 제한**: 특별시장·광역시장·도지사는 지역계획이나 도시·군계획에 특히 필요하다고 인정하면 시장·군수·구청장의 건축허가나 허가를 받은 건축물의 착공을 제한할 수 있다. 특별시장·광역시장·도지사는 시장·군수·구청장의 건축허가나 건축물의 착공을 제한한 경우 즉시 국토교통부장관에게 보고하여야 하며, 보고를 받은 국토교통부장관은 제한 내용이 지나치다고 인정하면 해제를 명할 수 있다.

(2) 제한기간

건축허가나 건축물의 착공을 제한하는 경우 제한기간은 2년 이내로 한다. 다만, 1회에 한하여 1년 이내의 범위에서 제한기간을 연장할 수 있다.

5 건축허가의 필수적 취소

허가권자는 허가를 받은 자가 다음의 어느 하나에 해당하면 허가를 취소하여야 한다.

① 허가를 받은 날부터 2년(산업집적활성화 및 공장설립에 관한 법률에 따라 공장의 신설·증설 또는 업종변경의 승인을 받은 공장은 3년) 이내에 공사에 착수하지 아니한 경우

② 착공기간 이내에 공사에 착수하였으나 공사의 완료가 불가능하다고 인정되는 경우

③ 착공신고 전에 경매 또는 공매 등으로 건축주가 대지의 소유권을 상실한 때부터 6개월이 지난 이후 공사의 착수가 불가능하다고 판단되는 경우

2 건축신고 ☆☆☆ 제23회, 제24회, 제25회, 제29회, 제32회

(1) 허가대상 건축물❷이라 하더라도 다음에 해당하는 경우에는 미리 특별자치시장·특별자치도지사 또는 시장·군수·구청장에게 신고를 하면 건축허가를 받은 것으로 본다.

핵심 끝장 **신고대상 건축물**

1. 바닥면적의 합계가 85m² 이내의 증축·개축 또는 재축. 다만, 3층 이상 건축물인 경우에는 증축·개축 또는 재축하려는 부분의 바닥면적의 합계가 건축물 연면적의 10분의 1 이내인 경우로 한정한다.
2. 연면적이 200m² 미만이고 3층 미만인 건축물의 대수선❸
3. 주요구조부의 해체가 없는 등 대통령령으로 정하는 다음의 대수선
   ① 내력벽의 면적을 30m² 이상 수선하는 것
   ② 기둥, 보, 지붕틀을 세 개 이상 수선하는 것
   ③ 방화벽 또는 방화구획을 위한 바닥 또는 벽을 수선하는 것❹
   ④ 주계단·피난계단 또는 특별피난계단을 수선하는 것
4. 그 밖에 소규모 건축물로서 대통령령이 정하는 다음 건축물의 건축
   ① 연면적의 합계가 100m² 이하인 건축물
   ② 건축물의 높이를 3m 이하의 범위에서 증축하는 건축물
   ③ 「국토의 계획 및 이용에 관한 법률」에 따른 공업지역과 비도시지역 안의 지구단위계획구역 및 「산업입지 및 개발에 관한 법률」에 따른 산업단지에서 건축하는 2층 이하인 건축물로서 연면적의 합계가 500m² 이하인 공장

(2) 건축신고를 한 자가 신고일부터 1년 이내에 공사에 착수하지 아니하면 그 신고의 효력은 없어진다(1년의 범위에서 착수기한을 연장할 수 있다).

기출지문 끝장

❶ **국방, 문화재보존 또는 국민경제**를 위하여 특히 필요한 경우 주무부장관은 허가권자의 건축허가를 제한할 수 있다. (×) 제32회

☑ 국방, 문화재보존 또는 국민경제를 위하여 특히 필요한 경우 주무부장관은 허가권자의 건축허가를 제한할 수 없고, 국토교통부장관에게 건축허가의 제한을 요청할 수 있다.

❷ 연면적 150m²인 3층 건축물의 피난계단을 증설하는 경우에는 건축신고를 하면 **건축허가**를 받은 것으로 본다. (×) 제29회

☑ 연면적 150m²인 3층 건축물의 피난계단을 증설하는 경우에는 건축허가를 받아야 한다.

❸ 연면적이 180m²이고 2층인 **건축물의 대수선**은 건축신고의 대상이다. (○) 제24회, 제29회

❹ 연면적 270m²인 3층 건축물의 **방화벽의 수선**은 신고대상이다. (○) 제29회

기출문제 끝장

기출 분석

- 기출회차: 제32회
- 난이도: ★★
- 키워드: 건축신고

함정을 피하는 끝장 TIP

- 사전결정 통지의 효과, 건축허가 신청기간, 허가권자를 정확하게 숙지하여야 한다.
- 건축허가 및 착공의 제한권자 및 제한사유, 제한기간을 정확하게 암기하여야 한다.
- 신고대상 건축물과 착수기간을 정확하게 암기하여야 한다.

건축주 甲은 A도 B시에서 연면적이 100m^{2}이고 2층인 건축물을 대수선하고자 「건축법」 제14조에 따른 신고(이하 '건축신고')를 하려고 한다. 건축법령상 이에 관한 설명으로 옳은 것은? (단, 건축법령상 특례 및 조례는 고려하지 않음)

① 甲이 대수선을 하기 전에 B시장에게 건축신고를 하면 건축허가를 받은 것으로 본다.

② 건축신고를 한 甲이 공사시공자를 변경하려면 B시장에게 ~~허가를 받아야~~ 한다.

⋯→ 건축신고를 한 甲이 공사시공자를 변경하려면 B시장에게 신고하여야 한다.

③ B시장은 ~~건축신고의 수리 전에 건축물 안전영향평가를 실시하여야 한다~~.

⋯→ B시장은 초고층 건축물 등 대통령령으로 정하는 주요 건축물에 대하여 건축허가를 하기 전에 안전영향평가를 안전영향평가기관에 의뢰하여 실시하여야 한다.

④ 건축신고를 한 甲이 신고일부터 ~~6개월 이내~~에 공사에 착수하지 아니하면 그 신고의 효력은 없어진다.

⋯→ 건축신고를 한 甲이 신고일부터 1년 이내에 공사에 착수하지 아니하면 그 신고의 효력은 없어진다.

⑤ 건축신고를 한 甲은 건축물의 공사가 끝난 후 ~~사용승인 신청 없어~~ 건축물을 사용할 수 있다.

⋯→ 건축신고를 한 甲은 건축물의 공사가 끝난 후 사용승인을 받은 후에 건축물을 사용할 수 있다.

기출테마

21 대지와 도로

1 대지 ☆☆☆ 제25회, 제26회, 제27회, 제31회

1 대지의 안전 등

(1) 대지의 높이

대지는 인접한 도로면보다 낮아서는 아니 된다. 다만, 대지의 배수에 지장이 없거나 건축물의 용도상 방습(防濕)의 필요가 없는 경우에는 인접한 도로면보다 낮아도 된다.

(2) 습지·매립지

습한 토지, 물이 나올 우려가 많은 토지, 쓰레기, 그 밖에 이와 유사한 것으로 매립된 토지에 건축물을 건축하는 경우에는 성토(盛土), 지반 개량❶ 등 필요한 조치를 하여야 한다.

(3) 배수시설의 설치

대지에는 빗물과 오수를 배출하거나 처리하기 위하여 필요한 하수관, 하수구, 저수탱크, 그 밖에 이와 유사한 시설을 하여야 한다.

(4) 옹벽의 설치

손궤(損潰: 무너져 내림)의 우려가 있는 토지에 대지를 조성하려면 옹벽을 설치하거나 그 밖에 필요한 조치를 하여야 한다.

2 대지의 조경

(1) 원칙

면적이 200m² 이상인 대지에 건축을 하는 건축주는 용도지역 및 건축물의 규모에 따라 해당 지방자치단체의 조례로 정하는 기준에 따라 대지에 조경이나 그 밖에 필요한 조치를 하여야 한다.

(2) 예외

다음에 해당하는 건축물에 대하여는 조경 등의 조치를 하지 아니할 수 있다.

① 녹지지역에 건축하는 건축물

② 관리지역·농림지역 또는 자연환경보전지역(지구단위계획구역으로 지정된 지역은 제외) 안의 건축물

기출지문 끝장

❶ 쓰레기로 매립된 토지에 건축물을 건축하는 경우 **성토, 지반 개량** 등 필요한 조치를 하여야 한다. (○) 제25회

③ 면적 5,000m² 미만인 대지에 건축하는 공장

④ 연면적의 합계가 1,500m² 미만인 공장

⑤ 「산업집적활성화 및 공장설립에 관한 법률」에 따른 산업단지의 공장

⑥ 축사

⑦ 도시·군계획시설 및 도시·군계획시설예정지에서 건축하는 가설건축물

⑧ 연면적의 합계가 1,500m² 미만인 물류시설(주거지역 또는 상업지역에 건축하는 것은 제외)로서 국토교통부령으로 정하는 것[1]

3 공개공지 등의 확보

(1) 대상지역

다음의 어느 하나에 해당하는 지역의 환경을 쾌적하게 조성하기 위하여 일반이 사용할 수 있도록 대통령령으로 정하는 기준에 따라 소규모 휴식시설 등의 공개공지(空地: 공터) 또는 공개공간을 설치[2]하여야 한다.

① 일반주거지역

② 준주거지역

③ 상업지역

④ 준공업지역

(2) 대상건축물

다음의 어느 하나에 해당하는 건축물의 대지에는 공개공지 또는 공개공간(이하 '공개공지 등'이라 한다)을 설치해야 한다. 이 경우 공개공지는 필로티 구조로 설치할 수 있다.

① 문화 및 집회시설, 종교시설, 판매시설(농수산물유통시설은 제외), 운수시설(여객용 시설만 해당), 업무시설 및 숙박시설로서 해당 용도로 쓰는 바닥면적의 합계가 5,000m² 이상인 건축물

② 그 밖에 다중이 이용하는 시설로서 건축조례로 정하는 건축물

(3) 확보면적

공개공지 등의 면적은 대지면적의 100분의 10 이하의 범위에서 건축조례로 정한다. 이 경우 조경면적과 매장문화재의 현지보존 조치 면적을 공개공지 등의 면적으로 할 수 있다.

(4) 설치시설

공개공지 등을 설치할 때에는 모든 사람들이 환경친화적으로 편리하게 이용할 수 있도록 긴 의자 또는 조경시설 등 건축조례로 정하는 시설을 설치하여야 한다.

(5) 법률 규정의 완화

건축물에 공개공지 등을 설치하는 경우에는 「건축법」 제43조 제2항(건폐율, 용적률과 건축물의 높이 제한 완화)에 따라 제56조(용적률) 및 제60조(건축물의 높이 제한)를 완화하여 적용한다.

① 용적률은 해당 지역에 적용하는 용적률의 1.2배 이하

② 건축물의 높이 제한은 해당 건축물에 적용하는 높이 기준의 1.2배 이하

2 도로 ☆ 제25회

1 도로의 개념

(1) 통행도로

도로란 보행과 자동차 통행이 가능한 너비 4m 이상의 도로로서 다음의 어느 하나에 해당하는 도로나 그 예정도로를 말한다.

① 「국토의 계획 및 이용에 관한 법률」, 「도로법」, 「사도법」, 그 밖의 관계 법령에 따라 신설 또는 변경에 관한 고시가 된 도로

② 건축허가 또는 신고 시에 시·도지사 또는 시장·군수·구청장이 위치를 지정하여 공고한 도로

(2) 차량 통행이 불가능한 도로

특별자치시장·특별자치도지사 또는 시장·군수·구청장이 지형적 조건으로 인하여 차량 통행을 위한 도로의 설치가 곤란하다고 인정하여 그 위치를 지정·공고하는 구간의 너비 3m 이상(길이가 10m 미만인 막다른 도로인 경우에는 너비 2m 이상)인 도로

(3) 막다른 도로

막다른 도로로서 그 도로의 너비가 그 길이에 따라 각각 다음의 표에서 정하는 기준 이상인 도로

막다른 도로의 길이	도로의 너비
10m 미만	2m 이상
10m 이상 35m 미만	3m 이상
35m 이상	6m(도시지역이 아닌 읍·면지역은 4m) 이상

2 도로의 지정·폐지 및 변경

(1) 도로의 지정

허가권자는 도로의 위치를 지정·공고하려면 그 도로에 대한 이해관계인의 동의를 받아야 한다. 다만, 다음의 어느 하나에 해당하면 이해관계인의 동의를 받지 아니하고 건축위원회의 심의를 거쳐 도로를 지정할 수 있다.

기출지문 끝장

❶ 상업지역에 건축하는 물류시설에 대해서는 조경 등의 조치를 하여야 한다. (○) 제31회

❷ 일반주거지역, 준주거지역, 상업지역, 준공업지역에 해당하는 지역에 건축물을 건축하는 건축주는 공개공지 등을 설치하여야 한다. (○) 제27회

① 허가권자가 이해관계인이 해외에 거주하는 등의 사유로 이해관계인의 동의를 받기가 곤란하다고 인정하는 경우

② 주민이 오랫동안 통행로로 이용하고 있는 사실상의 통로로서 해당 지방자치단체의 조례로 정하는 것인 경우

(2) 도로의 폐지·변경

예외규정 없음

허가권자는 지정한 도로를 폐지하거나 변경하려면 그 도로에 대한 이해관계인의 동의를 받아야 한다. 그 도로에 편입된 토지의 소유자, 건축주 등이 허가권자에게 지정된 도로의 폐지나 변경을 신청하는 경우에도 또한 같다.

3 대지와 도로의 관계 – 접도의무

(1) 원칙 ⇨ 건축물의 대지는 2m 이상이 도로에 접하여야 한다.

(2) 예외

① 해당 건축물의 출입에 지장이 없다고 인정되는 경우

② 건축물의 주변에 광장, 공원, 유원지 등 허가권자가 인정한 공지가 있는 경우❶

③ 「농지법」에 따른 농막을 건축하는 경우

(3) 강화

연면적의 합계가 2,000m²(공장❷인 경우에는 3,000m²) 이상인 건축물(축사, 작물 재배사 등 건축조례로 정하는 규모의 건축물은 제외)의 대지는 너비 6m 이상의 도로에 4m 이상 접하여야 한다.

4 건축선에 따른 건축제한

도로와 접한 부분에 건축물을 건축할 수 있는 선으로, 원칙상 대지와 도로의 경계선으로 한다.

① 건축물과 담장은 건축선의 수직면(垂直面)을 넘어서는 아니 된다. 다만, 지표(地表) 아래 부분은 건축선의 수직면을 넘을 수 있다.❸

② 도로면으로부터 높이 4.5m 이하에 있는 출입구, 창문, 그 밖에 이와 유사한 구조물은 열고 닫을 때 건축선의 수직면을 넘지 아니하는 구조로 하여야 한다.

기출지문 끝장

❶ 공장의 주변에 **허가권자가 인정한 공지**인 광장이 있는 경우 연면적의 합계가 1,000m²인 공장의 대지는 도로에 2m 이상 접하지 않아도 된다. (○) 제25회

❷ 연면적의 합계가 2,000m²인 **공장의 대지**는 너비 6m 이상의 도로에 4m 이상 접하여야 한다. (×) 제25회

☑ 연면적의 합계가 3,000m²인 공장의 대지는 너비 6m 이상의 도로에 4m 이상 접하여야 한다.

❸ 건축물과 담장은 건축선의 **수직면**을 넘어서는 아니 된다. 다만, 지표 아래 부분은 건축선의 수직면을 넘을 수 있다. (○) 제25회

기출문제 끝장

기출 분석

• 기출회차: 제25회
• 난이도: ★★
• 키워드: 대지의 조경 및 공개공지 등의 설치

함정을 피하는 끝장 TIP

• 대지의 안전에 관한 규정과 조경의무 대상에서 제외되는 경우를 정확하게 숙지하여야 한다.
• 공개공지 등의 설치대상 지역과 규모, 확보면적, 법률규정의 완화 규정을 정확하게 암기하여야 한다.
• 대지와 도로의 관계와 건축선에 따른 건축제한에 관한 규정을 정확하게 정리하여야 한다.

PART 4

건축법령상 대지의 조경 및 공개공지 등의 설치에 관한 설명으로 옳은 것은? (단, 건축법 제73조에 따른 적용 특례 및 조례는 고려하지 않음)

① 도시·군계획시설에서 건축하는 연면적의 합계가 1,500m² 이상인 가설건축물에 대하여는 조경 등의 조치를 ~~하여야 한다~~.

⋯ 도시·군계획시설에서 건축하는 연면적의 합계가 1,500m² 이상인 가설건축물에 대하여는 조경 등의 조치를 하지 아니할 수 있다.

② 면적 5,000m² 미만인 대지에 건축하는 공장에 대하여는 조경 등의 조치를 하지 아니할 수 있다.

③ 녹지지역에 건축하는 창고에 대해서는 조경 등의 조치를 ~~하여야 한다~~.

⋯ 녹지지역에 건축하는 창고에 대해서는 조경 등의 조치를 하지 아니할 수 있다.

④ 상업지역의 건축물에 설치하는 공개공지 등의 면적은 대지면적의 100분의 10~~을 넘어야 한다~~.

⋯ 상업지역의 건축물에 설치하는 공개공지 등의 면적은 대지면적의 100분의 10 이하의 범위에서 건축조례로 정한다.

⑤ 공개공지 등을 설치하는 경우 건축물의 건폐율은 완화하여 적용할 수 있으나 건축물의 높이 제한은 완화하여 적용할 수 없다.

⋯ 공개공지 등을 설치하는 경우 건축물의 건폐율, 용적률과 건축물의 높이 제한을 완화하여 적용할 수 있다.

기출테마

22 건축물의 구조 및 면적산정방법

1 건축물의 구조 ☆☆ 제26회, 제27회, 제29회

1 구조안전 확인서류의 제출

다음에 해당하는 건축물의 건축주는 해당 건축물의 설계자로부터 구조안전의 확인서류❶를 받아 착공신고를 하는 때에 그 확인서류를 허가권자에게 제출하여야 한다. 다만, 표준설계도서에 따라 건축하는 건축물은 제외한다.

① 층수가 2층(목구조 건축물의 경우에는 3층) 이상인 건축물

② 연면적이 200m²(목구조 건축물의 경우에는 500m²) 이상인 건축물. 다만, 창고, 축사, 작물 재배사는 제외한다.

③ 높이가 13m 이상인 건축물

④ 처마높이가 9m 이상인 건축물

⑤ 기둥과 기둥 사이의 거리가 10m 이상인 건축물

⑥ 단독주택 및 공동주택

2 직통계단의 설치

(1) 직통계단의 위치(30m 이하)

건축물의 피난층(직접 지상으로 통하는 출입구가 있는 층 및 피난안전구역을 말한다) 외의 층에서는 피난층 또는 지상으로 통하는 직통계단(경사로를 포함)을 거실의 각 부분으로부터 계단(거실로부터 가장 가까운 거리에 있는 1개소의 계단을 말한다)에 이르는 보행거리가 30m 이하가 되도록 설치하여야 한다.

(2) 피난안전구역

초고층 건축물(50층 이상이거나 높이 200m 이상)에는 피난층 또는 지상으로 통하는 직통계단과 직접 연결되는 피난안전구역❷을 지상층으로부터 최대 30개 층마다 1개소 이상 설치하여야 한다.

(3) 개방공간의 설치

바닥면적의 합계가 3,000m² 이상인 공연장·집회장·관람장 또는 전시장을 지하층에 설치하는 경우에는 각 실에 있는 자가 지하층 각 층에서 건축물 밖으로 피난하여 옥외계단 또는 경사로 등을 이용하여 피난층으로 대피할 수 있도록 천장이 개방된 외부공간을 설치하여야 한다.

3 옥상광장 등의 설치

(1) 난간설치

옥상광장 또는 2층 이상인 층에 있는 노대등[노대(露臺)나 그 밖에 이와 비슷한 것을 말한다]의 주위에는 높이 1.2m 이상의 난간을 설치하여야 한다. 다만, 그 노대등에 출입할 수 없는 구조인 경우에는 그러하지 아니하다.

(2) 옥상광장

5층 이상인 층이 제2종 근린생활시설 중 공연장·종교집회장·인터넷컴퓨터게임시설제공업소(해당 용도로 쓰는 바닥면적의 합계가 각각 300m² 이상인 경우만 해당), 문화 및 집회시설(전시장 및 동·식물원은 제외), 종교시설, 판매시설, 위락시설 중 주점영업 또는 장례시설의 용도로 쓰는 경우에는 피난 용도로 쓸 수 있는 광장을 옥상에 설치하여야 한다.

(3) 헬리포트

층수가 11층 이상인 건축물로서 11층 이상인 층의 바닥면적의 합계가 1만m² 이상인 건축물의 옥상에는 다음의 구분에 따른 공간을 확보하여야 한다.

① **건축물의 지붕을 평지붕으로 하는 경우:** 헬리포트를 설치하거나 헬리콥터를 통하여 인명 등을 구조할 수 있는 공간

② **건축물의 지붕을 경사지붕으로 하는 경우:** 경사지붕 아래에 설치하는 대피공간

(4) 소음방지를 위한 경계벽

다음의 어느 하나에 해당하는 건축물의 경계벽은 국토교통부령으로 정하는 기준에 따라 설치해야 한다.

① 단독주택 중 다가구주택의 각 가구 간 또는 공동주택(기숙사는 제외)의 각 세대 간 경계벽(거실·침실 등의 용도로 쓰지 아니하는 발코니 부분은 제외)

② 공동주택 중 기숙사의 침실, 의료시설의 병실, 교육연구시설 중 학교의 교실 또는 숙박시설의 객실 간 경계벽

③ **제1종 근린생활시설 중 산후조리원의 다음의 어느 하나에 해당하는 경계벽**

㉠ 임산부실 간 경계벽

㉡ 신생아실 간 경계벽

㉢ 임산부실과 신생아실 간 경계벽

기출지문 끝장

❶ 연면적이 330m²인 2층의 목구조 건축물은 건축주가 착공신고 시 **구조안전 확인서류**를 제출하여야 한다. (×) 제29회

✓ 목구조 건축물의 경우에는 3층 이상이거나 연면적이 500m² 이상일 때 구조안전 확인서류를 제출하여야 한다.

❷ 층수가 63층이고 높이가 190m인 초고층 건축물에는 피난층 또는 지상으로 통하는 직통계단과 직접 연결되는 **피난안전구역**을 지상층으로부터 최대 30개 층마다 1개소 이상 설치하여야 한다. (○) 제27회

④ 제2종 근린생활시설 중 다중생활시설의 호실 간 경계벽

⑤ 노유자시설 중 「노인복지법」에 따른 노인복지주택의 각 세대 간 경계벽

⑥ 노유자시설 중 노인요양시설의 호실 간 경계벽

(5) 소음방지를 위한 층간바닥

다음의 어느 하나에 해당하는 건축물의 층간바닥(화장실의 바닥은 제외)은 국토교통부령으로 정하는 기준에 따라 설치해야 한다.

① 단독주택 중 다가구주택

② 공동주택(주택법 제15조에 따른 주택건설사업계획승인 대상은 제외)

③ 업무시설 중 오피스텔

④ 제2종 근린생활시설 중 다중생활시설

⑤ 숙박시설 중 다중생활시설

(6) 범죄예방기준

국토교통부장관이 정하여 고시하는 범죄예방기준❶에 따라 건축하여야 하는 건축물은 다음과 같다.

① 다가구주택, 아파트, 연립주택 및 다세대주택 ⇨ 기숙사(×)

② 제1종 근린생활시설 중 일용품을 판매하는 소매점

③ 제2종 근린생활시설 중 다중생활시설

④ 문화 및 집회시설(동·식물원은 제외)

⑤ 교육연구시설(연구소 및 도서관은 제외)

⑥ 노유자시설

⑦ 수련시설

⑧ 업무시설 중 오피스텔

⑨ 숙박시설 중 다중생활시설

2 면적 및 높이 등의 산정방법 ☆☆☆ 제21회, 제24회, 제25회, 제26회, 제27회, 제29회, 제31회

1 대지면적

대지면적은 대지의 수평투영면적으로 한다. 다만, 다음의 어느 하나에 해당하는 면적은 제외한다.

① 대지에 건축선이 정하여진 경우: 그 건축선과 도로 사이의 대지면적

② 대지에 도시·군계획시설인 도로·공원 등이 있는 경우: 그 도시·군계획시설에 포함되는 대지면적

2 건축면적

건축면적은 건축물의 외벽(외벽이 없는 경우에는 외곽 부분의 기둥을 말한다)의 중심선으로 둘러싸인 부분의 수평투영면적으로 한다. 다만, 처마, 차양, 부연(附椽), 그 밖에 이와 비슷한 것으로서 그 외벽의 중심선으로부터 수평거리 1m 이상 돌출된 부분이 있는 건축물의 건축면적은 그 돌출된 끝부분으로부터 다음의 구분에 따른 수평거리를 후퇴한 선으로 둘러싸인 부분의 수평투영면적으로 한다.

① 전통사찰: 4m 이하의 범위에서 외벽의 중심선까지의 거리

② 한옥: 2m 이하의 범위에서 외벽의 중심선까지의 거리

③ 그 밖의 건축물: 1m

3 바닥면적

바닥면적은 건축물의 각 층 또는 그 일부로서 벽, 기둥, 그 밖에 이와 비슷한 구획의 중심선으로 둘러싸인 부분의 수평투영면적으로 한다. 다만, 다음의 어느 하나에 해당하는 경우에는 다음에서 정하는 바에 따른다.

① 벽·기둥의 구획이 없는 건축물은 그 지붕 끝부분으로부터 수평거리 1m를 후퇴한 선으로 둘러싸인 수평투영면적❷으로 한다.

② 건축물의 노대 등의 바닥❸은 난간 등의 설치 여부에 관계없이 노대 등의 면적(외벽의 중심선으로부터 노대 등의 끝부분까지의 면적을 말한다)에서 노대 등이 접한 가장 긴 외벽에 접한 길이에 1.5m를 곱한 값을 뺀 면적을 바닥면적에 산입한다.

③ 필로티나 그 밖에 이와 비슷한 구조(벽면적의 2분의 1 이상이 그 층의 바닥면에서 위층 바닥 아래면까지 공간으로 된 것만 해당)의 부분은 그 부분이 공중의 통행이나 차량의 통행 또는 주차에 전용되는 경우와 공동주택의 경우에는 바닥면적에 산입하지 아니한다.

기출지문 끝장

❶ 공동주택 중 기숙사는 국토교통부장관이 정하여 고시하는 건축물, 건축설비 및 대지에 관한 **범죄예방기준**에 따라 건축하여야 하는 건축물에 해당한다. (×) 제29회

☑ 공동주택 중 기숙사는 국토교통부장관이 정하여 고시하는 건축물, 건축설비 및 대지에 관한 범죄예방기준에 따라 건축하여야 하는 건축물에 해당하지 않는다.

❷ 벽·기둥의 구획이 없는 건축물의 바닥면적은 그 지붕 끝부분으로부터 수평거리 1.5m를 후퇴한 선으로 둘러싸인 **수평투영면적**으로 한다. (×) 제24회, 제29회

☑ 벽·기둥의 구획이 없는 건축물의 바닥면적은 그 지붕 끝부분으로부터 수평거리 1m를 후퇴한 선으로 둘러싸인 수평투영면적으로 한다.

❸ 건축물의 **노대 등의 바닥**은 전체가 바닥면적에 산입된다. (×) 제21회, 제29회

☑ 건축물의 노대 등의 바닥은 난간 등의 설치 여부에 관계없이 노대 등의 면적에서 노대 등이 접한 가장 긴 외벽에 접한 길이에 1.5m를 곱한 값을 뺀 면적을 바닥면적에 산입한다.

④ 승강기탑(옥상 출입용 승강장을 포함), 계단탑, 장식탑, 다락[층고(層高)가 1.5m(경사진 형태의 지붕인 경우에는 1.8m) 이하인 것만 해당], 건축물의 내부에 설치하는 냉방설비 배기장치 전용 설치공간, 건축물의 외부 또는 내부에 설치하는 굴뚝, 더스트슈트, 설비덕트와 옥상·옥외 또는 지하에 설치하는 물탱크, 기름탱크, 냉각탑, 정화조, 도시가스 정압기를 설치하기 위한 구조물은 바닥면적에 산입하지 아니한다.

⑤ 공동주택으로서 지상층에 설치한 기계실, 전기실❶, 어린이놀이터, 조경시설 및 생활폐기물 보관시설의 면적은 바닥면적에 산입하지 아니한다.

⑥ 건축물을 리모델링하는 경우로서 미관 향상, 열의 손실 방지 등을 위하여 외벽에 부가하여 마감재 등을 설치하는 부분은 바닥면적에 산입하지 아니한다.

⑦ 「매장문화재 보호 및 조사에 관한 법률」에 따른 현지보존 및 이전보존을 위하여 매장문화재 보호 및 전시에 전용되는 부분은 바닥면적에 산입하지 아니한다.

4 연면적

연면적은 하나의 건축물 각 층의 바닥면적의 합계로 하되, 용적률을 산정할 때에는 다음에 해당하는 면적은 연면적에서 제외한다.

① 지하층의 면적

② 지상층의 주차용(해당 건축물의 부속용도인 경우만 해당)으로 쓰는 면적

③ 초고층 건축물과 준초고층 건축물에 설치하는 피난안전구역의 면적

④ 건축물의 경사지붕 아래에 설치하는 대피공간의 면적

5 건축물의 높이

지표면으로부터 그 건축물의 상단까지의 높이[건축물의 1층 전체에 필로티(건축물을 사용하기 위한 경비실, 계단실, 승강기실, 그 밖에 이와 비슷한 것을 포함)가 설치되어 있는 경우에는 건축물의 높이 제한 규정을 적용할 때 필로티의 층고를 제외한 높이]로 한다. 다만, 다음의 어느 하나에 해당하는 경우에는 다음의 규정에서 정하는 바에 따른다.

① 건축물의 옥상에 설치되는 승강기탑·계단탑·망루·장식탑·옥탑 등으로서 그 수평투영면적의 합계가 해당 건축물 건축면적의 8분의 1(주택법에 따른 사업계획승인 대상인 공동주택 중 세대별 전용면적이 85m^2 이하인 경우에는 6분의 1) 이하인 경우로서 그 부분의 높이가 12m를 넘는 경우에는 그 넘는 부분만 해당 건축물의 높이에 산입한다.

② 지붕마루장식·굴뚝·방화벽의 옥상돌출부나 그 밖에 이와 비슷한 옥상돌출물과 난간벽(그 벽면적의 2분의 1 이상이 공간으로 되어 있는 것만 해당)은 그 건축물의 높이에 산입하지 아니한다.

6 층고

층고는 방의 바닥구조체 윗면으로부터 위층 바닥구조체의 윗면까지의 높이로 한다. 다만, 한 방에서 층의 높이가 다른 부분이 있는 경우에는 그 각 부분 높이에 따른 면적에 따라 가중평균한 높이로 한다.

7 층수

① 승강기탑, 계단탑, 망루, 장식탑, 옥탑, 그 밖에 이와 비슷한 건축물의 옥상 부분으로서 그 수평투영면적의 합계가 해당 건축물 건축면적의 8분의 1(주택법에 따른 사업계획승인 대상인 공동주택 중 세대별 전용면적이 85m^2 이하인 경우에는 6분의 1) 이하인 것은 층수에 산입하지 아니한다.

② 지하층은 건축물의 층수에 산입하지 아니한다.

③ 층의 구분이 명확하지 아니한 건축물은 그 건축물의 높이를 4m마다 하나의 층으로 산정한다.

④ 건축물이 부분에 따라 그 층수가 다른 경우에는 그중 가장 많은 층수를 그 건축물의 층수로 본다.

PART 4

기출지문 끝장

❶ 지하층에 설치한 기계실, 전기실의 면적은 용적률을 산정할 때 연면적에 산입한다. (×) 제31회

☑ 지하층에 설치한 기계실, 전기실의 면적은 용적률을 산정할 때 연면적에 산입하지 아니한다.

기출문제 끝장

기출 분석

- 기출회차: 제31회 수정
- 난이도: ★★
- 키워드: 건축물의 면적 등의 산정방법

함정을 피하는 끝장 TIP

- 구조안전 확인서류 제출 대상 건축물과 소음방지를 위한 층간바닥 설치 대상 건축물을 정확하게 암기하여야 한다.
- 바닥면적 산정방법, 연면적, 층수 산정방법을 정확하게 숙지하여야 한다.

건축법령상 건축물의 면적 등의 산정방법으로 옳은 것은?

① 공동주택으로서 지상층에 설치한 생활폐기물 보관시설의 면적은 바닥면적에 ~~산입한다~~.

⋯ 공동주택으로서 지상층에 설치한 생활폐기물 보관시설의 면적은 바닥면적에 산입하지 아니한다.

② 지하층에 설치한 기계실, 전기실의 면적은 용적률을 산정할 때 연면적에 ~~산입한다~~.

⋯ 지하층에 설치한 기계실, 전기실의 면적은 용적률을 산정할 때 연면적에서 제외한다.

③ 「건축법」상 건축물의 높이 제한 규정을 적용할 때, 건축물의 1층 전체에 필로티가 설치되어 있는 경우 건축물의 높이는 필로티의 층고를 제외하고 산정한다.

④ 건축물의 층고는 방의 바닥구조체 윗면으로부터 위층 바닥구조체의 ~~아랫면까지~~의 높이로 한다.

⋯ 건축물의 층고는 방의 바닥구조체 윗면으로부터 위층 바닥구조체의 윗면까지의 높이로 한다.

⑤ 건축물이 부분에 따라 그 층수가 다른 경우에는 그중 가장 많은 ~~층수와 가장 적은 층수를 평균하여 반올림한 수~~를 그 건축물의 층수로 본다.

⋯ 건축물이 부분에 따라 그 층수가 다른 경우에는 그중 가장 많은 층수를 그 건축물의 층수로 본다.

기출테마

23 건축물의 높이 제한 및 건축협정 등

1 건축물의 높이 제한 ☆ 제25회, 제26회

1 가로구역에서의 높이 제한

(1) 지정권자

허가권자는 가로구역(도로로 둘러싸인 일단의 지역을 말한다)을 단위로 하여 건축물의 높이를 지정·공고할 수 있다. 다만, 특별자치시장·특별자치도지사 또는 시장·군수·구청장은 가로구역의 높이를 완화하여 적용할 필요가 있다고 판단되는 대지에 대하여는 건축위원회의 심의를 거쳐 높이를 완화하여 적용할 수 있다.

(2) 지정방법

허가권자는 같은 가로구역에서 건축물의 용도 및 형태에 따라 건축물의 높이를 다르게 정할 수 있다.

(3) 조례로 정하는 경우

특별시장이나 광역시장은 도시의 관리를 위하여 필요하면 가로구역별 건축물의 높이를 특별시나 광역시의 조례로 정할 수 있다.

2 일조 등의 확보를 위한 높이 제한

(1) 전용주거지역 · 일반주거지역

전용주거지역과 일반주거지역❶ 안에서 건축하는 건축물의 높이는 일조 등의 확보❷를 위하여 정북방향의 인접대지경계선으로부터 다음의 범위에서 건축조례로 정하는 거리 이상을 띄어 건축하여야 한다.

① 높이 9m 이하인 부분: 인접대지경계선으로부터 1.5m 이상

② 높이 9m를 초과하는 부분: 인접대지경계선으로부터 해당 건축물 각 부분의 높이의 2분의 1 이상

기출지문 끝장

❶ **전용주거지역**과 **일반주거지역** 안에서 건축하는 건축물에 대하여는 일조의 확보를 위한 높이 제한이 적용된다. (○) 제25회

❷ 상업지역에서 건축물을 건축하는 경우에는 **일조의 확보**를 위하여 건축물을 인접대지경계선으로부터 1.5m 이상 띄어 건축하여야 한다. (×) 제26회

☑ 일조 등의 확보를 위한 높이 제한이 적용되는 지역은 전용주거지역과 일반주거지역이다.

(2) 공동주택

인접대지경계선 등의 방향으로 채광을 위한 창문 등을 두는 경우, 하나의 대지에 두 동(棟) 이상을 건축하는 공동주택(일반상업지역과 중심상업지역에 건축하는 것은 제외)은 채광(採光) 등의 확보❶를 위하여 다음의 높이 이하로 하여야 한다. 다만, 채광을 위한 창문 등이 있는 벽면에서 직각방향으로 인접대지경계선까지의 수평거리가 1m 이상으로서 건축조례로 정하는 거리 이상인 다세대주택은 다음의 ①을 적용하지 아니한다.

① 건축물(기숙사는 제외)의 각 부분의 높이는 그 부분으로부터 채광을 위한 창문 등이 있는 벽면에서 직각방향으로 인접대지경계선까지의 수평거리의 2배(근린상업지역 또는 준주거지역의 건축물은 4배) 이하로 할 것

② 같은 대지에서 두 동(棟) 이상의 건축물이 서로 마주보고 있는 경우에 건축물 각 부분 사이의 거리는 다음의 거리 이상을 띄어 건축할 것

㉠ 채광을 위한 창문 등이 있는 벽면으로부터 직각방향으로 건축물 각 부분 높이의 0.5배(도시형 생활주택의 경우에는 0.25배) 이상의 범위에서 건축조례로 정하는 거리 이상

㉡ 채광창이 없는 벽면과 측벽이 마주보는 경우에는 8m 이상

㉢ 측벽과 측벽이 마주보는 경우에는 4m 이상

(3) 적용의 제외

2층 이하로서 높이가 8m 이하인 건축물에는 해당 지방자치단체의 조례로 정하는 바에 따라 일조 등의 확보를 위한 건축물의 높이 제한을 적용하지 아니할 수 있다.

2 건축협정 및 이행강제금 ☆☆ 제27회, 제28회, 제29회, 제31회

1 건축협정의 체결

토지 또는 건축물의 소유자, 지상권자 등은 전원의 합의로 다음의 어느 하나에 해당하는 지역 또는 구역에서 건축물의 건축·대수선 또는 리모델링에 관한 협정(건축협정)을 체결할 수 있다.

①「국토의 계획 및 이용에 관한 법률」에 따라 지정된 지구단위계획구역

②「도시 및 주거환경정비법」에 따른 주거환경개선사업을 시행하기 위하여 지정·고시된 정비구역

③「도시재정비 촉진을 위한 특별법」에 따른 존치지역

④「도시재생 활성화 및 지원에 관한 특별법」에 따른 도시재생활성화지역

2 건축협정의 효력 및 승계

① 건축협정이 체결된 지역 또는 구역(이하 '건축협정구역'이라 한다)에서 건축물의 건축·대수선 또는 리모델링을 하거나 그 밖에 대통령령으로 정하는 행위를 하려는 소유자등은 인가·변경인가된 건축협정에 따라야 한다.

② 건축협정이 공고된 후 건축협정구역에 있는 토지나 건축물 등에 관한 권리를 협정체결자인 소유자 등으로부터 이전받거나 설정받은 자는 협정체결자로서의 지위를 승계한다. 다만, 건축협정에서 달리 정한 경우에는 그에 따른다.

3 건축협정운영회의 설립

① 협정체결자는 건축협정서 작성 및 건축협정 관리 등을 위하여 필요한 경우 협정체결자 간의 자율적 기구로서 운영회(이하 '건축협정운영회'라 한다)를 설립할 수 있다.

② 건축협정운영회를 설립하려면 협정체결자 과반수의 동의를 받아 건축협정운영회의 대표자를 선임하고, 건축협정인가권자에게 신고하여야 한다.

4 건축협정의 인가 및 변경

① 협정체결자 또는 건축협정운영회의 대표자는 건축협정서를 작성하여 해당 건축협정인가권자의 인가를 받아야 한다.

② 건축협정 체결 대상 토지가 둘 이상의 특별자치시 또는 시·군·구에 걸치는 경우 건축협정 체결 대상 토지면적의 과반(過半)이 속하는 건축협정인가권자에게 인가를 신청할 수 있다.❷

③ 협정체결자 또는 건축협정운영회의 대표자는 인가받은 사항을 변경하려면 국토교통부령으로 정하는 바에 따라 변경인가를 받아야 한다.

④ 협정체결자 또는 건축협정운영회의 대표자는 건축협정을 폐지하려는 경우에는 협정체결자 과반수의 동의를 받아 국토교통부령으로 정하는 바에 따라 건축협정인가권자에게 인가를 받아야 한다.❸

5 건축협정에 따른 특례

① 건축협정을 체결하여 둘 이상의 건축물 벽을 맞벽으로 하여 건축하려는 경우 맞벽으로 건축하려는 자는 공동으로 건축허가를 신청할 수 있다.

② 건축협정의 인가를 받은 건축협정구역에서 연접한 대지에 대하여 다음의 관계 법령의 규정을 개별 건축물마다 적용하지 아니하고 건축협정구역의 전부 또는 일부를 대상으로 통합하여 적용할 수 있다.

기출지문 끝장

❶ 일반상업지역에 건축하는 공동주택으로서 하나의 대지에 두 동(棟) 이상을 건축하는 경우에는 **채광의 확보**를 위한 높이 제한이 적용된다. (×) 제25회

☑ 일반상업지역과 중심상업지역에 건축하는 공동주택은 일조 등의 확보를 위한 높이 제한을 적용하지 아니한다.

❷ 건축협정 체결 대상 토지가 둘 이상의 특별자치시 또는 시·군·구에 걸치는 경우 건축협정 체결 대상 **토지면적의 과반**이 속하는 건축협정인가권자에게 인가를 신청할 수 있다. (○) 제27회

❸ **건축협정**을 **폐지**하려면 협정체결자 전원의 동의를 받아 건축협정인가권자의 인가를 받아야 한다. (×) 제31회

☑ 건축협정을 폐지하려면 협정체결자 과반수의 동의를 받아 건축협정인가권자의 인가를 받아야 한다.

㉠ 대지의 조경
㉡ 대지와 도로와의 관계
㉢ 지하층의 설치
㉣ 건폐율
㉤「주차장법」에 따른 부설주차장의 설치
㉥「하수도법」에 따른 개인하수처리시설의 설치

암기Tip 건조한 부대찌개!

③ 건축협정에 따른 특례를 적용하여 착공신고를 한 경우에는 착공신고를 한 날부터 20년이 지난 후에 건축협정의 폐지인가를 신청할 수 있다.

6 이행강제금

(1) 이행강제금의 부과

① 허가권자는 시정명령을 받은 후 시정기간 내에 시정명령을 이행하지 아니한 건축주 등에 대하여는 그 시정명령의 이행에 필요한 상당한 이행기한을 정하여 그 기한까지 시정명령을 이행하지 아니하면 다음의 이행강제금을 부과한다.

㉠ 건축물이 건폐율이나 용적률을 초과하여 건축된 경우 또는 허가를 받지 아니하거나 신고를 하지 아니하고 건축된 경우에는「지방세법」에 따라 해당 건축물에 적용되는 1m²의 시가표준액의 100분의 50에 해당하는 금액에 위반면적을 곱한 금액 이하의 범위에서 대통령령으로 정하는 비율(건폐율 초과: 100분의 80, 용적률 초과: 100분의 90❶, 무허가: 100분의 100, 무신고: 100분의 70)을 곱한 금액

㉡ 건축물이 위 ㉠ 외의 위반 건축물에 해당하는 경우에는「지방세법」에 따라 그 건축물에 적용되는 시가표준액에 해당하는 금액의 100분의 10의 범위에서 위반내용에 따라 대통령령으로 정하는 금액

② 허가권자는 영리목적을 위한 위반이나 상습적 위반 등 대통령령으로 정하는 경우에 위 ①에 따른 금액을 100분의 100의 범위에서 가중하여야 한다.

③ 허가권자는 최초의 시정명령이 있었던 날을 기준으로 하여 1년에 2회 이내의 범위에서 해당 지방자치단체의 조례로 정하는 횟수만큼 그 시정명령이 이행될 때까지 반복하여 이행강제금을 부과·징수할 수 있다.

(2) 이행강제금의 감액

연면적(공동주택의 경우에는 세대 면적을 기준으로 한다)이 60m² 이하인 주거용 건축물의 경우에는 부과금액의 2분의 1의 범위에서 해당 지방자치단체의 조례로 정하는 금액을 부과한다.

기출지문 끝장

❶ **용적률을 초과**하여 건축한 경우에는 1m²의 시가표준액의 100분의 50에 해당하는 금액에 위반면적을 곱한 금액 이하의 범위에서 **100분의 90을 곱한 금액**으로 이행강제금을 부과한다. (○) 제29회

기출문제 끝장

기출 분석

- 기출회차: 제31회
- 난이도: ★★
- 키워드: 건축협정

함정을 피하는 끝장 TIP

- 전용주거지역과 일반주거지역에서의 높이 제한에 관한 규정을 정확하게 숙지하여야 한다.
- 건축협정의 체결, 인가 및 변경, 효력 및 승계, 건축협정에 따른 특례를 정확하게 암기하여야 한다.
- 이행강제금의 부과 대상과 부과 비율을 정확하게 정리하여야 한다.

건축법령상 건축협정에 관한 설명으로 옳은 것은? (단, 조례는 고려하지 않음)

① 해당 지역의 토지 또는 건축물의 소유자 전원이 합의하면 지상권자가 반대하는 경우에도 건축협정을 체결할 수 있다.

⋯→ 해당 지역의 토지 또는 건축물의 소유자 전원이 합의하더라도 지상권자가 반대하는 경우에는 건축협정을 체결할 수 없다.

② 건축협정 체결 대상 토지가 둘 이상의 시·군·구에 걸치는 경우에는 관할 ~~시·도지사~~에게 건축협정의 인가를 받아야 한다.

⋯→ 건축협정 체결 대상 토지가 둘 이상의 시·군·구에 걸치는 경우에는 건축협정 체결 대상 토지면적의 과반(過半)이 속하는 건축협정인가권자에게 인가를 신청할 수 있다.

③ 협정체결자는 인가받은 건축협정을 변경하려면 협정체결자 ~~과반수의 동의를 받아 건축협정인가권자에게 신고하여야 한다~~.

⋯→ 협정체결자는 인가받은 건축협정을 변경하려면 협정체결자 전원의 합의로 건축협정인가권자에게 인가를 받아야 한다.

④ 건축협정을 폐지하려면 협정체결자 ~~전원~~의 동의를 받아 건축협정인가권자의 인가를 받아야 한다.

⋯→ 건축협정을 폐지하려면 협정체결자 과반수의 동의를 받아 건축협정인가권자의 인가를 받아야 한다.

✔⑤ 건축협정에서 달리 정하지 않는 한, 건축협정이 공고된 후에 건축협정구역에 있는 토지에 관한 권리를 협정체결자로부터 이전받은 자도 건축협정에 따라야 한다.

우선끝장 민개공

부동산공법

주택법

용어의 정의 및 등록사업자

1 용어의 정의 ☆☆☆ 제25회, 제26회, 제27회, 제28회, 제29회, 제30회, 제31회, 제32회

1 주택

(1) 주택의 정의

'주택'이란 세대의 구성원이 장기간 독립된 주거생활을 할 수 있는 구조로 된 건축물의 전부 또는 일부 및 그 부속토지를 말한다.

(2) 주택의 종류

① 단독주택❶: 1세대가 하나의 건축물 안에서 독립된 주거생활을 할 수 있는 구조로 된 주택을 말하며, 그 종류에는 단독주택, 다중주택, 다가구주택이 있다. (공관(×))

② 공동주택: 공동주택이란 건축물의 벽·복도·계단이나 그 밖의 설비 등의 전부 또는 일부를 공동으로 사용하는 각 세대가 하나의 건축물 안에서 각각 독립된 주거생활을 할 수 있는 구조로 된 주택을 말하며, 그 종류와 범위는 다음과 같다. ⇨ 기숙사(×)

아파트	주택으로 쓰는 층수가 5개 층 이상인 주택
연립주택	주택으로 쓰는 1개 동의 바닥면적 합계가 660m²를 초과하고, 층수가 4개 층 이하인 주택
다세대주택	주택으로 쓰는 1개 동의 바닥면적 합계가 660m² 이하이고, 층수가 4개 층 이하인 주택

③ 세대구분형 공동주택(사업계획승인을 받아 건설한 경우)

세대구분형 공동주택이란 공동주택의 주택 내부 공간의 일부를 세대별로 구분하여 생활이 가능한 구조로 하되, 그 구분된 공간 일부에 대하여 구분소유를 할 수 없는 주택으로서 다음의 기준에 적합한 주택을 말한다.

㉠ 세대별로 구분된 각각의 공간마다 별도의 욕실, 부엌과 현관을 설치할 것

㉡ 하나의 세대가 통합하여 사용할 수 있도록 세대 간에 연결문 또는 경량구조의 경계벽 등을 설치할 것

㉢ 세대구분형 공동주택의 세대수가 해당 주택단지 안의 공동주택 전체 세대수의 3분의 1을 넘지 아니할 것

㉣ 세대별로 구분된 각각의 공간의 주거전용면적 합계가 주택단지 전체 주거전용면적 합계의 3분의 1을 넘지 아니할 것

④ 건설자금에 따른 분류

㉠ 국민주택

ⓐ 국가, 지방자치단체, 한국토지주택공사, 지방공사가 건설하는 주택으로서 주거전용면적이 1호(戶) 또는 1세대당 85m²(수도권을 제외한 도시지역이 아닌 읍 또는 면 지역은 100m²) 이하인 주택❷

ⓑ 국가, 지방자치단체의 재정 또는 「주택도시기금법」에 따른 주택도시기금으로부터 자금을 지원받아 건설되거나 개량되는 주택으로서 주거전용면적이 1호(戶) 또는 1세대당 85m²(수도권을 제외한 도시지역이 아닌 읍 또는 면 지역은 100m²) 이하인 주택

㉡ 민영주택: 국민주택을 제외한 주택을 말한다.

(3) 도시형 생활주택

① 도시형 생활주택의 종류: 도시형 생활주택이란 300세대 미만의 국민주택규모에 해당하는 주택으로서 대통령령으로 정하는 지역(도시지역)에 건설하는 다음의 주택을 말한다.

㉠ 소형 주택: 다음의 요건을 모두 갖춘 공동주택

ⓐ 세대별 주거전용면적은 60m² 이하일 것

ⓑ 세대별로 독립된 주거가 가능하도록 욕실, 부엌을 설치할 것

ⓒ 주거전용면적이 30m² 미만인 경우에는 욕실 및 보일러실을 제외한 부분을 하나의 공간으로 구성할 것

ⓓ 주거전용면적이 30m² 이상인 경우에는 욕실 및 보일러실을 제외한 부분을 세 개 이하의 침실(각각의 면적이 7m² 이상인 것을 말한다)과 그 밖의 공간으로 구성할 수 있으며, 침실이 두 개 이상인 세대수는 소형 주택 전체 세대수(소형 주택과 함께 건축하는 그 밖의 주택의 세대수를 포함)의 3분의 1을 초과하지 않을 것

ⓔ 지하층에는 세대를 설치하지 아니할 것

㉡ 단지형 연립주택: 위 ㉠의 소형 주택을 제외한 연립주택. 다만, 건축위원회의 심의를 받은 경우에는 주택으로 쓰는 층수를 5개 층까지 건축할 수 있다.

㉢ 단지형 다세대주택: 위 ㉠의 소형 주택을 제외한 다세대주택. 다만, 건축위원회의 심의를 받은 경우에는 주택으로 쓰는 층수를 5개 층까지 건축할 수 있다.

② 공동건축의 제한: 하나의 건축물에는 도시형 생활주택과 그 밖의 주택을 함께 건축할 수 없으며, 단지형 연립주택 또는 단지형 다세대주택과 소형 주택을 함께 건축할 수 없다. 다만, 다음의 어느 하나에 해당하는 경우는 예외로 한다.

기출지문 끝장

❶ 주택법령상 **단독주택**에는 「건축법 시행령」에 따른 다가구주택이 포함되지 않는다. (×) 제30회

☑ 주택법령상 단독주택에는 「건축법 시행령」에 따른 다가구주택이 포함된다.

❷ 한국토지주택공사가 수도권에 건설한 주거전용면적이 1세대당 80m²인 아파트는 **국민주택**에 해당한다. (○) 제30회

㉠ 소형 주택과 주거전용면적이 85m²를 초과하는 주택 1세대를 함께 건축하는 경우

㉡「국토의 계획 및 이용에 관한 법률 시행령」에 따른 준주거지역 또는 상업지역에서 소형 주택과 도시형 생활주택 외의 주택을 함께 건축하는 경우

(4) 준주택 암기Tip 오, 노, 기, 다

'준주택'이란 주택 외의 건축물과 그 부속토지로서 주거시설로 이용가능한 시설 등을 말하며, 그 범위와 종류는 다음과 같다.

①「건축법 시행령」에 따른 기숙사(학생복지주택 및 공공주택 특별법에 따른 공공매입임대주택 중 독립된 주거의 형태를 갖추지 않은 것을 포함)

②「건축법 시행령」에 따른 다중생활시설

③「건축법 시행령」에 따른 노인복지시설 중「노인복지법」의 노인복지주택

④「건축법 시행령」에 따른 오피스텔

2 부대시설 · 복리시설 · 간선시설

(1) 부대시설

'부대시설'이란 주택에 딸린 다음의 시설 또는 설비를 말한다.

① 주차장, 관리사무소, 담장 및 주택단지 안의 도로, 경비실, 자전거보관소, 방범설비

②「건축법」에 따른 건축설비

(2) 복리시설

'복리시설'이란 주택단지의 입주자 등의 생활복리를 위한 다음의 공동시설을 말한다.

① 어린이놀이터, 근린생활시설, 유치원, 주민운동시설 및 경로당

② 그 밖에 입주자 등의 생활복리를 위하여 대통령령으로 정하는 종교시설, 주민공동시설, 소매시장 및 상점, 교육연구시설, 노유자시설, 수련시설 등

(3) 간선시설

'간선시설'이란 도로 · 상하수도 · 전기시설 · 가스시설 · 통신시설 및 지역난방시설 등 주택단지 안의 기간시설을 그 주택단지 밖에 있는 같은 종류의 기간시설에 연결시키는 시설을 말한다. 다만, 가스시설 · 통신시설 및 지역난방시설의 경우에는 주택단지 안의 기간시설을 포함한다.

3 공공택지

'공공택지'란 다음의 어느 하나에 해당하는 공공사업에 의하여 개발 · 조성되는 공동주택이 건설되는 용지를 말한다.

① 국민주택건설사업 또는 대지조성사업

②「택지개발촉진법」에 따른 택지개발사업

③「산업입지 및 개발에 관한 법률」에 따른 산업단지개발사업

④ 「공공주택 특별법」에 따른 공공주택지구조성사업
⑤ 「도시개발법」에 따른 도시개발사업(공공사업시행자 또는 공공사업시행자가 100분의 50을 초과하여 출자한 법인이 수용 또는 사용의 방식이 적용되는 구역에서 시행하는 사업만 해당)
⑥ 「경제자유구역의 지정 및 운영에 관한 특별법」에 따른 경제자유구역개발사업(수용 또는 사용의 방식으로 시행하는 사업만 해당)

4 주택단지

다음의 시설로 분리된 토지는 각각 별개의 주택단지로 본다.❶
① 철도·고속도로·자동차전용도로
② 폭 20m 이상인 일반도로
③ 폭 8m 이상인 도시계획예정도로
④ 「도로법」에 의한 일반국도·특별시도·광역시도 또는 지방도

5 리모델링

'리모델링'이란 건축물의 노후화 억제 또는 기능 향상 등을 위한 다음의 어느 하나에 해당하는 행위를 말한다.
① 대수선(大修繕)
② 사용검사일 또는 사용승인일부터 15년이 경과된 공동주택을 각 세대의 주거전용면적의 30% 이내(세대의 주거전용면적이 85m² 미만인 경우에는 40% 이내)에서 증축하는 행위
③ 위 ②에 따른 각 세대의 증축 가능 면적을 합산한 면적의 범위에서 기존 세대수의 15% 이내에서 세대수를 증가하는 증축 행위. 다만, 수직으로 증축하는 행위는 다음의 요건을 모두 충족하는 경우로 한정한다.
㉠ 최대 3개 층 이하로서 대통령령으로 정하는 범위에서 증축할 것. 다만, 수직으로 증축하는 행위의 대상이 되는 기존 건축물의 층수가 14층 이하인 경우에는 2개 층이고 15층 이상인 경우에는 3개 층을 말한다.
㉡ 리모델링 대상 건축물의 구조도 보유 등 대통령령으로 정하는 요건을 갖출 것

6 공구

'공구'란 하나의 주택단지에서 대통령령으로 정하는 기준에 따라 둘 이상으로 구분되는 일단의 구역으로, 착공신고 및 사용검사를 별도로 수행할 수 있는 구역을 말한다.

기출지문 끝장

❶ 폭 10m의 일반도로로 분리된 **주택단지**는 각각 별개의 주택단지로 본다. (×) 제28회, 제32회
☑ 폭 20m 이상인 일반도로 분리된 토지는 각각 별개의 주택단지로 본다.

① 주택단지 안의 도로 등을 설치하여 6m 이상의 너비로 공구 간 경계를 설정할 것

② 공구별 세대수는 300세대 이상으로 할 것

2 등록사업자 ☆☆ 제26회, 제31회

1 사업주체의 종류

'사업주체'란 주택건설사업계획 또는 대지조성사업계획의 승인을 받아 그 사업을 시행하는 다음의 자를 말한다.

공공사업주체	① 국가 ② 지방자치단체 ③ 한국토지주택공사 ④ 지방공사
민간사업주체	⑤ 등록사업자 ⑥ 주택건설사업을 목적으로 설립된 공익법인 ⑦ 주택조합 ⑧ 고용자 ⑨ 토지소유자

2 등록사업자

(1) 등록대상

연간 단독주택의 경우에는 20호, 공동주택의 경우에는 20세대[도시형 생활주택의 경우(소형 주택과 주거전용면적이 85m²를 초과하는 주택 1세대를 함께 건축하는 경우를 포함)에는 30세대] 이상의 주택건설사업을 시행하려는 자 또는 연간 1만m² 이상의 대지조성사업을 시행하려는 자는 국토교통부장관에게 등록하여야 한다.❶

(2) 비등록사업자

다음의 사업주체의 경우에는 등록하지 않아도 된다.

① 국가 · 지방자치단체

② 한국토지주택공사❷, 지방공사

③ 공익법인

④ 주택조합(등록사업자와 공동으로 주택건설사업을 하는 주택조합만 해당)

⑤ 고용자(등록사업자와 공동으로 주택건설사업을 하는 고용자만 해당)

(3) 등록사업자의 결격사유

다음의 어느 하나에 해당하는 자는 주택건설사업 등의 등록을 할 수 없다.

① 미성년자 · 피성년후견인 또는 피한정후견인

② 파산선고를 받은 자로서 복권되지 아니한 자

③ 「부정수표 단속법」 또는 「주택법」을 위반하여 금고 이상의 실형을 선고받고 그 집행이 끝나거나 집행이 면제된 날부터 2년이 지나지 아니한 자

④ 「부정수표 단속법」 또는 「주택법」을 위반하여 금고 이상의 형의 집행유예를 선고받고 그 유예기간 중에 있는 자

⑤ 등록이 말소된 후 2년이 지나지 아니한 자

(4) 등록사업자의 시공

주택으로 쓰는 층수가 6개 층 이상인 아파트를 건설한 실적이 있는 자 또는 최근 3년간 300세대 이상의 공동주택을 건설한 실적이 있는 자는 주택으로 쓰는 층수가 6개 층 이상인 주택을 건설할 수 있다.

(5) 등록말소 등을 받은 자의 사업수행

등록말소 또는 영업정지 처분을 받은 등록사업자는 그 처분 전에 사업계획승인을 받은 사업은 계속 수행할 수 있다. 다만, 등록말소 처분을 받은 등록사업자가 그 사업을 계속 수행할 수 없는 중대하고 명백한 사유가 있을 경우에는 그러하지 아니하다.

3 공동사업주체

(1) 주택조합+등록사업자(임의적)

주택조합(세대수를 증가하지 아니하는 리모델링주택조합은 제외)이 그 구성원의 주택을 건설하는 경우에는 등록사업자(지방자치단체 · 한국토지주택공사 및 지방공사를 포함)와 공동으로 사업을 시행할 수 있다.❸

(2) 고용자+등록사업자(필수적)

고용자가 그 근로자의 주택을 건설하는 경우에는 등록사업자와 공동으로 사업을 시행하여야 한다. 이 경우 고용자와 등록사업자를 공동사업주체로 본다.

기출지문 끝장

❶ **연간 20호 이상의 단독주택** 건설사업을 시행하려는 자 또는 연간 **1만m² 이상의 대지조성사업**을 시행하려는 자는 국토교통부장관에게 등록하여야 한다. (○) 제26회

❷ **한국토지주택공사**가 연간 10만m² 이상의 대지조성사업을 시행하려는 경우에는 대지조성사업의 등록을 하여야 한다. (×) 제31회

☑ 한국토지주택공사는 등록하지 않아도 된다.

❸ 세대수를 증가하는 리모델링주택조합이 그 구성원의 주택을 건설하는 경우에는 **등록사업자와 공동**으로 사업을 시행할 수 없다. (×) 제31회

☑ 세대수를 증가하는 리모델링주택조합이 그 구성원의 주택을 건설하는 경우에는 등록사업자와 공동으로 사업을 시행할 수 있다.

기출문제 끝장

기출 분석

- 기출회차: 제31회
- 난이도: ★★
- 키워드: 용어의 정의

함정을 피하는 끝장 TIP

- 주택의 종류, 국민주택 개념, 준주택의 종류, 주택단지에 관한 개념을 정확하게 숙지하여야 한다.
- 도시형 생활주택, 부대 · 복리시설, 공공택지, 리모델링에 관한 내용을 정확하게 암기하여야 한다.
- 등록대상과 등록사업자의 시공능력, 공동사업주체에 관한 내용을 정확하게 정리하여야 한다.

주택법령상 용어에 관한 설명으로 옳은 것은?

① 「건축법 시행령」에 따른 다중생활시설은 '준주택'에 ~~해당하지 않는다~~.

⋯› 「건축법 시행령」에 따른 다중생활시설은 '준주택'에 해당한다.

✔② 주택도시기금으로부터 자금을 지원받아 건설되는 1세대당 주거전용면적 $84m^2$인 주택은 '국민주택'에 해당한다.

③ '간선시설'이란 도로 · 상하수도 · 전기시설 · 가스시설 · 통신시설 · 지역난방시설 등을 말한다.

⋯› '간선시설'이란 도로 · 상하수도 · 전기시설 · 가스시설 · 통신시설 및 지역난방시설 등 주택단지(둘 이상의 주택단지를 동시에 개발하는 경우에는 각각의 주택단지를 말한다) 안의 기간시설을 그 주택단지 밖에 있는 같은 종류의 기간시설에 연결시키는 시설을 말한다.

④ 방범설비는 '복리시설'에 해당한다.

⋯› 방범설비는 '부대시설'에 해당한다.

⑤ 주민공동시설은 '부대시설'에 해당한다.

⋯› 주민공동시설은 '복리시설'에 해당한다.

기출테마

25 주택조합 및 주택상환사채

1 주택조합 ☆☆☆ 제24회, 제25회, 제26회, 제27회, 제28회, 제29회, 제30회, 제31회

(1) 주택조합의 의의

'주택조합'이란 많은 수의 구성원이 주택을 마련하거나 리모델링하기 위하여 결성하는 다음의 조합을 말한다.

지역주택조합	같은 지역에 거주하는 주민이 주택을 마련하기 위하여 설립한 조합
직장주택조합	같은 직장의 근로자가 주택을 마련하기 위하여 설립한 조합
리모델링주택조합	공동주택의 소유자가 그 주택을 리모델링하기 위하여 설립한 조합

(2) 주택조합의 설립절차

① 조합설립의 인가: 많은 수의 구성원이 주택을 마련하거나 리모델링하기 위하여 주택조합을 설립하려는 경우에는 관할 특별자치시장, 특별자치도지사, 시장·군수·구청장의 인가를 받아야 한다. 인가받은 내용을 변경하거나 주택조합을 해산하려는 경우에도 또한 인가를 받아야 한다.

② 지역·직장주택조합: 주택조합설립인가를 받으려는 자는 다음의 요건을 모두 갖추어야 한다. 다만, 위 ①의 후단(변경 또는 해산)의 경우에는 그러하지 아니하다.

㉠ 해당 주택건설대지의 80% 이상에 해당하는 토지의 사원권원을 확보할 것

㉡ 해당 주택건설대지의 15% 이상에 해당하는 토지의 소유권을 확보할 것

핵심 끌장 **리모델링주택조합의 경우**

1. 다음의 결의를 증명하는 서류
   ① 주택단지 전체를 리모델링하고자 하는 경우에는 주택단지 전체의 구분소유자와 의결권의 각 3분의 2 이상의 결의 및 각 동의 구분소유자와 의결권의 각 과반수의 결의
   ② 동을 리모델링하고자 하는 경우에는 그 동의 구분소유자 및 의결권의 각 3분의 2 이상의 결의
2. 해당 주택이 사용검사를 받은 후 대수선의 경우 10년(증축에 해당하는 경우에는 15년) 이상의 기간이 경과하였음을 증명하는 서류

③ 조합설립의 신고: 국민주택을 공급받기 위하여 직장주택조합을 설립하려는 자는 관할 시장·군수·구청장에게 신고하여야 한다. 신고한 내용을 변경하거나 직장주택조합을 해산하려는 경우에도 또한 같다.

④ 주택의 우선공급: 주택조합(리모델링주택조합은 제외)은 그 구성원을 위하여 건설하는 주택을 그 조합원에게 우선 공급할 수 있으며, 신고하고 설립한 직장주택조합에 대하여는 사업주체가 국민주택을 그 직장주택조합원에게 우선 공급할 수 있다.

⑤ **조합원 출석요건**: 총회의 의결을 하는 경우에는 조합원의 100분의 10 이상이 직접 출석하여야 한다. 다만, 창립총회 또는 국토교통부령으로 정하는 사항(㉠ 자금의 차입과 그 방법·이자율 및 상환방법, ㉡ 예산으로 정한 사항 외에 조합원에게 부담이 될 계약의 체결, ㉢ 업무대행자의 선정·변경 및 업무대행계약의 체결, ㉣ 시공자의 선정·변경 및 공사계약의 체결, ㉤ 조합임원의 선임 및 해임, ㉥ 사업비의 조합원별 분담 명세 확정 및 변경, ㉦ 조합해산의 결의 및 해산 시의 회계 보고)을 의결하는 총회의 경우에는 조합원의 100분의 20❶ 이상이 직접 출석하여야 한다.

⑥ **조합원의 탈퇴**: 조합원은 조합규약으로 정하는 바에 따라 조합에 탈퇴 의사를 알리고 탈퇴할 수 있다.❷

⑦ **환급청구**: 탈퇴한 조합원(제명된 조합원을 포함)은 조합규약으로 정하는 바에 따라 부담한 비용의 환급을 청구할 수 있다.❸

(3) 조합원의 수 등

① **조합원의 수**: 주택조합(리모델링주택조합은 제외)은 주택조합설립 인가를 받는 날부터 사용검사를 받는 날까지 계속하여 다음의 요건을 모두 충족하여야 한다.

㉠ 주택건설예정세대수(임대주택으로 건설·공급하는 세대수는 제외)의 50% 이상의 조합원으로 구성할 것

㉡ 조합원은 20명 이상일 것

② **동의의 승계**: 리모델링주택조합의 설립에 동의한 자로부터 건축물을 취득한 자는 조합의 설립에 동의한 것으로 본다.

(4) 조합원의 자격

① **지역주택조합**: 다음의 요건을 모두 갖춘 사람

(투기과열지구: 해당 지역의 주택가격상승률이 물가상승률보다 현저히 높은 지역)

㉠ 조합설립인가 신청일(해당 주택건설대지가 투기과열지구 안에 있는 경우에는 조합설립인가 신청일 1년 전의 날을 말한다)부터 해당 조합주택의 입주가능일까지 세대주를 포함한 세대원 전원이 주택을 소유하지 아니하거나 세대주를 포함한 세대원 중 1명에 한정하여 주거전용면적 85m² 이하의 주택 1채를 소유한 세대주인 자일 것

㉡ 조합설립인가 신청일 현재 지역주택조합의 지역에 6개월 이상 계속하여 거주하여 온 자일 것

㉢ 본인 또는 본인과 같은 세대별 주민등록표에 등재되어 있지 않은 배우자가 같은 또는 다른 지역주택조합의 조합원이거나 직장주택조합의 조합원이 아닐 것

② **직장주택조합**: 다음의 요건을 모두 갖춘 사람

㉠ 조합설립인가 신청일(해당 주택건설대지가 투기과열지구 안에 있는 경우에는 조합설립인가 신청일 1년 전의 날을 말한다)부터 해당 조합주택의 입주가능일까지 세대주를 포함한 세대원 전원이 주택을 소유하지 아니하거나 세대주를 포함한 세대원 중 1명에 한정하여 주거전용면적 85m² 이하의 주택 1채를 소유한 세대주인 자일 것 ⇨ 다만, 국민주택을 공급받기 위한 직장주택조합의 설립신고의 경우에는 무주택자에 한한다.

㉡ 조합설립인가 신청일 현재 동일한 특별시·광역시·특별자치시·특별자치도·시 또는 군(광역시의 관할 구역에 있는 군은 제외) 안에 소재하는 동일한 국가기관·지방자치단체·법인에 근무하는 자일 것

㉢ 본인 또는 본인과 같은 세대별 주민등록표에 등재되어 있지 않은 배우자가 같은 또는 다른 직장주택조합의 조합원이거나 지역주택조합의 조합원이 아닐 것

③ **리모델링주택조합**: 다음의 어느 하나에 해당하는 사람. 이 경우 해당 공동주택, 복리시설 또는 다음의 ㉢에 따른 공동주택 외의 시설의 소유권이 여러 명의 공유에 속할 때에는 그 여러 명을 대표하는 1명을 조합원으로 본다.

㉠ 사업계획승인을 받아 건설한 공동주택의 소유자

㉡ 복리시설을 함께 리모델링하는 경우에는 해당 복리시설의 소유자

㉢「건축법」에 따른 건축허가를 받아 분양을 목적으로 건설한 공동주택의 소유자

PART 5

(5) 조합원의 모집신고 및 공개모집

① **원칙**: 지역주택조합 또는 직장주택조합의 설립인가를 받기 위하여 조합원을 모집하려는 자는 해당 주택건설대지의 50% 이상에 해당하는 토지의 사용권원을 확보하여 관할 시장·군수·구청장에게 신고하고, 공개모집의 방법으로 조합원을 모집하여야 한다. 조합설립인가를 받기 전에 신고한 내용을 변경하는 경우에도 또한 같다.

② **예외**: 공개모집 이후 조합원의 사망·자격상실·탈퇴 등으로 인한 결원을 충원하거나 미달된 조합원을 재모집하는 경우에는 신고하지 아니하고 선착순의 방법으로 조합원을 모집할 수 있다.❹

(6) 조합원의 교체 등

① **원칙**: 지역주택조합 또는 직장주택조합은 그 설립인가를 받은 후에는 해당 조합원을 교체하거나 신규로 가입하게 할 수 없다.

② **예외**: 시장·군수 또는 구청장으로부터 조합원 추가모집의 승인을 받은 경우와 다음의 어느 하나에 해당하는 사유로 결원이 발생한 범위에서 충원하는 경우에는 그러하지 아니하다.

기출지문 끝장

❶ **조합임원의 선임**을 의결하는 총회의 경우에는 조합원의 **100분의 20** 이상이 직접 출석하여야 한다. (○) 제29회

❷ 주택조합 설립에 동의한 조합원은 조합설립인가가 있은 이후에는 자신의 의사에 의해 **조합을 탈퇴**할 수 없다. (×) 제29회

☑ 조합설립에 동의한 조합원은 조합설립인가가 있은 이후에도 조합을 탈퇴할 수 있다.

❸ 총회의 의결로 제명된 조합원은 자신이 부담한 **비용의 환급**을 청구할 수 없다. (×) 제29회

☑ 탈퇴한 조합원과 총회의 의결로 제명된 조합원도 조합에 자신이 부담한 비용의 환급을 청구할 수 있다.

❹ 조합원을 공개모집한 이후 조합원의 자격상실로 인한 **결원을 충원**하려면 시장·군수·구청장에게 신고하고 공개모집의 방법으로 조합원을 충원하여야 한다. (×) 제29회

☑ 신고하지 아니하고 선착순의 방법으로 조합원을 충원할 수 있다.

㉠ 조합원의 사망

㉡ 사업계획승인 이후[지역주택조합 또는 직장주택조합이 해당 주택건설대지 전부의 소유권을 확보하지 아니하고 사업계획승인을 받은 경우에는 해당 주택건설대지 전부의 소유권(해당 주택건설대지가 저당권 등의 목적으로 되어 있는 경우에는 그 저당권 등의 말소를 포함)을 확보한 이후를 말한다]에 입주자로 선정된 지위(해당 주택에 입주할 수 있는 권리·자격 또는 지위 등을 말한다)가 양도·증여 또는 판결 등으로 변경된 경우. 다만, 전매가 금지되는 경우는 제외한다.

㉢ 조합원의 탈퇴 등으로 조합원 수가 주택건설예정세대수의 50% 미만이 되는 경우

㉣ 조합원이 무자격자로 판명되어 자격을 상실하는 경우

㉤ 사업계획승인 등의 과정에서 주택건설예정세대수가 변경되어 조합원 수가 변경된 세대수의 50% 미만이 되는 경우

③ **추가모집 시 자격요건**: 조합원으로 추가모집되는 자와 충원되는 자에 대한 조합원 자격요건 충족 여부의 판단은 해당 조합설립인가 신청일을 기준으로 한다.❶

④ **조합임원의 결격사유**: 다음의 어느 하나에 해당하는 사람은 주택조합의 발기인 또는 임원이 될 수 없다.

㉠ 미성년자·피성년후견인 또는 피한정후견인

㉡ 파산선고를 받은 사람으로서 복권되지 아니한 사람

㉢ 금고 이상의 실형을 선고받고 그 집행이 종료(종료된 것으로 보는 경우를 포함)되거나 집행이 면제된 날부터 2년이 경과되지 아니한 사람

㉣ 금고 이상의 형의 집행유예를 선고받고 그 유예기간 중에 있는 사람

㉤ 금고 이상의 형의 선고유예를 받고 그 선고유예기간 중에 있는 사람

㉥ 법원의 판결 또는 다른 법률에 따라 자격이 상실 또는 정지된 사람

㉦ 해당 주택조합의 공동사업주체인 등록사업자 또는 업무대행사의 임직원

⑤ **퇴임 전 행위의 효력**: 지위가 상실된 발기인 또는 퇴직된 임원이 지위상실이나 퇴직 전에 관여한 행위는 그 효력을 상실하지 아니한다.

⑥ **겸직금지**: 주택조합의 임원은 다른 주택조합의 임원, 직원 또는 발기인을 겸할 수 없다.

⑦ **사업계획승인신청**: 주택조합은 설립인가를 받은 날부터 2년 이내에 사업계획승인(사업계획승인대상이 아닌 리모델링의 경우에는 허가를 말한다)을 신청하여야 한다.

⑧ **설립인가의 취소**: 시장·군수·구청장은 주택조합 또는 그 조합의 구성원이 거짓이나 그 밖의 부정한 방법으로 설립인가를 받은 경우, 「주택법」 제94조에 따른 명령이나 처분을 위반한 경우에는 주택조합의 설립인가를 취소할 수 있다.

(7) 주택조합의 해산

① 주택조합은 주택조합의 설립인가를 받은 날부터 3년이 되는 날까지 사업계획승인을 받지 못하는 경우 대통령령으로 정하는 바에 따라 총회의 의결을 거쳐 해산 여부를 결정하여야 한다.

② 주택조합의 발기인은 조합원 모집 신고가 수리된 날부터 2년이 되는 날까지 주택조합 설립인가를 받지 못하는 경우 대통령령으로 정하는 바에 따라 주택조합 가입 신청자 전원으로 구성되는 총회 의결을 거쳐 주택조합 사업의 종결 여부를 결정하도록 하여야 한다.

③ 위 ① 또는 ②에 따라 총회를 소집하려는 주택조합의 임원 또는 발기인은 총회가 개최되기 7일 전까지 회의 목적, 안건, 일시 및 장소를 정하여 조합원 또는 주택조합 가입 신청자에게 통지하여야 한다.

④ 위 ①에 따라 해산을 결의하거나 ②에 따라 사업의 종결을 결의하는 경우 대통령령으로 정하는 바에 따라 청산인을 선임하여야 한다.

⑤ 주택조합의 발기인은 위 ②에 따른 총회의 결과(사업의 종결을 결의한 경우에는 청산계획을 포함)를 관할 시장·군수·구청장에게 국토교통부령으로 정하는 바에 따라 통지하여야 한다.

2 주택상환사채 ☆☆ 제23회, 제27회, 제31회, 제32회

(1) 발행권자

한국토지주택공사와 등록사업자는 주택으로 상환하는 사채(이하 '주택상환사채'라 한다)를 발행할 수 있다.❷ 이 경우 등록사업자는 금융기관 또는 주택도시보증공사의 보증을 받은 경우에만 주택상환사채를 발행할 수 있다.

(2) 발행계획의 승인

주택상환사채를 발행하려는 자는 대통령령으로 정하는 바에 따라 주택상환사채발행계획을 수립하여 국토교통부장관의 승인을 받아야 한다.❸

(3) 발행방법

① 주택상환사채는 기명증권(記名證券)으로 하고, 사채권자의 명의변경은 취득자의 성명과 주소를 사채원부에 기록하는 방법으로 하며, 취득자의 성명을 채권에 기록하지 아니하면 사채발행자 및 제3자에게 대항할 수 없다.

② 주택상환사채는 액면 또는 할인의 방법으로 발행한다.

기출지문 끝장

❶ 지역주택조합 설립인가 후에 조합원으로 **추가모집되는 자가 조합원 자격요건**을 갖추었는지를 판단할 때에는 추가모집 공고일을 기준으로 한다. (×) 제28회

☑ 추가모집 공고일이 아니라 조합설립인가 신청일을 기준으로 한다.

❷ 등록사업자와 한국토지주택공사는 **주택상환사채**를 발행할 수 있다. (○) 제27회, 제31회

❸ 주택상환사채를 발행하고자 하는 자는 **발행계획**을 작성하여 기획재정부장관의 **승인**을 받아야 하며 기명증권으로 발행한다. (×) 제27회

☑ 주택상환사채를 발행하고자 하는 자는 국토교통부장관의 승인을 받아야 한다.

(4) 상환기간 및 양도 등

① 주택상환사채를 발행한 자는 발행조건에 따라 주택을 건설하여 사채권자에게 상환하여야 한다.

② 주택상환사채의 상환기간은 3년을 초과할 수 없다. 이 경우 상환기간은 주택상환사채발행일부터 주택의 공급계약체결일까지의 기간으로 한다.

③ 주택상환사채는 이를 양도하거나 중도에 해약할 수 없다. 다만, 해외이주 등 부득이한 사유가 있는 경우로서 국토교통부령이 정하는 다음의 경우에는 양도하거나 중도에 해약할 수 있다.

㉠ 세대원의 근무 또는 생업상의 사정이나 질병치료·취학·결혼으로 인하여 세대원 전원이 다른 행정구역으로 이전하는 경우

㉡ 세대원 전원이 상속에 의하여 취득한 주택으로 이전하는 경우

㉢ 세대원 전원이 해외로 이주하거나 2년 이상 해외에 체류하고자 하는 경우

④ 주택상환사채를 상환함에 있어 주택상환사채권자가 원하는 경우에는 주택상환사채의 원리금을 현금으로 상환할 수 있다.

(5) 효력

등록사업자의 등록이 말소된 경우에도 등록사업자가 발행한 주택상환사채의 효력에는 영향을 미치지 아니한다.❶

기출지문 끝장

❶ 등록사업자의 **등록이 말소**된 경우 그가 발행한 주택상환사채는 **효력**을 상실한다. (×) 제27회, 제31회

☑ 등록사업자의 등록이 말소된 경우에도 효력에는 영향을 미치지 않는다.

기출문제 끝장

기출 분석

- 기출회차: 제29회
- 난이도: ★★★
- 키워드: 지역주택조합

함정을 피하는 끝장 TIP

- 주택조합의 설립절차, 조합원의 수, 조합원의 충원 가능한 사유를 정확하게 숙지하여야 한다.
- 총회의 의결요건, 사업계획승인 신청기간, 조합원의 모집에 관한 사항을 정확하게 암기하여야 한다.
- 주택상환사채의 발행권자, 승인권자, 발행방법, 효력에 관한 사항을 명확하게 정리하여야 한다.

주택법령상 지역주택조합에 관한 설명으로 옳은 것은?

① 조합설립에 동의한 조합원은 조합설립인가가 있은 이후에는 자신의 의사에 의해 조합을 탈퇴할 수 없다.

→ 조합설립에 동의한 조합원은 조합설립인가가 있은 이후에도 자신의 의사에 의해 조합을 탈퇴할 수 있다.

② 총회의 의결로 제명된 조합원은 조합에 자신이 부담한 비용의 환급을 청구할 수 없다.

→ 총회의 의결로 제명된 조합원은 조합에 자신이 부담한 비용의 환급을 청구할 수 있다.

③ 조합임원의 선임을 의결하는 총회의 경우에는 조합원의 100분의 20 이상이 직접 출석하여야 한다.

④ 조합원을 공개모집한 이후 조합원의 자격상실로 인한 결원을 충원하려면 시장·군수·구청장에게 ~~신고하고 공개모집의 방법으로 조합원을 충원하여야 한다~~.

→ 조합원을 공개모집한 이후 조합원의 자격상실로 인한 결원을 충원하는 경우에는 신고하지 아니하고 선착순의 방법으로 조합원을 충원할 수 있다.

⑤ 조합의 임원이 금고 이상의 실형을 받아 당연퇴직을 하면 그가 퇴직 전에 관여한 행위는 그 효력을 ~~상실한다~~.

→ 조합의 임원이 금고 이상의 실형을 받아 당연퇴직을 하더라도 그가 퇴직 전에 관여한 행위는 그 효력을 상실하지 아니한다.

사업계획승인 및 매도청구

1 사업계획승인 ☆☆☆ 제26회, 제27회, 제28회, 제29회, 제30회, 제31회, 제32회

1 사업계획의 승인

(1) 사업계획승인 대상

다음의 주택건설사업을 시행하려는 자 또는 다음의 면적 이상의 대지조성사업을 시행하려는 자는 사업계획승인을 받아야 한다.

① 단독주택의 경우에는 30호. 다만, 공공사업에 따라 조성된 용지를 개별필지로 구분하지 아니하고 일단의 토지로 공급받아 해당 토지에 건설하는 단독주택, 「건축법 시행령」에 따른 한옥의 경우에는 50호로 한다.

② 공동주택의 경우에는 30세대(리모델링의 경우에는 증가하는 세대수가 30세대인 경우를 말한다). 다만, 다음의 어느 하나에 해당하는 주택인 경우에는 50세대로 한다.

㉠ 다음의 요건을 모두 갖춘 단지형 연립주택 또는 단지형 다세대주택

ⓐ 세대별 주거전용 면적이 $30m^2$ 이상일 것

ⓑ 해당 주택단지 진입도로의 폭이 6m 이상일 것

㉡ 「도시 및 주거환경정비법」에 따른 주거환경개선사업(현지개량방법으로 시행하는 경우로 한정)을 시행하기 위한 정비구역에서 건설하는 공동주택

③ 1만m^2 이상의 대지조성사업

(2) 사업계획승인권자

① 대지면적이 10만m^2 이상인 경우: 시 · 도지사 또는 대도시의 시장

② 해당 대지면적이 10만m^2 미만인 경우: 특별시장 · 광역시장 · 특별자치시장 · 특별자치도지사 또는 시장 · 군수 (구청장(×))

③ 국가 및 한국토지주택공사가 시행하는 경우: 국토교통부장관

④ 330만m^2 이상의 규모로 택지개발사업 또는 도시개발사업을 추진하는 지역 중 국토교통부장관이 지정 · 고시하는 지역에서 주택건설사업을 시행하는 경우: 국토교통부장관

⑤ 수도권 또는 광역시 지역의 긴급한 주택난 해소가 필요하거나 지역균형개발 또는 광역적 차원의 조정이 필요하여 국토교통부장관이 지정 · 고시하는 지역에서 주택건설사업을 시행하는 경우: 국토교통부장관

⑥ 국가, 지방자치단체, 한국토지주택공사, 지방공사가 단독 또는 공동으로 총지분의 50%를 초과하여 출자한 위탁관리 부동산투자회사(해당 부동산투자회사의 자산관리회사가 한국토지주택공사인 경우만 해당)가 공공주택건설사업을 시행하는 경우: 국토교통부장관

(3) 공구별 분할건설·공급

주택건설사업을 시행하려는 자는 해당 주택단지를 공구별로 분할하여 주택을 건설·공급할 수 있다. 이 경우 전체 세대수가 600세대 이상인 주택단지는 공구별로 분할하여 주택을 건설·공급할 수 있다.

(4) 주택건설대지의 소유권 확보

주택건설사업계획의 승인을 받으려는 자는 해당 주택건설대지의 소유권을 확보하여야 한다. 다만, 다음의 어느 하나에 해당하는 경우에는 그러하지 아니하다.

① 지구단위계획의 결정이 필요한 주택건설사업의 해당 대지면적의 80% 이상을 사용할 수 있는 권원[등록사업자와 공동으로 사업을 시행하는 주택조합(리모델링주택조합은 제외)의 경우에는 95% 이상의 소유권을 말한다]을 확보하고, 확보하지 못한 대지가 매도청구 대상이 되는 대지에 해당하는 경우

② 사업주체가 주택건설대지의 소유권을 확보하지 못하였으나 그 대지를 사용할 수 있는 권원을 확보한 경우

③ 국가·지방자치단체·한국토지주택공사 또는 지방공사가 주택건설사업을 하는 경우

④ 리모델링 결의를 한 리모델링주택조합이 매도청구를 하는 경우

(5) 승인 여부의 통보

사업계획승인권자는 사업계획승인의 신청을 받은 때에는 정당한 사유가 없는 한 그 신청을 받은 날부터 60일 이내❶에 사업주체에게 승인 여부를 통보하여야 한다.

(6) 사업계획의 변경승인

승인받은 사업계획을 변경하려면 변경승인을 받아야 한다. 다만, 국토교통부령으로 정하는 경미한 사항을 변경(사업주체가 국가, 지방자치단체, 한국토지주택공사 또는 지방공사인 경우로 ① 총사업비의 20%의 범위에서의 사업비가 증감하는 경우❷, ② 대지면적의 20%의 범위에서의 면적이 증감하는 경우, ③ 건축물의 설계와 용도별 위치를 변경하지 아니하는 범위에서의 건축물의 배치조정 및 주택단지 안 도로의 선형변경)하는 경우에는 그러하지 아니하다.

└ 변경승인(×)

2 공사 착수

(1) 착수기간

사업계획승인을 받은 사업주체는 승인받은 사업계획대로 사업을 시행하여야 하고, 다음의 구분에 따라 공사를 시작하여야 한다. 다만, 사업계획승인권자는 대통령령으로 정하는 정당한 사유가 있다고 인정

기출지문 끝장

❶ 사업계획승인권자는 사업계획승인의 신청을 받았을 때에는 정당한 사유가 없으면 **신청받은 날부터 60일 이내**에 사업주체에게 승인 여부를 통보하여야 한다. (○) 제28회, 제30회

❷ 주택조합이 승인받은 총사업비의 10%를 감액하는 사업계획을 변경하려면 **변경승인**을 받아야 한다. (○) 제29회

하는 경우에는 사업주체의 신청을 받아 그 사유가 없어진 날부터 1년의 범위에서 다음의 ① 또는 ②의 ㉠에 따른 공사의 착수기간을 연장할 수 있다.

① 사업계획승인을 받은 경우: 승인받은 날부터 5년 이내

② 공구별로 분할하여 시행하는 경우

㉠ 최초로 공사를 진행하는 공구: 승인받은 날부터 5년 이내

㉡ 최초로 공사를 진행하는 공구 외의 공구: 해당 주택단지에 대한 최초 착공신고일부터 2년 이내

2년 이내에 착수하지 않아도 취소할 수 없다.

(2) 착공신고

① 사업계획승인을 받은 사업주체가 공사를 시작하려는 경우에는 국토교통부령으로 정하는 바에 따라 사업계획승인권자에게 신고하여야 한다.

② 사업계획승인권자는 착공신고를 받은 날부터 20일 이내에 신고수리 여부를 신고인에게 통지하여야 한다.

3 사업계획승인의 취소

사업계획승인권자는 다음에 해당하는 경우 그 사업계획의 승인을 취소(다음의 ② 또는 ③에 해당하는 경우 주택도시기금법에 따라 주택분양보증이 된 사업은 제외)할 수 있다.

① 사업주체가 착공의무[위 (1)의 ②의 ㉡은 제외]를 위반하여 공사를 시작하지 아니하는 경우

② 사업주체가 경매·공매 등으로 인하여 대지소유권을 상실한 경우

③ 사업주체의 부도·파산 등으로 공사의 완료가 불가능한 경우

2 매도청구 ☆☆☆ 제26회, 제27회, 제28회, 제29회, 제30회

1 매도청구

(1) 사업주체의 매도청구

사업계획승인을 받은 사업주체는 다음에 따라 해당 주택건설대지 중 사용할 수 있는 권원을 확보하지 못한 대지(건축물을 포함)의 소유자에게 그 대지를 시가(市價)로 매도할 것을 청구할 수 있다.[1] 이 경우 매도청구 대상이 되는 대지의 소유자와 매도청구를 하기 전에 3개월 이상 협의를 하여야 한다.

① **주택건설대지면적 중 95% 이상에 대하여 사용권원을 확보한 경우**: 사용권원을 확보하지 못한 대지의 모든 소유자에게 매도청구 가능

② **주택건설대지면적 중 95% 미만에 대하여 사용권원을 확보한 경우**: 사용권원을 확보하지 못한 대지의 소유자 중 지구단위계획구역 결정고시일 10년 이전에 해당 대지의 소유권을 취득하여 계속 보유하고 있는 자(대지의 소유기간을 산정할 때 대지소유자가 직계존속·직계비속 및 배우자로부터 상속받아 소유권을 취득한 경우에는 피상속인의 소유기간을 합산)를 제외한 소유자에게 매도청구 가능

(2) 리모델링주택조합의 매도청구

리모델링의 허가를 신청하기 위한 동의율을 확보한 경우 리모델링 결의를 한 리모델링주택조합은 그 리모델링 결의에 찬성하지 아니하는 자의 주택 및 토지에 대하여 매도청구를 할 수 있다.

2 사용검사 후 매도청구 등

(1) 주택소유자의 매도청구

주택(복리시설을 포함)의 소유자들은 주택단지 전체 대지에 속하는 일부의 토지에 대한 소유권이전등기 말소소송 등에 따라 사용검사(동별 사용검사를 포함)를 받은 이후에 해당 토지의 소유권을 회복한 자(이하 '실소유자'라 한다)에게 해당 토지를 시가(市價)로 매도할 것을 청구할 수 있다.

(2) 대표자의 선정요건

주택의 소유자들은 대표자를 선정하여 매도청구에 관한 소송을 제기할 수 있다. 이 경우 대표자는 주택의 소유자 전체의 4분의 3 이상의 동의를 받아 선정한다.❷

(3) 판결의 효력

매도청구에 관한 소송에 대한 판결은 주택의 소유자 전체에 대하여 효력이 있다.

(4) 매도청구의 요건

매도청구를 하려는 경우에는 해당 토지의 면적이 주택단지 전체 대지면적의 5% 미만이어야 한다.❸

(5) 송달기간

매도청구의 의사표시는 실소유자가 해당 토지소유권을 회복한 날부터 2년 이내에 해당 실소유자에게 송달되어야 한다.

(6) 구상권 행사

주택의 소유자들은 매도청구로 인하여 발생한 비용의 전부를 사업주체에게 구상(求償)할 수 있다.

기출지문 끝장

❶ 주택건설대지에 사용권원을 확보하지 못한 건축물이 있는 경우 그 건축물은 **매도청구의 대상**이 되지 않는다. (×) 제26회

☑ 매도청구 대상에는 건축물도 포함된다.

❷ 주택의 사용검사 후 **대표자를 선정**하여 매도청구에 관한 소송을 하는 경우 대표자는 복리시설을 포함하여 주택의 소유자 전체의 **4분의 3 이상의 동의**를 받아 선정한다. (○) 제29회, 제30회

❸ 주택의 사용검사 후 주택단지 내 일부의 토지의 소유권을 회복한 자에게 주택소유자들이 매도청구를 하려면 해당 토지의 면적이 주택단지 전체 대지면적의 **5% 미만**이어야 한다. (○) 제27회, 제29회, 제30회

기출문제 끝장

기출 분석

- 기출회차: 제32회
- 난이도: ★
- 키워드: 사업계획의 승인

함정을 피하는 끝장 TIP

- 사업계획 승인권자, 공구별 분할시행, 변경승인, 착수 및 연장기간을 정확하게 숙지하여야 한다.
- 사업주체의 매도청구 대상, 가격, 절차 및 방법에 관한 사항을 정확하게 정리하여야 한다.
- 주택소유자의 대표자 선정요건, 매도청구의 요건, 송달기간을 정확하게 암기하여야 한다.

주택법령상 사업계획승인 등에 관한 설명으로 틀린 것은? (단, 다른 법률에 따른 사업은 제외함)

① 주택건설사업을 시행하려는 자는 전체 세대수가 600세대 이상의 주택단지를 공구별로 분할하여 주택을 건설·공급할 수 있다.

② 사업계획승인권자는 착공신고를 받은 날부터 20일 이내에 신고수리 여부를 신고인에게 통지하여야 한다.

③ 사업계획승인권자는 사업계획승인의 신청을 받았을 때에는 정당한 사유가 없으면 신청받은 날부터 60일 이내에 사업주체에게 승인 여부를 통보하여야 한다.

④ 사업주체는 사업계획승인을 받은 날부터 ~~1년 이내~~에 공사를 착수하여야 한다.

··· 사업주체는 사업계획승인을 받은 날부터 5년 이내에 공사를 착수하여야 한다.

⑤ 사업계획에는 부대시설 및 복리시설의 설치에 관한 계획 등이 포함되어야 한다.

기출테마

27 주택의 공급요건 및 분양가상한제

1 주택의 공급요건 등 ☆☆ 제26회, 제27회, 제28회, 제29회

1 주택의 공급

(1) 입주자모집공고 승인

사업주체(공공주택사업자는 제외❶)가 입주자를 모집하려는 경우에는 국토교통부령으로 정하는 바에 따라 시장·군수·구청장의 승인(복리시설의 경우에는 신고를 말한다)을 받아야 한다.

(2) 마감자재 목록표의 제출

사업주체가 시장·군수·구청장의 승인을 받으려는 경우(사업주체가 국가·지방자치단체·한국토지주택공사 및 지방공사인 경우에는 견본주택을 건설하는 경우를 말한다)에는 견본주택에 사용되는 마감자재의 규격·성능 및 재질을 적은 목록표(이하 '마감자재 목록표'라 한다)와 견본주택의 각 실의 내부를 촬영한 영상물 등을 제작하여 승인권자에게 제출하여야 한다.❷

(3) 마감자재 목록표의 보관기간

시장·군수·구청장은 마감자재 목록표와 영상물 등을 사용검사가 있은 날부터 2년 이상 보관하여야 하며, 입주자가 열람을 요구하는 경우에는 이를 공개하여야 한다.

(4) 마감자재 목록표의 설치기준

사업주체가 마감자재 생산업체의 부도 등으로 인한 제품의 품귀 등 부득이한 사유로 인하여 사업계획승인 또는 마감자재 목록표의 마감자재와 다르게 마감자재를 시공·설치하려는 경우에는 당초의 마감자재와 같은 질 이상으로 설치하여야 한다.❸

기출지문 끝장

❶ **한국토지주택공사가 사업주체**로서 복리시설의 입주자를 모집하려는 경우 시장·군수·구청장에게 신고하여야 한다. (×) 제26회

☑ 한국토지주택공사가 사업주체로서 복리시설의 입주자를 모집하려는 경우에는 시장·군수·구청장에게 신고하지 않아도 된다.

❷ 지방공사가 사업주체로서 견본주택을 건설하는 경우에는 견본주택에 사용되는 **마감자재 목록표**와 견본주택의 각 실의 내부를 촬영한 영상물 등을 제작하여 시장·군수·구청장에게 제출하여야 한다. (○) 제26회

❸ 사업주체가 부득이한 사유로 인하여 사업계획승인의 **마감자재와 다르게 시공·설치**하려는 경우에는 당초의 마감자재와 같은 질 이하의 자재로 설치할 수 있다. (×) 제28회

☑ 사업주체가 부득이한 사유로 인하여 사업계획승인의 마감자재와 다르게 시공·설치하려는 경우에는 당초의 마감자재와 같은 질 이상의 자재로 설치하여야 한다.

2 저당권 설정 등의 제한

(1) 원칙

사업주체는 사업계획승인을 받아 시행하는 주택건설사업에 의하여 건설된 주택 및 대지에 대하여는 입주자모집공고 승인 신청일(주택조합의 경우에는 사업계획승인 신청일) 이후부터 입주예정자가 그 주택 및 대지의 소유권이전등기를 신청할 수 있는 날(사업주체가 입주예정자에게 통보한 입주가능일) 이후 60일까지의 기간 동안 입주예정자의 동의 없이 다음의 어느 하나에 해당하는 행위를 하여서는 아니 된다.

① 해당 주택 및 대지에 저당권 또는 가등기담보권 등 담보물권을 설정하는 행위

② 해당 주택 및 대지에 전세권·지상권 또는 등기되는 부동산임차권을 설정하는 행위

③ 해당 주택 및 대지를 매매 또는 증여 등의 방법으로 처분하는 행위

(2) 예외

주택의 건설을 촉진하기 위하여 다음에 해당하는 경우에는 그러하지 아니하다.

① 해당 주택의 입주자에게 주택구입자금의 일부를 융자하여 줄 목적으로 주택도시기금이나 금융기관으로부터 주택건설자금의 융자를 받는 경우

② 해당 주택의 입주자에게 주택구입자금의 일부를 융자하여 줄 목적으로 금융기관으로부터 주택구입자금의 융자를 받는 경우

(3) 부기등기 의무

부기등기는 주택건설대지에 대하여는 입주자모집공고 승인 신청(주택건설대지 중 주택조합이 사업계획승인 신청일까지 소유권을 확보하지 못한 부분이 있는 경우에는 그 부분에 대한 소유권이전등기를 말한다)과 동시에 하여야 하고, 건설된 주택에 대하여는 소유권보존등기와 동시에 하여야 한다.

2 주택의 분양가격 제한 ☆☆☆ 제23회, 제26회, 제27회, 제28회

1 주택의 분양가격 제한

(1) 분양가상한제 적용주택

① 적용주택: 사업주체가 일반인에게 공급하는 공동주택 중 다음의 어느 하나에 해당하는 지역에서 공급하는 주택의 경우에는 「주택법」 제57조에서 정하는 기준에 따라 산정되는 분양가격 이하로 공급(이하 '분양가상한제 적용주택'이라 한다)하여야 한다.

㉠ 공공택지

㉡ 공공택지 외의 택지로서 다음의 어느 하나에 해당하는 지역

ⓐ 「공공주택 특별법」에 따른 도심 공공주택 복합지구

ⓑ 「도시재생 활성화 및 지원에 관한 특별법」에 따른 주거재생혁신지구

ⓒ 주택가격 상승 우려가 있어 국토교통부장관이 주거정책심의위원회의 심의를 거쳐 지정하는 지역

② 적용제외: 다음에 해당하는 경우에는 분양가상한제를 적용하지 아니한다.

㉠ 도시형 생활주택

① 한국토지주택공사 또는 지방공사가 시행자로 참여할 것
② 전체 세대수의 10% 이상을 임대주택으로 건설·공급할 것

㉡ 경제자유구역에서 건설·공급하는 공동주택(경제자유구역위원회에서 의결한 경우)

㉢ 관광특구에서 건설·공급하는 50층 이상이거나 높이 150m 이상인 공동주택

㉣ 한국토지주택공사 또는 지방공사가 다음의 정비사업의 시행자(도시 및 주거환경정비법, 빈집 및 소규모주택 정비에 관한 특례법에 따른 사업시행자를 말한다)로 참여하는 등 대통령령으로 정하는 공공성 요건을 충족하는 경우로서 해당 사업에서 건설·공급하는 주택

ⓐ 「도시 및 주거환경정비법」에 따른 정비사업으로서 면적, 세대수 등이 대통령령으로 정하는 요건에 해당되는 사업 ⇨ 정비구역의 면적이 2만m^2 미만 또는 주택의 전체 세대수가 200세대 미만인 사업

ⓑ 「빈집 및 소규모주택 정비에 관한 특례법」에 따른 소규모주택정비사업

㉤ 「도시 및 주거환경정비법」에 따른 공공재개발사업에서 건설·공급하는 주택

㉥ 「도시재생 활성화 및 지원에 관한 특별법」에 따른 주거재생혁신지구에서 시행하는 혁신지구재생사업 중 사업시행 면적이 1만m^2 미만인 사업 또는 건설·공급하는 주택의 전체 세대수가 300세대 미만인 사업에서 건설·공급하는 주택

③ 분양가격: 분양가격은 택지비와 건축비로 구성되며, 구체적인 명세, 산정방식, 감정평가기관 선정방법 등은 국토교통부령으로 정한다.

④ 분양가 공시주체

㉠ 공공택지(공급가격+택지 관련 비용): 사업주체는 분양가상한제 적용주택으로서 공공택지에서 공급하는 주택에 대하여 입주자모집 승인을 받았을 때에는 입주자모집공고에 분양가격을 공시하여야 한다.

㉡ 공공택지 외의 택지(감정가격+택지 관련 비용): 시장·군수·구청장이 공공택지 외의 택지에서 공급되는 분양가상한제 적용주택 중 분양가 상승 우려가 큰 지역으로서 대통령령으로 정하는 기준에 해당되는 지역에서 공급되는 주택의 입주자모집 승인을 하는 경우에는 분양가격을 공시하여야 한다.

(2) 분양가상한제 적용주택의 입주자의 거주의무

사업주체가 수도권에서 건설·공급하는 분양가상한제 적용주택의 입주자는 해당 주택의 최초 입주가능일부터 5년 이내의 범위에서 다음에서 정하는 기간 동안 계속하여 해당 주택에 거주하여야 한다.

민간택지에서 건설·공급하는 주택	공공택지에서 건설·공급하는 주택
① 분양가격이 인근주택 매매가격의 80% 미만: 3년 ② 분양가격이 인근주택 매매가격의 80% 이상 100% 미만: 2년	① 분양가격이 인근주택 매매가격의 80% 미만: 5년 ② 분양가격이 인근주택 매매가격의 80% 이상 100% 미만: 3년

PART 5

(3) 분양가상한제 적용 지역의 지정 및 해제

① **지정대상지역**: 국토교통부장관은 주택가격상승률이 물가상승률보다 현저히 높은 지역으로서 그 지역의 주택가격·주택거래 등과 지역 주택시장 여건 등을 고려하였을 때 주택가격이 급등하거나 급등할 우려가 있는 지역 중 대통령령으로 정하는 기준을 충족하는 지역에 대하여는 주거정책심의위원회 심의를 거쳐 분양가상한제 적용 지역❶으로 지정할 수 있다. 대통령령으로 정하는 기준을 충족하는 지역이란 투기과열지구 중 다음의 각 항목에 해당하는 지역을 말한다.

㉠ 분양가상한제적용직전월부터 소급하여 12개월간의 아파트 분양가격상승률이 물가상승률의 2배를 초과한 지역

㉡ 분양가상한제적용직전월부터 소급하여 3개월간의 주택매매거래량이 전년 동기 대비 20% 이상 증가한 지역

㉢ 분양가상한제적용직전월부터 소급하여 주택공급이 있었던 2개월 동안 해당 지역에서 공급되는 주택의 월평균 청약경쟁률이 모두 5대 1을 초과하였거나 해당 지역에서 공급되는 국민주택규모 주택의 월평균 청약경쟁률이 모두 10대 1을 초과한 지역

② **지정절차**: 국토교통부장관이 분양가상한제 적용 지역을 지정하는 경우에는 미리 시·도지사의 의견을 들어야 한다.

③ **지정해제**: 국토교통부장관은 분양가상한제 적용 지역으로 계속 지정할 필요가 없다고 인정하는 경우에는 주거정책심의위원회 심의를 거쳐 분양가상한제 적용 지역의 지정을 해제하여야 한다.

④ **해제요청**: 분양가상한제 적용 지역으로 지정된 지역의 시·도지사, 시장, 군수 또는 구청장은 분양가상한제 적용 지역의 지정 후 해당 지역의 주택가격이 안정되는 등 분양가상한제 적용 지역으로 계속 지정할 필요가 없다고 인정하는 경우에는 국토교통부장관에게 그 지정의 해제를 요청할 수 있다.

⑤ **해제 여부 결정**: 국토교통부장관은 분양가상한제 적용 지역 지정의 해제를 요청받은 경우에는 주거정책심의위원회의 심의를 거쳐 요청받은 날부터 40일 이내에 해제 여부를 결정하고, 그 결과를 시·도지사, 시장, 군수 또는 구청장에게 통보하여야 한다.

(4) 분양가심사위원회

① **설치·운영**: 시장·군수·구청장은 분양가격의 제한과 분양가격의 공시에 관한 사항을 심의하기 위하여 사업계획승인신청이 있는 날부터 20일 이내에 분양가심사위원회를 설치·운영하여야 한다.❷

② **분양가심사위원회의 구속력**: 시장·군수·구청장은 입주자모집 승인을 할 때에는 분양가심사위원회의 심사결과에 따라 승인 여부를 결정하여야 한다.

기출지문 끝장

❶ 시·도지사는 주택가격상승률이 물가상승률보다 현저히 높은 지역으로서 주택가격의 급등이 우려되는 지역에 대해서 **분양가상한제 적용 지역**으로 지정할 수 있다. (×) 제27회

☑ 분양가상한제 적용 지역은 국토교통부장관이 지정한다.

❷ 시·도지사는 사업계획승인신청이 있는 날부터 30일 이내에 **분양가심사위원회**를 설치·운영하여야 한다. (×) 제26회

☑ 시장·군수·구청장은 20일 이내에 분양가심사위원회를 설치·운영하여야 한다.

기출문제 끝장

기출 분석

- 기출회차: 제28회
- 난이도: ★★★
- 키워드: 주택의 공급

함정을 피하는 끝장 TIP

- 입주자모집공고 승인, 마감자재 목록표에 관한 내용을 정확하게 숙지하여야 한다.
- 분양가상한제 적용대상, 제외대상, 공시의무에 관한 사항을 정확하게 정리하여야 한다.
- 분양가상한제 적용 지역 지정권자와 지정대상, 분양가심사위원회에 관한 사항을 정확하게 암기하여야 한다.

PART 5

주택법령상 주택의 공급에 관한 설명으로 틀린 것은?

① 군수는 입주자모집승인 시 사업주체에게서 받은 마감자재 목록표의 열람을 입주자가 요구하는 경우 이를 공개하여야 한다.

✔② 사업주체가 부득이한 사유로 인하여 사업계획승인의 마감자재와 다르게 시공·설치하려는 경우에는 당초의 마감자재와 같은 질 어하의 자재로 설치할 수 있다.

⋯→ 사업주체가 부득이한 사유로 인하여 사업계획승인의 마감자재와 다르게 시공·설치하려는 경우에는 당초의 마감자재와 같은 질 이상의 자재로 설치하여야 한다.

③ 사업주체가 마감자재 목록표의 자재와 다른 마감자재를 시공·설치하려는 경우에는 그 사실을 입주예정자에게 알려야 한다.

④ 사업주체가 일반인에게 공급하는 공동주택 중 공공택지에서 공급하는 주택의 경우에는 분양가상한제가 적용된다.

⑤ 도시형 생활주택을 공급하는 경우에는 분양가상한제가 적용되지 않는다.

기출테마

28 투기과열지구 및 전매제한

1 투기과열지구 ☆☆☆ 제25회, 제27회, 제28회, 제29회, 제30회, 제32회

(1) 투기과열지구의 지정

① 지정권자: 국토교통부장관 또는 시·도지사는 주택가격의 안정을 위하여 필요한 경우에는 주거정책심의위원회의 심의를 거쳐 일정한 지역을 투기과열지구로 지정하거나 이를 해제할 수 있다.

② 지정대상지역: 투기과열지구는 해당 지역의 주택가격상승률이 물가상승률보다 현저히 높은 지역으로서 그 지역의 청약경쟁률·주택가격·주택보급률 및 주택공급계획 등과 지역 주택시장 여건 등을 고려하였을 때 주택에 대한 투기가 성행하고 있거나 성행할 우려가 있는 지역 중 대통령령으로 정하는 다음의 기준을 충족하는 곳이어야 한다.

㉠ 투기과열지구지정직전월부터 소급하여 주택공급이 있었던 2개월 동안 해당 지역에서 공급되는 주택의 월평균 청약경쟁률이 모두 5대 1을 초과하였거나 국민주택규모 주택의 월평균 청약경쟁률이 모두 10대 1을 초과한 곳

㉡ 다음에 해당하는 곳으로서 주택공급이 위축될 우려가 있는 곳

ⓐ 투기과열지구지정직전월의 주택분양실적이 전달보다 30% 이상 감소한 곳

ⓑ 사업계획 승인 건수나 건축허가 건수(투기과열지구지정직전월부터 소급하여 6개월간의 건수를 말한다)가 직전 연도보다 급격하게 감소한 곳

㉢ 신도시 개발이나 주택 전매행위의 성행 등으로 투기 및 주거불안의 우려가 있는 곳으로서 다음에 해당하는 곳❶

ⓐ 해당 지역이 속하는 시·도의 주택보급률이 전국 평균 이하인 곳

ⓑ 해당 지역이 속하는 시·도의 자가주택비율이 전국 평균 이하인 곳

ⓒ 해당 지역의 분양주택(투기과열지구로 지정하는 날이 속하는 연도의 직전 연도에 분양된 주택을 말한다)의 수가 입주자저축에 가입한 사람으로서 주택청약 제1순위자의 수보다 현저히 적은 곳

③ 지정절차: 국토교통부장관이 투기과열지구를 지정하거나 해제할 경우에는 미리 시·도지사의 의견을 듣고 그 의견에 대한 검토의견을 회신하여야 하며, 시·도지사가 투기과열지구를 지정하거나 해제할 경우에는 국토교통부장관과 협의하여야 한다.

④ 지정의 재검토: 국토교통부장관(시·도지사 ×)은 반기마다 주거정책심의위원회의 회의를 소집하여 투기과열지구로 지정된 지역별로 해당 지역의 주택가격 안정 여건의 변화 등을 고려하여 투기과열지구 지정의 유지 여부를 재검토하여야 한다.

(2) 조정대상지역의 지정

① 지정권자: 국토교통부장관은 다음의 어느 하나에 해당하는 지역으로서 대통령령으로 정하는 기준을 충족하는 지역을 주거정책심의위원회의 심의를 거쳐 조정대상지역으로 지정할 수 있다. 이 경우 조정대상지역은 그 지정목적을 달성할 수 있는 최소한의 범위에서 시·군·구 또는 읍·면·동의 지역 단위로 지정한다.

㉠ 주택가격, 청약경쟁률, 분양권 전매량 및 주택보급률 등을 고려하였을 때 주택분양 등이 과열되어 있거나 과열될 우려가 있는 지역(과열지역)

㉡ 주택가격, 주택거래량, 미분양주택의 수 및 주택보급률 등을 고려하여 주택의 분양·매매 등 거래가 위축되어 있거나 위축될 우려가 있는 지역(위축지역)❷

② 지정대상지역: 대통령령으로 정하는 기준을 충족하는 지역은 다음의 각 구분에 따른 지역을 말한다.

㉠ 과열지역: 조정대상지역지정직전월부터 소급하여 3개월간의 해당 지역 주택가격상승률이 해당 지역이 포함된 시·도 소비자물가상승률의 1.3배를 초과한 지역으로서 다음의 어느 하나에 해당하는 지역을 말한다.

ⓐ 조정대상지역지정직전월부터 소급하여 주택공급이 있었던 2개월 동안 해당 지역에서 공급되는 주택의 월평균 청약경쟁률이 모두 5대 1을 초과하였거나 국민주택규모 주택의 월평균 청약경쟁률이 모두 10대 1을 초과한 지역

ⓑ 조정대상지역지정직전월부터 소급하여 3개월간의 분양권(주택의 입주자로 선정된 지위를 말한다) 전매거래량이 직전 연도의 같은 기간보다 30% 이상 증가한 지역

ⓒ 해당 지역이 속하는 시·도의 주택보급률 또는 자가주택비율이 전국 평균 이하인 지역

㉡ 위축지역: 조정대상지역지정직전월부터 소급하여 6개월간의 평균 주택가격상승률이 마이너스 1.0% 이하인 지역으로서 다음의 어느 하나에 해당하는 지역을 말한다.

ⓐ 조정대상지역지정직전월부터 소급하여 3개월 연속 주택매매거래량이 직전 연도의 같은 기간보다 20% 이상 감소한 지역

ⓑ 조정대상지역지정직전월부터 소급하여 3개월간의 평균 미분양주택(사업계획승인을 받아 입주

기출지문 끝장

❶ 국토교통부장관은 해당 지역이 속하는 시·도의 주택보급률 또는 자가주택비율이 전국 평균을 초과하는 지역을 **투기과열지구**로 지정할 수 있다. (×) 제28회

☑ 국토교통부장관은 해당 지역이 속하는 시·도의 주택보급률 또는 자가주택비율이 전국 평균 이하인 지역을 투기과열지구로 지정할 수 있다.

❷ 시·도지사는 주택의 분양·매매 등 **거래가 위축될 우려가 있는 지역**을 시·도 주거정책심의위원회의 심의를 거쳐 **조정대상지역**으로 지정할 수 있다. (×) 제29회

☑ 국토교통부장관은 주택의 분양·매매 등 거래가 위축될 우려가 있는 지역을 주거정책심의위원회의 심의를 거쳐 조정대상지역으로 지정할 수 있다.

자를 모집했으나 입주자가 선정되지 않은 주택을 말한다)의 수가 직전 연도의 같은 기간보다 2배 이상인 지역

ⓒ 해당 지역이 속하는 시·도의 주택보급률 또는 자가주택비율이 전국 평균을 초과하는 지역

③ 지정해제

㉠ 직권해제: 국토교통부장관은 조정대상지역으로 유지할 필요가 없다고 판단되는 경우에는 주거정책심의위원회의 심의를 거쳐 조정대상지역의 지정을 해제하여야 한다.

㉡ 해제요청: 조정대상지역으로 지정된 지역의 시·도지사 또는 시장·군수·구청장은 조정대상지역 지정 후 해당 지역의 주택가격이 안정되는 등 조정대상지역으로 유지할 필요가 없다고 판단되는 경우에는 국토교통부장관에게 그 지정의 해제를 요청할 수 있다.❶

2 전매제한 ☆☆☆ 제24회, 제25회, 제27회, 제28회, 제29회

1 전매제한대상

사업주체가 건설·공급하는 주택[해당 주택의 입주자로 선정된 지위(입주자로 선정되어 그 주택에 입주할 수 있는 권리·자격·지위 등)를 포함]으로서 다음의 어느 하나에 해당하는 경우에는 10년 이내의 범위에서 대통령령으로 정하는 기간이 지나기 전에는 그 주택을 전매(매매·증여나 그 밖에 권리의 변동을 수반하는 모든 행위를 포함하되, 상속의 경우는 제외)하거나 이의 전매를 알선할 수 없다. 이 경우 전매제한기간❷은 주택의 수급 상황 및 투기 우려 등을 고려하여 대통령령으로 지역별로 달리 정할 수 있다.

① 투기과열지구에서 건설·공급되는 주택

② 조정대상지역에서 건설·공급되는 주택. 다만, 위축지역에 해당하는 조정대상지역 중 주택의 수급 상황 등을 고려하여 대통령령으로 정하는 지역에서 건설·공급되는 주택은 제외한다.

③ 분양가상한제 적용주택. 다만, 수도권 외의 지역 중 주택의 수급 상황 및 투기 우려 등을 고려하여 대통령령으로 정하는 지역으로서 투기과열지구가 지정되지 아니하거나 지정 해제된 지역 중 공공택지 외의 택지에서 건설·공급되는 분양가상한제 적용주택은 제외한다.

④ 공공택지 외의 택지에서 건설·공급되는 주택. 다만, 분양가상한제 적용대상에서 제외되는 주택 및 수도권 외의 지역 중 주택의 수급 상황 및 투기 우려 등을 고려하여 대통령령으로 정하는 지역으로서 공공택지 외의 택지에서 건설·공급되는 주택은 제외한다.

⑤ 「도시 및 주거환경정비법」에 따른 공공재개발사업에서 건설·공급하는 주택

2 전매제한의 특례와 우선매입

(1) 전매제한의 특례

다음의 경우로서 한국토지주택공사(사업주체가 공공주택 특별법의 공공주택사업자인 경우에는 공공주택사업자를 말한다)의 동의를 받은 경우에는 전매제한 규정을 적용하지 아니한다.

① 세대원(전매제한대상 주택을 공급받은 사람이 포함된 세대의 구성원)이 근무 또는 생업상의 사정이나 질병치료·취학·결혼으로 인하여 세대원 전원이 다른 광역시, 특별자치시, 특별자치도, 시 또는 군(광역시의 관할 구역에 있는 군은 제외)으로 이전하는 경우. 다만, 수도권 안에서 이전하는 경우는 제외한다.
② 상속에 의하여 취득한 주택으로 세대원 전원이 이전하는 경우
③ 세대원 전원이 해외로 이주하거나 2년 이상의 기간 동안 해외에 체류하고자 하는 경우❸
④ 이혼으로 인하여 입주자로 선정된 지위 또는 주택을 그 배우자에게 이전하는 경우
⑤ 「공익사업을 위한 토지 등의 취득 및 보상에 관한 법률」에 따라 공익사업의 시행으로 주거용 건축물을 제공한 자가 사업시행자로부터 이주대책용 주택을 공급받은 경우(사업시행자의 알선으로 공급받은 경우를 포함)로서 시장·군수·구청장이 확인하는 경우
⑥ 분양가상한제 적용주택 또는 공공택지 외의 택지에서 건설·공급되는 주택, 「도시 및 주거환경정비법」에 따른 공공재개발사업에서 건설·공급하는 주택의 소유자가 국가·지방자치단체 및 금융기관에 대한 채무를 이행하지 못하여 경매 또는 공매가 시행되는 경우
⑦ 입주자로 선정된 지위 또는 주택의 일부를 배우자에게 증여하는 경우
⑧ 실직·파산 또는 신용불량으로 경제적 어려움이 발생한 경우

PART 5

(2) 주택의 우선매입

분양가상한제 적용주택을 공급받은 자가 전매하는 경우에는 한국토지주택공사가 그 주택을 우선 매입할 수 있다.

(3) 부기등기 의무

사업주체가 전매행위가 제한되는 분양가상한제 적용주택 및 공공택지 외의 택지에서 건설·공급되는 주택을 공급하는 경우에는 그 주택의 소유권을 제3자에게 이전할 수 없음을 소유권에 관한 등기에 부기등기하여야 한다.❹

기출지문 끝장

❶ 조정대상지역으로 지정된 지역의 시장·군수·구청장은 조정대상지역으로 유지할 필요가 없다고 판단되는 경우 국토교통부장관에게 그 지정의 **해제를 요청**할 수 있다. (○) 제29회
❷ **전매제한기간**은 주택의 수급 상황 및 투기 우려 등을 고려하여 지역별로 달리 정할 수 있다. (○) 제27회
❸ **세대원 전원이 해외로 이주**하거나 1년간 해외에 체류하고자 하는 경우에는 한국토지주택공사(사업주체가 공공주택사업자인 경우에는 공공주택사업자를 말한다)의 동의를 받으면 전매제한을 적용하지 아니한다. (×) 제27회
☑ 체류기간은 1년이 아니라 2년 이상이다.
❹ 사업주체가 공공택지 외의 택지에서 건설·공급하는 주택을 공급하는 경우에는 그 주택의 소유권을 제3자에게 이전할 수 없음을 소유권에 관한 등기에 **부기등기**하여야 한다. (○) 제24회, 제27회

3 전매제한 위반의 효과

(1) 사업주체의 환매

전매제한 규정을 위반하여 주택의 입주자로 선정된 지위의 전매가 이루어진 경우, 사업주체가 이미 납부한 입주금과 그 입주금에 대하여 은행의 1년 만기 정기예금 평균이자율을 합산한 금액(매입비용)을 그 매수인에게 지급한 경우에는 그 지급한 날에 사업주체가 해당 입주자로 선정된 지위를 취득한 것으로 보며, 한국토지주택공사가 분양가상한제 적용주택을 우선 매입하는 경우의 매입비용에 관하여도 이를 준용한다.

(2) 행정형벌

전매제한 규정을 위반하여 입주자로 선정된 지위 또는 주택을 전매하거나 이의 전매를 알선한 자는 3년 이하의 징역 또는 3천만원 이하의 벌금형에 처한다. 다만, 그 위반행위로 얻은 이익의 3배에 해당하는 금액이 3천만원을 초과하는 자는 3년 이하의 징역 또는 그 이익의 3배에 해당하는 금액 이하의 벌금에 처한다.

기출문제 끝장

기출 분석

- 기출회차: 제29회
- 난이도: ★★★
- 키워드: 투기과열지구 및 조정대상지역

함정을 피하는 끝장 TIP

- 투기과열지구의 지정권자, 지정절차, 지정대상지역을 정확하게 암기하여야 한다.
- 전매제한 대상과 전매제한 특례를 확실하게 숙지하여야 한다.

주택법령상 투기과열지구 및 조정대상지역에 관한 설명으로 옳은 것은?

PART 5

① 국토교통부장관은 시·도별 주택보급률 또는 자가주택비율이 전국 ~~평균을 초과하는~~ 지역을 투기과열지구로 지정할 수 있다.

⋯ 국토교통부장관은 시·도별 주택보급률 또는 자가주택비율이 전국 평균 이하인 지역을 투기과열지구로 지정할 수 있다.

② ~~시·도지사는~~ 주택의 분양·매매 등 거래가 위축될 우려가 있는 지역을 ~~시·도~~ 주거정책심의위원회의 심의를 거쳐 조정대상지역으로 지정할 수 있다.

⋯ 국토교통부장관은 주택의 분양·매매 등 거래가 위축될 우려가 있는 지역을 주거정책심의위원회의 심의를 거쳐 조정대상지역으로 지정할 수 있다.

③ 투기과열지구의 지정기간은 ~~3년으로 하되, 해당 지역 시장·군수·구청장의 의견을 들어 연장할 수 있다~~.

⋯ 투기과열지구의 지정기간은 법령에 규정되어 있지 않다.

④ 투기과열지구에서 건설·공급되는 주택은 전매행위가 ~~제한되지 않는다~~.

⋯ 투기과열지구에서 건설·공급되는 주택은 전매행위가 제한된다.

⑤ 조정대상지역으로 지정된 지역의 시장·군수·구청장은 조정대상지역으로 유지할 필요가 없다고 판단되는 경우 국토교통부장관에게 그 지정의 해제를 요청할 수 있다.

기출테마

29 공급질서 교란금지 및 리모델링

1 공급질서 교란금지 ☆☆ 제23회, 제24회, 제25회, 제32회

누구든지 「주택법」에 따라 건설·공급되는 주택을 공급받거나 공급받게 하기 위하여 다음의 어느 하나에 해당하는 증서 또는 지위를 양도·양수(매매·증여나 그 밖에 권리 변동을 수반하는 모든 행위를 포함하되, 상속·저당❶의 경우는 제외) 또는 이를 알선하거나 양도·양수 또는 이를 알선할 목적으로 하는 광고를 하여서는 아니 된다.

① 주택을 공급받을 수 있는 조합원의 지위

② 주택상환사채❷

③ 입주자저축증서

④ 시장·군수 또는 구청장이 발행한 무허가건물확인서❸·건물철거예정증명서 또는 건물철거확인서

⑤ 공공사업의 시행으로 인한 이주대책에 의하여 주택을 공급받을 수 있는 지위 또는 이주대책대상자 확인서

2 주택의 리모델링 ☆☆ 제27회, 제28회, 제31회

1 리모델링의 허가기준

(1) 리모델링주택조합 또는 입주자대표회의

리모델링 결의를 한 리모델링주택조합이나 소유자 전원의 동의를 받은 입주자대표회의가 시장·군수·구청장의 허가를 받아 리모델링을 할 수 있다.

① **리모델링주택조합**: 주택단지 전체를 리모델링하는 경우에는 주택단지 전체 구분소유자 및 의결권의 각 75% 이상의 동의와 각 동별 구분소유자 및 의결권의 각 50% 이상의 동의를 받아야 하며(리모델링을 하지 않는 별동의 건축물로 입주자 공유가 아닌 복리시설 등의 소유자는 권리변동이 없는 경우에 한정하여 동의 비율 산정에서 제외), 동을 리모델링하는 경우에는 그 동의 구분소유자 및 의결권의 각 75% 이상의 동의를 받아야 한다.

② **입주자대표회의**: 주택단지의 소유자 전원의 동의를 받아야 한다.❹

(2) 권리변동계획의 수립

세대수가 증가되는 리모델링을 하는 경우에는 기존 주택의 권리변동, 비용분담 등 대통령령으로 정하는 사항(① 리모델링 전후의 대지 및 건축물의 권리변동 명세, ② 조합원의 비용분담, ③ 사업비❺, ④ 조합원 외의 자에 대한 분양계획)에 대한 계획을 수립하여 사업계획승인 또는 행위허가를 받아야 한다.

(3) 안전진단

증축형 리모델링을 하려는 자는 시장·군수·구청장에게 안전진단을 요청하여야 하며, 안전진단을 요청받은 시장·군수·구청장은 해당 건축물의 증축 가능 여부의 확인 등을 위하여 안전진단을 실시하여야 한다.

2 리모델링 기본계획의 수립 및 고시

(1) 수립권자

① 특별시장·광역시장 및 대도시의 시장은 관할 구역에 대하여 리모델링 기본계획을 10년 단위로 수립하여야 한다.

② 대도시의 시장은 리모델링 기본계획을 수립하거나 변경하려면 도지사의 승인을 받아야 하며, 도지사는 리모델링 기본계획을 승인하려면 시·도 도시계획위원회의 심의를 거쳐야 한다.

(2) 수립절차(공람+지방의회 의견청취+협의+심의)

특별시장·광역시장 및 대도시의 시장은 리모델링 기본계획을 수립하거나 변경하려면 14일 이상 주민에게 공람하고, 지방의회의 의견을 들어야 한다. 이 경우 지방의회는 의견제시를 요청받은 날부터 30일 이내에 의견을 제시하여야 하며, 30일 이내에 의견을 제시하지 아니하는 경우에는 이의가 없는 것으로 본다.

(3) 타당성 검토

특별시장·광역시장 및 대도시의 시장은 5년마다 리모델링 기본계획의 타당성 여부를 검토하여 그 결과를 리모델링 기본계획에 반영하여야 한다.

(4) 리모델링 지원센터 설치

시장·군수·구청장은 리모델링의 원활한 추진을 지원하기 위하여 리모델링 지원센터를 설치하여 운영할 수 있다.

기출지문 끝장

❶ 입주자저축증서의 **저당**은 공급질서 교란행위에 해당한다. (×) 제32회

☑ 입주자저축증서의 저당은 공급질서 교란행위에 해당하지 않는다.

❷ **주택상환사채 매매의 알선**은 공급질서 교란행위에 해당한다. (○) 제24회

❸ 시장이 발행한 **무허가건물확인서**를 매매할 목적으로 하는 광고는 공급질서 교란행위에 해당한다. (○) 제23회

❹ **입주자대표회의**가 리모델링하려는 경우에는 리모델링 설계개요, 공사비, 소유자의 비용분담 명세가 적혀 있는 결의서에 주택단지 **소유자 전원의 동의**를 받아야 한다. (○) 제31회

❺ **사업비**에 관한 사항은 세대수가 증가되는 리모델링을 하는 경우 수립하여야 하는 권리변동계획에 포함되지 않는다. (×) 제31회

☑ 사업비에 관한 사항은 세대수가 증가되는 리모델링을 하는 경우 수립하여야 하는 권리변동계획에 포함된다.

기출문제 끝장

기출 분석

- 기출회차: 제31회
- 난이도: ★★
- 키워드: 공동주택의 리모델링

함정을 피하는 끝장 TIP

- 공급질서 교란금지 대상에서 제외되는 경우를 정확하게 숙지하여야 한다.
- 리모델링의 허가를 받기 위한 동의요건과 수직증축형 리모델링에 관한 사항을 정확하게 정리하여야 한다.
- 리모델링 기본계획의 수립권자, 수립절차, 타당성 검토에 관한 사항을 정확하게 암기하여야 한다.

주택법령상 공동주택의 리모델링에 관한 설명으로 틀린 것은? (단, 조례는 고려하지 않음)

① 입주자대표회의가 리모델링하려는 경우에는 리모델링 설계개요, 공사비, 소유자의 비용분담 명세가 적혀 있는 결의서에 주택단지 소유자 전원의 동의를 받아야 한다.

② 공동주택의 입주자가 공동주택을 리모델링하려고 하는 경우에는 시장·군수·구청장의 허가를 받아야 한다.

③ 사업비에 관한 사항은 세대수가 증가되는 리모델링을 하는 경우 수립하여야 하는 권리변동계획에 ~~포함되지 않는다~~.

⋯ 사업비에 관한 사항은 세대수가 증가되는 리모델링을 하는 경우 수립하여야 하는 권리변동계획에 포함된다.

④ 증축형 리모델링을 하려는 자는 시장·군수·구청장에게 안전진단을 요청하여야 한다.

⑤ 수직증축형 리모델링의 대상이 되는 기존 건축물의 층수가 12층인 경우에는 2개 층까지 증축할 수 있다.

memo

우선끝장 민개공

부동산공법

농지법

기출테마

30 용어의 정의 및 농지의 소유

1 용어의 정의 ☆☆ 제27회, 제28회, 제30회

(1) 농지

① 농지의 개념: '농지'란 다음의 어느 하나에 해당하는 토지를 말한다.

㉠ 전·답, 과수원, 그 밖에 법적 지목(地目)을 불문하고 실제로 농작물 경작지 또는 다음의 어느 하나에 해당하는 다년생식물 재배지로 이용되는 토지

ⓐ 목초·종묘·인삼·약초·잔디 및 조림용 묘목

ⓑ 과수·뽕나무·유실수 그 밖의 생육기간이 2년 이상인 식물

ⓒ 조경 또는 관상용 수목과 그 묘목(조경목적으로 식재한 것은 제외)❶

㉡ 농작물의 경작지 또는 다년생식물 재배지로 이용하고 있는 토지의 개량시설로서 유지(웅덩이), 양·배수시설❷, 수로, 농로, 제방에 해당하는 시설의 부지

㉢ 농작물의 경작지 또는 다년생식물 재배지에 설치한 다음의 농축산물 생산시설 부지로서 다음의 어느 하나에 해당하는 시설의 부지

ⓐ 고정식온실·버섯재배사 및 비닐하우스와 그 부속시설

ⓑ 축사·곤충사육사와 그 부속시설

ⓒ 간이퇴비장

② 농지의 제외: 다음의 각 토지는 농지에서 제외된다.

㉠ 「공간정보의 구축 및 관리 등에 관한 법률」에 따른 지목이 전·답, 과수원이 아닌 토지(지목이 임야인 토지는 제외)로서 농작물 경작지 또는 다년생식물 재배지로 계속하여 이용되는 기간이 3년 미만인 토지

㉡ 「공간정보의 구축 및 관리 등에 관한 법률」에 따른 지목이 임야인 토지로서 「산지관리법」에 따른 산지전용허가(다른 법률에 따라 산지전용허가가 의제되는 인가·허가·승인 등을 포함)를 거치지 아니하고 농작물의 경작 또는 다년생식물의 재배에 이용되는 토지

㉢ 「초지법」에 따라 조성된 초지

(2) 농업인

① 1,000m² 이상의 농지에서 농작물 또는 다년생식물을 경작 또는 재배하거나 1년 중 90일 이상 농업에 종사하는 자

② 농지에 330m² 이상의 고정식온실·버섯재배사·비닐하우스, 그 밖의 농림축산식품부령으로 정하는 농업생산에 필요한 시설을 설치하여 농작물 또는 다년생식물을 경작 또는 재배하는 자

③ 대가축 2두, 중가축 10두, 소가축 100두, 가금 1천수 또는 꿀벌 10군 이상을 사육하거나 1년 중 120일 이상 축산업에 종사하는 자❸

④ 농업경영을 통한 농산물의 연간 판매액이 120만원 이상인 자

(3) 농업법인

'농업법인'이란 「농어업경영체 육성 및 지원에 관한 법률」에 따라 설립된 영농조합법인과 같은 법에 따라 설립되고 업무집행권을 가진 자 중 3분의 1 이상이 농업인인 농업회사법인을 말한다.

(4) 자경

'자경'이란 농업인이 그 소유 농지에서 농작물 경작 또는 다년생식물 재배에 상시 종사하거나 농작업의 2분의 1 이상을 자기의 노동력으로 경작 또는 재배하는 것과 농업법인이 그 소유 농지에서 농작물을 경작하거나 다년생식물을 재배하는 것을 말한다.

(5) 농지의 전용

'농지의 전용(轉用)'이란 농지를 농작물의 경작이나 다년생식물의 재배 등 농업생산 또는 농지개량 외의 용도로 사용하는 것을 말한다. 다만, 농지개량시설의 부지와 농축산물 생산시설의 부지의 용도로 사용하는 경우에는 전용으로 보지 아니한다.

(6) 위탁경영

'위탁경영'이란 농지 소유자가 타인에게 일정한 보수를 지급하기로 약정하고 농작업의 전부 또는 일부를 위탁하여 행하는 농업경영을 말한다.

(7) 주말 · 체험영농

'주말 · 체험영농'이란 농업인이 아닌 개인이 주말 등을 이용하여 취미생활이나 여가활동으로 농작물을 경작하거나 다년생식물을 재배하는 것을 말한다.

PART 6

기출지문 끝장

❶ 관상용 수목의 묘목을 **조경목적으로 식재**한 재배지로 실제로 이용되는 토지는 농지에 해당한다. (×) 제30회

☑ 관상용 수목의 묘목을 조경목적으로 식재한 재배지로 실제로 이용되는 토지는 농지에 해당하지 않는다.

❷ 「공간정보의 구축 및 관리 등에 관한 법률」에 따른 지목이 답(畓)이고 농작물 경작지로 실제로 이용되는 토지의 개량시설에 해당하는 **양 · 배수시설의 부지**는 농지에 해당한다. (○) 제30회

❸ 가금 500수를 사육하는 자는 **농업인**에 해당한다. (×) 제28회

☑ 가금 1천수 이상 사육하는 자가 농업인에 해당한다.

2 농지취득자격증명 등 ☆☆☆ 제25회, 제26회, 제29회, 제30회, 제32회

1 발급대상

(1) 원칙

농지를 취득하려는 자는 농지 소재지를 관할하는 시장, 구청장, 읍장 또는 면장에게서 농지취득자격증명을 발급받아야 한다.❶

(2) 예외

다음의 어느 하나에 해당하면 농지취득자격증명을 발급받지 아니하고 농지를 취득할 수 있다.

① 국가나 지방자치단체가 농지를 소유하는 경우

② 상속으로 농지를 취득하여 소유하는 경우

③ 담보농지를 취득하여 소유하는 경우

④ 농지전용협의를 마친 농지를 소유하는 경우

⑤ 다음의 어느 하나에 해당하는 경우

㉠ 한국농어촌공사가 농지를 취득하여 소유하는 경우

㉡ 「농어촌정비법」에 따라 농지를 취득하여 소유하는 경우

㉢ 「공유수면 관리 및 매립에 관한 법률」에 따라 매립농지를 취득하여 소유하는 경우

㉣ 토지수용으로 농지를 취득하여 소유하는 경우

⑥ 농업법인의 합병으로 농지를 취득하는 경우

⑦ 공유농지의 분할로 농지를 취득하는 경우

⑧ 시효의 완성으로 농지를 취득하는 경우

2 농업경영계획서의 작성

(1) 원칙

농지취득자격증명을 발급받으려는 자는 다음의 사항이 모두 포함된 농업경영계획서 또는 주말·체험영농계획서를 작성하여 농지 소재지를 관할하는 시·구·읍·면의 장에게 발급신청을 하여야 한다.

① 취득 대상 농지의 면적

② 취득 대상 농지에서 농업경영을 하는 데에 필요한 노동력 및 농업 기계·장비·시설의 확보 방안

③ 소유 농지의 이용 실태(농지 소유자에게만 해당)

④ 농지취득자격증명을 발급받으려는 자의 직업·영농경력·영농거리

(2) 예외(작성의 면제)

다음에 따라 농지를 취득하는 자는 농업경영계획서를 작성하지 아니하고 그 발급을 신청할 수 있다.

① 학교, 공공단체·농업연구기관·농업생산자단체 또는 종묘나 그 밖의 농업 기자재 생산자가 그 목적

사업을 수행하기 위하여 필요한 시험지·연구지·실습지 또는 종묘생산지 또는 과수인공수분용 꽃가루 생산지로 쓰기 위하여 농지를 취득하여 소유하는 경우

② 농지전용허가를 받거나 농지전용신고를 한 자가 그 농지를 소유하는 경우

③ 농지의 개발사업지구에 있는 농지로서 1,500m² 미만의 농지나 「농어촌정비법」에 따른 농지를 취득하여 소유하는 경우

④ 농업진흥지역 밖의 농지 중 최상단부부터 최하단부까지의 평균경사율이 15% 이상인 농지로서 대통령령으로 정하는 농지를 소유하는 경우

(3) 발급기간

시·구·읍·면의 장은 농지취득자격증명의 발급신청을 받은 때에는 그 신청을 받은 날부터 7일(농업경영계획서를 작성하지 아니하고 농지취득자격증명의 발급신청을 할 수 있는 경우에는 4일, 농지위원회의 심의 대상의 경우에는 14일) 이내에 신청인에게 농지취득자격증명을 발급하여야 한다.

(4) 소유권이전등기 시 첨부

농지취득자격증명을 발급받아 농지를 취득하는 자가 그 소유권에 관한 등기를 신청할 때에는 농지취득자격증명을 첨부하여야 한다.

3 농지의 위탁경영 사유

농지의 소유자는 다음의 어느 하나에 해당하는 경우 외에는 소유농지를 위탁경영할 수 없다.

① 「병역법」에 따라 징집 또는 소집된 경우

② 3개월 이상 국외 여행 중인 경우

③ 농업법인이 청산 중인 경우

④ 질병, 취학, 선거에 따른 공직 취임❷, 부상으로 3개월 이상 치료가 필요한 경우❸, 교도소·구치소 또는 보호감호시설에 수용 중인 경우, 임신 중이거나 분만 후 6개월 미만인 경우로 자경할 수 없는 경우

⑤ 농지이용증진사업 시행계획에 따라 위탁경영하는 경우

⑥ 농업인이 자기 노동력이 부족하여 농작업의 일부를 위탁하는 경우

기출지문 끝장

❶ 농지를 농업인 주택의 부지로 전용하려고 농지전용신고를 한 자가 농지를 취득하는 경우에는 **농지취득자격증명**을 발급받지 아니하고 농지를 취득할 수 있다. (×) 제26회

☑ 농지를 농업인 주택의 부지로 전용하려고 농지전용신고를 한 자가 농지를 취득하는 경우에는 농지취득자격증명을 발급받아야 한다.

❷ 농지의 소유자가 선거에 따른 **공직 취임**으로 자경을 할 수 없는 경우에는 소유농지를 위탁경영할 수 있다. (○) 제30회

❸ 농지의 소유자가 교통사고로 2개월간 치료가 필요한 경우에는 소유농지를 **위탁경영**할 수 있다. (×) 제29회

☑ 교통사고로 3개월 이상 치료가 필요한 경우에 소유농지를 위탁경영할 수 있다.

3 농업경영에 이용하지 아니하는 농지의 처분 ☆☆ 제25회, 제26회, 제28회

1 농지의 처분의무

(1) 농지의 처분사유

농지 소유자는 다음의 어느 하나에 해당하게 되면 그 사유가 발생한 날부터 1년 이내에 해당 농지를 그 처분사유가 발생한 날 당시 세대를 같이 하는 세대원이 아닌 자에게 처분하여야 한다.

① 소유 농지를 자연재해·농지개량·질병 등 대통령령으로 정하는 정당한 사유(징집, 질병, 취학, 공직취임)[1] 없이 자기의 농업경영에 이용하지 아니하거나 이용하지 아니하게 되었다고 시장·군수 또는 구청장이 인정한 경우

② 농지를 소유하고 있는 농업회사법인이 요건에 맞지 아니하게 된 후 3개월이 지난 경우

③ 농지전용허가를 받거나 농지전용신고[2]를 하고 농지를 취득한 자가 취득한 날부터 2년 이내에 그 목적사업에 착수하지 아니한 경우

④ 농지를 취득한 자가 자연재해·농지개량·질병 등 대통령령으로 정하는 정당한 사유(징집, 질병, 취학, 공직취임) 없이 그 농지를 주말·체험영농에 이용하지 아니하게 되었다고 시장·군수 또는 구청장이 인정한 경우

⑤ 농지 소유상한을 초과하여 농지를 소유한 것이 판명된 경우(초과하는 면적)

(2) 농지의 처분 통지

시장·군수 또는 구청장은 농지의 처분의무가 생긴 농지의 소유자에게 농림축산식품부령으로 정하는 바에 따라 처분 대상 농지, 처분의무 기간 등을 구체적으로 밝혀 그 농지를 처분하여야 함을 알려야 한다.

2 처분명령 및 매수청구

(1) 처분명령

시장·군수 또는 구청장은 처분의무 기간에 처분 대상 농지를 처분하지 아니한 농지 소유자 또는 거짓이나 부정한 방법으로 농지취득자격증명을 발급받아 농지를 소유한 것으로 시장·군수·구청장이 인정한 경우에는 6개월 이내에 그 농지를 처분할 것을 명할 수 있다.

(2) 처분명령의 유예

① 시장·군수 또는 구청장은 처분의무 기간에 처분 대상 농지를 처분하지 아니한 농지 소유자가 다음의 어느 하나에 해당하면 처분의무 기간이 지난 날부터 3년간 처분명령을 직권으로 유예할 수 있다.

㉠ 해당 농지를 자기의 농업경영에 이용하는 경우

㉡ 한국농어촌공사나 그 밖에 대통령령으로 정하는 자와 해당 농지의 매도위탁계약을 체결한 경우

② 시장·군수 또는 구청장은 처분명령을 유예받은 농지 소유자가 처분명령 유예 기간에 처분명령의 유예사유에 해당하지 아니하게 되면 지체 없이 그 유예한 처분명령을 하여야 한다.

③ 농지 소유자가 처분명령을 유예받은 후 처분명령을 받지 아니하고 그 유예 기간이 지난 경우에는 처분의무에 대하여 처분명령이 유예된 농지의 그 처분의무만 없어진 것으로 본다.

(3) 매수청구 등

① **매수청구**: 농지 소유자는 처분명령을 받으면 「한국농어촌공사 및 농지관리기금법」에 따른 한국농어촌공사에 그 농지의 매수를 청구할 수 있다.

② **매수가격**: 한국농어촌공사는 매수청구를 받으면 「부동산 가격공시에 관한 법률」에 따른 공시지가(해당 토지의 공시지가가 없으면 개별토지가격)를 기준으로 해당 농지를 매수할 수 있다. 이 경우 인근 지역의 실제거래가격이 공시지가보다 낮으면 실제거래가격을 기준으로 매수할 수 있다.

(4) 이행강제금 부과

① **부과금액**: 시장·군수 또는 구청장은 처분명령을 받은 후 매수를 청구하여 협의 중인 경우 등 대통령령으로 정하는 정당한 사유 없이 지정기간까지 그 처분명령을 이행하지 아니한 자에게 감정가격 또는 개별공시지가 중 더 높은 가액의 100분의 25에 해당하는 이행강제금을 부과한다.

② **부과횟수**: 시장·군수 또는 구청장은 최초로 처분명령을 한 날을 기준으로 하여 그 처분명령이 이행될 때까지 이행강제금을 매년 1회 부과·징수할 수 있다.

기출지문 끝장

❶ 농지 소유자가 선거에 따른 공직 취임으로 휴경하는 경우에는 소유농지를 자기의 농업경영에 이용하지 아니하더라도 **농지처분의무**가 면제된다. (○) 제25회

❷ **농지전용신고**를 하고 그 농지를 취득한 자가 질병으로 인하여 취득한 날부터 **2년이 초과하도록 그 목적사업에 착수하지 아니한 경우**에는 농지처분의무가 면제된다. (×) 제25회

☑ 농지전용신고를 하고 그 농지를 취득한 자가 취득한 날부터 2년 이내에 그 목적사업에 착수하지 아니한 경우에는 해당 농지를 처분하여야 한다.

기출문제 끝장

기출 분석

- 기출회차: 제26회
- 난이도: ★
- 키워드: 농지의 취득

함정을 피하는 끝장 TIP

- 농지의 개념과 농업인에 대한 용어를 정확하게 숙지하여야 한다.
- 농지취득자격증명 발급대상에서 제외되는 경우와 농지의 위탁경영 가능사유를 집중적으로 숙지하여야 한다.
- 농지의 처분사유, 처분의무기간, 처분명령기간, 매수청구에 관한 사항을 집중적으로 학습하여야 한다.

농지법령상 농지취득자격증명을 발급받지 아니하고 농지를 취득할 수 있는 경우에 해당하지 않는 것은?

① 농업법인의 합병으로 농지를 취득하는 경우

✔② 농지를 농업인 주택의 부지로 전용하려고 농지전용신고를 한 자가 그 농지를 취득하는 경우

→ 농지를 농업인 주택의 부지로 전용하려고 농지전용신고를 한 자가 그 농지를 취득하는 경우에는 시장·구청장·읍장·면장으로부터 농지취득자격증명을 발급받아야 한다.

③ 공유농지의 분할로 농지를 취득하는 경우

④ 상속으로 농지를 취득하는 경우

⑤ 시효의 완성으로 농지를 취득하는 경우

삶의 순간순간이
아름다운 마무리이며
새로운 시작이어야 한다.

– 법정 스님

memo

2022 에듀윌 공인중개사 우선끝장 민개공

발 행 일 2022년 3월 31일 초판
편 저 자 심정욱, 이영방, 김희상
펴 낸 이 이중현
펴 낸 곳 (주)에듀윌
등록번호 제25100-2002-000052호
주 소 08378 서울특별시 구로구 디지털로34길 55
코오롱싸이언스밸리 2차 3층

ISBN 979-11-360-1650-8 (13320)

www.eduwill.net
대표전화 1600-6700

여러분의 작은 소리
에듀윌은 크게 듣겠습니다.

본 교재에 대한 여러분의 목소리를 들려주세요.
공부하시면서 어려웠던 점, 궁금한 점,
칭찬하고 싶은 점, 개선할 점, 어떤 것이라도 좋습니다.

에듀윌은 여러분께서 나누어 주신 의견을
통해 끊임없이 발전하고 있습니다.

에듀윌 도서몰 book.eduwill.net

- 부가학습자료 및 정오표: 에듀윌 도서몰 → 도서자료실
- 교재 문의: 에듀윌 도서몰 → 문의하기 → 교재(내용, 출간) / 주문 및 배송

합격하고 꼭 해야 할 것 1

에듀윌 공인중개사 동문회 가입

에듀윌 공인중개사 동문회와 함께 9가지 특권을 만나보세요!

1. 에듀윌 공인중개사 합격자 모임

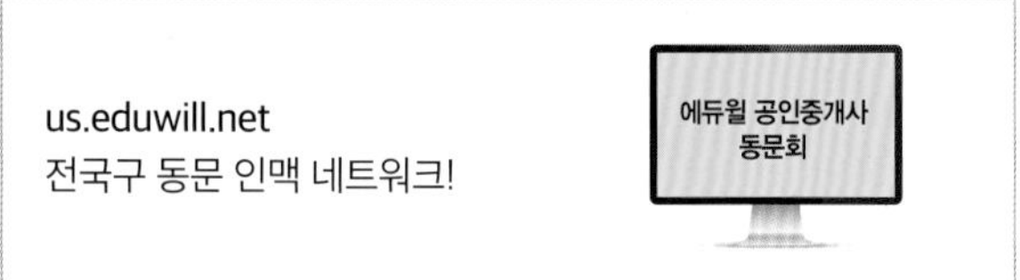

2. 동문회 사이트

3. 정기 모임과 선후배 멘토링

4. 동문회 인맥북

5. 동문회와 함께하는 사회공헌활동

6. 개업 시 동문 중개업소 홍보물 지원

7. 동문회 주최 실무 특강

8. 동문회 소식지 무료 구독

9. 최대 공인중개사 동문회 커뮤니티

※ 본 특권은 회원별로 상이하며, 예고 없이 변경될 수 있습니다.

에듀윌 공인중개사 동문회 | us.eduwill.net

문의 | 1600-6700

공인중개사
동문회

약점 보완을 위한 이론서

부동산공법 체계도

부동산세법 체계도

한손끝장 5종

핵심요약집 2종

2주끝장 부동산학개론

7일끝장 부동산학개론 계산문제

민법판례집

부동산공법 합격노트

우선끝장 민개공

쉬운민법+체계도

그림 암기법(공인중개사법령 및 중개실무)

실전 대비를 위한 기출문제집과 모의고사

7일끝장 회차별 기출문제집 2종

기출OX 6종

실전모의고사 2종

봉투모의고사 2종

더 많은
공인중개사 교재

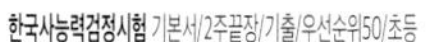

한국사능력검정시험 기본서/2주끝장/기출/우선순위50/초등

조리기능사 필기/실기

제과제빵기능사 필기/실기

SMAT 모듈A/B/C

ERP정보관리사 회계/인사/물류/생산(1, 2급)

전산세무회계 기초서/기본서/기출문제집

어문회 한자 2급 | 상공회의소한자 3급

KBS한국어능력시험 | ToKL

한국실용글쓰기

매경TEST 기본서/문제집/2주끝장

TESAT 기본서/문제집/기출문제집

운전면허 1종·2종

스포츠지도사 필기/실기구술 한권끝장

산업안전기사 | 산업안전산업기사

위험물산업기사 | 위험물기능사

무역영어 1급 | 국제무역사 1급

컴퓨터활용능력 | 워드프로세서

정보처리기사

월간시사상식 | 일반상식

월간NCS | 매1N

NCS 통합 | 모듈형 | 피듈형

PSAT형 NCS 수문끝

PSAT 기출완성 | 6대 출제사 | 10개 영역 찐기출

한국철도공사 | 서울교통공사 | 부산교통공사

국민건강보험공단 | 한국전력공사

한수원 | 수자원 | 토지주택공사

행과연 | 휴노형 | 기업은행 | 인국공

대기업 인적성 통합 | GSAT

LG | SKCT | CJ | L-TAB

ROTC·학사장교 | 부사관

※ YES24 수험서 자격증 주택관리사 베스트셀러 1위 (2010년 12월, 2011년 3월, 9월, 12월, 2012년 1월, 3월~12월, 2013년 1월~5월, 8월~11월, 2014년 2월~8월, 10월~12월, 2015년 1월~5월, 7월~12월, 2016년 1월~12월, 2017년 1월~12월, 2018년 1월~12월, 2019년 1월~12월, 2020년 1월~7월, 9월~12월, 2021년 1월~12월, 2022년 1월~3월 월별 베스트, 매월 1위 교재는 다름)
※ YES24 국내도서 해당분야 월별, 주별 베스트 기준